Jochen Beutel
Differenzierte Integration
in der Europäischen Wirtschafts- und Währungsunion

Schriften zum Europäischen
und Internationalen Privat-, Bank-
und Wirtschaftsrecht

EIW Band 8

Schriften zum Europäischen und Internationalen Privat-, Bank- und Wirtschaftsrecht

Herausgegeben von

EIW Band 8

De Gruyter Recht · Berlin

Jochen Beutel

Differenzierte Integration in der Europäischen Wirtschafts- und Währungsunion

Eine Untersuchung zu den rechtlichen Auswirkungen der Gewährung einer Ausnahmeregelung und der Sonderregelungen für Dänemark und Großbritannien auf die Wirtschafts- und Währungspolitik der Europäischen Gemeinschaft

W DE G RECHT

De Gruyter Recht · Berlin

Dr. *Jochen Beutel*, Wissenschaftlicher Mitarbeiter am Lehrstuhl für Öffentliches Recht, insbesondere Verwaltungsrecht, Finanzrecht und Währungsrecht an der Europa-Universität Viadrina Frankfurt (Oder)

∞ Gedruckt auf säurefreiem Papier,
das die US-ANSI-Norm über Haltbarkeit erfüllt.

ISBN-13: 978-3-89949-307-8
ISBN-10: 3-89949-307-9

Bibliografische Information Der Deutschen Bibliothek

Die Deutsche Bibliothek verzeichnet diese Publikation in der Deutschen Nationalbibliografie; detaillierte bibliografische Daten sind im Internet über http://dnb.ddb.de abrufbar.

Printed in Germany
Umschlaggestaltung: Christopher Schneider, Berlin
Datenkonvertierung/Satz: WERKSATZ Schmidt & Schulz GmbH, Gräfenhainichen
Druck und Bindung: Hubert & Co. (GmbH & Co. KG), Göttingen

Geleitwort der Herausgeber

Europäisierung und Internationalisierung fordern die Rechtswissenschaft in besonderem Maße heraus. Die Einteilung in Fachgebiete und das Verhältnis zu anderen Sozialwissenschaften bedürfen der kritischen Neubewertung angesichts vielfacher Wechselwirkungen. Querbezüge zwischen wirtschaftsrechtlicher Regulierung und privatautonomer Gestaltung zeigen diese Entwicklung in aller Deutlichkeit. Eine sich über Deutschland hinaus öffnende Rechtswissenschaft muß sich solchen Herausforderungen stellen. Dafür steht exemplarisch das Recht der Finanzdienstleistungen als Querschnittsmaterie von Privatrecht und (öffentlichem) Wirtschaftsrecht. Dem will die vorliegende Reihe inhaltlich und methodisch Rechnung tragen. Neben dem Bank-, Kapitalmarkt- und Finanzrecht als Schwerpunkt zeigen Gesellschaftsrecht, Wettbewerbs- und Kartellrecht, Immaterialgüterrecht, Insolvenzrecht und auch Arbeitsrecht ähnliche Überlagerungen. Die intensive, international orientierte Bearbeitung der Überschneidungen von klassischem Privatrecht, insbesondere Vertragsrecht, und Wirtschaftsrecht verspricht reichen Ertrag, gerade auch auf europäischer Ebene unter dem zusammenfassenden Aspekt des Unternehmensrechts.

In der Reihe soll die herausragende Monographie ebenso ihren Platz finden wie der Tagungsband, Werke auf Deutsch ebenso wie gelegentlich auf Englisch. Ökonomisch ausgerichtete Arbeiten sollen neben die juristischen treten, die den Schwerpunkt bilden. In der Reihe sollen Werke zu Europäisierung und Internationalisierung zusammen kommen, die das Wirtschaftsrecht und das wirtschaftlich gedachte Privatrecht in hervorragender Weise befördern.

Im September 2004

Horst Eidenmüller, Stefan Grundmann, Susanne Kalss, Wolfgang Kerber, Karl Riesenhuber, Heike Schweitzer, Hans-Peter Schwintowski, Reinhard Singer, Christine Windbichler

Meinen Eltern

Vorwort

Die vorliegende Arbeit ist in einer leicht abweichenden Fassung im Frühjahr 2005 von der Juristischen Fakultät der Europa-Universität Viadrina Frankfurt (Oder) als Dissertation angenommenen worden. Literatur und Rechtsprechung sind überwiegend bis August 2005 berücksichtigt.

Zu großem Dank verpflichtet bin ich meinem Doktorvater, Herrn Professor Dr. *Ulrich Häde*. Er stand mir in jeder Phase des Entstehens dieser Arbeit mit seinem Rat zur Seite. Als wissenschaftlichen Mitarbeiter an seinem Lehrstuhl ließ er mir die für meine Promotion notwendigen Freiräume. Ohne seine Förderung und Unterstützung wäre diese Arbeit nicht möglich gewesen.

Bei Herrn Professor Dr. *Matthias Pechstein* bedanke ich mich für die Übernahme des Zweitgutachtens. Ganz maßgeblich auf ihn geht zudem mein Interesse am Europäischen Gemeinschaftsrecht zurück.

Herrn Professor Dr. *Karl Riesenhuber* danke ich für den Vorschlag, meine Arbeit in diese Schriftenreihe aufzunehmen, den anderen Mitherausgeberinnen und Mitherausgebern für die Aufnahme in die Schriftenreihe.

Frau *Martina Seidlitz* hat mich technisch bei der Erstellung des Manuskripts sehr unterstützt. Sie, Frau *Antje Schnelle* und meine Mutter haben die Arbeit Korrektur gelesen. Vielfältige Entlastung im akademischen Alltag habe ich zudem durch die studentischen Mitarbeiterinnen und Mitarbeiter des Lehrstuhls von Herrn Professor Dr. *Ulrich Häde* erfahren. Ihnen allen sei hierfür auf das herzlichste gedankt.

Die letzte Danksagung gilt meiner Familie, und hier vor allem meiner Frau. Sie hat den von mir eingeschlagenen beruflichen Weg stets unterstützt und mir den Abschluss dieser Arbeit so erst ermöglicht.

Potsdam, September 2005 *Jochen Beutel*

Inhaltsübersicht

Inhaltsverzeichnis

Abkürzungsverzeichnis

a.A.	anderer Ansicht
a.a.O.	am angegebenen Ort
ABl.	Amtsblatt
Abs.	Absatz
a.E.	am Ende
AETR	Europäisches Übereinkommen über die Arbeit der im internationalen Straßenverkehr beschäftigten Fahrzeugbesatzungen
AöR	Archiv des öffentlichen Rechts
Art.	Artikel
BayVBl.	Bayerische Verwaltungsblätter
BGBl.	Bundesgesetzblatt
Bull.	Bulletin
BVerfG	Bundesverfassungsgericht
bzw.	beziehungsweise
ca.	circa
CDU/CSU	Christlich Demokratische Union / Christlich Soziale Union
CEPR	Centre for Economic Policy Research
CMLR	Common Market Law Review
dass.	dasselbe
ders.	derselbe
dies.	dieselbe, dieselben
Dok.	Dokument
DÖV	Die Öffentliche Verwaltung
DStZ	Deutsche Steuerzeitung
DVBl.	Deutsches Verwaltungsblatt
DZWir	Deutsche Zeitschrift für Wirtschaftsrecht
EA	Europa Archiv
EAG	Europäische Atomgemeinschaft
ECB	European Central Bank
ECOFIN-Rat	Rat der Wirtschafts- und Finanzminister
ECU	European Currency Unit (Europäische Währungseinheit)
EEA	Einheitliche Europäische Akte
EFWZ	Europäischer Fonds für währungspolitische Zusammenarbeit
EG	Europäische Gemeinschaft(en)
EG-Rat	Rat der Europäischen Gemeinschaft
EGV	Vertrag zur Gründung der Europäischen Gemeinschaft
EL	Ergänzungslieferung
ELR	European Law Review
EMRK	Konvention zum Schutze der Menschenrechte und Grundfreiheiten
EMS	European Monetary System
EMU	European Monetary Union
endg.	endgültig
ESZB	Europäisches System der Zentralbanken

ESZB-Satzung	Protokoll über die Satzung des Europäischen Systems der Zentralbanken und der Europäischen Zentralbank
ESZBS	Protokoll über die Satzung des Europäischen Systems der Zentralbanken und der Europäischen Zentralbank
etc.	et cetera
EuGH	Europäischer Gerichtshof
EuR	Europarecht
EU	Europäische Union
EU-Verf	Vertrag über eine Verfassung für die Europäische Union
EU-Vertrag	Vertrag über die Europäische Union
EuGH	Europäischer Gerichtshof
EuGRZ	Europäische Grundrechte – Zeitschrift
EUV	Vertrag über die Europäische Union
EuZW	Europäische Zeitschrift für Wirtschaftsrecht
e.V.	eingetragener Verein
EWG	Europäische Wirtschaftsgemeinschaft
EWG-Rat	Rat der Europäischen Wirtschaftsgemeinschaft
EWG-Vertrag	Vertrag zur Gründung der Europäischen Wirtschaftsgemeinschaft
EWGV	Vertrag zur Gründung der Europäischen Wirtschaftsgemeinschaft
EWI	Europäisches Währungsinstitut
EWI-Rat	Rat des Europäischen Währungsinstituts
EWI-Satzung	Protokoll über die Satzung des Europäischen Währungsinstituts
EWIS	Protokoll über die Satzung des Europäischen Währungsinstituts
EWR	Europäischer Wirtschaftsraum
EWS	Europäisches Währungssystem, Europäisches Wirtschafts- und Steuerrecht
EWU	Europäische Währungsunion
EWWU	Europäische Wirtschafts- und Währungsunion
EZB	Europäische Zentralbank
EZB-Rat	Rat der Europäischen Zentralbank
f.	folgende
FAZ	Frankfurter Allgemeine Zeitung
ff.	fortfolgende
Fn.	Fußnote
FS	Festschrift
GATS	Allgemeines Übereinkommen über den Handel mit Dienstleistungen
ggf.	gegebenenfalls
GO ER-EZB	Geschäftsordnung des Erweiterten Rates der EZB
GO EZB	Geschäftsordnung der Europäischen Zentralbank
GS	Gedächtnisschrift
Gs.	Gedankenstrich
HILJ	Harvard International Law Journal
HJbWG	Hamburger Jahrbuch für Wirtschafts- und Gesellschaftspolitik
Hrsg.	Herausgeber
Hs.	Halbsatz
ICLQ	International and Comparative Law Quarterly
IGC	Intergovernmental Conference
ILO	International Labour Organization
i.V.m.	in Verbindung mit
JbEI	Jahrbuch der Europäischen Integration
JCMS	Journal of Common Market Studies
JI	Justiz und Inneres

JuS	Juristische Schulung
JZ	Juristenzeitung
KonvProt	Protokoll über die Konvergenzkriterien nach Art. 121 des Vertrages zur Gründung der Europäischen Gemeinschaft
KuK	Kredit und Kapital
Lfg.	Lieferung
LIEI	Legal Issues of European Integration
lit.	litera
MLR	Michigan Law Review
MOE / MOEL	mittel- und osteuropäische Länder
Mrd.	Milliarden
m.w.N.	mit weiteren Nachweisen
NJB	Nederlands Juristenblad
NJW	Neue Juristische Wochenschrift
Nr.	Nummer
NZB	nationale Zentralbank
ÖBA	Österreichisches Bank-Archiv
ORDO	Jahrbuch für die Ordnung von Wirtschaft und Gesellschaft
o.V.	ohne Verfasser
ÖZföRV	Österreichische Zeitschrift für öffentliches Recht und Völkerrecht
ProtDK	Protokoll über einige Bestimmungen betreffend Dänemark
ProtGB	Protokoll über einige Bestimmungen betreffend das Vereinigte Königreich von Großbritannien und Nordirland
RabelsZ	Rabels Zeitschrift für ausländisches und internationales Privatrecht
Rdnr.	Randnummer
RiA	Recht im Amt
Rs.	Rechtssache
S.	Satz, Seite
SEW	Sociaal-economische Wetgeving: tijdschrift voor Europees en economisch recht
Slg.	Sammlung
sog.	so genannter, so genannte, so genannten
SPD	Sozialdemokratische Partei Deutschlands
SuS	Staatswissenschaft und Staatspraxis
TARGET	Transeuropäisches automatisches Echtzeit-Brutto-Express-Zahlungsverkehrssystem
TRIPS	Agreement on Trade related Aspects of Intellectual Property Rights
u.a.	und andere / unter anderem
UAbs.	Unterabsatz
UK	United Kingdom
verb.	verbundene
vgl.	vergleiche
VO	Verordnung
WKM II	Wechselkursmechanismus II
WKM II-Abk	Abkommen zwischen der Europäischen Zentralbank und den nationalen Zentralbanken der nicht dem Euro-Währungsgebiet angehörenden Mitgliedstaaten über die Funktionsweise eines Wechselkursmechanismus in der dritten Stufe der Wirtschafts- und Währungsunion
WM	Wertpapiermitteilungen
WSI-Mitteilungen	Zeitschrift des Wirtschafts- und Sozialwissenschaftlichen Instituts des Deutschen Gewerkschaftsbundes
WWU	Wirtschafts- und Währungsunion

ZaöRV	Zeitschrift für ausländisches öffentliches Recht und Völkerrecht
z.B.	zum Beispiel
ZBB	Zeitschrift für Bankrecht und Bankwirtschaft
ZEuS	Zeitschrift für europarechtliche Studien
ZfG	Zeitschrift für Gesetzgebung
ZfgesKw	Zeitschrift für das gesamte Kreditwesen
ZfRV	Zeitschrift für Rechtsvergleichung, internationales Privatrecht und Europarecht
ZfV	Zeitschrift für Versicherungswesen
ZfW	Zeitschrift für Wirtschaftspolitik
ZHR	Zeitschrift für das gesamte Handelsrecht und Wirtschaftsrecht
ZLR	Zeitschrift für das gesamte Lebensmittelrecht
ZÖR	Zeitschrift für Öffentliches Recht
ZRP	Zeitung für Rechtspolitik
ZVglRW	Zeitschrift für vergleichende Rechtswissenschaft

Vorbemerkung

Am 1. Januar 1999 führten elf der damals fünfzehn Mitgliedstaaten der Europäischen Union eine einheitliche Währung ein, den Euro.[1] Zwei Jahre später, am 1. Januar 2001, schloss sich auch Griechenland dem Euro-Währungsgebiet an.[2] Dagegen haben bislang Dänemark, Großbritannien und Schweden sowie die zehn Staaten, die im Mai 2004 der Europäischen Union beigetreten sind, ihre eigene nationale Währung behalten. Der Euro ist also auch heute immer noch nicht die Währung aller Mitgliedstaaten der Europäischen Union. Diese Situation wird in Politik und Wissenschaft verbreitet als problematisch angesehen. Zu befürchten sei hierdurch etwa, dass sich die Staaten des Euro-Währungsgebietes und die, die ihre eigene nationale Währung behalten haben, wirtschaftlich auseinander entwickeln.[3] Das wiederum könne zur Folge haben, dass einzelne Mitgliedstaaten die Union verlassen (müssen).[4] Im Extremfall könne es sogar zu einer Auflösung der Union kommen.[5] Zudem könne nicht ausgeschlossen werden, dass die unterschiedlichen Währungsgebiete den Binnenmarkt gefährden[6] oder dass sich die Mitgliedstaaten, die den Euro nicht eingeführt haben, Wettbewerbsvorteile gegenüber dem Euro-Währungsgebiet verschaffen, in dem sie ihre Währungen in ökonomisch nicht

---

1 Siehe dazu im Einzelnen unten S. 26 ff. und insbesondere S. 31 f.

2 Siehe dazu unten S. 31 f.

3 *Häde*, Währungsintegration mit abgestufter Geschwindigkeit, in: FS *Hahn*, S. 149; *Jochimsen*, Chancen und Risiken der Europäischen Währungsunion, in: *Potthoff/Hirschmann* (Hrsg.), Die europäische Währungsunion - ein Testfall für die europäische Integration?, S. 87 f.

4 *Häde*, (Fn. 3), S. 149; *Schuster*, EG am Scheideweg: Perspektiven der Europäischen Wirtschafts- und Währungsunion, S. 217. Ähnlich *Alesina/Grilli*, On the feasibility of a one-speed or multispeed European Monetary Union, in: *Eichengreen/Frieden* (Hrsg.), The Political Economy of European Monetary Unification, S. 108 („*will jeopardize the achievement of complete integration*"); *Hahn/Häde*, Europa im Wartestand: Bemerkungen zur Währungsunion, in: *Due/Lutter/Schwarze* (Hrsg.) FS *Everling*, S. 393 („könnte ... einen ersten Schritt aus der Gemeinschaft andeuten"); *Jochimsen*, (Fn. 3), S. 87 f. (drohende „politische Desintegration"); *Siebert*, Zu den Voraussetzungen der Europäischen Währungsunion, S. 15 („Desintegration").

5 *Häde*, (Fn. 3), S. 149. Ähnlich auch *Barnes/Barnes*, The enlarged European Union, S. 140; *Breuss*, Die Wirtschafts- und Währungsunion, S. 28, und *Jochimsen*, Perspektiven der europäischen Wirtschafts- und Währungsunion, S. 114.

6 Vgl. *Breuss*, (Fn. 5), S. 14; *Jochimsen*, (Fn. 3), S. 87 f.; *Nicolaysen*, Der rechtliche Status Griechenlands als Mitgliedstaat mit einer Ausnahmeregelung, in: *Papaschinopoulou* (Hrsg.), Griechenland auf dem Weg zur Europäischen Wirtschafts- und Währungsunion, S. 43. Auch die *Europäische Kommission*, Grünbuch über die praktischen Fragen des Übergangs zur einheitlichen Währung, S. 4, weist darauf hin, dass der Binnenmarkt gesichert werden muss, solange nicht alle Mitgliedstaaten die einheitliche Währung eingeführt haben. Dazu auch *Regling*, Die Europäische Währungsunion ante portas, in: *Unternehmerverband Ruhr-Niederrhein e.V.*, Die Europäische Währungsunion ante portas: Chancen und Risiken des Euro, S. 27.

gerechtfertigter Weise abwerten.[7] Und schließlich sei zu befürchten, dass Mitgliedstaaten erster und zweiter Klasse entstünden.[8]

Die umfangreiche rechtswissenschaftliche Literatur zur Wirtschafts- und Währungsunion schenkt der Teilung der Europäischen Union in das Euro-Währungsgebiet einerseits und die verbleibenden nationalen Währungsräume andererseits trotz der schweren Bedenken, die gegen sie vorgetragen werden, kaum Beachtung. Rechtsfragen, die sich in diesem Zusammenhang stellen, werden, wenn überhaupt, in der Regel nur am Rande behandelt. Eine nähere Auseinandersetzung mit diesen Fragen, die sich die vorliegende Arbeit zur Aufgabe gemacht hat, erscheint daher sinnvoll und lohnenswert. Insoweit verfolgt die nachstehende rechtswissenschaftliche Untersuchung vorrangig das Ziel, die Rechtslage in der Wirtschafts- und Währungspolitik der Europäischen Gemeinschaft darzustellen und zu analysieren, die besteht, solange nicht alle Mitgliedstaaten dem Euro-Währungsgebiet angehören. Es versteht sich von selbst, dass hierbei die Bedenken gegen die währungspolitische Teilung der Union nicht außer Betracht bleiben können.

---

7 *Apel*, European Monetary Integration 1958 – 2002, S. 144; *Artis*, European Monetary Union, in: *ders./Lee* (Hrsg.), The Economics of the European Union, S. 368; *Baumgartner/Breuss/Kramer/Walterskirchen*, Auswirkungen der Wirtschafts- und Währungsunion, S. 9 und 21; *CEPR* (Hrsg.), Flexible Integration: Towards a More Effective and Democratic Europe, in: Monitoring European Integration, Nr. 6, S. 129; *Ditlbacher*, Die Währungsunion – eine stabile Union?, Wirtschaftspolitische Blätter 1996, S. 502 (507); *Europäische Kommission*, (Fn. 6), S. 4; *Duijm*, Auf dem Weg zum EWS II, List-Forum 1997, S. 10 (12 f.); *Forgó*, Differenzierte Integration, S. 28; *Geelhoed*, Market Integration and Policy Integration: Two Sides of the same European Currency, in: *Winter/Curtin/Kellermann/de Witte* (Hrsg.), Reforming the Treaty on European Union – The Legal Debate, S. 311; *Goodhart*, The transition to EMU, Scottish Journal of Political Economy 1996, S. 241 (253); *Häde*, (Fn. 3), S. 151; *Kempa*, Währungspolitische Strategien zur Heranführung der „Pre-Ins" an die europäische Währungsunion, Aussenwirtschaft 1998, S. 539 (541); *Patterson*, European Monetary Union: ‚Ins' and ‚Outs' – or postponement?, S. 106; *Pipkorn*, Legal Arrangements in the Treaty of Maastricht for the Effectiveness of the Economic and Monetary Union, CMLR 1994, S. 263 (287); *Rácz*, Drei Fragen zur Durchführbarkeit der Wirtschafts- und Währungsunion, in: *Oppenländer* (Hrsg.), Einfluß der Europäischen Währungsunion auf den Transformationsprozeß in Ostmitteleuropa unter besonderer Berücksichtigung Ungarns, S. 89; *Randzio-Plath*, A New Exchange Rate Mechanism for the Euro Age, Intereconomics 1996, S. 277 (279); *dies.*, Europäische Währungsunion, Erosionsvehikel oder Gestaltungsfaktor?, WSI Mitteilungen 1997, S. 328 (334); *Rubin/Thygesen*, Monetary Union and the Outsiders: A Cointegration/Codependence Analysis of Business Cycles in Europe, S. 4; *Santer*, Europa und der Euro, WM 1998, S. 1175 (1175); *Szemlér*, EMU – questions and perspectives, in: *Oppenländer* (Hrsg.), Einfluß der Europäischen Währungsunion auf den Transformationsprozeß in Ostmitteleuropa unter besonderer Berücksichtigung Ungarns, S. 95; *Viñals*, European monetary integration: A narrow or a wide EMU?, European Economic Review 1996, S. 1103 (1108 f.); *Weber*, Die Währungsunion – Modell für ein Europa mehrerer Geschwindigkeiten?, in: *ders.*, (Hrsg.), FS *Hahn*, S. 282; *Winterberg*, Die Diskussion um die Europäische Wirtschafts- und Währungsunion, 2. Auflage (1997), S. 43. *Rubin/Thygesen*, Monetary Union and the Outsiders: A Cointegration/Codependence Analysis of Business Cycles in Europe, S. 4, sehen in solchen Abwertungen eine Gefahr für den Binnenmarkt.

8 *Curtin*, The Shaping of a European Constitution and the 1996 IGC: „Flexibility" as a Key Paradigm?, Aussenwirtschaft 1995, S. 237 (245); *Hellmann*, Die Europäische Wirtschafts- und Währungsunion aus der Sicht der Partnerländer, in: *Caesar/Scharrer* (Hrsg.), Maastricht: Königsweg oder Irrweg zur Wirtschafts- und Währungsunion?, S. 197; *Johnson*, In With the Euro, Out with the Pound, S. 154; *Wallace/Wallace*, Flying together in a larger and more diverse European Union, S. 39; *Winterberg*, (Fn. 7), S. 43.

Teil I: Differenzierte Integration in der EG-Währungspolitik: Eine Einführung

§ 1 Währungspolitische Integration in der EG: Ansätze und Probleme

A. Entwicklung der währungspolitischen Integration im Überblick

Ein Blick in die Geschichte der Europäischen Gemeinschaft (EG) zeigt, dass die währungspolitische Zusammenarbeit in der EG eine lange Tradition hat, die bis zu ihrer Gründung 1958 zurückreicht. Denn der EG-Vertrag enthielt bereits in der Ursprungsfassung eine Reihe von Vorschriften zur Zusammenarbeit in diesem Bereich.[1] Diese Vorschriften verpflichteten die Mitgliedstaaten, ihre Wechselkurspolitik „als eine Angelegenheit von gemeinsamem Interesse" zu behandeln, und ermächtigten die Kommission, auf Verstöße gegen diese Verpflichtung zu reagieren (Art. 107 EWGV 1957). Weiterhin sah der EWG-Vertrag vor, dass die Mitgliedstaaten ihre Wirtschaftspolitiken koordinieren und hierbei auch Währungsfragen berücksichtigen (Art. 104 und 105 EWGV 1957). Und schließlich regelte er von Beginn an die Folgen möglicher Zahlungsbilanzschwierigkeiten (Art. 108 und 109 EWGV 1957).

Auf dieser primärrechtlichen Grundlage[2], die bis zum In-Kraft-Treten des Vertrages von Maastricht 1993 im Wesentlichen unverändert blieb[3], begann die Gemein-

---

1 Für einen Überblick über die wichtigsten währungspolitischen Regelungen des EWG-Vertrages siehe etwa *Burgard*, Währungsrecht und Währungspolitik in der E.G., in: *Hahn* (Hrsg.), Integration und Kooperation im europäischen Währungswesen, S. 42 ff.

2 Neben den oben genannten wiesen allerdings eine Reihe weiterer Vorschriften des EWG-Vertrages einen mittelbaren Bezug zur Währungspolitik auf. Dazu *Kohler/Schlaeger*, Wirtschafts- und Währungsunion für Europa, S. 19.

3 Änderungen des Primärrechts im Bereich der EWG-Währungspolitik nahm lediglich die Einheitliche Europäische Akte (EEA) vor. Sie fügte den Art. 102a EWGV in den EWG-Vertrag ein. Dieser Artikel enthielt einen juristisch nur schwer einzuordnenden Hinweis auf das Europäische Währungssystem (EWS) sowie im Ergebnis die Feststellung, dass die Gründung einer Wirtschafts- und Währungsunion einer Vertragsänderung bedarf. Zur Bedeutung dieser Änderungen *Glaesner*, Die Einheitliche Europäische Akte, EuR 1986, S. 119 (137 f.); *Häde*, Finanzausgleich, S. 506 ff.; *ders.*, in: *Calliess/Ruffert* (Hrsg.), Kommentar zu EUV und EGV, 2. Auflage (2002), Art. 4 EG-Vertrag Rdnr. 26 f.; *Hahn*, Vom Europäischen Währungssystem zur Europäischen Währungsunion, S. 15; *Köster*, Das Recht der europäischen Währungspolitiken, S. 140 ff.; *Themaat*, Einige Bemerkungen zu dem Verhältnis zwischen den Begriffen Gemeinsamer Markt, Wirtschaftsunion, Währungsunion, Politische Union und Souveränität, in: *Baur/Müller-Graff/Zuleeg* (Hrsg.), FS *Börner*, S. 464 f. Die Einheitliche Europäische Akte ist veröffentlicht etwa in BGBl. II 1986, S. 1104 ff. Zur EEA etwa *Bieber*, Zur Bedeutung der Einheitlichen Europäischen Akte für Rechtsentwicklung und Inteschaft, die Zusammenarbeit in der Währungspolitik Schritt für Schritt zu vertiefen. Zunächst setzte sie 1958 den in Art. 105 Abs. 2 EWGV als beratendes Gremium vorgesehenen Währungsausschuss ein.[4] Wenige Jahre später, 1964, schuf sie mit dem „Ausschuss der Präsidenten der Zentralbanken" ein vertrauliches Gesprächsforum von erheblicher Bedeutung[5], in dem (zunächst[6]) vor allem Konsultationen zur Zentralbankpolitik stattfanden.[7] Und schließlich erweiterte die Gemeinschaft ebenfalls 1964 die Aufgaben des Währungsausschusses[8] und führte Konsultationen zwischen den Mitgliedstaaten bei Änderungen von Wechselkursparitäten ein.[9] Ebenso intensivierte sie seit 1958 auch im Bereich der allgemeinen Wirtschaftspolitik die Zusammenarbeit zusehends.[10]

Ende 1969 folgte dann eine auf Grund der wenigen bis dahin bestehenden primär- und sekundärrechtlichen Regelungen zur Währungspolitik bemerkenswerte Entscheidung: Die Gemeinschaft entschloss sich, auf der Grundlage eines unter Federführung des ehemaligen luxemburgischen Ministerpräsidenten *Werner* erarbeiteten

---

grationskonzept der Europäischen Gemeinschaft, ÖZföRV 1988, S. 211 ff.; *Hayder*, Neue Wege der europäischen Rechtsangleichung?, RabelsZ 1989, S. 622 ff.; *Hrbek/Läufer*, Die Einheitliche Europäische Akte, EA 1986, S. 173 ff.; *Lodge*, The Single European Act: Towards a New Euro-Dynamism?, JCMS 1986, S. 203 ff.; *Louis*, „Monetary Capacity" in the Single European Act, CMLR 1988, S. 9 ff.; *Wessels*, Die Einheitliche Europäische Akte: Zementierung des Status quo oder Einstieg in die Europäische Union?, Integration 1986, S. 65 ff.

4 Vgl. Satzung des Währungsausschusses vom 18. März 1958, ABl. Nr. B 17 vom 6.10.1958, S. 390 ff. Zum Währungsausschuss und dessen Bedeutung für die EG-Währungspolitik etwa *Gleske*, Die Zusammenarbeit der Notenbanken in Europa, in: *Hahn* (Hrsg.), Integration und Kooperation im Europäischen Währungswesen, S. 89 ff.; *Kees*, The Monetary Committee of the European Community, KuK 1987, S. 258 ff.; *Kohler/Schlaeger*, (Fn. 2), S. 20 ff.; *Westlake*, The Council of the European Union, S. 259 ff.

5 In diesem Sinne *Hahn/Siebelt*, Zur Autonomie einer künftigen Europäischen Zentralbank, S. 233 (236); *Kohler/Schlaeger*, (Fn. 2), S. 23. Zur Arbeitsweise des Ausschusses siehe *Gleske*, (Fn. 4), S. 90 f.; *Welfens*, A short history of monetary integration, in: *Institut Universitaire International Luxembourg* (Hrsg.), European Monetary Union: Legal foundations and economic implications, S. 33 f.

6 Die Aufgaben und Befugnisse des Ausschusses sind durch einen Beschluss des EG-Rates 1990 erweitert worden. Siehe den Beschluss des Rates vom 12. März 1990 zur Änderung des Beschlusses 64/300/EWG über die Zusammenarbeit zwischen den Zentralbanken der Mitgliedstaaten der Europäischen Wirtschaftsgemeinschaft (90/142/EWG), ABl. EG Nr. L 78 vom 24.3.1990, S. 25 f.

7 Siehe den Beschluss des Rates vom 8. Mai 1964 über die Zusammenarbeit zwischen den Zentralbanken der Mitgliedstaaten der Europäischen Wirtschaftsgemeinschaft, ABl. Nr. 77 vom 21.5.1964, S. 1206 f.

8 Durch den Beschluss des Rates vom 8. Mai 1964 über die Zusammenarbeit zwischen den Regierungen der Mitgliedstaaten auf dem Gebiet der internationalen Währungsbeziehungen, ABl. Nr. 77 vom 21.5.1964, S. 1207 f. Vgl. zudem den in Fn. 7 genannten Beschluss, der auch Konsultationen im Bereich der Wechselkurspolitik einführte.

9 Siehe die Erklärung vom 8. Mai 1964 der im Rat vereinigten Vertreter der Regierungen der Mitgliedstaaten der Europäischen Wirtschaftsgemeinschaft über Konsultationen zwischen den Mitgliedstaaten vor Änderungen der Wechselkursparitäten ihrer Währungen (64/306/EWG), ABl. EG 1964 vom 25.5.1964, S. 1264.

10 Siehe hierzu *Schulze-Steinen*, Rechtsfragen zur Wirtschaftsunion, S. 52 f., mit weiteren Nachweisen, sowie *Auwärter/Thiel*, in: *von der Groeben/Schwarze* (Hrsg.), Vertrag über die Europäische Union und Vertrag zur Gründung der Europäischen Gemeinschaft, 6. Auflage (2003), Art. 99 EG Rdnr. 40. Siehe ferner bereits die Dokumente bei *Hellmann/Molitor*, Textsammlung zur Wirtschafts- und Währungsunion, S. 97 ff.

Planes[11] eine Wirtschafts- und Währungsunion zu gründen.[12] Zur Umsetzung dieses Planes ergriff die Gemeinschaft in der Folgezeit eine Reihe von Maßnahmen.[13] Beispielsweise gründete sie einen Wechselkursverbund[14] und errichtete mit dem „Fonds für währungspolitische Zusammenarbeit" (EFWZ) sogar eine Institution, die ausdrücklich als Vorläufer für eine spätere Europäische Zentralbank gedacht war.[15] Gleichwohl scheiterte das Vorhaben, auf der Grundlage des *Werner*-Planes eine Wirtschafts- und Währungsunion zu gründen, bereits wenige Jahre später.[16]

---

11 *Werner* war durch einen Beschluss des EWG-Rates vom 6. März 1970 beauftragt worden, den Plan zu erstellen. Der Beschluss ist abgedruckt z.B. bei *Gehrmann/Harmsen*, Monetäre Integration in der EWG, S. 100 f. Siehe insoweit ferner das Kommuniqué der Konferenz der Staats- und Regierungschefs der EWG-Mitgliedstaaten in Den Haag am 1./2.12.1969, abgedruckt z.B. bei *Krägenau/Wetter*, Europäische Wirtschafts- und Währungsunion, Dok. 1, auf das der genannte Beschluss des EWG-Rates zurückgeht.

12 Der *Werner*-Plan ist abgedruckt z.B. bei *Krägenau/Wetter*, (Fn. 11), Dok. 2. Zum *Werner*-Plan *Cezanne*, Monetäre Integration in der Europäischen Gemeinschaft – Ein Überblick über Theorien, Pläne und Maßnahmen, in: *Scharrer/Wessels* (Hrsg.), Das Europäische Währungssystem, S. 16 ff.; *Ehlermann*, Die Entscheidungen des Rates zur Einleitung der ersten Stufe der Wirtschafts- und Währungsunion, EuR 1972, S. 16 ff.; *Everling*, Die Entwicklung der Europäischen Gemeinschaft zur Wirtschafts- und Währungsunion, NJW 1971, S. 1481 ff.; *Hellmann/Molitor*, (Fn. 10), S. 13 ff. und 20 ff.; *Krägenau/Wetter*, (Fn. 11), S. 4 ff.; *Oppermann*, Währungsunion und EWG-Vertragsrevision, EuR 1971, S. 130 ff.; *Scharrer*, Europäische Wirtschafts- und Währungsunion – Pragmatismus ohne politisches Konzept, in: *Scharrer/Wessels* (Hrsg.), Europäische Wirtschaftspolitik – Programm und Realität, S. 85 ff.; *Scheuner*, Verfassungsprobleme der Wirtschafts- und Währungsunion, Integration 1971, S. 145 ff.; *Ungerer*, A Concise History of European Monetary Integration, S. 107 ff. Zu den Gründen, die zur Erstellung des *Werner*-Plans führten, *Besters/Gleske*, Zur Diskussion um eine Europäische Währungsunion, in: *Wildenmann* (Hrsg.), Optionen für eine Europäische Union, S. 201; *Knieper*, Geldsouveränität, ZVglRW 1990, S. 29 (45 f.); *Kohler/Schlaeger*, (Fn. 2), S. 9 ff.; *Krägenau/Wetter*, (Fn. 11), S. 4 f.; *Scharrer*, a.a.O., S. 85 ff.; *Ungerer*, a.a.O., S. 119; *Werner*, Die Wirtschafts- und Währungsunion im Hinblick auf den politischen Zusammenschluß Europas, EA 1972, S. 329 (331 ff.). Vor dem *Werner*-Plan beschäftigte sich allerdings bereits der so genannte „*von Campen*-Bericht" erstmalig ausführlich mit Fragen der Währungsintegration in der EWG. Dazu *Pierenkemper*, Der Weg zur Europäischen Zentralbank, in: *Simmert/Welteke* (Hrsg.), Die Europäische Zentralbank: europäische Geldpolitik im Spannungsfeld zwischen Wirtschaft und Politik, S. 40 f.

13 Hierzu *Krägenau/Wetter*, (Fn. 11), S. 10 ff.

14 Die so genannte „Schlange im Tunnel". Allgemein zum Wechselkursverbund z.B. *Deutsche Bundesbank*, Der Europäische Wechselkursverbund, Monatsbericht, Januar 1976, S. 23 ff.; *Ehrlicher*, Der Weg zum Euro, in: *Isensee/Lecheler* (Hrsg.), FS *Leisner*, S. 166 f.; *Krägenau/Wetter*, (Fn. 11), S. 10 ff.; *Lutz*, Die europäische Währungsschlange, Aussenwirtschaft 1974, S. 175 ff.; *Magnifico*, Eine Währung für Europa, S. 240 ff.; *Scharrer*, (Fn. 12), S. 106 ff.; *ders.*, Das Europäische Währungssystem – Abgestufte Integration in der Praxis, in: *Grabitz* (Hrsg.), Abgestufte Integration – Eine Alternative zum herkömmlichen Integrationskonzept, S. 226 ff.; *Selmayr*, Das Recht der Wirtschafts- und Währungsunion, S. 145 ff; *Ungerer*, (Fn. 12), S. 123 ff.

15 Durch die Verordnung (EWG) Nr. 907/73 des Rates vom 3. April 1973 zur Errichtung eines Europäischen Fonds für währungspolitische Zusammenarbeit, ABl. EG Nr. L 89 vom 5.4.1973, S. 2 ff. Der Fonds sollte der Grundstein für ein Europäisches Zentralbankensystem sein. So etwa *Cezanne*, Währungsintegration in der Europäischen Gemeinschaft – Entwicklung und Stand der Integration, Integration 1980, S. 168 (169); *Krägenau/Wetter*, (Fn. 11), S. 11. Allgemein zum EFWZ z.B. *Ehlermann*, Die Errichtung des Europäischen Fonds für Währungspolitische Zusammenarbeit, EuR 1973, S. 193 ff.; *Gleske*, (Fn. 4), S. 91 ff.; *Scharrer*, (Fn. 12), S. 124 ff., der sich zur Einrichtung des Fonds sehr kritisch äußert. Zum EFWZ ferner *Cwik*, Währungsaspekte, in: *Lenz* (Hrsg.), EG-Handbuch Recht im Binnenmarkt, 2. Auflage (1994), S. 872 f.

16 Zu den Gründen z.B. *Ensthaler*, Das Europäische Währungssystem, JuS 1994, S. 26 (26 f.); *Krägenau/Wetter*, (Fn. 11), S. 11 ff.; *Scharrer*, (Fn. 12), S. 100 ff.

Aber trotz dieses Rückschlages bemühte sich die Gemeinschaft auch in den folgenden Jahren, die währungspolitische Kooperation auszubauen. Wichtigstes Ergebnis dieser Bemühungen ist das 1979 gegründete Europäische Währungssystem (EWS), auf das sich die währungspolitische Zusammenarbeit in der EWG nach dem Scheitern des *Werner*-Planes konzentrierte.[17] Durch das EWS sollten die Wechselkurse zwischen den Währungen der Mitgliedstaaten stabilisiert werden.[18] Hierzu verpflichtete es die Zentralbanken der beteiligten Staaten vor allem zu Interventionen auf dem Devisenmarkt.[19] Das Ziel, eine gemeinsame Währung einzuführen, verfolgten die Mitgliedstaaten jedoch zunächst nicht weiter.[20] Daher ist das EWS als „pragmatischer Ansatz auf reduzierter Anspruchsgrundlage“[21] bezeichnet worden.

---

17 Ausführliche Darstellungen des EWS finden sich etwa bei *Burgard*, (Fn. 1), S. 47 ff.; *Gros/Thygesen*, European Monetary Integration, 2. Auflage (1998), S. 111 ff.; *Hahn*, Währungsrecht, § 13 Rdnr. 12 ff.; *Kleinheyer*, Die Weiterentwicklung des europäischen Währungssystems, S. 17 ff.; *Köster*, (Fn. 3), S. 1 ff.; *ders.*, Institutionelle Veränderungen auf dem Weg zu einer Europäischen Wirtschafts- und Währungsunion, in: *Peter/Rhein* (Hrsg.), Wirtschaft und Recht, S. 56 ff.; *Lieberman*, The long road to a European monetary union, S. 109 ff.; *ders.*, Das Europäische Währungssystem – Abgestufte Integration in der Praxis, in: *Grabitz* (Hrsg.), Abgestufte Integration – Eine Alternative zum herkömmlichen Integrationskonzept, S. 226 ff.; *Seidel*, Das Europäische Währungssystem – Rechtliche Grundlage und Ausgestaltung, EuR 1979, S. 13 ff.; *ders.*, Das EWS im Gemeinschaftsrecht – Pflichten und Rechte der Mitgliedstaaten, in: *Scharrer/Wessels* (Hrsg.), Das Europäische Währungssystem, S. 467 ff.; *Strohmeier*, Das Europäische Währungssystem, S. 74 ff.; *ders.*, Institutionelle und rechtliche Probleme des Europäischen Währungssystems (EWS), Integration 1981, S. 67 ff.; *Ungerer*, (Fn. 12), S. 147 ff. Siehe ferner *Deutsche Bundesbank*, Wechselkursentwicklung im Europäischen Währungssystem, Monatsbericht, November 1989, S. 30 ff. sowie die umfangreiche Bibliographie bei *Deville*, The European Monetary System and the European Currency Unit, S. 1 ff.

18 Siehe Entschließung des Europäischen Rates vom 5.12.1978, Ziffer 1.1., abgedruckt z.B. bei *Krägenau/Wetter*, (Fn. 11), Dok. 13.

19 Dazu ausführlich *Ensthaler*, (Fn. 16), S. 27 f.; *Gleske*, Institutionelle Fragen des Europäischen Währungssystems, in: *Gramlich/Weber/Zehetner* (Hrsg.), Auf dem Wege zur Europäischen Währungsunion, S. 107; *Hahn*, Das Europäische Währungssystem – Systemvergleich und Funktionsweise, EuR 1979, S. 337 (340 ff.); *Hellmann*, Das Europäische Währungssystem, S. 49 ff.; *Scharrer*, Der Wechselkurs- und Interventionsmechanismus im EWS – Aus den Erfahrungen lernen, in: *Scharrer/Wessels* (Hrsg.), Das Europäische Währungssystem, S. 175 ff. Um den zur Intervention verpflichteten Zentralbanken die dafür benötigten Mittel zur Verfügung zu stellen und zur Finanzierung von Zahlungsbilanzdefiziten sah das EWS verschiedene Kreditmechanismen vor. Hierzu *Hellmann*, a.a.O., S. 63 ff.; *Seidel*, Das Europäische Währungssystem – Rechtliche Grundlage und Ausgestaltung, EuR 1979, S. 13 (24).

20 *Gleske*, (Fn. 19), S. 104. Anders wohl *Krägenau/Wetter*, (Fn. 11), S. 16, unter Verweis auf Reden des damaligen Bundeskanzlers *Schmidt* und des französischen Präsidenten *Giscard d'Estaing*; vgl. auch *Ensthaler*, (Fn. 16), S. 29; *Nicolaysen*, Europarecht II, § 39 I. Hinzuweisen ist darauf, dass insbesondere die als Währungskorb definierte European Currency Unit (ECU), eines der zentralen Elemente des EWS, keine europäische Währung war. Zur ECU vgl. etwa *Bishop*, Die ECU: Korbwährung ohne Zukunft oder Keimzelle einer neuen Euro-Währung?, in: *Weber* (Hrsg.), Europa auf dem Weg zur Währungsunion, S. 193 ff.; *Deutsche Bundesbank*, Die Märkte für private ECU, Monatsbericht, August 1987, S. 32 ff.; *Deville*, Die Europäische Währungseinheit (ECU): Vom Währungskorb zur europäischen Währung, S. 8 ff.; *Ensthaler*, (Fn. 16), S. 27 f.; *Häde*, Die Europäische Wirtschafts- und Währungsunion und ihr Bargeld, WM 1993, S. 2031 (2034 f.); *ders./Eckert*, Rechtliche Hindernisse für die Verwendung der ECU, EuZW 1993, S. 628 ff.; *Hafke*, Zur wechsel- und scheckrechtlichen Verwendung der Europäischen Währungseinheit ECU, WM 1987, S. 1409 ff.; *Hahn*, (Fn. 17), § 13 Rdnr. 18 ff.; *Hellmann*, (Fn. 19), S. 46 ff.; *Siebelt/Häde*, Die ECU im deutschen Recht, NJW 1992, S. 10 ff.; *Strohmeier*, Das Europäische Währungssystem, S. 84 ff.

21 *Krägenau/Wetter*, (Fn. 11), S. 15.

Über den mit dem EWS erreichten Grad an währungspolitischer Zusammenarbeit konnten bzw. wollten die Mitgliedstaaten vorerst nicht mehr hinausgehen.[22]

Erst Ende 1989 änderte sich diese Situation. Zu diesem Zeitpunkt begann sich die Gemeinschaft auf der Grundlage einer deutschen Initiative erneut, konkret mit der Gründung einer Wirtschafts- und Währungsunion zu beschäftigen.[23] Nach dreijährigen Verhandlungen über dieses Vorhaben einigten sich die Mitgliedstaaten 1992 im Vertrag von Maastricht darauf, eine gemeinsame Währung einzuführen, und vereinbarten die hierzu erforderlichen umfangreichen Änderungen des EWG-Vertrages.[24] Weitere sieben Jahre später, am 1. Januar 1999, ist die Europäische Wirtschafts- und Währungsunion mit der Einführung des Euro Realität geworden.[25]

B. Ursachen der Probleme in der währungspolitischen Integration

Die Entwicklung der währungspolitischen Zusammenarbeit in der Gemeinschaft ist also durch eine stete Vertiefung des Integrationsstandes gekennzeichnet. Gleichwohl sind seit den ersten konkreten Ansätzen Ende 1969, eine Wirtschafts- und Währungsunion zu gründen, bis zur Einführung des Euro zum 1. Januar 1999 fast 30 Jahre, seit Gründung der EWG sogar mehr als 40 Jahre, vergangen.

Die Gründe für diesen langen Zeitraum sind vielfältig. Beispielsweise waren die Wechselkurse der mitgliedstaatlichen Währungen in den Anfangsjahren der Gemeinschaft durch das so genannte *Bretton-Woods*-System an Dollar und Goldpreis gebunden.[26] Auf Grund dieser Bindung konnten die Wechselkurse der einzelnen Währungen nur in sehr engen Bandbreiten zueinander schwanken.[27] Bis zum Scheitern des *Bretton-Woods*-Systems 1971[28] bestand daher nur ein sehr begrenzter Spielraum und (jedenfalls bis zum Auftreten der ersten Spannungen im System[29]) auch keine wirkliche Notwendigkeit für eine enge währungspolitische Zusammenarbeit zwischen den Mitgliedstaaten.[30] Wohl vor allem vor diesem Hintergrund erklärt

---

22 A.a.O. (Fn. 21).

23 Zu den Hintergründen etwa *Krägenau/Wetter*, (Fn. 11), S. 30 ff.

24 Zum Vertrag von Maastricht allgemein etwa *Bleckmann*, Der Vertrag über die Europäische Union, DVBl. 1992, S. 335 ff.; *Hahn*, Der Vertrag von Maastricht als völkerrechtliche Übereinkunft und Verfassung, S. 7 ff. Zu einem Überblick über die Vorschriften des Vertrages von Maastricht zur Wirtschafts- und Währungsunion siehe *Häde*, Die Europäische Wirtschafts- und Währungsunion, EuZW 1992, S. 171 ff., sowie unten § 3.

25 Siehe dazu *Häde*, Zur Rechtmäßigkeit der Entscheidung über die Europäische Wirtschafts- und Währungsunion, JZ 1998, S. 1088 ff., sowie ausführlich unten in § 3.

26 Zum *Bretton-Woods*-System *Geiger*, Das Währungsrecht im Binnenmarkt der Europäischen Union, S. 14 ff.; *Hahn*, (Fn. 17), § 13 Rdnr. 1 ff.

27 Zulässig waren Schwankungsbreiten von anfänglich ±1 %, die später auf ±2,25 % erweitert worden sind. Vgl. *Hahn*, (Fn. 17), § 13 Rdnr. 2 und 6.

28 Zum Scheitern des Systems *Hahn*, (Fn. 17), § 13 Rdnr. 5 ff.; *Ungerer*, (Fn. 12), S. 119 ff.

29 Die wohl 1967 auftraten. Vgl. *Hahn*, (Fn. 17), § 13 Rdnr. 5.

30 In diesem Sinne *Geiger*, (Fn. 26), S. 13; *Hahn*, Geld und Währung – Elemente europäischer und universeller Ordnung –, in: Bitburger Gespräche, Jahrbuch 1992, S. 21; *Knieper*, (Fn. 12), S. 44 f.; *Nietschke*, Die Währungsunion – eine Gefahr für die Stabilität der Währung?, in: *Seidl-Hohen-*

sich, dass der EWG-Vertrag anfangs auch nur wenige Vorschriften zur Währungspolitik enthielt.[31]

Vor allem verzögerten aber zwei Probleme den Prozess der währungspolitischen Integration und mithin die Gründung einer Wirtschafts- und Währungsunion erheblich. Diese Probleme traten sehr bald hervor, nach dem die Gemeinschaft im Zusammenhang mit dem *Werner*-Plan[32] ab 1969 begann, sich intensiver mit der Währungspolitik zu befassen. Zum einen bestand zwischen den Mitgliedstaaten kein Konsens hinsichtlich der Ziele und der Intensität einer vertieften gemeinsamen Währungspolitik.[33] Und zum anderen waren die wirtschaftlichen Voraussetzungen für eine enge währungspolitische Zusammenarbeit oder gar für die Einführung einer gemeinsamen Währung nicht gegeben.[34] Ausdruck dessen ist etwa das Scheitern des Ansatzes von 1969 zur Gründung einer Wirtschafts- und Währungsunion[35], aber auch, dass selbst dem Wechselkursmechanismus des EWS zu keinem Zeitpunkt alle Mitgliedstaaten zugleich angehörten.[36] Zwar war, wie oben

---

veldern/Schrötter (Hrsg.), Vereinte Nationen, Menschenrechte und Sicherheitspolitik – Völkerrechtliche Fragen zu internationalen Konfliktbegrenzungen, S. 201; *Selmayr*, Das Recht der Wirtschafts- und Währungsunion, S. 122 ff.; *Siebelt*, Auf dem Wege zur Europäischen Währungsunion, in: *Siedentopf* (Hrsg.), Europäische Integration und nationale Verwaltung, S. 48 f.; *Welfens*, (Fn. 5), S. 27.

31 In diesem Sinne *Häde*, in: *Calliess/Ruffert* (Hrsg.), Kommentar zu EUV und EGV, 2. Auflage (2002), Art. 4 EG-Vertrag Rdnr. 22; *Hahn/Häde*, in: *Dolzer/Vogel* (Hrsg.), Bonner Kommentar zum Grundgesetz, 93. Lfg., Art. 88 Rdnr. 353; *Hahn*, (Fn. 24), S. 13; *ders.*, The European Central Bank: Key to European Monetary Union or Target?, CMLR 1991, S. 783 (785).

32 Zum Werner-Plan siehe oben S. 4 f.

33 Darauf wies bereits 1974 der damalige niederländische Ministerpräsident *Tindemans* in deutlichen Worten in seinem Bericht über den Begriff „Europäische Union" an den Europäischen Rat hin, den er auf dessen Aufforderung verfasst hatte. Der *Tindemans*-Bericht ist abgedruckt etwa in: *Schneider/Wessels* (Hrsg.), Auf dem Weg zur Europäischen Union?, S. 239 ff., im vorliegenden Zusammenhang siehe insbesondere S. 259 ff. In diesem Sinne auch *Lipp/Reichert*, Konfliktfelder auf dem Weg zur Europäischen Währungsunion, in: *Weber* (Hrsg.), Europa auf dem Weg zur Währungsunion, S. 39; *Louis*, (Fn. 3), S. 13 f.; *Nicolaysen*, Der Fahrplan für den Übergang zur dritten Stufe der Europäischen Wirtschafts- und Währungsunion, in: *Rill/Griller* (Hrsg.), Rechtsfragen der Europäischen Wirtschafts- und Währungsunion, S. 48; *Ungerer*, (Fn. 12), S. 133 (hinsichtlich des Scheiterns des Wechselkursverbundes) und S. 152 (mit Bezug auf die Nichtteilnahme Großbritanniens am EWS). Zu den unterschiedlichen politischen Auffassungen unter den Mitgliedstaaten in Bezug auf den Werner-Plan siehe *Tietmeyer*, Europäische Wirtschafts- und Währungsunion – eine politische Herausforderung, EA 1971, S. 409 (411 ff.).

34 Hierzu etwa *Langeheine*, Europäisches Gemeinschaftsrecht und abgestufte Integration, S. 2 ff.; *Nicolaysen*, (Fn. 33), S. 48; *Scharrer*, Abgestufte Integration: Eine Einführung, in: *Grabitz* (Hrsg.), Abgestufte Integration, S. 6 ff.; *Tietmeyer*, Währungsunion – ein Weg ohne Umkehr, Integration 1992, S. 17 (19 f.). Siehe hierzu auch bereits den *Tindemans*-Bericht, (Fn. 33), S. 259 ff.

35 In diesem Sinne *Besters/Gleske*, Zur Diskussion um eine Europäische Währungsunion, in: *Wildenmann* (Hrsg.), Optionen für eine Europäische Union, S. 202. Siehe dazu auch die Nachweise oben in Fn. 16. Im Ergebnis wohl anders allerdings *Bilger*, Europäische Währungsordnung, ORDO 1993, S. 15 (17), nach dem Mitgliedstaaten damals „eine sehr hohe reale und nominale Konvergenz erreicht hatten".

36 So gehörte Griechenland erst ab dem 28. März 1998 dem Wechselkursmechanismus an (vgl. *Europäische Zentralbank*, Konvergenzbericht 2002, S. 4). Großbritannien trat ihm erst 1990 bei, musste ihn aber zusammen mit Italien auf Grund der so genannten EWS – Krise bereits kurze Zeit später, 1992, zusammen mit Italien wieder verlassen (vgl. dazu etwa *Riese*, Schwäche des Pfundes und Versagen der Deutschen Mark – Anmerkungen zur gegenwärtigen Krise des Europäischen dargestellt, eine langsame und stete Vertiefung des Integrationsstandes in der Währungspolitik möglich. Die Voraussetzungen für die Einführung einer gemeinsamen Währung bestanden aber über viele Jahre hinweg weder in politischer noch in wirtschaftlicher Hinsicht.

Als 1989 erneut Verhandlungen über die Gründung einer Wirtschafts- und Währungsunion begannen, hatte sich diese Situation nicht grundlegend geändert. Dass die wirtschaftlichen Voraussetzungen für die Einführung einer gemeinsamen Währung noch nicht bestanden, war in Politik und Wissenschaft unstreitig.[37] Und vor allem Großbritannien machte bereits von Anfang an deutlich, dass es der Einführung einer gemeinsamen Währung sehr skeptisch gegenüberstand.[38] Die Gründung einer Wirtschafts- und Währungsunion setzte also voraus, dass Mechanismen entwickelt wurden, mit denen die insoweit bestehenden politischen und wirtschaftlichen Probleme zu bewältigen waren, die zudem nicht nur einer weiteren währungspolitischen Integration entgegenstanden.

§ 2 Differenzierte Integration als integrationspolitisches Hilfsmittel

A. Lösung integrationspolitischer Probleme durch differenzierte Integration

Einen Ansatz zur Lösung von wirtschaftlich oder politisch bedingten Problemen im Integrationsprozess, die eine Weiterentwicklung der Europäischen Gemeinschaften behindern, entwickelte bereits Ende 1974 der damalige SPD-Vorsitzende *Brandt*. Er

---

Währungssystems – in: *Bofinger/Collignon/Lipp* (Hrsg.), Währungsunion oder Währungschaos? Was kommt nach der D-Mark, S. 161 ff.). Großbritannien blieb dem Wechselkursmechanismus daraufhin fern. Und Schweden schloss ihm sich überhaupt nicht an. Vgl. insoweit die Darstellung zur Entwicklung des EWS und insbesondere zur Teilnahme in den Jahren 1994 und 1998 durch das *Europäisches Währungsinstitut*, Fortschritte auf dem Weg zur Konvergenz, S. 34 ff., sowie *dass.*, Konvergenzbericht 1998, S. 9 f.

37 Vgl. *Hahn/Häde*, Europa im Wartestand: Bemerkungen zur Währungsunion, in: *Due/Lutter/Schwarze* (Hrsg.), FS *Everling*, S. 391; *Knieper*, (Fn. 12), S. 51; *Krenzler*, Die Architektur Europas, in: *von der Groeben/Thiesing/Ehlermann* (Hrsg.), Kommentar zum EU-/EG-Vertrag, 5. Auflage (1997), Band 5, Rdnr. 23; *Seidel*, Verschiebungseffekte und Risiken der EWU: Juristische Aspekte, in: *Hasse* (Hrsg.), Herausforderungen der Europäischen Währungsunion, S. 60; *Weber*, Die Währungsunion – Modell für ein Europa mehrerer Geschwindigkeiten, in: *ders.*, (Hrsg.), FS *Hahn*, S. 274. Ferner *Bofinger*, Eine Währungsunion der EG-Kernländer: Viel Pro – Viel Contra, Orientierungen zur Wirtschafts- und Gesellschaftspolitik 1993, S. 54 ff.; *Filc*, Volkswirtschaftliche Grundlagen der europäischen Währung, in: Bitburger Gespräche, Jahrbuch 1992, S. 29 (39); *Thygesen*, The prospects for the EMU by 1999 – and Reflections on Arrangements for the Outsiders, S. 8 f.; *Tolksdorf*, Erfolgsaussichten und Probleme bei der Realisierung der Europäischen Währungsunion (EWU), S. 16 f., sowie bereits *Scharrer*, Eine Zentralbank für Europa?, Integration 1988, S. 95 (98 f.).

38 Dazu ausführlich unten in Teil III.

forderte hierzu eine „Abstufung der Integration".[1] Nach *Brandt* sollten die „ihrer Wirtschaftslage nach objektiv stärkeren Länder die wirtschaftliche Integration voranbringen, während andere Länder auf Grund ihrer objektiv abweichenden Lage hieran zunächst in Abstufungen teilnehmen".[2] So sollte verhindert werden, dass einzelne Mitgliedstaaten, die nicht bereit oder in der Lage sind, sich an einer Integrationsmaßnahme zu beteiligen, den gesamten Integrationsprozess blockieren.

Diese Vorstellungen von *Brandt* gelten allgemein als Ursprung der Idee, einzelne Mitgliedstaaten an Integrationsmaßnahmen nicht zu beteiligen, um so anderen zu ermöglichen, ihre Zusammenarbeit in der Gemeinschaft zu vertiefen.[3] In Politik und Wissenschaft vielfach aufgegriffen, werden sie heute unter einer kaum überschaubaren Vielzahl von Begriffen diskutiert.[4] In jüngster Zeit setzt sich jedoch eine Bezeichnung immer mehr durch: „differenzierte Integration".[5] Auf sie greift auch die vorliegende Arbeit zurück.

---

1 *Brandt*, Rede vor der *Organisation Française du Movement Européen* in Paris am 19. November 1974, in Auszügen abgedruckt in EA 1975, S. D 33 ff., im vorliegenden Zusammenhang siehe S. D 36 f.

2 *Brandt*, (Fn. 1), S. D 36.

3 So etwa *Beck*, Abgestufte Integration im Europäischen Gemeinschaftsrecht unter besonderer Berücksichtigung des Umweltrechts, S. 39; *Ehlermann*, Engere Zusammenarbeit nach dem Amsterdamer Vertrag: Ein neues Verfassungsprinzip?, EuR 1997, S. 362 (366); *Eiden*, Abgestufte Integration in der EG: Risiken für Rechtsangleichung und Gemeinsamen Markt, EA 1984, S. 365 (366); *Grabitz*, Das integrationspolitische Anliegen des Abstufungskonzeptes und sein Verhältnis zum rechtlich-institutionellen Gefüge der Gemeinschaft, in: *Vorstand des Arbeitskreises Europäische Integration e.V.* (Hrsg.), Integrationskonzepte auf dem Prüfstein, S. 69; *Grieser*, Flexible Integration in der Europäischen Union: Neue Dynamik oder Gefährdung der Rechtseinheit?, S. 33; *Kellerbauer*, Von Maastricht bis Nizza: Neuformen differenzierter Integration in der Europäischen Union, S. 26; *Langeheine*, Europäisches Gemeinschaftsrecht und abgestufte Integration, S. 7; *ders./Weinstock*, Abgestufte Integration: weder Königspfad noch Irrweg, EA 1984, S. 261 (262); *Scharrer*, Abgestufte Integration: Eine Einführung, in: *Grabitz* (Hrsg.), Abgestufte Integration, S. 6 ff.; *Wallace/Wallace*, Flying together in a larger and more diverse European Union, S. 55; *Wasielewski*, Rechtsdifferenzierungen in einer erweiterten Europäischen Union, S. 21. Ein anderes wichtiges Dokument aus der Entstehungsgeschichte des Konzeptes der differenzierten Integration ist der so genannte *Tindemans*-Bericht. Dieser ist abgedruckt etwa in *Schneider/Wessels* (Hrsg.), Auf dem Weg zur Europäischen Union?, S. 239 ff. *Tindemans* schlug in diesen im Auftrag des Europäischen Rates verfassten Bericht vor, die Möglichkeit zu eröffnen, dass sich die Gemeinschaften ggf. im Wege differenzierter Integration weiterentwickeln. Siehe insoweit den *Tindemans*-Bericht, a.a.O., S. 259 ff. Zum *Tindemans*-Bericht siehe etwa *Vandamme*, Die abgestufte Integration im Tindemans-Bericht, Integration 1978, S. 83 ff., sowie den Rückblick von *Tindemans*, Dreams come true, gradually, in: *Westlake* (Hrsg.), The European Union beyond Amsterdam: new concepts of European integration, S. 130 ff.

4 Zur Begriffsvielfalt *Forgó*, Zwischen „Europe à la carte" und Einheit: Modelle differenzierter Integration, in: *Breuss/ Griller* (Hrsg.), Flexible Integration in Europa – Einheit oder „Europe à la Carte"?, S. 41 ff.; *Langeheine/Weinstock*, (Fn. 3), S. 262 f.; *Stubb*, A Categorization of Differentiated Integration, JCMS 1996, S. 283 ff. Ferner *Wallace/ Wallace*, (Fn. 3), S. 28 ff., mit interessanten Beispielen.

5 Siehe etwa *Becker*, Differenzierungen der Rechtseinheit durch abgestufte Integration, EuR 1998, S. 29 (31); *Bender*, Die verstärkte Zusammenarbeit nach Nizza, ZaöRV 2001, S. 729 (733); *Bieber/Bieber*, Institutionelle Voraussetzungen der Osterweiterung der Europäischen Union, in: *Weidenfeld* (Hrsg.), Europa öffnen: Anforderungen an die Erweiterung, S. 144; *Cuntz*, Flexibilität und Erweiterung – Differenzierte Integration vor und nach Beitritt, in: *Ehlermann* (Hrsg.), Rechtliche Grenzen eines Europas in mehreren Geschwindigkeiten und unterschiedlichen Gruppierungen, S. 133 ff.; *Fastenrath*, Die Struktur der erweiterten Europäischen Union, EuR – Beiheft 1 – 1994, S. 101 (102); *Forgó*, (Fn. 4), S. 43; *Huber*, Differenzierte Integration und Flexibilität als neues

Der Versuch, den Stand der Diskussion über die Möglichkeit einer „differenzierten Integration" aufzuzeigen, begegnet aus verschiedenen Gründen Schwierigkeiten. Zum einen können viele Wortmeldungen zu diesem Thema nicht als konzeptionelle Überlegungen im eigentlichen Sinne bezeichnet werden. Sie enthalten oft vielmehr lediglich allgemeine Überlegungen im Sinne von Denkanstößen, die wissenschaftlich nur begrenzt aufzubereiten sind. Zum anderen und vor allem ist zu berücksichtigen, dass der Begriff „differenzierte Integration" eine politische Handlungsoption umschreibt, die zur Verfügung steht, um Schwierigkeiten im Integrationsprozess zu begegnen.[6] Auf Grund dieser weiten, recht unspezifizierten Zwecksetzung muss der Begriff „differenzierte Integration" relativ offen sein. Differenzierte Integration ist mithin einer trennscharfen Definition wohl nicht oder kaum zugänglich. Gleichwohl lassen sich aus dem Diskussionsstand bestimmte Gemeinsamkeiten herausarbeiten, die es rechtfertigen, von differenzierter Integration als einem „Konzept"[7] zu sprechen und im Folgenden zu versuchen, es begrifflich näher zu bestimmen.

Ordnungsmuster der Europäischen Union?, EuR 1996, S. 347 (347); *Janning*, Dynamik in der Zwangsjacke – Flexibilität in der Europäischen Union nach Amsterdam, Integration 1997, S. 285 (285); *Kreile*, Eine Erweiterungsstrategie für die Europäische Union, in: *Weidenfeld* (Hrsg.), Europa öffnen, S. 219 ff.; *Martenczuk*, Die differenzierte Integration nach dem Vertrag von Amsterdam, ZEuS 1998, S. 447 ff.; *ders.*, Die differenzierte Integration und die föderale Struktur der EU, EuR 2000, S. 351 ff.; *Schauer*, Schengen – Maastricht – Amsterdam: auf dem Weg zu einer flexiblen Union, S. 21, *Stubb*, (Fn. 4), S. 283 ff. Ähnlich auch *Deubner*, Flexibilität und Entwicklung der Europäischen Integration, in: *Ehlermann* (Hrsg.), Rechtliche Grenzen eines Europas in mehreren Geschwindigkeiten und unterschiedlichen Gruppierungen, S. 117 ff., und *Ehlermann*, (Fn. 3), S. 362 f., die von „Differenzierung" sprechen. Mit einem anderen Bedeutungsgehalt verwendet *Scharrer*, (Fn. 3), S. 14 f., den Begriff „differenzierte Integration". Siehe insoweit Fn. 18. Teilweise werden dagegen weiterhin andere Oberbegriffe verwendet. Siehe etwa *Grieser*, (Fn. 3), S. 25; *Ost*, Flexibilität des Gemeinschaftsrechts – Vom Notantrieb zum Vertragsprinzip?, DÖV 1997, S. 495 (495); *Schutz*, Flexibilität in der Europäischen Union, S. 1 ff.; *Shaw*, Flexibility in a „reorganized" and „simplified" treaty, CMLR 2003, S. 279 ff., bzw. *Wessels/Jantz*, Flexibilisierung: Die Europäische Union vor einer neuen Grundsatzdebatte? Grundmodelle unter der Lupe, in: *Hrbek* (Hrsg.), Die Reform der Europäischen Union, S. 349, die insoweit den Begriff „Flexibilität" bzw. „flexible Integration" verwenden. *Pechstein*, in: *Streinz* (Hrsg.), EUV/EGV, Art. 43 EUV Rdnr. 2; *ders.*, Erweiterungsfähigkeit der Europäischen Union und europarechtliche Beitrittsvoraussetzungen, in: *Stern* (Hrsg.), Zukunftsprobleme der Europäischen Union, S. 180, sowie *ders.*, Osterweiterung und Zukunftsperspektiven der Europäischen Union, ZfRV 1996, S. 108 ff., spricht von „Konzepten abgestufter Integration". *Wasielewski*, (Fn. 3), S. 36, verwendet den Begriff „Rechtsdifferenzierung" als Oberbegriff.

6 Hierauf weist etwa bereits *Weinstock*, Abstufung als Realität und Chance, in: *Grabitz* (Hrsg.), Abgestufte Integration, S. 377, hin.

7 Begrifflich ist ein Konzept ein „klar umrissener Plan", ein „Programm für ein Vorhaben". *Duden*, Das große Wörterbuch der deutschen Sprache in zehn Bänden, 3. Auflage, Stichwort „Konzept".

B. Das Konzept der differenzierten Integration

I. Zweck

Ein Rückgriff auf das Konzept der „differenzierten Integration" kommt immer dann in Betracht, wenn nicht alle Mitgliedstaaten der Europäischen Union eine Integrationsmaßnahme gemeinsam verwirklichen wollen oder können.[8] Den Mitgliedstaaten, die diese Integrationsmaßnahme gleichwohl verwirklichen wollen und können, soll das Konzept der differenzierten Integration hierzu eine Möglichkeit eröffnen.[9]

Das Konzept dient also der Lösung von konkreten Problemen im Integrationsprozess.[10] So verstanden, ist es klar von ebenfalls unter dem Begriff „differenzierte Integration" diskutierten rein deskriptiven Modellen, wie dem des „Europas der konzentrischen Kreise"[11], zu unterscheiden. Dieses Modell vermag zwar, den Integrationsstand in Europa im Allgemeinen, also die „Architektur Gesamteuropas"[12], treffend zu beschreiben. Denn in der Tat beteiligen sich die europäischen Staaten an den einzelnen europäischen internationalen Organisationen oder Formen nichtinstitutioneller Zusammenarbeit immer nur und insoweit, wie sie fähig und willens sind, sich in diese zu integrieren. Bildlich kann diese Situation mit den Vertretern des Modells der konzentrischen Kreise mit verschiedenen Integrationskreisen beschrieben werden, in denen jeweils ein unterschiedliches Integrationsniveau be-

---

8 In diesem Sinne im Prinzip die gesamte einschlägige Literatur zur differenzierten Integration. Vgl. statt aller etwa *Beck*, (Fn. 3), S. 52 f.; *Becker*, (Fn. 5), S. 33; *Bender*, (Fn. 5), S. 735 f.; *Gil-Robles*, Die Flexibilität, ein Mechanismus für eine verstärkte Integration, EuZW 1997, S. 353 (353); *Janning*, Europa braucht verschiedene Geschwindigkeiten, EA 1994, S. 527 (532); *Krämer*, Abgestufte Integration und differenzierte Assoziation, in: GS *Grabitz*, S. 310 f.; *Langeheine*, (Fn. 3), S. 38 f.; *Martenczuk*, Die differenzierte Integration und die föderale Struktur der EU, EuR 2000, S. 351 (351); *Ost*, (Fn. 5), S. 495; *Scharrer*, (Fn. 3), S. 18; *Wessels/Jantz*, (Fn. 5), S. 346. Das Konzept der differenzierten Integration ermöglicht mit anderen Worten eine Vertiefung der Integration. Eine solche Vertiefung liegt, bildlich gesprochen, dann vor, wenn das Ziel der Integration, die Einheit Europas, ein Stück nähergerückt ist. Wann das der Fall ist, entzieht sich einer verallgemeinernden Betrachtung. Erforderlich ist eine Beurteilung im Einzelfall, die sich an einem Vergleich des Integrationsstandes vor und nach Verwirklichung der Integrationsmaßnahme orientiert.

9 Siehe Fn. 8. Vorliegend wird das Konzept der differenzierten Integration als Hilfsmittel zur Lösung integrationspolitischer Probleme im Rahmen der Europäischen Union betrachtet und untersucht. Die Grundgedanken des Konzeptes der differenzierten Integration sind jedoch auf den Integrationsprozess in jeder anderen internationalen Organisation oder den Bereich der nicht institutionalisierten internationalen Zusammenarbeit übertragbar.

10 Ähnlich *Ehlermann*, Increased differentiation or stronger uniformity, S. 17: Differenzierte Integration *„is a tool, a technic used to achieve certain substantive objectives"*.

11 Siehe insoweit insbesondere *Krenzler*, Die Architektur Europas, in: *von der Groeben/Thiesing/Ehlermann* (Hrsg.), Kommentar zum EU-/EG-Vertrag, 5. Auflage (1997), Band 5, Rdnr. 53 ff., und *de Michelis*, Die EG als Gravitationszentrum: Für ein Europa der vier Kreise, Integration 1990, S. 143 ff. Vgl. ferner etwa *Fastenrath*, (Fn. 5), S. 121; *Forgó*, (Fn. 4), S. 58 ff.; *Giering*, Europa zwischen Zweckverband und Superstaat: Die Entwicklung der politikwissenschaftlichen Integrationstheorie im Prozess der europäischen Integration, S. 138 ff.; *Schauer*, (Fn. 5), S. 32 ff.; *Wallace/Wallace*, (Fn. 3), S. 62 f.; *Wessels*, Integrationspolitische Konzepte im Realitätstest, Wirtschaftsdienst 1994, S. 499 (500).

12 *Krenzler*, (Fn. 11), Rdnr. 55.

steht. Den ersten Kreis mit dem höchsten Integrationsniveau bilden die Staaten, die an allen Integrationsmaßnahmen der Europäischen Union uneingeschränkt beteiligt sind. Den zweiten Kreis, in dem bereits ein geringeres Integrationsniveau besteht, bilden die Mitgliedstaaten der Union, die noch nicht an allen diesen Integrationsmaßnahmen beteiligt sind. Den dritten, vierten und alle weiteren Kreise, in denen das erreichte Integrationsniveau immer weiter absinkt, bilden dann die Staaten, die bislang in den Integrationsprozess im Rahmen der Union etwa als assoziierte Mitglieder nur partiell oder überhaupt nicht eingebunden sind und die ggf. lediglich außerhalb der Europäischen Union zusammenarbeiten. Handlungsmöglichkeiten aufzuzeigen, mit denen konkreten Problemen im Integrationsprozess innerhalb einer internationalen Organisation, wie etwa der Europäischen Gemeinschaft, begegnet werden kann, vermag das Modell der „konzentrischen Kreise" im Prinzip jedoch nicht.

II. Praktische Umsetzung

Das Konzept der differenzierten Integration sieht vor, dass nicht alle Mitgliedstaaten an einer Integrationsmaßnahme teilnehmen. Somit muss ein Weg gefunden werden sicherzustellen, dass lediglich die Staaten an ihr beteiligt sind, die sich auch an ihr beteiligen wollen. Um diesen Weg aufzeigen zu können, ist danach zu fragen, wie Integrationsmaßnahmen verwirklicht werden. Da die Integration im Rahmen der Europäischen Union kein rechtlich unverbindlicher, also rein politischer Prozess ist, kann eine Integrationsmaßnahme nur durch einen Rechtsakt verwirklicht werden.[13] Anders lässt sich Verbindlichkeit, die über politische oder sittlich-moralische Bindungen hinausgeht, nicht herstellen. Eine Integrationsmaßnahme ist folglich immer auch ein Rechtsakt. Soll also ein Mitgliedstaat an einer Integrationsmaßnahme nicht beteiligt werden, muss der Anwendungsbereich des Rechtsaktes, der die Integrationsmaßnahme verwirklicht, beschränkt werden. Er darf lediglich auf die Mitgliedstaaten anwendbar sein, die sich an ihr beteiligen wollen.[14]

Eine differenzierte Integration liegt daher immer nur dann vor, wenn eine Rechtsnorm für mindestens einen Mitgliedstaat überhaupt nicht oder zumindest nicht mit demselben sachlichen Inhalt anwendbar ist.[15] Ist ein Rechtsakt dagegen mit demselben sachlichen Inhalt auf alle Mitgliedstaaten anwendbar, sind zwingend

---

13 Vgl. zur Rolle des Rechts im Integrationsprozess etwa *Bleckmann/Pieper*, in: *Bleckmann*, Europarecht, 6. Auflage (1997), § 1 Rdnr. 33, sowie bereits *Schwarze*, Funktionen des Rechts in der Europäischen Gemeinschaft, in: *Schwarze* (Hrsg.), Gesetzgebung in der Europäischen Gemeinschaft, S. 10 ff.

14 Ähnlich *Ost*, (Fn. 5), S. 496. Vgl. zudem die Nachweise in Fn. 15 und Fn. 16.

15 Ähnlich *Becker*, EU-Erweiterung und differenzierte Integration: Zu beitrittsbedingten Übergangsregelungen am Beispiel der Arbeitnehmerfreizügigkeit, S. 45; *Bieber/Bieber*, (Fn. 5), S. 144; *ders./Kahil/Kallmayer*, Differenzierte Integration in Europa – Handlungsspielräume für die Schweiz?, S. 49; *Langeheine*, (Fn. 3), S. 19 ff. Im Ergebnis auch *Grabitz/Iliopoulos*, Typologie der Differenzierungen und Ausnahmen im Gemeinschaftsrecht, in: *Grabitz* (Hrsg.), Abgestufte Integration, S. 33 und 40.

auch alle an der Integrationsmaßnahme beteiligt.[16] Es liegt dann keine differenzierte, sondern eine „einheitliche Integration" vor.[17]

III. Bedingungen für die Anwendung des Konzeptes

1. Überblick über denkbare Anwendungsbedingungen

Nach den vorstehenden Überlegungen ermöglicht das Konzept der „differenzierten Integration" Mitgliedstaaten der Europäischen Union, eine Integrationsmaßnahme zu verwirklichen, an der sich nicht alle Unionsmitglieder beteiligen können oder wollen. Hierzu sieht es vor, den Anwendungsbereich eines Rechtsaktes, der eine Integrationsmaßnahme verwirklicht, auf die Staaten zu beschränken, die sich an ihr beteiligen wollen. Diese Begriffsbestimmung beantwortet jedoch nicht die Frage, welche Bedingungen an eine Anwendung des Konzeptes geknüpft werden können.

Zwar kann eine Anwendung des Konzeptes der differenzierten Integration auch gänzlich ohne einschränkende Bedingungen zugelassen werden. Diese Möglichkeit wird verbreitet mit dem Begriff „*Europa à la carte*"[18] umschrieben: Es obliegt der

---

16 *Scharrer*, (Fn. 3), S. 12.

17 *Grabitz/Iliopoulos*, (Fn. 15), S. 32, wenngleich in anderer Terminologie. Im Ergebnis auch *Bieber/Kahil/Kallmayer*, (Fn. 15), S. 49 und 76; *Bender*, (Fn. 5), S. 730 ff.; *Langeheine*, (Fn. 3), S. 20; *ders./Weinstock*, (Fn. 3), S. 261 f. Ähnlich *Wessels/Jantz*, (Fn. 5), S. 346 und S. 349 f. Schwierige Probleme stellen sich allerdings dann, wenn überprüft werden soll, ob eine konkrete Integrationsmaßnahme im Wege differenzierter Integration verwirklicht worden ist. Zwar kann eine differenzierte Integration nur dann vorliegen, wenn ein Rechtsakt auf mindestens einen Mitgliedstaat nicht mit demselben sachlichen Inhalt wie für die anderen anwendbar ist. Jedoch kann daraus nicht im Wege des Umkehrschlusses gefolgert werden, eine einheitliche Integration sei *nur* dann gegeben, wenn ein Rechtsakt auf alle Mitgliedstaaten mit demselben sachlichen Inhalt anwendbar ist. Es sind Fälle vorstellbar, in denen ein Rechtsakt nicht auf alle Mitgliedstaaten anwendbar ist und gleichwohl ein Fall einheitlicher Integration vorliegt. Zu diesen Fällen *Bieber/Kahil/Kallmayer*, (Fn. 15), S. 77 und 82; *Grabitz/Iliopoulos*, (Fn. 15), S. 38 ff.; *Martenczuk*, (Fn. 8), S. 354. Die Abgrenzung differenzierte und einheitliche Integration kann daher nicht allein an dem Kriterium der Anwendbarkeit erfolgen. Vielmehr muss insbesondere danach gefragt werden, ob gerade auf Grund dessen, dass die Norm für mindestens einen Mitgliedstaat sachlich nicht mit demselben Regelungsgehalt anwendbar ist wie für die übrigen Staaten, eine Vertiefung der Integration ermöglicht worden ist. Dieser Zusammenhang bleibt in der Literatur verbreitet außer Betracht. Siehe insoweit etwa *Becker*, (Fn. 15), S. 48, *Ehlermann*, (Fn. 3), S. 363, *Hofmann*, Wieviel Flexibilität für welches Europa?, EuR 1999, S. 713 (717), nach deren weitem Verständnis das Konzept der differenzierten Integration weitgehend seine Kontur verliert. Zur Frage, ob die Beziehungen der Union und der Gemeinschaften zu Drittstaaten einen Anwendungsfall des Konzeptes der differenzierten Integration bilden können, siehe etwa *Becker*, (Fn. 15), S. 47 f.; *Forgó*, (Fn. 4), S. 45 f.; *Hofmann*, (Fn. 17), S. 721 und 729 ff.; *Martenczuk*, (Fn. 34), S. 450. Grundsätzlich bestehen insoweit keine Bedenken. Auch eine so genannte Teilmitgliedschaft könnte daher eine Form sein, in der sich das Konzept der differenzierten Integration verwirklichen lässt. Zur Idee einer Teilmitgliedschaft *Fastenrath*, (Fn. 5), S. 122 ff.; *Giering*, (Fn. 11), S. 173 f.; *Krenzler*, (Fn. 11), Rdnr. 50 ff.; *Lippert/Wessels*, Erweiterungskonzepte und Erweiterungsmöglichkeiten, in: *Jacobeit/Yenal* (Hrsg.), Gesamteuropa: Analysen, Probleme und Entwicklungsperspektiven, S. 447 f. Ferner *Dauses*, Kleinstaaterei in Europa?, EuZW 1992, S. 649 (649).

18 Das Modell des *Europa à la carte* wird allgemein auf *Dahrendorf*, A third Europe?, S. 1 ff., zurückgeführt. Es stellt ein gemeinsames Vorgehen im Integrationsprozess in das Belieben der freien Entscheidung der Mitgliedstaaten, sich Integrationsmaßnahmen anzuschließen oder nicht. Zwingend ist das jedoch nicht. Vielmehr kann die Anwendung des Konzeptes der differenzierten Integration unter eine kaum bezifferbare Vielzahl von Bedingungen gestellt werden.[19] Beispielsweise kann festgelegt werden, dass sich an jeder Integrationsmaßnahme eine bestimmte Kerngruppe von Mitgliedstaaten, die etwa aus den Gründerstaaten der Gemeinschaft besteht, beteiligen muss.[20] Vorgesehen werden kann auch, dass differenzierte Integration lediglich ein „Notbehelf" im Integrationsprozess ist, der nur in Ausnahmefällen zur Anwendung kommt, nämlich dann, wenn alle Bemühungen um ein gemeinsames Vorgehen gescheitert sind.[21] Ebenso ist es möglich festzulegen, dass ein Vorgehen im Wege diffe-

---

Mitgliedstaaten. Jeder Mitgliedstaat kann sich aus einem Katalog diejenigen Integrationsmaßnahmen heraussuchen, die ihn interessieren, und mit anderen interessierten Staaten entsprechende Vereinbarungen abschließen. Das Erreichen eines einheitlichen Integrationsniveaus erschiene auf Grund der den Mitgliedstaaten eröffneten Freiräume gleichsam als Zufallsprodukt. Es ist daher naheliegend, das *Europa à la carte* als „Gegenbild" zum bisherigen Integrationsprozess zu bezeichnen (*Scharrer*, (Fn. 3), S. 13). Ausführlich zu diesem Modell *Bieber/Kahil/Kallmayer*, (Fn. 15), S. 67 ff.; *CEPR* (Hrsg.), Flexible Integration, S. 52 ff.; *Forgó*, (Fn. 4), S. 58, die es allerdings als „Modell der unumschränkten Flexibilität" bezeichnet; *Langeheine*, (Fn. 3), S. 15 f.; *Giering*, (Fn. 11), S. 106 f.; *Stubb*, (Fn. 4), S. 288 f.; *Tuytschaever*, Differentiation in European Union Law, S. 136 ff.; *Walker*, Sovereignty and differentiated integration in the European Union, European Law Journal 1998, S. 355 (364 f.); *Wallace/Ridley*, Europe: The Challenge of Diversity, S. 34 f.; *Wessels*, (Fn. 11), S. 499 f.; *ders./Jantz*, (Fn. 5), S. 358 f. Ferner *Dashwood*, Preparing for the next enlargement, in: *ders.* (Hrsg.), Reviewing Maastricht: Issues for the 1996 IGC, S. 159; *Maclay*, Multi-Speed Europe? The Community Beyond Maastricht, S. 4; *Deubner*, Flexibilität als Reformkonzept für die Europäische Union, S. 20 f. Nach *Deubner*, a.a.O., soll in das Gemeinschaftsrecht eine Ermächtigungsnorm eingefügt werden, die es integrationswilligen Mitgliedstaaten ermöglicht, auch auf Gebieten zusammenzuarbeiten, für die das geltende Gemeinschaftsrecht keine ausdrückliche Kompetenzgrundlage vorsieht, und zwar ohne das Verfahren der Vertragsänderung durchlaufen zu müssen. Ähnliche Vorstellungen vertrat unter der Bezeichnung „differenzierte Integration" *Scharrer*, (Fn. 3), S. 14 f.

19 Einen Überblick über verschiedene Bedingungen, die an eine Ausgestaltung einer im Wege differenzierter Integration verwirklichten Integrationsmaßnahme gestellt werden können, gibt beispielsweise *Stubb*, The 1996 IGC and the management of flexible integration, Journal of European Public Policy 1997, S. 37 (48 ff.).

20 Zu diesen Vorstellungen, die verbreitet unter der Bezeichnung „Kerneuropa" diskutiert werden siehe etwa *CDU/CSU-Fraktion des Deutschen Bundestages*, Überlegungen zur Europäischen Politik, Dokument vom 1.9.1994; *Forgó*, (Fn. 4), S. 57; *Franzmeyer*, Osterweiterung, Kerneuropa, Währungsunion – Zentrale Weichenstellungen in der Integrationspolitik, Integration 1995, S. 125 ff.; *Hasse*, Kerneuropa, Variable Geometrie: – zwischen Integrationsdynamik und Spaltung, Wirtschaftsdienst 1994, S. 503 ff.; *Janning*, (Fn. 9), S. 532 f.; *Krenzler*, (Fn. 11), Rdnr. 28 f.; *Pechstein*, Erweiterungsfähigkeit der Europäischen Union und europarechtliche Beitrittsvoraussetzungen, in: *Stern* (Hrsg.), Zukunftsprobleme der Europäischen Union, S. 181; *Scharrer*, (Fn. 3), S. 16 ff.; *ders.*, A Hard Core for the European Union?, Intereconomics 1994, S. 209 (209); *Schneider*, Kerneuropa, Journal für Rechtspolitik 2004, S. 136 ff.; *Wessels/Jantz*, (Fn. 5), S. 356 f. Ferner *Busch*, Europäische Union: Erwartungen an die Regierungskonferenz 1996, S. 24; *Schwarz*, Aufbruch zu einem flexiblen Europa, Deutschland-Archiv 1995, S. 964 (967 ff.); *Toulemon*, Kerneuropa – Deutsch-französische Aktionsgemeinschaft in Sicht?, Integration 1995, S. 61 ff.

21 Dazu etwa *Bruha/Straubhaar*, Ante-Portas Strategien für die MOEL, in: *Hasse/Schenke/Czege* (Hrsg.), Erweiterung und Vertiefung der Europäischen Union, S. 70; *Langeheine*, Rechtliche und institutionelle Probleme einer abgestuften Integration in der Europäischen Gemeinschaft, in: *Grabitz* (Hrsg.), Abgestufte Integration, S. 108; *Ost*, (Fn. 5), S. 495.

renzierter Integration nur aus ökonomischen Gründen zulässig ist[22], nur auf der Grundlage einer einstimmigen Entscheidung in Betracht kommt[23], mit bestimmten Veränderungen im institutionellen Bereich einhergehen muss oder nicht zu solchen Veränderungen führen darf[24], in bestimmten Politikbereichen unzulässig ist[25], gemeinsam vereinbarte Integrationsziele voraussetzt[26] oder aber mit Beistandsmechanismen verbunden werden muss, die den zurückbleibenden Mitgliedstaaten ein Aufschließen zu den anderen Mitgliedstaaten ermöglichen.[27] Auch die verbreitet unter den Begriffen „abgestufte Integration" und „variable Geometrie" diskutierte Problematik, ob eine differenzierte Integration zu (potentiell) dauerhaften Unterschieden im Integrationsprozess führen[28] oder ob der Zustand differenzierter Integration nur vorübergehend bestehen darf[29], ist eine Frage nach den Be-

---

22 Dazu *Langeheine*, Abgestufte Integration, EuR 1983, S. 227 (230); *Ehlermann*, Rechtliche Überlegungen zum Konzept der abgestuften Integration, S. 35; *ders.*, How flexible is community law? An unusal approach to the concepts of two speeds, MLR 1984, S. 1274 (1289); *Scharrer*, (Fn. 3), S. 20.
23 Hierzu etwa *Langeheine/Weinstock*, Graduated integration: a modest path towards progress, JCMS 1985, S. 185 (191).
24 Hierzu etwa *Bieber/Kahil/Kallmayer*, (Fn. 15), S. 49; *Ehlermann*, (Fn. 10), S. 27 ff.; *Martenczuk*, (Fn. 8), S. 351 ff.; *Schauer*, (Fn. 5), S. 22; *Wessels/Jantz*, (Fn. 5), S. 355.
25 Hierzu etwa *CEPR* (Hrsg.), (Fn. 18), S. 10 ff.; *Forgó*, Differenzierte Integration, S. 12 ff.; *Pechstein*, (Fn. 5), S. 181.
26 Hierzu etwa *Becker*, (Fn. 5), S. 41. Siehe auch die Nachweise in Fn. 29.
27 Hierzu *Becker*, (Fn. 5), S. 41; *Langeheine*, (Fn. 3), S. 39 f.; *Scharrer*, (Fn. 3), S. 19. In diesem Zusammenhang ist auch der Verweis auf den Grundsatz der Solidarität zwischen den Mitgliedstaaten im Falle einer differenzierten Integration zu sehen. Vgl. hierzu *Curtin*, The Shaping of a European Constitution and the 1996 IGC: „Flexibility" as a Key Paradigm?, Aussenwirtschaft 1995, S. 237 (245); *Ehlermann*, (Fn. 10), S. 18; *Wessels/Jantz*, (Fn. 5), S. 354 f.
28 Zum „Europa der variablen Geometrie" vgl. etwa *Giering*, (Fn. 11), S. 108 f.; *Langeheine*, (Fn. 3), S. 16 f.; *Scharrer*, (Fn. 3), S. 16; *Wallace/Ridley*, (Fn. 18), S. 36 ff. Ferner *Bieber/Kahil/Kallmayer*, (Fn. 15), S.73; *Harmsen*, A European Union of Variable Geometry: Problems and Perspectives, Northern Ireland Legal Quarterly 1994, S. 109 ff.; *Lipsius*, The 1996 Intergovernmental Conference, ELR 1995, S. 235 (244 f.); *Maillet/Velo* (Hrsg.), L'Europe à Géométrie variable: Transition vers l'intègration; *Martenczuk*, (Fn. 34), S. 452; *Monar*, Die Erweiterung der Europäischen Union, S. 88 ff.; *Ost*, (Fn. 5), S. 496; *Pisani-Ferry*, L'Europe à géométrie variable: une analyse économique, Politique étrangére 1995, S. 447 ff., sowie *Stubb*, (Fn. 4), S. 287; *Tuytschaever*, Differentiation in European Union Law, S. 136 ff. und S. 183 ff. In anderer Terminologie („dauerhafte Ausnahmen") auch *Grabitz/Iliopoulos*, (Fn. 15), S. 43 f. Ferner *Deubner*, Deutsche Europapolitik: Von Maastricht nach Kerneuropa?, S. 103 ff.; *Forgó*, (Fn. 4), S. 52 ff.; *Wessels*, (Fn. 11), S. 500.
29 Siehe hierzu *Curtin*, (Fn. 27), S. 244 ff.; *Ehlermann*, Rechtliche Überlegungen zum Konzept der abgestuften Integration, S. 24 ff.; *ders.*, How flexible is Community Law? An unusual approach to the concepts of „two-speeds", MLR 1984, S. 1274 ff.; *Grabitz/Iliopoulos*, (Fn. 15), S. 42; *Krenzler*, (Fn. 11), Rdnr. 23 f.; *Langeheine*, (Fn. 3), S. 38 ff.; *ders.*, (Fn. 22), S. 227 ff.; *ders./Weinstock*, (Fn. 3), S. 261 ff.; *Ost*, (Fn. 5), S. 496; *Scharrer*, Abgestufte Integration – Eine Alternative zum herkömmlichen Integrationskonzept?, Integration 1981, S. 123 (130); *ders.*, (Fn. 3), S. 18; *ders.*, Differenzierte Integration im Zeichen der Schlange, in: *Schneider/Wessels* (Hrsg.), Auf dem Weg zur Europäischen Union, S. 143 ff.; *Scheuner*, Perspektiven einer Europäischen Union, EuR 1976, S. 193 ff.; *Stubb*, (Fn. 4), S. 287; *Vandamme*, (Fn. 3), S. 83 ff. Ferner *Dashwood*, (Fn. 18), S. 159; *Deubner*, (Fn. 28), S. 103 f.; *Forgó*, (Fn. 4), S. 51 f.; *Kotzias*, Die Regierungskonferenz und die flexible Förderung (?) der Integration, in: *Breuss/Griller* (Hrsg.), Flexible Integration in Europa – Einheit oder „Europe à la carte"?, S. 12; *Martenczuk*, Die differenzierte Integration nach dem Vertrag von Amsterdam, ZEuS 1998, S. 447 (451); *O'Keefe*, From Maastricht to the 1996 intergrovernmental Conference: The challenges facing the Union, LIEI 1994, S. 135 (148); *Wessels/Jantz*, (Fn. 5), S. 353. Zu Befristungen als Anwendungsfall differenzierter Integration vgl. allgemein *Forgó*, (Fn. 4), S. 51; *Grabitz/Iliopoulos*,

dingungen, die an eine Anwendung des Konzeptes der differenzierten Integration gestellt werden können. Dasselbe gilt für die Frage, ob und unter welchen Voraussetzungen eine im Wege differenzierter Integration verwirklichte Integrationsmaßnahme für eine spätere Teilnahme der zurückbleibenden Mitgliedstaaten offen sein muss[30] oder ob Integrationsmaßnahmen im Wege differenzierter Integration nur durch einen Gemeinschafts- oder Unionsrechtsakt, nicht aber durch Rechtsakte außerhalb des Gemeinschaftsrechts verwirklicht werden dürfen.[31]

Die vorstehend aufgezählten Bedingungen, die an eine Anwendung des Konzeptes der differenzierten Integration geknüpft werden können, auch nur annähernd abschließend zu bezeichnen, erscheint auf Grund der vielfältigen insoweit bestehenden Möglichkeiten kaum denkbar.

2. Kombinationsmöglichkeiten verschiedener Bedingungen

Die Antwort auf die Frage, unter welchen Bedingungen das Konzept der differenzierten Integration angewendet werden kann, obliegt weitgehend dem politischen Entscheidungsprozess. Dasselbe gilt, wenn beantwortet werden soll, ob es solche Bedingungen überhaupt geben muss. Die Antworten auf diese Fragen sind davon abhängig, welche politischen Zielsetzungen mit einer Anwendung des Konzeptes der differenzierten Integration verfolgt werden.

In der Literatur wird verbreitet der Versuch unternommen, bestimmte Formen differenzierter Integration zu typologisieren, indem verschiedene Bedingungen, die an eine Anwendung des Konzeptes der differenzierten Integration gestellt werden können, unter einem Oberbegriff zusammengefasst werden. Hierin dürfte im Ergebnis eine wesentliche Ursache für die eingangs geschilderte Begriffsvielfalt liegen, die für die Diskussion um das Konzept der differenzierten Integration so prägend ist.[32] So ist etwa die Rede davon, es gebe ein eigenständiges Konzept des

---

(Fn. 15), S. 40 f.; *Langeheine*, (Fn. 3), S. 29. Zu Befristungen als Anwendungsfall differenzierter Integration in den Beitrittsakten vgl. *Becker*, (Fn. 15), S. 21 ff.; *Bieber/Kahil/Kallmayer*, (Fn. 15), S. 29 ff.; *Kortenberg*, Closer Cooperation in the treaty of Amsterdam, CMLR 1998, S. 833 (833); *Lopian*, Übergangsrégime für Mitgliedstaaten der Europäischen Gemeinschaften, S. 71 ff., und *Martenczuk*, a.a.O., S. 455.

30 Hierzu etwa *Becker*, (Fn. 5), S. 41; *Pechstein*, (Fn. 20), S. 181.

31 Siehe hierzu *Becker*, (Fn. 5), S. 34 ff.; *Bleckmann*, in: *ders.*, (Fn. 13), § 8 Rdnr. 706; *Forgó*, (Fn. 4), S. 45 f.; *Griller/Droutsas/Falkner/Forgó/Nentwich*, The Treaty of Amsterdam, S. 201 f.; *Huber*, (Fn. 5), S. 351; *Krenzler*, (Fn. 11), Rdnr. 31 ff. und 53 ff.; *Martenczuk*, (Fn. 29), S. 453 f.; *ders.*, (Fn. 8), S. 352 f.; *Schauer*, (Fn. 5), S. 31 ff.; *Wessels/Jantz*, (Fn. 5), S. 355. Prominente Beispiele für Integrationsmaßnahmen, die außerhalb des Gemeinschaftsrechts verwirklicht worden sind, die gleichwohl aber einen engen Bezug zum Integrationsprozess in der Gemeinschaft aufweisen, sind etwa das *Schengener* Abkommen oder auch das EWS. Zum *Schengener* Abkommen siehe etwa *Bender*, (Fn. 5), S. 758 ff.; *Griller/Droutsas/Falkner/Forgó/Nentwich*, The Treaty of Amsterdam, S. 201; *Kuijper*, Some legal problems associated with the communitarization of policy on visas, asylum and immigration under the treaty and incorporation of the Schengen acquis, CMLR 2000, S. 345 ff. Zum EWS siehe die Nachweise in § 1, Fn. 17.

32 Siehe die Nachweise oben in Fn. 4.

„Kerneuropas" oder eines des *„Europa à la carte"*.[33] Einer Typologisierung bestimmter Formen differenzierter Integration sind jedoch enge Grenzen gesetzt. Denn viele der Bedingungen, die an ein Vorgehen im Wege differenzierter Integration geknüpft werden können, schließen sich untereinander nicht aus. Sie lassen sich im Prinzip, logische Vereinbarkeit vorausgesetzt, je nach Erfordernis, also abhängig von den verfolgten politischen Zielsetzungen, wie in einem Baukastensystem beliebig miteinander kombinieren und auf ihre Vor- und Nachteile im Einzelfall untersuchen. Im Ergebnis ist genau das bei der Erarbeitung der Vorschriften zur „verstärkten Zusammenarbeit" im EG- und EU-Vertrag geschehen.[34] Vor diesem Hintergrund erscheinen die verschiedenen Möglichkeiten, in denen das Konzept der differenzierten Integration angewendet werden kann, einer Typologisierung kaum zugänglich zu sein. Denn auf Grund der großen Anzahl möglicher Bedingungen, die an eine Anwendung des Konzeptes der differenzierten Integration gestellt und im Prinzip beliebig miteinander kombiniert werden können, kann es in einer kaum überschaubaren Vielzahl von Möglichkeiten ausgestaltet und verwirklicht werden.

Zudem ist vorbehaltlich politischer Prämissen oder rechtlicher Schranken auch kein Grund ersichtlich, die verschiedenen insoweit bestehenden Kombinationsmöglichkeiten zu beschränken und festzulegen, dass das Konzept der differenzierten Integration nur in einigen wenigen Formen ausgestaltet werden kann.[35] Denn differen-

---

33 Zum Konzept des Kerneuropa siehe oben die Nachweise in Fn. 20, zu dem des *„Europa à la carte"* siehe die Nachweise in Fn. 18.

34 Zu den Vorschriften zur verstärkten Zusammenarbeit etwa *de Areilza*, Enhanced Cooperation in the Treaty of Amsterdam: some critical remarks, S. 1 ff.; *Becker*, in: *von der Groeben/Schwarze* (Hrsg.), Vertrag über die Europäische Union und Vertrag zur Gründung der Europäischen Gemeinschaft, 6. Auflage (2003), Art. 43 EU Rdnr. 1 ff.; *Bieber/Kahil/Kallmayer*, (Fn. 15), S. 149 ff.; *Blanke*, in: *Grabitz/Hilf* (Hrsg.), Das Recht der Europäischen Union, vor Art. 43–45 EUV Rdnr. 1 ff.; *Buttlar*, Rechtsprobleme der „verstärkten Zusammenarbeit" nach dem Vertrag von Nizza, ZEuS 2001, S. 649 ff.; *Derpa*, Die verstärkte Zusammenarbeit im Recht der Europäischen Union, S. 131 ff.; *Duff* (Hrsg.) The Treaty of Amsterdam: Text and Commentary, S. 181 ff.; *Edwards/Philippart*, Flexibility and the Treaty of Amsterdam: Europe's new Byzantium, S. 1 ff.; *Epiney/Freiermuth*, Der Vertrag von Nizza, DVBl. 2001, S. 941 (945 ff.); *Gaja*, How flexible is flexibility under the Amsterdam treaty, CMLR 1998, S. 855 ff.; *Giering/Janning*, Flexibilität als Katalysator der Finalität? Die Gestaltungskraft der „Verstärkten Zusammenarbeit" nach Nizza, Integration 2001, S. 146 ff.; *Grieser*, (Fn. 3), S. 52 ff.; *Griller/Droutsas/Falkner/Forgó/Nentwich*, (Fn. 31), S. 205 ff.; *Martenczuk*, (Fn. 29), S. 461; *Kellerbauer*, Von Maastricht bis Nizza, S. 165 ff.; *Meyring*, Die Reform der Bereiche Justiz und Inneres durch den Amsterdamer Vertrag, EuR 1999, S. 309 (320); *Pechstein*, in: *Streinz* (Hrsg.), EUV/EGV, Art. 43 EUV Rdnr. 1 ff.; *Philippart/Edwards*, The provisions on closer co-operation in the treaty of Amsterdam: The politics of flexibility in the European Union, JCMS 1999, S. 87 ff.; *Thun-Hohenstein*, Der Vertrag von Amsterdam: die neue Verfassung der EG, S. 114 ff.; *Wessels*, Flexibility, differentiation and closer cooperation, in: *Westlake* (Hrsg.), The European Union beyond Amsterdam: new concepts of European integration, S. 76 ff.; *Thym*, Ungleichzeitigkeit im europäischen Verfassungsrecht, S. 43 ff.; *Tuytschaever*, Differentiation in European Union Law, S. 33 ff. Zu den Vorschriften zur verstärkten Zusammenarbeit siehe auch unten Teil IV, § 12, S. 351 ff.

35 Solche Festlegungen finden sich in der Literatur immer wieder. Oft ergeben sie sich implizit daraus, dass an ein Vorgehen im Wege differenzierter Integration bestimmte Bedingungen gestellt werden, die zwingend erfüllt werden müssen. Recht offensichtlich ist das etwa hinsichtlich der Forderung, das Konzept der differenzierten Integration dürfe nur als „Notbehelf" im Integrationsprozess zur Anwendung kommen. Vgl. insoweit die Nachweise oben in Fn. 21.

zierte Integration, das sei an dieser Stelle nochmals in Erinnerung gerufen, soll der Politik schließlich gerade Handlungsmöglichkeiten bei Schwierigkeiten im Integrationsprozess aufzeigen. Dem widerspricht es geradezu, diese Möglichkeiten konzeptionell von vornherein eng zu fassen, jedenfalls wenn hierfür kein zwingender Grund besteht. Es sollte und kann vielmehr dem politischen Entscheidungsprozess überlassen bleiben zu entscheiden, unter welchen Bedingungen das Integrationskonzept der differenzierten Integration zur Anwendung kommt. Daher verzichtet die vorliegende Arbeit auch darauf, einzelne als eigenständige Formen differenzierter Integration verstandene Konzepte genauer darzustellen.[36]

IV. Rechtliche Aspekte differenzierter Integration

Die Vielzahl der Möglichkeiten, eine Integrationsmaßnahme im Wege differenzierter Integration zu verwirklichen, lässt es nicht als zweckmäßig erscheinen, allgemeine rechtliche Aspekte des Konzeptes der differenzierten Integration herauszuarbeiten. Es könnten, wie in der Literatur zum Teil geschehen, im Wesentlichen immer nur einzelne, nach bestimmten Merkmalen typologisierte Ausgestaltungsformen differenzierter Integration auf ihre Vereinbarkeit mit dem Unions- bzw. dem Gemeinschaftsrecht oder – allgemeiner – auf ihre rechtlichen Aspekte untersucht werden.[37] Zudem ist der Erkenntnisgewinn, der bei einem derartigen Vorgehen entsteht, denkbar gering. Denn die abstrakte Untersuchung von rechtlichen Aspekten differenzierter Integration kann immer nur mit den allgemeinen Rechtsgrundlagen und Rechtsprinzipien des Gemeinschaftsrechts operieren.[38] Ein detaillierterer Prüfungsmaßstab steht nicht zur Verfügung. Auf Grund des abstrakten Prüfungsgegenstandes einerseits und des allgemeinen Prüfungsmaßstabes andererseits lassen sich so jedoch kaum Schlussfolgerungen zur rechtlichen Zulässigkeit einer differenzierten Integration erzielen, die über ganz allgemeine Feststellungen hinausreichen.

Weitergehende Aussagen lassen sich auf Grund der Vielzahl der zur Verfügung stehenden Möglichkeiten, eine Integrationsmaßnahme im Wege differenzierter Integration zu verwirklichen, erst treffen, wenn Vorstellungen über die konkrete rechtliche Ausgestaltung einer ganz bestimmten Integrationsmaßnahme vorliegen. Sobald das aber der Fall ist, stehen auf Grund des konkreten Prüfungsgegenstandes viel detailliertere Möglichkeiten zur Verfügung, die rechtlichen Aspekte der (beabsichtigten) differenzierten Integration zu beurteilen. Dass eine solche Prüfung auch erforderlich ist, ist selbstverständlich. Schließlich muss jede Integrationsmaßnahme, die durch einen Sekundärrechtsakt verwirklicht wird, mit dem primären

---

36 Vielmehr kann insoweit auf die einschlägige Literatur verwiesen werden. Siehe insoweit die Nachweise in den Fußnoten 18 bis 31.

37 Siehe insoweit etwa *Ehlermann*, Rechtliche Überlegungen zum Konzept der abgestuften Integration, S. 24 ff.; *Langeheine*, (Fn. 21), S. 48 ff.

38 Vgl. etwa *Becker*, (Fn. 5), S. 41 ff.; *Bieber/Kahil/Kallmayer*, (Fn. 15), S. 93 ff.; *Martenczuk*, (Fn. 8), S. 358 ff.

Gemeinschaftsrecht vereinbar sein. Ebenso ist eine Integrationsmaßnahme, die durch einen Primärrechtsakt umgesetzt worden ist, unzweifelhaft im Lichte des übrigen Primärrechts auszugestalten.[39] Die vielfältigen Möglichkeiten, eine Integrations-Maßnahme im Wege differenzierter Integration zu verwirklichen, stehen mithin unter dem Vorbehalt, dass sie mit dem Unions- bzw. dem Gemeinschaftsrecht vereinbar sind. Insoweit besteht für jede Integrationsmaßnahme eine Schranke, die die Möglichkeiten ihrer Ausgestaltung begrenzt. Ob sie im Wege differenzierter oder einheitlicher Integration verwirklicht wird, ist insoweit nicht von Relevanz.

V. Ergebnis: Das Konzept der differenzierten Integration

Das Konzept der differenzierten Integration ist ein Hilfsmittel, um Probleme im Integrationsprozess lösen zu können. Es ermöglicht, eine Integrationsmaßnahme in der Europäischen Union auch dann zu verwirklichen, wenn sich mindestens ein Mitgliedstaat nicht an ihr beteiligen kann oder will, die anderen Mitgliedstaaten sie aber gleichwohl verwirklichen möchten. Hierzu sieht es vor, den Anwendungsbereich eines Rechtsaktes, der eine Integrationsmaßnahme verwirklicht, auf die Mitgliedstaaten zu beschränken, die sich an der Integrationsmaßnahme beteiligen können und wollen. Die Anwendung des Konzeptes kann unter eine kaum überschaubare Vielzahl von Bedingungen gestellt werden. Welche Bedingungen gewählt werden, hängt von den politischen Motiven und Gründen ab, die im Einzelfall zu einem Vorgehen im Wege differenzierter Integration führen. Diese Bedingungen festzulegen, obliegt einer politischen Entscheidung.

§ 3 Verwirklichung der Wirtschafts- und Währungsunion im Wege differenzierter Integration

A. Hintergrund: Die Integrationspolitische Ausgangssituation

Mitte 1989, als die Verhandlungen zum Vertrag von Maastricht und mithin zur Gründung einer europäischen Wirtschafts- und Währungsunion begannen, bestand die bereits oben geschilderte schwierige integrationspolitische Ausgangssituation.[1] Es erschien unwahrscheinlich, dass alle Mitgliedstaaten zum selben Zeitpunkt die ökonomischen Voraussetzungen erfüllen würden, um eine gemeinsame Währung

---

39 Sie muss insbesondere den Anforderungen entsprechen, die an eine Änderung des Primärrechts gestellt sind.

1 Siehe dazu ausführlich oben § 1.

einführen zu können. Und es zeichnete sich ab, dass nicht alle Mitglieder der Union bereit waren, sich an einer Wirtschafts- und Währungsunion uneingeschränkt zu beteiligen. Es bestand also genau die Situation, die zur Entwicklung des Konzeptes der differenzierten Integration führte: Nicht alle Mitgliedstaaten können und wollen zum selben Zeitpunkt gemeinsam eine Integrationsmaßnahme verwirklichen.

Es mag dahingestellt bleiben, ob die Mitgliedstaaten in den Verhandlungen zum Vertrag von Maastricht bewusst auf die zu diesem Zeitpunkt wissenschaftlich bereits relativ intensiv untersuchte Konzeption der differenzierten Integration zurückgriffen. Jedenfalls lässt sich nachweisen, dass die Entstehungsgeschichte des Vertrages von Anfang an mit von der Vorstellung geprägt war, dass sich nicht alle Mitgliedstaaten voll an der geplanten Wirtschafts- und Währungsunion beteiligen müssen, um so die Einführung einer gemeinsamen Währung zu ermöglichen. Es wurde also genau die Lösungsmöglichkeit für Schwierigkeiten im Integrationsprozess herangezogen, die das Konzept der differenzierten Integration vorgibt.[2] Denn beinahe in allen veröffentlichten Entwürfen zum Vertrag von Maastricht fanden sich Vorschriften, die sich mit diesem Gedanken beschäftigten.[3]

Vor diesem Hintergrund wundert es nicht, dass viele Stimmen in der Literatur die Vorschriften des EG-Vertrages zur Wirtschafts- und Währungsunion (Art. 98 ff. EGV) mit dem Konzept der differenzierten Integration in Zusammenhang bringen. So heißt es etwa, die Wirtschafts- und Währungsunion sei ein Beispiel für eine „ab-

---

2 Differenzierend allerdings *Scharrer*, Eine Europäische Währungsunion nach dem Modell des Europa der zwei Geschwindigkeiten, in: *Franzmeyer* (Hrsg.), Das Konvergenzproblem – Wirtschaftspolitik im Europa von Maastricht, S. 244 ff., nach dem Spanien und Italien einen solchen Ansatz weitgehend ablehnten.

3 Vgl. etwa Art. 102b des Vertragsentwurfs des Europäischen Parlaments vom 10.10.1990 (abgedruckt z.B. bei *Krägenau/Wetter*, Europäische Wirtschafts- und Währungsunion, Dok. 40), Art. 109f ff. des von der Kommission am 10.12.1990 vorgelegten Entwurfs zur Änderung des EWG-Vertrages (abgedruckt z.B. bei *Krägenau/Wetter*, a.a.O., Dok. 41) sowie die Kommentierung hierzu (abgedruckt z.B. bei *Krägenau/Wetter*, a.a.O., Dok. 42), Art. 109 G des von Luxemburg am 10.5.1991 vorgelegten so genannten *„non-paper"* (abgedruckt z.B. bei *Krägenau/Wetter*, a.a.O., Dok. 45), Art. 109 E Abs. 1 der einige Wochen später vorgelegten Ergänzungen zu diesem *„non-paper"* (abgedruckt z.B. bei *Krägenau/Wetter*, a.a.O., Dok. 46) sowie Art. 109 F ff. des von den Niederlanden am 28.10.1991 vorgelegten Vertragsentwurfs (abgedruckt z.B. bei *Krägenau/Wetter*, a.a.O., Dok. 47). Auch viele der vorbereitenden Arbeiten zu den Vertragsentwürfen enthielten bereits Vorstellungen zu einer differenzierten Integration. Vgl. etwa Ziffer 44 des *Delors*-Berichts sowie Ziffer 11 des *Franz*-Berichts (abgedruckt z.B. bei *Krägenau/Wetter*, a.a.O., Dok. 27 und 28), aber auch die Stellungnahme des Wirtschafts- und Sozialausschusses zum *Delors*-Bericht vom 19.10.1989, Ziffer 3.4. (abgedruckt z.B. bei *Krägenau/Wetter*, a.a.O., Dok. 30), den Bericht des Währungsausschusses zur Wirtschafts- und Währungsunion vom 23.7.1990, Ziffer 52 (abgedruckt z.B. bei *Krägenau/Wetter*, a.a.O., Dok. 36) sowie den Bericht der Kommission zu Kosten und Nutzen einer Wirtschafts- und Währungsunion, Punkt 4.1., 3. Absatz, 4. UAbs. (abgedruckt bei *Krägenau/Wetter*, a.a.O., Dok. 37). Allgemein zur Entstehungsgeschichte der Vorschriften zur Wirtschafts- und Währungsunion siehe etwa *Hahn/Siebelt*, in: *Dauses* (Hrsg.), Handbuch des EU-Wirtschaftsrechts, F I Rdnr. 50 ff.; *Italianer*, Mastering Maastricht: EMU Issues and how they were settled, in: *Gretschmann* (Hrsg.), Economic and monetary union: implications for national policy-makers, S. 51 ff.; *Krägenau/Wetter*, a.a.O., S. 30 ff.

gestufte Integration"[4], für ein Europa der „zwei (oder ‚der mehreren') Geschwindigkeiten"[5], der „variablen Geometrie"[6], der „konzentrischen Kreise"[7], für ein „Kern-

4 Ohne Anspruch auf Vollständigkeit: *Beutler/Bieber/Pipkorn/Streil*, Die Europäische Union – Rechtsordnung und Politik, 4. Auflage (1993), S. 56; *Collignon*, Geldwertstabilität für Europa: die Währungsunion auf dem Prüfstand, S. 19; *Häde*, Währungsintegration mit abgestufter Geschwindigkeit, in: FS *Hahn*, S. 141 ff.; *Hrbek*, Das Vertragswerk von Maastricht: Die EG auf dem Weg zur Europäischen Union, Wirtschaftsdienst 1992, S. 131 (134); *Janning*, Dynamik in der Zwangsjacke – Flexibilität in der Europäischen Union nach Amsterdam, Integration 1997, S. 285 (286); *Krägenau/Wetter*, Regierungskonferenz und WWU, in: *Hrbek* (Hrsg.), Die Reform der Europäischen Union, S. 263 ff.; *Krenzler*, in: *Groeben/Thiesing/Ehlermann* (Hrsg.), Kommentar zum EU-/EG-Vertrag, 5. Auflage (1997), Band 5, Die Architektur Europas, Rdnr. 18; *Schlüter*, Die Europäische Wirtschafts- und Währungsunion: Anmerkungen zur Regierungskonferenz, Integration 1991, S. 106 (112 f.); *Simson/Schwarze*, Europäische Integration im Grundgesetz; Maastricht und die Folgen für das deutsche Verfassungsrecht, S. 49; *Wessels*, Die Währungsunion als Teil einer Europäischen Union: Plädoyer für eine Globalansicht, in: *Griller* (Hrsg.), Auf dem Weg zur Europäischen Wirtschafts- und Währungsunion, S. 15; *ders.*, Erweiterung, Vertiefung, Verkleinerung: Vitale Fragen für die Europäische Union, EuR 1993, S. 308 (313); *Zeitler*, Die Europäische Währungsunion als Stabilitätsgemeinschaft, WM 1995, S. 1609 (1612).

5 Ohne Anspruch auf Vollständigkeit: *Alesina/Grilli*, On the feasibility of a one-speed or multispeed European Monetary Union, in: *Eichengreen/Frieden* (Hrsg.), The Political Economy of European Monetary Unification, S. 108; *Altmann*, Ist die Europäische Union ein optimaler Währungsraum?, Wirtschaftsdienst 1994, S. 312 ff.; *Eichengreen/Frieden*, The Political Economy of European Monetary Unification: An Analytical Introduction, in: *dies.* (Hrsg.), The Political Economy of European Monetary Unification, S. 1 ff.; *Europäische Kommission*, Grünbuch über die praktischen Fragen des Übergangs zur einheitlichen Währung, S. 4; *von Hagen/Fratianni*, The Transition to European Monetary Union and the European Monetary Institute, in: *Eichengreen/Frieden* (Hrsg.), The Political Economy of European Monetary Unification, S. 144; *Hahn*, Zum Geltungsbereich der Europäischen Währungsunion, JZ 1993, S. 481 (483); *Hasse*, Die „Nach-Maastricht-Ära": Neuorientierungen für den Übergang zur europäischen Währungsunion, in: *Bofinger/Collignon/Lipp* (Hrsg.), Währungsunion oder Währungschaos? Was kommt nach der D-Mark, S. 133; *ders.*, Kerneuropa: Variable Geometrie – zwischen Integrationsdynamik und Spaltung, Wirtschaftsdienst 1994, S. 503 (505); *Hauser*, Die Ergebnisse von Maastricht zur Schaffung einer Europäischen Währungsunion, Aussenwirtschaft 1992, S. 151 (167); *Herz*, Die Folgen der September-Krise des EWS, Wirtschaftsdienst 1993, S. 247 (251); *Horn*, Währungsunion als Instrument der Integration?, in: FS *Mestmäcker*, S. 391; *Lipp*, Was kommt nach den Währungsturbulenzen?, in: *Bofinger/Collignon/Lipp* (Hrsg.), Währungsunion oder Währungschaos? Was kommt nach der D-Mark, S. 154; *O'Donnell*, Identifying the Issues, in: *ders.*, (Hrsg.), Economic and Monetary Union, S. 38; *Rácz*, Drei Fragen zur Durchführbarkeit der Wirtschafts- und Währungsunion, in: *Oppenländer* (Hrsg.), Einfluß der Europäischen Währungsunion auf den Transformationsprozeß in Ostmitteleuropa unter besonderer Berücksichtigung Ungarns, S. 81; *Roth*, Der rechtliche Rahmen der Wirtschafts- und Währungsunion, EuR – Beiheft 1 – 1994, S. 52; *Schuster*, EG am Scheideweg: Perspektiven der Europäischen Wirtschafts- und Währungsunion, S. 216; *Steindorff*, Währungsunion, Beitritt, Finanzausgleich und Maastricht II, EuZW 1996, S. 6 (7); *Tichy*, Differenzierte Hoffnungen im verwässerten Konzept: Zur Realisierung der dritten Stufe der Europäischen Währungsunion, in: *Breuss/Griller*, Flexible Integration in Europa – Einheit oder „Europe à la carte"?, S. 107; *Tietmeyer*, Europäische Währungsunion und Politische Union – das Modell mehrerer Geschwindigkeiten, EA 1994, S. 457 (457); *Ungerer*, Probleme einer europäischen Wirtschafts- und Währungsunion, in: *Socher/Lexa/Smekal* (Hrsg.), Europas Währungsgefüge, S. 12.

6 So *Hughes*, The 1996 intergovernmental conference and EU enlargement, International Affairs 1996, S. 1 ff.; *O'Keefe*, From Maastricht to the 1996 Intergovernmental Conference: The challenges facing the Union, LIEI 1994, S. 147 f.; *Scharrer*, Stabilitätspolitischer Grundkonsens erforderlich, Wirtschaftsdienst 1989, S. 279 (282); *ders.*, Konstruktiver Delors-Bericht, Wirtschaftsdienst 1989, S. 220 (220); *ders.*, Probleme einer Europäischen Wirtschafts- und Währungsunion im Spiegel des Delors-Berichts, in: *Mayer/Scharrer/Schmahl* (Hrsg.), Der Europäische Binnenmarkt: Perspektiven und Probleme, S. 270.

europa“[8] oder für ein „*multi*“- und „*two-tier Europe*“[9], alles Begriffe, die in der Diskussion um das Konzept der differenzierten Integration verwendet werden.[10] In der Tat lässt sich zeigen, dass die Grundgedanken des Konzepts der differenzierten Integration nicht nur die Entstehungsgeschichte des Vertrages von Maastricht mit prägten, sondern auch in die Vorschriften zur Wirtschafts- und Währungsunion Eingang gefunden haben.

B. Regelungen des EG-Vertrages zur Wirtschafts- und Währungsunion

I. Überblick

Nach Art. 2 EGV gehört es zu den Aufgaben der Gemeinschaft, eine Wirtschafts- und Währungsunion zu errichten. Diese Aufgabe umfasst gemäß Art. 4 EGV zwei grundlegende Elemente. Zum einen führt die Gemeinschaft eine Wirtschaftspolitik ein. Diese beruht unter anderem darauf, dass die Mitgliedstaaten ihre nationalen Wirtschaftspolitiken koordinieren und insoweit gemeinsame Ziele vereinbaren (vgl. Art. 4 Abs. 1 EGV). Und zum anderen umfasst die Aufgabe „Wirtschafts- und Währungsunion“ die „unwiderrufliche Festlegung der Wechselkurse“ zwischen den Währungen der Mitgliedstaaten (vgl. Art. 4 Abs. 2 EGV). Der EG-Vertrag macht deutlich, dass durch diese Fixierung der Wechselkurse nicht irgendein Festkurssystem, vergleichbar etwa dem von *Bretton-Woods*[11], geschaffen werden soll. Vielmehr sollen die Wechselkurse „im Hinblick auf die Einführung einer einheitlichen Währung ... sowie die Festlegung und Durchführung einer einheitlichen Geld- und Wechselkurspolitik“ (Art. 4 Abs. 2 EGV) unwiderruflich festgelegt werden.

Die in Art. 4 Abs. 1 und 2 EGV konkretisierten Aufgaben hat die Gemeinschaft „nach Maßgabe dieses Vertrages und der darin vorgesehenen Zeitfolge“ wahrzunehmen. Die insoweit maßgeblichen Vorschriften sind überwiegend in den Art. 98 ff. EGV enthalten. Der EG-Vertrag unterteilt diese Vorschriften (Titel VII) in vier Kapitel. Im ersten Kapitel ist die Wirtschaftspolitik geregelt (Art. 98 bis 104 EGV). Das zweite

---

7 *Vehrkamp*, EWS II, De-facto-Kernwährungsunion und die Europäische Währungsordnung nach 1999, in: *Heinemann* (Hrsg.), Europäische Währungsunion und Kapitalmärkte, S. 154 ff.

8 So *Franzmeyer*, Osterweiterung, Kerneuropa, Währungsunion – Zentrale Weichenstellungen in der Integrationspolitik, Integration 1995, S. 125 (126); *Lamers*, Variable Geometrie und fester Kern: Zur Debatte über das Europa-Papier der CDU/CSU-Bundestagsfraktion, Blätter für deutsche und internationale Politik 1994, S. 1464 (1467).

9 So etwa *Geelhoed*, Market Integration and Policy Integration: Two Sides of the same European Currency, in: *Winter/Curtin/Kellermann/de Witte* (Hrsg.), Reforming the Treaty on European Union – The Legal Debate, S. 310; *Honohan*, Monetary Union, in: *O'Donnel* (Hrsg.), Economic and Monetary Union, S. 80; *Mehnert-Meland*, Central Bank to the European Union, S. 39. Hinsichtlich der Sonderregelungen für Großbritannien und Dänemark wird teilweise der Begriff Europa „*á la carte*“ gebraucht. So etwa *Busch*, Europäische Union: Erwartungen an die Regierungskonferenz 1996, S. 24 f.; *O'Keefe*, (Fn. 6), S. 147 f.; wohl auch *Engel*, Der Europäische Rat, JbEI 1992/93, S. 58.

10 Vgl. insoweit *Stubb*, A Categorization of Differentiated Integration, JCMS 1996, S. 283 (285). Siehe zudem die Nachweise oben § 2, Fn. 4.

11 Zum Wechselkurssystem von *Bretton-Woods* siehe etwa *Hahn*, Währungsrecht, § 13 Rdnr. 1 ff.

Kapitel beschäftigt sich mit der Währungspolitik der Gemeinschaft (Art. 105 ff. EGV). Und auch die beiden letzten Kapitel, die mit „Institutionelle Bestimmungen" (Art. 112 ff. EGV) sowie mit „Übergangsbestimmungen" (Art. 116 ff. EGV) überschrieben sind, stehen ganz überwiegend in einem engen Zusammenhang mit der Währungspolitik. In diesen beiden Kapiteln sind lediglich die Art. 114 bis 116 EGV auch für den Bereich der Wirtschaftspolitik von Bedeutung. Sowohl die Vorschriften zur Wirtschafts- als auch zur Währungspolitik werden durch eine Reihe von Protokollen ergänzt.[12]

Der EG-Vertrag sieht vor, die europäische Wirtschafts- und Währungsunion nach einem genauen Terminplan in drei Stufen zu gründen.

Die erste Stufe begann auf Grund einer Entschließung des Europäischen Rates bereits vor In-Kraft-Treten des Vertrages von Maastricht am 1. Juli 1990.[13] Sie endete mit Beginn der zweiten Stufe, den Art. 116 Abs. 1 EGV für den 1. Januar 1994 festlegte.[14] Die ersten beiden Stufen dienten dazu, die Einführung der gemeinsamen Währung und die Festlegung und Durchführung der gemeinsamen Geld- und Wechselkurspolitik vorzubereiten.[15] Mit ihnen sollten sowohl die rechtlichen als

---

12 Die insoweit wichtigsten sind das Protokoll über die Satzung des Europäischen Währungsinstituts, das Protokoll über die Satzung des Europäischen Systems der Zentralbanken und der Europäischen Zentralbank, das Protokoll über das Verfahren bei einem übermäßigen Defizit, das Protokoll über die Konvergenzkriterien nach Artikel 121 des Vertrages zur Gründung der Europäischen Gemeinschaft, die Protokolle betreffend Dänemark und Portugal (mit Sonderregelungen für die Teile Dänemarks, die der EU nicht angehören, sowie für die portugiesischen autonomen Regionen), das Protokoll über den Übergang zur dritten Stufe der Wirtschafts- und Währungsunion, das Protokoll über einige Bestimmungen betreffend das Vereinigte Königreich von Großbritannien und Nordirland sowie das Protokoll über einige Bestimmungen betreffend Dänemark.

13 *Europäischer Rat*, Tagung in Straßburg am 8./9.12.1989, Schlussfolgerungen des Vorsitzes, unter B.III., abgedruckt z.B. in: *Krägenau/Wetter*, (Fn. 3), Dok. 34. Zu dieser Entscheidung *Hahn*, Der Vertrag von Maastricht als völkerrechtliche Übereinkunft und Verfassung, S. 42 ff.

14 Auch dieses Datum war schon vor der Unterzeichnung des Vertrages von Maastricht durch den Europäischen Rat beschlossen worden; vgl. *Europäischer Rat*, Sondertagung in Rom am 27./28.10.1990, Schlussfolgerungen des Vorsitzes, unter Punkt I. 2., abgedruckt z.B. bei *Krägenau/Wetter*, (Fn. 3), Dok. 38.

15 Allgemein zur ersten Stufe *Bandilla*, in: *Grabitz/Hilf* (Hrsg.), Das Recht der Europäischen Union, Art. 116 EGV (EL 15) Rdnr. 2; *Delors*-Bericht, Abschnitt 3, abgedruckt z.B. bei *Krägenau/Wetter*, (Fn. 3), Dok. 28; *Deutsche Bundesbank*, Die erste Stufe der Europäischen Wirtschafts- und Währungsunion, Monatsbericht, Juli 1990, S. 30 ff.; *Geiger*, Das Währungsrecht im Binnenmarkt der Europäischen Union, S. 100 ff.; *Häde*, in: *Calliess/Ruffert* (Hrsg.), Kommentar zu EUV und EGV, 2. Auflage (2002), Art. 116 EG-Vertrag Rdnr. 1 ff.; *Herz/Nürk*, Die erste Phase der Europäischen Wirtschafts- und Währungsunion, Wirtschaftsdienst 1990, S. 313 ff.; *Potacs*, Nationale Zentralbanken in der Wirtschafts- und Währungsunion, EuR 1993, S. 23 (24); *Ungerer*, A concise history of european monetary integration, S. 209 ff.; *Weinbörner*, Die Stellung der Europäischen Zentralbank (EZB) und der nationalen Zentralbanken in der Wirtschafts- und Währungsunion nach dem Vertrag von Maastricht, S. 128 ff. Zur zweiten Stufe allgemein *Deutsche Bundesbank*, Die zweite Stufe der Europäischen Wirtschafts- und Währungsunion, Monatsbericht, Januar 1994, S. 25 ff.; *Geiger*, a.a.O., S. 116 ff.; *Gnan/Schubert*, Was bringt die zweite Stufe der Europäischen Wirtschafts- und Währungsunion?, ÖBA 1994, S. 47 ff.; *Thygesen*, Economic and Monetary Union: Critical Notes on the Maastricht Treaty Revisions, in: *Torres/Giavazzi* (Hrsg.), Adjustment and growth in the European Monetary System, S. 11 ff.; *Ungerer*, a.a.O., S. 273 ff.; *Vaubel*, Die zweite Stufe auf dem Weg zur auch die wirtschaftlichen Voraussetzungen geschaffen werden, die für eine funktionierende Wirtschafts- und Währungsunion erforderlich sind.

Für den Beginn der dritten Stufe der Wirtschafts- und Währungsunion sieht der EG-Vertrag zwei Alternativen vor. Nach der ersten Alternative konnte der EG-Rat bis spätestens zum 31. Dezember 1996 ein Datum für den Beginn der dritten Stufe festlegen (Art. 121 Abs. 3 EGV). Für den Fall, dass er dies nicht tun würde, bestimmt Art. 121 Abs. 4 EGV den 1. Januar 1999 zum Beginn der dritten Stufe.[16] Die dritte Stufe hat nach der zweiten Alternative begonnen, da der EG-Rat 1996 auf der Grundlage des Art. 121 Abs. 3 EGV feststellte, dass ein Beginn der letzten Stufe der Wirtschafts- und Währungsunion vor dem 1. Januar 1999 nicht erfolgen konnte, weil die Voraussetzungen für die Einführung des Euro noch nicht vorlagen.[17]

Am ersten Tag der dritten Stufe legte der EG-Rat gemäß Art. 123 Abs. 4 S. 1 EGV die Umrechnungskurse fest, zu denen die nationalen Währungen durch den Euro ersetzt wurden.[18] Zudem traten mit Beginn der dritten Stufe u.a. die Vorschriften des EG-Vertrages in Kraft, nach denen die gemeinsame Geld- und Wechselkurspolitik festgelegt und durchgeführt wird (vgl. Art. 116 Abs. 3 EGV, Art. 123 Abs. 1 S. 3 EGV). Mit dem In-Kraft-Treten dieser Vorschriften ging die Währungshoheit der Staaten, die den Euro eingeführt haben, auf die Gemeinschaft über.[19] Für die Festlegung und Ausführung der einheitlichen Geldpolitik ist seit Beginn der dritten Stufe vor allem das nach Art. 8 EGV errichtete Europäische System der Zentralbanken (ESZB) verantwortlich (vgl. Art. 105 Abs. 2 EGV, Art. 3 ESZBS), dessen Satzung dem EG-Vertrag

---

Europäischen Wirtschafts- und Währungsunion: Konsequenzen aus den Maastrichter Währungsbeschlüssen, in: *Griller* (Hrsg.), Auf dem Weg zur Europäischen Wirtschafts- und Währungsunion?, S. 65 ff.; *Weinbörner*, a.a.O., S. 256 ff.

16 Zur Frage des automatischen Beginns der dritten Stufe siehe etwa *Geiger*, (Fn. 15), S. 132 f.; *Hahn*, Das Entstehen der Europawährung – Szenarien ihrer Einführung, JZ 1996, S. 321 (322); *ders./Häde*, Europa im Wartestand: Bemerkungen zur Währungsunion, in: FS *Everling*, S. 386; *Kortz*, Die Entscheidung über den Übergang in die Endstufe der Wirtschafts- und Währungsunion, S. 177 ff.; *ders.*, Der Termin des 1. Januar 1999 – Zielvorgabe oder Automatismus für den Beginn der Endstufe der Europäischen Wirtschafts- und Währungsunion?, EuR 1996, S. 80 ff.; *Neumann*, Europäische Wirtschafts- und Währungsunion – Chance oder Risiko?, Sparkasse 1992, S. 194 (195); *Selmayr*, Das Recht der Wirtschafts- und Währungsunion, S. 203 ff.; *ders.*, Die Europäische Wirtschafts- und Währungsunion als Rechtsgemeinschaft, AöR 1999, S. 357 (361 ff.).

17 Vgl. Entscheidung des Rates (96/736/EG) vom 13. Dezember 1996 nach Artikel 109j Absatz 3 des Vertrages zur Gründung der Europäischen Gemeinschaft über den Eintritt in die dritte Stufe der Wirtschafts- und Währungsunion, ABl. EG Nr. L 335 vom 24.12.1996, S. 48.

18 Verordnung (EG) Nr. 2866/98 des Rates vom 31. Dezember 1998 über die Umrechnungskurse zwischen dem Euro und den Währungen der Mitgliedstaaten, die den Euro einführen, ABl. EG Nr. L 359 vom 31.12.1998, S. 1.

19 Vgl. *Bogdandy/Nettesheim*, in: *Grabitz/Hilf* (Hrsg.), Kommentar zur Europäischen Union, Art. 3b EGV (EL 7) Rdnr. 30; *Häde*, (Fn. 15), Art. 8 EG-Vertrag Rdnr. 5; *ders.*, Erwartungen an den Euro: Europäische Zentralbank, Geldpolitik und Stabilität, in: *Kröger/Schindhelm* (Hrsg.), Der Euro kommt – ... jetzt richtig handeln!, S. 31; *Hahn/Häde*, (Fn. 16), S. 393; *Kempen*, in: *Streinz* (Hrsg.), EUV/EGV, Art. 8 EGV Rdnr. 7; *Krauskopf/Steven*, Einführung des Euro in außereuropäischen Territorien und währungsrechtliche Regelungen im Verhältnis zu Drittstaaten, EuZW 1999, S. 650 (652); *Seidel*, The European Community after Maastricht, in: *Temperton*, (Hrsg.), The European Currency Crisis, S. 102; *Weiß*, Kompetenzverteilung in der Währungspolitik und Außenvertretung des Euro, EuR 2002, S. 165 (173).

in einem Protokoll beigefügt ist. Die Wechselkurspolitik liegt dagegen überwiegend im Verantwortungsbereich des EG-Rates (vgl. Art. 111 EGV).

Für die Wirtschaftspolitik bleiben dagegen auch in der dritten Stufe überwiegend die Mitgliedstaaten zuständig. Zu einer grundlegenden Kompetenzverschiebung wie in der Währungspolitik kommt es in diesem Bereich der Wirtschafts- und Währungsunion nicht.[20] Jedoch sehen die Art. 98 bis 104 EGV eine Koordinierung und Überwachung der nationalen Wirtschaftspolitiken vor. So sollen die Voraussetzungen dafür geschaffen werden, dass ein entsprechendes wirtschaftliches Umfeld die Stabilität der gemeinsamen Währung unterstützt und absichert.[21]

II. Vollendung der Wirtschafts- und Währungsunion

1. Einführung der einheitlichen Währung

Der Beginn der dritten Stufe der Wirtschafts- und Währungsunion führte nicht automatisch dazu, dass alle Mitgliedstaaten die gemeinsame Währung einführen konnten und ihre Währungshoheit auf die Gemeinschaft übertrugen. Vielmehr überprüfte der EG-Rat in der Zusammensetzung der Staats- und Regierungschefs zunächst im Verfahren nach Art. 121 EGV für jeden Mitgliedstaat, ob er die „notwendigen Voraussetzungen" für die Einführung des Euro erfüllte (vgl. Art. 121 Abs. 3 und 4 EGV). Welche Voraussetzungen „notwendig" erfüllt sein mussten, um den Euro einführen zu können, war und ist auf Grund des offenen Wortlauts des Art. 121 Abs. 3 und 4 EGV stark umstritten.[22] Unstreitig war und ist im Prinzip lediglich, dass hierzu bestimmte von den Mitgliedstaaten zu erfüllende rechtliche Vorgaben zählten[23], und dass die ökonomischen Mindestvoraussetzungen für die Einführung der gemeinsamen Währung gegeben sein mussten.[24]

Die Feststellung, ein Mitgliedstaat erfülle die „notwendigen Voraussetzungen", war eine notwendige Bedingung für die Einführung der einheitlichen Währung. Denn den Staaten, für die der EG-Rat feststellte, dass sie diese Voraussetzungen nicht er-

20 Vgl. *Hahn*, (Fn. 13), S. 77; *Kirchhof*, Die Mitwirkung Deutschlands an der Wirtschafts- und Währungsunion, in: *ders./Offerhaus/Schöberle* (Hrsg.), Steuerrecht, Verfassungsrecht, Finanzpolitik: Festschrift für *Franz Klein*, S. 70 f.; *Pernice*, Maastricht, Staat und Demokratie, Die Verwaltung 1993, S. 449 (463); *Seidel*, Zur Verfassung der Europäischen Gemeinschaft nach Maastricht, EuR 1992, S. 125 (134). Dazu auch *Häde*, Währungsunion und Finanzausgleich, in: *Hahn* (Hrsg.), Das Währungswesen in der Europäischen Integration, S. 154; *Seidel*, Die Wirtschafts- und Währungsunion im rechtlichen und politischen Gefüge der Europäischen Gemeinschaft, in: *Caesar/Scharrer* (Hrsg.), Ökonomische und politische Dimensionen der Europäischen Wirtschafts- und Währungsunion, S. 216 f. Zur Kompetenzverteilung in der Wirtschaftspolitik ausführlich unten Teil II, § 8.

21 Zur Wirtschaftspolitik der Gemeinschaft ausführlich unten Teil II, § 8.

22 Dazu ausführlich unten Teil II, § 9, S. 272 ff.

23 So genannte rechtliche Konvergenz. Zu den insoweit zu erfüllenden Anforderungen unten Teil II, § 9, S. 291 ff.

24 Dazu ausführlich unten Teil II, § 9, S. 272 ff.

füllten, wurde gemäß Art. 122 Abs. 1 EGV eine Ausnahmeregelung gewährt.[25] Diese Staaten werden durch den EG-Vertrag als „Mitgliedstaaten, für die eine Ausnahmeregelung gilt“ bezeichnet (vgl. Art. 122 Abs. 1 S. 2 EGV).[26] Am ersten Tag der dritten Stufe legte der EG-Rat aber die Umrechnungskurse der nationalen Währungen zum Euro nur für die Mitgliedstaaten fest, für die keine Ausnahmeregelung galt (vgl. Art. 123 Abs. 4 S. 1 EGV). Die Umrechungskurse der Währungen der Staaten mit Ausnahmeregelung zum Euro legt er dagegen erst fest, nach dem die Ausnahmeregelung aufgehoben worden ist (vgl. Art. 123 Abs. 5 EGV).[27] In dem Moment, in dem die Umrechnungskurse unwiderruflich festgelegt sind, und auch nur dann, ist eine gemeinsame Währung entstanden.[28] Solange sie nicht unwiderruflich festgelegt werden, behält ein Mitgliedstaat mithin seine nationale Währung. Daher haben zum 1. Januar 1999 nur die Mitgliedstaaten den Euro einführen können, für die der EG-Rat feststellte, dass sie die „notwendigen Voraussetzungen“ hierfür erfüllten. Die anderen Mitgliedstaaten behielten dagegen ihre nationale Währung.

2. Wirtschafts- und Währungspolitik

Die Entscheidung des EG-Rates darüber, welche Mitgliedstaaten die „notwendigen Voraussetzungen“ für die Einführung des Euro erfüllen, war dem Beginn der dritten Stufe der Wirtschafts- und Währungsunion einige Monate vorgeschaltet (vgl. Art. 121 Abs. 4 EGV). In der Zeit zwischen dieser Entscheidung und dem Beginn der letzten Stufe sollten die letzten noch erforderlichen Vorbereitungen für den Beginn der dritten Stufe getroffen werden.[29] Während dieses Zeitraums verblieb die Währungshoheit noch uneingeschränkt bei den Mitgliedstaaten. Erst mit dem 1. Januar 1999 ging sie von den Staaten, die den Euro einführten, auf die Gemeinschaft über.[30] Seit diesem Tag kann die Wirtschafts- und Währungsunion zumindest

---

25 Art. 122 Abs. 1 UAbs. 2 EGV stellt ausdrücklich klar, dass die Gewährung einer Ausnahmeregelung die unmittelbare Folge der Entscheidung des Rates auf der Grundlage des Art. 121 Abs. 4 EGV ist, dass ein Mitgliedstaat die Voraussetzungen für die Einführung der gemeinsamen Währung nicht erfüllt („wird ... gewährt“). So auch *Bandilla*, (Fn. 15), (EL 11) Art. 109 k EGV Rdnr. 4; *Kempen*, (Fn. 19), Art. 122 EGV Rdnr. 11; *Wölker*, in: *von der Groeben/Schwarze* (Hrsg.), Vertrag über die Europäische Union und Vertrag zur Gründung der Europäischen Gemeinschaft, 6. Auflage (2003), Art. 122 EG Rdnr. 4. Hätte die dritte Stufe dagegen auf der Grundlage einer Entscheidung des EG-Rates nach Art. 121 Abs. 3 EGV begonnen, hätte der EG-Rat gemäß Art. 122 Abs. 1 UAbs. 1 EGV eine ausdrückliche Entscheidung darüber treffen müssen, ob und ggf. welchen Mitgliedstaaten eine Ausnahmeregelung gewährt wird. Allerdings hätte der EG-Rat den Staaten, für die er festgestellt hätte, dass sie die Voraussetzungen für die Einführung des Euro nicht erfüllen, zwingend eine Ausnahmeregelung gewähren müssen. Anderenfalls wäre der Status dieser Mitgliedstaaten in der dritten Stufe offengeblieben. Zu dieser Problematik ausführlich *Kortz*, (Fn. 16), S. 170 f.

26 Die vorliegende Arbeit bezeichnet diese Staaten zum Teil vereinfacht als Mitgliedstaaten mit Ausnahmeregelung.

27 Dazu ausführlich unten Teil II, § 8.

28 Vgl. *Weber*, Die Kompetenzverteilung im Europäischen System der Zentralbanken bei der Festlegung und Durchführung der Geldpolitik, S. 107.

29 Siehe dazu unten Teil II, § 9, S. 299 ff.

30 Dazu bereits oben S. 23 ff.

für die Mitgliedstaaten, die seither dem Euro-Währungsgebiet angehören, als vollendet gelten. Die Wechselkurse ihrer ehemals nationalen Währungen zum Euro sind unwiderruflich festgelegt, die Gemeinschaft legt für sie nunmehr eine einheitliche Geld- und Wechselkurspolitik fest und führt diese aus.[31] Und auch die Vorschriften des EG-Vertrages zur Wirtschaftspolitik sind mit Beginn der dritten Stufe für sie uneingeschränkt in Kraft getreten.[32]

Welche Vorschriften in der dritten Stufe im Bereich der Wirtschafts- und Währungspolitik anwendbar sind, ist allerdings davon abhängig, ob für einen Mitgliedstaat eine Ausnahmeregelung gilt, und unterscheidet sich zudem danach, ob ein Staat dem Euro-Währungsgebiet angehört oder nicht. Denn wenn eine Ausnahmeregelung besteht, gelten insoweit im Vergleich zu dem Fall, in dem alle Mitgliedstaaten dem Euro-Währungsgebiet angehören, teilweise andere bzw. in ihrem Anwendungsbereich veränderte Vorschriften. So sind in diesem Fall viele Vorschriften des EG-Vertrages zur Wirtschafts- und Währungspolitik nur auf die Staaten uneingeschränkt anwendbar, für die keine Ausnahmeregelung gilt. Für einen Teil dieser Normen ergibt sich das bereits ausdrücklich aus dem Wortlaut.[33] Für andere ordnet der EG-Vertrag das in speziellen Normen an. So „gelten" etwa bestimmte, einzeln aufgezählte Normen für die Staaten mit Ausnahmeregelung nicht (vgl. Art. 122 Abs. 3 EGV) oder lassen für sie „keinerlei Rechte oder Verpflichtungen" entstehen (vgl. Art. 43.1. ESZBS). Andere, ebenfalls einzeln aufgeführte Vorschriften werden zudem inhaltlich verändert. Und zwar bezeichnen die Begriffe „Mitgliedstaaten" (vgl. Art. 122 Abs. 4 EGV, Art. 43.3 ESZBS), „nationale Zentralbanken" (vgl. Art. 43.4. ESZBS), „Anteilseigner" (vgl. Art. 43.5. ESZBS) sowie „Kapital der EZB, das von den Zentralbanken der Mitgliedstaaten gezeichnet wurde" (vgl. Art. 43.6. ESZBS) nur die „Mitgliedstaaten, für die keine Ausnahmeregelung gilt", die „nationalen Zentralbanken der Mitgliedstaaten, für die keine Ausnahmeregelung gilt" sowie das „Kapital der EZB, das von den Zentralbanken der Mitgliedstaaten gezeichnet wurde, für die keine Ausnahmeregelung gilt". Und schließlich enthält der EG-Vertrag eine Reihe von Normen, die ausdrücklich nur soweit und solange anwendbar sind, wie für einen Mitgliedstaat eine Ausnahmeregelung gilt oder für die nur in diesem Fall ein sachlicher Anwendungsbereich besteht.[34]

Die Rechtslage, die infolge der Gewährung einer Ausnahmeregelung im Bereich der Wirtschafts- und Währungspolitik entsteht, lässt sich gut als unübersichtlich bezeichnen.[35] Deutlich erkennbar ist jedoch, dass die meisten Vorschriften des EG-Ver-

---

31 Dazu bereits oben S. 26 f. sowie zur einheitlichen Geld- und Wechselkurspolitik ausführlich unten Teil II, §§ 5 und 6.

32 Dazu ausführlich unten Teil II, § 8.

33 Vgl. Art. 123 Abs. 1, 4 und 5 EGV. Zu den Besonderheiten im Wortlaut von Art. 123 Abs. 4 und 5 EGV siehe unten Teil II, § 9, S. 299 ff.

34 Vgl. etwa Art. 114 Abs. 4 EGV, Art. 122 EGV, Art. 123 Abs. 3 und Abs. 5 EGV, Art. 124 Abs. 2 EGV, Art. 53 ESZBS.

35 Auf die Komplexität der Vorschriften zur Wirtschafts- und Währungsunion im Allgemeinen weisen beispielsweise *Läufer*, Zum Stand der Verfassungsdiskussion in der Europäischen Union, in: GS *Grabitz*, S. 357; *Meyer*, Vom Europäischen Währungssystem zur Wirtschafts- und Währungstrages zur Wirtschafts- und Währungspolitik uneingeschränkt nur auf die Staaten des Euro-Währungsgebietes anwendbar sind. Die Staaten, für die eine Ausnahmeregelung gilt, werden dagegen aus dem Anwendungsbereich einer Vielzahl von Vorschriften ausgenommen. Eine erste Durchsicht der Normen, die für diese Staaten nicht oder nur verändert anwendbar sind, zeigt, dass es sich oft um die zentralen Bestimmungen handelt, nach denen die gemeinsame Geld- und Wechselkurspolitik festgelegt und ausgeführt wird. Beispielsweise gelten gemäß Art. 122 Abs. 3 EGV die ersten drei Absätze des Art. 105 EGV für die Staaten mit Ausnahmeregelung nicht. Diese Absätze enthalten aber sowohl die Zielbestimmung für die Geldpolitik der Gemeinschaft (Art. 105 Abs. 1 EGV) als auch die zentralen Aufgaben des Europäischen Systems der Zentralbanken (Art. 105 Abs. 2 EGV).[36] Das lässt auch ohne nähere Analyse den Schluss zu, dass nur die Mitgliedstaaten, für die keine Ausnahmeregelung gilt, uneingeschränkt der einheitlichen Geld- und Wechselkurspolitik der Gemeinschaft unterliegen und sich auch nur diese Staaten vollumfänglich an der Wirtschaftsunion beteiligen. Für die Mitgliedstaaten, für die eine Ausnahmeregelung gilt, ist die Wirtschafts- und Währungsunion dagegen solange noch nicht vollendet, wie die Ausnahmeregelung besteht. Daher kann von einer wirklichen Vollendung der Wirtschafts- und Währungsunion erst dann gesprochen werden, wenn alle Mitgliedstaaten dem Euro-Währungsgebiet angehören.

III. Sonderregelungen für Dänemark und Großbritannien

Für Großbritannien und Dänemark gelten in der Wirtschafts- und Währungsunion Sonderregelungen.[37] Diese Regelungen sind dem EG-Vertrag in zwei Protokollen beigefügt.[38] Sie ermöglichen beiden Staaten vor allem, den Euro erst dann einzuführen, wenn sie ausdrücklich eine entsprechende politische Entscheidung getroffen haben. Selbst wenn sie die notwendigen Voraussetzungen erfüllen, um die einheitliche Währung einzuführen, sind sie hierzu mithin nicht verpflichtet.[39] Eine vergleichbare Möglichkeit stand den anderen Mitgliedstaaten nicht offen. Sie waren vielmehr rechtlich verpflichtet, zum Beginn der dritten Stufe den Euro einzuführen, wenn der EG-Rat für sie feststellte, dass sie die „notwendigen Voraussetzungen" hierfür erfüllen.[40] Die für Großbritannien und Dänemark geltenden Sonder-

---

union 1979–1999, S. 22; *Pipkorn*, Legal Arrangements in the Treaty of Maastricht for the Effectiveness of the Economic and Monetary Union, CMLR 1994, S. 263 (268), hin. Ähnlich auch *Piris*, After Maastricht, are the Community institutions more efficacious, more democratic and more transparent?, ELR 1994, S. 449 (482), der meint, die Vorschriften zur Wirtschafts- und Währungsunion wären ein Beispiel für *„obscurity and unreadability"*.

36 Zu den Zielbestimmungen und zum Europäischen System der Zentralbanken ausführlich unten in Teil II, § 5.

37 Zu diesen Sonderregelungen ausführlich in Teil III, § 10.

38 Protokoll über einige Bestimmungen betreffend das Vereinigte Königreich von Großbritannien und Nordirland (ProtGB) sowie das Protokoll über einige Bestimmungen betreffend Dänemark (ProtDK).

39 Dazu ausführlich in Teil III, § 10.

40 Zur Rechtspflicht, den Euro einzuführen, siehe etwa *Bandilla*, (Fn. 15), (EL 11), Art. 109 j EGV regelungen erklären sich im Wesentlichen daraus, dass beide Staaten das Ziel, eine einheitliche Währung einzuführen, nicht mit den anderen Mitgliedstaaten teilten, jedenfalls nicht in der im EG-Vertrag vorgesehenen Zeitfolge und nach dem dort vorgesehenen Verfahren.[41]

Die Sonderstellung Großbritanniens und Dänemarks in der Wirtschafts- und Währungsunion sichert der EG-Vertrag in einer ähnlicher Weise ab, in der auch die Rechtsstellung der Staaten mit Ausnahmeregelung geregelt ist.[42] Viele Vorschriften des EG-Vertrages im Bereich der Wirtschafts- und Währungspolitik sind nicht oder nur verändert auf sie anwendbar. Für Dänemark ergibt sich das daraus, dass nach Punkt 2 ProtDK die Bestimmungen des EG-Vertrages zu den Mitgliedstaaten mit Ausnahmeregelung entsprechend anzuwenden sind. Das Protokoll, in dem die Sonderstellung Großbritanniens geregelt ist, enthält dagegen ausdrücklich Bestimmungen, nach denen viele Vorschriften des EG-Vertrages für Großbritannien nicht oder nur mit einem veränderten Inhalt gelten.[43] Durch diese Sonderregelungen ermöglicht der EG-Vertrag Großbritannien und Dänemark einerseits, sich nicht voll an der Wirtschafts- und Währungsunion zu beteiligen. Andererseits stellen sie aber auch sicher, dass die Mitgliedstaaten, denen der EG-Rat bestätigte, dass sie die „notwendigen Voraussetzungen" erfüllen, um den Euro einzuführen, die Wirtschafts- und Währungsunion auch ohne Großbritannien und Dänemark vollenden können.

C. Differenzierte Integration in der Wirtschafts- und Währungsunion

I. Differenzierte Integration in der Wirtschafts- und Währungspolitik

In den vorstehend dargestellten Regelungen des EG-Vertrages zur Wirtschafts- und Währungsunion spiegeln sich erkennbar die Grundgedanken des Konzeptes der differenzierten Integration wider.[44] Der EG-Vertrag lässt zu, dass zunächst nur die Mitgliedstaaten eine Integrationsmaßnahme, die Wirtschafts- und Währungsunion, voll verwirklichen, die bereit und in der Lage sind, eine einheitliche Währung einzuführen. Die Staaten dagegen, die vorerst die „notwendigen Voraussetzungen" für die Einführung des Euro nicht erfüllen können oder die aus politischen Gründen nicht bereit sind, sich dem Euro-Währungsgebiet anzuschließen, stehen der Vollendung des Vertragsziels Wirtschafts- und Währungsunion durch die integrationswilligen und -bereiten Staaten nicht im Wege. Vielmehr sind, wie durch das Konzept der differenzierte Integration vorgegeben, in der dritten Stufe der Wirtschafts- und Währungsunion viele Vorschriften des EG-Vertrages zur Wirtschafts- und Währungspolitik, insbesondere die für die Festlegung und Durch-

---

Rdnr. 3; *Häde*, (Fn. 15), Art. 122 EG-Vertrag Rdnr. 20; *Wölker*, (Fn. 25), Art. 121 EG Rdnr. 11. Siehe zu diesem Problemkreis zudem unten Teil II, § 9, S. 270 und S. 298 f.

41 Zum Hintergrund der Sonderregelungen siehe unten Teil III, § 10, S. 304 ff.

42 Dazu im Einzelnen unten Teil III, § 10.

43 Dazu ausführlich unten Teil II, § 9.

44 Zum Konzept der differenzierten Integration ausführlich in § 2.

führung der einheitlichen Geld- und Wechselkurspolitik maßgebenden, auf diese Staaten nicht oder nur mit einem veränderten Inhalt anwendbar. Die Mitgliedstaaten, die den Euro einführen konnten und wollten, waren so weder durch ökonomische noch politische Gründe, die nicht in ihrer eigenen nationalen Verantwortungssphäre lagen, gehindert, die Wirtschafts- und Währungsunion zu vollenden.

II. Differenzierte Integration als reale Erscheinung

Der EG-Vertrag eröffnet die Möglichkeit zu einer differenzierten Integration in der Wirtschafts- und Währungsunion nicht nur theoretisch. Vielmehr hat diese Möglichkeit auch praktische Anwendung gefunden. Zwar hatte der EG-Rat 1996 noch auf der Grundlage des Art. 121 Abs. 1 EGV entschieden, die dritte Stufe der Wirtschafts- und Währungsunion könne noch nicht beginnen, weil bis dahin die Mehrheit der Mitgliedstaaten die Voraussetzungen für die Einführung des Euro nicht erfüllen konnte.[45] Anfang Mai 1998 stellte er jedoch auf der Grundlage des Art. 121 Abs. 4 EGV fest, dass elf der damals fünfzehn Mitgliedstaaten die „notwendigen Voraussetzungen" für die Einführung der gemeinsamen Währung erfüllten.[46] Diese Staaten konnten den Euro am 1. Januar 1999 einführen.[47] Für zwei Staaten, Schweden und Griechenland, stellte der EG-Rat dagegen fest, dass sie diese Voraussetzungen nicht erfüllten.[48] Gemäß Art. 122 Abs. 1 UAbs. 2 EGV wurde diesen beiden Staaten als Konsequenz dieser Feststellung eine Ausnahmeregelung gewährt.[49] Zudem machten Dänemark und Großbritannien von ihrem Recht Gebrauch, die für sie geltenden Sonderregelungen anzuwenden und den Euro nicht einzuführen.[50] Wenngleich der EG-Rat zum 1. Januar 2001 für Griechenland die Ausnahmeregelung aufgehoben hat[51], besteht seit der Entscheidung des Rates vom 4. Mai 1998 bzw. der Entscheidung Dänemarks und Großbritanniens, die für sie geltenden Sonderregelungen anzuwenden, in der Wirtschafts- und Währungsunion somit die Situation einer differenzierten Integration: Einige Mitgliedstaaten verwirklichen

---

45 Vgl. Entscheidung des Rates (96/736/EG) vom 13. Dezember 1996 nach Artikel 109j Absatz 3 des Vertrages zur Gründung der Europäischen Gemeinschaft über den Eintritt in die dritte Stufe der Wirtschafts- und Währungsunion, ABl. EG Nr. L 335 vom 24.12.1996, S. 48.

46 Vgl. Entscheidung des Rates vom 3. Mai 1998 gemäß Artikel 109j Absatz 4 des Vertrags (98/317/EG), ABl. EG Nr. L 139 vom 11.5.1998, S. 30. Kritisch zur Rechtmäßigkeit dieser Entscheidung *Häde*, Zur Rechtmäßigkeit der Entscheidung über die Europäische Wirtschafts- und Währungsunion, JZ 1998, S. 1088 ff.

47 Siehe dazu oben S. 26 f.

48 Vgl. Entscheidung des Rates vom 3. Mai 1998 (Fn. 46).

49 Zu den Besonderheiten, auf Grund derer für Schweden eine Ausnahmeregelung gilt, siehe *Häde*, (Fn. 46), S. 1092; *ders.*, (Fn. 15), Art. 121 EG-Vertrag Rdnr. 28 f.; *Hoffmann*, Die ‚EWU-Nachzügler': Perspektiven für Beitritt und Zinskonvergenz, EWU-Monitor Nr. 55, S. 3; *Selmayr*, Die Europäische Wirtschafts- und Währungsunion als Rechtsgemeinschaft, AöR 1999, S. 357 (263 f.).

50 Vgl. Entscheidung des Rates vom 3. Mai 1998 (Fn. 46), in der darauf ausdrücklich hingewiesen wird. Ausführlich zu den für beide Staaten geltenden Sonderregelungen unten Teil III, § 10.

51 Vgl. Entscheidung des Rates vom 19. Juni 2000 gemäß Artikel 122 Absatz 2 des Vertrages über die Einführung der Einheitswährung durch Griechenland am 1. Januar 2001 (2000/427/EG), ABl. EG Nr. L 167 vom 7.7.2000, S. 19.

die Integrationsmaßnahme „Wirtschafts- und Währungsunion", während andere sich nicht voll an ihr beteiligen können bzw. wollen.

III. Beitritt und Teilnahme an der Wirtschafts- und Währungsunion

Im Mai 2004 sind acht mittel- und osteuropäische Staaten sowie Zypern und Malta der Europäischen Union beigetreten. Gemäß Art. 4 der Beitrittsakte[52] nehmen sie vom Tag des Beitritts an der Wirtschafts- und Währungsunion als Mitgliedstaaten, für die eine Ausnahmeregelung gilt, teil. Sie treten also zunächst dem Euro-Währungsgebiet nicht bei. Vielmehr behalten sie ihre eigene Währung.

Diese Regelung der Beitrittsakte erklärt sich im Wesentlichen aus den Voraussetzungen bzw. dem Verfahren für die Einführung des Euro. Den Euro können nur die Mitgliedstaaten einführen, für die der EG-Rat festgestellt hat, dass sie die „notwendigen Voraussetzungen" hierfür erfüllen.[53] Dass auch die neuen Mitgliedstaaten diesem Verfahren unterworfen sein werden, stand nie im Zweifel. Die meisten der neuen Unionsmitglieder erfüllten jedoch im Mai 2004 die wirtschaftlichen Voraussetzungen für die Einführung des Euro noch nicht.[54] Darüber hinaus konnte der EG-Rat im Zeitpunkt des Beitritts noch nicht darüber entschieden haben, ob die neuen Mitgliedstaaten die „notwendigen Voraussetzungen" für die Einführung des Euro erfüllen, zumindest nicht unter Beteiligung auch der Vertreter der neuen Unionsmitglieder. Ein Beitritt zum Euro-Währungsgebiet kam daher bereits aus diesem Grund nicht in Betracht.

Die neuen Mitgliedstaaten gehören also mit ihrem Beitritt zum Kreis der Staaten, die sich der Wirtschafts- und Währungsunion bislang nicht voll anschließen können, weil sie die Voraussetzungen hierfür nicht erfüllen. Es bot sich daher an, diesen Staaten in der Wirtschafts- und Währungsunion zunächst eine Ausnahmeregelung zu gewähren und sie so den alten Mitgliedern der Union gleichzustellen. So sind die beigetretenen Staaten zudem automatisch dem einzigen Verfahren unterworfen, in dem nach Beginn der dritten Stufe der Wirtschafts- und Währungsunion über die Einführung des Euro entschieden werden kann. Dieses Verfahren ist in Art. 122 Abs. 2 EGV geregelt und betrifft die Aufhebung einer Ausnahmeregelung.[55] Da sich in den Beitrittsverhandlungen zudem schon früh abzeichnete, dass die Gemeinschaft Sonderregelungen, die etwa denen für Dänemark und Großbritannien geltenden vergleichbar sind, nicht akzeptieren würde[56], erschien und erscheint die Ge-

---

52 ABl. EG Nr. L 236 vom 23.9.2003, S. 33.

53 Dazu oben S. 26 f.

54 Vgl. insoweit die Feststellungen in den Konvergenzberichten der *Europäischen Kommission* und der *Europäischen Zentralbank* aus dem Jahr 2004 (*Europäische Kommission*, Konvergenzbericht 2004, KOM(2004) 690 endgültig; *Europäische Zentralbank*, Konvergenzbericht 2004).

55 Dazu ausführlich unten in Teil II, § 9.

56 Vgl. *Deutsche Bundesbank*, Geschäftsbericht, 1999, S. 111; *Hellmann*, Die Herausforderung der EU-Erweiterung für Beitrittsanwärter und WWU, in: *Caesar/Scharrer* (Hrsg.), Die Europäische Wirtschafts- und Währungsunion: regionale und globale Herausforderungen, S. 343.

währung einer Ausnahmeregelung an die neuen Unionsmitglieder als der nahe liegendste und sachgerechteste Weg. Aus diesem Grund werden auch Bulgarien und Rumänien mit ihrem für 2007 anvisierten Beitritt zur Europäischen Union an der Wirtschafts- und Währungsunion als Mitgliedstaaten, für die eine Ausnahmeregelung gilt, teilnehmen.[57]

IV. Ergebnis

Zusammenfassend lässt sich feststellen, dass der EG-Vertrag die Verwirklichung, also die Vollendung, der Wirtschafts- und Währungsunion im Wege differenzierter Integration zulässt und dass diese Möglichkeit Realität geworden ist. Das hat zur Konsequenz, dass bis heute nicht alle Mitgliedstaaten der Europäischen Union dem Euro-Währungsgebiet angehören. Durch diese differenzierte Integration in der Wirtschafts- und Währungsunion fanden die Mitgliedstaaten während der Verhandlungen zum Vertrag von Maastricht einen Ausweg aus den beiden Problemen, die einer vertieften währungspolitischen Integration lange im Wege standen, und zwar, dass nicht alle Mitgliedstaaten zur selben Zeit die ökonomischen Voraussetzungen für eine solche Zusammenarbeit erfüllen konnten bzw. zu einer solchen politisch bereit waren.[58] Darauf hinzuweisen bleibt, dass eines dieser beiden Probleme, die fehlende wirtschaftliche Konvergenz, ohne die Verwirklichung der Wirtschafts- und Währungsunion im Wege differenzierter Integration auch in jüngster Zeit, im Zusammenhang mit der Erweiterungsrunde 2004, wieder zu Problemen geführt hätte. Ohne die Möglichkeit, der Union beizutreten, und nicht zugleich die einheitliche Währung einführen zu müssen, wäre der Beitritt der zehn Staaten 2004 nicht möglich gewesen. Denn diese Staaten erfüllten zum Zeitpunkt ihres Beitritts insbesondere die wirtschaftlichen Voraussetzungen für die Einführung des Euro nicht. Und auch Bulgarien und Rumänien werden bei ihrem für 2007 geplanten Beitritt diese Voraussetzungen nicht erfüllen können. Auch sie können der Union daher nur durch die Gewährung einer Ausnahmeregelung beitreten.

Es kann daher festgehalten werden, dass das Konzept der differenzierten Integration (oder zumindest die ihm zu Grunde liegenden Gedanken) als integrationspolitisches Hilfsmittel bei der Verwirklichung der Wirtschafts- und Währungsunion mit Erfolg Anwendung gefunden hat, um Probleme im Integrationsprozess zu lösen. Die differenzierte Integration in der Wirtschafts- und Währungspolitik trägt der politischen und ökonomischen Realität Rechnung, die eine Vollendung der Wirtschafts- und Währungsunion durch alle Mitgliedstaaten der Union wohl auf absehbare Zeit ausschließt.

---

57 Vgl. Art. 5 des Protokolls über die Bedingungen und Einzelheiten der Aufnahme der Republik Bulgarien und Rumäniens in die Europäische Union, ABl. EU Nr. L 157 vom 21.6.2005, S. 29, sowie Art. 5 der Akte über die Bedingungen des Beitritts der Republik Bulgarien und Rumäniens und die Anpassungen der Verträge, auf denen die Europäische Union beruht, ABl. EU Nr. L 157 vom 21.6.2005, S. 203.

58 Dazu ausführlich oben § 1.

Teil II: Die Wirtschafts- und Währungspolitik der EG bei Bestehen einer Ausnahmeregelung

§ 4 Wirtschafts- und Währungspolitik der EG bei Bestehen einer Ausnahmeregelung: Fragestellung und Vorgehen

A. Fragestellung: Rechtslage in der Wirtschafts- und Währungspolitik

Wenn einem Mitgliedstaat eine Ausnahmeregelung gewährt wird [1], entsteht in der Gemeinschaft die Situation einer differenzierten Integration.[2] Einige Mitgliedstaaten verwirklichen die Integrationsmaßnahme Wirtschafts- und Währungsunion, während die Staaten, für die eine Ausnahmeregelung gilt, nicht voll an ihr beteiligt sind. In konsequenter Anwendung der dem Konzept der differenzierten Integration zu Grunde liegenden Gedanken wird das dadurch erreicht, dass viele Vorschriften des EG-Vertrages zur Wirtschafts- und Währungspolitik für die Staaten mit Ausnahmeregelung nicht oder nur mit einem veränderten Inhalt gelten.[3]

Die Regelungen des EG-Vertrages zur Wirtschafts- und Währungspolitik sind mithin nicht auf alle Mitgliedstaaten mit demselben sachlichen Inhalt anwendbar, solange und soweit nicht alle Mitglieder der Europäischen Union dem Euro-Währungsgebiet angehören. So entstehen innerhalb des Gemeinschaftsrechts zwei im Prinzip voneinander getrennte Rechtskreise.[4] Der eine Rechtskreis begründet Rechte und Pflichten für die Mitgliedstaaten des Euro-Währungsgebietes und für die Gemeinschaft in Bezug auf das Euro-Währungsgebiet. Der andere betrifft die Rechte und Pflichten der Staaten mit Ausnahmeregelung sowie der Gemeinschaft in Bezug auf diese Mitgliedstaaten. Wie die Wirtschafts- und Währungspolitik der Gemeinschaft bei Bestehen einer Ausnahmeregelung ausgestaltet ist, lässt sich mithin nur beantworten, wenn die beiden Rechtskreise dargestellt werden, die infolge der Gewährung einer Ausnahmeregelung entstehen. Dass sich eine solche Darstellung nicht darauf beschränken kann zu beschreiben, welche Normen des EG-Vertrages welchen der beiden Rechtskreise betreffen, versteht sich von selbst. Eine aussagekräftige Darstellung der beiden Rechtskreise setzt voraus, dass sie auch den Inhalt der einzelnen Normen berücksichtigt.

---

1 Zu den Voraussetzungen, unter denen eine Ausnahmeregelung gewährt wird, siehe oben S. 26 ff.

2 Dazu ausführlich oben in Teil I, § 3.

3 Dazu ausführlich oben in Teil I, § 2.

4 Vgl. dazu auch *Bieber/Kahil/Kallmayer*, Differenzierte Integration in Europa – Handlungsspielräume für die Schweiz?, S. 93.

B. Vorgehensweise

Einen guten Anknüpfungspunkt dafür, wie die beiden infolge der Gewährung einer Ausnahmeregelung entstehenden Rechtskreise darzustellen sind, bietet Art. 4 EGV als die Vorschrift des EG-Vertrages, die das Vertragsziel „Wirtschafts- und Währungsunion" näher bestimmt. Danach lässt sich das Vertragsziel „Wirtschafts- und Währungsunion" in vier Teilbereiche untergliedern. Diese vier Teilbereiche sind erstens die Einführung einer Wirtschaftspolitik (Art. 4 Abs. 1 EGV), zweitens die unwiderrufliche Festlegung der Wechselkurse im Hinblick auf die Einführung einer gemeinsamen Währung (Art. 4 Abs. 2 EGV) sowie drittens und viertens die Festlegung und Durchführung einer einheitlichen Geld- und einer einheitlichen Wechselkurspolitik, die beide vorrangig dem Ziel der Preisstabilität verpflichtet sind (Art. 4 Abs. 2 EGV). Es bietet sich an, die nachfolgende Untersuchung soweit wie möglich in diese vier Bereiche zu gliedern, da sie sich jedenfalls in weiten Teilen gut voneinander getrennt darstellen lassen. Allerdings werden sie, im Interesse einer möglichst verständlichen Darstellung, nachfolgend in einer anderen Reihenfolge behandelt, als sie der EG-Vertrag in Art. 4 aufzählt.

Die vorliegende Arbeit fragt in den nächsten beiden Kapiteln (§§ 5 und 6) zunächst, welche rechtlichen Folgen die Gewährung einer Ausnahmeregelung für die Geld- und die Wechselkurspolitik der Gemeinschaft hat. Sie greift mithin in der Darstellung die durch den EG-Vertrag vorgegebene Unterscheidung zwischen der Geldpolitik einerseits, also der Steuerung von Angebot und Nachfrage auf dem Geldmarkt[5], und der Wechselkurspolitik andererseits, also den Außenwährungsbeziehungen[6], auf. Zwar bestehen zwischen diesen beiden wichtigen Bereichen der Währungspolitik[7] Überschneidungen, insbesondere im institutionellen Bereich. Gleichwohl ist es gerechtfertigt, die Geld- und Wechselkurspolitik jedenfalls im Grundsatz getrennt darzustellen. Denn in den beiden Bereichen der Währungspolitik stellen sich, wie bereits aus der begrifflichen Einordnung zu ersehen ist, unterschiedliche Rechtsfragen. Die institutionellen Fragen, die sowohl die Geld- als auch die Währungspolitik betreffen, werden nachfolgend aus Gründen der Zweckmäßigkeit bereits im Zusammenhang mit der Geldpolitik behandelt. Im Anschluss an die §§ 5 und 6 ist zu untersuchen, ob die Gemeinschaft bzw. die Mitgliedstaaten ihre jeweilige Währungspolitik als eine Angelegenheit von gemeinsamen Interesse behandeln müssen (§ 7). Nach den drei währungspolitischen Kapiteln wird der Bereich der Wirtschafts- und Währungsunion dargestellt, den Art. 4 EGV als erstes Element dieses Vertragszieles nennt, die Wirtschaftspolitik (§ 8).

---

5 Zum Begriff siehe *Häde*, in: *Calliess/Ruffert* (Hrsg.), Kommentar zu EUV und EGV, 2. Auflage (2002), Art. 111 EG-Vertrag Rdnr. 1; *Kempen*, in: *Streinz* (Hrsg.), EUV/EGV, Art. 105 EGV Rdnr. 9; *Pernice*, in: *Grabitz/Hilf* (Hrsg.), Kommentar zur Europäischen Union, (EL 10), Art. 105 EGV Rdnr. 12.

6 Zum Begriff *Häde*, (Fn. 5), Art. 111 EG-Vertrag Rdnr. 1.

7 Zum Begriff der Währungspolitik allgemein etwa *Kempen*, (Fn. 5), Art. 105 EGV Rdnr. 9; *Pernice*, (Fn. 5), Art. 105 EGV Rdnr. 12.

Die Darstellung und die Analyse der beiden Rechtskreise, die infolge der differenzierten Integration in der Wirtschafts- und Währungspolitik entstehen, schließt mit der Untersuchung der Voraussetzungen ab, unter denen die für einen Mitgliedstaat geltende Ausnahmeregelung aufgehoben wird, wie also die Wechselkurse der Währungen dieser Staaten im Sinne des Vertrageziels der Wirtschafts- und Währungsunion unwiderruflich zum Euro festgelegt werden können (§ 9). Diese Problematik bildet aus zwei Gründen den Abschluss der Untersuchung. Zum einen kann und muss bei ihrer Behandlung auf die Ergebnisse der Untersuchungen zur Geld-, Wechselkurs- und Wirtschaftspolitik zurückgegriffen werden. Und zum anderen ist die Aufhebung einer Ausnahmeregelung die einzige im EG-Vertrag vorgesehene Möglichkeit, den Zustand der differenzierten Integration in der Wirtschafts- und Währungsunion zu beenden. Die Frage nach den Voraussetzungen, unter denen eine Ausnahmeregelung aufgehoben wird, bildet also auch den logischen Abschluss der Darstellung der Wirtschafts- und Währungspolitik der Gemeinschaft bei Bestehen einer Ausnahmeregelung. Denn diese setzte daran an darzustellen, wie und warum es zu der differenzierten Integration in der Wirtschafts- und Währungsunion kam (Teil I). Anschließend untersucht sie, welche Konsequenzen die Verwirklichung der Wirtschafts- und Währungsunion im Wege differenzierter Integration für die Wirtschafts- und Währungspolitik der Gemeinschaft hat (§§ 5 bis 8). Dementsprechend bleibt abschließend zu beantworten, unter welchen Voraussetzungen die Situation der differenzierten Integration in der Wirtschafts- und Währungsunion beendet werden kann (§ 9).

Außer Betracht bleiben nachfolgend zunächst die Vorschriften, die in der dritten Stufe der Wirtschafts- und Währungsunion für Dänemark und Großbritannien gelten.[8] Diese Vorschriften sind Sonderregelungen, die jedenfalls zum Teil von denen abweichen, die im Falle der Gewährung einer Ausnahmeregelung an einen Mitgliedstaat gelten. Sie sind daher getrennt von diesen darzustellen. Die vorliegende Arbeit geht auf sie im Teil III ein.

§ 5 Die Geldpolitik der EG bei Bestehen einer Ausnahmeregelung: Institutionen und Kompetenzen

A. Vorbemerkung

Für die Geldpolitik der Gemeinschaft ist das Europäische System der Zentralbanken (ESZB) von zentraler Bedeutung. Erkennbar ist das etwa daran, dass es gemäß Art. 105 Abs. 2 EGV, Art. 3.1. ESZBS dafür verantwortlich ist, die einheitliche Geldpolitik festzulegen und auszuführen. Daher ist es zweckmäßig, nachfolgend zunächst die Folgen darzustellen, die sich aus der Gewährung einer Ausnahmeregelung für das ESZB und dessen geldpolitische Aufgaben und Befugnisse ergeben. Im

8 Dazu bereits oben S. 29 f.

Anschluss ist auf den EG-Rat und den Wirtschafts- und Finanzausschuss einzugehen, die ebenfalls wichtige Funktionen im Zusammenhang mit der Geldpolitik der Gemeinschaft wahrnehmen. Und abschließend bedarf ein Gremium der näheren Betrachtung, das der EG-Vertrag nicht vorsieht, die so genannte Euro-Gruppe. Soweit die übrigen Organe und Einrichtungen der Gemeinschaft Funktionen im Zusammenhang mit der Geldpolitik wahrnehmen, können ihre Aufgaben und Befugnisse sachgerecht im Zusammenhang mit den Kompetenzen des ESZB behandelt werden. Einer darüber hinausgehenden eigenständigen Betrachtung bedürfen sie nicht.

B. Das ESZB bei Bestehen einer Ausnahmeregelung

I. Institutionelle Aspekte

1. Errichtung und Zusammensetzung des ESZB

Artikel 8 EGV bestimmt, dass ein Europäisches System der Zentralbanken (ESZB) und eine Europäische Zentralbank (EZB) errichtet werden. Dieses System besteht nach Art. 107 Abs. 1 EGV, Art. 1.2. ESZBS aus der EZB und den nationalen Zentralbanken der Mitgliedstaaten. Dem ESZB gehören auch dann die Zentralbanken aller Mitgliedstaaten an, wenn eine Ausnahmeregelung gilt. Die Artikel 107 Abs. 1 EGV und 1.2. ESZBS sind auch in diesem Fall uneingeschränkt auf alle Mitgliedstaaten anwendbar.

Die Einzelheiten des Verfahrens, in dem ESZB und EZB errichtet wurden, sind Art. 8 EGV nicht selbst zu entnehmen. Sie sind in Art. 123 Abs. 1 EGV geregelt. Danach vollzog sich die Errichtung des ESZB in drei Schritten. Erstens waren entweder unmittelbar nach der Entscheidung des EG-Rates über den Beginn der dritten Stufe gemäß Art. 121 Abs. 3 EGV oder unmittelbar nach dem 1. Juli 1998 vom EG-Rat auf der Grundlage des Art. 107 Abs. 6 EGV bestimmte Rechtsakte zu verabschieden, die den sekundärrechtlichen Rahmen für die Tätigkeit von ESZB und EZB schaffen sollten. Zweitens waren zum selben Zeitpunkt die Mitglieder eines der Beschlussorgane der EZB, des Direktoriums[1], durch die Regierungen der Staaten, für die keine Ausnahmeregelung galt, zu ernennen. Und schließlich waren drittens unmittelbar nach diesen Entscheidungen das ESZB und die EZB institutionell zu errichten.

Da die dritte Stufe nicht auf der Grundlage einer Entscheidung des EG-Rates nach Art. 121 Abs. 3 EGV begonnen hat[2], mussten die EZB und das ESZB nach dem Wort-

---

1 Zu den Beschlussorganen der EZB unten S. 42 ff.

2 Vgl. Entscheidung des Rates vom 13. Dezember 1996 (96/736/EG) nach Artikel 109j Absatz 3 des Vertrags zur Gründung der Europäischen Gemeinschaft über den Eintritt in die dritte Stufe der Wirtschafts- und Währungsunion, ABl. EG Nr. L 335 vom 24.12.1996, S. 48, in der der EG-Rat feststellte, dass die Voraussetzungen für einen Beginn der dritten Stufe auf der Grundlage des Art. 121 Abs. 3 EGV nicht vorlagen.

laut des EG-Vertrages unmittelbar nach dem 1. Juli 1998 errichtet werden. Dieser Termin wurde in der Praxis jedoch zum Teil vorverlegt. So ernannten die Regierungen der Mitgliedstaaten die Direktoriumsmitglieder bereits zum 1. Juni 1998.[3] Ebenso wurden das ESZB und die EZB bereits zu diesem Termin errichtet.[4] Auch die nach Art. 107 Abs. 6 EGV zu verabschiedenden vorbereitenden Rechtsakte erließ der EG-Rat zum Teil bereits vor dem 1. Juli 1998.[5] Einige dieser Vorschriften verabschiedete er allerdings auch erst deutlich später.[6] Rechtliche Bedenken gegen dieses Vorgehen bestehen nach allgemeiner Ansicht nicht.[7]

2. Stellung im institutionellen System

Das ESZB ist nicht rechtsfähig.[8] Der EG-Vertrag enthält insoweit keine entsprechende Anordnung. Das erklärt sich daraus, dass der Begriff ESZB lediglich eine „Sammelbezeichnung"[9] für die EZB und die nationalen Zentralbanken ist. Durch

---

3 Vgl. Beschluss des Rates (98/345/EG) vom 26. Mai 1998 zur Ernennung des Präsidenten, des Vizepräsidenten und der weiteren Mitglieder des Direktoriums der Europäischen Zentralbank, ABl. EG Nr. L 154 vom 25.5.1998, S. 33. Dazu etwa *Kempen*, in: *Streinz* (Hrsg.), EUV/EGV, Art. 123 EGV Rdnr. 5.

4 Vgl. den „Einvernehmlich gefassten Beschluss der Regierungen der Mitgliedstaten, die die Einführung der einheitlichen Währung beschließen, auf der Ebene der Staats- und Regierungschefs vom 26.5.1998" (98/345/EG), ABl. EG Nr. L 154 vom 28.5.1998, S. 33, durch den die Mitglieder des Direktoriums der EZB bereits zum 1. Juni 1998 ernannt worden sind. Dazu etwa *Kempen*, (Fn. 3), Art. 123 EGV Rdnr. 6.

5 Dazu etwa *Kempen*, (Fn. 3), Art. 123 EGV Rdnr. 3.

6 A.a.O. (Fn. 5).

7 Vgl. etwa *Häde*, in: *Calliess/Ruffert* (Hrsg.), Kommentar zu EU-Vertrag und EG-Vertrag, 2. Auflage (2002), Art. 123 EG-Vertrag Rdnr. 1; *Kempen*, (Fn. 3), Art. 123 EGV Rdnr. 3 und Rdnr. 6; *Wölker*, in: *von der Groeben/Schwarze* (Hrsg.), Vertrag über die Europäische Union und Vertrag zur Gründung der Europäischen Gemeinschaft, 6. Auflage (2003), Art. 123 EG Rdnr. 6 und 8.

8 *Häde*, Die Europäische Wirtschafts- und Währungsunion, EuZW 1992, S. 171 (174); *Hahn*, The European Central Bank: Key to European Monetary Union or Target?, CMLR 1991, S. 783 (796); *ders.*, Der Vertrag von Maastricht als völkerrechtliche Übereinkunft und Verfassung, S. 69; *Roth*, Der rechtliche Rahmen der Wirtschafts- und Währungsunion, EuR – Beiheft 1 – 1994, S. 45 (68); *Smulders*, in: *von der Groeben/Schwarze* (Hrsg.), Vertrag über die Europäische Union und Vertrag zur Gründung der Europäischen Gemeinschaft, 6. Auflage (2003), Art. 8 EG Rdnr. 3; *Weber*, Das Europäische System der Zentralbanken, WM 1998, S. 1465 (1465); *ders.*, Die Kompetenzverteilung im Europäischen System der Zentralbanken bei der Festlegung und Durchführung der Geldpolitik, S. 50.

9 *Häde*, in: *Calliess/Ruffert* (Hrsg.), Kommentar zu EU-Vertrag und EG-Vertrag, 2. Auflage (2002), Art. 107 EG-Vertrag Rdnr. 2, der a.a.O., Fn. 7, weitere Nachweise zu vergleichbaren Bezeichnungen für den Begriff ESZB nennt. Ähnlich *Dutzler*, The European System of Central Banks: An Autonomous Actor?, S. 5; *Hahn/Häde*, in: *Dolzer/Vogel* (Hrsg.), Bonner Kommentar zum Grundgesetz, 93. Lfg., Art. 88 Rdnr. 522 f.; *Seiler*, Das Europäische System der Zentralbanken (ESZB) als Verantwortungsverbund: Systemgebundene Aufgabenerfüllung durch eigenständige Kompetenzträger, EuR 2004, S. 52 (53 f.); *Smits*, in: *von der Groeben/Schwarze* (Hrsg.), Vertrag über die Europäische Union und Vertrag zur Gründung der Europäischen Gemeinschaft, 6. Auflage (2003), Art. 105 EG Rdnr. 29; *Stadler*, Der rechtliche Handlungsspielraum des Europäischen Systems der Zentralbanken, S. 88 ff.; *Weber*, Die Kompetenzverteilung im Europäischen System der Zentralbanken bei der Festlegung und Durchführung der Geldpolitik, S. 50; *Weinbörner*, Die Stellung der Europäischen Zentralbank (EZB) und der nationalen Zentralbanken in der Wirtschafts- und Währungsunion die Verwendung dieses Begriffs macht der EG-Vertrag deutlich, dass EZB und nationale Zentralbanken in der dritten Stufe der Wirtschafts- und Währungsunion in vielfältiger Weise rechtlich miteinander verbunden sind. Er kennzeichnet mithin das Bestehen dieser rechtlichen Beziehungen.[10]

Die EZB ist kein Organ der EG.[11] Das ergibt sich vor allem daraus, dass sie nicht in Art. 7 EGV als deren Organ genannt ist.[12] Vielmehr nimmt die EZB im institutionellen System der EG eine organähnliche Stellung ein.[13] Sie ist eine „Einrichtung" der Gemeinschaft.[14] Der Grund für diese Qualifizierung liegt in den vielfältigen rechtlichen Besonderheiten, die für die EZB prägend sind. Beispielsweise ist sie unabhängig (Art. 108 EGV, Art. 7 ESZBS)[15] und im Gegensatz zu den Gemeinschaftsorganen rechtsfähig (vgl. Art. 107 Abs. 2 EGV, Art. 9.1. ESZBS).[16] Der teilweise vertretene An-

---

nach dem Vertrag von Maastricht, S. 384. Anders dagegen *Seidel*, Probleme der Verfassung der Europäischen Gemeinschaft als Wirtschafts- und Währungsunion, in: FS *Börner*, S. 425, und *Smits*, The European Central Bank: Institutional Aspects, S. 93, die dem ESZB Organqualität zusprechen. *Seidel* gab diese Auffassung jedoch später auf, vgl. *Seidel*, Die Wirtschafts- und Währungsunion im rechtlichen und politischen Gefüge der Europäischen Gemeinschaft, in: *Caesar/Scharrer* (Hrsg.), Ökonomische und politische Dimensionen der Europäischen Wirtschafts- und Währungsunion, S. 231 ff.

10 Ähnlich *Kempen*, (Fn. 3), Art. 107 EGV Rdnr. 5. In diesem Sinne bereits der Kommentar des Ausschusses der Präsidenten der nationalen Zentralbanken zum Entwurf der ESZB-Satzung, vgl. *Committee of Governors of the Central Banks of the Member States of the European Economic Community*, Draft Statute of the European System of Central Banks and of the European Central Bank (Commentary), 27. November 1990, S. 1: „*The System does not enjoy legal personality but its constituent parts have seperate legal personality. This implies that only the ECB and the national central banks, but not the System as such, can own, buy and sell assets ... . The term ‚System' should thus understood to describe the existence of the ECB and the national central banks as integral parts of the System, governed by a common set of rules and committed to the objectives and tasks assigned to it*". Zum Entwurf des Ausschusses der Präsidenten der nationalen Zentralbanken siehe etwa *Goodhart*, The draft Statute of the European System of Central Banks: A Commentary, S. 1 ff.

11 *Häde*, (Fn. 9), Art. 8 EG-Vertrag Rdnr. 4 und Art. 107 EG-Vertrag Rdnr. 1; *Kempen*, (Fn. 3), Art. 8 EGV Rdnr. 3 und Art. 107 EGV Rdnr. 5; *Pernice*, in: *Grabitz/Hilf* (Hrsg.), Kommentar zur Europäischen Union, Art. 4a EGV (EL 10) Rdnr. 1; *Slot*, The Institutional Provisions of the EMU, in: *Curtin/Heukels* (Hrsg.), Institutional Dynamics of European Integration: Essay in Honour of *Henry G. Schermers*, Volume II, S. 232; *Weber*, Das Europäische System der Zentralbanken, WM 1998, S. 1465 (1465); *ders.*, (Fn. 9), S. 51; *Weinbörner*, (Fn. 9), S. 386 f. Anders *Bleckmann*, Der Vertrag über die Europäische Union, DVBl. 1992, S. 335 (341).

12 *Häde*, (Fn. 9), Art. 107 EG-Vertrag Rdnr. 1; *Kempen*, (Fn. 3), Art. 8 Rdnr. 3 EGV und Art. 107 EGV Rdnr. 5. Ähnlich *Pernice*, (Fn. 11), Art. 4a EGV (EL 10) Rdnr. 1.

13 Vgl. *Häde*, (Fn. 9), Art. 8 EG-Vertrag Rdnr. 4 sowie Art. 107 EG-Vertrag Rdnr. 1; *Smulders*, (Fn. 8), Art. 8 EG Rdnr. 3; *Weinbörner*, (Fn. 9), S. 387; *Weiß*, Kompetenzverteilung in der Währungspolitik und Außenvertretung des Euro, EuR 2002, S. 165 (169).

14 *Häde*, (Fn. 9), Art. 8 EG-Vertrag Rdnr. 4 sowie Art. 107 EG-Vertrag Rdnr. 1; *Kempen*, (Fn. 3), Art. 107 EGV Rdnr. 5 und Art. 123 Rdnr. 3; *Weinbörner*, (Fn. 9), S. 387. *Smulders*, (Fn. 8), Art. 8 EG Rdnr. 3, spricht von einer „Institution *sui generis*". Ähnlich auch *Plewka*, Rechtliche Grundlagen und organisatorischer Aufbau der EZB, in: *Simmert/Welteke* (Hrsg.), Die Europäische Zentralbank: europäische Geldpolitik im Spannungsfeld zwischen Wirtschaft und Politik, S. 56; *Weber*, (Fn. 11), S. 1465; *ders.*, (Fn. 9), S. 51. Zur Einordnung der EZB in das institutionelle System siehe auch *Stadler*, (Fn. 9), S. 93 ff.

15 Zur Unabhängigkeit des ESZB ausführlich unten S. 157 ff.

16 Zur Rechtsfähigkeit der EZB vgl. *Pernice*, (Fn. 11), Art. 4a EGV (EL 10) Rdnr. 1; *Smulders*, (Fn. 8), Art. 8 EG Rdnr. 3; *Weber*, (Fn. 11), S. 1466.

satz, die EZB sei auf Grund der sie prägenden Besonderheiten eine eigenständige internationale Organisation[17], ist zwischenzeitlich durch den EuGH verworfen worden.[18]

Die EZB ist auch dann als Einrichtung der Gemeinschaft einzuordnen, wenn für einen Mitgliedstaat eine Ausnahmeregelung gilt. Auf die Argumente, aus denen sich diese Einordnung ergibt, kann auch in diesem Fall uneingeschränkt zurückgegriffen werden. Der EG-Vertrag enthält insoweit keine abweichenden Festlegungen.

Umstritten ist, ob die nationalen Zentralbanken auch in der dritten Stufe der Wirtschafts- und Währungsunion nationale staatliche Einrichtungen bleiben. Die wohl herrschende Ansicht bejaht das.[19] Teilweise wird jedoch auch vertreten, die nationalen Zentralbanken seien auf Grund ihrer Integration in das ESZB als organisatorische Untergliederungen der EZB unmittelbar der Gemeinschaft bzw. der Gemeinschaftseinrichtung EZB zuzuordnen.[20] Dem kann jedoch nicht gefolgt werden. Zwar unterliegen sowohl die Mitgliedstaaten des Euro-Währungsgebietes als auch die mit Ausnahmeregelung bei der Einrichtung und Organisation ihrer nationalen

---

17 Die Auffassung, die EZB sei eine eigenständige internationale Organisation, vertraten vor allem *Selmayr,* Wie unabhängig ist die Europäische Zentralbank?, WM 1998, S. 2429 (2433 ff.); *ders.,* Die Europäische Wirtschafts- und Währungsunion als Rechtsgemeinschaft, AöR 1999, S. 357 (369 ff.); *Zilioli/Selmayr,* The European Central Bank: An independent specialized organization of community law, CMLR 2000, S. 591 ff.; *dies.,* The Law of the European Central Bank, S. 29 ff. Hiergegen ausführlich *Amtenbrink/Haan,* The European Central Bank: An independent specialized organization of community law, CMLR 2002, S. 65 ff.; *Kempen,* (Fn. 3), Art. 107 EGV Rdnr. 4. Vgl. zudem *Dutzler,* (Fn. 9), S. 66 ff.; *Weiß,* (Fn. 13), S. 167 ff.

18 Vgl. EuGH, Rs. C-11/00, Rdnr. 64 ff., 91 f. und 135. Siehe hierzu zudem die Schlussanträge von Generalanwalt *Jacobs* in dieser Rechtssache, Rdnr. 47 ff. Zu diesem Urteil *Lavranos,* The limited, functional independence of the ECB, ELR 2004, S. 115 ff.

19 So *Borries,* Die Europäische Zentralbank als Gemeinschaftsinstitution, ZEuS 1999, S. 281 (289); *Dutzler,* (Fn. 9), S. 10; *Goetze,* Die Tätigkeit der nationalen Zentralbanken in der Wirtschafts- und Währungsunion, S. 65; *Häde,* Die deutsche Bundesbank in der Europäischen Währungsunion, in: *Hahn* (Hrsg.), Die europäische Währung, S. 108; *ders.,* (Fn. 9), Art. 107 EG-Vertrag Rdnr. 8 f.; *Hahn/Häde,* (Fn. 9), Art. 88 Rdnr. 557; *dies.,* Die Zentralbank vor Gericht, ZHR 2001, S. 31 (35); *Martin/Texieira,* The imposition of regulatory sanctions by the European Central Bank, ELR 2000, S. 391 (392); *Poser,* Europäische Währungsunion: Struktur und Perspektiven, 3. Auflage (1998), S. 96; *Potacs,* Nationale Zentralbanken in der Wirtschafts- und Währungsunion, EuR 1993, S. 23 (23); *Weber,* (Fn. 9), S. 53.

20 So etwa *Hahn,* Der Vertrag von Maastricht als völkerrechtliche Übereinkunft und Verfassung, S. 8 und S. 73; *Janzen,* Der neue Art. 88 Satz 2 des Grundgesetzes, S. 99 f.; *Pernice,* (Fn. 11), Art. 4a EGV (EL 10) Rdnr. 10; *Selmayr,* Gefahr für die Europäische Zentralbank?, Europablätter 1998, S. 40; *ders.,* Wie unabhängig ist die Europäische Zentralbank?, WM 1998, S. 2429 (2430 f.); *Smits,* European Central Bank: Institutional Aspects, S. 94; *Weber,* Die Wirtschafts- und Währungsunion nach dem Maastricht-Urteil des BVerfG, JZ 1994, S. 53 (59); *Weikart,* Der Vertrag von Maastricht und das Grundgesetz, RiA 1993, S. 1 (10). Im Ergebnis wohl auch *Zilioli/Selmayr,* The Law of the European Central Bank, S. 73 ff. Zunächst vertrat diese Auffassung auch *Seidel,* Zur Verfassung der Europäischen Gemeinschaft nach Maastricht, EuR 1992, S. 125 (138), und *ders.,* (Fn. 9), S. 425, der diese Auffassung jedoch später aufgab. Vgl. *Seidel,* Die Wirtschafts- und Währungsunion im rechtlichen und politischen Gefüge der Europäischen Gemeinschaft, in: *Caesar/Scharrer* (Hrsg.), Ökonomische und politische Dimensionen der Europäischen Wirtschafts- und Währungsunion, S. 231 ff.

Zentralbank gemeinschaftsrechtlichen Vorgaben.[21] Die wichtigste dürfte insoweit sein, dass der EG-Vertrag das Bestehen einer nationalen Zentralbank in den Mitgliedstaaten voraussetzt.[22] Denn ohne nationale Zentralbanken wäre das ESZB nicht existent. Die von jedem Mitgliedstaat zu errichtende Zentralbank muss zudem den Anforderungen entsprechen, die Art. 108 EGV, Art. 7 ESZBS an ihre Unabhängigkeit stellen.[23] Und schließlich muss die nationale Zentralbankgesetzgebung auch allen sonstigen gemeinschaftsrechtlichen Anforderungen entsprechen, die sich aus der Integration der nationalen Zentralbanken in das ESZB ergeben (vgl. Art. 109 EGV). Zudem dürfte der EG-Vertrag die Rechtsfähigkeit der nationalen Zentralbanken voraussetzen.[24]

Diese gemeinschaftsrechtlichen Vorgaben, die mangels abweichender Regelungen im EG-Vertrag auch bei Bestehen einer Ausnahmeregelung für alle Mitgliedstaaten gelten, rechtfertigen es jedoch nicht, die nationalen Zentralbanken als aus der Verwaltungsorganisation der Mitgliedstaaten herausgelöst anzusehen. Zunächst ergibt sich aus Art. 109 EGV, dass die Mitgliedstaaten in Bezug auf das Zentralbankrecht unbeschadet der gemeinschaftsrechtlichen Vorgaben weiterhin gesetzgebungsbefugt sind.[25] Nach dieser Vorschrift müssen die Mitgliedstaaten sicherstellen, dass ihre innerstaatlichen Rechtsvorschriften, einschließlich der Satzung ihrer Zentralbank, mit dem Gemeinschaftsrecht im Einklang stehen. Dementsprechend werden die nationalen Zentralbanken durch einen Organisationsakt der Mitgliedstaaten und nicht durch einen der Gemeinschaft errichtet.[26] Dem würde die organisationsrechtliche Zuordnung der nationalen Zentralbanken zur Gemeinschaft geradezu widersprechen. Zudem eröffnet Art. 237 lit. d EGV der EZB die Möglichkeit, gegebenenfalls durch eine Klage beim EuGH sicherzustellen, dass die nationalen Zentralbanken ihre Verpflichtungen innerhalb des ESZB einhalten.[27] Diese „Aufsichtsklage" macht jedoch nur dann Sinn, wenn die nationalen Zentralbanken Ein-

---

21 Vgl. *Häde*, Die deutsche Bundesbank in der Europäischen Währungsunion, in: *Hahn* (Hrsg.), Die europäische Währung, S. 108; *Weber*, (Fn. 11), S. 1472; *ders.*, (Fn. 9), S. 58.

22 So auch *Kempen*, (Fn. 3), Art. 107 Rdnr. 6.

23 Zum Unabhängigkeitserfordernis siehe unten S. 157 ff.

24 In diesem Sinne *Hahn*, The European Central Bank: Key to European Monetary Union or Target?, CMLR 1991, S. 783 (796); *Klier*, Das Europäische Zentralbanksystem und die Rolle nationaler Zentralbanken, in: FS *Schaumayer*, S. 80; *Palm*, Preisstabilität in der Europäischen Wirtschafts- und Währungsunion, S. 101; *Scharrer*, Probleme einer europäischen Wirtschafts- und Währungsunion nach Maastricht, HJbWG 1992, S. 207 (213); *Seiler*, (Fn. 9), S. 53; *Selmayr*, Die Europäische Wirtschafts- und Währungsunion als Rechtsgemeinschaft, AöR 1999, S. 357 (368); *Smits*, (Fn. 20), S. 92; *Weber*, (Fn. 11), S. 1472; *ders.*, (Fn. 9), S. 53; *Zimmermann*, Die nationalen Zentralbanken als Bestandteile des Europäischen Systems der Zentralbanken, S. 44 ff. Anders wohl *Smulders*, (Fn. 8), Art. 8 EG Rdnr. 2, nach dem die nationalen Zentralbanken die Rechtsform behalten, die ihnen durch die nationale Rechtsordnung verliehen worden ist. Ähnlich auch *Heun*, Die Europäische Zentralbank in der Europäischen Währungsunion, JZ 1998, S. 866 (867); *Kempen*, (Fn. 3), Art. 107 Rdnr. 6, und *Plewka*, (Fn. 14), S. 55.

25 In diesem Sinne *Häde*, (Fn. 9), Art. 107 EG-Vertrag Rdnr. 8; *Hahn/Häde*, (Fn. 9), Art. 88 Rdnr. 557; *dies.*, (Fn. 19), S. 35; *Goetze*, (Fn. 19), S. 64 f.; *Kempen*, (Fn. 3), Art. 107 EGV Rdnr. 14; *Weber*, (Fn. 9), S. 55.

26 So auch *Kempen*, (Fn. 3), Art. 107 EGV Rdnr. 14.

27 Zu diesem Verfahren siehe auch unten S. 147 f.

richtungen der Mitgliedstaaten bleiben.[28] Wären sie lediglich organisatorische Untereinheiten der EZB, wäre eine solche Klagemöglichkeit, die quasi innerhalb verschiedener Organisationsebenen einer einzigen Behörde bestehen würde, weitgehend überflüssig. Die nationalen Zentralbanken bleiben mithin Einrichtungen der Mitgliedstaaten.[29] Die gemeinschaftsrechtlichen Vorgaben für die Einrichtung und die Organisation der nationalen Zentralbanken vermögen nicht zu begründen, dass die nationalen Zentralbanken organisationsrechtliche Untereinheiten der EZB sind.

3. Leitungsstruktur und Leitungsorgane

a) Leitungsstruktur

Gemäß Art. 107 Abs. 3 EGV, Art. 8 ESZBS leiten die Beschlussorgane der EZB das ESZB. Beschlussorgane der EZB sind nach Art. 107 Abs. 3 EGV, Art. 9.3. ESZBS der EZB-Rat und das Direktorium. Die Gewährung einer Ausnahmeregelung wirkt sich auf diese Leitungsstruktur erheblich aus. Zwar leiten die Beschlussorgane der EZB auch in diesem Fall das ESZB. Die Artikel 107 Abs. 3 EGV und 8 ESZBS, die diesen Grundsatz festschreiben, bleiben uneingeschränkt auf alle Mitgliedstaaten anwendbar. Jedoch tritt, sofern und solange für einen Mitgliedstaat eine Ausnahmeregelung gilt, mit dem Erweiterten Rat der EZB ein drittes Beschlussorgan neben die beiden ständigen (vgl. Art. 123 Abs. 3 EGV, Art. 45.1., 53 ESZBS).

b) EZB-Rat

(1) Widersprüchliche Regelung der Zusammensetzung

Die Zusammensetzung des EZB-Rates ist in Art. 112 Abs. 1 EGV und beinahe wortgleich in Art. 10.1. ESZBS geregelt. Danach setzt sich der EZB-Rat aus den Mitgliedern des Direktoriums sowie den Präsidenten der nationalen Zentralbanken zusammen. Art. 112 Abs. 1 EGV bleibt unverändert anwendbar, wenn für einen Mitgliedstaat eine Ausnahmeregelung gilt. Dagegen bezeichnet der Begriff nationale Zentralbanken in Art. 10.1. ESZBS in diesem Fall nur die Zentralbanken der Mitgliedstaaten, für die keine Ausnahmeregelung gilt (vgl. Art. 43.4. ESZBS). Zwischen Art. 112 Abs. 1 EGV und Art. 10.1. ESZBS entsteht so offenbar ein Widerspruch.

Dieser Widerspruch geht zunächst darauf zurück, dass der EG-Vertrag und die ESZB-Satzung Bestimmungen enthalten, die zum Teil wortgleich übereinstimmen.[30] Diese Normen stehen grundsätzlich gleichrangig nebeneinander. Sie

---

28 Vgl. *Häde*, (Fn. 9), Art. 107 EG-Vertrag Rdnr. 9; *Hahn/Häde*, (Fn. 9), Art. 88 Rdnr. 558; *dies.*, (Fn. 19), S. 35; *Kempen*, (Fn. 3), Art. 107 EGV Rdnr. 14.

29 Vgl. die Nachweise in Fn. 19.

30 Zu den Hintergründen der Dopplung etwa *Smits*, in: *von der Groeben/Schwarze* (Hrsg.), Vertrag über die Europäische Union und Vertrag zur Gründung der Europäischen Gemeinschaft, 6. Auflage (2003), Vor Art. 1 ESZBS (Einleitung zum Protokoll über die ESZB-Satzung).

sind dem Primärrecht zuzuordnen (vgl. Art. 311 EGV). Probleme ergeben sich hieraus an sich nicht. Schwierigkeiten entstehen erst daraus, dass der EG-Vertrag den Anwendungsbereich einiger der Bestimmungen, die sowohl im EG-Vertrag als auch in der ESZB-Satzung wortgleich enthalten sind, unterschiedlich verändert, wenn einem Mitgliedstaat eine Ausnahmeregelung gewährt wird. Neben Art. 112 Abs. 1 EGV und Art. 10.1. ESZBS lassen sich für die unterschiedliche Veränderung des Anwendungsbereichs von Normen, die wortgleich im EG-Vertrag und der ESZB-Satzung enthalten sind, noch zwei weitere Beispiele finden. Erstens gilt Art. 105 Abs. 1 EGV für die Staaten mit Ausnahmeregelung nicht. Dagegen ist Art. 2 ESZBS, der dieser Vorschrift inhaltlich voll entspricht, auch bei Bestehen einer Ausnahmeregelung uneingeschränkt auf alle Mitgliedstaaten anwendbar.[31] Der zweite Fall betrifft das Verfahren, in dem die Mitglieder des Direktoriums ernannt werden.[32] Art. 112 Abs. 2 lit. b) EGV, der dieses Verfahren regelt, gilt gemäß Art. 122 Abs. 3 EGV für die Staaten mit Ausnahmeregelung nicht. Zudem bezeichnet der Begriff Mitgliedstaaten in dieser Vorschrift nur die Staaten, für die keine Ausnahmeregelung gilt (vgl. Art. 122 Abs. 4 EGV). Dieselbe inhaltliche Modifikation ordnet zwar Art. 43.3. ESZBS auch für Art. 11.2. ESZBS an, der Art. 112 Abs. 2 lit. b) EGV inhaltlich entspricht. Im Übrigen bleibt Art. 11.2. ESZBS jedoch uneingeschränkt auf alle Mitgliedstaaten anwendbar. Insbesondere gehört diese Vorschrift nicht zu den Artikeln der ESZB-Satzung, die gemäß Art. 43.1. ESZBS für die Staaten mit Ausnahmeregelung keinerlei Rechte und Verpflichtungen entstehen lassen.

(2) *Ansatz zur Lösung der Widersprüche*

Einen Weg zur Lösung dieser Widersprüche zeigt der Wortlaut des Art. 122 Abs. 3 EGV auf. Nach Satz 1 dieser Vorschrift hat „eine Ausnahmeregelung nach Absatz 1 ... zur Folge“, dass bestimmte, einzeln aufgezählte Vorschriften des EG-Vertrages für die Mitgliedstaaten mit Ausnahmeregelung nicht gelten. Und nach Satz 2 ist im Kapitel IX der ESZB-Satzung der „Ausschluss“ eines Mitgliedstaates mit Ausnahmeregelung und dessen Zentralbank von den Rechten und Verpflichtungen im Rahmen des ESZB geregelt.

Fraglich ist, welche Bedeutung dem zweiten Satz des Art. 122 Abs. 3 EGV zukommt. Die Formulierung, „der Ausschluß des betreffenden Mitgliedstaats und seiner Zentralbank von den Rechten und Verpflichtungen im Rahmen des ESZB wird in Kapitel IX der Satzung der ESZB geregelt“, kann so verstanden werden, dass *nur* die ESZB-Satzung und *nicht* der EG-Vertrag regelt, wie sich die Gewährung einer Ausnahmeregelung rechtlich auf die Stellung des betreffenden Mitgliedstaats und seiner Zentralbank im Rahmen des ESZB auswirkt.[33] Im EG-Vertrag wären danach lediglich die sonstigen Folgen der Gewährung einer Ausnahmeregelung geregelt.

---

31 Dazu ausführlich unten S. 57 ff.

32 Dazu ausführlich unten S. 46 ff.

33 Das bedeutet allerdings nicht, dass in der ESZB-Satzung *lediglich* die internen organisationsrechtlichen Folgen der Gewährung einer Ausnahmeregelung für das ESZB geregelt sind. Vielmehr

Zwingend ist dieses Verständnis nicht. Art. 122 Abs. 3 S. 2 EGV könnte auch lediglich klarstellen, dass sich in Folge der Gewährung einer Ausnahmeregelung auch der Anwendungsbereich der ESZB-Satzung verändert.

Welche der beiden genannten Möglichkeiten, Art. 122 Abs. 3 EGV auszulegen, richtig ist, lässt sich durch teleologische oder systematische Überlegungen nicht feststellen. Auch Materialien aus der Entstehungsgeschichte, die insoweit weiterhelfen könnten, sind nicht verfügbar. Art. 122 Abs. 3 EGV ist also beiden Verständnismöglichkeiten zugänglich. Daher lässt sich als Zwischenergebnis feststellen, dass sich jedenfalls aus einer dieser beiden Möglichkeiten ein gut handhabbares Kriterium ergibt, anhand dessen bestimmte Widersprüche zwischen dem EG-Vertrag und der ESZB-Satzung gelöst werden könnten. Danach sind die Folgen der Gewährung einer Ausnahmeregelung für einen Mitgliedstaat und dessen Zentralbank im Rahmen des ESZB *ausschließlich* und *abschließend* in der ESZB-Satzung bestimmt.[34] Da Art. 122 Abs. 3 S. 2 EGV jedoch auch anders ausgelegt werden kann, kann nicht allein auf dieses Verständnis des Art. 122 Abs. 3 S. 2 EGV zurückgegriffen werden, um einen Widerspruch zwischen dem EG-Vertrag und der ESZB-Satzung zu lösen. Aus ihm ergibt sich lediglich ein erster Ansatz zur Lösung eines Widerspruchs. Das unter Rückgriff auf ihn gefundene Ergebnis muss sich jedoch mit Hilfe der anderen Auslegungsmethoden bestätigen lassen.

Diese Absicherung ist im Übrigen allein schon deshalb erforderlich, weil nicht ausgeschlossen werden kann, dass die Widersprüche zwischen dem EG-Vertrag und der ESZB-Satzung lediglich auf ein Versehen zurückgehen.[35] Für ein Versehen spricht vor allem, dass die Regelungen des EG-Vertrages und der ESZB-Satzung zu den Folgen der Gewährung einer Ausnahmeregelung einige recht offensichtliche Fehler enthalten. Beispielsweise ordnet Art. 122 Abs. 4 EGV ausdrücklich die inhaltliche Veränderung des Begriffs „Mitgliedstaaten“ in Art. 105 Abs. 1 EGV an. Diese Norm verwendet den Begriff „Mitgliedstaaten“ jedoch überhaupt nicht. Ein anderes Beispiel ergibt sich aus Art. 43.3. ESZBS. Danach bezeichnet der Begriff Mitgliedstaaten „nach Art. 122 Abs. 4“ EGV nur die Staaten, für die keine Ausnahmeregelung gilt. Zwei der fünf in Art. 43.3. ESZBS aufgeführten Vorschriften, die Artikel 19 und 50 ESZBS, haben jedoch überhaupt keine Entsprechung im EG-Vertrag, so dass dieser Verweis fehlgeht.

---

kann sich aus dem veränderten Anwendungsbereich der ESZB-Satzung auch ergeben, dass die Kompetenzen des ESZB beschränkt sind. Der Wortlaut des Art. 122 Abs. 3 EGV schließt das nicht aus.

34 Das bedeutet allerdings nicht, dass in der ESZB-Satzung *lediglich* die internen organisationsrechtlichen Folgen der Gewährung einer Ausnahmeregelung für das ESZB geregelt sind. Vielmehr kann sich aus dem veränderten Anwendungsbereich der ESZB-Satzung auch ergeben, dass die Kompetenzen des ESZB beschränkt sind. Der Wortlaut des Art. 122 Abs. 3 EGV schließt das nicht aus.

35 Den Widerspruch zwischen Art. 105 Abs. 1 EGV und Art. 2 ESZBS halten *Brinster*, Eintritt in die Europäische Wirtschafts- und Währungsunion, S. 33, und *Dutzler*, (Fn. 9), S. 23, für einen Redaktionsversehen.

Um den Widerspruch zwischen Art. 112 Abs. 1 EGV und Art. 10.1. ESZBS aufzulösen, kann also zunächst auf die aus Art. 122 Abs. 3 S. 2 EGV abgeleitete Überlegung zurückgegriffen werden, dass die Folgen der Gewährung einer Ausnahmeregelung für einen Mitgliedstaat und dessen Zentralbank ausschließlich und abschließend in der ESZB-Satzung geregelt sind. Lässt sich der Widerspruch so auflösen, ist das Auslegungsergebnis unter Zuhilfenahme der anderen Auslegungsmethoden abzusichern.

(3) *Zusammensetzung des EZB-Rates bei Bestehen einer Ausnahmeregelung*

Art. 112 Abs. 1 EGV regelt die Zusammensetzung des EZB-Rates. Der EG-Vertrag verändert den Anwendungsbereich dieser Vorschrift nicht, wenn einem Mitgliedstaat eine Ausnahmeregelung gewährt wird. Dem EZB-Rat gehören mithin gemäß Art. 112 Abs. 1 EGV auch in diesem Fall die Präsidenten aller nationalen Zentralbanken an. Art. 10.1. ESZBS wiederholt Art. 112 Abs. 1 EGV wörtlich. In dieser Vorschrift bezeichnet der Begriff „nationale Zentralbanken" jedoch lediglich die „nationalen Zentralbanken der Mitgliedstaaten, für die keine Ausnahmeregelung gilt" (vgl. Art. 43.4. ESZBS). Somit gehören dem EZB-Rat nach dem entsprechend veränderten Wortlaut des Art. 10.1. ESZBS nur die Präsidenten der „Zentralbanken der Mitgliedstaaten, für die keine Ausnahmeregelung gilt", an.

Dieser offensichtliche Widerspruch zwischen den beiden Normen lässt sich jedoch unter Verweis auf Art. 122 Abs. 3 S. 2 EGV auflösen. Danach regelt ausschließlich die ESZB-Satzung den Ausschluss eines Mitgliedstaates mit Ausnahmeregelung und dessen Zentralbank von den Rechten und Verpflichtungen im Rahmen des ESZB. Sowohl Art. 112 Abs. 1 EGV als auch Art. 10.1. ESZBS betreffen ausschließlich die Stellung der Zentralbank eines Mitgliedstaates im Rahmen des ESZB. Denn sie regeln die Vertretung der nationalen Zentralbanken in einem Beschlussorgan der EZB, mithin die Zusammensetzung dieses Beschlussorgans. Die von den Mitgliedstaaten beabsichtigte Veränderung der Zusammensetzung des EZB-Rates bei Bestehen einer Ausnahmeregelung konnte daher, was auch geschehen ist, ausschließlich in der ESZB-Satzung geregelt werden. Art. 112 Abs. 1 EGV konnte dagegen unverändert bleiben.

Wenn einem Mitgliedstaat eine Ausnahmeregelung gewährt wird, besteht der EZB-Rat neben den Direktoriumsmitgliedern mithin nur aus den Präsidenten der nationalen Zentralbanken, für die keine Ausnahmeregelung gilt. Das ist jedenfalls im Ergebnis unstreitig. Die Gewährung einer Ausnahmeregelung an einen Mitgliedstaat führt also dazu, dass sich die Zusammensetzung dieses Beschlussorgans der EZB verändert. Dieses Auslegungsergebnis lässt sich auch dadurch bestätigen, dass bei Bestehen einer Ausnahmeregelung mit dem Erweiterten Rat der EZB ein Beschlussorgan eingesetzt wird, dem die Präsidenten aller nationalen Zentralbanken angehören.[36] Die Einsetzung dieses Beschlussorgans wäre jedoch überflüssig, wenn

---

36 Zum Erweiterten Rat der EZB unten S. 48 ff. und S. 151 ff.

die Präsidenten der Zentralbanken der Staaten mit Ausnahmeregelung auch im EZB-Rat vertreten wären.

(4) Ernennung der Präsidenten der nationalen Zentralbanken

Das Verfahren, in dem die Präsidenten der nationalen Zentralbanken ernannt werden, richtet sich nach innerstaatlichem Recht. Das Gemeinschaftsrecht macht den Mitgliedstaaten insoweit grundsätzlich keine Vorgaben. Die Satzungen der nationalen Zentralbanken müssen gemäß Art. 14.2. ESZBS lediglich vorsehen, dass die Amtszeit der Zentralbankpräsidenten mindestens fünf Jahre beträgt und sie nur unter bestimmten, engen Voraussetzungen ihres Amtes enthoben werden können. Diese Vorschrift ist auch bei Bestehen einer Ausnahmeregelung uneingeschränkt auf alle Mitgliedstaaten anwendbar. Obwohl die Präsidenten der nationalen Zentralbanken der Staaten mit Ausnahmeregelung dem EZB-Rat nicht angehören, gelten die Vorgaben, die in der ESZB-Satzung zur Ernennung und Entlassung der Zentralbankpräsidenten enthalten sind, uneingeschränkt auch in diesen Staaten.

c) Direktorium

Die Zusammensetzung des Direktoriums der EZB regeln Art. 112 Abs. 2 EGV und Art. 11.1. ESZBS. Danach gehören dem Direktorium der Präsident und der Vizepräsident der EZB sowie bis zu vier weitere Mitglieder an. Diese Vorschriften sind auch dann uneingeschränkt auf alle Mitgliedstaaten anwendbar, wenn für einen Mitgliedstaat eine Ausnahmeregelung gilt. Die Zusammensetzung des Direktoriums verändert sich somit infolge der Gewährung einer Ausnahmeregelung nicht.[37]

Das Verfahren, in dem die Mitglieder des Direktoriums ernannt werden, ist in Art. 112 Abs. 2 lit. b) EGV sowie gleichlautend in Art. 11.2. ESZBS geregelt. Danach werden die Mitglieder des Direktoriums von den Regierungen der Mitgliedstaaten auf der Ebene der Staats- und Regierungschefs auf Empfehlung des EG-Rates und nach Anhörung des Parlaments sowie des EZB-Rates ernannt. Die Amtszeit beträgt acht Jahre. Eine Wiederernennung ist nicht möglich. Ernannt werden dürfen nur in Währungs- und Bankfragen anerkannte und erfahrene Persönlichkeiten, die Staatsangehörige der Mitgliedstaaten der Europäischen Union sind.

---

37 Art. 50 ESZBS sah für die erstmalige Ernennung des Direktoriums Sonderregelungen vor, nach denen das Direktorium aus weniger als sechs Mitgliedern bestehen konnte, wenn Mitgliedstaaten eine Ausnahmeregelung gewährt wird. In der Literatur ist die Frage aufgeworfen worden, ob diese Sonderregelungen auch auf die späteren Ernennungsverfahren anwendbar sind, wenn weiterhin Ausnahmeregelungen bestehen. Vgl. *Weber*, (Fn. 9), S. 60, der diese Frage aus überzeugenden Gründen bejaht hat. Sie hat sich praktisch jedoch deshalb erledigt, weil das Direktorium von Anfang an aus sechs Personen bestand. Es ist daher nicht anzunehmen, dass die Mitgliedstaaten in Zukunft ein Direktorium ernennen werden, das aus weniger als sechs Mitgliedern besteht (in diesem Sinne auch *Kempen*, (Fn. 3), Art. 123 EGV Rdnr. 4). Diese Problematik bedarf daher keiner vertieften Auseinandersetzung.

Das Verfahren, in dem die Mitglieder des Direktoriums ernannt werden, verändert sich bei Bestehen einer Ausnahmeregelung deutlich. Für Mitgliedstaaten mit Ausnahmeregelung gilt Art. 112 Abs. 2 lit. b) EGV nicht (vgl. Art. 122 Abs. 3 S. 1 EGV). Zudem bezeichnet der Begriff Mitgliedstaaten sowohl in Art. 112 Abs. 2 lit. b) EGV als auch in Art. 11.2. ESZBS lediglich die Mitgliedstaaten, für die keine Ausnahmeregelung gilt (vgl. Art. 122 Abs. 4 EGV, Art. 43.4. ESZBS). Im Übrigen bleibt Art. 11.2. ESZBS unverändert anwendbar. Er gehört nicht zu den Vorschriften der ESZB-Satzung, die nach Art. 43.1. ESZBS für die Staaten mit Ausnahmeregelung keinerlei Rechte und Verpflichtungen entstehen lassen. Zwischen Art 11.2. ESZBS und Art. 112 Abs. 2 lit. b) EGV, deren Wortlaut sich weitgehend entspricht, scheint also ein Widerspruch zu bestehen. Es ist daher zu prüfen, ob sich aus ihm Konsequenzen für die Rechtsanwendung ergeben. Hierzu ist es zweckmäßig, zunächst nach den Folgen der Veränderungen im Anwendungsbereich des Art. 112 Abs. 2 lit. b) EGV zu fragen und dem anschließend vergleichend die gegenüberzustellen, die sich aus den Veränderungen in Art. 11.2. ESZBS ergeben.

Auf Grund der Änderungen, die Art. 122 Abs. 4 EGV im Wortlaut des Art. 112 Abs. 2 lit. b) EGV anordnet, verändert sich das Verfahren, in dem das Direktorium ernannt wird, in zweierlei Hinsicht. Zum einen können nunmehr nur Staatsangehörige der Staaten, für die keine Ausnahmeregelung gilt, in das Direktorium ernannt werden. Und zum anderen ernennen nur die Regierungen der Mitgliedstaaten, die zum Euro-Währungsgebiet gehören, das Direktorium. Letzteres ergibt sich auch daraus, dass Art. 112 Abs. 2 lit. b) EGV für die Staaten mit Ausnahmeregelung nicht gilt (vgl. Art. 122 Abs. 3 S. 1 EGV). Denn eine Norm, die für diese Staaten nicht gilt, kann deren Regierungen nicht berechtigen, das Direktorium mit zu ernennen. Daraus, dass Art. 112 Abs. 2 lit. b) EGV für die Mitgliedstaaten mit Ausnahmeregelung nicht gilt, ergibt sich zudem, dass das Stimmrecht dieser Staaten im EG-Rat bei der Verabschiedung der Empfehlung ruht, die der Ernennung der Direktoriumsmitglieder vorausgeht (vgl. Art. 122 Abs. 5 EGV).[38]

Auch die in Art. 11.2. ESZBS angeordneten Veränderungen führen weitgehend zu denselben Ergebnissen. Aus dem veränderten Wortlaut dieser Norm folgt wie aus dem des Art. 112 Abs. 2 lit. b) EGV, dass nur die Regierungen der Staaten des Euro-Währungsgebietes das Direktorium ernennen und nur Staatsangehörige dieser Mitgliedstaaten Mitglieder des Direktoriums werden können. Insoweit entspricht die Rechtslage im EG-Vertrag der in der ESZB-Satzung. Da Art. 11.2. ESZBS jedoch im Übrigen uneingeschränkt anwendbar ist, scheinen nach dieser Norm alle Mitgliedstaaten im EG-Rat bei der Verabschiedung der Empfehlung zur Ernennung der Direktoriumsmitglieder stimmberechtigt zu sein.[39] Allerdings ergibt eine genaue Analyse des Wortlauts des Art. 11.2. ESZBS, dass das nicht der Fall ist und die Rechtslage auch insoweit der im EG-Vertrag entspricht. Denn Art. 11.2. ESZBS ver-

38 Zu den Folgen der Gewährung einer Ausnahmeregelung für das Entscheidungsverfahren im EG-Rat siehe ausführlich unten S. 165 ff.

39 Zur Stimmberechtigung der Mitgliedstaaten mit Ausnahmeregelung im EG-Rat siehe auch unten S. 165 ff.

weist ausdrücklich auf den EG-Vertrag („Nach Art. 112 Absatz 2 Buchstabe b dieses Vertrages ..."). Wird diesem Verweis gefolgt, lässt auch Art. 11.2. ESZBS grundsätzlich keine Rechte und Verpflichtungen für die Staaten mit Ausnahmeregelung entstehen. Denn *nach* Art. 112 Abs. 2 lit. b) EGV ruhen die Stimmen der Vertreter dieser Staaten im EG-Rat, wenn einem Mitgliedstaat eine Ausnahmeregelung gewährt wird.

Nach diesem Verständnis hätte die ESZB-Satzung in Art. 11.2. ESZBS allerdings überhaupt keine Veränderungen anordnen müssen, da sich die Rechtslage auf Grund des Verweises auf den EG-Vertrag abschließend aus dem EG-Vertrag ergibt. Denn Art. 11.2. ESZBS regelt keine Rechtsfragen, die ausschließlich die Stellung eines Mitgliedstaates und seiner Zentralbank im Rahmen des ESZB betreffen und die aus den oben aus Art. 122 Abs. 3 EGV abgeleiteten systematischen Gründen einer ausdrücklichen Regelung durch die ESZB-Satzung bedurft hätten.[40] Daher geht die unterschiedliche Veränderung des Anwendungsbereichs von Art. 112 Abs. 2 lit. b) EGV einerseits und Art. 11.2. ESZBS andererseits wohl auf ein Redaktionsversehen zurück. Probleme für die Rechtsanwendung entstehen hieraus aus den genannten Gründen jedoch nicht.

Zusammenfassend lässt sich daher feststellen, dass die Mitgliedstaaten mit Ausnahmeregelung an der Ernennung der Direktoriumsmitglieder nicht beteiligt sind. Sie sind weder bei der Verabschiedung der Empfehlung des EG-Rates, die der Ernennung des Direktoriums vorausgeht, noch bei der Ernennung selbst stimmberechtigt. Die Mitglieder des Direktoriums werden ausschließlich durch die Mitgliedstaaten des Euro-Währungsgebietes ernannt. Zudem dürfen nur Staatsangehörige dieser Staaten in das Direktorium ernannt werden.

d) Erweiterter Rat der EZB

Der Erweiterte Rat der EZB besteht aus dem Präsidenten und dem Vizepräsidenten der EZB sowie den Präsidenten aller nationalen Zentralbanken (Art. 45.2. ESZBS). Das Direktorium der EZB ist also in diesem Organ nicht vollständig vertreten. Allerdings können die nicht vertretenen Direktoriumsmitglieder ebenso ohne Stimmrecht an den Sitzungen des Erweiterten Rates der EZB teilnehmen wie der Präsident des EG-Rates und ein Vertreter der Kommission (Art. 45.2. S. 2, 46.2. ESZBS).

Solange für einen Mitgliedstaat eine Ausnahmeregelung gilt, ist der Erweiterte Rat der EZB mithin das einzige Organ der EZB, dem die Präsidenten der Zentralbanken aller Mitgliedstaaten angehören. Der Erweiterte Rat der EZB wird daher verbreitet als „Bindeglied" zwischen der EZB, den Zentralbanken des Euro-Währungsgebietes und den Zentralbanken der Staaten mit Ausnahmeregelung bezeichnet.[41]

---

40 Siehe dazu oben S. 43 ff.

41 Vgl. *Geiger*, Das Währungsrecht im Binnenmarkt der Europäischen Union, S. 140; *Häde*, Erwartungen an den Euro: Europäische Zentralbank, Geldpolitik und Stabilität, in: *Kröger/Schindhelm* (Hrsg.), Der Euro kommt – ... jetzt richtig handeln!, S. 32; *Hahn/Häde*, Europa im Wartestand: Bemerkungen zur Währungsunion, in: *Due/Lutter/Schwarze* (Hrsg.) FS *Everling*, S. 391; *Senti*, Das

e) *Zuständigkeitsverteilung zwischen den Beschlussorganen*

Gemäß Art. 12.1. UAbs. 1 ESZBS ist der EZB-Rat dafür zuständig, die Geldpolitik der Gemeinschaft festzulegen und die Leitlinien und Entscheidungen zu erlassen, die erforderlich sind, um die Geldpolitik der Gemeinschaft und die sonstigen Aufgaben des ESZB zu erfüllen.[42] Hieran wird deutlich, dass der EZB-Rat das zentrale Beschlussorgan der EZB ist. Neben dieser generalklauselartigen Zuständigkeitszuweisung werden dem EZB-Rat in einer Vielzahl von Bestimmungen weitere Zuständigkeiten sowohl im internen Bereich des ESZB und als auch im Außenverhältnis ausdrücklich zugewiesen.

Das Direktorium ist gemäß Art. 12.1. UAbs. 2 ESZBS dafür zuständig, die Geldpolitik der Gemeinschaft gemäß den Beschlüssen des EZB-Rates auszuführen und die ihm durch den EZB-Rat übertragenen Befugnisse wahrzunehmen. Hierzu kann es den nationalen Zentralbanken die erforderlichen Weisungen erteilen. Schließlich obliegt es dem Direktorium, die Sitzungen des EZB-Rates vorzubereiten (Art. 12.2. ESZBS) und die laufenden Geschäfte der EZB zu führen (Art. 11.6. ESZBS). Weitere Aufgaben des Direktoriums bestehen im Zusammenhang mit der Amtsenthebung eines Direktoriumsmitglieds (Art. 11.4. ESZBS), der Erstellung des Jahresabschlusses der EZB und der konsolidierten Bilanz des ESZB (Art. 26.2. und 26.3. ESZBS)[43] sowie bei der Festlegung der Beschäftigungsbedingungen für das Personal der EZB (Art. 36.1. ESZBS). Weiterhin kann der EZB-Rat dem Direktorium einen Teil seiner Befugnisse zur Wahrnehmung übertragen (vgl. Art. 12.1. UAbs. 2 S. 2 ESZBS).

Etliche Normen der ESZB-Satzung weisen der EZB zwar Kompetenzen zu. Sie regeln jedoch nicht, welches Beschlussorgan der EZB sie wahrzunehmen hat. Die Zuständigkeit für die Wahrnehmung dieser Befugnisse muss daher durch einen internen Organisationsakt der EZB geregelt werden. Insoweit bietet sich an, dass der EZB-Rat diese Regelung in der nach Art. 12.3. ESZBS zu erlassenden Geschäftsordnung der EZB trifft.[44] Verzichtet er auf eine solche Regelung, ist hinsichtlich der Organzuständigkeit auf die allgemeine Kompetenzverteilung zwischen dem Direktorium einerseits und dem EZB-Rat andererseits abzustellen.[45] Danach ist der EZB-Rat als zentrales Beschlussorgan für alle grundsätzlichen Entscheidungen zuständig.[46]

Europäische System der Zentralbanken – Institutionelle Grundlagen, in: *Senti/Büsch* (Hrsg.), Schweizer-Franken oder Euro, S. 42. Ähnlich *Meyers/Levie*, The introduction of the Euro: Overview of the legal framework and selected legal issues, Columbia Journal of European Law 1998, S. 321 (333).

42 Zu Art. 12.1. ESZBS ausführlich unten S. 85.

43 Dazu ausführlich unten S. 141 ff.

44 Was in der Geschäftsordnung der EZB zum Teil auch geschehen ist. Vgl. Beschluss der Europäischen Zentralbank vom 19. Februar 2004 zur Verabschiedung der Geschäftsordnung der Europäischen Zentralbank (EZB/2004/2), ABl. EU Nr. L 80 vom 18.3.2004, S. 33.

45 In diesem Sinne *Kempen*, (Fn. 3), Art. 112 EGV Rdnr. 3; *Weber*, (Fn. 9), S. 100 f.; *Zimmermann*, (Fn. 24), S. 60.

46 Vgl. *Kempen*, (Fn. 3), Art. 112 EGV Rdnr. 3; *Palm*, in: *Grabitz/Hilf* (Hrsg.), Kommentar zur Europäischen Union, EL 21, Art. 112 EGV Rdnr. 25; *Potacs*, (Fn. 19), S. 33; *Seidel*, Beschluß- und Entscheidungsverfahren in der Wirtschafts- und Währungsunion: Rechtliche Aspekte, Integration 1998, S. 197 (207 f.); *Smits*, (Fn. 20), S. 95 f.; *Weber*, (Fn. 11), S. 1466 f.; *ders.*, (Fn. 9), S. 100 f.

Dem Direktorium obliegt es demgegenüber, die Beschlüsse des EZB-Rates auszuführen sowie die laufenden Geschäfte zu führen.[47]

Der Zuständigkeitsbereich des Erweiterten Rates der EZB ergibt sich gemäß Art. 45.3. ESZBS „vollständig" aus Art. 47 ESZBS.[48] Allerdings weisen auch Art. 46.4. und 48 ESZBS dem Erweiterten Rat der EZB Zuständigkeiten zu.[49] Auch Art. 45.3. ESZBS ist daher ein Beispiel für Ungenauigkeiten im Zusammenhang mit der Regelung der Folgen der Gewährung einer Ausnahmeregelung.[50] Gleichwohl folgt aus Art. 45.3. ESZBS, dass die Zuständigkeiten des Erweiterten Rates der EZB in der ESZB-Satzung abschließend aufgezählt sind. Er ist also nur dann zuständig, wenn eine Norm der ESZB-Satzung ihm ausdrücklich Zuständigkeiten zuweist.

II. Aufgaben und Ziele des ESZB

1. Überblick

Der EG-Vertrag weist dem ESZB vier als „grundlegend" bezeichnete Aufgaben zu (vgl. Art. 105 Abs. 2 EGV, Art. 3.1. ESZBS). Danach obliegt es dem ESZB, erstens die Geldpolitik der Gemeinschaft festzulegen und auszuführen, zweitens Devisengeschäfte im Einklang mit Art. 111 EGV durchzuführen, drittens die Währungsreserven der Mitgliedstaaten zu verwalten sowie viertens das reibungslose Funktionieren der Zahlungssysteme zu fördern. Darüber hinaus hat das ESZB die Aufgabe, zur Durchführung von Maßnahmen beizutragen, die von den jeweils zuständigen Behörden im Bereich der Aufsicht über Kreditinstitute bzw. im Zusammenhang mit der Stabilität des Finanzsystems getroffen worden sind (vgl. Art. 105 Abs. 5 EGV, Art. 3.3. ESZBS).

Die Ziele des ESZB sind in Art. 105 Abs. 1 EGV sowie in Art. 2 ESZBS definiert. Danach verfolgt das ESZB vorrangig das Ziel, Preisstabilität zu gewährleisten. Soweit es ohne Beeinträchtigung des Ziels der Preisstabilität möglich ist, unterstützt es zudem die Wirtschaftspolitik in der Gemeinschaft. Die vorrangige Verpflichtung des ESZB auf das Ziel der Preisstabilität ist im Ergebnis nichts anderes als *die* grundlegende Aufgabe des ESZB überhaupt. Die besondere Bedeutung, die dieses Ziel für die Gemeinschaft und das ESZB hat, rechtfertigt es jedoch, es von anderen Aufgaben des ESZB zu unterscheiden.

Die vorstehend genannten Aufgaben und Ziele sind nach dem Wortlaut der entsprechenden Bestimmungen solche des ESZB. Der Begriff ESZB ist aus den oben ge-

---

47 Vgl. *Kempen*, (Fn. 3), Art. 112 EGV Rdnr. 3; *Weber*, (Fn. 9), S. 100 f.

48 Zu den in Art. 47 ESZBS genannten Zuständigkeitsbereichen ausführlich unten S. 153 ff.

49 Danach kann sich der Erweiterte Rat der EZB eine Geschäftsordnung geben. Von dieser Möglichkeit hat er zwischenzeitlich Gebrauch gemacht (Vgl. Beschluss der Europäischen Zentralbank vom 17. Juni 2004 zur Verabschiedung der Geschäftsordnung des Erweiterten Rates der Europäischen Zentralbank, ABl. EU Nr. L 230 vom 30.6.2004, S. 61). Zu den in Art. 48 ESZBS genannten Zuständigkeitsbereichen des Erweiterten Rates der EZB ausführlich unten S. 133 ff.

50 Zu diesen Ungenauigkeiten siehe bereits oben S. 43 ff.

nannten Gründen jedoch nur eine Sammelbezeichnung für seine Bestandteile, also die EZB und die nationalen Zentralbanken.[51] Dementsprechend sind die Aufgaben und Ziele des ESZB auch nicht solche einer wie auch immer gearteten Institution „ESZB“, sondern vielmehr solche, die sowohl der EZB als auch den nationalen Zentralbanken zugewiesen sind.[52] Durch die Verwendung des Begriffs ESZB macht der EG-Vertrag lediglich deutlich, dass diese Aufgaben allen Bestandteilen des ESZB gemeinsam obliegen und alle Bestandteile auf dieselben Ziele verpflichtet sind.[53]

Aufgaben werden jedoch nicht nur dem gesamten ESZB zugewiesen. Vielmehr überträgt Art. 44 ESZBS bei Bestehen einer Ausnahmeregelung (vgl. Art. 53 ESZBS) bestimmte Aufgaben lediglich der EZB, nicht aber auch den nationalen Zentralbanken. Danach übernimmt die EZB die Aufgaben des EWI, die infolge der Gewährung einer Ausnahmeregelung noch erfüllt werden müssen, und eine beratende Funktion im Zusammenhang mit der Aufhebung einer Ausnahmeregelung. Weiterhin besteht die Möglichkeit, der EZB oder den nationalen Zentralbanken zusätzliche Aufgaben zu übertragen. So kann der EG-Rat im Bereich der Aufsicht über Kredit- und Finanzinstitute (Bankenaufsicht) der EZB „besondere“ Aufgaben zuweisen (Art. 105 Abs. 6 EGV, Art. 25.2. ESZBS). Und die Mitgliedstaaten können auf ihre jeweiligen nationalen Zentralbanken Aufgaben übertragen, die von diesen dann neben denen wahrzunehmen sind, die ihnen im Rahmen des ESZB obliegen (vgl. Art. 14.4. ESZBS). Bei allen diesen Aufgaben handelt es sich jedoch nicht um solche des ESZB, da sie entweder nur von der EZB oder nur von den nationalen Zentralbanken wahrgenommen werden. Sie sind daher von denen des ESZB getrennt darzustellen und zu untersuchen.[54]

Wenn für einen Mitgliedstaat eine Ausnahmeregelung gilt, hat das für die Aufgaben, die vom ESZB wahrzunehmen sind, und die von ihm zu verfolgenden Ziele erhebliche Konsequenzen. Fast alle Normen, in denen die Aufgaben und Ziele des ESZB bestimmt sind, gelten für die Staaten mit Ausnahmeregelung nicht oder lassen für sie keinerlei Rechte und Verpflichtungen entstehen (vgl. Art. 122 Abs. 3 S. 1 EGV, Art. 43.1. ESZBS). Zudem bezeichnet der Begriff Mitgliedstaaten in den meisten dieser Vorschriften lediglich die Mitgliedstaaten, für die keine Ausnahmeregelung gilt (vgl. Art. 122 Abs. 4 EGV, Art. 43.3. ESZBS). Nachfolgend ist daher zu untersuchen, welche Konsequenzen sich hieraus für die Aufgaben und Ziele des ESZB ergeben.

---

51 Siehe dazu oben S. 38.

52 *Häde,* (Fn. 9), Art. 105 EG-Vertrag Rdnr. 7; *Kempen,* (Fn. 3), Art. 107 EGV Rdnr. 3; *Martín/Texieira,* (Fn. 19), S. 397; *Smits,* (Fn. 30), Art. 105 EG Rdnr. 4; *Weber,* (Fn. 11), S. 1465.

53 Vgl. etwa *Smits,* (Fn. 30), Art. 105 EG Rdnr. 4.

54 Zu den vorübergehenden Aufgaben der EZB siehe unten S. 65 ff., zu den besonderen Aufgaben im Zusammenhang mit der Bankenaufsicht siehe unten S. 74 ff. und zu der Möglichkeit, die Aufgaben der nationalen Zentralbanken zu erweitern, siehe unten S. 76 ff.

2. Aufgaben des ESZB bei Bestehen einer Ausnahmeregelung

a) *Bedeutung der Aufgabennormen*

Aus der Zuweisung der Aufgaben an das ESZB folgt noch keine Aussage über dessen Befugnisse. Denn der EG-Vertrag unterscheidet, wie im gesamten übrigen Gemeinschaftsrecht, auch in der Währungspolitik u.a. zwischen Aufgaben- und Befugnisnormen.[55] Für Aufgabennormen ist im Gegensatz zu den Befugnisnormen prägend, dass sie keine Kompetenzen gewähren.[56] Dieser Unterscheidung kommt im Gemeinschaftsrecht wegen des Grundsatzes der begrenzten Einzelermächtigung (Art. 5 Abs. 1 EGV) eine besondere Bedeutung zu. Danach bedarf die Gemeinschaft jeweils einer ausdrücklichen Kompetenzgrundlage, auf die sie ihr Handeln stützen kann.[57] Dieser Grundsatz gilt auch für das ESZB.[58]

Über die Aufgaben des ESZB bestimmt sich daher vor allem die sachliche Zuständigkeit des ESZB. Sie grenzen den Bereich ab, in dem das ESZB tätig werden darf, und bestimmen insoweit gleichzeitig den Zweck, zu dem es geschaffen worden ist. Sie sind zudem, wie die anderen Aufgabenbestimmungen des EG-Vertrages auch, insbesondere bei der Auslegung maßgeblich zu berücksichtigen, können aber im Zusammenhang mit anderen Normen auch kompetenzbegründend oder -beschränkend wirken.[59] Besondere Bedeutung kommt den Aufgabennormen zudem dadurch zu, dass sie die EZB und die nationalen Zentralbanken verpflichten, die ihnen durch diese Normen zugewiesenen Aufgaben zu erfüllen.[60]

Teilweise werden in der Literatur die Art. 4, 5, 6, 15, 16, 24 ESZBS oder auch die Art. 105 Abs. 4 und 106 EGV im Zusammenhang mit den Aufgaben des ESZB ge-

---

55 Ähnlich auch *Kempen*, (Fn. 3), Art. 105 EGV Rdnr. 8, der allerdings eine exakte Trennung beider Normenkategorien vermisst. Zur Trennung von Aufgaben- und Befugnisnormen allgemein *v. Bogdandy*, in: *Grabitz/Hilf* (Hrsg.), Kommentar zur Europäischen Union, (EL 15), Art. 2 EGV Rdnr. 18; *ders./Nettesheim*, in: *Grabitz/Hilf* (Hrsg.), Kommentar zur Europäischen Union, (EL 7), Art. 3b EGV Rdnr. 4 ff.; *Streinz*, in: *Streinz* (Hrsg.), EUV/EGV, Art. 2 EGV Rdnr. 13; *Ukrow*, in: *Calliess/Ruffert* (Hrsg.), Kommentar zu EU-Vertrag und EG-Vertrag, 2. Auflage (2002), Art. 2 EG-Vertrag Rdnr. 6.

56 *Zuleeg*, in: *von der Groeben/Schwarze* (Hrsg.), Vertrag über die Europäische Union und Vertrag zur Gründung der Europäischen Gemeinschaft, 6. Auflage (2003), Art. 2 EG Rdnr. 5.

57 Dazu *Calliess*, in: *Calliess/Ruffert* (Hrsg.), Kommentar zu EU-Vertrag und EG-Vertrag, 2. Auflage (2002), Art. 5 EG-Vertrag Rdnr. 8 ff., mit weiteren Nachweisen; *Streinz*, (Fn. 55), Art. 5 EGV Rdnr. 7 ff.; *Zuleeg*, (Fn. 56), Art. 5 EG Rdnr. 2 ff. Grundlegend zum Kompetenzbegriff im Gemeinschaftsrecht zudem *Bogdandy/Bast*, Die vertikale Kompetenzordnung der Europäischen Union, EuGRZ 2001, S. 441 ff.

58 *Kempen*, (Fn. 3), Art. 8 Rdnr. 6; *Pernice*, (Fn. 11), (EL 10), Art. 105 EGV Rdnr. 12; *Smulders*, (Fn. 8), Art. 8 EG Rdnr. 4; *Weber*, (Fn. 9), S. 200.

59 Zu den Funktionen der Aufgabennormen des EG-Vertrages allgemein *v. Bogdandy*, in: *Grabitz/Hilf* (Hrsg.), Kommentar zur Europäischen Union, (EL 15), Art. 2 EGV Rdnr. 4 ff.; *Streinz*, (Fn. 55), Art. 2 EGV Rdnr. 14 ff.; *Ukrow*, (Fn. 55), Art. 2 EG-Vertrag Rdnr. 6 und 29; *Zuleeg*, (Fn. 56), Art. 2 EG Rdnr. 1 ff. Zur kompetenzbegründenden bzw. kompetenzbeschränkenden Funktion zudem *Streinz*, (Fn. 55), Art. 3 EGV Rdnr. 5 ff.

60 Für die Aufgabennormen des EG-Vertrages allgemein *Streinz*, (Fn. 55), Art. 3 EGV Rdnr. 3; *Ukrow*, (Fn. 55), Art. 2 EG-Vertrag Rdnr. 29; *Zuleeg*, (Fn. 56), Art. 2 EG Rdnr. 8 f.

nannt.[61] So ergebe sich etwa aus Art. 5 ESZBS, dass die Erhebung statistischer Daten zu den Aufgaben des ESZB gehört etc. Die eingangs genannten Vorschriften enthalten jedoch konkrete Handlungsermächtigungen. So ergibt sich etwa aus Art. 4 ESZBS ausdrücklich die Befugnis der EZB, Stellungnahmen zu Fragen abzugeben, die in ihren Zuständigkeitsbereich fallen. Die Art. 5 und 6 ESZBS ermächtigen die EZB und die nationalen Zentralbanken u.a. ausdrücklich, statistische Daten zu erheben bzw. sich an internationalen Währungseinrichtungen zu beteiligen, um die Aufgaben des ESZB zu erfüllen.[62] Ähnliches gilt für die in Art. 106 EGV und Art. 16 ESZBS geregelten Befugnisse im Zusammenhang mit der Ausgabe von Banknoten und Münzen, mit der Befugnis der EZB und der nationalen Zentralbanken zu so genannten Eigengeschäften (Art. 24 ESZBS) sowie den Berichtspflichten der EZB (Art. 15 ESZBS). Auch diese Normen enthalten ausdrücklich Kompetenzen bzw. ermächtigen und verpflichten die EZB, bestimmte Berichte über ihre Tätigkeit zu erstellen.[63] Die vorstehend genannten Vorschriften sind mithin Kompetenznormen. Sie sind, wie sonst im Gemeinschaftsrecht auch, von den Aufgabennormen zu unterscheiden, die gerade keine Befugnisse einräumen.[64] Das schließt allerdings nicht aus, aus diesen Normen auf die Aufgaben rückzuschließen, die vom ESZB wahrzunehmen sind. Unzulässig ist lediglich der Schluss von der Aufgabe auf die Befugnis. Allerdings ergeben sich aus den genannten Normen keine Aufgaben, die neben die in den Art. 105 Abs. 1, 2 und 5 EGV bzw. in Art. 2 und 3 ESZBS genannten treten.[65] Sie enthalten vielmehr Kompetenzen gerade zur Wahrnehmung dieser Aufgaben. Daher bedürfen sie im Zusammenhang mit den Aufgaben und Zielen des ESZB keiner näheren Untersuchung. Sie sind bei den Kompetenzen darzustellen, die dem ESZB bzw. der EZB zur Verfügung stehen, um ihre Aufgaben wahrnehmen zu können.[66]

b) Beschränkung auf das Euro-Währungsgebiet

Die Gewährung einer Ausnahmeregelung hat für die Aufgaben, die das ESZB wahrzunehmen hat, erhebliche Konsequenzen. Denn Art. 105 Abs. 2 EGV, der die grundlegenden Aufgaben des ESZB festlegt, gilt gemäß Art. 122 Abs. 3 S. 1 EGV nicht für die Mitgliedstaaten, denen eine Ausnahmeregelung gewährt wird.

---

61 So etwa, wenngleich zum Teil nur für einige der oben genannten Normen, *Kobabe*, Zentralbanken in Osteuropa, S. 42; *Mehnert-Meland*, Central Bank to the European Union, S. 72 ff.; *Pernice*, (Fn. 11), Art. 105 EGV (EL 10), Rdnr. 10; *Plewka*, (Fn. 14), S. 62 ff.; *Potacs*, in: *Schwarze* (Hrsg.), EU-Kommentar, Art. 105 EGV Rdnr. 5; *Smits*, (Fn. 30), Art. 105 EG Rdnr. 29 ff.; *ders.*, European Central Bank: Institutional Aspects, International and Comparative Law Quarterly 1996, S. 319 (330 f.); *ders./Kroppenstedt*, in: *von der Groeben/Schwarze* (Hrsg.), Vertrag über die Europäische Union und Vertrag zur Gründung der Europäischen Gemeinschaft, 6. Auflage (2003), Art. 5 ESZB-Satzung Rdnr. 3.

62 So besteht die Befugnis, statistische Daten zu erheben, nach Art. 5 ESZBS nur „zur Wahrnehmung der Aufgaben des ESZB“, und Art. 6.1. ESZBS verweist ausdrücklich auf den „Bereich ... der die dem ESZB übertragenen Aufgaben betrifft“.

63 Zu den Berichtspflichten ausführlich unten S. 124 f.

64 Siehe die Nachweise in Fn. 56.

65 Zu den in diesen Normen genannten Aufgaben im Einzelnen oben S. 50 ff.

66 Dazu unten S. 84 ff.

Art. 3.1. ESZBS, der Art. 105 Abs. 2 EGV wiederholt, lässt gemäß Art. 43.1. ESZBS keinerlei Rechte oder Verpflichtungen für diese Staaten entstehen. Zudem bezeichnet der Begriff „Mitgliedstaaten" in beiden Normen lediglich die „Mitgliedstaaten, für die keine Ausnahmeregelung gilt" (vgl. Art. 122 Abs. 4 EGV, Art. 43.3. ESZBS). Fast in derselben Weise verändert der EG-Vertrag mit Art. 105 Abs. 5 EGV und Art. 3.3. ESZBS zudem die Vorschriften, die dem ESZB Aufgaben im Zusammenhang mit der Bankenaufsicht zuweisen. Auch diese Normen gelten für die Staaten mit Ausnahmeregelung nicht bzw. lassen für sie keine Rechte oder Verpflichtungen entstehen (vgl. Art. 122 Abs. 3 S. 1 EGV, Art. 43.1. ESZBS). Lediglich der Begriff Mitgliedstaaten wird in Art. 105 Abs. 5 EGV nicht neu definiert.[67]

Eine Norm, die für einen Mitgliedstaat gemäß Art. 122 Abs. 3 S. 1 EGV nicht gilt, lässt für diesen Staat keine Rechtswirkungen entstehen. Und auch aus einer Vorschrift, die nach Art. 43.1. ESZBS für einen Mitgliedstaat „keinerlei Rechte oder Verpflichtungen" entstehen lässt, können sich für diesen Staat keine Rechtswirkungen ergeben. Obwohl Art. 122 Abs. 3 S. 1 EGV einerseits und Art. 43.1. ESZBS anderseits also einen unterschiedlichen Wortlaut verwenden, ist der Regelungsgehalt beider Normen derselbe. Die Mitgliedstaaten, für die eine Ausnahmeregelung gilt, werden daher durch die in Art. 122 Abs. 3 S. 1 EGV und in Art. 43.1. ESZBS genannten Normen in ihren währungspolitischen Befugnissen durch gemeinschaftsrechtliche Vorgaben nicht beschränkt. Diese Vorschriften binden nur die Staaten, die dem Euro-Währungsgebiet angehören. Für die Gemeinschaft folgt daraus, dass sich ihre Hoheitsgewalt insoweit auf das Euro-Währungsgebiet beschränkt. Denn die Art. 122 Abs. 3 S. 1 EGV und Art. 43.1. ESZBS schließen aus, dass die in diesen beiden Vorschriften genannten Normen Rechtswirkungen außerhalb des Euro-Währungsgebietes entstehen lassen.

Das rechtliche Verhältnis zwischen der Gemeinschaft und den Mitgliedstaaten mit Ausnahmeregelung ist infolge der Regelungen in Art. 122 Abs. 3 S. 1 EGV und Art. 43.1. ESZBS durchaus mit dem Verhältnis der Gemeinschaft zu Drittstaaten vergleichbar. Das Gemeinschaftsrecht gilt in Drittstaaten nicht. Es lässt dort keinerlei Rechtswirkungen entstehen. Denn diese Staaten werden durch ihre Gebietshoheit vor solchen Rechtswirkungen geschützt.[68] Die Gemeinschaft ist also nicht befugt, in diesen Staaten Rechtsfolgen zu setzen. Ihre Hoheitsgewalt beschränkt sich auf das Gebiet der Mitgliedstaaten der Europäischen Union.

Die Normen, in denen die Aufgaben des ESZB festgelegt sind, lassen für die Mitgliedstaaten, für die eine Ausnahmeregelung gilt, auf Grund der durch Art. 122 Abs. 3 S. 1 EGV und Art. 43.1. ESZBS angeordneten Veränderungen in ihrem Anwen-

---

67 Art. 105 Abs. 5 EGV ist in Art. 122 Abs. 4 EGV nicht genannt. Dagegen differenziert Art. 43.3. ESZBS nicht hinsichtlich der einzelnen Absätze des Art. 3 ESZBS. Er ordnet vielmehr für die gesamte Norm die Neubestimmung des Begriffs „Mitgliedstaaten" an. Da Art. 3.3. ESZBS den Begriff Mitgliedstaaten jedoch nicht verwendet, kommt dem keine Bedeutung zu.

68 Zum Begriff der Gebietshoheit siehe etwa *Epping/Gloria*, in: *Ipsen*, Völkerrecht, 5. Auflage (2004), § 23 Rdnr. 310 ff.; *Verdross/Simma*, Universelles Völkerrecht, 3. Auflage (1984), §§ 1038 ff. und §§ 1183 ff.

dungsbereich keine Rechtswirkungen entstehen. Diese Staaten sind aus ihrem Anwendungsbereich umfassend ausgenommen. Infolgedessen ist die Hoheitsgewalt der Gemeinschaft und mit ihr die des ESZB, jedenfalls soweit sie sich aus diesen Vorschriften ergibt, auf das Euro-Währungsgebiet beschränkt. Das ESZB hat also seine Aufgaben nur für das Euro-Währungsgebiet wahrzunehmen.

Die Aufgaben des ESZB selbst verändern sich bei Bestehen einer Ausnahmeregelung jedoch nicht. Es sind dieselben, die es wahrzunehmen hat, wenn in der Gemeinschaft ein einheitliches Währungsgebiet besteht. Das ESZB nimmt sie jedoch nur für das Euro-Währungsgebiet wahr. Es legt also lediglich für das Euro-Währungsgebiet die Geldpolitik der Gemeinschaft fest und führt sie aus, führt nur für das Euro-Währungsgebiet Devisengeschäfte durch, hält und verwaltet nur die Währungsreserven des Euro-Währungsgebiets und trägt nur zu einem reibungslosen Funktionieren der Zahlungssysteme im Euro-Währungsgebiet bei. Auch die unterstützenden Aufgaben im Bereich der Bankenaufsicht obliegen dem ESZB nur gegenüber dem Euro-Währungsgebiet. An diesem Ergebnis ändert nichts, dass Art. 3.1. ESZBS von der Geldpolitik *der Gemeinschaft* spricht, die durch das ESZB festgelegt und ausgeführt wird. Der Begriff „Gemeinschaft" bezeichnet die internationale Organisation „Europäische Gemeinschaft" (EG), nicht aber die Gesamtheit der Mitgliedstaaten.[69] Durch die Beschränkung des Anwendungsbereichs der Art. 105 Abs. 2 EGV, Art. 3.1. ESZBS beschränkt sich die Hoheitsgewalt der EG auf das Gebiet der Mitgliedstaaten, für die keine Ausnahmeregelung gilt. Soweit einem Mitgliedstaat eine Ausnahmeregelung gewährt wird, gibt es somit lediglich eine einheitliche Geldpolitik *der Gemeinschaft* für das Euro-Währungsgebiet.

In Bezug auf die Aufgabe des ESZB, die Währungsreserven der Mitgliedstaaten zu halten und zu verwalten (Art. 105 Abs. 1 EGV, Art. 3.1. ESZBS), bestätigen EG-Vertrag und ESZB-Satzung durch die Veränderung der Bedeutung des Begriffs Mitgliedstaaten nochmals, dass diese Aufgabe des ESZB nur gegenüber dem Euro-Währungsgebiet besteht. Denn dieser Begriff bezeichnet nur die Mitgliedstaaten, für die keine Ausnahmeregelung gilt (vgl. Art. 122 Abs. 4 EGV, Art. 43.3. ESZBS). Das ESZB hält also, nach dem entsprechend veränderten Wortlaut beider Normen, ausdrücklich nur die Währungsreserven dieser Mitgliedstaaten.

c) *Keine Bindung der Zentralbanken der Staaten mit Ausnahmeregelung*

Zu prüfen bleibt, ob die Aufgaben des ESZB auch bei Bestehen einer Ausnahmeregelung dem gesamten ESZB zugeordnet sind. Denn es ist auch denkbar, dass sie in diesem Fall nur der EZB und den nationalen Zentralbanken der Mitgliedstaaten zugewiesen sind, für die keine Ausnahmeregelung gilt. Der Wortlaut der Bestimmungen, in denen die Aufgaben des ESZB festgelegt werden, lässt diese Frage offen. Sie sprechen auch bei Bestehen einer Ausnahmeregelung unverändert von den Aufgaben des „ESZB".

---

69 Anders wohl *Smits*, (Fn. 30), Art. 105 EG Rdnr. 31, nach dem mit „Gemeinschaft" die Mitgliedstaaten gemeint sind, für die keine Ausnahmeregelung gilt.

Die Antwort auf die vorstehend aufgeworfene Frage ergibt sich ebenfalls aus den infolge der Gewährung der Ausnahmeregelung angeordneten Veränderungen im Anwendungsbereich der Bestimmungen, die die Aufgaben des ESZB festlegen. Das ESZB nimmt seine Aufgaben nur für das Euro-Währungsgebiet wahr.[70] Die Hoheitsgewalt der Gemeinschaft beschränkt sich insoweit auf das Gebiet der Mitgliedstaaten des Euro-Währungsgebietes. Es ist daher ausgeschlossen, dass durch diese Norm Rechtswirkungen für die Mitgliedstaaten mit Ausnahmeregelung entstehen. Denn die nationalen Zentralbanken sind Einrichtungen der Mitgliedstaaten.[71] Daher kann eine nationale Zentralbank nicht durch eine Vorschrift verpflichtet werden, die in dem Staat, dessen Einrichtung sie ist, keine Rechtswirkungen entstehen lässt. Ansonsten entstünden auf dem Gebiet dieses Mitgliedstaates entgegen Art. 122 Abs. 3 S. 1 EGV, Art. 43.1. ESZBS mit der Bindung der nationalen Zentralbank dieses Staates an die Aufgaben des ESZB doch Rechtswirkungen. Mithin obliegen die in Art. 105 Abs. 2 EGV, Art. 3.1. ESZBS bestimmten grundlegenden Aufgaben nur der EZB und den nationalen Zentralbanken des Euro-Währungsgebietes.

d) Ergebnis

Zusammenfassend ist daher festzustellen, dass das ESZB alle Aufgaben, die ihm zugewiesen werden, nur für das Euro-Währungsgebiet wahrzunehmen hat. Für die Mitgliedstaaten, für die eine Ausnahmeregelung gilt, nimmt es keine Aufgaben wahr. Den Zentralbanken dieser Staaten sind zudem die Aufgaben des ESZB nicht zugewiesen. Diese Aufgaben werden nur von der EZB und den Zentralbanken der Mitgliedstaaten wahrgenommen, für die keine Ausnahmeregelung gilt. Die Mitgliedstaaten mit Ausnahmeregelung werden mithin durch die Bestimmungen, in denen die Aufgaben des ESZB festgelegt werden, in ihren währungspolitischen Befugnissen nicht beschränkt. Diese Normen lassen für sie keine Rechtswirkungen entstehen.

3. Ziele des ESZB bei Bestehen einer Ausnahmeregelung

a) Bedeutung der Zielbestimmung

Die Artikel 105 Abs. 1 EGV und 2 ESZBS, die das ESZB vorrangig auf das Ziel der Preisstabilität verpflichten, sind die zentralen Maßstabsnormen, an denen das ESZB sein Handeln orientieren muss. Das hat etwa zur Folge, dass das ESZB bei der Auslegung der währungspolitischen Vorschriften des EG-Vertrages das Ziel der Preisstabilität maßgeblich zu berücksichtigen hat. So muss es im Zweifel immer die Auslegung des EG-Vertrages wählen, durch die dieses Ziel am ehesten erreicht werden kann.[72] Zudem darf das ESZB das Ziel der Preisstabilität nie hinter andere Ziele

---

70 Dazu oben S. 53 ff.
71 Dazu oben S. 39 ff.
72 *Häde*, (Fn. 9), Art. 4 EG-Vertrag Rdnr. 35; *Kempen*, (Fn. 3), Art. 105 EGV Rdnr. 4; *Palm*, (Fn. 24), S. 31 ff.; *Smits*, (Fn. 30), Art. 105 EG Rdnr. 9. Ähnlich *Pernice*, (Fn. 11), Art. 105 EGV Rdnr. 2.

zurückstellen.[73] Von besonderer Bedeutung dürfte dies etwa bei Ermessensentscheidungen des ESZB sein. In einer hier etwa erforderlichen Abwägung ist das Ziel der Preisstabilität gegenüber allen anderen Zielen immer vorrangig.[74]

Der Begriff Preisstabilität selbst bezieht sich auf die Inflationsrate.[75] Eine absolute Preisstabilität besteht bei einer Inflationsrate von 0 %.[76] Es ist jedoch allgemein anerkannt, dass eine Inflationsrate, die gegen Null tendiert, ökonomisch nicht sinnvoll ist.[77] Daher ist die Definition des Begriffs Preisstabilität, die im EG-Vertrag nicht selbst enthalten ist, durch die EZB als eine Inflationsrate „unter 2 %“[78] allgemein als vertretbar angesehen worden.[79] Das so konkretisierte vorrangige Ziel des ESZB ist mithin eine Inflationsrate zu gewährleisten, die unter, aber nahe bei 2 % liegt.

Nur soweit das vorrangige Ziel der Preisstabilität nicht beeinträchtigt wird, darf das ESZB auch ein nachrangiges Ziel verfolgen. In diesem Fall darf es die allgemeine Wirtschaftspolitik in der Gemeinschaft unterstützen, um zur Verwirklichung der in Art. 2 EGV genannten Ziele der Gemeinschaft beizutragen (Art. 105 Abs. 1 Satz 2 EGV). Durch diese Vorschrift ist das ESZB auch an die allgemeinen, in Art. 2 EGV festgelegten Ziele der Gemeinschaft gebunden und in ihre Erfüllung einbezogen.[80] Das ESZB ist nach dem Wortlaut des Art. 105 Abs. 1 Satz 2 EGV allerdings nur verpflichtet, die Wirtschaftspolitik „in der Gemeinschaft“ zu unterstützen. Der EG-Vertrag macht hierdurch nochmals deutlich, dass die allgemeine Wirtschaftspolitik unbeschadet der Art. 98 ff. EGV in der Verantwortung der Mitgliedstaaten bleibt.[81]

---

73 *Kempen*, (Fn. 3), Art. 105 EGV Rdnr. 4. In diesem Sinne auch *Endler*, Europäische Zentralbank und Preisstabilität, S. 151 ff.; *Häde*, (Fn. 9), Art. 105 EG-Vertrag Rdnr. 4; *Herdegen*, Price Stability and Budgetary Restraints in the Economic and Monetary Union, CMLR 1998, S. 9 (15 ff.); *Smits*, (Fn. 30), Art. 105 Rdnr. 9; *Stadler*, (Fn. 9), S. 105 ff.

74 Ähnlich *Kempen*, (Fn. 3), Art. 105 EGV Rdnr. 4.

75 Ausführlich zum Begriff der Preisstabilität in Art. 105 Abs. 1 EGV und 2 ESZBS *Gaitandides*, Das Recht der Europäischen Zentralbank, S. 7 ff.; *Mentgen*, Beschäftigungsförderung und Stabilitätsverpflichtung in der Europäischen Wirtschafts- und Währungsunion, S. 22 ff.

76 Vgl. *Kempen*, (Fn. 3), Art. 105 EGV Rdnr. 3; *Potacs*, (Fn. 61), Art. 105 EGV Rdnr. 3.

77 Vgl. *de Grauwe*, The Design of the European Central Bank, in: *Francke/Ketzel/Kotz* (Hrsg.), Europäische Währungsunion, S. 302 f.; *Kempen*, (Fn. 3), Art. 105 EGV Rdnr. 3; *Krupp/Cabos*, Zu den Risiken einer Nullinflation als geldpolitisches Ziel, in: *Köhler/Rohde* (Hrsg.), Geldpolitik ohne Grenzen, S. 106 ff.; *Potacs*, (Fn. 61), Art. 105 EGV Rdnr. 3.

78 Vgl. *Europäische Zentralbank*, Die stabilitätsorientierte geldpolitische Strategie des Eurosystems, Monatsbericht, Januar 1999, S. 43 (51). Siehe dazu auch *Europäische Zentralbank*, Jahresbericht, 2003, S. 16 ff., in dem die EZB darauf hinweist, dass diese Definition von Preisstabilität 2003 bestätigt worden ist.

79 Vgl. insoweit nur *Kempen*, (Fn. 3), Art. 105 EGV Rdnr. 3. Zur rechtlichen Bedeutung der Zielverpflichtung ausführlich *Palm*, (Fn. 24), S. 25 ff.; *Pernice*, Multilevel Constitutionalism and the treaty of Amsterdam: European Constitution-making revisited?, CMLR 1999, S. 703 (722); *Selmayr*, Wie unabhängig ist die Europäische Zentralbank?, WM 1998, S. 2429 (2431 f.); *Stadler*, (Fn. 9), S. 100 ff.; *Weber*, (Fn. 9), S. 111 ff.

80 Vgl. *Pernice*, (Fn. 11), Art. 105 EGV (EL 10), Rdnr. 7; *Smits*, (Fn. 30), Art. 105 EG Rdnr. 20 ff.

81 Vgl. nur *Häde*, (Fn. 9), Art. 105 EG-Vertrag Rdnr. 3; *Kempen*, (Fn. 3), Art. 105 EGV Rdnr. 5; *Seidel*, Die Wirtschafts- und Währungsunion im rechtlichen und politischen Gefüge der Europäischen Gemeinschaft, in: *Caesar/Scharrer* (Hrsg.), Ökonomische und politische Dimensionen der Europäischen Wirtschafts- und Währungsunion, S. 231 ff. Zur Kompetenzverteilung in der Wirtschaftspolitik siehe ausführlich unten § 8.

Das ESZB unterstützt also gegebenenfalls nicht die Wirtschaftspolitik der Gemeinschaft, sondern vielmehr die der Mitgliedstaaten.[82]

Bei der Verfolgung seiner Ziele ist das ESZB zudem gemäß Art. 105 Abs. 1 Satz 3 EGV, Art. 2 S. 3 ESZBS verpflichtet, nach dem Grundsatz einer offenen Marktwirtschaft mit freiem Wettbewerb zu handeln und die in Art. 4 EGV genannten Grundsätze zu beachten. In dieser Verpflichtung kommt zum Ausdruck, dass das ESZB marktkonform handeln muss.[83]

b) *Widersprüchliche Regelung*

Die Ziele des ESZB sind, das ist vorstehend bereits deutlich geworden, in zwei Vorschriften festgelegt. Eine dieser beiden Normen, Art. 105 Abs. 1 EGV, gilt für Mitgliedstaaten mit Ausnahmeregelung nicht (vgl. Art. 122 Abs. 3 S. 1 EGV).[84] Diese Staaten sind mithin umfassend aus dem Anwendungsbereich des Art. 105 Abs. 1 EGV ausgenommen. Damit scheint festzustehen, dass sich die Zielverpflichtung des ESZB nur auf das Euro-Währungsgebiet bezieht und für die Staaten mit Ausnahmeregelung keine Rechtswirkungen entstehen lässt. In Frage gestellt wird dieses scheinbar eindeutige Ergebnis jedoch dadurch, dass Art. 2 ESZBS, der dem Art. 105 Abs. 1 EGV fast wörtlich entspricht, uneingeschränkt auf alle Mitgliedstaaten anwendbar ist. Die beiden Bestimmungen, in denen die Ziele des ESZB festgelegt werden, scheinen sich daher zu widersprechen.

Die EZB und Teile der Literatur nehmen an, dass trotz dieses Widerspruchs auch die Zentralbanken der Mitgliedstaaten, für die eine Ausnahmeregelung gilt, uneingeschränkt an das Ziel der Preisstabilität gebunden seien.[85] Für ihre Auffassung führt die EZB an, dass nach Art. 4 Abs. 3 EGV alle Mitgliedstaaten ihre Tätigkeit an dem Grundsatz „stabile Preise" zu orientieren hätten.[86] Weiterhin seien die Mitgliedstaaten verpflichtet anzustreben, die Konvergenzkriterien zu erfüllen.[87] Schließlich gewähre der EG-Vertrag auch den Zentralbanken der Staaten mit Aus-

---

82 Vgl. nur *Pernice*, (Fn. 11), Art. 105 EGV (EL 10) Rdnr. 7; *Smits*, (Fn. 30), Art. 105 Rdnr. 14 ff.
83 Siehe dazu etwa *Kempen*, (Fn. 3), Art. 105 EGV Rdnr. 7; *Pernice*, (Fn. 11), Art. 105 EGV (EL 10) Rdnr. 8.
84 Nach Art 122 Abs. 4 EGV bezeichnet der Begriff „Mitgliedstaaten" in dieser Norm zudem nur die Staaten, für die keine Ausnahmeregelung gilt. Da Art. 105 Abs. 1 EGV diesen Begriff jedoch überhaupt nicht verwendet, läuft die insoweit angeordnete Veränderung des Begriffs „Mitgliedstaaten" leer. Es handelt sich um ein Redaktionsversehen.
85 Vgl. *Europäische Zentralbank*, Konvergenzbericht 2004, S. 28. In der Literatur nehmen, wenngleich ohne nähere Begründung, die uneingeschränkte Bindung aller Zentralbanken an das Ziel der Preisstabilität wohl an *Gnan/Wittelsberger*, in: *von der Groeben/Schwarze* (Hrsg.), Vertrag über die Europäische Union und Vertrag zur Gründung der Europäischen Gemeinschaft, 6. Auflage (2003), Art. 108 EG Rdnr. 7, *Harden*, The European Central Bank and the Role of National Central Banks in Economic and Monetary Union, in: *Gretschmann* (Hrsg.), Economic and monetary union: implications for national policy-makers, S. 155, und *Schiemann*, The New European Exchange Rate Mechanism: Currency Conventions for Ins, Pre-Ins, and Outs, S. 2.
86 *Europäische Zentralbank*, Konvergenzbericht 2004, S. 28.
87 *Europäische Zentralbank*, Konvergenzbericht 2004, S. 28.

nahmeregelung Unabhängigkeit.[88] Das lasse sich aber nur rechtfertigen, wenn sie vorrangig auf das Ziel der Preisstabilität verpflichtet seien.[89]

Diese Begründung überzeugt jedoch für sich genommen nicht. Dass die Mitgliedstaaten ihre Tätigkeit nach Art. 4 Abs. 3 EGV an dem Grundsatz „stabile Preise" auszurichten haben, bedeutet nicht, dass ihre Zentralbank das Ziel der Preisstabilität zwingend vorrangig im Sinne des Art. 105 Abs. 1 EGV wahrnehmen muss. Dieser Verpflichtung ließe sich auch anders genüge tun. Dasselbe gilt für das Argument, für die vorrangige Verpflichtung aller Zentralbanken auf das Ziel der Preisstabilität spreche, dass die Mitgliedstaaten die Erfüllung der Konvergenzkriterien anstreben müssen.[90] Um die Konvergenzkriterien zu erfüllen, ist eine derartige Zielbestimmung für die Zentralbanken der Staaten mit Ausnahmeregelung sicherlich hilfreich. Erforderlich ist sie nicht. Und auch die uneingeschränkte Geltung der Vorschriften, die der EZB und den nationalen Zentralbanken Unabhängigkeit einräumen, hilft bei der Lösung des Widerspruchs zwischen Art. 105 Abs. 1 EGV und Art. 2 ESZBS nicht weiter. Es wird zu zeigen sein, dass der EG-Vertrag den Zentralbanken der Staaten, für die eine Ausnahmeregelung gilt, bei der Wahrnehmung ihrer innerstaatlichen währungspolitischen Befugnisse gerade nicht die Unabhängigkeit gewährt.[91] Es ist somit nach weiteren Argumenten zu suchen, um den Widerspruch zwischen Art. 105 Abs. 1 EGV und Art. 2 ESZBS zu lösen.

c) *Lösung des Widerspruchs*

(1) *Grammatikalische und teleologische Auslegung*

Ein Ansatz, um den Widerspruch zwischen Art. 105 Abs. 1 EGV und Art. 2 ESZBS aufzulösen, ergibt sich bereits aus dem Wortlaut des Art. 2 ESZBS. Laut dieser Vorschrift ist es „nach Art. 105 Abs. 1 ... das vorrangige Ziel des ESZB, die Preisstabilität zu wahren ...". Art. 2 ESZBS verweist also auf den EG-Vertrag und die dort geltende Rechtslage. Da Art. 105 Abs. 1 EGV aber gemäß Art. 122 Abs. 3 S. 1 EGV für die Mitgliedstaaten, denen eine Ausnahmeregelung gewährt wird, nicht gilt, können, wenn dem Verweis auf den EG-Vertrag gefolgt wird, auch aus Art. 2 ESZBS für diese Staaten keine Rechtswirkungen entstehen.

Somit scheint bei einer streng grammatikalischen Auslegung überhaupt kein Widerspruch zwischen dem EG-Vertrag und der ESZB-Satzung zu bestehen. Weder aus Art. 105 Abs. 1 EGV noch aus Art. 2 ESZBS können für die Mitgliedstaaten, für die eine Ausnahmeregelung gilt, Rechtswirkungen entstehen. Diese Staaten werden also durch diese beiden Normen in ihren währungspolitischen Befugnissen nicht

---

88 *Europäische Zentralbank*, Konvergenzbericht 2004, S. 28. Zur Unabhängigkeit der EZB und der nationalen Zentralbanken siehe unten S. 157 ff.

89 *Europäische Zentralbank*, Konvergenzbericht 2004, S. 28. Zum Zusammenhang zwischen der Verpflichtung auf das Ziel der Preisstabilität und der Gewährleistung der Unabhängigkeit für eine Zentralbank siehe unten S. 157 ff.

90 Zu den Konvergenzkriterien ausführlich unten § 9, S. 271 ff.

91 Dazu ausführlich unten S. 157 ff.

beschränkt und können ihre nationale Währungspolitik auch an Zielen orientieren, die von den in Art. 105 Abs. 1 EGV und Art. 2 ESZBS genannten abweichen. Umgekehrt beschränkt sich die Hoheitsgewalt des ESZB auf das Euro-Währungsgebiet. Sein vorrangiges Ziel ist daher lediglich, die Preisstabilität im Euro-Währungsgebiet zu wahren und gegebenenfalls die Wirtschaftspolitik in den Staaten des Euro-Währungsgebietes zu unterstützen. Insoweit hat das ESZB also auch bei Bestehen einer Ausnahmeregelung dieselben Ziele zu verfolgen wie in dem Fall, in dem alle Mitgliedstaaten dem Euro-Währungsgebiet angehören.

Dieses Verständnis der Art. 105 Abs. 1 EGV und Art. 2 ESZBS erscheint auch konsequent. Das ESZB nimmt seine Aufgaben ausschließlich für das Euro-Währungsgebiet, nicht aber für die Mitgliedstaaten, für die eine Ausnahmeregelung gilt, wahr.[92] Es würde daher keinen Sinn machen, das ESZB darauf zu verpflichten, Preisstabilität in der gesamten Union zu wahren oder die Wirtschaftspolitik in der gesamten Gemeinschaft zu unterstützen. Ebenso überzeugt, dass die Mitgliedstaaten, für die eine Ausnahmeregelung gilt, nicht verpflichtet sind, auch ihre nationale Geldpolitik auf das vorrangige Ziel der Preisstabilität zu verpflichten. Solange die Währungshoheit bei einem Mitgliedstaat liegt, soll dieser Staat auch berechtigt sein, die Ziele seiner Geldpolitik selbst festzulegen.

Bemerkenswert ist allerdings, dass die EZB nach dem vorstehend dargestellten Verständnis der Art. 105 Abs. 1 EGV und Art. 2 ESZBS auch dann an die in diesen beiden Vorschriften festgelegten Ziele gebunden ist, wenn sie die Aufgaben wahrnimmt, die ihr gemäß Art. 44 ESZBS zugewiesen sind.[93] Diese vorübergehenden Aufgaben obliegen ihr jedoch gegenüber allen Mitgliedstaaten. Gleichwohl muss die EZB auch bei der Wahrnehmung dieser Aufgaben vorrangig das Ziel verfolgen, die Preisstabilität im Euro-Währungsgebiet zu wahren und, soweit das ohne Beeinträchtigung des Zieles der Preisstabilität möglich ist, die Wirtschaftspolitik in den Mitgliedstaaten des Euro-Währungsgebietes zu unterstützen. Die EZB hat also vorrangig die Interessen des Euro-Währungsgebietes zu berücksichtigen, obwohl sie Aufgaben wahrnimmt, die ihr gegenüber allen Mitgliedstaaten obliegen.

Diese auf den ersten Blick überraschende Regelung erklärt sich aus der überragenden Bedeutung, die dem Ziel der Preisstabilität für die Währungspolitik der Gemeinschaft zukommt.[94] Mit der uneingeschränkten Verpflichtung der EZB auf die Ziele des ESZB betonen EG-Vertrag und ESZB-Satzung die besondere Bedeutung dieses Ziels. Zudem ist zu berücksichtigen, dass die meisten Aufgaben, die von der EZB vorübergehend wahrgenommen werden, Aufgaben sind, die sie vom EWI übernommen hat.[95] Bereits das EWI war aber verpflichtet, sich bei der Wahrnehmung seiner Aufgaben an den Zielen des Art. 105 Abs. 1 EGV bzw. des Art. 2 ESZBS, also an den Zielen des ESZB, zu orientieren (vgl. Art. 3 EWIS). Die Verpflichtung der EZB,

---

92 Dazu oben S. 52 ff.
93 Zu den vorübergehenden Aufgaben der EZB unten S. 65 ff.
94 Zur besonderen Bedeutung des Ziels der Preisstabilität siehe oben S. 56 ff.
95 Dazu im Einzelnen unten S. 65 ff.

sich bei der Wahrnehmung der Aufgaben, die sie vom EWI übernommen hat, uneingeschränkt an ihre Ziele zu halten, ist also auch unter diesem Gesichtspunkt konsequent. Sie ist bereits in der Tradition der währungspolitischen Zusammenarbeit in der Gemeinschaft begründet. Und schließlich ist zu beachten, dass die vorübergehenden Aufgaben der EZB überwiegend im Zusammenhang mit der angestrebten Aufhebung einer einem Mitgliedstaat gewährten Ausnahmeregelung stehen.[96] Infolge der Aufhebung einer Ausnahmeregelung darf aber insbesondere das vorrangige Ziel des ESZB, die Preisstabilität im Euro-Währungsgebiet zu wahren, nicht gefährdet werden. Daher macht es auch insoweit Sinn, die EZB bereits bei der Wahrnehmung von Aufgaben, die im Zusammenhang mit der Aufhebung einer Ausnahmeregelung stehen, vorrangig auf das Ziel zu verpflichten, die Preisstabilität im Euro-Währungsgebiet zu wahren.

Somit ergibt sich im Wege der grammatikalischen Auslegung von Art. 105 Abs. 1 EGV und Art. 2 ESZBS, dass trotz des unterschiedlich veränderten Anwendungsbereichs beider Normen zwischen beiden kein Widerspruch entsteht. Das vorrangige Ziel des ESZB ist mithin, die Preisstabilität im Euro-Währungsgebiet zu wahren und, soweit das ohne Beeinträchtigung des vorrangigen Zieles möglich ist, die Wirtschaftspolitik in den Mitgliedstaaten des Euro-Währungsgebietes zu unterstützen. Die Mitgliedstaaten, für die eine Ausnahmeregelung gilt, sind dagegen nicht durch gemeinschaftsrechtliche Vorgaben darin beschränkt, wie sie die Ziele ihrer innerstaatlichen Währungspolitik festlegen. Sie können insbesondere insoweit auch Ziele wählen, die von denen abweichen, die für das ESZB gelten. Dieses Ergebnis der grammatikalischen Auslegung lässt sich durch teleologische Erwägungen bestätigen.

(2) Systematische Auslegung

Zu prüfen ist, ob sich das Ergebnis der grammatikalischen und der teleologischen Auslegung der Art. 105 Abs. 1 EGV und Art. 2 ESZBS auch durch systematische Überlegungen bestätigen lässt. Hiergegen spricht jedoch zunächst, dass gemäß Art. 43.1. ESZB-Satzung einige der Normen für die Staaten mit Ausnahmeregelung keinerlei Rechte und Verpflichtungen entstehen lassen, die gleichlautend auch im EG-Vertrag enthalten sind und die für diese Mitgliedstaaten gemäß Art. 122 Abs. 3 EGV nicht gelten.[97] Auch diese Normen enthalten wie Art. 2 ESZBS einen ausdrücklichen Verweis auf den EG-Vertrag. Ihre Aufzählung in Art. 43.1. ESZBS wäre aber überflüssig, wenn bereits aus diesem Verweis abschließend folgen würde, dass sich aus diesen Vorschriften für die Staaten mit Ausnahmeregelung keine Rechtswirkungen ergeben. Daher erscheint es zumindest denkbar, dass die unterschiedliche Ver-

---

96 Zur Aufhebung einer Ausnahmeregelung ausführlich unten § 9. Zu den vorübergehenden Aufgaben der EZB ausführlich unten S. 65 ff.

97 Vgl. Art. 105 Abs. 2, 3 und 5, Art. 106 sowie Art. 110 EGV i.V.m. Art. 122 Abs. 3 S. 1 EGV einerseits und Art. 3, 16 und 34 ESZBS i.V.m. Art. 43.1. ESZBS andererseits.

änderung des Anwendungsbereichs des Art. 105 Abs. 1 EGV einerseits und des Art. 2 ESZBS andererseits eine eigenständige Bedeutung hat.

Dafür, dass dem so ist, spricht zudem ganz maßgeblich die These, wonach der EG-Vertrag die Folgen der Gewährung einer Ausnahmeregelung nicht abschließend regelt.[98] Danach sind die Folgen der Gewährung einer Ausnahmeregelung für die Rechte und Verpflichtungen des betreffenden Mitgliedstaates und seiner Zentralbank im Rahmen des ESZB systematisch ausschließlich und abschließend in der ESZB-Satzung, nicht aber im EG-Vertrag geregelt. Die Anordnung, dass eine Norm des EG-Vertrages gemäß Art. 122 Abs. 3 EGV für einen Staat mit Ausnahmeregelung nicht gilt, enthält also noch keine Aussage darüber, ob und gegebenenfalls wie sich die Stellung dieses Mitgliedstaates und seiner Zentralbank im Rahmen des ESZB verändert. Auf Grund dieser Systematik ist es daher möglich, dass aus Art. 2 ESZBS für einen Mitgliedstaat bzw. dessen Zentralbank Rechte und Verpflichtungen entstehen, obwohl der Verweis auf den EG-Vertrag in dieser Norm zunächst ein anderes Ergebnis nahe legt. Diese Rechtswirkungen sind allerdings auf die Stellung eines Mitgliedstaates mit Ausnahmeregelung und seiner Zentralbank im Rahmen des ESZB beschränkt.

Wird auf diese Systematik bei der Auslegung der Art. 105 Abs. 1 EGV und Art. 2 ESZBS zurückgegriffen, ergibt sich Folgendes. Da Art. 2 ESZBS auf alle Mitgliedstaaten uneingeschränkt anwendbar ist, verändert sich infolge der Gewährung einer Ausnahmeregelung weder die Rechtsstellung des betroffenen Mitgliedstaates noch die seiner Zentralbank im Rahmen des ESZB. Somit sind auch die Zentralbanken der Mitgliedstaaten mit Ausnahmeregelung in demselben sachlichen Umfang an Art. 2 ESZBS gebunden, wie die übrigen Zentralbanken des Systems. Mithin ist es das vorrangige Ziel aller Zentralbanken des Systems, die Preisstabilität im Euro-Währungsgebiet zu wahren bzw. die Wirtschaftspolitik in den Mitgliedstaaten des Euro-Währungsgebietes zu unterstützen. Dass diese Zielverpflichtung sachlich auf das Euro-Währungsgebiet beschränkt ist, ergibt sich aus der grammatikalischen und teleologischen Auslegung von Art. 105 Abs. 1 EGV und Art. 2 ESZBS und den im Anwendungsbereich des Art. 105 Abs. 1 EGV angeordneten Veränderungen. Deren Ergebnis wird durch die systematische Auslegung des Art. 2 ESZBS insoweit nicht in Frage gestellt. Die Mitgliedstaaten mit Ausnahmeregelung sind daher unbeschadet der Bindung ihrer Zentralbanken an die Ziele des ESZB von gemeinschaftsrechtlichen Vorgaben frei, Ziele für ihre innerstaatliche Währungspolitik zu definieren.

Auf den ersten Blick überrascht, dass die Zentralbanken der Mitgliedstaaten mit Ausnahmeregelung verpflichtet sein sollen, die Preisstabilität im Euro-Währungsgebiet zu wahren und die Wirtschaftspolitik im Euro-Währungsgebiet zu unterstützen, ohne dass sich hieraus Konsequenzen für die Ziele ergeben, die sie in ihrem eigenen Währungsgebiet zu verfolgen haben. Diese Verpflichtung ist jedoch konsequent. Sie ist immer dann von Bedeutung, wenn diese Zentralbanken Aufgaben, Befugnisse oder Pflichten im Rahmen des ESZB wahrnehmen, die das Euro-

98 Dazu oben S. 43 ff.

Währungsgebiet betreffen. Denn in diesem Fall muss sichergestellt sein, dass ihr Handeln an denselben Zielen ausgerichtet ist wie das der übrigen Zentralbanken des Systems. Tatsächlich werden den nationalen Zentralbanken der Mitgliedstaaten mit Ausnahmeregelung in zwei Fällen im Rahmen des ESZB Funktionen zugewiesen, die das Euro-Währungsgebiet betreffen.

Der erste Fall ergibt sich aus Art. 5 ESZBS. Danach sind die nationalen Zentralbanken aller Mitgliedstaaten verpflichtet, die statistischen Daten zu erheben, die das ESZB benötigt, um seine Aufgaben wahrzunehmen.[99] Es überzeugt, dass alle Zentralbanken des ESZB an dieselben Ziele gebunden sind, wenn sie dieser Verpflichtung nachkommen. Dasselbe gilt für den zweiten Fall, in dem die Zentralbanken der Staaten mit Ausnahmeregelung im Rahmen des ESZB Funktionen wahrnehmen, die das Euro-Währungsgebiet betreffen, die Mitwirkung der Präsidenten dieser Zentralbanken im Erweiterten Rat der EZB. Der Erweiterte Rat der EZB ist das einzige Beschlussorgan der EZB, dem bei Bestehen einer Ausnahmeregelung die Präsidenten aller nationalen Zentralbanken angehören.[100] Er wirkt u.a. an der Erfüllung bestimmter Aufgaben des ESZB mit (vgl. Art. 47 ESZBS).[101] Durch diese Mitwirkungsbefugnisse erhält er, und mit ihm auch die Präsidenten der nationalen Zentralbanken der Mitgliedstaaten mit Ausnahmeregelung, Einfluss auf die Währungspolitik des Euro-Währungsgebietes. Obgleich dieser Einfluss sehr begrenzt ist, ist es wohl allein aus diesem Grund zwingend erforderlich, dass der Erweiterte Rat der EZB uneingeschränkt an die Ziele des ESZB gebunden ist. Ansonsten würde die Zielverpflichtung des ESZB relativiert, was insbesondere auf Grund der Bedeutung des Ziels der Preisstabilität[102] für die Gemeinschaft nicht hinnehmbar ist. Weiterhin nimmt der Erweiterte Rat die vorübergehenden Aufgaben der EZB wahr (vgl. Art. 47.1., 1. Gs., 44 ESZBS).[103] Dass bei der Wahrnehmung dieser Aufgaben die uneingeschränkte Bindung der EZB an ihre Ziele nicht nur konsequent, sondern in Teilen sogar zwingend erscheint, wurde bereits oben dargestellt.[104] Dementsprechend bindet die ESZB-Satzung die Handlungen des Erweiterten Rates der EZB auch eindeutig an die Ziele des ESZB. Das ergibt sich daraus, dass er als Beschlussorgan der EZB auf dieselben Ziele verpflichtet ist, wie die EZB selbst.

Da Art. 2 ESZBS uneingeschränkt auf alle Mitgliedstaaten anwendbar ist, sind auch die nationalen Zentralbanken der Staaten mit Ausnahmeregelung direkt an die Ziele des ESZB gebunden, wenn sie Aufgaben, Befugnisse und Pflichten im Rahmen des ESZB wahrnehmen, die das Euro-Währungsgebiet betreffen. Diese Bindung erfasst auch die Präsidenten der nationalen Zentralbanken als deren Organ. Mithin sind die Präsidenten der nationalen Zentralbanken der Staaten mit Ausnahmerege-

---

99 Dazu ausführlich unten S. 96 ff.
100 Zum Erweiterten Rat der EZB oben S. 48 ff. und S. 151 ff.
101 Zu diesen Mitwirkungsbefugnissen ausführlich unten S. 153 ff.
102 Zur Bedeutung des Ziels der Preisstabilität oben S. 56 ff.
103 Zu den vorübergehenden Aufgaben der EZB ausführlich unten S. 65 ff.
104 Dazu oben S. 58 ff.

lung unmittelbar an die Ziele des ESZB gebunden, wenn sie als Mitglied des Erweiterten Rates der EZB handeln.[105]

Es spricht zwar einiges dafür, dass die Präsidenten der Zentralbanken dieser Staaten als Mitglied des Erweiterten Rates der EZB ohnehin, also auch ohne dass Art. 2 ESZBS uneingeschränkt für alle Mitgliedstaaten gelten müsste, an die Ziele des ESZB gebunden sind. Denn auf Grund der Bindung des Erweiterten Rates der EZB an die Ziele des ESZB sind mittelbar auch dessen Mitglieder an diese Ziele gebunden. Allerdings geht die direkte Bindung der Präsidenten der Zentralbanken der Mitgliedstaaten mit Ausnahmeregelung weiter als nur die indirekte, aus der Bindung des Erweiterten Rates der EZB an die Ziele des ESZB abgeleitete.[106] Denn so ist nicht nur die Handlung des Organs selbst, sondern auch jede einzelne Handlung eines der Mitglieder dieses Beschlussorgans an die Ziele des ESZB gebunden. Es erschiene zudem unbefriedigend, dass zwar mit dem Präsidenten und dem Vizepräsidenten der EZB sowie den Präsidenten der nationalen Zentralbanken der Mitgliedstaaten, für die keine Ausnahmeregelung gilt, ein Teil der Mitglieder des Erweiterten Rates der EZB direkt an die Ziele des Art. 2 ESZBS bzw. Art. 105 Abs. 1 EGV gebunden ist, die Präsidenten der nationalen Zentralbanken der Mitgliedstaaten, für die eine Ausnahmeregelung gilt, dagegen nicht.

Dieses Auslegungsergebnis, Bindung der nationalen Zentralbanken der Staaten mit Ausnahmeregelung an die Ziele des ESZB, ohne dass sich hieraus Beschränkungen für die innerstaatliche Währungspolitik dieser Staaten ergeben, wird zudem durch die Vorschriften zur Unabhängigkeit des ESZB bestätigt (Art. 108 EGV, Art. 7 ESZBS). Diese Vorschriften gelten auch bei Bestehen einer Ausnahmeregelung uneingeschränkt für alle Mitgliedstaaten.[107] Mithin sind auch die Zentralbanken der Staaten mit Ausnahmeregelung unabhängig, soweit sie Befugnisse, Aufgaben und Pflichten wahrnehmen, die ihnen durch den EG-Vertrag übertragen worden sind (vgl. Art. 108 EGV, Art. 7 ESZBS). Einer Zentralbank wird jedoch vor allem deshalb Unabhängigkeit gewährt, damit sie das Ziel, Preisstabilität zu gewährleisten, mög-

---

105 Mit anderer Begründung im Ergebnis auch *Brinster*, Eintritt in die Europäische Wirtschafts- und Währungsunion, S. 36, die den Widerspruch zwischen Art. 105 Abs. 1 EGV und Art. 2.1. ESZBS zwar für ein Redaktionsversehen hält, hinsichtlich der Mitwirkung der Zentralbanken der Staaten mit Ausnahmeregelung im Erweiterten Rat der EZB Art. 105 Abs. 1, Art. 122 Abs. 3 EGV jedoch einschränkend auslegen will.

106 Im Zusammenhang mit der Unabhängigkeit des ESZB ist vertreten worden, die Beschlussorgane der EZB seien nur dann wirklich unabhängig, wenn es auch die Mitglieder des Beschlussorgans selbst sind. Vgl. *Bleckmann*, (Fn. 11), S. 342; *Scharrer*, Probleme einer europäischen Wirtschafts- und Währungsunion im Spiegel des Delors-Berichts, in: *Mayer/Scharrer/Schmahl* (Hrsg.), Der Europäische Binnenmarkt, S. 273; *ders.*, (Fn. 24), S. 215; Stellungnahme des Wissenschaftlichen Beirats beim Bundesministerium für Wirtschaft zum *Delors*-Bericht vom 5.6.1989, Punkt 3, abgedruckt z. B. bei *Krägenau/Wetter*, Europäische Wirtschafts- und Währungsunion, Dok. 53. Ähnlich auch *Hahn*, Der Weg zur Europäischen Währungsunion, BayVBl. 1996, S. 353 (357). Diese Überlegungen sind auf die Frage der Bindung des ESZB an die Ziele des Art. 2 ESZBS übertragbar. Die Bindung des ESZB an seine Ziele ist dann besonders effektiv gewährleistet, wenn nicht nur die Beschlussorgane des ESZB an diese Ziele gebunden sind, sondern auch die Mitglieder der Beschlussorgane selbst.

107 Dazu ausführlich unten S. 157 ff.

lichst effektiv verfolgen kann.[108] Da die Zentralbanken der Staaten mit Ausnahmeregelung also bei der Wahrnehmung von Befugnissen, Aufgaben und Pflichten, die ihnen durch den EG-Vertrag übertragen worden sind, unabhängig sind, ist es konsequent, sie insoweit auch auf die Ziele des ESZB und mithin insbesondere auf das Ziel der Preisstabilität zu verpflichten.

d) Ergebnis

Der Widerspruch zwischen Art. 105 Abs. 1 EGV und Art. 2 ESZBS, der sich aus der unterschiedlichen Veränderung des Anwendungsbereichs beider Normen bei Bestehen einer Ausnahmeregelung ergibt, lässt sich aus einer Verbindung der im Wege grammatikalischer und teleologischer Auslegung gewonnenen Ergebnisse mit denen der im Wege der systematischen Auslegung gewonnenen auflösen. Danach hat das ESZB bei Bestehen einer Ausnahmeregelung vorrangig das Ziel, die Preisstabilität im Euro-Währungsgebiet zu wahren. Nur soweit es ohne Beeinträchtigung dieses vorrangigen Zieles möglich ist, hat es auch die allgemeine Wirtschaftspolitik in den Mitgliedstaaten des Euro-Währungsgebietes zu unterstützen. An dieses Ziel ist das gesamte ESZB gebunden, also neben der EZB auch alle nationalen Zentralbanken. Für die Zentralbanken der Mitgliedstaaten mit Ausnahmeregelung wird diese Verpflichtung jedoch nur in zwei Fällen relevant, erstens bei der Mitwirkung ihrer jeweiligen Präsidenten im Erweiterten Rat der EZB und zweitens bei der Wahrnehmung der Befugnisse und Ausübung der Pflichten, die sich für diese Zentralbanken aus Art. 5 ESZBS ergeben. Aus der Verpflichtung auch der Zentralbanken der Mitgliedstaaten, für die eine Ausnahmeregelung gilt, auf die Ziele des ESZB ergeben sich unbeschadet der vorstehenden Ausführungen aber keine weiteren Einschränkungen für ihre innerstaatliche Währungspolitik. Die Mitgliedstaaten, für die eine Ausnahmeregelung gilt, sind insbesondere frei, ihre Zentralbanken bei der Ausübung ihrer innerstaatlichen geld- und währungspolitischen Kompetenzen auf Ziele zu verpflichten, die von denen des ESZB abweichen.

III. Vorübergehende Aufgaben der EZB

1. Überblick

Art. 44 ESZBS weist der EZB eine Reihe von Aufgaben zu, die sie nur vorübergehend wahrzunehmen hat. Danach übernimmt sie die Aufgaben des Europäischen Währungsinstituts (EWI), die infolge der für einen Mitgliedstaat geltenden Ausnahmeregelung noch erfüllt werden müssen (Art. 44 UAbs. 1 ESZBS). Zudem nimmt sie „eine beratende Funktion“ bei der Vorbereitung der Aufhebung der Ausnahmeregelung wahr (Art. 44 UAbs. 2 ESZBS). Dass diese Aufgaben nur vorübergehend bestehen, ergibt sich aus Art. 53 ESZBS. Danach ist Art. 44 ESZBS nur anwendbar, solange und soweit für einen Mitgliedstaat eine Ausnahmeregelung besteht.

---

108 Siehe dazu die Nachweise auf S. 157 ff.

Die EZB übernimmt also neben der beratenden Funktion bei der Aufhebung der Ausnahmeregelung bestimmte Aufgaben des EWI, wenn einem Mitgliedstaat eine Ausnahmeregelung gewährt wird. Das EWI ist ähnlich der EZB eine Gemeinschaftseinrichtung mit eigener Rechtspersönlichkeit (Art. 117 Abs. 1 EGV, Art. 14 EWIS) gewesen, die gemäß Art. 117 Abs. 1 EGV, Art. 1.1 EWIS zu Beginn der zweiten Stufe der Wirtschafts- und Währungsunion errichtet worden ist.[109] Es spielte bei der Vorbereitung der dritten Stufe der Wirtschafts- und Währungsunion eine zentrale Rolle. Insbesondere hatte es die Vorarbeiten zu leisten, die erforderlich waren, um das ESZB zu errichten und in der dritten Stufe eine einheitliche Währungspolitik sowie eine gemeinsame Währung einführen zu können (vgl. Art. 2 EWIS). Das EWI ist gemäß Art. 123 Abs. 1 und 2 EGV, Art. 23 EWIS mit der Errichtung des ESZB und der EZB liquidiert worden.

Dass nach Art. 44 ESZBS die Aufgaben des EWI nicht vom ESZB, sondern von der EZB wahrgenommen werden, dürfte sich aus der Organisationsstruktur des EWI erklären. Das EWI war im Gegensatz zum ESZB einstufig organisiert. Die Aufgaben und Befugnisse des EWI waren dementsprechend ausschließlich ihm selbst, nicht aber auch den nationalen Zentralbanken zugeordnet. Insoweit ist es konsequent, dass die Aufgaben des EWI auch in der dritten Stufe ausschließlich einer Gemeinschaftseinrichtung, der EZB, nicht aber auch den nationalen Zentralbanken als Aufgabe zugewiesen werden.

2. Aufgaben des EWI

Die EZB übernimmt gemäß Art. 44 UAbs. 1 ESZBS nicht zwingend alle Aufgaben des EWI. Sie übernimmt vielmehr nur die, die „infolge der Gewährung einer Ausnahmeregelung“ noch erfüllt werden müssen. Noch erfüllt werden müssen die Aufgaben des EWI aber nur dann, wenn zwei Voraussetzungen kumulativ vorliegen. Sie dürfen erstens der EZB durch die ESZB-Satzung nicht ohnehin als ständige Aufgabe zugewiesen sein. Und zweitens muss für die Wahrnehmung der betreffenden EWI-Aufgaben noch ein Bedarf bestehen. Durch die Übertragung dieser Aufgaben auf die EZB soll verhindert werden, dass Aufgaben, die in der zweiten Stufe vom EWI und mithin einer Gemeinschaftseinrichtung zu erfüllen waren, in der dritten Stufe infolge der Liquidation des EWI nicht mehr von der Gemeinschaft wahrgenommen werden können, auch wenn für die Wahrnehmung dieser Aufgaben noch ein Bedarf besteht. So wird auch sichergestellt, dass die Mitgliedstaaten, für die eine Ausnahmeregelung gilt, in der dritten Stufe der Wirtschafts- und Währungsunion mindestens ebenso intensiv in die Währungspolitik der Gemeinschaft integriert bleiben, wie sie es bereits in der zweiten Stufe waren.

---

109 Zum EWI ausführlich *Rehman*, The path to economic and monetary union, S. 281 ff.; *Scheller*, in: *von der Groeben/Thiesing/Ehlermann* (Hrsg.), Kommentar zum EU-/EG-Vertrag, 5. Auflage (1999), Art. 109 f Rdnr. 1 ff. und nach Art. 109 f Rdnr. 1 ff.; *Weinbörner*, (Fn. 9), S. 67 ff.

Die Aufgaben des EWI zu beschreiben, begegnet zumindest dann gewissen Schwierigkeiten, wenn, wie bereits hinsichtlich der Aufgaben des ESZB geschehen, zwischen Aufgaben- und Befugnisnormen unterschieden werden soll.[110] Denn im Gegensatz zum EG-Vertrag und der EZBS-Satzung trennt die EWI-Satzung beide Normkategorien teilweise nicht klar voneinander ab. Vielmehr enthalten die Bestimmungen, in denen laut EWI-Satzung Aufgaben des EWI genannt sind, teilweise auch die Befugnisse zur Wahrnehmung dieser Aufgaben.[111] Wird dies berücksichtigt, lässt sich feststellen, dass das EWI vor allem eine zentrale Aufgabe hatte. Es hatte dazu beizutragen, die für den Übergang in die dritte Stufe der Wirtschafts- und Währungsunion erforderlichen Voraussetzungen zu schaffen (vgl. Art. 2 EWIS).[112]

Diese zentrale Aufgabe präzisieren die Artikel 2 und 4 EWIS sowie Art. 117 Abs. 2 und 3 EGV weiter. Aus den genannten Vorschriften ergibt sich, dass die Hauptaufgabe des EWI insbesondere in fünf Teilbereiche untergliedert werden kann. Danach hatte das EWI erstens die Aufgabe, die Koordinierung der Geldpolitiken der Mitgliedstaaten mit dem Ziel zu verstärken, die Preisstabilität sicherzustellen (Art. 2, 1. Gs., Art. 4.1., 2. Gs. EWIS, Art. 117 Abs. 2, 2. Gs. EGV). Zweitens oblag es dem EWI, die Zusammenarbeit zwischen den nationalen Zentralbanken zu verstärken (Art. 4.1., 1. Gs. EWIS, Art. 117 Abs. 2, 1. Gs. EGV). Drittens hatte es die Vorarbeiten zu leisten, die erforderlich waren, um das ESZB zu errichten, eine einheitliche Währungspolitik zu verfolgen und eine gemeinsame Währung zu schaffen (Art. 2, 2. Gs., 4.2. EWIS, Art. 117 Abs. 3 EGV). Viertens hatte es eine Vielzahl von Einzelaufgaben im Zusammenhang mit dem EWS[113] wahrzunehmen. Insbesondere hatte es das EWS, das ECU-Verrechnungssystem und die Entwicklung der ECU zu überwachen. Es hatte zudem die Verwendung der ECU zu erleichtern und eine Reihe von operativen Aufgaben im Zusammenhang mit dem EWS zu übernehmen (vgl. Art. 117 Abs. 2, 4. und 6. Gs. EGV, Art. 2, 3. Gs., Art. 4.1., 3., 5. und 6. Gs. EWIS sowie die Satzung des EFWZ[114]). Und schließlich hatte das EWI fünftens die Aufgabe, Konsultationen zu Fragen durchzuführen, die in die Zuständigkeit der nationalen Zentralbanken fielen und die Stabilität der Finanzinstitute und Finanzmärkte berühren (Art. 117 Abs. 2, 4. Gs. EGV, Art. 4.1., 3. Gs. EWIS).

---

110 Zu dieser Unterscheidung oben S. 52 f.

111 Ein Beispiel hierfür ist Art. 6 EWIS, der mit „Operationelle und technische Aufgaben" überschrieben ist, der aber gleichzeitig die Kompetenzen enthält, die dem EWI zur Wahrnehmung dieser Aufgaben zugewiesen sind.

112 Ähnlich *Kempen*, (Fn. 3), Art. 117 EGV Rdnr. 6.

113 Zum EWS siehe die Nachweise in § 1, Fn. 17.

114 Das EWI übernahm, wie sich aus den genannten Vorschriften ergibt, die Aufgaben des EFWZ. Zum EFWZ bereits oben Teil I, § 1, S. 5. Der EFWZ wurde durch die Verordnung (EWG) Nr. 907/73 des Rates vom 3. April 1973 zur Errichtung eines Europäischen Fonds für währungspolitische Zusammenarbeit, ABl. EG Nr. L 89 vom 5.4.1973, S. 2 ff., eingerichtet.

3. Wahrnehmung von EWI-Aufgaben durch die EZB

a) *Wahrnehmung der Hauptaufgabe des EWI*

Welche der Aufgaben des EWI infolge der Gewährung einer Ausnahmeregelung in der dritten Stufe gemäß Art. 44 UAbs. 1 ESZBS noch wahrgenommen werden müssen, scheint sich am besten anhand der einzelnen Teilbereiche der Hauptaufgabe des EWI untersuchen zu lassen. Allerdings ist zu berücksichtigen, dass die in der EWI-Satzung genannten Teilbereiche die Hauptaufgabe des EWI nicht vollständig umschreiben. Denn die zentrale Aufgabe des EWI, dazu beizutragen, die Voraussetzungen für den Übergang zur dritten Stufe zu schaffen, war umfassend und nicht auf die fünf ausdrücklich genannten Teilbereiche beschränkt.[115] Das kommt darin zum Ausdruck, dass Art. 2 ESZBS das Wort „insbesondere" verwendet, um zu beschreiben, welche Teilbereiche die Hauptaufgabe des EWI umfasst. Daraus ergibt sich im Übrigen auch, dass die Kompetenz des EG-Rates, dem EWI weitere „Aufgaben" bei der Vorbereitung der dritten Stufe zu übertragen (Art. 117 Abs. 7 EGV, Art. 7.2. EWIS), den EG-Rat abweichend vom Wortlaut nicht ermächtigt hat, die Aufgaben des EWI zu erweitern. Es war ohnehin umfassend dafür zuständig, an der Vorbereitung der dritten Stufe mitzuwirken. Vielmehr konnte der EG-Rat auf dieser Kompetenzgrundlage die Befugnisse des EWI erweitern.

Ursprünglich hatte das EWI nach Art. 2 EWIS also umfassend die Aufgabe, zur Schaffung der Voraussetzungen beizutragen, die für den Übergang in die dritte Stufe der Wirtschafts- und Währungsunion erforderlich sind. Obwohl die dritte Stufe zwischenzeitlich begonnen hat, ist diese Aufgabe noch nicht vollendet, solange auch nur ein Mitgliedstaat eine Ausnahmeregelung in Anspruch nimmt. Das ergibt sich bereits aus Art. 44 UAbs. 1 ESZBS, der davon ausgeht, dass es auch nach dem Übergang der Gemeinschaft in die dritte Stufe Aufgaben des EWI geben kann, die noch erfüllt werden müssen. Der Verweis auf den Übergang in die dritte Stufe in Art. 2 EWIS ist daher weit auszulegen. Art. 2 EWIS ist so zu verstehen, dass es die Aufgabe des EWI war, zur Schaffung der Voraussetzungen beizutragen, die erforderlich sind, damit alle Mitgliedstaaten die einheitliche Währung einführen können. Für die Wahrnehmung dieser Aufgabe besteht ersichtlich noch Bedarf, solange für einen Mitgliedstaat eine Ausnahmeregelung gilt. Da die EZB zudem keine vergleichbaren Aufgaben ständig wahrzunehmen hat, wird sie von der EZB gemäß Art. 44 UAbs. 1 ESZBS übernommen. Diese Aufgabe lässt sich wiederum in bestimmte Teilbereiche unterteilen, von denen einige ausdrücklich in der EWI-Satzung genannt sind.[116] Auch von diesen Teilbereichen hat sich, wie im Einzelnen sogleich zu zeigen sein wird, mit Beginn der dritten Stufe der Wirtschafts- und Währungsunion keiner erledigt.

---

115 In diesem Sinne bereits *Weinbörner*, (Fn. 9), S. 278.
116 Zu den Teilbereichen oben S. 66 f.

b) *Teilbereiche der vom EWI übernommenen Aufgaben*

(1) *Koordinierung der Geldpolitiken*

Sofern und solange einem Mitgliedstaat eine Ausnahmeregelung gewährt wird, werden in der Europäischen Union mehrere voneinander unabhängige Geldpolitiken ausgeführt und festgelegt, einerseits die des Euro-Währungsgebietes und andererseits die der Staaten, die nicht zum Euro-Währungsgebiet gehören. Dass diese Geldpolitiken auch in der dritten Stufe der Wirtschafts- und Währungsunion koordiniert werden müssen, erscheint evident. Da eine solche Koordination nicht ohnehin zu den Aufgaben der EZB gehört, hat sie über Art. 44 UAbs. 1 ESZBS die Aufgabe, die Koordination der Geldpolitiken der Gemeinschaft und der Mitgliedstaaten mit dem Ziel zu verstärken, die Preisstabilität sicherzustellen (vgl. Art. 2, 1. Gs., Art. 4.1., 2. Gs. EWIS, Art. 117 Abs. 2, 2. Gs. EGV).

(2) *Kooperation zwischen den Zentralbanken und Konsultationen in der Bankenaufsicht*

Auch für eine weitere Verstärkung der Zusammenarbeit zwischen den nationalen Zentralbanken (vgl. Art. 117 Abs. 2, 1. Gs. EGV, Art. 4.1., 1. Gs. EWIS) besteht nach Beginn der dritten Stufe ein Bedürfnis, wenn für einen Mitgliedstaat eine Ausnahmeregelung gilt. Es ist bereits deutlich geworden, dass die Zentralbanken der Staaten mit Ausnahmeregelung nicht in demselben Maße in das ESZB integriert sind, wie die der Mitgliedstaaten des Euro-Währungsgebietes. Es liegt daher im potentiellen Interesse aller Zentralbanken des ESZB, die Zusammenarbeit untereinander weiter zu verstärken. Da diese Aufgabe der EZB nicht ohnehin zugewiesen ist, zählt auch sie zu denen, die von der EZB gemäß Art. 44 UAbs. 1 EWIS wahrzunehmen sind.

Dasselbe gilt für Konsultationen zu Fragen der Stabilität der Finanzinstitute und Finanzmärkte, die in die Zuständigkeit der nationalen Zentralbanken fallen (vgl. Art. 117 Abs. 2, 4. Gs. EGV, Art. 4.1., 3. Gs. EWIS). Zwar hat auch das ESZB die Aufgabe, die zuständigen Behörden im Bereich der Stabilität der Kreditinstitute und des Finanzsystems zu unterstützen (Art. 105 Abs. 5 EGV, Art. 3.3. ESZBS). Diese Aufgabe hat es jedoch nur für das Euro-Währungsgebiet, nicht aber auch für die Staaten mit Ausnahmeregelung wahrzunehmen.[117] Da für Konsultationen in diesem Bereich zumindest potentiell ein Bedarf besteht, hat die EZB gemäß Art. 44 ESZBS die Aufgabe, entsprechende Konsultationen durchzuführen.

---

117 Dazu oben S. 53 ff.

(3) *Vorarbeiten für die Euro-Einführung und eine einheitliche Währungspolitik*

Auch die Aufgabe des EWI, die Vorarbeiten zu leisten, „die für die Errichtung des Europäischen Systems der Zentralbanken ... und die Verfolgung einer einheitlichen Währungspolitik und die Schaffung einer einheitlichen Währung ... erforderlich sind“ (vgl. Art. 2, 2. Gs. EWIS), hat sich bis auf ihren ersten Aspekt, die Errichtung des ESZB, mit Beginn der dritten Stufe nicht erledigt. Zwar ist der Euro als einheitliche Währung bereits Realität. Allerdings ist er nicht die Währung aller Mitgliedstaaten. Dementsprechend müssen weiterhin gegebenenfalls erforderliche vorbereitende Arbeiten vorgenommen werden, um zu erreichen, dass der Euro die einheitliche Währung aller Mitgliedstaaten wird. Und auch vorbereitende Arbeiten, die eine einheitliche Währungspolitik in der dritten Stufe ermöglichen sollen, müssen jedenfalls potentiell weiterhin durchgeführt werden. Denn solange eine Ausnahmeregelung besteht, gibt es keine einheitliche Währungspolitik für alle Mitgliedstaaten.

Diese Aufgaben haben sich im Übrigen nicht bereits deshalb erledigt, weil sie bis zum 31. Dezember 1996 vom EWI zu erfüllen waren (vgl. Art. 117 Abs. 3 EGV, Art. 4.2. EWIS). Dieses Datum ist lediglich eine, wenngleich verbindliche Zielvorgabe, bis zu dem die in den beiden Normen detailliert aufgeführten Aufgaben, die Teilbereiche der Aufgabe nach Art. 2, 2. Gs. EWIS sind, erfüllt sein mussten. Das bedeutet jedoch nicht, dass diese Aufgaben mit dem 1. Januar 1997 weggefallen sind. Ein derartiges Verständnis würde zu nicht tragbaren Ergebnissen führen, wenn, gleich aus welchen Gründen, sich etwa im Laufe der Zeit ergeben hätte, dass einzelne der Ende 1996 abgeschlossenen Arbeiten vom EWI zu ändern oder zu aktualisieren wären.

Die Vorbereitungen, die das EWI nach Art. 2, 2. Gs. EWIS vorzunehmen hatte, kann die EZB in der dritten Stufe allerdings treffen, ohne dass ihr erst über Art. 44 ESZBS die entsprechenden Aufgaben des EWI zugewiesen werden müssten. Das erklärt sich daraus, dass überwiegend die EZB die Entscheidungen verantwortlich trifft, die vom EWI gemäß Art. 2, 2. Gs. EWIS vorbereitet worden sind. Diese Entscheidungskompetenz umfasst aber auch die Befugnis, die entsprechenden Entscheidungen selbst, also durch eigene Aktivitäten, vorzubereiten. Gleichwohl werden die Aufgaben des EWI auch insoweit über Art. 44 UAbs. 1 ESZBS von der EZB übernommen.

Der Grund hierfür ergibt sich aus der Natur der Tätigkeit des EWI. Das EWI leistete ausweislich des Art. 2 EWIS nur einen Beitrag zur Schaffung der Voraussetzungen für den Übergang der Gemeinschaft zur dritten Stufe der Wirtschafts- und Währungsunion. Seine Arbeit ließ die Aufgaben und Befugnisse der für die Währungspolitik verantwortlichen Stellen unberührt (vgl. Art. 3.1. EWIS). Auch die EZB war an die vorbereitenden Arbeiten des EWI etwa zum geldpolitischen Instrumentarium nicht gebunden. Sie konnte freiverantwortlich die entsprechenden Entscheidungen treffen. Die Tätigkeit des EWI trat also neben die der für die Währungspolitik zuständigen Stellen. Deren Arbeit wurde unterstützt bzw. im Falle der EZB, die bei Errichtung des EWI noch nicht existierte, vorbereitet, ohne in deren Kompetenzbereiche einzugreifen.

Für einen solchen unterstützenden Beitrag besteht jedoch auch in der dritten Stufe noch ein Bedarf, jedenfalls dann, wenn für einen Mitgliedstaat eine Ausnahmeregelung gilt. Zwar hat sich unzweifelhaft die Bedeutung der vorbereitenden Arbeiten nach Art. 2, 2. Gs. EWIS verändert. Denn die EZB war zunächst auf die vorbereitenden Arbeiten des EWI angewiesen, da sie erst relativ kurz vor Beginn der dritten Stufe errichtet worden ist[118] und schon aus Zeitgründen die entsprechenden Vorbereitungen nicht mehr selbst treffen konnte. Das ist aus den genannten Gründen in der dritten Stufe anders. Gleichwohl ist ein Beitrag, den eine dritte Stelle zu diesen Arbeiten leistet, auch in der dritten Stufe erforderlich. Denn anderenfalls würden die Positionen der Zentralbanken der Staaten mit Ausnahmeregelung nicht in diese Arbeiten einfließen.

Das erklärt sich aus den Regelungen der ESZB-Satzung zur Organzuständigkeit einerseits und der Zusammensetzung der Beschlussorgane der EZB bei Bestehen einer Ausnahmeregelung anderseits. Die Aufgaben nach Art. 44 ESZBS nimmt der Erweiterte Rat der EZB wahr (vgl. Art. 45.1. und Art. 47.1., 1. Gs. ESZBS).[119] Die übrigen Aufgaben der EZB werden dagegen von den ständigen Beschlussorganen wahrgenommen. Besondere Bedeutung kommt insoweit dem EZB-Rat zu, dem alle grundlegenden Entscheidungen obliegen.[120] Dem EZB-Rat gehören jedoch die Präsidenten der Zentralbanken der Staaten mit Ausnahmeregelung nicht an.[121] Sie sind lediglich im Erweiterten Rat der EZB vertreten.[122] Würde die EZB die Aufgaben des EWI nach Art. 2, 2. Gs. EWIS auf Grund ihrer Befugnis, Entscheidungen, die sie zu treffen hat, auch vorbereiten zu können, in der dritten Stufe nicht über Art. 44 ESZBS wahrnehmen, wären die Präsidenten der Zentralbanken der Staaten mit Ausnahmeregelung aus dem Prozess des Zustandekommens dieser Entscheidungen vollständig ausgeschlossen. Denn sowohl diese Entscheidungen als auch die entsprechenden vorbereitenden Arbeiten hierzu liegen in der Verantwortung der ständigen Beschlussorgane.[123]

Dieser Ausschluss der Präsidenten der Zentralbanken der Staaten mit Ausnahmeregelung aus dem Entscheidungsprozess ist jedoch aus zwei Gründen nicht hinnehmbar. Erstens betreffen die entsprechenden Entscheidungen spätestens dann auch die Zentralbanken der Staaten mit Ausnahmeregelung, wenn die für ihren jeweiligen Staat bestehende Ausnahmeregelung aufgehoben wird. Und zweitens wären sie in diesem Fall weniger intensiv in die Währungspolitik der Gemeinschaft integriert als in der zweiten Stufe. Denn in der zweiten Stufe waren sie als Mitglie-

---

118 Zur Errichtung des ESZB oben S. 37 f.
119 Zur Zusammensetzung und den Aufgaben und Befugnissen des Erweiterten Rates der EZB ausführlich S. 48 ff., S. 115 ff. und S. 151 ff.
120 Dazu oben S. 49 f.
121 Zur Zusammensetzung des EZB-Rates oben S. 42 ff.
122 Zur Zusammensetzung des Erweiterten Rates der EZB oben S. 48.
123 Vgl. nur Art. 12.1. ESZBS, nach dem der EZB-Rat für die Festlegung und Ausführung der Geldpolitik zuständig ist. Zu Art. 12.1. ESZBS unten S. 85.

der des EWI-Rates, der für die vorbereitenden Arbeiten nach Art. 2, 2. Gs. ESZBS verantwortlich war, in diese Arbeiten eingebunden (vgl. insbesondere Art. 9.1. und Art. 9.2. EWIS). In der dritten Stufe wären sie es nicht mehr.

Daher sind die Aufgaben des EWI, die insbesondere in Art. 2, 2. Gs. EWIS umschrieben sind, jedenfalls im oben geschilderten Umfang nach Art. 44 ESZBS von der EZB als vorübergehende Aufgaben zu übernehmen. Hierfür besteht ein Bedarf. Die EZB kann zwar vorbereitende Arbeiten im Sinne des Art. 2, 2. Gs. EWIS selbst vornehmen. Das ergibt sich aus den ständigen Aufgaben, die sie wahrzunehmen hat. Zu diesen Aufgaben gehört aber nicht, einen Beitrag zur Schaffung der Voraussetzungen zu leisten, die erforderlich sind, um die für einen Mitgliedstaat bestehende Ausnahmeregelung aufheben zu können. Denn diesen Beitrag leistet mit dem Erweiterten Rat der EZB eine dritte Stelle, die durch diesen Beitrag die Arbeit der verantwortlichen Entscheidungsträger, also der ständigen Beschlussorgane der EZB, unterstützen soll. Die Aufgaben des EWI nach Art. 2, 2. Gs. EWIS treten daher über Art. 44 ESZBS neben die ständigen Aufgaben der EZB.

(4) *Aufgaben im Zusammenhang mit dem EWS*

Tatsächlich erledigt zu haben scheinen sich mit Beginn der dritten Stufe dagegen die Aufgaben des EWI, die im Zusammenhang mit dem EWS standen (vgl. Art. 117 Abs. 2, 4. und 6. Gs. EGV, Art. 2, 3. Gs. sowie Art. 4.1., 3., 5. und 6. Gs. EWIS sowie die Satzung des EFWZ[124]). Denn das EWS besteht seit Beginn der dritten Stufe der Wirtschafts- und Währungsunion nicht mehr. An seine Stelle ist der Wechselkursmechanismus II (WKM II) getreten.[125] In der Tat verbleibt für die im Einzelnen sehr detailliert aufgeschlüsselten Aufgaben, die das EWI insoweit wahrzunehmen hatte, auf Grund des Wegfalls des EWS kein Anwendungsbereich mehr. Sie sind untrennbar mit dem EWS in der damaligen rechtlichen Ausgestaltung verbunden.[126]

Das hat jedoch nicht zur Folge, dass die EZB als vorübergehende Aufgabe nach Art. 44 ESZBS keine Funktionen übernehmen darf, die denen vergleichbar sind, die das EWI hinsichtlich des EWS wahrzunehmen hatte. Hierfür spricht vor allem die Grundentscheidung, die von den Mitgliedstaaten insoweit getroffen worden ist. Die Mitgliedstaaten hielten es bereits in der zweiten Stufe der Wirtschafts- und Währungsunion für erforderlich, dass eine Gemeinschaftseinrichtung den Wechselkursmechanismus überwacht. Dass sich an dieser Grundentscheidung mit Beginn der dritten Stufe durch den Wegfall des EWS etwas geändert hätte, ist nicht ersichtlich. Es entspricht daher dem Willen der Mitgliedstaaten, die Überwachung des mit Beginn der dritten Stufe neu geschaffenen Wechselkursmechanismus als Aufgabe einer Gemeinschaftseinrichtung zu übertragen. Und schließlich können etwaige

---

124 Zur Bedeutung der Satzung des EFWZ in diesem Zusammenhang siehe oben Fn. 114.
125 Zum WKM II ausführlich unten § 6.
126 Zur rechtlichen Ausgestaltung des EWS siehe die Nachweise in Teil I, § 1, Fn. 17.

Befugnisse, die von der EZB im Zusammenhang mit einem neuen Wechselkursmechanismus wahrgenommen werden, bereits daraus gerechtfertigt werden, dass es zu den vorübergehenden Aufgaben der EZB gehört, die Zusammenarbeit zwischen den Zentralbanken zu verstärken bzw. deren Geldpolitiken zu koordinieren.[127] Unter diese Aufgabe lassen sich, als selbstständiger Teilbereich, auch Funktionen fassen, die gegebenenfalls von der EZB im Zusammenhang mit einem solchen Wechselkurssystem wahrgenommen werden. Mithin ist festzustellen, dass es gemäß Art. 44 UAbs. 1 ESZBS auch zu den Aufgaben der EZB gehört, ein etwaiges Wechselkurssystem zwischen dem Euro und den Währungen der Mitgliedstaaten, die dem Euro-Währungsgebiet nicht angehören, zu überwachen und in diesem System gegebenenfalls erforderliche operationelle Aufgaben wahrzunehmen.

Die Gemeinschaft hat mit dem WKM II ein Wechselkurssystem zwischen dem Euro und den Währungen der Staaten mit Ausnahmeregelung geschaffen. Auf dieses Wechselkurssystem und die Aufgaben und Befugnisse, die von der EZB in diesem System wahrgenommen werden, ist im Zusammenhang mit der Untersuchung der Folgen der Gewährung einer Ausnahmeregelung für die Wechselkurspolitik der Gemeinschaft einzugehen.[128]

4. Ergebnis

Die EZB nimmt gemäß Art. 44 ESZBS vorübergehend, also soweit und solange einem Mitgliedstaat eine Ausnahmeregelung gewährt wird, zwei Kategorien von vorübergehenden Aufgaben wahr. Erstens hat sie bei der Vorbereitung der Aufhebung der Ausnahmeregelung beratend tätig zu werden (Art. 44 UAbs. 2 ESZBS). Und zweitens übernimmt sie die Aufgaben des EWI, die infolge der Gewährung einer Ausnahmeregelung noch erfüllt werden müssen (Art. 44 UAbs. 1 ESZBS).

Die Hauptaufgabe, die sie gemäß Art. 44 UAbs. 1 ESZBS vom EWI übernimmt, ist zur Schaffung der Voraussetzungen beizutragen, die erforderlich sind, damit alle Mitgliedstaaten die einheitliche Währung einführen können. Diese Aufgabe umfasst insbesondere fünf Teilaspekte. Erstens hat sie die Zusammenarbeit zwischen den Zentralbanken zu verstärken. Sie hat zweitens die Geldpolitiken der Mitgliedstaaten und der Gemeinschaft mit dem Ziel zu koordinieren, die Preisstabilität aufrechtzuerhalten. Drittens hat sie Konsultationen zu Fragen der Stabilität der Finanzinstitute und Finanzmärkte durchzuführen. Viertens leistet sie die Vorarbeiten, die erforderlich sind, damit der Euro auch die Währung der Staaten mit Ausnahmeregelung wird und damit eine einheitlichen Geldpolitik, verstanden als eine, die auch die Staaten einschließt, deren Ausnahmeregelung aufgehoben worden ist, festgelegt und durchgeführt werden kann. Und fünftens hat sie ein (etwaiges) Wechselkurssystem zwischen dem Euro und den Währungen der Mitgliedstaaten,

---

127 Dazu oben S. 69.
128 Dazu ausführlich unten § 6, S. 206 ff.

die dem Euro-Währungsgebiet nicht angehören, zu überwachen und gegebenenfalls im Rahmen dieses Systems operationelle Funktionen zu übernehmen.

Deutlich erkennbar ist, dass sich die einzelnen Teilbereiche der EWI-Aufgaben nicht trennscharf voneinander unterscheiden lassen. Ebenso sind Überschneidungen mit der beratenden Aufgabe der EZB nach Art. 44 UAbs. 2 ESZBS denkbar. Allerdings ist eine genaue Differenzierung zwischen den einzelnen vorübergehenden Aufgaben auch nicht erforderlich. Sie hat für die Rechtsanwendung keine erkennbare Bedeutung.

IV. Potentielle Aufgaben der EZB und der nationalen Zentralbanken

1. Potentielle Aufsichtsaufgaben

Der EG-Rat kann der EZB gemäß Art. 105 Abs. 6 EGV, Art. 25.2. ESZBS besondere Aufgaben im Zusammenhang mit der Aufsicht über Kredit- und sonstige Finanzinstitute (Bankenaufsicht) übertragen. Diese Kompetenzgrundlage eröffnet ihm mithin die Möglichkeit, die Aufgaben zu erweitern, die der EZB in diesem Bereich bereits primärrechtlich zugewiesen sind (vgl. Art. 105 Abs. 5 EGV, Art. 3.3. ESZBS). Allerdings kann er der EZB nicht die alleinige Zuständigkeit für die Bankenaufsicht übertragen. Denn ihr dürfen insoweit ausdrücklich nur „besondere Aufgaben“ zugewiesen werden. Zulässig ist also nur die Übertragung einzelner Teilbereiche dieses Aufgabenkomplexes.[129] Zudem dürfen der EZB keine Aufsichtsaufgaben in Bezug auf Versicherungsunternehmen übertragen werden. Von der Möglichkeit, weitere Aufgaben auf die EZB zu übertragen, hat der EG-Rat bislang keinen Gebrauch gemacht.

Diese Befugnisse des EG-Rates aus Art. 105 Abs. 6 EGV, Art. 25.2. ESZBS bleiben unverändert auch dann bestehen, wenn für einen Mitgliedstaat eine Ausnahmeregelung gilt. Weder die ESZB-Satzung noch der EG-Vertrag enthalten insoweit abweichende Regelungen. Folglich können der EZB auch Aufgaben in der Bankenaufsicht übertragen werden, die sie gegenüber allen Mitgliedstaaten wahrzunehmen hat. Es ist also auch möglich, die Aufgaben, die sie in diesem Bereich bislang nur für das Euro-Währungsgebiet wahrzunehmen hat (Art. 105 Abs. 5 EGV, Art. 3.3. ESZBS)[130], so zu erweitern, dass sie ihr auch gegenüber den Staaten mit Ausnahmeregelung obliegen.[131]

Auf der Grundlage der Art. 105 Abs. 6 EGV, Art. 25.2. ESZBS können der EZB allerdings lediglich weitere Aufgaben im Bereich der Aufsicht über Kredit- und sonstige

129 Vgl. *Goetze*, (Fn. 19), S. 65; *Häde*, (Fn. 9), Art. 8 EG-Vertrag Rdnr. 40; *Kempen*, (Fn. 3), Art. 105 EGV Rdnr. 25.
130 Zu den Aufgaben des ESZB bei Bestehen einer Ausnahmeregelung oben S. 52 ff.
131 So auch *Smits*, (Fn. 20), S. 359 f. Anders *Torres*, in: *von der Groeben/Schwarze* (Hrsg.), Vertrag über die Europäische Union und Vertrag zur Gründung der Europäischen Gemeinschaft, 6. Auflage (2003), Art. 43 ESZB-Satzung Rdnr. 7.

Finanzinstitute übertragen werden, mit Ausnahme allerdings von Versicherungsunternehmen. Aufgaben, die im Zusammenhang mit der Stabilität der Finanzsysteme stehen, sind dagegen nicht genannt. Der Wortlaut der Art. 105 Abs. 6 EGV, Art. 25.2. ESZBS lässt es mithin nicht zu, der EZB in diesem Bereich weitere Aufgaben zuzuweisen. Inwieweit hierdurch die Befugnis des EG-Rates, die Aufgaben der EZB in der Bankenaufsicht zu erweitern, im Einzelnen beschränkt wird, soll in der vorliegenden Arbeit nicht entschieden werden. Hierzu ist eine genaue Abgrenzung der Aufsichtsaufgaben im Zusammenhang mit Kredit- und sonstigen Finanzinstituten einerseits und der Stabilität des Finanzsystems andererseits erforderlich, allein um ermessen zu können, ob dem unterschiedlichen Wortlaut für die Rechtsanwendung überhaupt eine Bedeutung zukommt. Diese Aufgabe bleibt einer Untersuchung zur Bankenaufsicht vorbehalten. Festzustellen ist aber, dass nach dem Wortlaut der Art. 105 Abs. 6 EGV, Art. 25.2. ESZBS die Aufgaben, die der EZB nach Art. 105 Abs. 5 EGV, Art. 3.3. ESZBS im Zusammenhang mit der Stabilität der Finanzsysteme obliegen, nicht vertieft oder auf alle Mitgliedstaaten erweitert werden können.

Die Art. 105 Abs. 6 EGV, Art. 25.2. ESZBS ermächtigen den EG-Rat zudem nur dazu, der EZB Aufgaben im Bereich der Bankenaufsicht zu übertragen. Diese Regelung ist nicht unproblematisch. Das ESZB ist dezentral organisiert.[132] Auf Grund dieser Organisationsstruktur kann die EZB die Aufgaben des ESZB nicht allein wahrnehmen. Ihr fehlt hierzu ein entsprechender organisatorischer und personeller Unterbau. Dementsprechend obliegen die operativen Tätigkeiten des ESZB überwiegend den nationalen Zentralbanken. Die EZB kann jedoch die nationalen Zentralbanken nicht einsetzen, um Aufgaben zu erfüllen, die nur ihr, nicht aber auch den nationalen Zentralbanken zugewiesen sind. Diese Möglichkeit steht ihr nur offen, um sicherzustellen, dass die Aufgaben des ESZB erfüllt werden (vgl. Art. 9.2. ESZBS). Aufgaben, die nur ihr übertragen sind, muss sie demgegenüber selbst wahrnehmen. Mit der Organisationsstruktur im ESZB ist die Regelung in Art. 105 Abs. 6 EGV, Art. 25.2. ESZBS daher nur bedingt vereinbar. Denn gegebenenfalls muss die EZB erst mit unter Umständen erheblichem Aufwand die organisatorischen Voraussetzungen schaffen, um Aufgaben, die ihr auf dieser Kompetenzgrundlage zugewiesen werden, wahrnehmen zu können.

Auf der Grundlage von Art. 105 Abs. 6 EGV, Art. 25.2. ESZBS können also nur der EZB Aufgaben übertragen werden. Daher ergeben sich die Aufgaben, die den nationalen Zentralbanken in der Bankenaufsicht zugewiesen sind, abschließend aus Art. 105 Abs. 5 EGV, Art. 3.3. ESZBS. Diese Aufgaben obliegen jedoch nur der EZB und den nationalen Zentralbanken des Euro-Währungsgebietes.[133] Die Zentralbanken der Staaten mit Ausnahmeregelung sind an sie nicht gebunden. Ob und gegebenenfalls welche Aufgaben und Befugnisse diese Zentralbanken in der Bankenauf-

---

132 Dazu ausführlich etwa *Weber*, (Fn. 9), S. 125 ff.; *Zilioli*, in: *von der Groeben/Schwarze* (Hrsg.), Vertrag über die Europäische Union und Vertrag zur Gründung der Europäischen Gemeinschaft, 6. Auflage (2003), Art. 12 ESZB-Satzung Rdnr. 28.

133 Dazu oben S. 52 ff.

sicht wahrzunehmen haben, ergibt sich ausschließlich aus dem Recht der Staaten mit Ausnahmeregelung.

Der EG-Rat kann auf der Grundlage von Art. 105 Abs. 6 EGV, Art. 25.2. ESZBS der EZB allerdings auch Aufgaben übertragen, die sie nur gegenüber dem Euro-Währungsgebiet wahrzunehmen hat. Das ist unproblematisch, solange die Aufgaben, die dem ESZB in der Bankenaufsicht primärrechtlich zugewiesen sind, nicht so erweitert worden sind, dass sie der EZB gegenüber allen Mitgliedstaaten obliegen. Denn wenn die Aufgaben des ESZB in diesem Bereich primärrechtlich auf das Euro-Währungsgebiet beschränkt sind, muss es möglich sein, sie auch nur in Bezug auf das Euro-Währungsgebiet zu erweitern. Sofern die Aufgaben nach Art. 105 Abs. 5 EGV, Art. 3.3. ESZBS dagegen über Art. 105 Abs. 6 EGV, Art. 25.2. ESZBS auf alle Mitgliedstaaten erstreckt werden sollten, ist eine solche differenzierende Aufgabenübertragung grundsätzlich jedenfalls dann zulässig, wenn spezifische Interessen des Euro-Währungsgebietes sie erfordern. Auf Grund der unterschiedlichen Aufgaben und Befugnisse der EZB in der Währungspolitik, die sie gegenüber den Staaten des Euro-Währungsgebietes einerseits und den Mitgliedstaaten mit Ausnahmeregelung andererseits wahrzunehmen hat, liegt in diesem Fall eine solche differenzierende Regelung nicht nur nahe. Sie mag unter Umständen sogar geboten sein.

Zwar ermächtigt Art. 105 Abs. 6 EGV, Art. 25.2. ESZBS den EG-Rat ausdrücklich nur, der EZB weitere Aufgaben zu übertragen. Er kann jedoch auf dieser Ermächtigungsgrundlage auch die Kompetenzen der EZB erweitern.[134] Schließlich ist nicht anzunehmen, dass der EG-Rat zwar die Möglichkeit haben soll, der EZB weitere Aufgaben zu übertragen, nicht jedoch die zur Wahrnehmung dieser Aufgaben gegebenenfalls erforderlichen Kompetenzen. Da Art. 105 Abs. 6 EGV, Art. 25.2. ESZBS uneingeschränkt auf alle Mitgliedstaaten anwendbar sind, hat das zur Konsequenz, dass der EZB auf der Grundlage dieser Normen auch Kompetenzen eingeräumt werden können, die sie gegenüber den Mitgliedstaaten mit Ausnahmeregelung einsetzen kann.

2. Potentielle Aufgaben der nationalen Zentralbanken

Die Mitgliedstaaten können ihren jeweiligen nationalen Zentralbanken Aufgaben zuweisen, die diese neben denen wahrzunehmen haben, die ihnen durch den EG-Vertrag und die ESZB-Satzung übertragen worden sind (vgl. Art. 14.4. ESZBS). Diese Aufgaben nehmen die jeweiligen nationalen Zentralbanken neben denen wahr, die

134 *Grande*, in: *von der Groeben/Schwarze* (Hrsg.), Vertrag über die Europäische Union und Vertrag zur Gründung der Europäischen Gemeinschaft, 6. Auflage (2003), Art. 25 ESZB-Satzung Rdnr. 43 ff., und *Torres*, (Fn. 131), Art. 43 ESZB-Satzung Rdnr. 26, weisen darauf hin, dass die EZB allerdings auch infolge einer solchen Kompetenzerweiterung keine Möglichkeiten hat, in den Staaten mit Ausnahmeregelung verbindliche Rechtsakte zu erlassen, auch wenn ihr Aufgaben und Kompetenzen gegenüber diesen Staaten übertragen werden sollten.

ihnen als Bestandteil des ESZB obliegen. Die EZB kann die Übertragung solcher Aufgaben allerdings untersagen, wenn sie mit den Zielen und Aufgaben des ESZB nicht vereinbar sind (Art. 14.4. ESZBS). Nach Art. 14.4. ESZBS gehören die Aufgaben, die von den Mitgliedstaaten auf ihre nationalen Zentralbanken übertragen worden sind, nicht zu denen des ESZB. Sie werden von den nationalen Zentralbanken in eigener Verantwortung und auf eigene Rechnung wahrgenommen.

Art. 14.4. ESZBS ist auch bei Bestehen einer Ausnahmeregelung auf alle Mitgliedstaaten uneingeschränkt anwendbar. Weder der EG-Vertrag noch die ESZB-Satzung enthalten insoweit abweichende Regelungen. Mithin bleibt auch die Befugnis der EZB unverändert bestehen, die Übertragung von Aufgaben auf die nationalen Zentralbanken zu untersagen.[135]

Keine Besonderheiten ergeben sich für die Anwendung des Art. 14.4. ESZBS, wenn die Staaten des Euro-Währungsgebietes ihren nationalen Zentralbanken Aufgaben übertragen wollen, die diese neben denen wahrzunehmen haben, die ihnen durch die ESZB-Satzung zugewiesen werden. Die Rechtslage verändert sich in dieser Hinsicht im Vergleich zu dem Fall nicht, in dem alle Mitgliedstaaten dem Euro-Währungsgebiet angehören. Art. 14.4. ESZBS bedarf daher insoweit in der vorliegenden Arbeit keiner gesonderten Betrachtung.

Dagegen erstaunt, dass Art. 14.4. ESZBS auch auf den Fall anwendbar ist, in dem die Staaten mit Ausnahmeregelung ihren Zentralbanken Aufgaben übertragen wollen. Denn die EZB kann den Mitgliedstaaten auf der Grundlage dieser Norm nur dann untersagen, auf ihre nationalen Zentralbanken Aufgaben zu übertragen, wenn sie mit den Zielen und Aufgaben des ESZB nicht vereinbar sind. Die Zentralbanken der Staaten mit Ausnahmeregelung nehmen jedoch keine Aufgaben des ESZB wahr.[136] Und auch die Ziele des ESZB schränken die währungspolitischen Befugnisse dieser Staaten nicht ein.[137] Daher können Aufgaben, die von den nationalen Zentralbanken der Staaten mit Ausnahmeregelung wahrgenommen werden, nicht mit den Zielen und Aufgaben des ESZB kollidieren. Die Befugnis der EZB, die Übertragung von Aufgaben auf die Zentralbanken der Staaten mit Ausnahmeregelung zu verhindern, scheint daher weitgehend leer zu laufen.

Allerdings verbleibt für diese Norm gleichwohl ein Anwendungsbereich. Denn die Aufgaben, die von diesen Zentralbanken wahrgenommen werden, können in dem

---

135 Zur Organzuständigkeit siehe unten S. 156.

136 Dazu oben S. 55 ff.

137 Dazu ausführlich oben S. 57 ff. Zwar sind auch die Zentralbanken der Staaten mit Ausnahmeregelung in ganz engen Grenzen an die Ziele des ESZB gebunden. Dazu ausführlich a.a.O. Diese Zielbindung beschränkt sich jedoch auf das Innenverhältnis innerhalb des ESZB. Aus ihr ergeben sich keine Einschränkungen für die währungspolitischen Befugnisse der Staaten mit Ausnahmeregelung. Daher ermächtigt Art. 14.4. ESZBS den EZB-Rat auch dann nicht, den Mitgliedstaaten, für die eine Ausnahmeregelung gilt, die Übertragung von Aufgaben auf ihre nationalen Zentralbanken zu untersagen, wenn diese mit der Zielbindung innerhalb des ESZB unvereinbar sein sollten. Denn anderenfalls würden sich aus der Bindung der Zentralbanken der Staaten mit Ausnahmeregelung an die Ziele des ESZB im Innenverhältnis des ESZB entgegen den Regelungen des EG-Vertrages und der ESZB-Satzung doch Rechte und Verpflichtungen ergeben.

Zeitpunkt mit den Aufgaben und Zielen des ESZB unvereinbar werden, in dem die für einen Mitgliedstaat geltende Ausnahmeregelung aufgehoben wird.[138] Um zu verhindern, dass die Zentralbanken dieser Staaten im Zeitpunkt der Aufhebung der Ausnahmeregelung derartige Aufgaben wahrnehmen, stellt die ESZB-Satzung der EZB mit Art. 14.4. ESZBS ein effektives Mittel zur Verfügung. Die EZB kann auf der Grundlage dieser Norm den Staaten mit Ausnahmeregelung untersagen, auf ihre Zentralbank Aufgaben zu übertragen, die im Falle der Aufhebung der Ausnahmeregelung mit den Zielen und Aufgaben des ESZB nicht vereinbar sind. Zulässig ist das allerdings nur, wenn der betroffene Mitgliedstaat nicht sicherstellen sollte, dass diese Aufgaben nur solange wahrzunehmen sind, wie die Ausnahmeregelung besteht. Denn erst mit der Aufhebung der Ausnahmeregelung werden sie mit den Zielen und Aufgaben des ESZB unvereinbar. Bis dahin sind die Mitgliedstaaten in der Entscheidung frei, ihren Zentralbanken Aufgaben zu übertragen. Gemeinschaftsrechtliche Vorgaben bestehen insoweit nicht.

V. Handlungsformen

1. Überblick

Die Handlungsformen, die der EZB zur Erfüllung ihrer Aufgaben zur Verfügung stehen, können in solche mit und ohne Außenwirkung unterteilt werden. Die wichtigsten Handlungsformen mit Außenwirkung sind in Art. 110 EGV und gleichlautend in Art. 34 ESZBS genannt. Danach kann die EZB Verordnungen und Entscheidungen erlassen sowie Empfehlungen und Stellungnahmen abgeben (Art. 110 Abs. 1 EGV, Art. 34.1. ESZBS). Das Recht zum Erlass von Verordnungen ist jedoch beschränkt. Die EZB darf Verordnungen nur erlassen, wenn das zur Wahrnehmung der in Art. 3.1., 1. Gs., 19.1., 22 oder 25.2. ESZBS festgelegten Aufgaben und Befugnisse erforderlich ist oder wenn ihr das Recht zum Erlass einer Verordnung durch den EG-Rat eingeräumt worden ist (vgl. Art. 110 Abs. 1, 1. Gs. EGV, 34.1., 1. Gs. ESZBS). Die EZB kann zudem unter den Grenzen und Bedingungen, die der EG-Rat festlegt, gegen Unternehmen Geldbußen verhängen, die gegen eine der EZB-Verordnungen oder eine Entscheidung der EZB verstoßen haben (Art. 110 Abs. 3 EGV, Art. 34.3. ESZBS).[139]

---

138 Zur Aufhebung der Ausnahmeregelung unten § 9.

139 Siehe hierzu die Verordnung (EG) Nr. 2532/98 des Rates vom 23. November 1998 über das Recht der Europäischen Zentralbank, Sanktionen zu verhängen, ABl. EG Nr. L 318 vom 27.11. 1998, S. 4. Sanktionsrechte bestehen etwa im Zusammenhang mit der Nichterfüllung der Mindestreserveverpflichtung oder auch im Zusammenhang mit dem Verstoß gegen Berichtspflichten. Vgl. insoweit etwa Verordnung (EG) Nr. 2157/1999 der Europäischen Zentralbank vom 23. September 1999 über das Recht der Europäischen Zentralbank, Sanktionen zu verhängen, ABl. EG Nr. L 264 vom 12.10.1999, S. 21, sowie die Mitteilung der Europäischen Zentralbank über die Verhängung von Sanktionen auf Grund von Verletzungen der Mindestreservepflicht (1000/C 39/04), ABl. EG Nr. C 390, S. 3. Zum Recht der EZB, Sanktionen zu verhängen, ausführlich *Martin/Texieira*, (Fn. 19), S. 391 ff.; *Zilioli/ Kroppenstedt*, in: *von der Groeben/Schwarze* (Hrsg.), Vertrag über

Die der EZB nach Art. 110 EGV, Art. 34 ESZBS zur Verfügung stehenden Handlungsformen entsprechen mit einer Ausnahme denen, die auch die Gemeinschaft gemäß Art. 249 EGV einsetzen kann, um ihre Aufgaben zu erfüllen. Lediglich Richtlinien (vgl. Art. 249 UAbs. 3 EGV) darf die EZB nicht erlassen. Zwar ermächtigt die deutsche Fassung der ESZB-Satzung die EZB in einigen Normen zum Erlass von Richtlinien.[140] Die Verwendung des Begriffs Richtlinie in diesen Vorschriften geht jedoch auf Ungenauigkeiten bei der Übersetzung zurück. Das ergibt sich aus einem Vergleich der entsprechenden Vorschriften mit anderen Fassungen des EG-Vertrages.[141] Gemeint sind danach nicht „Richtlinien", sondern „Leitlinien".[142]

Die „Leitlinien" gehören zu den Handlungsformen, die der EZB zur Verfügung stehen und die keine Außenwirkung haben. Leitlinien sind in der Funktion und den Rechtswirkungen den deutschen Verwaltungsvorschriften vergleichbar.[143] Ihr wesentlicher Zweck ist es, die Beziehungen zwischen der EZB und den nationalen Zentralbanken im Innenverhältnis zu regeln. Neben den Leitlinien stehen der EZB im Innenverhältnis ausdrücklich noch die Handlungsformen der Weisung und des Beschlusses zur Verfügung.[144] Auch Beschlüsse und Weisungen sind innerhalb des ESZB rechtsverbindlich.[145] Außenwirkung kommt ihnen grundsätzlich nicht zu.[146] Auf Grund und im Rahmen des allgemeinen Organisationsrechtes, das der EZB zusteht, kann die EZB auf diese internen Handlungsformen auch dann zurückgreifen, wenn sie hierzu nicht ausdrücklich in einer speziellen Rechtsnorm ermächtigt ist.[147] Allerdings muss sie in den Fällen, in denen die ESZB-Satzung vorgibt, dass von der EZB insoweit eine bestimmte Handlungsform zu wählen ist, auch auf diese zurückgreifen.

Zulässig ist zudem, dass die EZB privatrechtlich tätig wird. Das ergibt sich bereits daraus, dass die meisten Geschäfte, die von der EZB im Rahmen währungspolitischer Operationen abgeschlossen werden, herkömmlicherweise privatrechtlich ab-

---

die Europäische Union und Vertrag zur Gründung der Europäischen Gemeinschaft, 6. Auflage (2003), Art. 110 EG Rdnr. 51 ff.

140 Vgl. etwa Art. 14.3. ESZBS.

141 Dazu *Weber*, (Fn. 9), S. 148 f.

142 A.a.O. (Fn. 141).

143 Dazu *Weber*, (Fn. 9), S. 151. Ausführlich zum Rechtsinstrument der Leitlinie auch *Zilioli/Kroppenstedt*, (Fn. 139), Art. 110 Rdnr. 29 ff.; *Zilioli/Selmayr*, (Fn. 20), S. 73 ff.; *Zimmermann*, (Fn. 24), S. 62 ff.

144 Zur Rechtsnatur der Beschlüsse der EZB siehe etwa *Hahn/Häde*, (Fn. 19), S. 35; *Zilioli/Kroppenstedt*, (Fn. 139), Art. 110 EG Rdnr. 37 ff. Zum Weisungsrecht der EZB ausführlich *Weber*, (Fn. 9), S. 168 ff.; *Zilioli/Kroppenstedt*, a.a.O., Art. 110 EG Rdnr. 36; *Zimmermann*, (Fn. 24), S. 68 ff. Vgl. zum Weisungsrecht zudem *Seidel*, Die Weisungs- und Herrschaftsmacht der Europäischen Zentralbank im Europäischen System der Zentralbanken – eine rechtliche Analyse, S. 18 ff.

145 Siehe dazu auch *Europäische Zentralbank*, Die Rechtsinstrumente der Europäischen Zentralbank, Monatsbericht, November 1999, S. 61 (65 f.).

146 *Europäische Zentralbank*, (Fn. 145), S. 65; *Martin/Texieira*, (Fn. 19), S. 404. Denkbar erscheint allenfalls eine mittelbare Außenwirkung. Dazu ausführlich *Weber*, (Fn. 9), S. 158 ff.; *Zilioli/Kroppenstedt*, (Fn. 139), Art. 110 EG Rdnr. 32; *Zilioli/Selmayr*, (Fn. 20), S. 108 ff. Siehe hierzu auch *Selmayr*, (Fn. 24), S. 375, Fn. 76. Differenzierend allerdings *Goetze*, (Fn. 19), S. 64.

147 In einem anderem Zusammenhang weisen auch *Bogdandy/Bast*, (Fn. 57), EuGRZ 2001, S. 443, auf die Möglichkeit hin, aus dem Organisationsrecht Kompetenzen abzuleiten. Zum internen Organisationsrecht der EZB siehe auch EuGH, Rs. C-11/00, Rdnr. 107 ff.

gewickelt werden. Eine Änderung dieser Praxis ist im Zusammenhang mit der Errichtung des ESZB mit Sicherheit nicht beabsichtigt gewesen. Die wichtigste Voraussetzung für den Abschluss privatrechtlicher Rechtsgeschäfte, die Rechtsfähigkeit, erfüllt die EZB jedenfalls unproblematisch (vgl. Art. 107 Abs. 2 EGV, Art. 9.1. ESZBS).

Welche Handlungsformen den nationalen Zentralbanken zur Verfügung stehen, lässt die ESZB-Satzung offen. Allerdings dürfte das Gemeinschaftsrecht insoweit voraussetzen, dass den nationalen Zentralbanken die Handlungsformen zur Verfügung stehen, die sie für die Wahrnehmung ihrer Aufgaben benötigen. Welche das im Einzelnen sind, obliegt einer Festlegung durch den nationalen Gesetzgeber.

2. Handlungsformen mit Außenwirkung bei Bestehen einer Ausnahmeregelung

Die wichtigsten Handlungsformen mit Außenwirkung, die der EZB zur Verfügung stehen, sind in Art. 110 EGV und in Art. 34 ESZBS aufgezählt und definiert.[148] Art. 110 EGV gilt für Mitgliedstaaten mit Ausnahmeregelung nicht (vgl. Art. 122 Abs. 3 S. 1 EGV). Und auch Art. 34 ESZBS lässt für diese Staaten keinerlei Rechte und Verpflichtungen entstehen (vgl. Art. 43.1. ESZBS). Zudem bezeichnet der Begriff „Mitgliedstaaten" in beiden Vorschriften lediglich die Mitgliedstaaten, für die keine Ausnahmeregelung gilt (vgl. Art. 122 Abs. 4 EGV, Art. 43.3. ESZBS).[149] Beide Normen lassen also für die Staaten mit Ausnahmeregelung keine Rechtswirkungen entstehen. Die Hoheitsgewalt der Gemeinschaft und mit ihr die der EZB beschränkt sich mithin insoweit auf das Euro-Währungsgebiet. Nur hier dürfen die in Art. 110 EGV und Art. 34 ESZBS genannten Rechtsakte Rechtswirkungen erzeugen. Für die von der EZB erlassenen Verordnungen ergibt sich das zudem ausdrücklich aus dem veränderten Wortlaut der beiden Vorschriften. Danach gilt die Verordnung „unmittelbar" nur „in jedem Mitgliedstaat, für den keine Ausnahmeregelung gilt" (Art. 110 Abs. 2, 122 Abs. 4 EGV, Art. 34.2., 43.3. ESZBS).

Da aus Art. 110 EGV und Art. 34 ESZBS für die Staaten mit Ausnahmeregelung keine Rechtswirkungen entstehen, kann die EZB auch von der ihr im Absatz 3 beider Normen eingeräumten Möglichkeit, Sanktionen zu verhängen, grundsätzlich nur gegenüber Unternehmen Gebrauch machen, die im Euro-Währungsgebiet ansässig sind.[150] Weiter reicht ihre Hoheitsgewalt nicht. Dementsprechend hat der EG-

148 Siehe zu den einzelnen Handlungsformen oben S. 78 ff.

149 Zwar verändert Art. 43.3. ESZBS den Begriff „Mitgliedstaaten" lediglich in Art. 34.2. ESZBS. Dagegen erhält er gemäß Art. 122 Abs. 4 EGV in allen drei Absätzen des Art. 110 EGV die neue Bedeutung. Da beide Vorschriften den Begriff „Mitgliedstaaten" allerdings lediglich in ihrem jeweiligen Absatz 2 verwenden, entsteht hierdurch zwischen dem EG-Vertrag und der EZBS-Satzung kein Widerspruch.

150 Ausnahmen sind allenfalls in ganz engen Grenzen denkbar. Dazu ausführlich etwa *Meng*, Extraterritoriale Anwendung des EU-Rechts, in: *von der Groeben/Thiesing/Ehlermann* (Hrsg.), Kommentar zum EU-/EG-Vertrag, 5. Auflage (1997), Anhänge zum Kommentar (Band 5), S. 1207 ff.

Rat, der gemäß Art. 110 Abs. 3 EGV, Art. 34.3. ESZBS die Grenzen und Befugnisse dieses Sanktionsrechts festlegt, das Recht der EZB, Sanktionen zu verhängen, auf das Euro-Währungsgebiet beschränkt.[151]

Offen bleiben kann in der vorliegenden Arbeit, ob der EZB neben den in Art. 110 EGV bzw. in Art. 34 ESZBS genannten Handlungsformen mit Außenwirkung weitere, ungeschriebene zur Verfügung stehen.[152] Denn aus den Veränderungen, die durch die ESZB-Satzung und den EG-Vertrag im Anwendungsbereich der Art. 110 EGV und Art. 34 ESZBS bei Bestehen einer Ausnahmeregelung vorgenommen werden, ergibt sich eine eindeutige rechtliche Wertung. Die EZB soll keine Rechtsakte mit Außenwirkung erlassen dürfen, die Rechte oder Verpflichtungen für die Staaten mit Ausnahmeregelung entstehen lassen. Mithin dürfen sich auch aus atypischen Handlungsformen, die von der EZB möglicherweise eingesetzt werden, keine Rechtswirkungen für diese Mitgliedstaaten ergeben.

Zu prüfen bleibt, ob sich die Veränderungen, die bei Bestehen einer Ausnahmeregelung im Anwendungsbereich der Art. 110 EGV und Art. 34 ESZBS vorgenommen werden, auf das Recht der EZB auswirken, Empfehlungen und Stellungnahmen abzugeben. Da Art. 110 EGV für die Staaten mit Ausnahmeregelung nicht gilt und auch aus Art. 34 ESZBS für diese Staaten keinerlei Rechte und Verpflichtungen entstehen, scheint die EZB an die Staaten mit Ausnahmeregelung keine Empfehlungen und Stellungnahmen richten zu können. Zu berücksichtigen ist allerdings, dass die EZB trotz der im Anwendungsbereich der beiden Normen angeordneten Veränderungen auch dann auf alle in diesen Vorschriften genannten Handlungsformen zurückgreifen kann, wenn für einen Mitgliedstaat eine Ausnahmeregelung gilt. Sie darf lediglich keine Rechtsakte erlassen, die für die Staaten mit Ausnahmeregelung Rechtswirkungen haben. Empfehlungen und Stellungnahmen der EZB sind jedoch rechtlich unverbindlich (Art. 110 Abs. 2 EGV, Art. 34.2. ESZBS). Sie lassen keine Rechtswirkungen entstehen. Daher kann die EZB auch Empfehlungen und Stellungnahmen abgeben, die an die Mitgliedstaaten mit Ausnahmeregelung gerichtet sind oder diese Staaten betreffen.[153]

Auch die Möglichkeit der EZB, privatrechtlich zu handeln, wird nicht beeinträchtigt, wenn für einen Mitgliedstaat eine Ausnahmeregelung gilt. Die EZB ist gemäß Art. 107 Abs. 2 EGV, Art. 9.1. ESZBS in allen Mitgliedstaaten rechtsfähig. Der Anwendungsbereich beider Bestimmungen bleibt auch bei Bestehen einer Ausnahmeregelung unverändert.

---

151 Vgl. Verordnung (EG) Nr. 2532/98 des Rates vom 23. November 1998 über das Recht der Europäischen Zentralbank, Sanktionen zu verhängen, ABl. EG Nr. L 318 vom 27.11.1998, S. 4.

152 So genannte atypische Rechtsakte. Deren Existenz ist für die EG unbestritten. Vgl. hierzu etwa *Schmidt*, in: *von der Groeben/Schwarze* (Hrsg.), Vertrag über die Europäische Union und Vertrag zur Gründung der Europäischen Gemeinschaft, 6. Auflage (2004), Art. 249 EG Rdnr. 15 ff.

153 Anders allerdings *Weber*, Die Währungsunion – Modell für ein Europa mehrerer Geschwindigkeiten, in: FS *Hahn* S. 278, nach dem der EZB diese beiden Handlungsformen bei Bestehen einer Ausnahmeregelung nicht zur Verfügung stehen.

3. Handlungsformen ohne Außenwirkung bei Bestehen einer Ausnahmeregelung

Neben den Handlungsformen mit Außenwirkung stehen der EZB auch eine Reihe von Handlungsformen zur Verfügung, die lediglich im Innenverhältnis des ESZB verbindlich sind. Diese Handlungsformen sind insbesondere Leitlinien, Beschlüsse und Weisungen.[154] Im Gegensatz zu den Handlungsformen mit Außenwirkung werden die internen Handlungsformen nicht in einer Vorschrift des EG-Vertrages oder der ESZB-Satzung legal definiert. Das hat zur Folge, dass sich nicht bereits aus einer zentralen Norm ableiten lässt, ob und inwieweit die EZB bei Bestehen einer Ausnahmeregelung auf diese Handlungsformen zurückgreifen kann.

Der EZB stehen ihre internen Handlungsformen auf Grund und im Zusammenhang mit ihrer Leitungsfunktion innerhalb des ESZB zur Verfügung.[155] Sie kann auf sie zurückgreifen, um sicherzustellen, dass die Aufgaben des ESZB entweder durch ihre eigene Tätigkeit oder die der nationalen Zentralbanken erfüllt werden. Die internen Handlungsformen sind daher nichts anderes als der Ausdruck des internen Organisationsrechts der EZB. Soweit dieses Organisationsrecht reicht, muss dementsprechend auch das Recht der EZB reichen, auf die internen Handlungsformen zurückzugreifen.

Besteht eine Ausnahmeregelung, ändert sich hieran im Grundsatz nichts. Gegenüber den nationalen Zentralbanken des Euro-Währungsgebietes ergeben sich schon deshalb keine Besonderheiten, weil diese Zentralbanken voll in das ESZB integriert sind. Der EZB stehen gegenüber diesen Zentralbanken jedenfalls dieselben Kompetenzen zu, wie in dem Fall, in dem alle Mitgliedstaaten dem Euro-Währungsgebiet angehören. Das ergibt sich bereits daraus, dass alle Normen des EG-Vertrages und der ESZB-Satzung, die anwendbar sind, wenn alle Mitgliedstaaten dem Euro-Währungsgebiet angehören, auch bei Bestehen einer Ausnahmeregelung für die Staaten des Euro-Währungsgebietes gelten.[156] Gegenüber den Zentralbanken der Staaten mit Ausnahmeregelung kann die EZB dagegen grundsätzlich nur dann auf ihre internen Handlungsformen zurückgreifen, wenn eine Vorschrift des EG-Vertrages bzw. der ESZB-Satzung auch auf diese Mitgliedstaaten anwendbar ist und diese Norm zum Erlass eines internen Rechtsaktes ermächtigt.[157] Darüber hinaus kommt der Erlass interner Rechtsakte allenfalls in engen Grenzen in Betracht. Denkbar ist das insbesondere dann, wenn im Einzelfall zwar eine geschriebene Ermächtigungsgrundlage fehlt, eine interne rechtsverbindliche Regelung aber gleichwohl aus dem Organisationsrecht der EZB gerechtfertigt werden kann.

---

154 Zu den einzelnen Handlungsformen ohne Außenwirkung siehe oben S. 79 f.
155 Zur Leitungsfunktion der EZB bereits oben S. 42 und ausführlich unten S. 149 ff.
156 Bei der Rechtsanwendung ist lediglich die infolge der Gewährung einer Ausnahmeregelung in vielen Fällen beschränkte Hoheitsgewalt der EZB zu beachten.
157 Anders dagegen die *Europäische Zentralbank*, (Fn. 145), S. 62 und S. 66. Danach lassen auch die internen Rechtsakte für die Mitgliedstaaten, für die eine Ausnahmeregelung gilt, keinerlei Rechte und Verpflichtungen entstehen. Aus den genannten Gründen trifft das nicht zu.

Soweit sich anhand des vorstehenden Maßstabes feststellen lässt, dass die EZB interne Rechtsakte auch an die Zentralbanken der Staaten mit Ausnahmeregelung richten kann, stehen ihr grundsätzlich alle internen Handlungsformen zur Verfügung. Das ergibt sich bereits daraus, dass die Normen, die auf alle Mitgliedstaaten anwendbar sind und die EZB zum Erlass von internen Rechtsakten ermächtigen, teilweise nicht ausdrücklich vorgeben, auf welche Handlungsform die EZB insoweit zurückgreifen muss. Ein Beispiel hierfür ist Art. 29.4. ESZBS. Diese Vorschrift ermächtigt die EZB, „alle weiteren Maßnahmen" zu erlassen, die zur Anwendung des Art. 29 ESZBS erforderlich sind. Welche Handlungsformen sie einsetzen kann, ist jedoch nicht vorgegeben.

Nicht zurückgreifen kann die EZB allerdings auf die Weisung. Für die Erteilung von Weisungen ist ausweislich Art. 12 UAbs. 2 ESZBS das Direktorium zuständig. Aus dem Wortlaut dieser Norm ergibt sich jedoch, dass Weisungen nur in Bezug auf die Ausführung der Geldpolitik der Gemeinschaft durch die nationalen Zentralbanken zulässig sind.[158] Die Zentralbanken der Staaten mit Ausnahmeregelung führen jedoch die Geldpolitik der Gemeinschaft nicht aus.[159] Diese Aufgabe obliegt neben der EZB ausschließlich den Zentralbanken des Euro-Währungsgebietes.[160] Zudem lässt Art. 12.1. ESZBS für die Mitgliedstaaten, für die eine Ausnahmeregelung gilt, keinerlei Rechte und Verpflichtungen entstehen (vgl. Art. 43.1. ESZBS). Mithin kann das Direktorium bereits aus diesem Grund Weisungen lediglich an die nationalen Zentralbanken des Euro-Währungsgebietes, nicht aber an die der Mitgliedstaaten mit Ausnahmeregelung richten.

Abschließend bleibt darauf hinzuweisen, dass die EZB, soweit ersichtlich, bislang im Innenverhältnis keine Leitlinien erlassen hat, die auch an die Zentralbanken der Staaten mit Ausnahmeregelung gerichtet sind.[161] Lediglich eine Reihe von Beschlüssen der EZB binden auch diese Zentralbanken.[162] Die EZB hat also, soweit das erkennbar ist, von der Möglichkeit, interne Rechtsakte an die Zentralbanken der Mitgliedstaaten mit Ausnahmeregelung zu richten, bislang nur zurückhaltend Gebrauch gemacht.

---

158 *Weber*, (Fn. 9), S. 183.
159 Dazu unten S. 149 ff.
160 Dazu a.a.O. (Fn. 159).
161 Zu beachten ist allerdings, dass Leitlinien als interne Rechtakte grundsätzlich nicht veröffentlicht werden müssen. Es ist daher wahrscheinlich, dass die EZB nicht alle von ihr erlassenen Leitlinien auch veröffentlicht hat. Daher kann abschließend nicht beurteilt werden, ob die EZB Leitlinien erlassen hat, die auch an die Zentralbanken der Staaten mit Ausnahmeregelung gerichtet sind.
162 Solche Beschlüsse sind, soweit ersichtlich, bislang nur im Zusammenhang mit den Bestimmungen der ESZB-Satzung zum Kapital der EZB ergangen. Zu diesen Beschlüssen ausführlich unten S. 125 ff.

VI. Kompetenzen zur Wahrnehmung der Aufgaben des ESZB

1. Vorbemerkung

Der EG-Vertrag und die ESZB-Satzung weisen der EZB und den nationalen Zentralbanken zur Erfüllung ihrer Aufgaben eine Vielzahl von Kompetenzen zu. Die wichtigsten, die geldpolitischen Instrumente, sind unter der Überschrift „Währungspolitische Aufgaben und Operationen des ESZB“ im Kapitel IV der ESZB-Satzung (Art. 17 bis 24) geregelt.[163] Weitere Befugnisse ergeben sich zudem insbesondere aus den Art. 4, 5, 12.1. UAbs. 1, 16 und 25 ESZBS.

Da das ESZB Aufgaben nur für das Euro-Währungsgebiet, nicht aber für die Staaten mit Ausnahmeregelung wahrnimmt, ist anzunehmen, dass diese Kompetenzen sachlich beschränkt sind. Sie sollten, so die Überlegung, das ESZB nur zu Handlungen ermächtigen, die für die Wahrnehmung seiner Aufgaben für das Euro-Währungsgebiet erforderlich sind. Rechtswirkungen für die Staaten mit Ausnahmeregelungen dürften sich aus diesen Kompetenznormen bzw. deren Wahrnehmung nicht ergeben. Insbesondere dürften sie die Staaten mit Ausnahmeregelung bzw. deren Zentralbanken nicht darin beschränken, ihr geldpolitisches Instrumentarium auszugestalten. Diese Überlegung scheint Art. 43.2. ESZBS zu bestätigen. Danach behalten die Zentralbanken der Staaten mit Ausnahmeregelung ihre währungspolitischen Befugnisse nach innerstaatlichem Recht.

Im Lichte der vorstehenden Überlegungen überrascht, dass einige der Vorschriften, die dem ESZB Kompetenzen zuweisen, uneingeschränkt auf alle Mitgliedstaaten anwendbar sind. Beispiele hierfür sind die Art. 4, 5, 24 und 25 ESZBS. Somit scheint die ESZB-Satzung doch Vorgaben für die währungspolitischen Befugnisse der Zentralbanken der Staaten mit Ausnahmeregelung zu enthalten. Bereits aus diesem Grund müssen die Kompetenzen, die dem ESZB zur Erfüllung seiner Aufgaben zur Verfügung stehen, nachfolgend genauer untersucht werden. Zu prüfen ist aber auch, ob und gegebenenfalls welche Veränderungen sich für die Wahrnehmung der geldpolitischen Befugnisse des ESZB ergeben, wenn eine Ausnahmeregelung besteht.

Außer Betracht bleiben nachfolgend zunächst die Kompetenzen, die der EZB zur Wahrnehmung ihrer vorübergehenden Aufgaben zur Verfügung stehen.[164]

---

163 Ihr geldpolitisches Instrumentarium hat die EZB ausführlich in einer Leitlinie erläutert. Vgl. Leitlinie der Europäischen Zentralbank vom 3. Februar 2005 zur Änderung der Leitlinie EZB/2000/7 über geldpolitische Instrumente und Verfahren des Eurosystems (EZB/2005/2), ABl. EU Nr. L 111 vom 2.5.2005, S. 1. Zu den einzelnen geldpolitischen Instrumenten siehe auch *Amtmann*, Die Geldpolitik der Europäischen Zentralbank, Europablätter 2001, S. 36 ff.; *Häde*, (Fn. 9), Art. 105 Rdnr. 7 ff.; *Heun*, (Fn. 24), S. 871; *Smits*, (Fn. 20), S. 223 ff. Siehe insoweit ferner *Behrendt*, Das Mindestreservesystem des ESZB und elektronisches Geld, EuZW 2002, S. 364 ff.; *Görgens/Ruckriegel/Seitz*, Europäische Geldpolitik, S. 103 ff.; *Milow*, Ein geldpolitisches Instrumentarium für das Europäische System der Zentralbanken und die Europäische Zentralbank, S. 1 ff. Zur geldpolitischen Strategie der EZB *Amtmann*, a.a.O., S. 36 ff.; *Illing*, Herausforderungen an die Europäische Zentralbank, Wirtschaftsdienst 1998, S. 491 ff.

164 Zu den vorübergehenden Aufgaben der EZB oben S. 65 ff. Zu den Kompetenzen zur Wahrnehmung dieser Aufgaben siehe unten S. 115 ff.

Diese Befugnisse können nicht eingesetzt werden, um Aufgaben des ESZB zu erfüllen.

2. Festlegung der Geldpolitik

Gemäß Art. 12.1. UAbs. 1 ESZBS legt der EZB-Rat die Geldpolitik der Gemeinschaft fest, „einschließlich von Entscheidungen in Bezug auf geldpolitische Zwischenziele, Leitzinssätze und die Bereitstellung von Zentralbankgeld im ESZB". Der EZB-Rat erlässt zudem die Leitlinien und Entscheidungen, die erforderlich sind, um seine geldpolitischen Beschlüsse auszuführen. Das Direktorium führt die vom EZB-Rat festgelegte Geldpolitik der Gemeinschaft aus und erteilt den nationalen Zentralbanken hierzu die erforderlichen Weisungen (Art. 12.1. UAbs. 2 S. 1 ESZBS). Ihm können zudem weitere Aufgaben durch den EZB-Rat übertragen werden (Art. 12.1. UAbs. 2 S. 2 ESZBS).

Art. 12.1. ESZBS lässt für die Staaten, für die eine Ausnahmeregelung gilt, keinerlei Rechtswirkungen entstehen (Art. 43.1. ESZBS). Zudem bezeichnet der Begriff „nationale Zentralbanken" in dieser Norm lediglich die „Zentralbanken der Mitgliedstaaten, für die keine Ausnahmeregelung gilt". Hieraus folgt, dass die Beschlüsse und Leitlinien, die der EZB-Rat auf der Grundlage des Art. 12.1. UAbs. 1 ESZBS erlässt, nur für das Euro-Währungsgebiet gelten. Die Staaten mit Ausnahmeregelung und ihre Zentralbanken werden durch sie nicht gebunden. Wie in diesen Staaten die Geldpolitik festgelegt wird, richtet sich nach dem innerstaatlichen Recht dieser Mitgliedstaaten. Und auch die Kompetenzen des Direktoriums beschränken sich auf das Euro-Währungsgebiet. Es führt also nur die Geldpolitik der Gemeinschaft für das Euro-Währungsgebiet aus und darf auch nur den Zentralbanken der Staaten, für die keine Ausnahmeregelung gilt, die hierzu erforderlichen Weisungen erteilen.

3. Offenmarkt- und Kreditgeschäfte

a) Überblick

Die ESZB-Satzung ermächtigt die EZB und die nationalen Zentralbanken in Art. 18 und in Art. 23 zu Offenmarkt- und Kreditgeschäften. Der Anwendungsbereich beider Vorschriften grenzt sich insbesondere über die Belegenheit des Finanzmarktes und den Kreis der Geschäftspartner ab. Geschäfte auf der Grundlage des Art. 18 ESZBS dürfen von der EZB und den nationalen Zentralbanken nur auf Finanzmärkten innerhalb der Gemeinschaft mit Geschäftspartnern abgeschlossen werden, die in der Gemeinschaft niedergelassen sind. Sie müssen zudem vollständig innerhalb der Gemeinschaft abgewickelt werden. In allen anderen Fällen, insbesondere wenn die EZB oder die nationalen Zentralbanken Geschäfte im Verkehr mit dritten Staaten tätigen oder Beziehungen zu Zentralbanken oder Finanzinstituten in dritten

Ländern aufnehmen, ist Art. 23 ESZBS Kompetenzgrundlage.[165] Das ergibt sich aus dem Wortlaut von Art. 23 ESZBS, wonach die EZB und die nationalen Zentralbanken mit Finanzinstituten und Zentralbanken „in dritten Ländern" sowie mit internationalen Organisationen Beziehungen aufnehmen können (1. Gs. der Vorschrift) bzw. wonach sie „alle Arten von Bankgeschäften im Verkehr mit dritten Ländern" tätigen dürfen (4. Gs. der Vorschrift). Zwar enthält die Vorschrift in ihrem 2. und 3. Gedankenstrich ausdrücklich keinen entsprechenden Zusatz. Er ist jedoch gleichwohl implizit enthalten. Für den 2. Gedankenstrich ergibt sich das daraus, dass der Regelungsgehalt dieser Vorschrift ansonsten leer laufen würde. Denn zum Kauf von Devisen, Edelmetallen und Wertpapieren sind EZB und nationale Zentralbanken schon durch Art. 18.1. ESZBS ermächtigt. Und das im dritten Gedankenstrich geregelte Recht zum Halten und Verwalten der Devisen, Edelmetalle und Wertpapiere bezieht sich ausdrücklich auf den Anwendungsbereich des Art. 23 ESZBS („die in diesem Artikel bezeichneten Vermögenswerte").

Die Geschäftsarten, zu denen Art. 18 und Art. 23 ESZBS die EZB und die nationalen Zentralbanken ermächtigen, sind in beiden Vorschriften identisch. EZB und nationale Zentralbanken dürfen danach auf den Finanzmärkten Devisen, Wertpapiere sowie Edelmetalle jeder Art kaufen und verkaufen. Sie können derartige Käufe etwa als Kassa- oder Termingeschäfte, aber auch in jeder anderen gängigen Handelsform abwickeln. Zudem sind sie zu Darlehens- und Kreditgeschäften befugt, die jedoch nur gegen ausreichende Sicherheiten zulässig sind.[166] Im Ergebnis sind sowohl die EZB als auch die nationalen Zentralbanken zu jeder Art von Bankgeschäft auf dem offenen Markt befugt. Die einzige Beschränkung ergibt sich insoweit daraus, dass sie keine Bankgeschäfte für das allgemeine Publikum durchführen dürfen. Sie dürfen also nicht die Funktionen einer Geschäftsbank übernehmen. Das folgt bereits aus den Aufgaben, die dem ESZB zugewiesen sind und zu deren Erfüllung sie nur auf die ihm übertragenen Kompetenzen zurückgreifen dürfen. Die Aufgaben des ESZB umfassen nicht die Tätigkeit einer Geschäftsbank.

b) Folgen der Gewährung einer Ausnahmeregelung

Sowohl Art. 18 als auch Art. 23 ESZBS lassen gemäß Art. 43.1. ESZBS für Mitgliedstaaten mit Ausnahmeregelung keinerlei Rechte oder Verpflichtungen entstehen. In beiden Vorschriften bezeichnet der Begriff „nationale Zentralbanken" zudem lediglich die Zentralbanken der Mitgliedstaaten, für die keine Ausnahmeregelung gilt (vgl. Art. 43.4. ESZBS). Sie ermächtigen also neben der EZB nur die na-

---

165 Zur Abgrenzung der Art. 18 und 23 ESZBS siehe etwa *Smits/Gruber*, in: *von der Groeben/Schwarze* (Hrsg.), Vertrag über die Europäische Union und Vertrag zur Gründung der Europäischen Gemeinschaft, 6. Auflage (2003), Art. 23 ESZB-Satzung Rdnr. 1 f.

166 Zu den Sicherheiten siehe die Leitlinie der Europäischen Zentralbank vom 3. Februar 2005 zur Änderung der Leitlinie EZB/2000/7 über geldpolitische Instrumente und Verfahren des Eurosystems (EZB/2005/2), ABl. EU Nr. L 111 vom 2.5.2005, S. 1. Dazu ferner *Heinsohn/Steiger*, Die Achillesfersen des Euro: Nicht marktfähige Sicherheiten und machtlose Europäische Zentralbank, in: *Stadermann/Steiger* (Hrsg.), Herausforderung der Geldwirtschaft: Theorie und Praxis währungspolitischer Ereignisse, S. 261 ff.

tionalen Zentralbanken des Euro-Währungsgebietes, Offenmarktgeschäfte durchzuführen. Die Befugnisse der Zentralbanken der Staaten mit Ausnahmeregelung zum Abschluss von Offenmarktgeschäften ergeben sich dagegen ausschließlich aus dem nationalen Recht. Gemeinschaftsrechtliche Vorgaben bestehen nicht. Darüber hinaus beschränken die im Anwendungsbereich der Art. 18 und 23 ESZBS angeordneten Veränderungen die Hoheitsgewalt der EZB und der nationalen Zentralbanken des Euro-Währungsgebietes. Das hat zwar keine Auswirkungen auf die Geschäftsarten, zu denen Art. 18 und 23 ESZBS ermächtigen. Die EZB und die nationalen Zentralbanken des Euro-Währungsgebietes dürfen jedoch Offenmarktgeschäfte nur durchführen, um die Geldpolitik des Euro-Währungsgebietes auszuführen.

Problematisch ist, auf welcher Kompetenzgrundlage die EZB und die nationalen Zentralbanken des Euro-Währungsgebietes Offenmarktgeschäfte im Verkehr mit den Staaten mit Ausnahmeregelung abschließen können. Denkbar ist, Art. 18 ESZBS direkt anzuwenden. Schließlich entstünden durch den Abschluss von Offenmarktgeschäften auf der Grundlage dieser Vorschrift für die Staaten mit Ausnahmeregelung keine Rechte oder Verpflichtungen, jedenfalls soweit die EZB oder die Zentralbanken des Euro-Währungsgebietes sie abschließen, um die Geldpolitik des Euro-Währungsgebietes auszuführen. Und auch der Wortlaut des Art. 18 ESZBS scheint die direkte Anwendung dieser Vorschrift zuzulassen.

Allerdings grenzt sich der Anwendungsbereich des Art. 18 ESZBS in dem Fall, in dem in der Gemeinschaft ein einheitliches Währungsgebiet besteht, von dem des Art. 23 ESZBS darüber ab, ob ein Offenmarktgeschäft in jeder Hinsicht innerhalb der Gemeinschaft, mithin innerhalb des Euro-Währungsgebietes abgewickelt wird.[167] Ist das der Fall, ist das Geschäft auf der Grundlage des Art. 18 ESZBS abzuschließen. In allen anderen Fällen und im Verkehr mit internationalen Organisationen ist dagegen Art. 23 ESZBS einschlägig. Artikel 18 und 23 ESZBS unterscheiden also zwischen Offenmarktgeschäften, die ausschließlich innerhalb des Währungsgebietes abgewickelt werden, in dem das ESZB die geldpolitische Verantwortung trägt, und Offenmarktgeschäften im Verkehr mit anderen Währungsgebieten (sowie internationalen Organisationen). Diese Abgrenzung des Anwendungsbereichs der beiden Normen muss auch dann gelten, wenn das Gebiet der Gemeinschaft infolge der Gewährung einer Ausnahmeregelung nicht mit dem Euro-Währungsgebiet identisch ist. Art. 18 ESZBS ermächtigt also auch in diesem Fall zu Offenmarktgeschäften, die ausschließlich innerhalb des Euro-Währungsgebietes abgewickelt werden. Da die Mitgliedstaaten mit Ausnahmeregelung dem Euro-Währungsgebiet nicht angehören, kommt ein Rückgriff auf diese Norm nicht in Betracht, wenn die EZB und die nationalen Zentralbanken Offenmarktgeschäfte im Verkehr mit den Staaten mit Ausnahmeregelung abschließen.[168] In diesem Fall müssten sie auf Art. 23 ESZBS zurückgreifen.[169]

---

167 Dazu im Einzelnen oben S. 85 f.
168 So auch *Smits*, (Fn. 20), S. 270 f.
169 So im Ergebnis wohl auch *Smits/Gruber*, (Fn. 165), Art. 23 ESZB-Satzung Rdnr. 8.

Art. 23 ESZBS ermächtigt jedoch nur zu Geschäften im Verkehr mit dritten Ländern. „Dritte Länder" sind nach der im Gemeinschaftsrecht üblichen Terminologie allerdings lediglich Staaten, die der Europäischen Union nicht angehören.[170] Vom Wortlaut her ermächtigt Art. 23 ESZBS mithin nicht zu Geschäften im Verkehr mit den Staaten mit Ausnahmeregelung. Gleichwohl ergibt sich hieraus keine Beschränkung der Befugnis des ESZB zum Abschluss von Offenmarktgeschäften. Denn anderenfalls wäre der Handlungsspielraum eingeschränkt, den das ESZB bei Bestehen einer Ausnahmeregelung im Vergleich zu dem Fall hat, in dem alle Mitgliedstaaten dem Euro-Währungsgebiet angehören. Eine Einschränkung der Möglichkeiten des ESZB, die Geldpolitik der Gemeinschaft bei Bestehen einer Ausnahmeregelung auszuführen, ist jedoch durch die Übergangsbestimmungen der ESZB-Satzung ersichtlich nicht gewollt. Schließlich soll die Gewährung einer Ausnahmeregelung gerade die Einführung des Euro und die Durchführung einer einheitlichen Geld- und Wechselkurspolitik in dem Fall ermöglichen, in dem nicht alle Mitgliedstaaten dem Euro-Währungsgebiet angehören.[171] Das setzt aber voraus, dass das ESZB in diesem Fall ebenso effektiv handeln kann wie in dem Fall, in dem alle Mitgliedstaaten dem Euro-Währungsgebiet angehören. Der geldpolitische Handlungsspielraum des ESZB darf daher infolge der Gewährung einer Ausnahmeregelung nicht eingeschränkt werden. Daher ist Art. 23 ESZBS bei Bestehen einer Ausnahmeregelung analog auf alle Offenmarktgeschäfte anzuwenden, die von der EZB und den nationalen Zentralbanken des Euro-Währungsgebietes im Verkehr mit den Staaten mit Ausnahmeregelung getätigt werden.[172]

c) *Grundsätze der EZB für Offenmarktgeschäfte*

Der EZB-Rat kann gemäß Art. 18.2. ESZBS für Offenmarktgeschäfte allgemeine Grundsätze aufstellen, die sowohl die EZB als auch die nationalen Zentralbanken binden.[173] Art. 23 ESZBS enthält eine derartige Befugnis zwar nicht ausdrücklich. Art. 18.2. ESZBS ist jedoch auch auf Geschäfte nach Art. 23 ESZBS anwendbar. Denn die Grundsätze, die der EZB-Rat gemäß dieser Kompetenznorm aufstellt, gelten allgemein für Offenmarktgeschäfte. Und auch die Geschäfte, die auf der Grundlage des Art. 23 ESZBS abgeschlossen werden, zählen zu den Offenmarktgeschäften.[174]

---

170 Vgl. *Schauer*, Schengen – Maastricht – Amsterdam: auf dem Weg zu einer flexiblen Union, S. 132 f.

171 Dazu ausführlich oben Teil I, § 3.

172 Anders allerdings *Smits*, (Fn. 20), S. 313, der Art. 23 ESZBS direkt anwenden will. Hiergegen sprechen jedoch die oben genannten Gründe.

173 Die EZB hat von der ihr in Art. 18.2. ESZBS eingeräumten Kompetenz zwischenzeitlich Gebrauch gemacht. Vgl. die Leitlinie der Europäischen Zentralbank vom 3. Februar 2005 zur Änderung der Leitlinie EZB/2000/7 über geldpolitische Instrumente und Verfahren des Eurosystems (EZB/2005/2), ABl. EU Nr. L 111 vom 2.5.2005, S. 1.

174 Allerdings hat die EZB mit der Leitlinie vom 1. Juli 2004 über die Erbringung von Dienstleistungen im Bereich der Verwaltung von Währungsreserven in Euro durch das Eurosystem für Zentralbanken außerhalb der Europäischen Union, Länder außerhalb der Europäischen Union und internationale Organisationen (EZB/2004/13), ABl. EU Nr. L 241 vom 13.7.2004, S. 68, geändert durch die Leitlinie EZB/2004/20, ABl. EU Nr. L 385 vom 29.12.2004, S. 85, Vorschriften er-

Da Art. 18 ESZBS für die Staaten mit Ausnahmeregelung keinerlei Rechte und Verpflichtungen entstehen lässt, binden die gemäß Art. 18.2. ESZBS festgelegten Grundsätze die Zentralbanken der Staaten mit Ausnahmeregelung nicht. Dementsprechend hat die EZB die Leitlinie, in der diese Grundsätze festgelegt sind, auch lediglich an die nationalen Zentralbanken des Euro-Währungsgebietes gerichtet.[175] Die Leitlinie unterscheidet inhaltlich vielfach zwischen dem Euro-Währungsgebiet und den anderen Währungsgebieten in der Gemeinschaft. So begrenzt die EZB den Kreis der Geschäftspartner im Wesentlichen auf Finanzinstitute, die im Euro-Währungsgebiet niedergelassen sind.[176] Mit Geschäftspartnern, die außerhalb des Euro-Währungsgebietes niedergelassen sind, schließt sie dagegen grundsätzlich nur Geschäfte ab, die über Börsen oder sonstige Marktvermittler abgewickelt werden.[177] Besonderheiten bestehen auch bei den Sicherheiten, die das Eurosystem[178] akzeptiert. Diese werden zum Teil nur anerkannt, wenn sie im Euro-Währungsgebiet hinterlegt sind.[179]

Finanzinstitute und sonstige Marktteilnehmer, die nicht im Euro-Währungsgebiet niedergelassen sind, sind also von der Möglichkeit, mit dem Eurosystem in geschäftliche Kontakte zu treten, weitgehend ausgeschlossen. Das ist auch konsequent. Schließlich dient das geldpolitische Instrumentarium des Eurosystems der Wahrnehmung seiner auf das Euro-Währungsgebiet bezogenen Aufgaben. Dementsprechend muss die Steuerung des Geldmarktes auch im Wesentlichen im Inland, also innerhalb des Euro-Währungsgebietes, erfolgen.

4. Mindestreservepflicht

Art. 19.1. S. 1 ESZBS ermächtigt die EZB, die in den Mitgliedstaaten niedergelassenen Kreditinstitute einer Mindestreservepflicht zu unterwerfen. Diese Mindestreserve ist auf Konten bei der EZB oder den nationalen Zentralbanken zu halten. Die Einführung einer Mindestreservepflicht, deren Höhe und alle weiteren zu regelnden Fragen, insbesondere die nach der Verzinsung der Mindestreserveguthaben, regelt der EZB-Rat in einer Verordnung (Art. 19.1. S. 2 ESZBS).[180] Die EZB

---

lassen, die insbesondere Geschäfte nach Art. 23 EZBS betreffen. Das ist aus rechtlicher Sicht unproblematisch.

175 Leitlinie der Europäischen Zentralbank vom 3. Februar 2005 zur Änderung der Leitlinie EZB/2000/7 über geldpolitische Instrumente und Verfahren des Eurosystems (EZB/2005/2), ABl. EU Nr. L 111 vom 2.5.2005, S. 1.

176 Vgl. insbesondere Punkt 1.4. sowie Punkt 2. der Leitlinie (Fn. 175).

177 Vgl. Punkt 5.2. der Leitlinie (Fn. 175).

178 Den Begriff Eurosystem hat die *Europäische Zentralbank* entwickelt. Er bezeichnet die EZB und die nationalen Zentralbanken der Mitgliedstaaten des Euro-Währungsgebietes. Vgl. *Europäische Zentralbank*, Der institutionelle Rahmen des Europäischen Systems der Zentralbanken, Monatsbericht, Juli 1999, S. 59 (59).

179 Vgl. Punkt 6. der Leitlinie (Fn. 175).

180 Vgl. Verordnung (EG) Nr. 1745/2003 der Europäischen Zentralbank vom 12. September 2003 über die Auferlegung einer Mindestreservepflicht (EZB/2003/9), ABl. EU Nr. L 250 vom 2.10.2003, S. 10.

kann zudem Strafzinsen und „sonstige Sanktionen gleicher Wirkung“ verhängen, wenn ein Kreditinstitut der Mindestreserveverpflichtung nicht nachkommt (Art. 19.1. S. 2 ESZBS).[181] Den Rahmen für diese Regelungen legt der EG-Rat fest (Art. 19.2. ESZBS).[182]

Art. 19 ESZBS lässt für die Staaten mit Ausnahmeregelung keinerlei Rechte oder Verpflichtungen entstehen (Art. 43.1. ESZBS). Zudem bezeichnet der Begriff „Mitgliedstaaten“ nur die Mitgliedstaaten, für die keine Ausnahmeregelung gilt (Art. 43.3. ESZBS). Die Staaten mit Ausnahmeregelung sind also umfassend aus dem Anwendungsbereich der Norm ausgenommen. Ob in diesen Staaten eine Mindestreservepflicht besteht oder eingeführt wird, richtet sich nach dem nationalen Recht dieser Mitgliedstaaten. Die Kompetenzen der EZB aus Art. 19 ESZBS beschränken sich mithin auf das Euro-Währungsgebiet. Sie kann nur die Kreditinstitute einer Mindestreservepflicht unterwerfen, die in den Mitgliedstaaten, für die keine Ausnahmeregelung gilt, niedergelassenen sind. Die ESZB-Satzung stellt das durch die Veränderung des Begriffs „Mitgliedstaaten“ nochmals ausdrücklich klar (vgl. Art. 43.3. ESZBS).

Besteht eine Ausnahmeregelung, entstehen für die Ausübung der Kompetenzen, die Art. 19 ESZBS der EZB einräumt, keine rechtlichen Probleme. Auffällig ist lediglich, dass der Begriff „nationale Zentralbanken“ in Art. 19.1. ESZBS unverändert bleibt. So entsteht der Eindruck, dass Mindestreserven auf Konten bei der EZB und den nationalen Zentralbanken aller Mitgliedstaaten unterhalten werden können. Vermutlich handelt es sich hier jedoch lediglich um ein Redaktionsversehen. Denn es ist kein Grund ersichtlich, warum es einem mindestreservepflichtigen Kreditinstitut ermöglicht werden sollte, die Mindestreserve bei einer Zentralbank zu unterhalten, die dem Euro-Währungsgebiet nicht angehört. Zudem zöge ein anderes Verständnis etliche Probleme nach sich. Beispielsweise bleibt ungeklärt, wer die Zinszahlungen zu tragen hätte, die gegebenenfalls auf Mindestreserveguthaben zu zahlen sind. Art. 32.4. ESZBS, nach dem diese Zinsen auf die monetären Einkünfte angerechnet werden können, die anschließend unter den nationalen Zentralbanken des Euro-Währungsgebietes verteilt werden, ist auf die Zentralbanken der Mitgliedstaaten, für die eine Ausnahmeregelung gilt, nicht anwendbar.[183] Schließlich ist zu berücksichtigen, dass Art. 19 ESZBS für die Staaten mit Ausnahmeregelung gemäß Art. 43.1. ESZBS keinerlei Rechte oder Verpflichtungen entstehen lässt. Dementsprechend kann auch die Zentralbank dieses Staates nicht durch Art. 19.1.

---

181 Vgl. Art. 11 der Verordnung (EG) Nr. 2157/1999 der Europäischen Zentralbank vom 23. September 1999 über das Recht der Europäischen Zentralbank, Sanktionen zu verhängen, ABl. EG Nr. L 264 vom 12.10.1999, S. 21, sowie die Mitteilung der Europäischen Zentralbank über die Verhängung von Sanktionen auf Grund von Verletzungen der Mindestreservepflicht (1000/C 39/04), ABl. EG Nr. C 390, S. 3.

182 Vgl. Verordnung (EG) Nr. 2531/98 des Rates vom 23. November 1998 über die Auferlegung einer Mindestreservepflicht durch die Europäische Zentralbank, ABl. EG Nr. L 319 vom 27.11. 1998, S. 1, geändert durch Verordnung (EG) Nr. 134/2002 des Rates vom 22. Januar 2002, ABl. EG Nr. L 24 vom 26.1.2002, S. 1.

183 Siehe dazu unten S. 138 f.

ESZBS verpflichtet werden, für ein nach Art. 19 ESZBS mindestreservepflichtiges Kreditinstitut ein Konto zu eröffnen, auf dem es die Mindestreserve unterhalten kann.

Das Recht der EZB, Sanktionen bei Verstößen gegen die Mindestreservepflicht zu erheben (Art. 19.1. S. 2 ESZBS), besteht nur gegenüber Kreditinstituten, die im Euro-Währungsgebiet der Mindestreservepflicht unterliegen.[184] Ebenso ergeben sich aus den Festlegungen des EG-Rates zu den Rahmenbedingungen der Mindestreservepflicht (vgl. Art. 19.2. ESZBS) nur Rechtswirkungen in den Staaten des Euro-Währungsgebietes.[185] Auch das folgt daraus, dass Art. 19 ESZBS gemäß Art. 43.1. ESZBS für die Staaten mit Ausnahmeregelung keinerlei Rechte und Verpflichtungen entstehen lässt. Dementsprechend können auch Sekundärrechtsakte, die auf der Grundlage des Art. 19.2. ESZBS erlassen werden, in diesen Staaten keine Rechtswirkungen erzeugen.

5. Verrechnungs- und Zahlungssysteme

Die EZB und die nationalen Zentralbanken sind gemäß Art. 22 ESZBS befugt, Einrichtungen zur Verfügung zu stellen und Verordnungen zu erlassen, die das Bestehen von effizienten und zuverlässigen Verrechnungs- und Zahlungssystemen innerhalb der Gemeinschaft gewährleisten.[186] Auch Art. 22 ESZBS lässt für die Mitgliedstaaten mit Ausnahmeregelung keinerlei Rechte oder Verpflichtungen entstehen (vgl. Art. 43.1. ESZBS). Zudem bezeichnet der Begriff „nationale Zentralbanken" in ihm nur die Zentralbanken der Mitgliedstaaten, für die keine Ausnahmeregelung gilt (Art. 43.4. ESZBS). Art. 22 ESZBS ermächtigt also neben der EZB lediglich die nationalen Zentralbanken der Mitgliedstaaten, für die keine Ausnahmeregelung gilt. Gemeinschaftsrechtliche Vorgaben zur Einrichtung von Zahlungs- und Verrechnungssystemen in den Mitgliedstaaten mit Ausnahmeregelung bestehen mithin nicht.

Auf Grund des veränderten Anwendungsbereichs des Art. 22 ESZBS kann das Eurosystem auf der Grundlage dieser Norm ohne die Zustimmung der Staaten mit Ausnahmeregelung oder deren Zentralbanken keine Zahlungs- und Verrechnungssysteme für das Gebiet der gesamten Gemeinschaft einrichten. Art. 22 ESZBS ermächtigt das Eurosystem allerdings ausdrücklich dazu, Einrichtungen zur Verfügung zu stellen und Verordnungen zu erlassen, die das Bestehen von effektiven Zahlungs- und Verrechnungssystemen „innerhalb der Gemeinschaft" garantieren. Daher ist es möglich, dass das Eurosystem die Einrichtungen, die es für das Euro-Währungsgebiet zur Verfügung stellt, auch dem Verkehr mit den Staaten mit Ausnahmeregelung öffnet. Das Eurosystem muss lediglich seine beschränkte Hoheitsgewalt bei Bestehen einer Ausnahmeregelung beachten.

---

184 Zum Sanktionsrecht der EZB siehe die in Fn. 139 genannten Rechtsakte.
185 Vgl. die in Fn. 182 genannten Rechtsakte.
186 Zur Bedeutung dieser Befugnis etwa *Pernice*, (Fn. 11), (EL 10), Art. 105 EGV Rdnr. 16.

Verordnungen, die von der EZB auf der Grundlage des Art. 22 ESZBS erlassen werden, binden die Mitgliedstaaten mit Ausnahmeregelung nicht. Das ergibt sich bereits daraus, dass Art. 22 ESZBS für diese Staaten keine Rechte oder Verpflichtungen entstehen lässt (vgl. Art. 43.1. ESZBS). Dementsprechend können sich auch aus einer Verordnung, die auf der Grundlage dieser Norm erlassen worden ist, in diesen Mitgliedstaaten keine Rechtswirkungen ergeben. Zudem gelten die Verordnungen der EZB ohnehin nur in den Staaten des Euro-Währungsgebietes.[187]

Die EZB hat von der ihr in Art. 22 ESZBS eingeräumten Befugnis Gebrauch gemacht und mit dem System *Target* ein Zahlungsverkehrssystem geschaffen.[188] Dieses System ist nur für das Euro-Währungsgebiet eingerichtet worden. Allerdings besteht die Möglichkeit, dass sich ihm auch die Zentralbanken von Staaten mit Ausnahmeregelung anschließen, wenn die Zahlungsverkehrssysteme dieser Zentralbanken bestimmte Mindestvoraussetzungen erfüllen.[189] Geschieht das, gelten die Regeln für die Abwicklung von Zahlungen über *Target* bis auf wenige Ausnahmen auch für Zahlungen, die zwischen dem Euro-Währungsgebiet und den Staaten mit Ausnahmeregelung vorgenommen werden.[190]

6. Befugnis zu Eigengeschäften

Art. 24 ESZBS ermächtigt die EZB und die nationalen Zentralbanken zu Geschäften für ihren eigenen Betrieb und ihre Beschäftigten, auch wenn diese Geschäfte nicht unmittelbar mit ihren Aufgaben verbunden sind. Diese Norm ist auch bei Bestehen einer Ausnahmeregelung uneingeschränkt auf alle Mitgliedstaaten anwendbar. Sie ermächtigt mithin auch die Zentralbanken der Mitgliedstaaten mit Ausnahmeregelung zu Eigengeschäften.

Die in Art. 24 ESZBS geregelten Befugnisse sind keine währungspolitischen. Diese Vorschrift ermächtigt die EZB und die nationalen Zentralbanken gerade zu Geschäften, die nicht im Zusammenhang mit ihren währungspolitischen Aufgaben stehen. Da Art. 24 ESZBS auch bei Bestehen einer Ausnahmeregelung uneingeschränkt auf alle Mitgliedstaaten anwendbar ist, schränkt diese Vorschrift die Regelungskompetenz der Staaten mit Ausnahmeregelung im Bereich der Zentralbankgesetzgebung ein. Denn die Befugnisse aus Art. 24 ESZBS stehen den Zentral-

---

187 Siehe dazu oben S. 80 ff.

188 Vgl. Leitlinie der Europäischen Zentralbank vom 26. April 2001 über ein transeuropäisches automatisches Echtzeit-Brutto-Express-Zahlungsverkehrssystem (Target) (EZB/2001/3), ABl. EG Nr. L 140 vom 24.5.2001, S. 72, geändert durch die Leitlinien EZB/2002/1, ABl. EG Nr. L 67 vom 9.3.2002, S. 74, EZB/2003/6, ABl. EU Nr. L 113 vom 7.5.2003, S. 10, EZB/2004/4, ABl. EU Nr. L 205 vom 9.6.2004, S. 1, und EZB/2005/1, ABl. EU Nr. L 30 vom 3.2.2005, S. 21.

189 Vgl. Art. 2 Abs. 2 der Leitlinie (Fn. 188).

190 Zu den Problemen, die mit der Öffnung von TARGET für die Zentralbanken der Staaten mit Ausnahmeregelung auftreten können, vgl. etwa *Goetze*, (Fn. 19), S. 65, sowie ferner *Hartmann*, Der Großzahlungsverkehr in der Europäischen Währungsunion, Kreditwesen 1996, S. 776 (777); *Smits*, (Fn. 20), S. 306 f.; *Walkhoff*, Perspektiven des Zahlungsverkehrs in der Währungsunion, in: *Francke/Ketzel/Kotz* (Hrsg.), Europäische Währungsunion, S. 262.

banken dieser Staaten unmittelbar zu. Die Staaten mit Ausnahmeregelung dürfen mithin innerstaatlich keine abweichende Regelung treffen. Auswirkungen auf die Währungspolitik dieser Staaten hat das im Übrigen nicht, da die in Art. 24 ESZBS geregelten Befugnisse keine währungspolitischen sind.

Teile der Literatur sprechen Art. 24 ESZBS neben der Funktion, zu Eigengeschäften zu ermächtigen, eine weitere Bedeutung zu. Sie vertreten, dieser Vorschrift komme eine Auffangfunktion zu. Aus ihr würden sich alle Kompetenzen der EZB und der nationalen Zentralbanken ergeben, die nicht ausdrücklich geregelt sind, die ihnen aber ansonsten über die *implied powers* Lehre zuzuerkennen wären.[191] Für diese Ansicht ergibt sich aber aus dem Wortlaut der Norm kein Anhaltspunkt. Art. 24 ESZBS bezieht sich ausdrücklich nur auf Geschäfte, die von den Zentralbanken des ESZB für ihren eigenen Betrieb und ihre Beschäftigten getätigt werden. Zudem ist sie nur auf Geschäfte anwendbar, die diese Zentralbanken neben den mit ihren Aufgaben verbundenen Geschäften vornehmen. Die Befugnisse aus Art. 24 ESZBS beschränken sich mithin auf die Eigengeschäfte, die keinen unmittelbaren Bezug zur Erfüllung ihrer währungspolitischen Aufgaben haben. Der abweichenden Literaturansicht kann daher nicht gefolgt werden.

7. Recht zur Eröffnung von Konten

Nach Art. 17 ESZBS können die EZB und die nationalen Zentralbanken zur Durchführung ihrer Geschäfte für Kreditinstitute, öffentliche Stellen und andere Marktteilnehmer Konten eröffnen und Sicherheiten hereinnehmen. Besteht für einen Mitgliedstaat eine Ausnahmeregelung, bezeichnet der Begriff „nationale Zentralbanken" in Art. 17 ESZBS nur die Zentralbanken der Staaten, für die keine Ausnahmeregelung gilt (vgl. Art. 43.4. ESZBS). Art. 17 ESZBS ermächtigt in diesem Fall also lediglich die EZB und die nationalen Zentralbanken der Mitgliedstaaten, für die keine Ausnahmeregelung gilt, Konten zu eröffnen und Sicherheiten hereinzunehmen. Eine entsprechende Ermächtigung für die Zentralbanken der Staaten mit Ausnahmeregelung zu treffen, obliegt dagegen dem nationalen Recht. Gemeinschaftsrechtliche Vorgaben bestehen insoweit nicht. Für die Anwendung des Art. 17 ESZBS entstehen keine Probleme, wenn einem Mitgliedstaat eine Ausnahmeregelung gewährt wird.

8. Genehmigung und Ausgabe von Banknoten und Münzen

Die EZB genehmigt die Ausgabe von Banknoten und Münzen innerhalb der Gemeinschaft (vgl. Art. 106 EGV, Art. 16 ESZBS). Ausgegeben werden dürfen Banknoten jedoch sowohl von der EZB als auch den nationalen Zentralbanken (Art. 106

---

191 *Kempen*, (Fn. 3), Art. 105 EGV Rdnr. 21. Ähnlich *Smits/Gruber*, (Fn. 165), Art. 24 ESZB-Satzung Rdnr. 1 f.

Abs. 1 S. 2 und 3 EGV, Art. 16 UAbs. 1 S. 2 und 3 ESZBS). Zur Ausgabe von Münzen sind die Mitgliedstaaten befugt (Art. 106 Abs. 2 EGV). Das so genannte Münzregal verbleibt also bei den Mitgliedstaaten. Den Umfang, in dem Münzen ausgegeben werden dürfen, bestimmt allerdings die EZB (Art. 106 Abs. 2 EGV). Stückelung und die technischen Merkmale der für den Umlauf bestimmten Münzen legt dagegen der EG-Rat fest (vgl. Art. 106 Abs. 2 S. 2 EGV). Die Bedeutung des Art. 106 EGV und des Art. 16 ESZBS geht weiter, als aus dem Wortlaut beider Vorschriften zu folgen scheint.[192] Aus diesen Normen ist über ihren Wortlaut hinaus etwa auch abzuleiten, dass die EZB Stückelung und technische Merkmale der Euro-Banknoten bestimmen kann, deren Ausgabe von ihr genehmigt wird.[193] Weiterhin haben einige Maßnahmen der Gemeinschaft zum strafrechtlichen Schutz des Euro ihren Ursprung in Art. 106 EGV.[194]

Art. 106 EGV gilt für die Staaten mit Ausnahmeregelung nicht (vgl. Art. 122 Abs. 3 EGV). Und auch Art. 16 ESZBS lässt für sie keinerlei Rechte oder Verpflichtungen entstehen (vgl. Art. 43.1. ESZBS). Zudem bezeichnet der Begriff „nationale Zentralbanken" sowohl in Art. 106 EGV als auch in Art 16 ESZBS lediglich die Zentralbanken der Mitgliedstaaten, für die keine Ausnahmeregelung gilt (vgl. Art. 122 Abs. 4 EGV, Art. 43.4. ESZBS). Daher ist die EZB nur befugt, die Ausgabe von Banknoten und Münzen im Euro-Währungsgebiet zu genehmigen.[195] Weiterhin berechtigen beide Normen nur das Eurosystem, nicht aber die Zentralbanken der Staaten mit Ausnahmeregelung, Banknoten auszugeben. Die vom Eurosystem ausgegebenen Banknoten sind zudem lediglich im Euro-Währungsgebiet gesetzliches Zahlungsmittel. Und schließlich ermächtigt Art. 106 Abs. 2 EGV auf Grund der Veränderungen im Anwendungsbereich dieser Vorschrift nur die Staaten des Euro-Währungsgebietes, Münzen auszugeben. Die währungspolitischen Befugnisse der Mitgliedstaaten mit Ausnahmeregelung werden durch Art. 106 EGV, Art. 16 ESZBS also nicht berührt. Primärrechtliche Vorschriften, in denen die Ausgabe von Banknoten und Münzen in diesen Staaten geregelt ist, bestehen nicht.

Da die Art. 106 EGV, Art. 16 ESZBS für die Staaten mit Ausnahmeregelung keinerlei Rechte und Verpflichtungen entstehen lassen, ergeben sich für sie auch aus den

---

192 Kritisch zur Regelungstiefe des Art. 106 EGV bereits *Weber*, in: *von der Groeben/Thiesing/Ehlermann* (Hrsg.), Kommentar zum EU-/EG-Vertrag, 5. Auflage (1999), Art. 105a Rdnr. 1 ff.

193 *Kempen*, (Fn. 3), Art. 106 EGV Rdnr. 3. Zum Anwendungsbereich des Art. 106 EGV siehe auch *Zilioli/Di Preso*, in: *von der Groeben/Schwarze* (Hrsg.), Vertrag über die Europäische Union und Vertrag zur Gründung der Europäischen Gemeinschaft, 6. Auflage (2003), Art. 106 EG Rdnr. 9.

194 *Kempen*, (Fn. 3), Art. 106 EGV Rdnr. 4. Dazu auch *Häde*, (Fn. 9), Art. 106 EG-Vertrag Rdnr. 3b.

195 Vgl. zuletzt Entscheidung der Europäischen Zentralbank vom 14. Dezember 2004 über die Genehmigung des Umfangs der Ausgabe von Münzen im Jahr 2005 (EZB/2004/19), ABl. EU Nr. L 379 vom 24.12.2004, S. 107, sowie die Entscheidung der Europäischen Zentralbank vom 28. November 2003 über die Genehmigung des Umfangs der Ausgabe von Münzen im Jahr 2004 (EZB/2003/15), ABl. EU Nr. L 324 vom 11.12.2003, S. 57, geändert durch Entscheidung vom 9. Juli 2004 (EZB/2004/14), ABl. EU Nr. L 248 vom 22.7.2004, S. 14, sowie den Beschluss der Europäischen Zentralbank vom 22. April 2004 zur Änderung des Beschlusses EZB/2001/15 vom 6. Dezember 2001 über die Ausgabe von Euro-Banknoten (EZB/2004/9), ABl. EU Nr. L 205 vom 9.6.2004, S. 17.

sekundärrechtlichen Regelungen zur Stückelung und den technischen Merkmalen der Euro-Banknoten und -Münzen[196] keine Rechtswirkungen. Dasselbe gilt für die vereinzelten Sekundärrechtsakte, die auf der Grundlage dieser beiden Normen zum straf- und urheberrechtlichen Schutz des Euro erlassen worden sind.[197] Die meisten Regelungen, die den Euro strafrechtlich schützen sollen, sind allerdings auch in den Staaten mit Ausnahmeregelung anwendbar. Das erklärt sich daraus, dass die Gemeinschaft sie überwiegend auf der Grundlage von Vorschriften erlassen hat, die auch bei Bestehen einer Ausnahmeregelung für alle Mitgliedstaaten uneingeschränkt gelten. So sind einige dieser Regelungen auf Ermächtigungsgrundlagen gestützt worden, die der EU-Vertrag im Bereich der polizeilichen und justitiellen Zusammenarbeit enthält.[198] Andere sind auf der Grundlage von Art. 308 EGV erlassen worden.[199] Dieses Vorgehen ist rechtlich nicht zu beanstanden. Bemerkenswert ist allerdings, dass der Anwendungsbereich einiger Bestimmungen insbesondere zum strafrechtlichen Schutz des Euro, bedingt durch die von der Gemeinschaft gewählte Rechtsgrundlage, anfänglich ausdrücklich auf das Euro-Währungsgebiet

---

196 Vgl. den Beschluss der Europäischen Zentralbank vom 20. März 2003 über die Stückelung, Merkmale und Reproduktion sowie den Umtausch und Einzug von Euro-Banknoten (EZB/2003/4), ABl. EU Nr. L 78 vom 25.3.2003, S. 16; Leitlinie der Europäischen Zentralbank vom 26. August 1998 über bestimmte Vorschriften für Euro-Banknoten in der geänderten Fassung vom 26. August 1999 (EZB/1999/3), ABl. EU Nr. L 258 vom 5.10.1999, S. 32; Verordnung (EG) Nr. 975/98 des Rates vom 3. Mai 1998 über Stückelung und technische Merkmale der für den Umlauf bestimmten Euro-Münzen, ABl. EG Nr. L Nr. 139 vom 11.5.1998, S. 6, geändert durch Verordnung (EG) Nr. 423/1999, ABl. EG vom 27.2.1999, Nr. L 52, S. 2.

197 Vgl. etwa Leitlinie der Europäischen Zentralbank vom 20. März 2003 über die Anwendung von Maßnahmen gegen unerlaubte Reproduktion von Euro-Banknoten sowie über den Umtausch und den Einzug von Euro-Banknoten (EZB/2003/5), ABl. EU Nr. L 78, vom 25.3.2003, S. 20.

198 Vgl. etwa den Rahmenbeschluss des Rates vom 29. Mai 2000 über die Verstärkung des mit strafrechtlichen und anderen Sanktionen bewehrten Schutzes gegen Geldfälschung im Hinblick auf die Einführung des Euro (2000/383/JI), ABl. EG Nr. L 140 vom 14.6.2000, S. 1, geändert durch den Rahmenbeschluss des Rates vom 6. Dezember 2001, ABl. EG Nr. L 329 vom 14.12.2001, S. 3, den Beschluss des Rates vom 6. Dezember 2001 über den Schutz des Euro vor Fälschungen (2001/887/JI), ABl. EG Nr. L 329 vom 14.12.2001, S. 1, sowie den Beschluss 2005/511/JI des Rates vom 12. Juli 2005 über den Schutz des Euro gegen Fälschung durch Benennung von Europol als Zentralstelle zur Bekämpfung der Euro-Fälschung, ABl. EU Nr. L 185 vom 16.7.2005, S. 35.

199 Vgl. etwa die auf Grundlage des Art. 123 Abs. 4 S. 3 EGV ergangene Verordnung (EG) Nr. 1338/2001 des Rates vom 28. Juni 2001 zur Festlegung von zum Schutz des Euro gegen Geldfälschung erforderlichen Maßnahmen, ABl. EG Nr. L 181 vom 4.7.2001, S. 6, deren Anwendungsbereich durch die auf der Grundlage des Art. 308 EGV gestützte Verordnung (EG) Nr. 1339/2001 des Rates vom 28. Juni 2001, ABl. EG Nr. L 181 vom 4.7.2001, S. 11, auf alle Mitgliedstaaten ausgedehnt worden ist. Ähnliches gilt für den auf Art. 123 Abs. 4 S. 3 EGV gestützten Beschluss des Rates vom 17. Dezember 2001 über ein Aktionsprogramm in den Bereichen Austausch, Unterstützung und Ausbildung zum Schutz des Euro gegen Geldfälschung (Pericles-Programm) (2001/923/EG), ABl. EG Nr. L 339 vom 21.12.2001, S. 50, dessen Anwendungsbereich durch den auf der Grundlage des Art. 308 EGV ergangenen Beschluss des Rates vom 17. Dezember 2001, ABl. EG Nr. L 229 vom 21.12.2001, S. 55, auch auf die Staaten mit Ausnahmeregelung ausgedehnt worden ist, und die ebenfalls auf der Grundlage des Art. 123 Abs. 4 S. 3 EGV ergangene Verordnung (EG) Nr. 2182/2004 des Rates vom 6. Dezember 2004 über Medaillen und Münzstücke mit ähnlichen Merkmalen wie Euro-Münzen, ABl. EU Nr. L 373 vom 21.12.2004, S. 1, deren Anwendungsbereich durch die Verordnung (EG) Nr. 2183/2004 (ABl. EU Nr. L 373, S. 7) auf die Mitgliedstaaten, die dem Euro-Währungsgebiet nicht angehören, ausgedehnt worden ist.

beschränkt war[200] und erst später durch einen gesonderten Rechtsakt auf die Staaten mit Ausnahmeregelung erstreckt worden ist.[201] Rechtliche Probleme wirft dieses Vorgehen allerdings nicht auf.

9. Befugnisse zur Erhebung statistischer Daten

a) *Überblick*

Die EZB und die nationalen Zentralbanken sind berechtigt, von den jeweils zuständigen Behörden der Mitgliedstaaten oder direkt von den Wirtschaftssubjekten die statistischen Daten einzuholen, die das ESZB benötigt, um seine Aufgaben wahrzunehmen (Art. 5.1. S. 1 ESZBS). Zu diesem Zweck können und müssen sowohl die EZB als auch die nationalen Zentralbanken mit den Organen und Einrichtungen der Gemeinschaft, den Behörden der Mitgliedstaaten, dritten Ländern und internationalen Organisationen zusammenarbeiten (Art. 5.1. S. 2 ESZBS). Obwohl diese Befugnisse sowohl der EZB als auch den nationalen Zentralbanken zugewiesen werden, sind sie soweit wie möglich von den nationalen Zentralbanken wahrzunehmen (Art. 5.2. ESZBS).

Die Rahmenbedingungen für die Anwendung des Art. 5 ESZBS legt der EG-Rat fest (Art. 5.4. ESZBS).[202] Insbesondere obliegt es ihm, den Kreis der berichtspflichtigen natürlichen und juristischen Personen sowie Regeln über die Vertraulichkeit der vom ESZB erhobenen Daten festzulegen. Dagegen hat die EZB die Befugnis, soweit erforderlich, bestimmte Harmonisierungsmaßnahmen bei der Erhebung, Zusammenstellung und Weitergabe von statistischen Daten zu treffen (Art. 5.3. ESZBS).

Art. 5 ESZBS bleibt uneingeschränkt anwendbar, wenn einem Mitgliedstaat eine Ausnahmeregelung gewährt wird. Weder der EG-Vertrag noch die ESZB-Satzung enthalten für diesen Fall abweichende Regelungen.

b) *Anwendungsbereich des Art. 5.1. ESZBS*

Die EZB und die nationalen Zentralbanken sind nach dem Wortlaut des Art. 5.1. ESZBS befugt, solche statistischen Daten zu erheben, die zur „Wahrnehmung der Aufgaben des ESZB“ erforderlich sind. Das ESZB nimmt jedoch keine Aufgaben für die Staaten mit Ausnahmeregelung wahr. Seine Aufgaben sind auf das Euro-Währungsgebiet beschränkt.[203] Und auch die nationalen Zentralbanken der Mitgliedstaaten mit Ausnahmeregelung nehmen keine Aufgaben wahr, die dem ESZB zugewiesen sind.[204] Diese obliegen nur der EZB und den nationalen Zentralbanken

---

200 Siehe die in der vorstehenden Fn. 199 genannten Rechtsakte.
201 A.a.O. (Fn. 199).
202 Vgl. Verordnung (EG) Nr. 2533/98 des Rates vom 23. November 1998 über die Erfassung statistischer Daten durch die Europäische Zentralbank, ABl. EG Nr. L 318 vom 27.11.1998, S. 8.
203 Dazu ausführlich oben S. 52 ff.
204 Dazu oben S. 55 f.

des Euro-Währungsgebietes. Vor diesem Hintergrund überrascht, dass Art. 5 ESZBS bei Bestehen einer Ausnahmeregelung uneingeschränkt anwendbar bleibt. Denn es erklärt sich nicht ohne weiteres, warum Art. 5 ESZBS auch die Zentralbanken der Staaten mit Ausnahmeregelung ermächtigt, statistische Daten zu erheben, die das ESZB benötigt, um seine auf das Euro-Währungsgebiet beschränkten Aufgaben wahrnehmen zu können.

Allerdings ist zu berücksichtigen, dass es unter Umständen notwendig sein kann, außerhalb des Euro-Währungsgebietes statistische Daten zu erheben, die für die Wahrnehmung von Aufgaben des ESZB erforderlich sind. Das kommt deutlich im Wortlaut des Art. 5.1. ESZBS zum Ausdruck. Denn diese Vorschrift berechtigt das ESZB, auch mit dritten Ländern und internationalen Organisationen zusammenzuarbeiten, um entsprechende Daten zu erheben. Sollte es erforderlich sein, auf Daten aus den Staaten mit Ausnahmeregelung zurückzugreifen, ist es zweckmäßig, die nationalen Zentralbanken dieser Staaten direkt zu verpflichten, sie zu erheben. Anderenfalls wären die EZB bzw. die nationalen Zentralbanken des Euro-Währungsgebietes darauf angewiesen, mit diesen Zentralbanken wie mit denen in Drittstaaten Vereinbarungen über die Erhebung dieser Daten zu treffen. Zwar sind sie im Zusammenhang mit der Ausübung einiger anderer währungspolitischer Befugnisse auf diesen Weg angewiesen. Im Gegensatz zu diesen Fällen erscheint ein derartiges Verfahren bei der Erhebung statistischer Daten jedoch nicht sachgerecht.[205] Denn es ist nicht erkennbar, dass sich die Verpflichtung, statistische Daten für das Euro-Währungsgebiet zu erheben, auf die Wahrnehmung der innerstaatlichen geld- und währungspolitischen Befugnisse dieser Zentralbanken auswirken oder diese auch nur beeinflussen könnte.

Daher folgt aus der uneingeschränkten Anwendbarkeit des Art. 5 ESZBS, dass den Zentralbanken der Staaten mit Ausnahmeregelung durch diese Vorschrift eine auf das ESZB bezogene unterstützende Aufgabe zugewiesen wird. Sie sind befugt und gegebenenfalls verpflichtet, die statistischen Daten zu erheben, die das ESZB zur Wahrnehmung seiner Aufgaben benötigt, und hierzu mit den nationalen Behörden, der Gemeinschaft, dritten Staaten, aber auch internationalen Organisationen zusammenzuarbeiten. Die Befugnisse, die Art. 5.1. ESZBS der EZB und den nationalen Zentralbanken zuweist, stehen somit auch dann allen Zentralbanken des ESZB zur Verfügung, wenn eine Ausnahmeregelung besteht. Die hieraus resultierende Einbindung der Zentralbanken der Staaten mit Ausnahmeregelung in die Erfüllung der Aufgaben des ESZB ist, darauf sei abschließend hingewiesen, aus rechtlicher Sicht nicht ungewöhnlich. Sie ist etwa mit der Aufgabe vergleichbar, die der Kommission im Zusammenhang mit der Festlegung des Schlüssels zur Zeichnung des Kapitals der EZB nach Art. 29 ESZBS obliegt. Gemäß Art. 29.2. ESZBS ist die Kommission verpflichtet, die erforderlichen statistischen Daten zur Verfügung zu stellen, die benötigt werden, um diesen Schlüssel festzulegen.[206] Auch ihr wird mithin

---

205 Siehe dazu etwa oben S. 91 f. und unten § 6, S. 206 ff.
206 Dazu im Einzelnen unten S. 127 ff.

insoweit eine unterstützende Funktion zugewiesen, die dem ESZB im Ergebnis die Erfüllung seiner Aufgaben ermöglichen soll.

Die statistischen Daten, die das ESZB zur Wahrnehmung seiner Aufgaben benötigt, sind soweit wie möglich von den nationalen Zentralbanken zu erheben (vgl. Art. 5.2. ESZBS). Gleichwohl kann gegebenenfalls auch die EZB selbst tätig werden. Art. 5.2. ESZBS schließt diese Möglichkeit nicht aus. Etwas anderes gilt allerdings dann, wenn die EZB statistische Daten in den Mitgliedstaaten mit Ausnahmeregelung erheben möchte. Denn der EZB stehen keine rechtsverbindlichen Handlungsformen zur Verfügung, auf die sie zurückgreifen könnte, um in den Staaten mit Ausnahmeregelung statistische Daten zu erheben. Ihre Möglichkeiten, im Außenverhältnis rechtsverbindlich zu handeln, sind auf das Euro-Währungsgebiet beschränkt.[207] Daher können in den Staaten mit Ausnahmeregelung auf der Grundlage des Art. 5 ESZBS statistische Daten nur durch die nationalen Zentralbanken der betroffenen Mitgliedstaaten erhoben werden. Die EZB kann allenfalls darauf Einfluss nehmen, wie diese Zentralbanken diese Kompetenzen ausüben, in dem sie Beschlüsse oder Leitlinien mit Bestimmungen zur Anwendung des Art. 5 ESZBS erlässt.[208]

Art. 5.1. ESZBS ermächtigt die EZB und die nationalen Zentralbanken nur dazu, die statistischen Daten zu erheben, die „zur Wahrnehmung der Aufgaben des ESZB" erforderlich sind. Daher können die Zentralbanken der Staaten mit Ausnahmeregelung auf der Grundlage des Art. 5 ESZBS keine statistischen Daten erheben, die sie für die Wahrnehmung ihrer innerstaatlichen geld- und währungspolitischen Befugnisse benötigen. Diese Daten benötigt das ESZB nicht, um seine Aufgaben wahrzunehmen. Denn die Festlegung und Ausführung der Geldpolitik in den Staaten mit Ausnahmeregelung gehört nicht zu den Aufgaben des ESZB.[209] Dementsprechend dürfen auch die EZB und die nationalen Zentralbanken des Euro-Währungsgebietes auf der Grundlage des Art. 5 ESZBS keine statistischen Daten erheben, die ausschließlich für die Währungspolitik der Staaten mit Ausnahmeregelung von Bedeutung sind.

Auf die Befugnisse aus Art. 5.1. ESZBS kann die EZB nicht zurückgreifen, um ihre vorübergehenden Aufgaben (vgl. Art. 44 ESZBS) zu erfüllen.[210] Auch diese Aufgaben gehören nicht zu den Aufgaben des ESZB, für deren Wahrnehmung auf der Grundlage des Art. 5 ESZBS die erforderlichen statistischen Daten erhoben werden können. Es sind vielmehr Aufgaben der EZB, die diese neben denen des ESZB wahrnimmt. Für dieses enge Verständnis des Anwendungsbereichs von Art. 5 ESZBS spricht neben dem Wortlaut des Art. 5.1. ESZBS vor allem, dass die ESZB-Satzung die Aufgaben des ESZB einerseits und die vorübergehenden Aufgaben der EZB

207 Siehe dazu oben S. 80 f.
208 Zu den Möglichkeiten der EZB, interne Rechtsakte mit Bindungswirkung für die Staaten mit Ausnahmeregelung zu erlassen, siehe oben S. 82 f.
209 Zu den Aufgaben des ESZB oben S. 50 ff.
210 Zu den vorübergehenden Aufgaben der EZB oben S. 65 ff.

andererseits deutlich voneinander abgrenzt. Das kommt vor allem in den Regelungen zur Organzuständigkeit zum Ausdruck.

Die ESZB-Satzung trifft zur Organzuständigkeit in Art. 5 ESZB keine ausdrückliche Regelung. Daher ist anhand der allgemeinen Aufgabenverteilung zwischen dem EZB-Rat und dem Direktorium zu entscheiden, welches dieser beiden Beschlussorgane zuständig ist.[211] Zuständig für die Erhebung statistischer Daten auf der Grundlage des Art. 5 ESZBS sind mithin die ständigen Beschlussorgane der EZB. Der Erweiterte Rat der EZB wirkt hierbei lediglich mit (vgl. Art. 47.2., 1. Gs. ESZBS). Entscheidungsbefugnisse hat er nicht.[212] Allerdings bestimmt Art. 47.1., 1. Gs. ESZBS, dass die vorübergehenden Aufgaben der EZB vom Erweiterten Rat der EZB wahrgenommen werden. Dieser Zuständigkeitszuweisung würde es aber widersprechen, wenn die ständigen Beschlussorgane der EZB auf der Grundlage des Art. 5 ESZBS die statistischen Daten erheben würden, die zur Wahrnehmung der vorübergehenden Aufgaben der EZB erforderlich sind. Denn in diesem Fall würden sie die vorübergehenden Aufgaben der EZB wahrnehmen, deren Wahrnehmung jedoch ausdrücklich dem Erweiterten Rat der EZB zugewiesen ist. Der Anwendungsbereich des Art. 5 ESZBS beschränkt sich somit, wie vom Wortlaut vorgegeben, auf die Erhebung von statistischen Daten, die für die Wahrnehmung von Aufgaben des ESZB erforderlich sind. Statistische Daten, die zur Wahrnehmung der vorübergehenden Aufgaben der EZB erforderlich sind, können dagegen auf dieser Kompetenzgrundlage nicht erhoben werden.

c) Rahmenvorschriften nach Art. 5.4. ESZBS

Den rechtlichen Rahmen für die Anwendung des Art. 5 ESZBS hat der EG-Rat gemäß Art. 5.4. ESZBS in der Verordnung Nr. 2533/98 festgelegt.[213] Diese Verordnung bestimmt zunächst anhand allgemeiner Merkmale den Kreis der Personen, die gegenüber dem ESZB berichtspflichtig sind (vgl. Art. 2 VO Nr. 2533/98). Sie ermächtigt die EZB und die nationalen Zentralbanken der Staaten des Euro-Währungsgebietes zudem zu überprüfen, ob die Berichtspflichten eingehalten werden (Art. 6 Abs. 1 bis Abs. 5 VO Nr. 2533/98). Stellen sie fest, dass das nicht der Fall ist, können sie die entsprechenden Daten zwangsweise erheben (Art. 6 Abs. 6 VO Nr. 2533/98). Darüber hinaus kann die EZB in diesem Fall Sanktionen verhängen, sofern der Berichtspflichtige, der gegen Berichtspflichten verstößt, im Euro-Währungsgebiet ansässig ist (Art. 7 VO Nr. 2533/98). Die Mitgliedstaaten sind verpflichtet, die Erhebung statistischer Daten durch das ESZB zu unterstützen (vgl. Art. 4 VO Nr. 2533/98). Und schließlich enthält die Verordnung detaillierte Bestimmungen zur Vertraulichkeit der an das ESZB übermittelten Daten (Art. 8 VO Nr. 2533/98).

---

211 Dazu oben S. 49 f.
212 Zur Bedeutung der Mitwirkungsbefugnisse des Erweiterten Rates siehe unten S. 154 ff.
213 Verordnung (EG) Nr. 2533/98 des Rates vom 23. November 1998 über die Erfassung statistischer Daten durch die Europäische Zentralbank, ABl. EG Nr. L 318 vom 27.11.1998, S. 8.

Die EZB wird durch die Verordnung Nr. 2533/98 weiterhin ermächtigt, die zur Anwendung des Art. 5 ESZBS erforderlichen Ausführungsbestimmungen durch eigene Verordnungen zu erlassen. Insbesondere obliegt es ihr, den Kreis der tatsächlich berichtspflichtigen Personen, den Umfang der Berichtspflichten, das Verfahren zur Überprüfung der Einhaltung dieser Pflichten, die zwangsweise Durchsetzung der Berichtspflichten sowie die Modalitäten der Verhängung von Sanktionen bei Verstößen gegen sie zu regeln (Art. 3, Art. 5 Abs. 1, Art. 6 Abs. 4, Art. 7 Abs. 1 VO Nr. 2533/98). Die Verordnung Nr. 2533/98 bedarf mithin in weiten Teilen der Ausgestaltung durch Rechtsetzungsakte der EZB. Hieraus ergeben sich für die Anwendung des Art. 5 ESZBS eine Reihe von Problemen, sofern und solange einem Mitgliedstaat eine Ausnahmeregelung gewährt wird.

Auch die Zentralbanken der Staaten mit Ausnahmeregelung sind befugt, auf der Grundlage des Art. 5.1. ESZBS statistische Daten zu erheben, die für die Wahrnehmung der Aufgaben des ESZB von Bedeutung sind.[214] Der vom EG-Rat festgelegte rechtliche Rahmen für die Anwendung des Art. 5 ESZBS ist also auch für diese Zentralbanken von Bedeutung. Die Verordnung Nr. 2533/98, die diesen Rahmen festlegt, ist dementsprechend auch in allen Mitgliedstaaten anwendbar. Der EG-Rat hat die EZB jedoch in dieser Verordnung ermächtigt, die erforderlichen Ausführungsbestimmungen zur Anwendung des Art. 5 ESZBS durch eigene Verordnungen zu regeln. Das hat zur Konsequenz, dass diese Bestimmungen, die von der EZB zwischenzeitlich erlassen worden sind[215], in den Staaten mit Ausnahmeregelung nicht anwendbar sind. Denn die Verordnungen der EZB gelten in den Staaten mit Ausnahmeregelung nicht.[216] Die EZB kann mithin in diesen Staaten den Kreis der berichtspflichtigen Personen, den Umfang der Berichtspflichten etc. nicht in einer

---

214 Dazu oben S. 96 ff.

215 Erlassen hat die EZB insoweit insbesondere die inzwischen mehrfach geänderte Verordnung (EG) Nr. 2423/2001 der Europäischen Zentralbank vom 22. November 2001 über die konsolidierte Bilanz des Sektors der monetären Finanzinstitute (EZB/2001/13), ABl. EG Nr. L 333 vom 17.12.2001, S. 1, und die zwischenzeitliche ebenfalls geänderte Verordnung (EG) Nr. 63/2002 der Europäischen Zentralbank vom 20. Dezember 2001 über die Statistik über die von monetären Finanzinstituten angewandten Zinssätze für Einlagen und Kredite gegenüber privaten Haushalten und nichtfinanziellen Kapitalgesellschaften (EZB/2001/18), ABl. EG Nr. L 10 vom 12.1.2002, S. 24. Auch die Leitlinie der Europäischen Zentralbank vom 16. Juli 2004 über die statistischen Berichtsanforderungen der Europäischen Zentralbank im Bereich der Zahlungsbilanz, des Auslandsvermögenstatus, des Offenlegungstableaus für Währungsreserven und Fremdwährungsliquidität (EZB/2004/15), ABl. EU Nr. L 354 vom 30.11.2004, S. 34, die Leitlinie der Europäischen Zentralbank vom 6. Februar 2003 über bestimmte statistische Berichtsanforderungen der Europäischen Zentralbank und die von den nationalen Zentralbanken anzuwendenden Verfahren zur Meldung statistischer Daten im Bereich der Geld- und Bankenstatistik (EZB/2003/2), ABl. EU Nr. L 241 vom 26.9.2003, S. 1, geändert durch die Leitlinien vom 13. Februar 2004 (EZB/2004/1), ABl. EU Nr. L 83 vom 20.3.2004, S. 29, und vom 15. Februar 2005 (EZB/2005/4), ABl. EU Nr. L 109 vom 29.4.2005, S. 6, sowie die Leitlinie der Europäischen Zentralbank vom 17. Februar 2005 über die statistischen Berichtsanforderungen der Europäischen Zentralbank und die Verfahren für den Austausch statistischer Daten im Europäischen System der Zentralbanken im Bereich der staatlichen Finanzstatistiken (EZB/2005/5), ABl. EU Nr. L 109 vom 29.4.2005, S. 81, sind nur an die Zentralbanken des Euro-Währungsgebietes gerichtet.

216 Siehe dazu oben S. 82 f.

Verordnung festlegen. Auch andere Handlungsformen mit Außenwirkung stehen ihr insoweit nicht zur Verfügung. Alle Handlungsformen, die sie einsetzen kann, dürfen keine Rechtswirkungen in den Staaten mit Ausnahmeregelung entstehen lassen.[217] Das hat zur Folge, dass die Zentralbanken der Staaten mit Ausnahmeregelung auf der Grundlage des Art. 5.1. ESZBS keine statistischen Daten erheben können, die das ESZB zur Wahrnehmung seiner Aufgaben benötigt. Ihnen stehen hierfür keine sekundärrechtlichen Rechtsgrundlagen zur Verfügung, ohne die Art. 5.1. ESZBS jedoch nicht angewendet werden kann.

Dementsprechend stellt die Verordnung Nr. 2533/98 in ihrem 17. Erwägungsgrund auch fest, dass die Staaten mit Ausnahmeregelung auf Grund von Art. 10 EGV „verpflichtet sind, auf nationaler Ebene alle Maßnahmen zu treffen und umzusetzen, die sie für erforderlich halten, um die zur Erfüllung der statistischen Berichtspflichten gegenüber der EZB benötigten Daten zu erheben und rechtzeitig die im statistischen Bereich erforderlichen Vorbereitungen zu treffen, um teilnehmende Mitgliedstaaten zu werden". Die Gemeinschaft sieht die Staaten mit Ausnahmeregelung und deren Zentralbanken mithin aus dem Grundsatz der loyalen Zusammenarbeit heraus verpflichtet, die statistischen Daten zu erheben, die das ESZB benötigt, um seine Aufgaben wahrnehmen zu können.

Diese vom EG-Rat zur Ausgestaltung der Rahmenbedingungen für die Anwendung des Art. 5 ESZBS gewählte Konstruktion überzeugt nicht. Zwar müssen die Staaten mit Ausnahmeregelung und mithin auch deren Zentralbanken auf Grund der Verpflichtungen aus Art. 10 EGV gegebenenfalls die statistischen Daten erheben, die das ESZB zur Wahrnehmung seiner Aufgaben benötigt. Gleichwohl besteht hinsichtlich der Reichweite dieser Verpflichtung ein erhebliches Maß an Rechtsunsicherheit. Denn aus dem Verweis auf Art. 10 EGV ergibt sich nicht klar, wie weit die Verpflichtungen der Mitgliedstaaten mit Ausnahmeregelung im Einzelnen gehen. Es existiert insoweit schließlich kein ausdifferenziertes Sekundärrecht, das diese Frage beantwortet. Um diese Unsicherheiten zu vermeiden, wird das Eurosystem mit den Staaten mit Ausnahmeregelung und deren Zentralbanken spezielle Vereinbarungen treffen müssen, in denen die Einzelheiten der Erhebung statistischer Daten in diesen Staaten geregelt werden. Das steht zwar ersichtlich in einem Spannungsverhältnis zu den Regelungen in Art. 5 ESZBS. Denn der uneingeschränkt auf alle Mitgliedstaaten anwendbare Art. 5 ESZBS hätte insoweit eine andere Regelung nahe gelegt und ermöglicht. Insbesondere hätten den nationalen Zentralbanken der Staaten mit Ausnahmeregelung durch den EG-Rat auf der Grundlage des Art. 5.4. ESZBS direkt bestimmte Pflichten im Zusammenhang mit der Erhebung statistischer Daten auferlegt werden können. Ein anderer Weg, als entsprechende Vereinbarungen zu treffen, ist jedoch unter den derzeitigen rechtlichen Rahmenbedingungen nicht ersichtlich, sofern die geschilderten Unsicherheiten im Zusammenhang mit der Erhebung der statistischen Daten, die das ESZB zur Wahrnehmung seiner Aufgaben benötigt, in diesen Staaten vermieden werden sollen.

---

217 Siehe dazu oben S. 82 f.

Solange solche Vereinbarungen jedoch nicht bestehen, ergibt sich der rechtliche Rahmen für die Erhebung dieser Daten in den Staaten mit Ausnahmeregelung weitgehend aus dem nationalen Recht dieser Mitgliedstaaten. Nur soweit die Vorschriften der Verordnung Nr. 2533/98 nicht erst durch einen Rechtsakt der EZB ausgestaltet werden müssen und ihr Anwendungsbereich nicht auf das Euro-Währungsgebiet beschränkt ist, bestehen insoweit konkrete sekundärrechtliche Vorgaben. Insbesondere sind für diese Staaten die Pflichten, die Art. 4 der Verordnung Nr. 2533/98 den Mitgliedstaaten auferlegt, und die in Art. 8 dieser Verordnung enthaltenen Regelungen zur Vertraulichkeit der erhobenen Daten von Bedeutung. Ergänzt werden diese Regelungen durch die Verpflichtungen aus Art. 10 EGV. Danach müssen die Staaten mit Ausnahmeregelung sicherstellen, dass das Eurosystem auch auf die statistischen Daten zurückgreifen kann, die es aus den Mitgliedstaaten mit Ausnahmeregelung benötigt, um seine Aufgaben wahrnehmen zu können.

d) *Harmonisierungsmaßnahmen der EZB*

Die EZB ist gemäß Art. 5.3. ESZBS befugt, in den in ihre Zuständigkeit fallenden Bereichen die Bestimmungen und Gepflogenheiten bei der Erhebung, Zusammenstellung und Weitergabe von statistischen Daten zu harmonisieren. Der Anwendungsbereich dieser Vorschrift scheint mithin weiter zu sein als der des Art. 5 ESZBS im Übrigen. Denn die EZB kann nach dem Wortlaut des Art. 5.3. ESZBS Harmonisierungsmaßnahmen immer dann erlassen, wenn ihr Zuständigkeitsbereich betroffen ist. Der Zuständigkeitsbereich der EZB ist jedoch nicht identisch mit den Aufgaben des ESZB. Vielmehr obliegen der EZB weitere Aufgaben, die sie neben denen wahrzunehmen hat, die ihr als Bestandteil des ESZB zugewiesen sind. Diese Aufgaben sind insbesondere die vorübergehenden nach Art. 44 ESZBS.[218]

Auf Grund der systematischen Stellung des Art. 5.3. ESZBS ermächtigt diese Vorschrift jedoch nur zum Erlass von Harmonisierungsmaßnahmen, wenn ein Zusammenhang zur Erhebung statistischer Daten nach Art. 5.1. ESZBS besteht. Denn zum einen ist Art. 5.3. ESZBS unmittelbar den Vorschriften nachgeordnet, die regeln, dass und wie die EZB und die nationalen Zentralbanken die statistischen Daten erheben, die zur Wahrnehmung der Aufgaben des ESZB erforderlich sind. Und zum anderen befindet sich Art. 5 ESZBS im Kapitel II der ESZB-Satzung, das mit „Ziele und Aufgaben des ESZB" überschrieben ist. Aus systematischer Sicht spricht das dafür, dass in diesem Kapital lediglich Befugnisse geregelt sind, die Aufgaben des ESZB betreffen. Weiterhin spricht die Abgrenzung der Aufgaben des ESZB einerseits und der vorübergehenden Aufgaben der EZB andererseits, die die ESZB-Satzung vornimmt, und die insbesondere in den Regelungen zur Organzuständigkeit zum Ausdruck kommt, für dieses enge Verständnis. Danach werden gemäß Art. 47.1., 1. Gs. ESZBS die vorübergehenden Aufgaben der EZB verantwortlich vom Erweiterten Rat der EZB wahrgenommen, nicht aber von den ständigen Beschluss-

---

218 Zu den vorübergehenden Aufgaben des ESZB siehe oben S. 65 ff.

organen der EZB.[219] Die Kompetenzen aus Art. 5 ESZBS fallen jedoch in den Zuständigkeitsbereich der ständigen Beschlussorgane.[220] Der Erweiterte Rat der EZB wirkt bei ihrer Wahrnehmung lediglich mit (vgl. Art. 47.2., 1. Gs. ESZBS). Ein Verständnis des Begriffs „Zuständigkeitsbereich" in Art. 5.3. ESZBS, das die vorübergehenden Aufgaben der EZB umfasst, widerspräche somit den Regelungen der ESZB-Satzung zur Organzuständigkeit. Denn es würde dazu führen, dass die ständigen Beschlussorgane Aufgaben wahrnehmen, die dem Erweiterten Rat der EZB zugewiesen sind. Der Begriff „Zuständigkeitsbereich" in Art. 5.3. ESZBS ist daher eng auszulegen. Er umfasst lediglich den Zuständigkeitsbereich, den die EZB im Zusammenhang mit den Aufgaben des ESZB hat. Mithin ermächtigt Art. 5.3. ESZBS die EZB nur, harmonisierende Maßnahmen zu erlassen, die im Zusammenhang mit der Erhebung der statistischen Daten stehen, die zur Erfüllung der Aufgaben des ESZB erforderlich sind.

Umstritten ist, ob die EZB auch rechtsverbindliche Maßnahmen zur Harmonisierung erlassen darf. Eine Ansicht verneint das wohl deshalb, weil Art. 5.3. ESZBS nicht ausdrücklich zum Erlass solcher Maßnahmen ermächtigt.[221] Der Wortlaut des Art. 5.3. ESZBS schließt jedoch nicht aus, dass die EZB auf rechtsverbindliche Handlungsformen zurückgreift.[222] Vielmehr kann die EZB nach Art. 110 Abs. 1, 1. Gs. EGV, Art. 34.1, 1. Gs. ESZBS Verordnungen immer dann erlassen, wenn das erforderlich ist, um die in Art. 3.1. ESZBS genannten Aufgaben des ESZB zu erfüllen. Da auf der Grundlage des Art. 5 ESZBS gerade die statistischen Daten erhoben werden, die das ESZB zur Wahrnehmung seiner Aufgaben benötigt, kann die EZB Verordnungen erlassen, um die Erhebung statistischer Daten zu harmonisieren.[223] Ebenso ist vorstellbar, dass die EZB die Handlungsform der Entscheidung einsetzt. Gründe, die dem entgegenstehen, sind nicht ersichtlich. Allerdings sind die Möglichkeiten der EZB, rechtsverbindliche harmonisierende Maßnahmen zu treffen, bei Bestehen einer Ausnahmeregelung eingeschränkt. Der EZB stehen keine Handlungsformen mit Außenwirkung zur Verfügung, die Rechtswirkungen in den Staaten mit Ausnahmeregelung entstehen lassen.[224] Rechtsverbindliche harmonisierende Maßnahmen mit Außenwirkung im Zusammenhang mit der Erhebung statistischer Daten kann die EZB mithin nur im Euro-Währungsgebiet erlassen.

---

219 Zu den vorübergehenden Aufgaben der EZB siehe oben S. 65 ff. Zu den Kompetenzen, die der EZB zur Wahrnehmung dieser Aufgaben zur Verfügung stehen, siehe ausführlich unten S. 115 ff.

220 Siehe dazu oben S. 49 f.

221 *Pernice*, (Fn. 11), (EL 10), Art. 105 EGV Rdnr. 18. Differenzierend *Smits/Kroppenstedt*, in: *von der Groeben/Schwarze* (Hrsg.), Vertrag über die Europäische Union und Vertrag zur Gründung der Europäischen Gemeinschaft, 6. Auflage (2003), Art. 5 ESZB-Satzung Rdnr. 52 ff., die zwar die Möglichkeit sehen, dass die EZB Entscheidungen an die nationalen Zentralbanken richtet, im Übrigen aber rechtsverbindliche harmonisierende Maßnahmen nur dann für zulässig halten, wenn der EG-Rat die EZB hierzu in einer Verordnung ermächtigt.

222 In diesem Sinne auch *Goetze*, (Fn. 19), S. 152.

223 So auch *Dennig*, Probleme bei der Ermittlung einer Euro-Geldmenge, Wirtschaftsdienst 1998, S. 619 (619); *Goetze*, (Fn. 19), S. 152.

224 Siehe dazu oben S. 80 f.

Möglich ist allerdings auch, dass die EZB harmonisierende Maßnahmen erlässt, in dem sie auf die ihr zur Verfügung stehenden Handlungsformen ohne Außenwirkung zurückgreift. Da ihr diese Handlungsformen mit Ausnahme der Weisung auch bei Bestehen einer Ausnahmeregelung grundsätzlich uneingeschränkt zur Verfügung stehen, kann sie durch diese Rechtsakte alle Zentralbanken des ESZB binden.[225] Soweit der Zuständigkeitsbereich der EZB im Sinne des Art. 5.3. ESZBS reicht, können mithin auf diesem Weg auch harmonisierende Maßnahmen getroffen werden, die für die Zentralbanken der Staaten mit Ausnahmeregelung verbindlich sind.

10. Beratung

a) Überblick

Nach Art. 105 Abs. 4, 1. Gs. EGV, Art. 4 lit. a) ESZBS muss die EZB von der Gemeinschaft und den Mitgliedstaaten zu allen Vorschlägen für Rechtsakte angehört werden, die in den Zuständigkeitsbereich der EZB fallen. Die Grenzen und Bedingungen, nach denen die EZB von nationalen Behörden angehört werden muss, legt der EG-Rat fest.[226] Durch die Verpflichtung zur Anhörung soll sichergestellt werden, dass die EZB jederzeit über aktuelle Rechtsentwicklungen in ihrem Zuständigkeitsbereich informiert ist.[227] Sie erhält so zudem einen gewissen politischen Einfluss auf den Rechtsetzungsprozess in der Gemeinschaft und in den Mitgliedstaaten.[228] Vor allem aber, und hierin sieht der EuGH die wesentliche Funktion von Art. 105 Abs. 4 EGV und Art. 4 ESZBS, kann sie so ihre speziellen Fachkenntnisse in das Normsetzungsverfahren effektiv einbringen.[229] Die EZB kann zudem auch aus eigener Initiative gegenüber den jeweils zuständigen Organen und Einrichtungen der Gemeinschaft bzw. den nationalen Behörden Stellungnahmen zu Fragen abgeben, die in den Zuständigkeitsbereich der EZB fallen (Art. 105 Abs. 4, 2. Gs. EGV, Art. 4 lit. b) ESZBS). Darüber hinaus ist in einer Reihe weiterer Vorschriften des EG-Vertrages vorgesehen, die EZB anzuhören, so etwa bei Entscheidungen über Schutzmaßnahmen auf der Grundlage des Art. 59 EGV, im Zusammenhang mit der Zusammensetzung des Wirtschafts- und Finanzausschusses (vgl. Art. 114 Abs. 3 EGV), vor der Ernennung der Direktoriumsmitglieder (vgl. Art. 112 Abs. 2 lit. b) EGV), im Zusammenhang mit dem Erlass von Rechtsakten durch den EG-Rat (vgl. etwa Art. 107 Abs. 5 und 6 sowie Art. 123 Abs. 4 und 5 EGV) oder unter Umständen

225 Zur Anwendbarkeit der internen Handlungsformen bei Bestehen einer Ausnahmeregelung siehe oben S. 82 f.

226 Was zwischenzeitlich geschehen ist. Vgl. Entscheidung des Rates vom 29. Juni 1998 über die Anhörung der Europäischen Zentralbank durch die nationalen Behörden zu Entwürfen für Rechtsvorschriften (98/415/EG), ABl. EG Nr. L 189 vom 3.7.1998, S. 42.

227 Ähnlich *Häde*, (Fn. 9), Art. 105 EG-Vertrag Rdnr. 35.

228 *Kempen*, (Fn. 3), Art. 105 EGV Rdnr. 24. Ähnlich auch *Europäische Zentralbank*, (Fn. 145), S. 62. Zur Funktion des Anhörungsverfahrens siehe auch EuGH, Rs. C-11/00, Rdnr. 110, sowie die Schlussanträge von Generalanwalt *Jacobs* zu dieser Rechtssache, Rdnr. 131 ff.

229 Vgl. EuGH, Rs. C-11/00, Rdnr. 110.

sogar vor einer Vertragsänderung (vgl. Art. 48 EUV). Die EZB nimmt also wichtige beratende Funktionen wahr.

Der Verpflichtung, die EZB anzuhören, dürfte in der Praxis eine erhebliche Bedeutung zukommen. Denn ein Gemeinschaftsorgan, das gegen sie verstößt, verletzt wesentliche Formvorschriften im Sinne des Art. 230 EGV.[230] Gegen eine Handlung der Gemeinschaft, die unter Verletzung wesentlicher Formvorschriften zu Stande gekommen ist, kann im Wege der Nichtigkeitsklage (Art. 230 EGV) vorgegangen werden.[231] Verstößt ein Mitgliedstaat gegen die Anhörungspflicht, begeht er eine Vertragsverletzung.[232] Nicht ausgeschlossen werden kann zudem, dass dieser Verstoß zur formellen Rechtswidrigkeit, gegebenenfalls zur Nichtigkeit des Rechtsaktes führt.

Die Art. 105 Abs. 4 EGV und Art. 4 ESZBS sind auch bei Bestehen einer Ausnahmeregelung uneingeschränkt auf alle Mitgliedstaaten anwendbar. Weder der EG-Vertrag noch die ESZB-Satzung enthalten insoweit abweichende Regelungen. Mithin bleiben die Mitgliedstaaten bzw. die Gemeinschaft unverändert verpflichtet, die EZB zu Entwürfen für Rechtsakte anzuhören. Ebenso ändert sich das Recht der EZB nicht, aus eigener Initiative Stellungnahmen zu Fragen abzugeben, die ihren Zuständigkeitsbereich betreffen. Auch auf die anderen Normen des EG-Vertrages, die eine Anhörung der EZB anordnen, wirkt sich die Gewährung einer Ausnahmeregelung nicht aus.

Wenn die EZB ihre Befugnisse aus Art. 105 Abs. 4, 2. Gs. EGV, Art. 4 lit. b) ESZBS wahrnimmt, muss sie eine Stellungnahme abgeben. Diese Handlungsform ist ihr insoweit ausdrücklich vorgegeben. Auf welche Handlungsformen die EZB im Rahmen des Anhörungsverfahrens zurückgreifen kann, legt der EG-Vertrag dagegen nicht ausdrücklich fest. In Betracht kommt allerdings nur, dass sie eine Empfehlung oder eine Stellungnahme abgibt. Schließlich wird sie nur angehört, nicht aber zum Erlass verbindlicher Rechtsakte ermächtigt. Die beiden Handlungsformen Stellungnahme und Empfehlung stehen der EZB auch dann ohne Einschränkungen zur Verfügung, wenn eine Ausnahmeregelung gilt.[233] Sie kann also auch Empfehlungen und Stellungnahmen an die Staaten mit Ausnahmeregelung richten.

b) Anhörung zu Rechtsakten

Die EZB ist gemäß Art. 105 Abs. 4, 1. Gs. EGV, Art. 4 lit. a) ESZBS zu Rechtsakten anzuhören, die in ihren Zuständigkeitsbereich fallen. Der Anwendungsbereich dieser Vorschriften wird mithin durch den Zuständigkeitsbereich der EZB begrenzt. Die EZB nimmt jedoch unterschiedliche Zuständigkeitsbereiche gegenüber dem Euro-Währungsgebiet einerseits und den Staaten mit Ausnahmeregelung andererseits wahr. Am deutlichsten kommt das darin zum Ausdruck, dass die meisten Normen,

230 *Häde,* (Fn. 9), Art. 105 EG-Vertrag Rdnr. 38; *Kempen,* (Fn. 3), Art. 105 EGV Rdnr. 23.
231 *Häde,* (Fn. 9), Art. 105 EG-Vertrag Rdnr. 38; *Kempen,* (Fn. 3), Art. 105 EGV Rdnr. 23.
232 *Häde,* (Fn. 9), Art. 105 EG-Vertrag Rdnr. 38.
233 Dazu oben S. 80 f.

die der EZB Aufgaben und Befugnisse zuweisen, in den Staaten mit Ausnahmeregelung keinerlei Rechte und Pflichten entstehen lassen.[234] Die Hoheitsgewalt der EZB ist also überwiegend auf das Euro-Währungsgebiet beschränkt. Gegenüber den Staaten mit Ausnahmeregelung kann sie nur einige wenige Aufgaben und Befugnisse wahrnehmen. Daher ist denkbar, dass sich die Verpflichtung, die EZB nach Art. 105 Abs. 4, 1. Gs. EGV, Art. 4 lit. a) ESZBS anzuhören, unterscheidet, je nachdem, ob das Euro-Währungsgebiet oder die Staaten mit Ausnahmeregelung betroffen sind. Allerdings ist die EZB gleichwohl im Grundsatz, also vorbehaltlich der sekundärrechtlichen Festlegungen zu den Grenzen und Bedingungen des Anhörungsrechts durch den EG-Rat, zu jedem Rechtsakt anzuhören, den ein Mitgliedstaat erlassen möchte und der einen Bezug zur Währungspolitik aufweist. Ob dieser Rechtsakt von einem Mitgliedstaat des Euro-Währungsgebietes oder einem Staat mit Ausnahmeregelung erlassen werden soll, ist nicht von Bedeutung. Die Begründung hierfür ist allerdings unterschiedlich, je nachdem, ob es sich um einen Rechtsakt handelt, der in einem dem Euro-Währungsgebiet angehörenden Staat erlassen werden soll oder nicht.

Die Verpflichtung, die EZB zu jedem Entwurf eines Rechtsaktes anzuhören, der einen Bezug zur Währungspolitik aufweist, ergibt sich für die Staaten des Euro-Währungsgebietes aus den weitreichenden Aufgaben und Befugnissen der EZB. Diese decken die gesamte Währungspolitik ab. Es ist kein Bereich der Währungspolitik erkennbar, in dem die EZB nicht tätig werden darf. Dass ihre Kompetenzen in den verschiedenen Bereichen der Währungspolitik unterschiedlich ausgestaltet sind, ist insoweit nicht von Bedeutung. Art. 105 Abs. 4, 1. Gs. EGV, Art. 4 lit. a) ESZBS fordern insoweit lediglich, dass der Zuständigkeitsbereich der EZB betroffen ist. Und das ist auch dann der Fall, wenn die EZB in einem Bereich nur rudimentäre Kompetenzen hat, wie etwa in der Bankenaufsicht.[235]

Für die Staaten mit Ausnahmeregelung ergibt sich die weitreichende Verpflichtung zur Anhörung der EZB daraus, dass zum Zuständigkeitsbereich der EZB bestimmte Aufgaben gehören, die sie in dem Verfahren wahrzunehmen hat, in dem über die Aufhebung einer Ausnahmeregelung entschieden wird. In diesem Verfahren erstellt die EZB einen der beiden so genannten Konvergenzberichte (vgl. Art. 122 Abs. 2, Art. 121 Abs. 1 EGV).[236] In diesem Bericht prüft die EZB, ob ein Mitgliedstaat mit Ausnahmeregelung die Voraussetzungen für die Einführung des Euro erfüllt. Zu diesen Voraussetzungen gehört u.a., dass die innerstaatliche Rechtsordnung des betroffenen Mitgliedstaates mit den gemeinschaftsrechtlichen Vorschriften zur Wirtschafts- und Währungspolitik vereinbar ist.[237] Der Zuständigkeitsbereich der EZB umfasst also die Aufgabe, in den Konvergenzberichten insbesondere zu prüfen, ob die währungspolitischen Rechtsvorschriften eines Staates, für den eine Ausnahmeregelung gilt, mit dem Gemeinschaftsrecht im Einklang steht. Dieser Aufgabe kann

---

234 Siehe dazu ausführlich insbesondere oben S. 50 ff. und S. 84 ff.
235 Zu den Kompetenzen der EZB im Bereich der Bankenaufsicht siehe oben S. 109 ff.
236 Dazu ausführlich unten § 9, S. 270 ff.
237 Dazu ausführlich unten § 9, S. 291 f.

die EZB aber nur nachkommen, wenn sie über die Rechtsentwicklungen in den Mitgliedstaaten mit Ausnahmeregelung umfassend informiert ist. Um diese Information sicherzustellen, und ihr zu ermöglichen, ihre spezifischen Fachkenntnisse in den Rechtsetzungsprozess einzubringen, ist die EZB von diesen Staaten gemäß Art. 105 Abs. 4, 1. Gs. EGV, Art. 4 lit. a) ESZBS anzuhören. Hierin liegt der maßgebliche Zweck dieser Vorschriften. Die EZB ist daher, vorbehaltlich der sekundärrechtlichen Festlegungen durch den EZB-Rat, auch von den Staaten mit Ausnahmeregelung zu jedem Entwurf zu einem Rechtsakt anzuhören, der einen Bezug zur Währungspolitik aufweist.

Aus dem Informationsbedürfnis der EZB heraus erklärt sich zudem, dass auch die Gemeinschaft die EZB gemäß Art. 105 Abs. 4, 1. Gs. EGV, Art. 4 lit. a) ESZBS anhören muss, wenn ein Rechtsakt im Bereich der Währungspolitik, den sie erlassen möchte, nur die Staaten mit Ausnahmeregelung betreffen sollte. Schließlich kann nicht ausgeschlossen werden, dass ein solcher Rechtsakt von der EZB bei der Erstellung der Konvergenzberichte berücksichtigt werden muss. Die EZB muss daher auch über die Entwicklung der gemeinschaftsrechtlichen Rechtslage umfassend informiert sein.

Der EG-Rat hat die Grenzen und die Bedingungen, unter denen die EZB von den Mitgliedstaaten gemäß Art. 105 Abs. 4, 1. Gs. EGV, Art. 4 lit. a) ESZBS anzuhören ist, durch eine Entscheidung festgelegt.[238] Danach ist die EZB von den Mitgliedstaaten zu allen Entwürfen von Rechtsvorschriften zu hören, die in die Zuständigkeit der EZB fallen.[239] Die Zentralbanken der Staaten mit Ausnahmeregelung sind zudem ausdrücklich verpflichtet, die EZB auch zu Entwürfen für Rechtsvorschriften zu hören, die das geldpolitische Instrumentarium betreffen.[240] Nicht unter das Anhörungsrecht fallen dagegen insbesondere Maßnahmen, die von den Behörden dieser Staaten zur Durchführung ihrer Geld- und Wechselkurspolitik getroffen worden sind.[241]

c) *Recht zur Beratung*

Ähnlich weitreichend wie die Konsultationspflichten, die sich für die Mitgliedstaaten und die Gemeinschaft aus Art. 105 Abs. 4, 1. Gs. EGV und Art. 4 lit. a) ESZBS ergeben, sind auch die Rechte, die der EZB nach Art. 105 Abs. 4, 2. Gs. EGV, Art. 4 lit. b) ESZBS zustehen. Auf der Grundlage dieser Vorschriften kann sie zu jeder Frage, die in ihren Zuständigkeitsbereich fällt, aus eigener Initiative eine Stellungnahme abgeben. Wie bereits vorstehend im Zusammenhang mit den Konsultationspflichten gezeigt, fällt in den Zuständigkeitsbereich der EZB jede Frage, die einen Bezug zur Währungspolitik hat. Das erklärt sich aus den weitreichenden Aufgaben und Befugnissen der EZB, die jeden Bereich der Währungspolitik berühren.

---

238 Entscheidung des Rates vom 29. Juni 1998 über die Anhörung der Europäischen Zentralbank durch die nationalen Behörden zu Entwürfen für Rechtsvorschriften (98/415/EG), ABl. EG Nr. L 189 vom 3.7.1998, S. 42.
239 Vgl. Art. 2 Abs. 1 der Entscheidung (Fn. 238).
240 Vgl. Art. 2 Abs. 2 der Entscheidung (Fn. 238).
241 Vgl. Präambel der Entscheidung (Fn. 238), 5. Erwägungsgrund.

Ob die Frage, zu der die EZB gemäß Art. 105 Abs. 4, 2. Gs. EGV, Art. 4 lit. b) ESZBS Stellung nimmt, das Euro-Währungsgebiet, den Währungsraum eines Mitgliedstaates mit Ausnahmeregelung oder den eines Drittstaates betrifft, ist zudem grundsätzlich ohne Bedeutung. Denn auch die währungspolitischen Maßnahmen von Staaten, die nicht zum Euro-Währungsgebiet gehören, werden in der Regel einen Bezug zu ihrem Zuständigkeitsbereich aufweisen, insbesondere auf Grund der Befugnisse der EZB im Zusammenhang mit der Wechselkurspolitik.[242] Schließlich kann ein sehr weites Spektrum von staatlichen Maßnahmen potentiell den Wechselkurs zum Euro beeinflussen. Eine Stellungnahme auf der Grundlage der Art. 105 Abs. 4, 2. Gs. EGV, Art. 4 lit. b) ESZBS ist jedoch nur zulässig, wenn ein solcher Bezug auch tatsächlich besteht. Ob er vorliegt, muss also im Einzelfall jeweils geprüft werden.

Nicht zum Zuständigkeitsbereich der EZB im Sinne von Art. 105 Abs. 4, 2. Gs. EGV, Art. 4 lit. b) ESZBS gehören die Aufgaben, die gemäß Art. 44 ESZBS von der EZB vorübergehend wahrzunehmen sind. Das ergibt sich aus den Vorschriften der ESZB-Satzung zur Organzuständigkeit. Die Befugnisse aus Art. 105 Abs. 4 EGV, Art. 4 ESZBS werden vom EZB-Rat wahrgenommen (vgl. Art. 12.4. ESZBS). Dagegen nimmt der Erweiterte Rat der EZB die Aufgaben aus Art. 44 ESZBS wahr (vgl. Art. 47.1., 1. Gs. ESZBS). Dieser Regelung würde es widersprechen, wenn der EZB-Rat auf der Grundlage der Art. 105 Abs. 4 EGV, Art. 4 ESZBS in Wahrnehmung der vorübergehenden EZB-Aufgaben tätig werden könnte. Betrifft eine währungspolitische Fragestellung ausschließlich die vorübergehenden Aufgaben der EZB, ist die EZB mithin nicht nach Art. 105 Abs. 4, 2. Gs. EGV, Art. 4 lit. b) ESZBS befugt, hierzu Stellung zu nehmen. Diese Befugnis hat ausschließlich der Erweiterte Rat der EZB, allerdings auf einer anderen Kompetenzgrundlage.[243]

Sollte sich allerdings feststellen lassen, dass eine währungspolitische Frage nicht nur die vorübergehenden Aufgaben der EZB, sondern auch den Zuständigkeitsbereich der EZB im Übrigen betrifft, steht Art. 105 Abs. 4, 2. Gs. EGV, Art. 4 lit. b) ESZBS als Kompetenzgrundlage zur Abgabe einer Stellungnahme zur Verfügung. Solche Überschneidungen des Zuständigkeitsbereichs können sich auf Grund der beratenden Funktion der EZB ergeben, die sie gemäß Art. 44 UAbs. 2 ESZBS in dem Verfahren wahrnimmt, in dem über die Aufhebung einer Ausnahmeregelung entschieden wird. Denn in diesem Verfahren nimmt die EZB auch Aufgaben wahr, die nicht zu den vorübergehenden nach Art. 44 ESZBS gehören. Und zwar hat sie einen der beiden so genannten Konvergenzberichte zu erstellen, in denen zu prüfen ist, ob ein Mitgliedstaat die notwendigen Voraussetzungen für die Einführung des Euro erfüllt.[244] Dementsprechend kann der EZB-Rat zu allen Fragen, die einen Bezug zur Erstellung der Konvergenzberichte haben, auf der Grundlage des Art. 105 Abs. 4, 2. Gs. EGV, Art. 4 lit. b) ESZBS Stellung nehmen. Über Art. 44

242 Zur Wechselkurspolitik ausführlich unten § 6.
243 Dazu ausführlich unten S. 118 ff.
244 Dazu ausführlich unten § 9, S. 270 ff.

UAbs. 2 EGV kann das aber, wie noch zu zeigen sein wird, auch der Erweiterte Rat der EZB.[245]

d) Organzuständigkeit

Die Kompetenzen aus Art. 105 Abs. 4 EGV, Art. 4 ESZBS nimmt gemäß Art. 12.4. ESZBS der EZB-Rat wahr. Der Erweiterte Rat der EZB wirkt an der Ausübung dieser Kompetenzen mit (Art. 47.1., 2. Gs. ESZBS). So ist sichergestellt, dass auch die Interessen der Zentralbanken der Staaten mit Ausnahmeregelung gewahrt bleiben, wenn die EZB zu Rechtsakten oder Fragen Stellung nimmt, die für die Mitgliedstaaten mit Ausnahmeregelung von Bedeutung sind. Die Zentralbanken der Staaten mit Ausnahmeregelung sind somit über das Mitwirkungsrecht des Erweiterten Rates der EZB auch dann umfassend in die beratende Funktion der EZB nach Art. 105 Abs. 4 EGV, Art. 4 ESZBS eingebunden, wenn eine Stellungnahme der EZB ausschließlich das Euro-Währungsgebiet betrifft. Im Vergleich zu diesem umfassenden Mitwirkungsrecht erstaunt, dass der Erweiterte Rat der EZB in den Fällen, in denen die EZB über Art. 105 Abs. 4, 1. Gs. EGV, Art. 4 lit. a) ESZBS hinaus anzuhören ist, mit einer Ausnahme mangels entsprechender Anordnung in der ESZB-Satzung auch dann nicht beteiligt ist, wenn die Interessen der Staaten mit Ausnahmeregelung betroffen sind. Der Erweiterte Rat der EZB ist lediglich in das Entscheidungsverfahren eingebunden, in dem der EG-Rat auf der Grundlage des Art. 123 Abs. 5 EGV Rechtsakte erlässt (vgl. Art. 47.3. ESZBS).[246]

11. Befugnisse bei der Aufsicht über Kreditinstitute

a) Überblick

Das ESZB unterstützt gemäß Art. 105 Abs. 5 EGV, Art. 3.3. ESZBS die zuständigen Behörden bei der Durchführung von Maßnahmen, die diese auf dem Gebiet der Aufsicht über die Kreditinstitute und der Stabilität des Finanzsystems getroffen haben (Bankenaufsicht). Der Anwendungsbereich dieser Aufgabe ist wegen des Verweises auf das Finanzsystem relativ weit. Denn der Begriff Finanzsystem bezeichnet neben den Kreditinstituten auch alle anderen Finanzinstitute und die Finanzmärkte.[247] In Anbetracht des weiten Anwendungsbereichs dieser Aufgaben überrascht, dass der EZB zur Erfüllung dieser Aufgabe nur eine Befugnis ausdrücklich zusteht. Sie kann gemäß Art. 25.1. ESZBS die Bankenaufsichtsbehörden beraten und von diesen konsultiert werden. Allerdings eröffnet Art. 25.1. ESZBS der EZB dieses Beratungsrecht nur hinsichtlich Fragen, die den Gestaltungsbereich und die Anwendung der Rechtsvorschriften *der Gemeinschaft* in der Bankenaufsicht betreffen.

---

245 Dazu unten S. 118 ff.
246 Zu Art. 123 Abs. 5 EGV unten § 9, S. 302 f.
247 Vgl. *Pernice*, (Fn. 11), (EL 10), Art. 105 EGV Rdnr. 17; *Smits*, (Fn. 30), Art. 105 EG Rdnr. 74.

Vereinzelt wird vertreten, Art. 25.1. ESZBS stehe der EZB nicht zur Verfügung, um die Aufgaben des ESZB in der Bankenaufsicht zu erfüllen. Vielmehr sei diese Vorschrift Ausdruck einer beratenden Funktion, die neben die trete, die ihr durch Art. 105 Abs. 5 EGV, Art. 3.3. ESZBS zugewiesen ist.[248] Hiergegen spricht jedoch bereits der Wortlaut des Art. 25.1. ESZBS, nach dem die in dieser Vorschrift geregelten Beratungsrechte auf dem Gebiet der Aufsicht über Kreditinstitute sowie der Stabilität des Finanzsystems bestehen. In derselben Terminologie beschreibt Art. 105 Abs. 4 EGV, Art. 3.3. ESZBS die Aufgaben des ESZB in der Bankenaufsicht. Weiterhin spricht Art. 25.2. ESZBS dafür, Art. 25.1. ESZBS als Kompetenz zur Wahrnehmung der Aufgaben des ESZB in der Bankenaufsicht zu verstehen. Denn Art. 25.2. ESZBS verweist auf Art. 105 Abs. 6 EGV. Auf der Grundlage dieser Vorschrift können die Aufgaben und Befugnisse der EZB im Bereich der Bankenaufsicht erweitert werden.[249] Da Art. 25.2. ESZBS unmittelbar dem Art. 25.1. ESZBS nachgeordnet ist, spricht dessen systematische Stellung dafür, auch Art. 25.1. ESZBS im Zusammenhang mit den Aufgaben des ESZB in der Bankenaufsicht zu sehen. Mithin räumt Art. 25.1. ESZBS der EZB Kompetenzen zur Wahrnehmung der ihr durch Art. 105 Abs. 5 EGV, Art. 3.3. ESZBS zugewiesenen Aufgaben in der Bankenaufsicht ein.[250]

Damit ist allerdings noch nicht die umstrittene Frage beantwortet, ob Art. 25.1. ESZBS die Kompetenzen abschließend umschreibt, die das ESZB im Bereich der Bankenaufsicht hat. So werden neben der Beratung auch koordinierende Tätigkeiten für zulässig gehalten.[251] Zudem wird vertreten, die EZB könne grundsätzlich ihr gesamtes währungspolitisches Instrumentarium zur Erfüllung dieser Aufgabe einsetzen.[252] Dafür, dass sich die Befugnisse der EZB zur Wahrnehmung der ihr durch Art. 105 Abs. 5 EGV, Art. 3.3. ESZBS zugewiesenen Aufgaben in der in Art. 25.1. ESZBS genannten Beratungsfunktion erschöpfen, spricht vor allem die systematische Stellung des Art. 25.1. ESZBS. Diese Vorschrift ist die einzige Befugnisnorm in Kapitel V mit dem Titel „Aufsicht". Aber auch aus der Entstehungsgeschichte des Art. 25.1. ESZBS ergeben sich bestimmte Anhaltspunkte für diese Auffassung. Die Mitgliedstaaten waren nachweislich jedenfalls mehrheitlich nicht bereit, dem ESZB Kompetenzen in der Bankenaufsicht zu übertragen, die über die Unterstützungsfunktion hinausgehen.[253] Und in der Tat weist Art. 105 Abs. 5 EGV dem ESZB in der Bankenaufsicht nur eine unterstützende Funktion zu. Es hat danach die Aufgabe, die von den zuständigen Behörden auf dem Gebiet der Bankenaufsicht getroffenen Maßnahmen zu unterstützen. Das schließt aber nicht aus, dass das ESZB neben der Beratung, die Fragen des Anwendungsbereichs von Gemeinschaftsrechtsakten auf dem Gebiet der Bankenaufsicht betrifft, auch andere Maßnahmen ergreift, solange diese sich lediglich als Unterstützung zu den Maßnahmen

---

248 So *Grande*, (Fn. 134), Art. 25 ESZB-Satzung Rdnr. 2 ff. und Rdnr. 16 ff.
249 Dazu oben S. 74 ff.
250 So im Ergebnis auch *Häde*, (Fn. 9), Art. 105 EG-Vertrag Rdnr. 39; *Kempen*, (Fn. 3), Art. 105 EGV Rdnr. 16; *Pernice*, (Fn. 11), (EL 10), Art. 105 EGV Rdnr. 17; *Smits*, (Fn. 20), S. 338 ff.
251 *Smits*, (Fn. 30), Art. 105 EG Rdnr. 72 ff.
252 Dazu ausführlich *Smits*, (Fn. 20), S. 338 ff.
253 Zur Entstehungsgeschichte dieser Vorschrift vgl. *Smits*, (Fn. 20), S. 336 ff.

darstellen, die von den zuständigen Behörden getroffen worden sind. Das ESZB darf also in die Zuständigkeiten dieser Behörden nicht eingreifen. Hält sich die Tätigkeit des ESZB in der Bankenaufsicht allerdings in diesem Rahmen, sprechen keine durchgreifenden Argumente dagegen, dass das ESZB neben der beratenden Funktion auch sein geldpolitisches Instrumentarium einsetzt. Der Wortlaut der Normen, die dem ESZB geldpolitische Befugnisse einräumen, ist so offen formuliert, dass sie auch zur Erfüllung der Aufgaben des ESZB in der Bankenaufsicht eingesetzt werden können. Das gilt insbesondere für die allgemeine beratende Funktion, die von der EZB nach Art. 105 Abs. 4 EGV, Art. 4 ESZBS wahrzunehmen ist. Es ist kein Grund ersichtlich, die beratenden Aufgaben der EZB im Bereich der Bankenaufsicht auf Fragen zu beschränken, die den Gestaltungs- und Anwendungsbereich von Rechtsakten der Gemeinschaft betreffen. Die EZB kann auch zu jeder anderen Frage in diesem Bereich Stellung nehmen und von der Gemeinschaft oder den Mitgliedstaaten konsultiert werden. Art. 25.1. ESZBS kommt insoweit im Wesentlichen eine klarstellende Funktion zu, in dem er die Beratungsfunktion der EZB im Bereich der Bankenaufsicht in einem ganz bestimmten Bereich konkretisiert. Auch über die Beratungsfunktion hinaus besteht für unterstützende Maßnahmen des ESZB in der Bankenaufsicht immer dann ein praktisches Bedürfnis, wenn etwa auf Krisen im Bankensektor mit zentralbankspezifischen Maßnahmen reagiert werden muss.[254] Denkbar ist insoweit etwa die kurzfristige Bereitstellung von Liquidität.[255] Im Euro-Währungsgebiet hat nur das ESZB die Möglichkeit, solche zentralbankspezifischen Maßnahmen zu ergreifen.

Weiterhin ist zu berücksichtigen, dass die Aufgaben in der Bankenaufsicht dem ESZB zugewiesen sind, also sowohl der EZB als auch den nationalen Zentralbanken. Art. 25.1. ESZBS ermächtigt aber ausschließlich die EZB.[256] Das ist vor allem deshalb konsequent, weil sich so effektiv sicherstellen lässt, dass im gesamten Euro-Währungsgebiet eine kohärente Beratung durch eine zentrale Einrichtung statt-

---

254 In diesem Sinne auch *Smits*, (Fn. 20), S. 340 ff.

255 In Betracht kommt insoweit wohl insbesondere, dass die EZB als *„lender of last resort"* fungiert. Siehe dazu *Laschat*, Das Europäische System der Zentralbanken und die Europäische Zentralbank, Europablätter 2002, S. 2 (14 ff.); *Lastra*, The Division of Responsibilities between the European Central Bank and the National Central Banks within the European System of Central Banks, in: *Louis/Bronkhorst* (Hrsg.), The Euro and European Integration, S. 209. In diesem Sinne wohl auch *Harden*, The European Central Bank and the Role of National Central Banks in Economic and Monetary Union, in: *Gretschmann* (Hrsg.), Economic and monetary union: implications for national policy-makers, S. 159 ff., und *Heun*, (Fn. 24), S. 870. Nach *Goodhart*, The Central Bank and the Financial System, S. 325 f., war es während der Verhandlungen zum Vertrag von Maastricht allerdings umstritten, ob die EZB eine solche Funktion wahrnehmen sollte. Danach hat sich insbesondere Deutschland hiergegen ausgesprochen. Zu dieser Problematik ferner *Pringle/Turner*, The Relationship between the European Central Bank and the National Central Banks within the Eurosystem, in: *Cobham/Zis* (Hrsg.), From EMS to EMU – 1979 to 1999 and beyond, S. 235 ff. Zur Funktion einer Zentralbank als *„lender of last resort"* ausführlich *Heinsohn/Steiger*, Zentralbankkunst und Europäische Währungsunion, in: *Nölling/Schachtschneider/Starbatty* (Hrsg.), Währungsunion und Weltwirtschaft, S. 69 ff.; *Lastra*, Lender of last resort, an international perspective, International and Comparative Law Quarterly 1999, S. 340 ff. Zum Streitstand ausführlich etwa *Smits*, (Fn. 30), Art. 105 EG Rdnr. 72 ff.

256 Darauf weist auch *Smits*, (Fn. 20), S. 339 f., hin.

findet. Allerdings würden den nationalen Zentralbanken keine Befugnisse zur Verfügung stehen, die auch ihnen als Bestandteil des ESZB zugewiesenen Aufgaben in der Bankenaufsicht zu erfüllen, wenn sich die Kompetenzen des ESZB in der Bankenaufsicht auf Art. 25.1. ESZBS beschränken würden. Daher spricht auch die Zuweisung der Aufgaben in der Bankenaufsicht an das gesamte ESZB dafür, dass die Kompetenzen aus Art. 25.1. ESZBS die Befugnisse des ESZB im Bereich der Bankenaufsicht nicht abschließend umschreiben.

Zusammenfassend ist also festzustellen, dass der EZB in der Bankenaufsicht zunächst eine in Art. 25.1. ESZBS konkretisierte beratende Funktion zukommt. Darüber hinaus können sowohl die EZB als auch die nationalen Zentralbanken grundsätzlich ihr gesamtes geldpolitisches Instrumentarium einsetzen, um ihren Aufgaben in der Bankenaufsicht nachzukommen. Sie müssen allerdings beachten, dass sie nur einen unterstützenden Beitrag zu den Maßnahmen leisten dürfen, die von den in der Bankenaufsicht zuständigen Behörden getroffen worden sind.

b) *Befugnisse in der Bankenaufsicht bei Bestehen einer Ausnahmeregelung*

Art. 25.1. ESZBS bleibt uneingeschränkt anwendbar, wenn für einen Mitgliedstaat eine Ausnahmeregelung gilt. Die ESZB-Satzung enthält für diesen Fall keine abweichenden Regelungen. Die Befugnisse aus Art. 25.1. ESZBS stehen der EZB jedoch nur zur Verfügung, um die Aufgaben des ESZB im Bereich der Bankenaufsicht (vgl. Art. 105 Abs. 5 EGV, Art. 3.3. ESZBS) wahrnehmen zu können. Diese Aufgaben nimmt das ESZB aber nur für das Euro-Währungsgebiet wahr.[257] Der Anwendungsbereich des Art. 25.1. ESZBS ist daher sachlich auf das Euro-Währungsgebiet beschränkt. Er ermächtigt die EZB mithin nicht, die Staaten mit Ausnahmeregelung in der Bankenaufsicht zu beraten.[258] Allerdings kann Art. 25.1. ESZBS auch für die Staaten mit Ausnahmeregelung Bedeutung erlangen. Denn der EG-Rat ist befugt, der EZB auf der Grundlage von Art. 105 Abs. 6 EGV, Art. 25.2. ESZBS im Bereich der Bankenaufsicht Aufgaben zu übertragen, die sie auch gegenüber den Staaten mit Ausnahmeregelung wahrzunehmen hat.[259] Sollte das geschehen, kann die EZB gegebenenfalls auch auf der Grundlage des Art. 25.1. ESZBS gegenüber den Staaten mit Ausnahmeregelung tätig werden. Aus der Existenz dieser Möglichkeit dürfte sich erklären, dass Art. 25.1. ESZBS auch bei Bestehen einer Ausnahmeregelung uneingeschränkt anwendbar bleibt.

Die ESZB-Satzung enthält keine ausdrückliche Regelung dazu, ob der EZB-Rat oder das Direktorium die Aufgaben aus Art. 25.1. ESZBS wahrnimmt. Vorbehaltlich einer Regelung, etwa in der Geschäftsordnung der EZB, ist die Organzuständigkeit mithin im Einzelfall anhand der allgemeinen Kompetenzverteilung zwischen den bei-

---

257 Dazu oben S. 52 ff.
258 So auch *Smits*, (Fn. 20), S. 352. Anders allerdings *Grande*, (Fn. 134), Art. 25 ESZB-Satzung Rdnr. 24, mit Verweis auf den bei Bestehen einer Ausnahmeregelung unveränderten Anwendungsbereich des Art. 25 ESZBS.
259 Zu dieser Möglichkeit oben S. 74 ff.

den ständigen Beschlussorganen der EZB vorzunehmen.[260] Der Erweiterte Rat der EZB wirkt an der Wahrnehmung der beratenden Aufgabe mit (Art. 47.1., 2. Gs. ESZBS). Dieses Mitwirkungsrecht ist wiederum bemerkenswert. Schließlich ermächtigt diese Vorschrift die EZB zunächst nur, gegenüber den Staaten des Euro-Währungsgebietes tätig zu werden. Sollte die EZB auf der Grundlage eines entsprechenden Beschlusses des EG-Rates jedoch Aufsichtsaufgaben auch gegenüber den Staaten mit Ausnahmeregelung wahrzunehmen haben, ist die Mitwirkung des Erweiterten Rates der EZB schon deshalb sachgerecht und erforderlich, um die Interessen der Zentralbanken dieser Staaten zu wahren.

Da das ESZB gegenüber den Staaten mit Ausnahmeregelung keine Aufgaben in der Bankenaufsicht wahrnimmt, kann das ESZB sein geldpolitisches Instrumentarium gegenüber diesen Mitgliedstaaten auch nicht einsetzen, um Maßnahmen der in diesen Staaten zuständigen Behörden auf dem Gebiet der Bankenaufsicht zu unterstützen. Das ist schon deshalb konsequent, weil zentralbankspezifische Unterstützungsmaßnahmen in diesen Staaten nur von deren Zentralbanken vorgenommen werden dürfen. Schließlich ist der Anwendungsbereich der meisten geldpolitischen Instrumente des ESZB auf das Euro-Währungsgebiet beschränkt. Abschließend bleibt darauf hinzuweisen, dass die EZB im Zusammenhang mit ihren vorübergehenden Aufgaben auf dem Gebiet der Bankenaufsicht bestimmte Funktionen wahrzunehmen hat, die auch die Staaten mit Ausnahmeregelung betreffen. Sie hat Konsultationen auf diesem Gebiet durchzuführen.[261] Soweit die Staaten mit Ausnahmeregelung betroffen sind, steht ihr aber Art. 25.1. ESZBS nicht als Kompetenzgrundlage zur Wahrnehmung dieser Aufgaben zur Verfügung.[262]

12. Neue geldpolitische Instrumente

Die ESZB-Satzung eröffnet dem EZB-Rat die Möglichkeit, neue geldpolitische Instrumente zu schaffen, wenn sich ein Bedarf für solche, bislang nicht in der ESZB-Satzung vorgesehene Instrumente ergeben sollte (vgl. Art. 20.1. ESZBS). So ist sichergestellt, dass das ESZB immer auf die Instrumente zurückgreifen kann, die es benötigt, um seine Aufgaben zu erfüllen. Allerdings ist der EG-Rat dafür verantwortlich, den Anwendungsbereich dieser Instrumente zu bestimmen, wenn diese Verpflichtungen für Dritte mit sich bringen (vgl. Art. 20.2. ESZBS).

Art. 20 ESZBS lässt für die Staaten mit Ausnahmeregelung keinerlei Rechte und Verpflichtungen entstehen (vgl. Art. 43.1. ESZBS). Mithin ist der Anwendungsbereich von geldpolitischen Instrumenten, die auf dieser Ermächtigungsgrundlage geschaffen werden, auf das Euro-Währungsgebiet beschränkt. Sie dürfen mithin von der EZB und den nationalen Zentralbanken des Euro-Währungsgebietes nur eingesetzt

---

260 Dazu oben S. 49 f.
261 Zu dieser Aufgabe oben S. 69.
262 Zur Kompetenzgrundlage, die der ESZB zur Wahrnehmung dieser Aufgabe zur Verfügung steht, unten S. 118 ff.

werden, um ihre auf das Euro-Währungsgebiet bezogenen Aufgaben zu erfüllen. Die Zentralbanken der Staaten mit Ausnahmeregelung ermächtigen sie dagegen nicht.

13. Ergebnis

Der EG-Vertrag und die ESZB-Satzung statten das ESZB mit umfangreichen Kompetenzen aus, die es ihm ermöglichen, seine Aufgaben zu erfüllen. Diese Befugnisse stehen dem ESZB auch dann, wenn es Mitgliedstaaten mit Ausnahmeregelung gibt, im Grundsatz in demselben Umfang zur Verfügung wie in dem Fall, in dem alle Mitgliedstaaten dem Euro-Währungsgebiet angehören. Das ESZB kann also auch bei Bestehen einer Ausnahmeregelung uneingeschränkt auf sein gesamtes Instrumentarium zurückgreifen.

Besonderheiten bestehen allerdings bei der Anwendung der meisten der geld- und währungspolitischen Befugnisse des ESZB. Diese erklären sich daraus, dass diese Kompetenzen dem ESZB nur zur Verfügung stehen, um seine Aufgaben zu erfüllen. Das ESZB nimmt jedoch keine Aufgaben gegenüber den Staaten mit Ausnahmeregelung wahr. Daher verändern EG-Vertrag und ESZB-Satzung den Anwendungsbereich der meisten Vorschriften, die dem ESZB Kompetenzen einräumen. Diese Normen ermächtigen in der Regel lediglich die EZB und die Zentralbanken des Euro-Währungsgebietes. Den Zentralbanken der Staaten mit Ausnahmeregelung stehen sie dagegen nicht zur Verfügung, um ihre Aufgaben zu erfüllen. Zudem ist die Hoheitsgewalt der Gemeinschaft und mit ihr die des Eurosystems grundsätzlich auf das Euro-Währungsgebiet beschränkt, wenn sie auf ihre geld- und währungspolitischen Befugnisse zurückgreifen.

Lediglich in einigen wenigen Fällen sind Vorschriften, die geld- und währungspolitische Kompetenzen des ESZB enthalten, uneingeschränkt in allen Mitgliedstaaten anwendbar. Und zwar sind alle Zentralbanken des ESZB ermächtigt, Eigengeschäfte durchzuführen, die nicht im Zusammenhang mit der Erfüllung der ihnen übertragenen Aufgaben stehen (Art. 24 ESZBS). Zudem sind auch die Zentralbanken der Staaten mit Ausnahmeregelung befugt und gegebenenfalls auch verpflichtet, die statistischen Daten zu erheben, die das ESZB benötigt, um seine Aufgaben wahrnehmen zu können (Art. 5 ESZBS). Und schließlich hat die EZB das Recht, auch gegenüber den Staaten mit Ausnahmeregelung beratend tätig zu werden. Insbesondere ist sie von allen Mitgliedstaaten und der Gemeinschaft zu jedem Entwurf für einen Rechtsakt anzuhören, der einen Bezug zu ihrem Zuständigkeitsbereich aufweist (Art. 105 Abs. 4, 1. Gs. EGV, Art. 4 lit. a) ESZBS). Sie kann zudem grundsätzlich zu jeder währungspolitischen Frage aus eigener Initiative Stellung nehmen. Das gilt auch dann, wenn diese Frage die Währungspolitik der Staaten mit Ausnahmeregelung betrifft (Art. 105 Abs. 4, 2. Gs. EGV, Art. 4 lit. b) ESZBS). Darüber hinaus gelten die meisten der sekundärrechtlichen Bestimmungen, die von der Gemeinschaft zum strafrechtlichen Schutz des Euro erlassen worden sind, auch in den Staaten mit Ausnahmeregelung.

Es ist deutlich erkennbar, dass diese wenigen Kompetenzen, die uneingeschränkt gegenüber allen Mitgliedstaaten bestehen, die Währungshoheit der Staaten mit Ausnahmeregelung kaum beeinflussen. Im Grundsatz trennen EG-Vertrag und ESZB-Satzung mithin die geld- und währungspolitischen Befugnisse des Euro-Währungsgebietes einerseits und die der Staaten mit Ausnahmeregelung andererseits strikt voneinander ab. Gleichwohl ist zu berücksichtigen, dass es bestimmte gemeinschaftsrechtliche Vorgaben gibt, die auch für die Währungspolitik der Staaten mit Ausnahmeregelung von Bedeutung sind. Diese Vorgaben berühren jedoch die Kernbereiche der Währungspolitik dieser Staaten nicht. Weder der EG-Vertrag noch die ESZB-Satzung enthalten Vorgaben für die Festlegung und Ausführung der Geldpolitik in diesen Staaten. Auf welche geld- und währungspolitischen Instrumente die Zentralbanken dieser Staaten zurückgreifen können, ergibt sich mithin allein aus dem nationalen Recht. Das stellt Art. 43.2. ESZBS nochmals ausdrücklich klar.

VII. Kompetenzen zur Wahrnehmung der vorübergehenden Aufgaben der EZB

1. Kompetenzgrundlage

Solange für einen Mitgliedstaat eine Ausnahmeregelung gilt, werden der EZB gemäß Art. 44 ESZBS einige zusätzliche Aufgaben übertragen.[263] Danach übernimmt sie zum einen die Aufgaben des EWI, die in der dritten Stufe der Wirtschafts- und Währungsunion noch wahrgenommen werden müssen (Art. 44 UAbs. 1 ESZBS). Und zum anderen wird ihr eine beratende Funktion bei der Vorbereitung der Aufhebung einer Ausnahmeregelung nach Art. 122 EGV zugewiesen (Art. 44 UAbs. 2 ESZBS). Die ESZB-Satzung bestimmt, dass der Erweiterte Rat der EZB diese Aufgaben wahrnimmt (vgl. Art. 47.1., 1. Gs. ESZBS). Die Organzuständigkeit ist mithin eindeutig geregelt. Nicht ohne weiteres erschließt sich dagegen, welche Kompetenzen dem Erweiterten Rat der EZB zur Verfügung stehen, um diese Aufgaben zu erfüllen. Denn eine Norm, die ihm hierzu ausdrücklich Befugnisse einräumt, enthält die ESZB-Satzung nicht.

Die meisten der Kompetenzen des Erweiterten Rates der EZB, die abschließend in Art. 47 und 48 ESZBS aufgeführt sind[264], können jedoch nicht eingesetzt werden, um die vorübergehenden Aufgaben der EZB zu erfüllen. So stehen die Befugnisse aus Art. 48 ESZBS im Zusammenhang mit der Einzahlung des Kapitals der EZB. Auf sie kann also nicht zurückgegriffen werden, um die Aufgaben zu erfüllen, die der EZB in Art. 44 ESZBS zugewiesen sind. Auch die Mitwirkungsrechte, die Art. 47.1.,

263 Dazu im Einzelnen oben S. 65 ff.

264 Die Festlegung in Art. 45.3. ESZBS, nach der die Verantwortlichkeiten des Erweiterten Rates der EZB abschließend in Art. 47 ESZBS aufgeführt sind, ist daher ungenau. Neben den Befugnissen aus Art. 47 und Art. 48 ESZBS hat der EZB-Rat zudem die Kompetenz, sich eine Geschäftsordnung zu geben. Zum Erweiterten Rat ausführlich unten S. 153 ff.

2. Gs. und 47.2. ESZBS dem Erweiterten Rat der EZB einräumen, ermächtigen nicht zur Wahrnehmung dieser Aufgaben. Das ergibt sich daraus, dass diese Vorschriften dem Erweiterten Rat der EZB keine eigenen Entscheidungsbefugnisse gewähren. Denn die Maßnahmen, an denen er mitwirkt, ergehen auf Kompetenzgrundlagen, die in den Zuständigkeitsbereich der ständigen Beschlussorgane der EZB fallen.[265] Der Erweiterte Rat der EZB ist lediglich in den Prozess des Zustandekommens dieser Maßnahmen, also in das Entscheidungsverfahren, einbezogen, ohne selbst die das Verfahren abschließende Entscheidung zu treffen. Die Aufgaben nach Art. 44 ESZBS nimmt jedoch, wie sich aus Art. 47.1., 1. Gs. ESZBS ergibt, der Erweiterte Rat der EZB selbst wahr. Das kann er jedoch nur, wenn er auch die Kompetenz besitzt, über Maßnahmen zur Wahrnehmung dieser Aufgaben abschließend zu entscheiden. Zudem sind die anderen Beschlussorgane der EZB mangels entsprechender Anordnung in der ESZB-Satzung nicht dafür zuständig, die Aufgaben wahrzunehmen, die der EZB in Art. 44 ESZBS zugewiesen sind. Sie können daher die ihnen zur Verfügung stehenden Kompetenzen nicht einsetzen, um die vorübergehenden Aufgaben zu erfüllen. Die Mitwirkungsrechte nach Art. 47.1. und Art. 47.2. ESZBS dienen also einem anderen Zweck. Über sie wird der Erweiterte Rat der EZB in die Wahrnehmung der ständigen Aufgaben der EZB einbezogen, also der Aufgaben, die ihr nicht erst über Art. 44 ESZBS zugewiesen werden. Er wirkt an der Wahrnehmung dieser Aufgaben mit.

Auch Art. 47.3. ESZBS kommt nicht als Kompetenzgrundlage zur Wahrnehmung der vorübergehenden Aufgaben in Betracht. Nach dieser Vorschrift trägt der Erweiterte Rat der EZB zu den Vorarbeiten bei, die erforderlich sind, um für die Währungen der Staaten mit Ausnahmeregelung die Wechselkurse gegenüber dem Euro gemäß Art. 123 Abs. 5 EGV festzulegen. Die vorübergehenden Aufgaben der EZB können jedoch nicht auf einen Beitrag zur Festsetzung der Wechselkurse auf der Grundlage des Art. 123 Abs. 5 EGV reduziert werden. Sie reichen deutlich weiter.[266] Ein Verständnis der Norm, nach dem sie Kompetenzen zur Wahrnehmung der vorübergehenden Aufgaben der EZB enthält, lässt ihr Wortlaut nicht zu. Art. 47.3. ESZBS bindet den Erweiterten Rat der EZB vielmehr ausschließlich in die Vorarbeiten ein, die einen direkten Zusammenhang zur unwiderruflichen Festlegung der Wechselkurse auf der Grundlage des Art. 123 Abs. 5 EGV aufweisen. Nur zu Entscheidungen, die auf dieser Kompetenzgrundlage ergehen, leistet er gemäß Art. 47.3. ESZBS einen Beitrag.

Somit müssen sich die Kompetenzen des Erweiterten Rates der EZB zur Wahrnehmung der vorübergehenden Aufgaben aus Art. 47.1., 1. Gs. ESZBS ergeben. Eine andere Kompetenzgrundlage ist nicht ersichtlich. Die Befugnisse, die der EZB zur Wahrnehmung dieser Aufgaben im Einzelnen zur Verfügung stehen, müssen jedoch im Wege der Auslegung ermittelt werden. Aus dem Wortlaut des Art. 47.1., 1. Gs. ESZBS selbst lassen sie sich nicht entnehmen. Er legt lediglich fest, dass die

265 Vgl. zu den Befugnissen, an deren Wahrnehmung der Erweiterten Rat der EZB mitwirkt, oben S. 96 ff., S. 104 ff., S. 109 ff., und unten S. 124 ff., S. 133 ff., S. 144 ff., S. 153 ff.
266 Zu den vorübergehenden Aufgaben oben S. 65 ff.

Aufgaben, die der EZB in Art. 44 ESZBS zugewiesen werden, durch den Erweiterten Rat der EZB wahrzunehmen sind. Um zu ermitteln, welche Befugnisse ihm Art. 47.1., 1. Gs. ESZBS einräumt, ist keine andere Möglichkeit ersichtlich, als über die vorübergehenden Aufgaben der EZB auf die Kompetenzen des Erweiterten Rates der EZB zu schließen.[267] Das ist normalerweise und insbesondere im Gemeinschaftsrecht nicht unproblematisch, begegnet aber im Zusammenhang mit den vorübergehenden Aufgaben der EZB keinen besonderen Schwierigkeiten. Ein anderer Maßstab, auf den zurückgegriffen werden könnte, ist zudem nicht ersichtlich.

2. Kompetenzen zur Wahrnehmung der Aufgaben des EWI

a) *Überblick*

Welche Befugnisse die EZB auf der Grundlage des Art. 47.1., 1. Gs. ESZBS hat, wenn sie Aufgaben des EWI wahrnimmt, ergibt sich aus einem Vergleich mit den Kompetenzen des EWI. Denn die Aufgaben, die sie vom EWI übernommen hat, kann sie effektiv nur dann wahrnehmen, wenn ihr zumindest auch die Kompetenzen zur Verfügung stehen, die bereits das EWI hatte. Mithin kann die EZB auf der Grundlage des Art. 47.1., 1. Gs. ESZBS grundsätzlich jede Maßnahme treffen, zu der auch das EWI befugt gewesen wäre.[268] Umgekehrt folgt daraus aber auch, dass die Befugnisse der EZB insoweit nicht über die des EWI hinausgehen können. Ein anderes Ergebnis erscheint nicht begründbar. Die Befugnisse der EZB werden also nicht nur durch die des EWI begründet. Sie werden auch durch sie begrenzt.

Das hat für die Reichweite der Befugnisse, die Art. 47.1., 1. Gs. ESZBS der EZB einräumt, erhebliche Bedeutung. Denn hieraus ergibt sich auch, dass Maßnahmen, die von der EZB auf dieser Kompetenzgrundlage getroffen werden, nicht in die im EG-Vertrag und in der ESZB-Satzung vorgesehene Kompetenzverteilung im Bereich der Währungspolitik eingreifen dürfen. Nach Art. 3.1. EWIS war das EWI nur „unbeschadet der Verantwortlichkeit der für die Geldpolitik in den einzelnen Mitgliedstaaten zuständigen Behörden" tätig.[269] Die Errichtung des EWI ließ also die Währungshoheit der Mitgliedstaaten unberührt.[270] Das gilt auch für die Wechselkurspolitik. Zwar ist in Art. 3.1. EWIS nur von der Geldpolitik die Rede. Die Mitgliedstaaten wollten dem EWI jedoch ersichtlich auch in der Wechselkurspolitik keine Kompetenzen übertragen, schließlich fehlen in der EWI-Satzung entsprechende Befugnisnormen.

---

267 Ähnlich bereits *Weinbörner*, (Fn. 9), S. 279.

268 Anders wohl *Kenen*, Economic and monetary union in Europe: moving beyond Maastricht, S. 146, der die Auffassung vertritt, der Erweiterte Rat würde nicht die Kompetenzen des EWI übernehmen.

269 Bereits *Smits*, European Central Bank: Institutional Aspects, International and Comparative Law Quarterly 1996, S. 319 (337), wies darauf hin, dass sich aus dieser Vorschrift eine Beschränkung der Kompetenzen des Erweiterten Rates der EZB ergibt.

270 Vgl. *Häde*, (Fn. 8), S. 171.

Diese Regelung geht auf die Entstehungsgeschichte des Vertrages von Maastricht zurück. Insbesondere die deutsche Seite befürchtete, dass anderenfalls „Grauzonen“ in der Zuständigkeitsverteilung zwischen den Mitgliedstaaten und dem EWI entstehen würden.[271] Auf Grund der Bedeutung der Geldpolitik müsse jedoch sichergestellt sein, dass sie nur von einer Stelle festgelegt und ausgeführt wird.[272] Auf die dritte Stufe der Wirtschafts- und Währungsunion bezogen bedeutet das, dass der Erweiterte Rat der EZB nur unbeschadet der Zuständigkeit der Stellen tätig wird, die für die Geld- und Wechselkurspolitik des Euro-Währungsgebietes bzw. der Staaten mit Ausnahmeregelung zuständig sind. Seine Tätigkeit auf der Grundlage des Art. 47.1., 1. Gs. ESZBS lässt mithin die Zuständigkeiten und Befugnisse dieser Stellen unberührt.

b) Beratung

Es erstaunt im Lichte der vorstehenden Ausführungen nicht, dass das EWI nur in einigen wenigen Fällen befugt war, rechtsverbindliche Entscheidungen zu treffen. Die EWI-Satzung ermächtigte das EWI vielmehr ganz überwiegend nur zu beratenden Tätigkeiten. So konnte es Stellungnahmen oder Empfehlungen zur allgemeinen Orientierung der Geld- und Wechselkurspolitik der Mitgliedstaaten sowie zu den von ihnen auf diesem Gebiet getroffenen Maßnahmen abgeben (Art. 117 Abs. 4, 1. Gs. EGV, Art. 5.1. S. 1 EWIS). Es konnte zudem den Regierungen sowie dem EG-Rat Stellungnahmen oder Empfehlungen zu Maßnahmen unterbreiten, die seiner Ansicht nach geeignet waren, die interne oder externe Währungssituation der Gemeinschaft zu beeinflussen (Art. 117 Abs. 4, 2. Gs. EGV, Art. 5.1. S. 2 EWIS). Weiterhin konnte es den Währungsbehörden der Mitgliedstaaten Empfehlungen zur Durchführung ihrer Währungspolitik geben (Art. 117 Abs. 4, 3. Gs. EGV, Art. 5.2. ESZBS). Zudem war es in der Regel zu hören, bevor die nationalen Währungsbehörden geldpolitische Beschlüsse fassten (vgl. Art. 4.1. UAbs. 2, 2. Gs. EWIS). Auch die Aufgabe des EWI, die erforderlichen Vorarbeiten für die Durchführung einer einheitlichen Währungspolitik bzw. die Schaffung einer einheitlichen Währung zu leisten, ließ sich nur beratend verwirklichen (Art. 117 Abs. 3 EGV, Art. 2, 2. Gs., Art. 4.2. EWIS). Denn rechtsverbindliche Handlungsformen standen dem EWI auch für die Erfüllung dieser Aufgabe nicht zur Verfügung. Es konnte zwar Leitlinien erlassen (vgl. Art. 15.1., 15.3. EWIS). Diese waren allerdings nicht verbindlich (vgl.

---

271 Vgl. *Gaddum*, Ziele und Möglichkeiten deutscher Geldpolitik in Europa, Wirtschaftsdienst 1994, S. 72 (75); *Kempen*, (Fn. 3), Art. 117 EGV Rdnr. 3; *Scheller*, in: *von der Groeben/Schwarze* (Hrsg.), Vertrag über die Europäische Union und Vertrag zur Gründung der Europäischen Gemeinschaft, 6. Auflage (2003), Art. 117 EG Rdnr. 8; *Tietmeyer*, Währungsunion – ein Weg ohne Umkehr, Integration 1992, S. 17 (23). Dazu auch *Hauser*, Die Ergebnisse von Maastricht zur Schaffung einer Europäischen Währungsunion, Aussenwirtschaft 1992, S. 151 (153 f.).

272 Vgl. *Gaddum*, (Fn. 271), S. 75; *Häde*, Das Europäische Währungsinstitut und die Kommission, EuZW 1994, S. 685 (686); *Maystadt*, The role of the European Monetary Institute, in: *Steinherr* (Hrsg.), 30 years of European monetary integration: from the Werner Plan to EMU, S. 204; *Scheller*, in: *von der Groeben/Schwarze* (Hrsg.), Vertrag über die Europäische Union und Vertrag zur Gründung der Europäischen Gemeinschaft, 6. Auflage (2003), Art. 117 Rdnr. 8; *Selmayr*, (Fn. 79), S. 2430. Ähnlich, wenngleich in anderem Zusammenhang, *Weber*, (Fn. 9), S. 109.

Art. 15.3. S. 2 ESZBS). Sie wurden vielmehr der EZB vorgelegt und waren von ihr zu verabschieden (vgl. Art. 15.3. S. 2 ESZBS). Die vom EWI erlassenen Leitlinien waren also im Ergebnis bloße Vorarbeiten, Vorschläge für den Rechtsrahmen, den das ESZB benötigte, um seine Aufgaben wahrnehmen zu können. Und schließlich konnte es auch die Aufgabe, Konsultationen im Bereich der Stabilität der Finanzinstitute und -märkte durchzuführen (vgl. Art. 117 Abs. 2, 4. Gs. EGV, Art. 4.1. UAbs. 1, 4. Gs. EWIS), mangels anderer Befugnisse nur im Wege der Beratung wahrnehmen.

Zusammenfassend kann festgestellt werden, dass das Beratungsrecht des EWI jede währungspolitische Fragestellung umfasste, die seinen Zuständigkeitsbereich betraf. Die einzelnen Ermächtigungen decken das gesamte Spektrum der Währungspolitik ab. Da die EZB dieselben Befugnisse hat, die dem EWI zur Verfügung standen, wenn sie auf der Grundlage des Art. 47.1., 1. Gs. ESZBS Aufgaben des EWI wahrnimmt, ist also auch der Erweiterte Rat der EZB befugt, zu jeder währungspolitischen Fragestellung insbesondere Empfehlungen und Stellungnahmen abzugeben, sofern ein Bezug, gleich welcher Art, zu den Aufgaben besteht, die von der EZB gemäß Art. 44 UAbs. 1 ESZBS wahrzunehmen sind. Allerdings muss sich dieser Bezug im Einzelfall jeweils herstellen lassen.

Das Recht des Erweiterten Rates der EZB wird auch nicht dadurch eingeschränkt, dass zu einer währungspolitischen Frage auch die ständigen Beschlussorgane der EZB Stellung nehmen können. Zwar können diese Beschlussorgane nicht beratend tätig werden, wenn ausschließlich die vorübergehenden Aufgaben der EZB in Frage stehen. Hierzu ist nur der Erweiterte Rat der EZB befugt. Umgekehrt darf der Erweiterte Rat der EZB nicht zu Fragen Stellung nehmen, die ausschließlich Aufgaben der EZB betreffen, die sie neben denen wahrzunehmen hat, die ihr in Art. 44 ESZBS zugewiesen sind. Die Organzuständigkeit für Stellungnahmen liegt in diesem Fall bei den ständigen Beschlussorganen und insbesondere dem EZB-Rat.[273] Der Erweiterte Rat der EZB wirkt an diesen beratenden Tätigkeiten lediglich mit (vgl. Art. 47.1., 2. Gs. ESZBS). Denkbar ist jedoch, dass eine Fragestellung sowohl die Aufgaben betrifft, die von der EZB gemäß Art. 44 ESZBS wahrgenommen werden, als auch die Aufgaben der EZB im Übrigen.[274] In diesem Fall könnten sowohl der Erweiterte Rat der EZB als auch die ständigen Beschlussorgane jeweils in ihrem Zuständigkeitsbereich hierzu Stellung nehmen. Denn die ESZB-Satzung enthält keinen Anhaltspunkt dafür, dass etwa nur der EZB-Rat beratend tätig werden dürfte. Das hat allerdings zur Konsequenz, dass verschiedene Beschlussorgane der EZB dieselbe währungspolitische Frage kommentieren können. Das könnte ersichtlich dazu führen, dass etwa der EZB-Rat zu einer solchen Frage eine andere Auffassung vertritt als der Erweiterte Rat der EZB. Rechtlich problematisch ist das jedoch nicht. Schließlich ist es nicht ungewöhnlich, dass verschiedene Organe einer staatlichen Institution unterschiedliche Positionen zu einer Sachfrage einnehmen.

273 Zu den Beratungsrechten der ständigen Beschlussorgane oben S. 107 ff.
274 Zu dieser Möglichkeit siehe bereits oben S. 107 ff.

Das weitreichende Beratungsrecht der EZB impliziert, dass der Erweiterte Rat der EZB befugt ist, aus eigener Initiative Empfehlungen und Stellungnahmen sowohl gegenüber den Mitgliedstaaten, der Gemeinschaft, aber auf Grund deren unterschiedlicher Zusammensetzung auch gegenüber den anderen Beschlussorganen der EZB abzugeben. Ebenso können die Organe und Einrichtungen der Gemeinschaft, die Mitgliedstaaten sowie die anderen Beschlussorgane der EZB den Erweiterten Rat der EZB zu allen währungspolitischen Fragen, die einen Bezug zu den vorübergehenden Aufgaben der EZB aufweisen, konsultieren.

Ihr Recht zur Beratung muss die EZB jedoch nicht ausschließlich durch Empfehlungen und Stellungnahmen ausüben. In Betracht kommt vielmehr auch, dass sie auf andere informelle Handlungsformen zurückgreift. So hat etwa das EWI seine beratenden Aufgaben in großem Umfang durch die Vorlage von Berichten erfüllt. Zum Teil war es hierzu sogar ausdrücklich verpflichtet (vgl. Art. 7.1., Art. 11.3. EWIS). Die Möglichkeit, seine beratenden Aufgaben durch die Vorlage von Berichten zu erfüllen, steht mithin auch der EZB zur Verfügung. Darüber hinaus kann der Erweiterte Rat der EZB auf die vielen anderen informellen Handlungsformen zurückgreifen, die jeder öffentlichen Einrichtung zur Verfügung stehen, wie etwa die Öffentlichkeitsarbeit, die Einrichtung von Gesprächs- und Arbeitskreisen, die Veranstaltung von Konferenzen, wissenschaftliche und analytische Arbeiten etc. Und auch das Recht, dem EZB-Rat gegebenenfalls Entwürfe für Leitlinien zu unterbreiten, wird von den Beratungsbefugnissen des Erweiterten Rates der EZB umfasst. Diese Kompetenz entspricht der des EWI-Rates nach Art. 15.3. EWIS. Rechtsverbindliche Leitlinien kann der Erweiterte Rat der EZB dagegen nicht erlassen, da das EWI hierzu nicht befugt war.

c) Verpflichtung zur Anhörung

Nach Art. 5.3. EWIS war das EWI von der Gemeinschaft und den Mitgliedstaaten zu Entwürfen für Rechtsakte, die in seinen Zuständigkeitsbereich fielen, anzuhören. Für diese Verpflichtung zur Anhörung verbleibt jedoch in der dritten Stufe der Wirtschafts- und Währungsunion kein Raum. Denn die EZB ist bereits nach Art. 105 Abs. 4 EGV, Art. 4 ESZBS von den Mitgliedstaaten und der Gemeinschaft zu allen Rechtsakten zu hören, die in ihren Zuständigkeitsbereich fallen.[275] In dieses Anhörungsverfahren ist auch der Erweiterte Rat der EZB eingebunden (vgl. Art. 47.1., 2. Gs. ESZBS). Er wirkt hieran mit. Auf Grund dieses Mitwirkungsrechtes ist er umfassend über die Rechtsentwicklung auf der Ebene der Gemeinschaft und der Mitgliedstaaten im Bereich der Währungspolitik informiert. Eine gesonderte Anhörung des Erweiterten Rates der EZB ist daher nicht erforderlich. Nicht ausgeschlossen ist allerdings, dass er im Rahmen seiner Beratungsrechte zu Rechtsakten der Gemeinschaft oder der Mitgliedstaaten Stellung nimmt. Für eine entsprechende Beschränkung seiner Befugnisse findet sich weder im EG-Vertrag noch in der ESZB-Satzung ein Anhaltspunkt.

---

275 Dazu ausführlich oben S. 105 ff.

Eine Verpflichtung, den Erweiterten Rat der EZB zu konsultieren, besteht derzeit wohl nur im Zusammenhang mit der so genannten Vorabkoordinierung währungspolitischer Beschlüsse, in deren Rahmen das EWI in der Regel anzuhören war (vgl. Art. 4.1. UAbs. 2, 2. Gs. EWIS). Soweit dieses Verfahren weiterhin Anwendung findet[276], ist der Erweiterte Rat der EZB in der Regel anzuhören. Dieses Recht hat er über Art. 44 UAbs. 1, Art. 47.1., 1. Gs. ESZBS vom EWI übernommen.

d) *Operative Befugnisse*

Das EWI war zwar überwiegend, aber nicht nur zur Beratung ermächtigt. Denn es nahm neben seinen beratenden Aufgaben auch einige operative und überwachende Funktionen wahr. Die meisten dieser Funktionen standen jedoch im Zusammenhang mit dem EWS (vgl. insbesondere Art. 6.1. bis 6.3. EWIS). Sie haben sich mithin mittlerweile erledigt, da das EWS seit Beginn der dritten Stufe der Wirtschafts- und Währungsunion nicht mehr existiert.[277] Allerdings ist gleichwohl nicht ausgeschlossen, dass die EZB über Art. 44 UAbs. 1 ESZBS in einem Wechselkursmechanismus zwischen dem Euro und den Währungen der Staaten mit Ausnahmeregelung überwachende und operative Aufgaben übernimmt, die denen des EWI vergleichbar sind.[278]

Als Kompetenzgrundlage, auf der diese Aufgaben wahrgenommen werden können, steht Art. 47.1., 1. Gs. ESZBS zur Verfügung. Eine andere Vorschrift, die dem Erweiterten Rat der EZB hierzu Befugnisse einräumt, enthält die ESZB-Satzung nicht. Welche Kompetenzen er aus dieser Vorschrift im Einzelnen ableiten kann, ergibt sich wiederum aus einem Vergleich mit denen des EWI.[279] Daher dürfen ihm in einer Vereinbarung über ein solches Wechselkurssystem keine Befugnisse zugewiesen werden, die bei einer vergleichenden Betrachtung nicht auch das EWI hätte wahrnehmen können.

Das EWI hatte nicht nur im Rahmen des EWS operative Funktionen wahrzunehmen. Es konnte zudem auf Ersuchen der nationalen Zentralbanken als deren Agent Währungsreserven halten und verwalten (vgl. Art. 6.4. EWIS).[280] Von der Möglichkeit, dem EWI Währungsreserven zu übertragen, haben die nationalen Zentralbanken allerdings keinen Gebrauch gemacht. Denn sie befürchteten, dass anderenfalls ihre innerstaatlichen währungspolitischen Kompetenzen beeinflusst werden könn-

---

276 Dieses Verfahren geht auf einen Beschluss des EG-Rates aus dem Jahre 1964 sowie eine Erklärung der im Rat vereinigten Vertreter der Regierungen der Mitgliedstaaten zurück. Vgl. Beschluss des Rates vom 8. Mai 1964 über die Zusammenarbeit zwischen den Mitgliedstaaten auf dem Gebiet der internationalen Währungsbeziehungen, ABl. Nr. 77 vom 21.5.1964, S. 1207, und Erklärung vom 8. Mai 1964 der im Rat vereinigten Vertreter der Mitgliedstaaten der Europäischen Wirtschaftsgemeinschaft über Konsultationen zwischen den Mitgliedstaaten vor Änderung der Wechselkursparitäten ihrer Währungen, ABl. Nr. 78 vom 22. Mai 1964, S. 1226.

277 Zum EWS siehe bereits oben Teil I, § 1, S. 6 f. Siehe zudem unten § 6, S. 206 ff.

278 Die Gemeinschaft hat einen solchen Wechselkursmechanismus geschaffen. Dazu und den Kompetenzen des Erweiterten Rates in diesem Mechanismus ausführlich in § 6, S. 206 ff.

279 Zu den Gründen oben S. 115 ff.

280 *Bognar,* Europäische Integration und Außenwirtschaftsbeziehungen, S. 126 ff.

ten.[281] Gleichwohl ist es denkbar, dass auch die EZB als Agentin Währungsreserven für die nationalen Zentralbanken der Staaten mit Ausnahmeregelung hält und verwaltet. Schließlich haben die Mitgliedstaaten bereits dem EWI diese Befugnis im Rahmen seiner Aufgabe zugewiesen, dazu beizutragen, die Voraussetzungen für den Übergang der Gemeinschaft in die dritte Stufe der Wirtschafts- und Währungsunion zu schaffen. Es ist kein Grund ersichtlich, warum die EZB über Art. 44 UAbs. 1 ESZBS keine vergleichbare Funktion übernehmen können sollte. Mithin kann auch die EZB die ihr durch Art. 44 UAbs. 1 ESZBS zugewiesene Aufgabe erfüllen, einen Beitrag dazu zu leisten, die Voraussetzungen zu schaffen, die erforderlich sind, damit die Staaten mit Ausnahmeregelung den Euro einführen können, in dem sie für diese Staaten als Agentin Währungsreserven hält und verwaltet.

Die Bedingungen, unter denen die EZB diese Aufgabe wahrnimmt, muss der Erweiterte Rat der EZB in einem Beschluss festlegen. Das ergibt sich aus einem Vergleich mit Art. 6.4. ESZBS.[282] Danach konnte der EWI-Rat eine entsprechende Entscheidung erlassen. Zwar ist der Erweiterte Rat der EZB hierzu nicht befugt, da die Entscheidungen der EZB für die Staaten mit Ausnahmeregelung und deren Zentralbanken keinerlei Rechte und Verpflichtungen entstehen lassen.[283] Allerdings kann er einen Beschluss verabschieden. Denn dieser bindet die nationalen Zentralbanken der Staaten mit Ausnahmeregelung rechtlich ebenso, wie das für eine Entscheidung des EWI der Fall gewesen wäre.[284]

Sollte die EZB auf der Grundlage des Art. 47.1., 1. Gs. ESZBS operative Funktionen wahrnehmen, kommt der Kompetenzschranke aus Art. 3.1. EWIS besondere Bedeutung zu. Derartige Funktionen dürfen die währungspolitischen Aufgaben und Befugnisse der EZB und der nationalen Zentralbanken im Übrigen sowie die der Staaten mit Ausnahmeregelung nicht beeinträchtigen.

3. Beratende Funktion bei der Aufhebung der Ausnahmeregelung

Im Prinzip ist die Frage, welche Kompetenzen dem Erweiterten Rat der EZB zur Verfügung stehen, um die Aufgaben wahrzunehmen, die ihm Art. 44 UAbs. 2 ESZB zuweist, bereits beantwortet. Auch seine beratende Funktion bei der Vorbereitung der Aufhebung einer Ausnahmeregelung nach Art. 122 EGV impliziert, wie seine Beratungsbefugnisse im Übrigen, dass er insbesondere aus eigener Initiative oder infolge einer Konsultation Empfehlungen und Stellungnahmen zu allen Fragen ab-

281 *Häde*, (Fn. 272), S. 686.
282 Vgl. Art. 15.1. und 15.4. EWIS. Danach waren die Entscheidungen des EWI an die nationalen Zentralbanken gerichtet und für diese verbindlich. Sie sind daher von den Rechtswirkungen den Beschlüssen der EZB vergleichbar. Zur Handlungsform des Beschlusses oben S. 82 f.
283 Siehe dazu oben S. 80 f. Da die Aufgaben des EWI, die von der EZB gemäß Art. 44 ESZBS wahrgenommen werden, über diese Vorschrift zu solchen der EZB werden, kann sie auch nicht auf die Handlungsformen zurückgreifen, die dem EWI zur Verfügung standen. Sie kann also nur die Rechtsakte erlassen, die ihr EG-Vertrag und der ESZB-Satzung zur Verfügung stellen.
284 Siehe Fn. 282.

geben kann, die einen Zusammenhang zu dieser Aufgabe aufweisen. Darüber hinaus kann er auch alle weiteren informellen Handlungsformen einsetzen, die ihm zur Verfügung stehen.

4. Ergebnis

Dem Erweiterten Rat der EZB steht mit Art. 47.1., 1. Gs. ESZBS nur eine Kompetenzgrundlage zur Verfügung, die er einsetzen kann, um die Aufgaben zu erfüllen, die der EZB gemäß Art. 44 ESZBS übertragen worden sind. Diese Vorschrift ermächtigt ihn, überwiegend beratend tätig zu werden. Er ist insbesondere befugt, zu jeder währungspolitischen Fragestellung aus eigener Initiative oder nach einer Konsultation Empfehlungen und Stellungnahmen sowohl gegenüber den Mitgliedstaaten, der Gemeinschaft, aber auch den anderen Beschlussorganen der EZB abzugeben. Er kann aber auch auf ein weites Spektrum an anderen informellen Handlungsformen zurückgreifen und zur Erfüllung dieser Aufgaben etwa Berichte oder Analysen erstellen, Arbeitsgruppen einrichten etc.

Der Erweiterte Rat der EZB darf jedoch nur dann auf der Grundlage des Art. 47.1., 1. Gs. ESZBS beratend tätig werden, wenn die Frage, zu der er Stellung nehmen möchte, einen Bezug zu den Aufgaben der EZB aufweist, die in Art. 44 ESZBS genannt sind. Nach dieser Vorschrift hat die EZB erstens vom EWI die Aufgabe übernommen, einen Beitrag zur Schaffung der Voraussetzungen zu leisten, die erforderlich sind, damit die Staaten mit Ausnahmeregelung den Euro einführen können. Diese Aufgabe kann in fünf Teilbereiche untergliedert werden, erstens die Zusammenarbeit der Zentralbanken zu verstärken, zweitens die einzelnen Geldpolitiken zu koordinieren, drittens Konsultationen im Bereich der Bankenaufsicht durchzuführen, viertens vorbereitende Arbeiten zur Einführung des Euro und zur Durchführung einer einheitlichen Währungspolitik vorzunehmen und fünftens operative bzw. überwachende Funktionen im Rahmen eines Wechselkurssystems zwischen dem Euro und den Währungen der Staaten mit Ausnahmeregelung zu übernehmen. Und zweitens übernimmt die EZB bei Bestehen einer Ausnahmeregelung gemäß Art. 44 UAbs. 2 ESZBS eine beratende Funktion bei der Entscheidung über die Aufhebung einer Ausnahmeregelung nach Art. 122 Abs. 2 EGV. Wenn sich ein Bezug zu diesen beiden Aufgabenkomplexen herstellen lässt, die der EZB gemäß Art. 44 ESZBS zugewiesen werden, kann der Erweiterte Rat der EZB auf der Grundlage des Art. 47.1., 1. Gs. ESZBS beratend tätig werden.

Neben der beratenden Tätigkeit ist der Erweiterte Rat der EZB auf der Grundlage des Art. 47.1., 1. Gs. ESZBS befugt, überwachende und operative Aufgaben im Rahmen eines Wechselkursmechanismus zwischen dem Euro und den Währungen der Staaten mit Ausnahmeregelung zu übernehmen. Und schließlich kann er für die Staaten mit Ausnahmeregelung als Agent Währungsreserven halten und verwalten.

Der Erweiterte Rat der EZB hat grundsätzlich nicht die Befugnis, rechtsverbindliche Maßnahmen zu ergreifen, um die vorübergehenden Aufgaben der EZB zu erfüllen. Er ist lediglich befugt, einen Beschluss zu fassen, in dem er die Bedingungen festlegt, unter denen die EZB als Agentin für die Mitgliedstaaten mit Ausnahmeregelung Währungsreserven hält und verwaltet. Und auch operative und überwachende Funktionen, die er im Rahmen eines Wechselkurssystems zwischen dem Euro und den Staaten mit Ausnahmeregelung wahrnimmt, lassen es denkbar erscheinen, dass er hier bestimmte rechtsverbindliche Maßnahmen treffen kann. Nicht ausgeschlossen ist zudem, dass die EZB die Befugnisse des Erweiterten Rates der EZB sekundärrechtlich oder auch in völkerrechtlichen Abkommen konkretisiert. Weitere Möglichkeiten, verbindliche Rechtsakte zu erlassen, hat der Erweiterte Rat der EZB jedoch nicht, wenn er tätig wird, um seine ihm nach Art. 44 ESZBS zugewiesenen Aufgaben wahrzunehmen.

Die Tätigkeit des Erweiterten Rates der EZB auf der Grundlage des Art. 47.1., 1. Gs. ESZBS lässt die Zuständigkeit der für die Währungspolitik zuständigen Stellen der Gemeinschaft und der Mitgliedstaaten unberührt. Das gilt auch, soweit er ermächtigt ist, in Wahrnehmung seiner Aufgaben nach Art. 44 ESZBS rechtsverbindliche Maßnahmen zu treffen.

VIII. Rechenschaftspflichten und interinstitutionelle Zusammenarbeit

Der EG-Vertrag und die ESZB-Satzung erlegen der EZB eine Reihe von Berichts- und Rechenschaftspflichten auf.[285] Zunächst ermächtigen und verpflichten sie die EZB, vierteljährlich einen Bericht über die Tätigkeit des ESZB und wöchentlich einen „konsolidierten Ausweis“ des ESZB zu veröffentlichen (Art. 15.1. und 15.2 ESZBS). Und schließlich ist die EZB verpflichtet, dem Europäischen Parlament, dem EG-Rat, der Kommission und dem Europäischen Rat einen Jahresbericht über die Tätigkeit des ESZB zu unterbreiten (Art. 15.3. ESZBS). Diese Rechenschaftspflichten haben im Wesentlichen zwei Funktionen. Sie dienen erstens der Information der Öffentlichkeit über die Tätigkeit des ESZB und zweitens seiner Kontrolle.[286]

Um eine hinreichende Abstimmung in der Wirtschafts- und Währungspolitik der Gemeinschaft zu gewährleisten, enthält Art. 113 EGV Vorschriften zur interinstitutionellen Zusammenarbeit.[287] Danach können der Präsident des Rates und ein Mitglied der Kommission an den Sitzungen des EZB-Rates ohne Stimmrecht teilnehmen. Allerdings kann der Präsident des EG-Rates dem EZB-Rat einen Antrag zur

---

285 Ausführlich dazu *Hahn*, Berichtspflichten und Informationsmöglichkeiten der Europäischen Zentralbank, JZ 1999, S. 957 ff., sowie *ders.*, Rechenschaftspflichtigkeit der Europäischen Zentralbank?, in: FS *Schiedermair*, S. 749 ff.

286 Dazu *Kempen*, (Fn. 3), Art. 105 EGV Rdnr. 20, der zudem noch die „Markttransparenz“ als Sinn und Zweck der Berichtspflichten ansieht; ausführlich *Palm*, in: *Grabitz/Hilf* (Hrsg.), Kommentar zur Europäischen Union, EL 21, Art. 113 EGV Rdnr. 7 ff.; *Pernice*, (Fn. 11), (EL 10), Art. 105 EGV Rdnr. 20. Nicht übersehen werden darf zudem, dass die Berichtspflichten auch im Zusammenhang mit der demokratischen Kontrolle der EZB und der nationalen Zentralbanken stehen. Dazu *Amtenbrink*, The European Central Bank – democratically accountable or unrestrained?, NJB 1999, S. 72 ff.

287 Zur Funktion des Art. 113 EGV vgl. nur *Palm*, (Fn. 286), Art. 113 EGV Rdnr. 7 ff.

Beschlussfassung vorlegen. Umgekehrt ist der EG-Rat verpflichtet, den Präsidenten der EZB zu Tagungen des Rates einzuladen, wenn der EG-Rat Fragen im Zusammenhang mit den Zielen und Aufgaben des ESZB erörtert. Und schließlich können die Mitglieder des Direktoriums der EZB auf eigene Initiative oder auf die des Parlaments vor einem Ausschuss des Europäischen Parlaments gehört werden.

IX. Finanzvorschriften

1. Vorbemerkung

Unter der Überschrift „Finanzvorschriften des ESZB" fasst die EZB-Satzung in ihrem Kapitel VI ganz verschiedene Vorschriften zusammen, die von internen haushaltsrechtlichen Vorgaben (Art. 26 und 27 ESZBS) über die Vorschriften zum Kapital der EZB (Art. 28 und 29 ESZBS), die Verteilung der Gewinne und Verluste der EZB (Art. 33 ESZBS), die Verteilung der monetären Einkünfte der nationalen Zentralbanken (Art. 32 ESZBS) bis hin zu Vorschriften zu den Währungsreserven der EZB und der nationalen Zentralbanken reichen (Art. 30 und 31 ESZBS). Die Normen zu den Währungsreserven des ESZB stehen systematisch in einem engen Zusammenhang mit der Wechselkurspolitik. Sie werden daher nicht nachfolgend, sondern erst in § 6 behandelt.[288]

2. Kapital der EZB

a) *Überblick*

Die EZB war bei der Aufnahme ihrer Tätigkeit mit einem Eigenkapital in Höhe von 5 Mrd. Euro ausgestattet (Art. 28.1. ESZBS). Im Zusammenhang mit der Erweiterung der Europäischen Union im Mai 2004 hat sich dieses Grundkapital gemäß Art. 49.3. EZBS automatisch erhöht. Es beträgt nunmehr 5.564.669.247,19 Euro.[289] Die EZB kann ihr Grundkapital durch einen Beschluss erhöhen (Art. 28.1. S. 2 ESZBS). Die Grenzen und Bedingungen, nach denen eine solche Kapitalerhöhung möglich ist, legt, was zwischenzeitlich geschehen ist[290], der EG-Rat fest (vgl. Art. 28.1. S. 2 ESZBS). Danach kann die EZB ihr Kapital um bis zu fünf Mrd. Euro aufstocken.[291] Von dieser Möglichkeit hat die EZB bislang noch keinen Gebrauch gemacht.

288 Dazu ausführlich § 6, S. 184 ff.
289 Vgl. Beschluss der Europäischen Zentralbank vom 22. April 2004 zur Festlegung der Bedingungen für die Übertragung der Kapitalanteile zwischen den nationalen Zentralbanken und für die Anpassung des eingezahlten Kapitals (EZB/2004/7), ABl. EU Nr. L 205 vom 9.6.2004, S. 9, Anhang I.
290 Vgl. Verordnung (EG) Nr. 1009/2000 des Rates vom 8. Mai 2000 über Kapitalerhöhungen der Europäischen Zentralbank, ABl. EG Nr. L 115 vom 16.5.2000, S. 1.
291 Vgl. Art. 1 der Verordnung (EG) Nr. 1009/2000 (Fn. 290).

Das Kapital der EZB ist die wirtschaftliche Grundlage für ihre Tätigkeit. Es stellt nicht nur eine potentielle Einnahmequelle dar.[292] Es sichert auch Risiken ab, die aus ihrer Tätigkeit entstehen, indem es einen Puffer bildet, aus dem gegebenenfalls Verluste beglichen werden können.[293] Und schließlich trägt es zur Unabhängigkeit der EZB bei, die auf Grund der Kapitalausstattung nicht von Zuschüssen seitens der Mitgliedstaaten oder der Gemeinschaft abhängig ist.[294]

Aus wirtschaftlicher Sicht ist die EZB ein „Tochterunternehmen"[295] der nationalen Zentralbanken.[296] Denn das Grundkapital der EZB ist ausschließlich von den nationalen Zentralbanken gezeichnet (Art. 28.2., Art. 29 ESZBS). Die nationalen Zentralbanken sind folglich die alleinigen Anteilseigner der EZB (vgl. auch Art. 28.2. ESZBS). Diese wirtschaftliche Betrachtungsweise kommt auch bei der Verteilung eines etwaigen Gewinns zum Ausdruck, den die EZB aus ihrer Geschäftstätigkeit erzielt. Dieser wird nur unter den Anteilseignern aufgeteilt, sofern er nicht verwendet wird, um Rücklagen zu bilden (Art. 33 ESZBS).[297]

Die Anteile, die von den einzelnen nationalen Zentralbanken am Kapital der EZB gezeichnet werden, werden nach einem in Art. 29 ESZBS geregelten Schlüssel ermittelt, in dem der Bevölkerungsanteil des jeweiligen Mitgliedstaates und dessen Bruttoinlandsprodukt berücksichtigt werden.[298] Alle fünf Jahre ist zu überprüfen, ob die Kapitalanteile der nationalen Zentralbanken diesem Schlüssel entsprechen. Haben sich diese Anteile verändert, sind die nationalen Zentralbanken gemäß Art. 28.5. ESZBS verpflichtet, durch Übertragungen von Kapitalanteilen untereinander dafür Sorge zu tragen, dass die Kapitalanteile dem neu berechneten Schlüssel entsprechen.

In welcher Höhe und in welcher Form das Kapital der EZB einzuzahlen ist, bestimmt der EZB-Rat gemäß Art. 28.3. ESZBS.[299]

Die Vorschriften der ESZB-Satzung zum Kapital der EZB (Art. 28, 29 und 49.3. ESZBS) sind auch bei Bestehen einer Ausnahmeregelung uneingeschränkt auf alle

---

292 Vgl. *Kroppenstedt*, in: *von der Groeben/Schwarze* (Hrsg.), Vertrag über die Europäische Union und Vertrag zur Gründung der Europäischen Gemeinschaft, 6. Auflage (2003), Art. 28 ESZB-Satzung Rdnr. 1.

293 Ähnlich *Weber*, (Fn. 11), S. 1471.

294 Dazu unten S. 157 ff.

295 *Weber*, (Fn. 11), S. 1466; *ders.*, (Fn. 9), S. 51. Ähnlich *Pipkorn*, Legal Arrangements in the Treaty of Maastricht for the Effectiveness of the Economic and Monetary Union, CMLR 1994, S. 263 (282).

296 Vgl. *Smulders*, (Fn. 8), Art. 107 EG Rdnr. 28 f.; *Weber*, (Fn. 11), S. 1466; *Welcker*, Das Europäische System der Zentralbanken, S. 14.

297 Zur Verteilung der monetären Einkünfte unten S. 138 ff.

298 Den derzeit geltenden Schlüssel hat die EZB durch den Beschluss der Europäischen Zentralbank vom 22. April 2004 über die prozentualen Anteile der nationalen Zentralbanken im Schlüssel für die Zeichnung des Kapitals der Europäischen Zentralbank (EZB/2004/5), ABl. EU Nr. L 205 vom 9.6.2004, S. 5, festgelegt.

299 Vgl. zuletzt den Beschluss der Europäischen Zentralbank zur Bestimmung der Maßnahmen, die zur Einzahlung des Kapitals der Europäischen Zentralbank durch die teilnehmenden nationalen Zentralbanken erforderlich sind (EZB/2004/6), ABl. EU Nr. L 205 vom 9.6.2004, S. 7.

Mitgliedstaaten anwendbar. Art. 43 EGV verändert ihren Anwendungsbereich nicht. Allerdings werden, sofern und solange eine Ausnahmeregelung gilt, diese Vorschriften durch die Art. 48 und 49.1. ESZBS ergänzt, die ebenfalls Bestimmungen zum Kapital der EZB enthalten (vgl. Art. 53 ESZBS). Zudem ergibt sich aus Art. 43 ESZBS, dass sich in diesem Fall das in Art. 10.3. ESZBS geregelte Verfahren verändert, in dem Entscheidungen auf der Grundlage der Art. 28 und 29 ESZBS zu Stande kommen. Mithin gelten in Bezug auf das Kapital der EZB andere Regeln, wenn einem Mitgliedstaat eine Ausnahmeregelung gewährt wird, als in dem Fall, in dem in der Europäischen Union ein einheitliches Währungsgebiet besteht.

b) *Zeichnung und Einzahlung von Kapitalanteilen*

Auf die Höhe des Eigenkapitals der EZB hat die Gewährung einer Ausnahmeregelung keinen Einfluss. Die Art. 48 und 49.1. ESZBS enthalten insoweit keine abweichenden Bestimmungen. Dieses Kapital, derzeit 5.564.669.247,19 Euro, haben die nationalen Zentralbanken nach einem Schlüssel gezeichnet, der auf der Grundlage des Art. 29.1. ESZBS festgelegt worden ist (vgl. Art. 28.2., 49.3. ESZBS).[300] Da Art. 29.1. ESZBS uneingeschränkt auf alle Mitgliedstaaten anwendbar ist, ergibt sich bereits aus dieser Norm, dass die Zentralbanken aller Mitgliedstaaten in dem Schlüssel für die Zeichnung des Kapitals der EZB zu berücksichtigen sind. Art. 48 S. 1 ESZBS stellt das jedoch nochmals ausdrücklich klar. Danach ist „jeder nationalen Zentralbank" ein „Gewichtsanteil" am Kapital der EZB in dem Schlüssel für die Zeichnung des Kapitals zuzuteilen. Da auch Art. 28.2. ESZBS auf alle Mitgliedstaaten anwendbar ist, zeichnen mithin auch bei Bestehen einer Ausnahmeregelung die nationalen Zentralbanken aller Mitgliedstaaten einen Anteil am Kapital der EZB.

Allerdings bestimmt Art. 48 S. 2 ESZBS, dass die Zentralbanken der Staaten mit Ausnahmeregelung ihren Anteil am Kapital der EZB grundsätzlich nicht einzahlen. Sie können gemäß dieser Vorschrift lediglich durch den Erweiterten Rat der EZB verpflichtet werden, als Beitrag zu den Betriebskosten der EZB einen Mindestprozentsatz des von ihnen gezeichneten Kapitals einzuzahlen. Einen solchen Beschluss hat die EZB gefasst.[301] Danach müssen die Zentralbanken der Mitgliedstaaten, für die eine Ausnahmeregelung gilt, 7 % des von ihnen gezeichneten Kapitals an die EZB überweisen.[302] Durch diesen Beitrag soll die EZB die Kosten abdecken können, die ihr aus ihrer Tätigkeit für diese Zentralbanken entstehen.

Somit sind zunächst nur die Zentralbanken des Euro-Währungsgebietes verpflichtet, ihren Kapitalanteil an die EZB einzuzahlen. Die Höhe und die Form dieser Ein-

---

300 Den derzeit geltenden Schlüssel hat die EZB durch den Beschluss der Europäischen Zentralbank vom 22. April 2004 über die prozentualen Anteile der nationalen Zentralbanken im Schlüssel für die Zeichnung des Kapitals der Europäischen Zentralbank (EZB/2004/5), ABl. EU Nr. L 205 vom 9.6.2004, S. 5, festgelegt.

301 Vgl. zuletzt den Beschluss der Europäischen Zentralbank vom 23. April 2004 zur Bestimmung der Maßnahmen, die zur Einzahlung des Kapitals der Europäischen Zentralbank durch die nationalen Zentralbanken nicht teilnehmender Mitgliedstaaten erforderlich sind (EZB/2004/10), ABl. EU Nr. L 205 vom 9.6.2004, S. 19.

302 Vgl. Art. 1 des Beschlusses (Fn. 301).

zahlungen legt der EZB-Rat auf der Grundlage des Art. 28.3. ESZBS fest.[303] Die Zentralbanken der Staaten mit Ausnahmeregelung zahlen dagegen bis auf den Beitrag zu den Betriebskosten das von ihnen gezeichnete Kapital erst ein, wenn die Ausnahmeregelung aufgehoben worden ist, dann allerdings in demselben Verhältnis wie die Zentralbanken des Euro-Währungsgebietes (vgl. Art. 49.1. S. 1 ESZBS).[304] Das Verhältnis, in dem die Einzahlungen zu leisten sind, ergibt sich aus dem Beschluss über die Höhe und die Form der Einzahlung des Kapitals nach Art. 28.3. ESZBS. Dieser Beschluss erlangt somit nach Aufhebung einer Ausnahmeregelung auch für die Zentralbanken der Staaten mit Ausnahmeregelung Bedeutung.[305] Zunächst lässt er für sie jedoch keine Rechtswirkungen entstehen.

Durch die Zeichnung eines Anteils am Kapital der EZB entsteht für die nationalen Zentralbanken eine Verbindlichkeit. Denn sie sind verpflichtet, ihren Anteil unter den in der ESZB-Satzung vorgesehenen Bedingungen einzuzahlen. Das gilt im vorstehend geschilderten Umfang auch für die Zentralbanken der Mitgliedstaaten mit Ausnahmeregelung. Daher muss sichergestellt sein, dass auch diese Zentralbanken entweder über die ihrem Kapitalanteil entsprechenden Mittel verfügen oder dass sie zumindest unbedingt auf sie zugreifen können, wenn der Betriebskostenbeitrag eingefordert oder die Ausnahmeregelung aufgehoben wird. Zudem dürfen ihre Kapitalanteile ebenso weder übertragen, verpfändet noch gepfändet werden wie die Kapitalanteile der Zentralbanken des Euro-Währungsgebietes. Art. 28.4. ESZBS, der diesen Grundsatz festschreibt, ist uneingeschränkt auf alle Mitgliedstaaten anwendbar. Auch insoweit enthalten die Art. 48 und 49 ESZBS keine abweichenden Bestimmungen.

c) *Kapitalerhöhung*

Sollte die EZB von der Möglichkeit Gebrauch machen, ihr Kapital durch einen Beschluss zu erhöhen, oder sollte sich ihr Kapital gemäß Art. 49.3. ESZBS infolge des Beitritts neuer Mitglieder zur Union automatisch erhöhen, müssen die Anteilseigner der EZB weitere Kapitalanteile an die EZB überweisen. Für die Höhe und die Form, in der diese Einzahlungen vorzunehmen sind, gelten auch bei Bestehen einer Ausnahmeregelung dieselben Regeln, die für die Einzahlung des Grundkapitals gelten. Die ESZB-Satzung enthält insoweit keine Sonderregelungen. Somit richtet sich die Höhe und Form dieser Einzahlungen nach einem Beschluss des EZB-Rates

---

303 Vgl. zuletzt den Beschluss der Europäischen Zentralbank zur Bestimmung der Maßnahmen, die zur Einzahlung des Kapitals der Europäischen Zentralbank durch die teilnehmenden nationalen Zentralbanken erforderlich sind (EZB/2004/6), ABl. EU Nr. L 205 vom 9.6.2004, S. 7.
304 Zur Aufhebung der Ausnahmeregelung unten § 8.
305 Im Zusammenhang mit der Aufhebung der für Griechenland geltenden Ausnahmeregelung ist die EZB allerdings anders vorgegangen. Sie hat ausdrücklich in einem gesonderten Beschluss festgelegt, in welcher Höhe und Form Griechenland die ausstehenden Kapitalanteile einzahlen musste. Vgl. Beschluss der Europäischen Zentralbank vom 16. November 2000 über die Einzahlung von Kapital und den Beitrag zu den Reserven und Rückstellungen der EZB durch die Bank von Griechenland und die erste Übertragung von Währungsreserven auf die EZB durch die Bank von Griechenland sowie damit zusammenhängende Fragen (EZB/2000/14), ABl. EG Nr. L 336 vom 30.12.2000, S. 110.

auf der Grundlage des Art. 28.3. ESZBS. Dieser Beschluss hat zunächst nur für die Zentralbanken der Staaten des Euro-Währungsgebietes Konsequenzen. Nur sie sind zu entsprechenden Zahlungen verpflichtet. Für die Zentralbanken der Staaten mit Ausnahmeregelung lässt er dagegen vorerst keine Rechtswirkungen entstehen (vgl. Art. 48 S. 2 ESZBS). Sie zahlen auch die weiteren Kapitalanteile grundsätzlich erst ein, wenn die Ausnahmeregelung aufgehoben worden ist (Art. 49 S. 1 ESZBS). Gemäß Art. 48 S. 2 ESZBS sind sie, wenn der Erweiterte Rat der EZB einen entsprechenden Beschluss gefasst hat, zunächst lediglich verpflichtet, einen Beitrag zu den Betriebskosten der EZB zu leisten.

Auf die Höhe des Betrags, den die Zentralbanken der Staaten mit Ausnahmeregelung als Beitrag zu den Betriebskosten einzahlen müssen, hat eine Kapitalerhöhung, gleich ob sie auf einen Beschluss der EZB oder gemäß Art. 49.3. ESZBS erfolgt, zudem zumindest nach der heute geltenden Rechtslage keine Auswirkungen. Zwar sind diese Zentralbanken derzeit auf Grund eines Beschlusses des Erweiterten Rates der EZB verpflichtet, 7 % des von ihnen gezeichneten Kapitals als Beitrag zu den Betriebskosten der EZB einzuzahlen.[306] Allerdings legt der genannte Beschluss die Beträge ausdrücklich fest, die von den einzelnen Zentralbanken zu zahlen sind.[307] Die Zentralbanken der Staaten mit Ausnahmeregelung sind also nur verpflichtet, die genannten Beträge einzuzahlen. Weitere Einzahlungen sind auch im Falle einer Kapitalerhöhung erst auf einen erneuten Beschluss des Erweiterten Rates der EZB hin zu leisten.

Die Zentralbanken der Staaten mit Ausnahmeregelung sind also nicht verpflichtet, weitere Kapitalanteile einzuzahlen, wenn die EZB beschließt, ihr Kapital zu erhöhen. Gleichwohl ist ein solcher Beschluss für diese Zentralbanken von erheblicher Bedeutung. Denn sobald die Ausnahmeregelung aufgehoben wird, müssen auch sie unter den Bedingungen der ESZB-Satzung das von ihnen gezeichnete Kapital einzahlen. Die dann fälligen Zahlungen sind aber auf Grund der Kapitalerhöhung höher als die, die ursprünglich zu leisten waren. Sollte die EZB etwa von der ihr derzeit eingeräumten Möglichkeit Gebrauch machen, ihr Kapital um maximal 5 Mrd. Euro zu erhöhen[308], würden sich, ein entsprechender Beschluss des EZB-Rates nach Art. 28.3. ESZBS vorausgesetzt, auch die insoweit fälligen Zahlungen vervielfachen. Gleichwohl haben die Zentralbanken der Staaten mit Ausnahmeregelung auf den Beschluss über eine Erhöhung des Kapitals der EZB keinen Einfluss. Denn eine Kapitalerhöhung beschließt ausweislich Art. 28.1. S. 2 ESZBS der EZB-Rat, in dem die Präsidenten der Zentralbanken dieser Staaten nicht vertreten sind.[309] Der Erweiterte Rat der EZB, in dem sie vertreten sind, wirkt hingegen bei diesem Beschluss nicht mit. Die ESZB-Satzung enthält keine entsprechende Anordnung.

---

306 Vgl. Art. 1 des Beschlusses (Fn. 301).
307 Vgl. im Einzelnen den Beschluss (Fn. 301).
308 Vgl. Art. 1 der Verordnung (EG) Nr. 1009/2000 des Rates vom 8. Mai 2000 über Kapitalerhöhungen der Europäischen Zentralbank, ABl. EG Nr. L 115 vom 16.5.2000, S. 1.
309 Zur Zusammensetzung der Beschlussorgane der EZB bei Bestehen einer Ausnahmeregelung siehe oben S. 42 ff.

Diese auf den ersten Blick problematische Regelung lässt sich unter zwei Gesichtspunkten erklären. Zunächst ist zu berücksichtigen, dass das Kapital der EZB im Wesentlichen der Erfüllung der währungspolitischen Aufgaben dient, die dem ESZB in Art. 105 EGV und in Art. 3 ESZBS zugewiesen sind.[310] Hieraus erklärt sich auch, dass zunächst nur die Zentralbanken der Mitgliedstaaten, für die keine Ausnahmeregelung gilt, ihren Kapitalanteil einzahlen. Denn diese Aufgaben nimmt das ESZB nur für das Euro-Währungsgebiet wahr.[311] Vor diesem Hintergrund überzeugt, dass der EZB-Rat für den Beschluss zuständig ist, das Kapital der EZB zu erhöhen. Die Zentralbanken der Mitgliedstaaten, die dem Euro-Währungsgebiet nicht angehören, haben so keine Möglichkeit, den für die Wahrnehmung der währungspolitischen Befugnisse des ESZB unter Umständen bedeutsamen Beschluss zu einer Kapitalerhöhung zu beeinflussen, zu behindern oder gar zu blockieren. Und zum anderen ist zu berücksichtigen, dass die Interessen der Mitgliedstaaten, für die eine Ausnahmeregelung gilt, hinreichend berücksichtigt sind. Denn der EZB-Rat darf eine Kapitalerhöhung nur innerhalb der Grenzen und unter den Bedingungen beschließen, die der EG-Rat vorgibt (Art. 28.1. S. 2 ESZBS). An dieser Ratsentscheidung sind aber auch die Mitgliedstaaten beteiligt, für die eine Ausnahmeregelung gilt. Sie haben daher einen gewissen Einfluss auf eine Kapitalerhöhung durch die EZB. Die ausschließliche Zuständigkeit des EZB-Rates für den Beschluss über die Kapitalerhöhung erscheint deshalb sachgerecht.

d) Überprüfung des Zeichnungsschlüssels und deren Folgen

Die ESZB-Satzung schreibt vor, dass in zwei Fällen der Schlüssel zu überprüfen und gegebenenfalls anzupassen ist, nach dem bestimmt wird, welchen Anteil die einzelnen Zentralbanken am Kapital der EZB zeichnen. Zum einen ist gemäß Art. 29.3. ESZBS alle fünf Jahre eine solche Überprüfung vorzunehmen.[312] Und zum anderen ist der Schlüssel im Zusammenhang mit einer automatischen Erhöhung des Kapitals der EZB nach Art. 49.3. ESZBS neu festzulegen. Veränderungen in dem Schlüssel, nach dem die Kapitalanteile berechnet werden, können sich ergeben, weil er mit dem Bevölkerungsanteil und dem Bruttoinlandsprodukt veränderliche Komponenten enthält (vgl. Art. 29.1. ESZBS). Hat sich der Schlüssel für die Zeichnung des Kapitals der EZB verändert, müssen die nationalen Zentralbanken durch Übertragungen von Kapitalanteilen untereinander dafür Sorge tragen, dass die Anteile, die von

---

310 Zur Funktion der Ausstattung der EZB mit Eigenkapital siehe etwa *Kroppenstedt*, in: *von der Groeben/Schwarze* (Hrsg.), Vertrag über die Europäische Union und Vertrag zur Gründung der Europäischen Gemeinschaft, 6. Auflage (2003), Art. 28 ESZB-Satzung Rdnr. 1 f. Siehe zudem die wirtschaftswissenschaftliche Untersuchung von *Bindseil/Manzanares/Weller*, The role of central bank capital revisited, 2004.

311 Siehe dazu oben S. 52 ff.

312 Das erste Mal hat die EZB Ende 2003 dieses Überprüfungsverfahren durchgeführt und infolge dieses Verfahrens den Zeichnungsschlüssel neu festgelegt. Vgl. den inzwischen durch den Beschluss EZB/2004/5 (Fn. 300) aufgehobenen Beschluss der Europäischen Zentralbank vom 18. Dezember 2003 über die prozentualen Anteile der nationalen Zentralbanken im Schlüssel für die Zeichnung des Kapitals der Europäischen Zentralbank (EZB/2003/17), ABl. EU Nr. L 9 vom 15.1.2004, S. 27.

den einzelnen Zentralbanken gehalten werden, dem neuen Schlüssel entsprechen (Art. 28.5. S. 1 ESZBS). Die Anteile am Kapital der EZB, die von den nationalen Zentralbanken gezeichnet worden sind, verändern sich also infolge einer Anpassung des Zeichnungsschlüssels nicht automatisch. Vielmehr ist ein formaler Übertragungsakt erforderlich. Ob die entsprechenden Kapitalanteile eingezahlt worden sind oder nicht, ist insoweit nicht von Relevanz.

Das Verfahren, in dem der Schlüssel für die Kapitalzeichnung überprüft wird, ist uneingeschränkt auf alle Mitgliedstaaten anwendbar. Dementsprechend können sich auch die Gewichtsanteile verändern, die den Zentralbanken der Staaten mit Ausnahmeregelung in dem Schlüssel für die Zeichnung des Kapitals der EZB zugewiesen sind. Geschieht das, sind auch diese Zentralbanken gemäß Art. 28.5. S. 1 ESZBS verpflichtet, durch Übertragungen von Kapitalanteilen sicherzustellen, dass die Verteilung der Kapitalanteile unter den nationalen Zentralbanken dem angepassten Zeichnungsschlüssel entspricht. Denn auch Art. 28.5. ESZBS ist uneingeschränkt auf alle Mitgliedstaaten anwendbar.

Besteht eine Ausnahmeregelung, zeigt sich, dass die Regelung in Art. 28.5. ESZBS lückenhaft ist, und zwar dann, wenn infolge einer Anpassung des Zeichnungsschlüssels Kapitalanteile zwischen den Zentralbanken des Euro-Währungsgebietes und denen der Staaten mit Ausnahmeregelung übertragen werden müssen. Denn in diesem Fall lässt sich durch die Übertragung von Kapitalanteilen zwar sicherstellen, dass die Kapitalanteile, die von den einzelnen Zentralbanken gehalten werden, dem neuen Zeichnungsschlüssel entsprechen. Nicht erreichen lässt sich aber, dass auch der Anteil, den die einzelnen Zentralbanken am *eingezahlten* Kapital der EZB halten, dem Anteil entspricht, den sie infolge der Änderung des Zeichnungsschlüssel halten dürfen. Die Zentralbanken halten vielmehr entweder einen zu großen oder zu geringen Teil am eingezahlten Kapital der EZB.

Der Grund hierfür liegt darin, dass die Zentralbanken des Euro-Währungsgebietes einerseits und die der Mitgliedstaaten mit Ausnahmeregelung andererseits einen unterschiedlichen Prozentsatz des von ihnen gezeichneten Kapitalanteils einzahlen. Die zuletzt genannten Zentralbanken zahlen auf einen entsprechenden Beschluss des Erweiterten Rates der EZB allenfalls einen Mindestprozentsatz als Beitrag zu den Betriebskosten der EZB ein (Art. 48 S. 2 ESZBS). Dagegen zahlen die Zentralbanken des Euro-Währungsgebietes den von ihnen gezeichneten Kapitalanteil in der Regel voll, jedenfalls aber zu einem höheren Prozentsatz ein als die Zentralbanken der Mitgliedstaaten mit Ausnahmeregelung. Überträgt nun eine Zentralbank des Euro-Währungsgebietes den Kapitalanteil, um den sich ihr Anteil infolge einer Änderung des Zeichnungsschlüssels verringert hat, dann ist dieser Kapitalanteil in der Regel zu einhundert Prozent eingezahlt. Von diesem Anteil muss die Zentralbank eines Staates mit Ausnahmeregelung, auf die er übertragen worden ist, jedoch höchstens einen Mindestprozentsatz als Beitrag zu den Betriebskosten der EZB, also einen Bruchteil, einzahlen. Überträgt eine Zentralbank des Euro-Währungsgebietes also den Kapitalanteil, um den sich ihr Anteil am Kapital der EZB verringert hat, auf eine Zentralbank eines Staates mit Ausnahmeregelung, führt das dazu, dass diese zwar einen Anteil am Kapital der EZB hält, der dem neuen Zeichnungsschlüssel entspricht. Der Anteil, der hieran eingezahlt ist, ist aber höher als der, der eigentlich eingezahlt werden müsste.

Eine ähnliche Situation besteht, wenn Zentralbanken der Staaten mit Ausnahmeregelung auf die Zentralbanken der Staaten des Euro-Währungsgebietes Kapitalanteile übertragen. Die Kapitalanteile, die sie übertragen, sind allenfalls zu einem Bruchteil eingezahlt. Die Zentralbanken des Euro-Währungsgebietes, denen sie übertragen worden sind, halten zwar nach der Übertragung genau den Anteil am Kapital der EZB, der dem Zeichnungsschlüssel entspricht. Der entsprechende Kapitalanteil ist jedoch noch nicht in dem erforderlichen Umfang eingezahlt.

Die Lösung dieses Problems ist in der ESZB-Satzung nicht geregelt. Sie bedarf, was zwischenzeitlich geschehen ist[313], einer Regelung in den Bedingungen für die Übertragung der Kapitalanteile, die der EZB-Rat nach Art. 28.5. S. 2 ESZBS festlegt. Allerdings kommt insoweit nur eine Regelung in Betracht, nach der die Zentralbanken des Euro-Währungsgebietes die ausstehenden Kapitalanteile einzahlen bzw. die EZB die überzahlten Kapitalanteile auszahlt.[314] Welche Verfahrensweise hier im Einzelnen gewählt wird, obliegt einer Entscheidung des EZB-Rates.

Sind infolge einer Anpassung des Zeichnungsschlüssels dagegen nur Übertragungen von Kapitalanteilen entweder ausschließlich zwischen den Zentralbanken des Euro-Währungsgebietes oder denen der Staaten mit Ausnahmeregelung erforderlich, ergeben sich keine Besonderheiten. Denn diese Zentralbanken haben, soweit sie ihren Verpflichtungen nachgekommen sind, prozentual jeweils denselben Anteil an dem von ihnen gezeichneten Kapital eingezahlt.[315] Der entsprechende Prozentsatz ergibt sich für die Zentralbanken des Euro-Währungsgebietes aus dem Beschluss des EZB-Rates nach Art. 28.3. ESZBS, für die der Staaten mit Ausnahmeregelung aus dem Beschluss des Erweiterten Rates der EZB über die Einzahlung eines Beitrags zu den Betriebskosten der EZB (vgl. Art. 48 S. 2 ESZBS). Verändert sich der Schlüssel für die Zeichnung des Kapitals, müssen die Zentralbanken, deren Anteil sich verringert hat, diesen Anteil lediglich auf die Zentralbanken, deren Anteil sich erhöht hat, übertragen. Nach erfolgter Übertragung entspricht die Verteilung der Kapitalanteile zwischen den Zentralbanken sowohl hinsichtlich des ge-

---

313 Vgl. Beschluss der Europäischen Zentralbank vom 22. April 2004 zur Festlegung der Bedingungen für die Übertragung der Kapitalanteile zwischen den nationalen Zentralbanken und für die Anpassung des eingezahlten Kapitals (EZB/2004/7), ABl. EU Nr. L 205 vom 9.6.2004, S. 9, sowie den vorhergehenden Beschluss EZB/2003/20 (ABl. EU Nr. L 9 vom 15.1.2004, S. 32). Festlegungen zu den Bedingungen für die Übertragung von Kapitalanteilen finden sich in den zum Teil bereits aufgehobenen Beschlüssen, in denen die Höhe und die Form der Einzahlung des Kapitals durch die Zentralbanken des Euro-Währungsgebietes bzw. des Betriebskostenbeitrags durch die Zentralbanken der Staaten mit Ausnahmeregelung festgelegt wurden. Vgl. die Beschlüsse EZB/2003/18 (ABl. EU Nr. L 9 vom 15.1.2004, S. 29), EZB/2004/6 (Fn. 303), EZB/2003/19 (ABl. EU Nr. L 9 vom 15.1.2004, S. 31) sowie EZB/2004/10 (Fn. 301).

314 Dem entsprechen die Festlegungen im Beschluss EZB/2004/7 (Fn. 313).

315 Ausdrücklich geregelt ist das zwar nicht. Unter dem Aspekt der Gleichbehandlung ist aber eine Regelung, nach der unterschiedliche Prozentsätze des von den Zentralbanken gezeichneten Kapitals eingefordert werden, nicht denkbar.

zeichneten als auch hinsichtlich des eingezahlten Kapitalanteils dem neuen Zeichnungsschlüssel.

Der EZB-Rat muss in den Bedingungen für die Übertragung von Kapitalanteilen nach Art. 28.5. ESZBS zudem sicherstellen, dass keiner der beteiligten Zentralbanken ein Verlust entsteht. Denn das Entstehen eines Verlustes infolge einer Übertragung von Kapitalanteilen nach Art. 28.5. S. 1 ESZBS ist von dieser Vorschrift mit Sicherheit nicht beabsichtigt.[316]

e) Befugnisse des Erweiterten Rates der EZB

Die Befugnisse, die der EZB in den Art. 28 und 29 ESZBS zugewiesen sind, werden umfassend durch den EZB-Rat wahrgenommen. Er ist für den Beschluss über eine Kapitalerhöhung zuständig (Art. 28.1. S. 2 ESZBS). Er bestimmt, in welcher Höhe und in welcher Form das Kapital der EZB einzuzahlen ist (Art. 28.3. ESZBS). Er legt die Bedingungen fest, nach denen die Kapitalanteile infolge einer Anpassung des Zeichnungsschlüssels unter den nationalen Zentralbanken übertragen werden (Art. 28.5. ESZBS). Und schließlich ist der EZB-Rat nach Art. 29.4. ESZBS dafür zuständig, alle weiteren Maßnahmen zu treffen, die zur Anwendung des Art. 29 ESZBS erforderlich sind.

Der Erweiterte Rat der EZB wirkt hingegen nur bei den Maßnahmen mit, die durch den EZB-Rat zur Anwendung des Art. 29 ESZBS auf der Grundlage des Art. 29.4. ESZBS getroffen werden (Art. 47.2., 4. Gs ESZBS). Bei Beschlüssen auf der Grundlage des Art. 28 ESZBS hat er dagegen keine Mitwirkungsbefugnisse. Allerdings obliegt ihm gemäß Art. 48 S. 2 ESZBS die alleinige Entscheidung darüber, ob die Zentralbanken der Mitgliedstaaten, für die eine Ausnahmeregelung gilt, einen Teil des von ihnen gezeichneten Kapitals als Beitrag zu den Betriebskosten einzahlen.

Es ist bereits festgestellt worden, dass diese Zuständigkeitsverteilung hinsichtlich des Beschlusses über die Kapitalerhöhung sachgerecht ist.[317] Und auch die ausschließliche Zuständigkeit des EZB-Rates für den Beschluss über die Höhe und Form des einzuzahlenden Kapitals (Art. 28.3. ESZBS) ist konsequent. Schließlich betrifft dieser Beschluss zunächst ausschließlich die nationalen Zentralbanken des Euro-Währungsgebietes.[318] Ebenso überzeugt, dass der Erweiterte Rat der EZB über die Einzahlung eines Betriebskostenbeitrags von den Zentralbanken der Staaten mit Ausnahmeregelung entscheidet (Art. 48 S. 2 ESZBS). Dieser Beschluss hat unmittelbare Auswirkungen nur auf diese Zentralbanken und sollte daher von dem

---

316 Die EZB hat in dem Beschluss, in dem die Bedingungen für die Übertragung von Kapitalanteilen festgelegt sind (Fn. 313), insoweit einen sehr pragmatischen Weg gewählt. Nach diesem Beschluss übertragen die einzelnen Zentralbanken untereinander zwar im erforderlichen Umfang die Kapitalanteile. Ein förmlicher Übertragungsakt findet jedoch nicht statt. Den Zentralbanken, deren Anteil am gezeichneten Kapital sich infolge einer Schlüsselanpassung verringert hat, zahlt die EZB den Anteil am Kapital aus, um den sich der Anteil verringert hat. Die Zentralbanken, deren Anteil sich erhöht hat, überwiesen den entsprechenden Betrag an die EZB.

317 Siehe dazu oben S. 129 f.

318 Siehe dazu oben S. 127 f.

Beschlussorgan der EZB getroffen werden, in dem auch ihre Präsidenten vertreten sind.

Rechtliche Probleme wirft dagegen die Regelung der Organzuständigkeit für die Beschlüsse auf, in denen der Zeichnungsschlüssel für das Kapital der EZB überprüft und festgelegt wird (Art. 29.1., 29.3. ESZBS). Obwohl diese Beschlüsse auch die Zentralbanken der Staaten mit Ausnahmeregelung unmittelbar betreffen[319], ist eine Mitwirkung des Erweiterten Rates der EZB bei ihrer Verabschiedung nicht ausdrücklich vorgesehen. Vielmehr wirkt er gemäß Art. 47.2., 4. Gs. ESZBS nur an „allen sonstigen erforderlichen Maßnahmen zur Anwendung von Art. 29 ESZBS gemäß Art. 29.4." ESZBS mit. Fraglich ist jedoch, was diese „sonstigen erforderlichen Maßnahmen" umfassen. Denkbar sind insoweit zwei Varianten. Einerseits könnte es sich um alle Maßnahmen handeln, die zur Anwendung des Art. 29 ESZBS getroffen werden müssen, also inklusive der Festlegung und Überprüfung des Zeichnungsschlüssels selbst. Bei diesem Verständnis des Art. 29.4. ESZBS würde der Erweiterte Rat der EZB mithin an allen Beschlüssen mitwirken, die auf der Grundlage des Art. 29 ESZBS gefasst werden. Andererseits könnten mit den „sonstigen erforderlichen Maßnahmen" aber auch nur solche gemeint sein, die neben der Festlegung und Überprüfung des Zeichnungsschlüssels erforderlich werden. Wäre dieser Auslegung des Art. 29.4. ESZBS zu folgen, würde der Erweiterte Rat der EZB an den Beschlüssen auf der Grundlage der Art. 29.1. und 29.3. ESZBS, in denen der Schlüssel für die Zeichnung des Kapitals überprüft und festgelegt wird, nicht mitwirken. Zuständig hierfür wäre, da die Organzuständigkeit nicht festgelegt ist, entsprechend der allgemeinen Verteilung der Aufgaben zwischen den Beschlussorganen der EZB entweder der EZB-Rat oder das Direktorium.[320]

Der Wortlaut des Art. 29.4. ESZBS lässt beide Auslegungen zu. Gefolgt werden kann jedoch nur der ersten Ansicht, die wohl auch die EZB vertritt.[321] Das entscheidende Argument hierfür ergibt sich aus Art. 47.2., 4. Gs. ESZBS. Denn es lässt sich nicht erklären, warum der Erweiterte Rat der EZB zwar an nicht näher bezeichneten „sonstigen Maßnahmen" zur Anwendung des Art. 29 ESZBS mitwirken soll, nicht aber an den grundsätzlichen Entscheidungen, die auf der Grundlage dieser Norm getroffen werden, selbst. Das spricht dafür, dass Art. 29.4. ESZBS die Grundlage für alle Beschlüsse ist, die zur Anwendung des Art. 29 ESZBS getroffen werden. Folglich wirkt der Erweiterte Rat der EZB auch an allen Entscheidungen mit, die auf der Grundlage des Art. 29 ESZBS getroffen werden, insbesondere bei der Festlegung und Überprüfung des Zeichnungsschlüssels.

---

319 Siehe dazu oben S. 130 ff.

320 Dazu oben S. 49 f.

321 Bei der Festlegung des Zeichnungsschlüssels durch die Beschlüsse EZB/1998/1 (ABl. EG Nr. L 8 vom 14.1.1999, S. 31), EZB/2003/17 (Fn. 312) und EZB/2004/5 (Fn. 300), hat ausweislich der Präambel beider Beschlüsse der Erweiterte Rat der EZB mitgewirkt. In dem Beschluss, in dem der Kapitalschlüssel Ende 1998 überprüft und verändert worden ist (Beschluss der Europäischen Zentralbank vom 1. Dezember 1998 über die prozentualen Anteile der nationalen Zentralbanken im Schlüssel für die Zeichnung des Kapitals der Europäischen Zentralbank, ABl. EG Nr. L 125 vom 19.5.1999, S. 33), fehlt allerdings ein Hinweis auf die Mitwirkung des Erweiterten Rates der EZB.

Problematisch ist weiterhin, dass der Erweiterte Rat der EZB mangels entsprechender Anordnung in Art. 47 ESZBS an der Festlegung der Bedingungen, nach denen das Kapital der EZB übertragen wird, nicht mitzuwirken scheint (Art. 28.5. S. 1 ESZBS), obwohl dieser Beschluss auch die Zentralbanken der Staaten mit Ausnahmeregelung unmittelbar betrifft.[322] Allerdings spricht der enge Zusammenhang von Art. 28.5. ESZBS mit Art. 29.1 und 29.3. ESZBS dafür, Art. 47.2. ESZBS insoweit analog anzuwenden. Denn der Erweiterte Rat der EZB wirkt an allen Beschlüssen mit, die auf der Grundlage des Art. 29 ESZBS getroffen werden. Es wäre daher nur folgerichtig, dass er auch an den Entscheidungen mitwirkt, in denen die Folgen dieser Beschlüsse geregelt werden. Argumente, die gegen eine solche Analogie sprechen, sind nicht ersichtlich. Insbesondere kann ein Beschluss auf der Grundlage des Art. 28.5. S. 2 ESZBS die Wahrnehmung der währungspolitischen Befugnisse des Euro-Währungsgebietes nicht beeinflussen. Denn Art. 28.5. ESZBS regelt ausschließlich, unter welchen Bedingungen die nationalen Zentralbanken untereinander Kapitalanteile übertragen, um sicherzustellen, dass die Verteilung der Kapitalanteile dem neuen Zeichnungsschlüssel entspricht. Somit ist als Ergebnis festzuhalten, dass der EZB-Rat in analoger Anwendung des Art. 47.2. 4. Gs. ESZBS an der Festlegung der Bedingungen für die Übertragung von Kapitalanteilen auf der Grundlage des Art. 28.5. S. 2 ESZBS mitwirkt. Hinzuweisen bleibt allerdings darauf, dass die EZB insoweit wohl eine andere Auffassung vertritt. Soweit ersichtlich, hat der Erweiterte Rat der EZB an den beiden Beschlüssen, die von der EZB bislang explizit auf Art. 28.5. S. 1 ESZBS gestützt worden sind, nicht mitgewirkt.[323]

f) *Stimmgewichtung im EZB-Rat*

Bei Beschlüssen, die der EZB-Rat auf der Grundlage der Art. 28 und 29 ESZBS fasst, finden besondere Abstimmungsregeln Anwendung. Normalerweise hat jedes Mitglied des EZB-Rates eine Stimme (Art. 10.2. UAbs. 2 S. 1 ESZBS).[324] Beschlüsse kom-

---

322 Zur Bedeutung dieses Beschlusses für die Zentralbanken der Staaten mit Ausnahmeregelung siehe oben S. 130 ff.

323 Das lässt sich daraus schließen, dass in diesen beiden Beschlüssen (EZB/2003/20 und EZB/2004/7, siehe oben Fn. 313) ein Hinweis auf seine Mitwirkung fehlt, der, soweit ersichtlich, immer in Beschlüssen enthalten ist, wenn eine Mitwirkung stattgefunden hat. Regelungen zu den Übertragungsbedingungen finden sich im Übrigen auch in den Beschlüssen, in denen die Höhe und die Form der Einzahlung des Kapitals der EZB durch die Zentralbanken der Staaten des Euro-Währungsgebietes bzw. des Betriebskostenanteils durch die Zentralbanken der Staaten mit Ausnahmeregelung geregelt ist. Diese Beschlüsse sind jedoch nicht explizit auf Grundlage des Art. 28.5. ESZBS ergangen. In der Präambel dieser Beschlüsse fehlt ein Hinweis auf diese Norm. Eine Mitwirkung des Erweiterten Rates hat nicht stattgefunden. Zum Teil hat der Erweiterte Rat der EZB die entsprechenden Festlegungen sogar selbst getroffen, und zwar in den Beschlüssen, in denen die Einzahlung des Betriebskostenanteils durch die Zentralbanken der Staaten mit Ausnahmeregelung festgelegt wird. Vgl. die Beschlüsse EZB/2003/19 (Fn. 313) sowie EZB/2004/10 (Fn. 313). Mit den Regelungen zur Organzuständigkeit in Art. 28.5. ESZBS ist das nicht zu vereinbaren.

324 Zu beachten ist allerdings, dass der EG-Rat in der Zusammensetzung der Staats- und Regierungschefs eine Änderung dieser Abstimmungsregelungen beschlossen hat, die zwischenzeitlich in Kraft getreten sind (vgl. Beschluss vom 21. März 2003 über eine Änderung des Artikels 10.2 der Satzung des Europäischen Systems der Zentralbank (2003/223/EG), ABl. EU Nr. L 83 vom 1.4.

men mit der Mehrheit der Stimmen zu Stande, wobei die des Präsidenten der EZB bei Stimmengleichheit den Ausschlag gibt (Art. 10.2. UAbs. 2 S. 2 und S. 3 ESZBS). Bei Beschlüssen, die auf der Grundlage der Art. 28, 29, 30, 32, 33 und 51 ESZBS gefasst werden, findet jedoch ein anderes Verfahren Anwendung. Bei diesen Beschlüssen werden die Stimmen der Mitglieder des EZB-Rates gewogen (vgl. Art. 10.3. ESZBS).[325]

Die Stimmen der Präsidenten der nationalen Zentralbanken im EZB-Rat entsprechen in den in Art. 10.3. ESZBS abschließend aufgezählten Fällen dem Anteil, den ihre jeweilige nationale Zentralbank am Kapital der EZB hält (Art. 10.3. S. 1 ESZBS). Die Stimmen der Mitglieder des Direktoriums werden dagegen mit „Null" gewichtet (Art. 10.3. S. 2 ESZBS). Ein Beschluss, bei dem die Stimmen der Präsidenten der nationalen Zentralbanken gewogen werden, gilt als angenommen, wenn die abgegebenen Ja-Stimmen mindestens 2/3 des gezeichneten Kapitals vertreten und mindestens die Hälfte der Anteilseigner zustimmt (Art. 10.3. S. 3 ESZBS). Es handelt sich also um eine doppelt qualifizierte Mehrheit.

Auch wenn einem Mitgliedstaat eine Ausnahmeregelung gewährt wird, werden die Stimmen im EZB-Rat bei Beschlüssen gewogen, die auf der Grundlage einer der in Art. 10.3. ESZBS genannten Normen gefasst werden. Allerdings verändern sich die Voraussetzungen, unter denen ein solcher Beschluss zu Stande kommt. Das ergibt sich daraus, dass der Wortlaut des Art. 10.3. ESZBS durch die Art. 43.4., 43.5. und 43.6. ESZBS erheblich verändert wird. Danach bezeichnen die Begriffe „nationale Zentralbanken" und „Anteilseigner" in Art. 10.3. ESZBS jeweils die „Zentralbanken der Mitgliedstaaten, für die keine Ausnahmeregelung gilt". Und die Bezeichnung „gezeichnetes Kapital" ist als „Kapital der EZB, das von den Zentralbanken der Mitgliedstaaten gezeichnet wurde, für die keine Ausnahmeregelung gilt", zu verstehen.

Infolge dieser Veränderungen ändert sich die Bezugsgröße, anhand der das Stimmgewicht der Präsidenten der nationalen Zentralbanken bestimmt wird. Diese Bezugsgröße ist nicht mehr das Kapital der EZB, sondern nur der Anteil am Kapital der EZB, der von den Zentralbanken der Mitgliedstaaten, für die keine Ausnahmeregelung gilt, gezeichnet worden ist. Der jeweilige Anteil, den die einzelnen Zentralbanken des Euro-Währungsgebietes hieran gezeichnet haben, entspricht dem Stimmgewicht der Präsidenten der jeweiligen Zentralbanken im EZB-Rat. Ein Be-

2003, S. 66). Danach wird, wenn dem EZB-Rat 22 stimmberechtigte Mitglieder angehören, ein Rotationsprinzip eingeführt, mit der Folge, dass nicht mehr alle Zentralbankpräsidenten im EZB-Rat stimmberechtigt sind. Siehe im Einzelnen die neue Fassung des Art. 10.2. ESZBS sowie zu dieser Neufassung *Belke/Kruwinnus*, Erweiterung der EU und Reform des EZB-Rates, Wirtschaftsdienst 2003, S. 325 ff.; *Fritz*, One Person, One Vote? Die Europäische Zentralbank im Lichte der EU-Osterweiterung, List-Forum für Wirtschafts- und Finanzpolitik 2001, S. 229 ff.; *Smits*, (Fn. 30), Art. 10 ESZB-Satzung Rdnr. 19 ff. Ferner *Belke/Baumgärtner*, Die EZB und die Erweiterung – eine ökonomische und rechtliche Kurzanalyse des neuen Rotationsmodells, Integration 2004, S. 75 ff.; *Häde*, Der Vertrag von Nizza und die Wirtschafts- und Währungsunion, EWS 2001, S. 97 ff.

325 Die Beschlüsse des Rates in der Zusammensetzung der Staats- und Regierungschefs zur Änderung der Abstimmungsregeln im EZB-Rat (siehe Fn. 324) haben auf die Abstimmungen, in denen die Stimmen der EZB-Ratsmitglieder gewogen werden, keinen Einfluss.

schluss, der die doppelt qualifizierte Mehrheit der Stimmen benötigt, kommt dementsprechend in diesem Fall zu Stande, wenn erstens die abgegebenen Ja-Stimmen 2/3 des Anteils am Kapital der EZB vertreten, das die nationalen Zentralbanken des Euro-Währungsgebietes gezeichnet haben, und zweitens mindestens die Hälfte der Präsidenten dieser Zentralbanken zustimmen.

g) Ergebnis

Die Höhe des Eigenkapitals der EZB verändert sich nicht, wenn einem Mitgliedstaat eine Ausnahmeregelung gewährt wird (vgl. Art. 28.1., 49.3. ESZBS). Dieses Kapital zeichnen die Zentralbanken aller Mitgliedstaaten nach einem auf der Grundlage des Art. 29.1. ESZBS festgelegten Schlüssel (vgl. Art. 28.2., 48 S. 1, 49.3. ESZBS). Die ESZB-Satzung enthält insoweit keine abweichenden Regelungen. Allerdings sind zunächst nur die Zentralbanken der Staaten des Euro-Währungsgebietes verpflichtet, auf einen Beschluss des EZB-Rates den von ihnen gezeichneten Kapitalanteil einzuzahlen (vgl. Art. 28.3., 48 S. 2 ESZBS). Dagegen können die Zentralbanken der Staaten mit Ausnahmeregelung, was zwischenzeitlich geschehen ist, lediglich durch den Erweiterten Rat der EZB verpflichtet werden, einen Mindestprozentsatz des von ihnen gezeichneten Kapitals als Beitrag zu den Betriebskosten einzuzahlen (Art. 48 S. 2 ESZBS). Die Zentralbanken der Staaten mit Ausnahmeregelung zahlen ihren Kapitalanteil erst dann ein, wenn die Ausnahmeregelung aufgehoben worden ist (Art. 49 S. 1 ESZBS). Diese Regeln zur Einzahlung des Kapitals gelten auch dann, wenn sich das Kapital der EZB erhöhen sollte.

Infolge einer automatischen Erhöhung des Kapitals der EZB oder im Turnus von fünf Jahren ist gemäß Art. 29.3. ESZBS zu überprüfen, ob sich der Schlüssel verändert hat, nach dem sich bestimmt, welchen Anteil am Kapital der EZB die einzelnen nationalen Zentralbanken zeichnen. Verändert sich der Schlüssel, übertragen die nationalen Zentralbanken untereinander Kapitalanteile, um zu erreichen, dass die Verteilung der Kapitalanteile dem angepassten Schlüssel entspricht (Art. 28.5. ESZBS). Sollten infolge einer Anpassung des Zeichnungsschlüssels Kapitalanteile zwischen Zentralbanken des Euro-Währungsgebietes und denen der Staaten mit Ausnahmeregelung übertragen werden müssen, muss der EZB-Rat in den Bedingungen für die Übertragung von Kapitalanteilen, die er auf der Grundlage des Art. 28.5. S. 2 ESZBS erlässt, einige Besonderheiten regeln. Denn es lässt sich in diesem Fall allein durch die Übertragung von Kapitalanteilen unter den nationalen Zentralbanken nicht erreichen, dass neben der Verteilung der Kapitalanteile unter den Zentralbanken auch die Verteilung der eingezahlten Kapitalanteile dem neuen Zeichnungsschlüssel entspricht.

Für die Beschlüsse, die zur Anwendung der Art. 28 und 29 ESZBS gefasst werden müssen, ist umfassend der EZB-Rat zuständig. Diese Zuständigkeitsverteilung überzeugt weitgehend, obwohl die meisten dieser Beschlüsse auch die Zentralbanken der Staaten mit Ausnahmeregelung betreffen. Das ist vor allem deshalb der Fall, weil die Interessen der Staaten mit Ausnahmeregelung und die ihrer Zentralbanken beim Zustandekommen der sie betreffenden Beschlüsse entweder durch ihre Mitwirkung im EG-Rat (bei Beschlüssen auf der Grundlage des Art. 28.1. ESZBS) oder im Erweiterten Rat der EZB (bei Beschlüssen auf der Grundlage der Art. 28.5. und 29 ESZBS) gewahrt sind. Fasst der EZB-Rat auf der Grundlage der Art. 28 und 29 ESZBS Beschlüsse, ist zudem zu beachten, dass ein besonderes, in Art. 10.3. ESZBS geregeltes Beschlussverfahren Anwendung findet. Dieses Verfahren verändert sich auf Grund der durch Art. 43 ESZBS angeordneten Veränderungen im Anwendungsbereich des Art. 10.3. ESZBS deutlich, wenn einem Mitgliedstaat eine Ausnahmeregelung gewährt wird.

3. Verteilung der monetären Einkünfte

a) *Überblick*

Art. 32 ESZBS regelt, wie die monetären Einkünfte der nationalen Zentralbanken verteilt werden.[326] Zu den monetären Einkünften in diesem Sinne zählen gemäß Art. 32.1. ESZBS alle Einnahmen, die den nationalen Zentralbanken aus der Erfüllung der währungspolitischen Aufgaben des ESZB zufließen. Diese Einkünfte werden saldiert und gemäß Art. 32.5. ESZBS grundsätzlich entsprechend den Anteilen der nationalen Zentralbanken am Kapital der EZB verteilt. Abweichungen von diesem Grundsatz sind nur auf Grund eines Beschlusses des EZB-Rates auf der Grundlage von Art. 33.2. ESZBS möglich. Danach kann im gegebenen Fall ein Verlust der EZB aus den monetären Einkünften der nationalen Zentralbanken gedeckt werden. Die Einzelheiten, nach denen die monetären Einkünfte der nationalen Zentralbanken berechnet werden, sind in Art. 32.2 und 32.4. bis 32.6. ESZBS geregelt.[327] Diese Vorschriften ermächtigen den EZB-Rat auch, alle erforderlichen Maßnahmen zur Anwendung des Art. 32 ESZBS zu treffen.[328]

Neben den nationalen Zentralbanken kann auch die EZB selbst einen monetären Gewinn erwirtschaften.[329] Art. 33 ESZBS regelt, wie dieser Gewinn unter ihren An-

---

326 Zur Entstehung monetärer Einkünfte aus volkswirtschaftlicher Sicht siehe etwa *Maennig*, Notenbankgewinn-Einbußen – ernsthaftes Hindernis für die Währungsunion?, in: *Hasse* (Hrsg.), Herausforderungen der Europäischen Währungsunion, S. 77 ff.; *Rösl/Schäfer*, Notenbankgewinnentstehung und -verwendung in der WWU, in: *Caesar/Scharrer* (Hrsg.), Die Europäische Wirtschafts- und Währungsunion: regionale und globale Herausforderungen, S. 147 ff., sowie *Rösl*, Seigniorage in der EWU, S. 1 ff.

327 Für eine Übergangsperiode von fünf Jahren nach dem Übergang in die dritte Stufe eröffnete Art. 32.3. ESZBS dem EZB-Rat die Möglichkeit, die monetären Einkünfte der nationalen Zentralbanken abweichend von Art. 32.2. ESZBS zu berechnen. Diese Übergangsregelung ist inzwischen obsolet.

328 Vgl. zuletzt den Beschluss der Europäischen Zentralbank vom 6. Dezember 2001 über die Verteilung der monetären Einkünfte der nationalen Zentralbanken der teilnehmenden Mitgliedstaaten ab dem Geschäftsjahr 2002 (EZB/ 2001/16), ABl. EG Nr. L 337 vom 20.12.2001, S. 55, geändert durch Beschluss vom 18. Dezember 2003 (EZB/ 2003/22), ABl. EU Nr. L 9 vom 15.1.2004, S. 39. Vgl. zudem den Beschluss der Europäischen Zentralbank vom 21. November 2002 über die Verteilung der Einkünfte der Europäischen Zentralbank aus dem Euro-Banknotenumlauf an die nationalen Zentralbanken der teilnehmenden Mitgliedstaaten (EZB/2002/9), ABl. EG Nr. L 323 vom 28.11.2002, S. 49.

329 Dazu aus volkswirtschaftlicher Sicht ausführlich *Rösl*, (Fn. 326), S. 59 ff.

teilseignern, also den nationalen Zentralbanken, zu verteilen ist. Ein etwaiger Gewinn der EZB wird bis zu einer bestimmten Höhe einem allgemeinen Reservefond zugeführt. Der verbleibende Betrag wird an die Anteilseigner der EZB entsprechend den von ihnen eingezahlten Kapitalanteilen ausgeschüttet. Sollte die EZB dagegen Verluste erwirtschaften, so werden diese gemäß Art. 33.2. ESZBS zunächst aus dem allgemeinen Reservefond gedeckt und, soweit erforderlich, auf die nationalen Zentralbanken umgelegt. In letzterem Fall werden sie aus den nach Art. 32 ESZBS ermittelten monetären Einkünften der nationalen Zentralbanken gedeckt.

Die ESZB-Satzung enthält keine Bestimmung zur Verteilung möglicher Verluste der nationalen Zentralbanken. Die Vertragsparteien haben auf Grund des mit der Tätigkeit einer Zentralbank zwingend einhergehenden Gewinns aus der Ausgabe von Banknoten wohl ausgeschlossen, dass aus der Tätigkeit aller nationalen Zentralbanken ein Verlust erwächst. Denkbar erschien ihnen wohl lediglich, dass einzelne nationale Zentralbanken oder auch die EZB Verluste erwirtschaften. Saldiert sollte aus der Tätigkeit aller Zentralbanken des Systems jedoch immer ein Gewinn resultieren.

Der Anwendungsbereich von Art. 32 und 33 ESZBS verändert sich umfassend, wenn für einen Mitgliedstaat eine Ausnahmeregelung gilt. Beide Vorschriften lassen für die Staaten mit Ausnahmeregelung keinerlei Rechte oder Verpflichtungen entstehen (vgl. Art. 43.1. ESZBS). Zudem bezeichnen die Begriffe „nationale Zentralbanken" in beiden Normen sowie „Anteilseigner" in Art. 33.1. ESZBS nur die Zentralbanken der Mitgliedstaaten, für die keine Ausnahmeregelung gilt (vgl. Art. 43.4. und 43.6. ESZBS). Auf Grund dieser Veränderungen sind die Mitgliedstaaten, für die eine Ausnahmeregelung gilt, aus dem Anwendungsbereich beider Normen umfassend ausgenommen. Sie lassen für sie keine Rechtswirkungen entstehen. Da weder die ESZB-Satzung noch der EG-Vertrag weitere Vorschriften zur Verteilung der Einkünfte der nationalen Zentralbanken enthalten, ergeben sich aus dem Gemeinschaftsrecht keine Vorgaben dahingehend, wie die monetären Einkünfte der nationalen Zentralbanken der Staaten mit Ausnahmeregelung zu berechnen oder wie diese zu verwenden sind. Diese Bereiche blieben mithin in der Regelungskompetenz dieser Mitgliedstaaten.

b) Monetäre Einkünfte der Zentralbanken des Euro-Währungsgebietes

Probleme für die Anwendung der Art. 32 und 33 ESZBS ergeben sich aus den angeordneten Veränderungen im Anwendungsbereich der beiden Vorschriften nicht. Vielmehr entsteht durch sie eine eindeutige Rechtslage.

Danach werden nach Art. 32 ESZBS lediglich die monetären Einkünfte der nationalen Zentralbanken des Euro-Währungsgebietes saldiert und unter ihnen verteilt (Art. 32.1., 32.5., 43.4. ESZBS). Wie sich diese „monetären Einkünfte" zusammensetzen, bestimmt Art. 32.2. und 32.4. ESZBS. Es sind der Sache nach dieselben Einkünfte, die verteilt werden, wenn alle Mitgliedstaaten dem Euro-Währungsgebiet angehörten. Aus den Veränderungen im Anwendungsbereich des Art. 32 ESZBS ergeben sich insoweit keine Besonderheiten. Allerdings verändert sich die Bezugsgröße, auf die bei der Berechnung der Anteile, die den einzelnen nationalen Zentralbanken an den monetären Einkünften zustehen, zurückgegriffen wird. Gehören alle Mitgliedstaaten dem Euro-Währungsgebiet an, ist die entsprechende Bezugsgröße das eingezahlte Kapital der EZB (vgl. Art. 32.5. ESZBS). Besteht eine Ausnahmeregelung, ist es dagegen lediglich das von den Zentralbanken des Euro-Währungsgebietes eingezahlte Kapital (Art. 32.5., 43.4. ESZBS). Der Anteil, den eine Zentralbank daran hält, entspricht dem Anteil, der ihr an den monetären Einkünften zusteht (Art. 32.5., 43.4. ESZBS).

Die Zentralbanken der Staaten mit Ausnahmeregelung sind auch dann nicht an der Verteilung der monetären Einkünfte auf der Grundlage des Art. 32 ESZBS beteiligt, wenn sie einen Kapitalanteil als Beitrag zu den Betriebskosten der EZB eingezahlt haben (vgl. Art. 48 S. 2 ESZBS).[330] Denn diese Einkünfte werden, das ergibt sich aus dem veränderten Wortlaut des Art. 32 ESZBS, nur unter den Zentralbanken der Mitgliedstaaten, für die keine Ausnahmeregelung gilt, verteilt (vgl. Art. 32.5., 43.4. ESZBS). Das ist konsequent. Schließlich verbleiben den Zentralbanken der Staaten mit Ausnahmeregelung ihre eigenen monetären Einkünfte voll. Es wäre daher ein Widerspruch, ihnen eine weitere Einnahmequelle zu eröffnen und sie an den Einkünften der Zentralbanken des Euro-Währungsgebietes zu beteiligen, ohne dass ihre eigenen Einkünfte in das Verteilungsverfahren einbezogen sind.

Und auch die Gewinne der EZB, deren Verwendung Art. 33.1. ESZB regelt, werden nur an die nationalen Zentralbanken des Euro-Währungsgebietes ausgeschüttet. Die ESZB-Satzung stellt das sicher, in dem sie den Begriff „Anteilseigner" in Art. 33.1. lit. b ESZBS neu definiert. Dieser Begriff bezeichnet, sofern und solange für einen Mitgliedstaat eine Ausnahmeregelung gilt, lediglich die „Zentralbanken der Mitgliedstaaten, für die keine Ausnahmeregelung gilt". Der nach der Rückführung eines Teils des Gewinns der EZB an den allgemeinen Reservefonds verbleibende Gewinn (vgl. Art. 33.1. lit. a ESZBS) wird also nur an Zentralbanken des Euro-Währungsgebietes ausgeschüttet. Ebenso sind nur diese Zentralbanken verpflichtet, etwaige Verluste der EZB zu übernehmen, sofern diese nicht aus dem allgemeinen Reservefonds gedeckt werden können (vgl. Art. 33.2., 43.4. ESZBS). Das ergibt sich bereits daraus, dass diese Verluste gemäß Art. 33.2. ESZBS aus den monetären Einkünften der nationalen Zentralbanken gedeckt werden, die nach Art. 32 ESZBS verteilt werden. Die Einkünfte der Zentralbanken der Staaten mit Ausnahmeregelung unterliegen aber nicht dem Verteilungsverfahren nach dieser Norm.

Da Art. 32 und 33 ESZBS für die Staaten mit Ausnahmeregelung keinerlei Rechte und Verpflichtungen entstehen lassen (Art. 43.1. ESZBS), können auch die Rechtsakte, die von der EZB auf der Grundlage dieser Normen erlassen werden, weder für diese Staaten noch deren Zentralbanken Rechtswirkungen haben. Insbesondere binden weder die Leitlinien der EZB zur buchmäßigen Erfassung der Aktiva und

330 Zu der Einzahlung eines Betriebskostenbeitrages durch diese nationalen Zentralbanken siehe oben S. 128 ff.

Passiva, die im Zusammenhang mit den monetären Einkünften der nationalen Zentralbanken stehen (Art. 32.2. S. 2 ESZBS), noch die Leitlinien zur Verrechnung und zum Ausgleich der Salden aus der Verteilung der monetären Einkünfte (Art. 32.6. ESZBS) oder die weiteren Maßnahmen zur Anwendung des Art. 32 ESZBS (Art. 32.7. ESZBS) die Zentralbanken der Staaten mit Ausnahmeregelung.[331] Dasselbe galt für die inzwischen gegenstandslose Befugnis des EZB-Rates, für einen Übergangszeitraum Regelungen zur Verteilung der monetären Einkünfte zu erlassen, die von Art. 32 ESZBS abweichen (vgl. Art. 32.3. ESZBS). Auch diese hatten nur Rechtswirkungen für die Zentralbanken des Euro-Währungsgebietes. Andererseits ist die EZB auch lediglich befugt, die nationalen Zentralbanken des Euro-Währungsgebietes für bestimmte währungspolitische Operationen zu entschädigen (Art. 32.4. UAbs. 2 ESZBS). Das ergibt sich zum einen aus dem veränderten Wortlaut der Norm, andererseits aber auch daraus, dass die Zentralbank eines Staates mit Ausnahmeregelung gemäß Art. 43.1. ESZBS aus Art. 32 ESZBS keinerlei Rechte ableiten kann.

Bei Beschlüssen, die auf der Grundlage der Art. 32 und 33 ESZBS gefasst werden, ist bei Bestehen einer Ausnahmeregelung zudem zu beachten, dass das besondere Beschlussverfahren nach Art. 10.3. ESZBS Anwendung findet, das in diesem Fall zudem erheblichen Veränderungen unterliegt.[332]

4. Geschäftsjahr und Jahresabschlüsse

a) *Überblick*

Unter der Überschrift „Jahresabschlüsse" regelt Art. 26 ESZBS neben der Erstellung des eigentlichen Jahresabschlusses der EZB auch eine Reihe von weiteren Aspekten, die im Zusammenhang mit der Bilanzierung im ESZB stehen. Wenn für einen Mitgliedstaat eine Ausnahmeregelung gilt, sind die Absätze 1, 3 und 4 dieser Vorschrift uneingeschränkt auf alle Mitgliedstaaten anwendbar. Lediglich Art. 26.2. ESZBS lässt gemäß Art. 43.1. ESZBS für die Staaten mit Ausnahmeregelung keinerlei Rechte und Verpflichtungen entstehen. Auf Grund dieser Regelung steht fest, dass das Geschäftsjahr der EZB und aller nationalen Zentralbanken gemäß Art. 26.1. ESZBS dem Kalenderjahr entspricht. Nicht ohne weiteres erkennbar ist dagegen, welche Konsequenzen sich daraus ergeben, dass Art. 26.2. ESZBS für die Staaten mit Ausnahmeregelung keinerlei Rechte und Verpflichtungen entstehen lässt bzw. dass die Art. 26.3. und 26.4. ESZBS uneingeschränkt auf alle Mitgliedstaaten anwendbar sind.

---

331 In der deutschen Fassung des Art. 32 ESZBS ist davon die Rede, dass die EZB „Richtlinien" erlassen kann. Hierbei handelt es sich jedoch um eine Ungenauigkeit in der Übersetzung. Gemeint sind die Leitlinien. Siehe dazu die Nachweise in Fn. 141.

332 Dazu oben S. 135 ff.

b) *Geschäftsjahr und Jahresabschluss*

Art. 26.2. ESZBS enthält die grundlegenden Bestimmungen zum Jahresabschluss der EZB. Danach erstellt das Direktorium den Jahresabschluss der EZB nach Grundsätzen, die der EZB-Rat aufstellt.[333] Der EZB-Rat stellt ihn sodann fest und veröffentlicht ihn. Diese Vorschrift lässt für die Staaten mit Ausnahmeregelung keinerlei Rechte und Verpflichtungen entstehen (vgl. Art. 43.1. ESZBS).

Der Grund, aus dem Art. 26.2. ESZBS in Art. 43.1. ESZBS genannt ist, erschließt sich nicht ohne weiteres. Denn unmittelbare Rechtswirkungen ergeben sich aus einem Jahresabschluss nicht. Am ehesten lässt sich diese Regelung aus dem Zusammenhang zwischen dem Jahresabschluss und der Ermittlung der Gewinne und Verluste der EZB erklären. Der Jahresabschluss ist hierfür die Grundlage. Lässt der Jahresabschluss für die Mitgliedstaaten, für die eine Ausnahmeregelung gilt, keinerlei Rechte oder Verpflichtungen entstehen, wird insoweit nochmals betont, dass diese Staaten bzw. deren Zentralbanken einerseits keinen Anspruch auf eine Beteilung am Gewinn der EZB haben, andererseits aber auch nicht deren Verluste tragen. Allerdings ergibt sich das bereits aus den Veränderungen im Anwendungsbereich der Norm, in der die Verteilung der Gewinne und Verluste der EZB geregelt ist (Art. 33 ESZBS). Auch diese Vorschrift lässt für die Staaten mit Ausnahmeregelung gemäß Art. 43.1. ESZBS keinerlei Rechte und Verpflichtungen entstehen.[334]

Der Grund dafür, dass Art. 26.2. ESZBS in Art. 43.1. ESZBS genannt ist, dürfte gleichwohl vor allem im Zusammenhang mit möglichen Verlusten der EZB stehen. Denn die ESZB-Satzung lässt offen, was geschieht, wenn die EZB einen Verlust erwirtschaftet und dieser nicht abschließend aus dem Reservefond, den monetären Einkünften der nationalen Zentralbanken oder dem Kapital der EZB gedeckt werden kann. Sollte also die unwahrscheinliche Situation entstehen, dass die EZB einen solchen Verlust erwirtschaftet, folgt aus Art. 26.2. ESZBS, dass jedenfalls die Staaten mit Ausnahmeregelung für diesen Verlust nicht haften. Offen bleiben kann im Rahmen der vorliegenden Arbeit, wie ein solcher Verlust zu decken wäre. Ein Rückgriff auf die Mitgliedstaaten des Euro-Währungsgebietes erscheint jedenfalls nicht ausgeschlossen.[335]

c) *Konsolidierte Bilanz*

Art. 26.3. ESZBS verpflichtet das Direktorium, für Analyse und Geschäftsführungszwecke eine konsolidierte Bilanz des ESZB zu erstellen. Diese Bilanz muss die zum ESZB gehörenden Aktiva und Passiva der nationalen Zentralbanken ausweisen. Art. 26.3. ESZBS ist uneingeschränkt auf alle Mitgliedstaaten anwendbar. Daher

---

333 Vgl. dazu den Beschluss der Europäischen Zentralbank vom 5. Dezember 2002 über den Jahresabschluss der Europäischen Zentralbank (EZB/2002/11), ABl. EU Nr. L 58 vom 3.3.2003, S. 38.

334 Siehe dazu oben S. 138 ff.

335 Auf diese Möglichkeit weisen etwa *Rösl/Schäfer*, (Fn. 326), S. 161, und *Weber*, (Fn. 11), S. 1471, hin.

scheint das Direktorium eine konsolidierte Bilanz für das gesamte ESZB erstellen zu müssen, also eine, in der auch die Zentralbanken der Mitgliedstaaten mit Ausnahmeregelung berücksichtigt sind. In der Praxis verfährt das Direktorium jedoch anders. Die bislang veröffentlichten konsolidierten Bilanzen beziehen sich ausdrücklich nur auf die EZB und die nationalen Zentralbanken des Euro-Währungsgebietes.[336]

Dieses Vorgehen erklärt sich nicht bereits daraus, dass es etwa nicht möglich ist, eine konsolidierte Bilanz zu erstellen, in der die zum ESZB gehörenden Aktiva und Passiva aller nationalen Zentralbanken berücksichtigt sind, wenn für mindestens einen Mitgliedstaat eine Ausnahmeregelung gilt. Bilanzierungstechnisch ist es auch in diesem Fall möglich, eine konsolidierte Bilanz zu erstellen, die alle Zentralbanken des ESZB umfasst. Zwar weisen im Wesentlichen nur die Zentralbanken des Euro-Währungsgebietes in ihren Bilanzen dem ESZB zugeordnete Aktiva und Passiva aus. Denn nur sie nehmen Aufgaben im Rahmen des ESZB wahr. Die geschäftliche Tätigkeit der Zentralbanken der Staaten mit Ausnahmeregelung steht dagegen überwiegend nicht im Zusammenhang mit dem ESZB. Dementsprechend weisen ihre Bilanzen grundsätzlich keine Aktiva oder Passiva aus, die dem ESZB zugeordnet sind und die in der konsolidierten Bilanz berücksichtigt werden könnten. Allerdings bestehen insoweit zwei Ausnahmen. Die erste Ausnahme ergibt sich daraus, dass auch die Zentralbanken dieser Staaten verpflichtet sein können, einen Anteil des von ihnen gezeichneten Kapitals der EZB als Beitrag zu den Betriebskosten an die EZB zu überweisen.[337] Überweisen sie diesen Beitrag, entsteht hieraus in ihrer Bilanz eine Aktiv- und Passivposition, die dem ESZB zuzuordnen ist und die auch in der konsolidierten Bilanz nach Art. 26.3. ESZBS berücksichtigt werden kann.[338] Die zweite Ausnahme besteht dann, wenn die Zentralbank eines Mitgliedstaates mit Ausnahmeregelung Währungsreserven auf die EZB überträgt, die von der EZB als Agentin gehalten und verwaltet werden.[339] Auch die aus dieser Übertragung entstehenden Aktiv- und Passivposten in der Bilanz der nationalen Zentralbank, die der EZB die Währungsreserven übertragen hat, sind dem ESZB zuzuordnen. Auch sie kann in einer konsolidierten Bilanz nach Art. 26.3. ESZBS berücksichtigt werden.

Das Vorgehen des Direktoriums, eine konsolidierte Bilanz nur für die Zentralbanken des Euro-Währungsgebietes zu erstellen, ist jedoch gleichwohl rechtlich nicht zu beanstanden. Es entspricht dem Zweck der Regelung in Art. 26.3. ESZBS. Die konsolidierte Bilanz wird für Analyse- und Geschäftsführungszwecke erstellt (vgl. Art. 26.3. ESZBS). Sie ist ein Hilfsmittel, das zur Verfügung steht, um dem ESZB die Erfüllung seiner Aufgaben zu ermöglichen.[340] Da das ESZB aber keine Aufgaben für

---

336 Vgl. *Europäische Zentralbank*, Jahresbericht, 1999, S. 164 f.; *dies.*, Jahresbericht, 2000, S. 206 f.; *dies.*, Jahresbericht, 2001, S. 216 f.; *dies.*, Jahresbericht, 2002, S. 228 f.; *dies.*, Jahresbericht, 2003, S. 218 f.; *dies.*, Jahresbericht, 2004, S. 216 f.

337 Dazu oben S. 127 ff.

338 In diesem Sinne auch *Torres*, (Fn. 131), Art. 43 ESZB-Satzung Rdnr. 17. Zu diesem Anteil siehe oben S. 127 f.

339 Dazu oben S. 121 f.

340 Zur Funktion der konsolidierten Bilanz siehe etwa *Scheller*, in: *von der Groeben/Schwarze*

die Staaten mit Ausnahmeregelung wahrnimmt, macht es Sinn, deren Zentralbanken in der konsolidierten Bilanz nicht zu berücksichtigen, zumal ihre Bilanzen im Prinzip, also bis auf die beiden genannten Ausnahmen, keine dem ESZB zugeordneten Aktiva und Passiva ausweisen. Dieses Vorgehen lässt sich auch mit dem Wortlaut des Art. 26.3. ESZBS vereinbaren. Es fordert nur, dass das Direktorium eine konsolidierte Bilanz für das ESZB erstellt. Die Einzelheiten, die für ihre Erstellung maßgeblich sind, legt die Vorschrift dagegen nicht fest. Daher ermöglicht Art. 26.3. ESZBS es dem Direktorium auch, eine konsolidierte Bilanz nur für das Eurosystem zu erstellen.

Dadurch, das Art. 26.3. ESZBS uneingeschränkt auf alle Mitgliedstaaten anwendbar ist, eröffnet diese Norm dem Direktorium allerdings die Möglichkeit, auch eine konsolidierte Bilanz für das gesamte ESZB zu erstellen, sollte das Direktorium eine solche Bilanz für erforderlich halten.[341]

d) Vorschriften nach Art. 26.4. ESZBS

Auf der Grundlage des Art. 26.4. ESZBS kann der EZB-Rat die „notwendigen Vorschriften" für die „Standardisierung der buchmäßigen Erfassung und Meldung der Geschäfte der nationalen Zentralbanken" erlassen. Da Art. 26.4. ESZBS uneingeschränkt auf alle Mitgliedstaaten anwendbar ist, können sich aus diesen Vorschriften auch Rechtswirkungen für die Zentralbanken der Mitgliedstaaten mit Ausnahmeregelung ergeben. Insoweit ist es konsequent, dass der Erweiterte Rat der EZB an dem Zustandekommen dieser Vorschriften mitwirkt (Art. 47 Abs. 2, 3. Gs. ESZBS).

Art. 26.4. ESZBS ermächtigt die EZB, die Bilanzstrukturen und die Buchführung der nationalen Zentralbanken zu harmonisieren oder zu vereinheitlichen. Diese Befugnis besteht jedoch ausdrücklich nur zur Anwendung des Art. 26 ESZBS. Mithin darf die EZB entsprechende Maßnahmen auch nur insoweit treffen, wie das zur Erstellung des Jahresabschlusses der EZB (Art. 26.2. ESZBS) und der für Analyse und Geschäftsführungszwecke zu erstellenden konsolidierten Bilanz (Art. 26.3. ESZBS) erforderlich ist.

Obwohl Art. 26.4. ESZBS auf alle Mitgliedstaaten uneingeschränkt anwendbar ist, ist der Anwendungsbereich dieser Vorschrift in zweifacher Hinsicht zu beschränken, wenn einem Mitgliedstaat eine Ausnahmeregelung gewährt wird. Diese Beschränkung ist erforderlich, um Wertungswidersprüche zwischen den einzelnen Absätzen des Art. 26 ESZBS zu vermeiden.

Die erste Einschränkung besteht in Bezug auf Art. 26.2. ESZBS. Diese Norm regelt die Erstellung des Jahresabschlusses der EZB. Sie lässt für die Mitgliedstaaten mit Ausnahmeregelung keinerlei Rechte und Verpflichtungen entstehen (vgl. Art. 43.1.

(Hrsg.), Vertrag über die Europäische Union und Vertrag zur Gründung der Europäischen Gemeinschaft, 6. Auflage (2003), Art. 26 ESZB-Satzung Rdnr. 2 ff. und Rdnr. 16 ff.

341 Anders wohl *Torres*, (Fn. 131), Art. 43 ESZB-Satzung Rdnr. 17 f., die wohl von einem Redaktionsversehen ausgeht.

ESZBS). Daher darf die EZB auf der Grundlage des Art. 26.4. ESZBS keine Vorschriften erlassen, die einen Bezug zur Erstellung des Jahresabschlusses der EZB aufweisen und die auch die Zentralbanken der Staaten mit Ausnahmeregelung binden. Anderenfalls würden sich daraus, dass die EZB gemäß Art. 26.2. ESZBS einen Jahresabschluss erstellt, entgegen Art. 43.1. ESZBS über die nach Art. 26.4. ESZBS erlassenen Vorschriften zur Anwendung dieser Norm doch Verpflichtungen für die Zentralbanken der Staaten mit Ausnahmeregelung ergeben.

Die zweite Beschränkung des Anwendungsbereichs des Art. 26.4. ESZBS besteht in Bezug auf Art. 26.3. ESZBS. Und zwar dürfen die nach Art. 26.4. ESZBS erlassenen Vorschriften für die Zentralbanken der Staaten mit Ausnahmeregelung nur insoweit Rechtswirkungen entstehen lassen, wie ein Bezug zu den Bilanzpositionen dieser Zentralbanken besteht, die in die konsolidierte Bilanz nach Art. 26.3. ESZBS Eingang finden können. Im Übrigen sind diese Zentralbanken bzw. die sie tragenden Mitgliedstaaten grundsätzlich frei, Regeln für die Bilanzierung und Buchführung festzulegen. Denn Art. 26.4. ESZBS ermächtigt die EZB nicht, die gesamte Buchführung und Bilanzierung der nationalen Zentralbanken zu regeln. Die nicht mit dem ESZB im Zusammenhang stehenden Bereiche der Buchführung bzw. der Bilanzen verbleiben in der ausschließlichen Regelungskompetenz der Mitgliedstaaten. Das ergibt sich daraus, dass die Kompetenzen der EZB nach Art. 26.4. ESZBS nur bestehen, soweit das zur Anwendung des Art. 26 ESZBS erforderlich ist. Zur Anwendung des Art. 26 ESZBS sind jedoch keine Regelungen erforderlich, in denen die Buchführung und Bilanzierung der nationalen Zentralbanken in Bereichen geregelt wird, die keinen Bezug zum ESZB aufweisen.

Da derzeit das Direktorium nur für die Zentralbanken des Euro-Währungsgebietes eine konsolidierte Bilanz erstellt, ist es konsequent, dass die von der EZB bislang auf der Grundlage des Art. 26.4. ESZBS erlassenen Leitlinien lediglich die Zentralbanken des Euro-Währungsgebietes binden.[342] Ausdrücklich vorgesehen ist eine derartige Beschränkung des Geltungsbereichs der auf der Grundlage dieser Norm erlassenen Vorschriften zwar nicht. Sie lässt sich jedoch sachlich aus den genannten Gründen rechtfertigen.

Denkbar ist auf Grund der uneingeschränkten Anwendbarkeit des Art. 26.4. ESZBS allerdings auch, dass die EZB von der ihr in dieser Norm eingeräumten Befugnis Gebrauch macht, um bereits vor Aufhebung einer Ausnahmeregelung Maßnahmen zu treffen, die für die Zentralbanken der Staaten mit Ausnahmeregelung erst in Kraft treten, wenn die Ausnahmeregelung aufgehoben wird, sie jedoch bereits vorher verpflichten, etwa erforderliche Rechtsangleichungsmaßnahmen zu treffen. Für solche Maßnahmen besteht ein wohl nicht zu unterschätzender Bedarf. Das wird vor allem daraus ersichtlich, dass die ESZB-Satzung mit Art. 32.2. ESZBS und mit Art. 51

342 Vgl. die Leitlinie der Europäischen Zentralbank vom 5. Dezember 2002 über die Rechnungslegungsgrundsätze und das Berichtswesen im Europäischen System der Zentralbanken (EZB/2002/10), ABl. EU Nr. 58 vom 3.3.2003, S. 1, durch die die vorhergehende Leitlinie EZB/2000/18 (ABl. EG Nr. L 33 vom 2.2.2001, S. 21) aufgehoben worden ist.

ESZBS Sondervorschriften für den Fall vorsieht, dass nach Beginn der dritten Stufe der Wirtschafts- und Währungsunion die Bilanzstrukturen der nationalen Zentralbanken noch so verschieden sind, dass sie eine Anwendung der Regelungen zur Verteilung der monetären Einkünfte der nationalen Zentralbanken nach Art. 32 ESZBS nicht oder zumindest nur verändert zulassen.

5. Rechnungsprüfung

Art. 27 ESZBS bestimmt, dass die Jahresabschlüsse der EZB und der nationalen Zentralbanken von unabhängigen externen Rechnungsprüfern geprüft werden. Diese Rechnungsprüfer werden vom EZB-Rat empfohlen und vom EG-Rat anerkannt. Zudem werden die Befugnisse des Rechnungshofes beschränkt. Er darf nur die Effizienz der Verwaltung der EZB prüfen. Obwohl insoweit eine ausdrückliche Bestimmung in der ESZB-Satzung fehlt, dürfen auch die nationalen Rechnungshöfe nur die Effizienz der Verwaltung der nationalen Zentralbanken prüfen. Das ergibt sich aus dem engen Zusammenhang zwischen den beschränkten Befugnissen des Rechnungshofes und der Unabhängigkeit des ESZB. Die uneingeschränkte Befugnis eines Rechnungshofes, die Finanzen einer nationalen Zentralbank zu prüfen, würde deren finanzielle Unabhängigkeit einschränken.[343]

Art. 27 ESZBS lässt für die Mitgliedstaaten mit Ausnahmeregelung gemäß Art. 43.1. ESZBS keinerlei Rechte und Verpflichtungen entstehen. Zudem bezeichnet der Begriff nationale Zentralbanken in dieser Vorschrift nur die Zentralbanken der Mitgliedstaaten, für die keine Ausnahmeregelung gilt (vgl. Art. 43.4. ESZBS). Somit regelt Art. 27 ESZBS nur die Rechnungsprüfung der EZB sowie der nationalen Zentralbanken des Euro-Währungsgebietes. Die Modalitäten der Rechnungsprüfung der Zentralbanken der Mitgliedstaaten, für die eine Ausnahmeregelung gilt, sind gemeinschaftsrechtlich nicht vorgegeben. Sie bedürfen der Regelung durch das nationale Recht.[344]

6. Haushalt der EZB

Abgesehen von den Bestimmungen zur Bilanzierung und zu den Jahresabschlüssen enthält weder der EG-Vertrag noch die ESZB-Satzung Bestimmungen zum Haushaltsrecht der EZB. Insbesondere ist primärrechtlich nicht geregelt, in welchem Ver-

---

343 Vgl. *Häde*, (Fn. 9), Art. 108 EGV Rdnr. 9b. In diesem Sinne auch *Selmayr*, Das Recht der Wirtschafts- und Währungsunion, S. 309 f.; *Wahlig*, Die Unabhängigkeit der nationalen Zentralbanken als institutionelles Kriterium für den Eintritt in die dritte Stufe der europäischen Währungsunion, in: FS *Hahn*, S. 268. Zur Unabhängigkeit des ESZB unten S. 157 ff.

344 Allerdings ist zu beachten, dass die nationalen Regelungen zur Rechnungsprüfung nicht die Unabhängigkeit der nationalen Zentralbanken beeinträchtigen dürfen. Zur möglichen Beeinträchtigung der Unabhängigkeit einer Zentralbank durch Prüfungskompetenzen des Rechnungshofes siehe die Nachweise in Fn. 343. Zu der Frage, inwieweit auch die Zentralbanken der Staaten mit Ausnahmeregelung unabhängig sind, siehe unten S. 160 ff.

fahren der Haushalt verabschiedet wird. Der EZB-Rat hat diese Regelung in der Geschäftsordnung der EZB getroffen. Danach ist der EZB-Rat dafür zuständig, den Haushalt der EZB zu verabschieden.[345]

Diese Zuständigkeitsverteilung ist im Hinblick auf die allgemeine Verteilung der Kompetenzen zwischen dem Direktorium und dem EZB-Rat konsequent.[346] Es überzeugt allerdings nicht, dass der Erweiterte Rat der EZB in das Verfahren zur Verabschiedung des Haushaltes nicht einbezogen ist. Schließlich zahlen auch die Zentralbanken der Mitgliedstaaten, für die eine Ausnahmeregelung gilt, auf einen entsprechenden Beschluss des Erweiterten Rates der EZB einen Kapitalanteil ein, der als Beitrag zu den Betriebskosten der EZB zu verwenden ist (vgl. Art. 48 ESZBS). Es wäre daher rechtspolitisch wünschenswert gewesen, auch diesen Zentralbanken einen zumindest begrenzten Einfluss auf das Zustandekommen des Haushalts einzuräumen.

X. Einbindung in das Rechtsschutzsystem und Haftung

Die EZB ist in das Rechtsschutzsystem der Gemeinschaft umfassend einbezogen.[347] Ihre Handlungen sind gerichtlich überprüfbar. Grundsätzlich zuständig sind hierfür, sofern es sich um Klagen von Geschäftspartnern der EZB handelt, die nationalen Gerichte (vgl. Art. 35.2. ESZBS). Die Handlungen der EZB können bzw. müssen von jedem nationalen Gericht zum Gegenstand des Vorabentscheidungsverfahrens nach Art. 234 EGV gemacht werden. Zudem ist die EZB in den Verfahren nach Art. 230 EGV (Nichtigkeitsklage) und Art. 232 EGV (Untätigkeitsklage) aktiv und passiv legitimiert. Weiterhin kann die EZB gerichtlich gegen eine nationale Zentralbank des Systems vorgehen, die ihren Verpflichtungen im Rahmen des ESZB nicht nachgekommen ist (Art. 237 lit. d EGV, Art. 35.6. ESZBS).[348] Und schließlich kann sich die EZB vertraglich in einer Schiedsklausel der Hoheitsgewalt des EuGH unterwerfen (Art. 35.4. ESZBS). Für eine Anrufung des Gerichtshofes ist der EZB-Rat zuständig (Art. 35.5. ESZBS).

Die Gewährung einer Ausnahmeregelung hat keine Auswirkungen auf die Einbindung der EZB und der nationalen Zentralbanken in das Rechtsschutzsystem der Ge-

---

345 Vgl. Art. 15 der Geschäftsordnung der Europäischen Zentralbank (Fn. 44).

346 Zu dieser Aufgabenverteilung oben S. 49 f.

347 Zur Einbindung des ESZB in das Rechtschutzsystem allgemein *Craig*, EMU, the European Central Bank, and Judical Review, in: *Beaumont/Walker* (Hrsg.), Legal framework of the single european currency, S. 95 ff.; *Gaiser*, Gerichtliche Kontrolle im Europäischen System der Zentralbanken, EuR 2002, S. 517 ff.; *Goetze*, (Fn. 19), S. 74 ff.; *Hahn/Häde*, (Fn. 19), S. 31 ff.; *Koenig*, Institutionelle Überlegungen zum Aufgabenzuwachs beim Europäischen Gerichtshof in der Währungsunion, EuZW 1993, S. 661 ff.; *Potacs*, (Fn. 19), S. 38 ff.; *Roth*, (Fn. 8), S. 68 ff.; *Selmayr*, (Fn. 24), S. 391 ff.; *Torres*, (Fn. 131), Art. 35 ESZB-Satzung Rdnr. 5 ff.

348 Zu diesem Verfahren ausführlich *Weber*, (Fn. 9), S. 87 ff., der auf S. 100 ff. zudem die Möglichkeit prüft, ob ein Organstreit zwischen den einzelnen Beschlussorganen der EZB möglich ist. Vgl. zudem *Potacs*, (Fn. 19), S. 39; *Weinbörner*, (Fn. 9), S. 397 ff.; *Zimmermann*, (Fn. 24), S. 74 ff.

meinschaft. Weder im EG-Vertrag noch in der ESZB-Satzung sind bei Bestehen einer Ausnahmeregelung abweichende Regelungen vorgesehen.

Teilweise vertreten Stimmen in der Literatur allerdings, die Verwirklichung der Wirtschafts- und Währungsunion im Wege differenzierter Integration habe auch Auswirkungen auf das Rechtsschutzsystem der Gemeinschaft. Insbesondere wird, wenngleich ohne nähere Begründung, vertreten, die Staaten mit Ausnahmeregelung seien unter Umständen nicht privilegiert klagebefugt.[349] Zudem würden Entscheidungen des EuGH, die Normen betreffen, die für die Staaten mit Ausnahmeregelung nicht gelten, diese Staaten nicht binden.[350] Für diese Auffassung findet sich jedoch weder im EG-Vertrag noch in der ESZB-Satzung eine Rechtsgrundlage. Ihr kann, da sie auch aus anderen Erwägungen nicht zu rechtfertigen ist, nicht gefolgt werden. Ebenso ist nicht ersichtlich, dass bei Bestehen einer Ausnahmeregelung für Rechtsstreitigkeiten zwischen der EZB und den nationalen Zentralbanken nach Art. 237 lit. d) EGV keine Grundlage besteht.[351] Auch den Zentralbanken der Staaten mit Ausnahmeregelung werden durch den EG-Vertrag und die ESZB-Satzung Pflichten zugewiesen.[352] Soweit sie diesen nicht nachkommen, kann die EZB sie in diesem Verfahren gerichtlich vor dem EuGH durchsetzen.

Auch hinsichtlich der Haftung der EZB ergeben sich keine Besonderheiten, wenn für einen Mitgliedstaat eine Ausnahmeregelung gilt.[353] Nach Art. 35.3. S. 1 ESZBS unterliegt die EZB der Haftungsregelung in Art. 288 EGV. Die Haftung der nationalen Zentralbanken richtet sich dagegen nach nationalem Recht (Art. 35.3. S. 2 ESZBS). Die ESZB-Satzung sieht insoweit bei Bestehen einer Ausnahmeregelung keine abweichenden Regelungen vor. Für Verluste der EZB haften allerdings ausschließlich die Staaten des Euro-Währungsgebietes oder deren Zentralbanken.[354] Eine Haftung der Staaten mit Ausnahmeregelung oder deren Zentralbanken scheidet aus.[355] Die Zentralbanken der Mitgliedstaaten mit Ausnahmeregelung haften mithin auch nicht mit dem Kapitalanteil, den sie als Beitrag zu den Betriebskosten eingezahlt haben.

---

349 *Albors-Llorens*, Changes in the Jurisdiction of the European Court of Justice under the treaty of Amsterdam, CMLR 1998, S. 1273 (1275 f.). Allgemein im Zusammenhang mit Integrationsmaßnahmen, die im Wege differenzierter Integration verwirklicht worden sind, etwa *Hailbronner*, Die EG-Sozialpolitik nach Maastricht, in: GS *Grabitz*, S. 136. Differenzierend *Usher*, Variable Geometry or Concentric Circles: Patterns for the European Union, ICLQ 1997, S. 243 (270 ff.). Siehe zu diesem Problemkreis auch *Forgó*, Differenzierte Integration, S. 22; *Usher*, Economic and monetary union – a model for flexibility, in: *Dashwood* (Hrsg.), The Cambridge Yearbook of European Legal Studies, Volume 1, 1998, S. 48 ff.; *Thym*, Ungleichzeitigkeit im europäischen Verfassungsrecht, S. 221 ff.

350 So wohl *Albors-Llorens*, (Fn. 349), S. 1276.

351 So aber *Weinbörner*, (Fn. 9), S. 408.

352 Vgl. nur oben S. 96 ff. und S. 127 ff.

353 Zur Haftung der EZB siehe etwa *Baur*, Die Haftung der Europäischen Zentralbank, 2001; *Hahn/Häde*, (Fn. 19), S. 31 ff.

354 Dazu bereits oben S. 138 ff. und S. 141 f.

355 A.a.O. (Fn. 354).

XI. Interne Organisation

1. Aufgabenverteilung innerhalb des ESZB

Normativer Ausgangspunkt für die Frage nach der Verteilung der Aufgaben zwischen den Bestandteilen des ESZB ist Art. 9.2. ESZBS. Danach ist die EZB verpflichtet sicherzustellen, dass die Aufgaben des ESZB entweder durch ihre eigene Tätigkeit oder durch die der nationalen Zentralbanken erfüllt werden. Mithin sind also sowohl die EZB als auch die nationalen Zentralbanken verpflichtet, die Aufgaben des ESZB wahrzunehmen. Die Verantwortung dafür, dass das auch tatsächlich geschieht, liegt allerdings bei der EZB.

Aus dieser prinzipiellen Aufgabenverteilung erklärt sich, dass die nationalen Zentralbanken nach Art. 14.3. ESZBS „integraler Bestandteil" des ESZB sind, die „gemäß den Richtlinien und Weisungen der EZB" handeln. Ohne eine solche klare Zuständigkeitsverteilung dürfte es der EZB schwer fallen, ihrer Verantwortung für die Erfüllung der Aufgaben des ESZB auch gerecht zu werden. Die nationalen Zentralbanken verfügen somit in der dritten Stufe der Wirtschafts- und Währungsunion grundsätzlich nicht mehr über eigenständige währungspolitische Entscheidungsbefugnisse.[356] Sie sind insoweit umfassend an die Vorgaben der EZB gebunden. Die EZB und die nationalen Zentralbanken sind also nicht etwa gleichberechtigt in das ESZB integriert. Sie befinden sich vielmehr in einem streng hierarchischen Verhältnis zueinander.[357]

Trotz dieser ersichtlich hierarchischen Organisation ist das ESZB dezentral organisiert. Das heißt, dass primär die nationalen Zentralbanken und nicht die EZB zur Wahrnehmung insbesondere der operativen Aufgaben des ESZB zuständig sind. Das kommt im Wesentlichen darin zum Ausdruck, dass gemäß Art. 12 Abs. 1 UAbs. 3 ESZBS „die EZB die nationalen Zentralbanken zur Durchführung von Geschäften … in Anspruch nimmt, soweit dies möglich und sachgerecht erscheint". Die ESZB-Satzung sichert diese Aufgabenverteilung dadurch ab, dass sie ein Eintrittsrecht in den Zuständigkeitsbereich der nationalen Zentralbanken, etwa in dem Fall, in dem diese ihren Verpflichtungen nicht nachkommen, grundsätzlich ausschließt.[358] Sie ist in solchen Fällen vor allem auf das ihr zustehende weitreichende Weisungsrecht und, wenn das nicht genügt, auf die Klagemöglichkeit nach Art. 237 lit. d EGV angewiesen.

---

356 Eigenständige Entscheidungsbefugnisse sind nur grundsätzlich nur denkbar, soweit den nationalen Zentralbanken Aufgaben übertragen werden, die nicht zu den Aufgaben des ESZB gehören. Dazu oben S. 76 ff. Im Übrigen ist allenfalls in sehr engen Grenzen vorstellbar, dass die nationalen Zentralbanken über einen Spielraum bei der Durchführung der von der EZB festgelegten Geldpolitik verfügen. Dazu ausführlich *Weber*, (Fn. 9), S. 144 ff., der diese Frage unter dem Stichwort „Umsetzungsermessen" der nationalen Zentralbanken behandelt, sowie *Häde*, (Fn. 19), S. 109, und *Zimmermann*, (Fn. 24), S. 42 ff. und S. 122 ff.

357 *Kempen*, (Fn. 3), Art. 107 EGV Rdnr. 12.

358 Ausführlich zu dieser Problematik *Weber*, (Fn. 9), S. 197 ff.

Für die interne Organisation des ESZB, also das Verhältnis der EZB zu den nationalen Zentralbanken, hat die Gewährung einer Ausnahmeregelung erhebliche Konsequenzen. Zwar leiten auch in diesem Fall die Beschlussorgane der EZB das gesamte ESZB. Art. 8 ESZBS, der diesen Grundsatz festlegt, sieht insoweit keine abweichenden Regelungen vor. Die Befugnisse, die der EZB zur Verfügung stehen, um diese Leitungsfunktion wahrzunehmen, sind jedoch unterschiedlich, je nachdem, ob ein Mitgliedstaat dem Euro-Währungsgebiet angehört oder nicht. So ist die EZB zwar gemäß Art. 9.2. ESZBS verpflichtet sicherzustellen, dass die dem ESZB nach Art. 105 Abs. 2, 3 und 5 EGV übertragenen Aufgaben entweder durch sie selbst oder die nationalen Zentralbanken erfüllt werden. Art. 9.2. ESZBS ist für die Mitgliedstaaten, für die eine Ausnahmeregelung gilt, sowie deren Zentralbanken aber ohne rechtliche Relevanz. Denn diese Vorschrift lässt für diese Staaten keinerlei Rechte oder Verpflichtungen entstehen (Art. 43.1. ESZBS). Zudem bezeichnet der Begriff „nationale Zentralbanken" in ihr lediglich die Zentralbanken der Staaten, für die keine Ausnahmeregelung gilt (Art. 43.4. ESZBS). Die EZB ist nach Art. 9.2. ESZBS also nur verpflichtet und ermächtigt sicherzustellen, dass die Aufgaben des ESZB durch ihre eigene Tätigkeit oder durch die der nationalen Zentralbanken der Mitgliedstaaten mit Ausnahmeregelung erfüllt werden. Auf die Zentralbanken der Staaten mit Ausnahmeregelung darf sie, das ergibt sich bereits aus dem veränderten Wortlaut der Norm, nicht zurückgreifen.

Die Stellung der nationalen Zentralbanken der Staaten mit Ausnahmeregelung ist innerhalb des ESZB mithin ersichtlich eine andere, als die der Staaten ohne Ausnahmeregelung. Das kommt nicht nur in Art. 9.2. ESZBS zum Ausdruck, sondern ergibt sich mit besonderer Deutlichkeit etwa auch aus Art. 14.3. ESZBS. Danach sind die nationalen Zentralbanken „integraler Bestandteil des ESZB", die „gemäß den Richtlinien und Weisungen der EZB" handeln. Art. 14.3. ESZBS bringt also deutlich zum Ausdruck, dass die nationalen Zentralbanken als integraler Bestandteil des ESZB keine eigenen währungspolitischen Entscheidungsbefugnisse mehr haben.[359] Sie sind vielmehr umfassend an die Vorgaben der EZB gebunden. Diese Vorschrift ist jedoch für die Staaten mit Ausnahmeregelung nicht anwendbar. Sie lässt für sie und folglich auch für ihre Zentralbanken gemäß Art. 43.1. ESZBS keinerlei Rechte und Verpflichtungen entstehen. Daher sind die Zentralbanken dieser Staaten kein „integraler Bestandteil des ESZB". Sie handeln nicht „gemäß den Richtlinien und Weisungen der EZB". Integraler Bestandteil des ESZB sind lediglich die nationalen Zentralbanken des Euro-Währungsgebietes.

Eine andere Regelung wäre insoweit auch kaum möglich gewesen. Die nationalen Zentralbanken der Staaten mit Ausnahmeregelung verlieren im Gegensatz zu denen des Euro-Währungsgebietes ihre währungspolitischen Befugnisse nicht. Sie behalten sie vielmehr nach Maßgabe des innerstaatlichen Rechts. Das ist in den vorstehenden Ausführungen deutlich geworden. Die EZB hat zwar auch gegenüber diesen Zentralbanken einige Befugnisse. So kann sie etwa im Zusammenhang mit

---

359 Vgl. *Stadler*, (Fn. 9), S. 156.

den Vorschriften zum Kapital der EZB bzw. der Erhebung statistischer Daten durch die nationalen Zentralbanken Rechtsakte erlassen, die auch für die Zentralbanken der Staaten mit Ausnahmeregelung verbindlich sind.[360] Diese im Vergleich zu den Zentralbanken der Staaten des Euro-Währungsgebietes wenigen Fälle, in denen die EZB verbindliche Rechtsakte erlassen kann, rechtfertigen es jedoch nicht, die Zentralbanken der Staaten mit Ausnahmeregelung als integralen Bestandteil des ESZB zu bezeichnen, der gemäß den Richtlinien und Weisungen der EZB handelt.

Da Art. 14.3. ESZBS für die Staaten mit Ausnahmeregelung keinerlei Rechte oder Verpflichtungen entstehen lässt, kann die EZB auch nicht uneingeschränkt auf die Kompetenzen zurückgreifen, die ihr Satz 2 der Vorschrift einräumen. Sie kann also nur gegenüber den Zentralbanken des Euro-Währungsgebietes „die notwendigen Maßnahmen" treffen, um sicherzustellen, dass ihre Richtlinien und Weisungen eingehalten werden. Zudem kann sie auch nur von ihnen verlangen, dass sie ihr alle hierzu erforderlichen Informationen zur Verfügung stellen. Will bzw. muss die EZB dagegen durchsetzen, dass die Zentralbank eines Staates mit Ausnahmeregelung ihren Verpflichtungen innerhalb des ESZB nachkommt, ist sie auf den Rechtsweg angewiesen.[361]

Kein anderes Ergebnis ergibt sich daraus, dass in Art. 14.3. ESZBS der Begriff der „nationalen Zentralbanken" im Gegensatz etwa zu Art. 9.2. ESZBS inhaltlich nicht verändert wird. Art. 14.3. ESZBS ist in Art. 43.4. ESZBS nicht genannt. Eine Norm, die in einem Mitgliedstaat keinerlei Rechte und Verpflichtungen entstehen lässt, kann auch für die Zentralbank dieses Staates, dessen Organisationsrecht sie unterliegt[362], keine Rechtswirkungen entstehen lassen. Dass der Begriff „nationale Zentralbanken" in Art. 14.3. ESZBS nicht verändert worden ist, zählt daher zu den vielen Ungenauigkeiten im Zusammenhang mit der Regelung der Rechtsfolgen der Gewährung einer Ausnahmeregelung. Es handelt sich um ein Redaktionsversehen.[363]

2. Arbeitsweise der Beschlussorgane

Für die Arbeitsweise der beiden ständigen Beschlussorgane der EZB ergeben sich bei Bestehen einer Ausnahmeregelung nur wenige Veränderungen. Lediglich bei Beschlüssen, bei denen die Stimmen der Mitglieder des EZB-Rates gewogen werden, bestehen Besonderheiten.[364] Zudem ist der Präsident der EZB verpflichtet, den Erweiterten Rat der EZB über die Beschlüsse des EZB-Rates zu unterrichten (vgl. Art. 47.4. ESZBS). Und schließlich hat der EZB-Rat Vertretern der Zentralbanken der Staaten mit Ausnahmeregelung unter bestimmten Voraussetzungen das Recht

---

360 Dazu im Einzelnen oben S. 99 ff. und S. 127 ff.
361 Zu den entsprechenden Rechtsschutzmöglichkeiten der EZB siehe oben S. 147 f.
362 Dazu oben S. 40 ff.
363 Zu anderen Beispielen für derartige Ungenauigkeiten siehe bereits oben S. 43 ff.
364 Dazu oben S. 135 ff.

eingeräumt, an den Sitzungen der für die Arbeit der EZB sehr wichtigen Ausschüsse des ESZB teilzunehmen (vgl. Art. 9.3. GO EZB). Der Erweiterte Rat der EZB kann weiterhin nach der Geschäftsordnung des EZB-Rates Änderungen dieser Geschäftsordnung vorschlagen (Art. 24 GO EZB).

Die EZB-Satzung enthält nur wenige Bestimmungen, in denen Aussagen zur Arbeitsweise des Erweiterten EZB-Rates getroffen werden. Geregelt ist neben seiner Zusammensetzung lediglich, dass seine Sitzungen durch den EZB-Präsidenten vorbereitet werden und die EZB ihm ein Sekretariat stellt (Art. 46.3. und 46.5. ESZBS). Daher kommt insoweit seiner Geschäftsordnung, die er sich gemäß Art. 46.3. ESZBS gibt, eine besondere Bedeutung zu. In ihr müssen, was zwischenzeitlich geschehen ist, die Einzelheiten der Arbeitsweise dieses Beschlussorgans der EZB geregelt werden.[365]

3. Zuständigkeitsbereiche des Direktoriums und des EZB-Rates

Die Zuständigkeitsbereiche des EZB-Rates und des Direktoriums verändern sich im Grundsatz nicht, wenn einem Mitgliedstaat eine Ausnahmeregelung gewährt wird. Die beiden ständigen Beschlussorgane der EZB haben vielmehr auch in diesem Fall dieselben Aufgaben und Befugnisse wahrzunehmen, wie wenn alle Mitgliedstaaten dem Euro-Währungsgebiet angehörten. Mithin verändert sich auch die Aufgabenverteilung zwischen dem EZB-Rat und dem Direktorium nicht, wenn für einen Mitgliedstaat eine Ausnahmeregelung gilt.[366] Der EZB-Rat bleibt das zentrale Beschlussorgan der EZB. Das Direktorium ist im Wesentlichen für die Ausführung der Beschlüsse des EZB-Rates zuständig. Insbesondere führt es auch in diesem Fall die laufenden Geschäfte der EZB. Weder der EG-Vertrag noch die ESZB-Satzung enthalten bei Bestehen einer Ausnahmeregelung insoweit abweichende Regelungen.

Allerdings bleibt die Gewährung einer Ausnahmeregelung auch für die ständigen Beschlussorgane der EZB nicht ohne Folgen. Zum einen beschränkt sich ihre Hoheitsgewalt vielfach auf das Euro-Währungsgebiet, wenn sie ihre Aufgaben und Befugnisse wahrnehmen. Das ist in den vorstehenden Ausführungen deutlich geworden. Und zum anderen erweitert sich ihr Zuständigkeitsbereich in zwei Fällen.

365 Siehe dazu im Einzelnen die Geschäftsordnung des Erweiterten Rates der Europäischen Zentralbank, ABl. EU Nr. L 230 vom 30.6.2004, S. 61. Nicht ganz unproblematisch ist auf Grund der Befugnis des Erweiterten Rates der EZB, dass der EZB-Rat in dem Beschluss der Europäischen Zentralbank vom 3. Juni 2004 über die Bedingungen und Modalitäten der Untersuchungen des Europäischen Amtes für Betrugsbekämpfung in der Europäischen Zentralbank zur Bekämpfung von Betrug, Korruption und sonstigen rechtswidrigen Handlungen zum Nachteil der finanziellen Interessen der Europäischen Gemeinschaften und zur Änderung der Beschäftigungsbedingungen für das Personal der Europäischen Zentralbank (EZB/2004/11), ABl. EU Nr. L 230 vom 30.6.2004, S. 56, auf der Grundlage des Art. 12.3. ESZBS, also der Ermächtigung zum Erlass einer Geschäftsordnung für den EZB-Rat, Festlegungen zur Geschäftsordnung getroffen hat, die auch die Mitglieder des Erweiterten Rates der EZB betreffen (vgl. Art. 1 des Beschlusses).

366 Zur Zuständigkeitsverteilung zwischen den beiden ständigen Beschlussorganen siehe bereits oben S. 49 f.

Denn sie nehmen bei Bestehen einer Ausnahmeregelung zusätzlich Aufgaben in dem Verfahren wahr, in dem über die Aufhebung der Ausnahmeregelung entschieden wird (vgl. Art. 122 Abs. 2 EGV). Und zum anderen sind sie in das Entscheidungsverfahren eingebunden, in dem die Wechselkurse der Währungen der Staaten, deren Ausnahmeregelung aufgehoben worden ist, unwiderruflich zum Euro festgelegt werden und in dem auch die sonstigen Maßnahmen getroffen werden, die erforderlich sind, damit der Euro auch in diesen Staaten eingeführt werden kann (vgl. Art. 123 Abs. 5 EGV).[367]

4. Zuständigkeitsbereich des Erweiterten Rates der EZB

a) *Überblick*

Die Zuständigkeiten und Befugnisse des Erweiterten Rates der EZB sind in Art. 46.4., 47 und 48 ESZBS abschließend aufgeführt. Sie können in vier Gruppen eingeteilt werden. Erstens wirkt der Erweiterte Rat der EZB an der Wahrnehmung einiger Aufgaben des ESZB mit (Art. 47.1., 2. Gs., Art. 47.2. ESZBS). Zweitens nimmt er die Aufgaben wahr, die der EZB nach Art. 44 ESZBS übertragen worden sind (Art. 47.1, 1. Gs. ESZBS). Drittens trägt er zu Vorarbeiten im Zusammenhang mit der Festlegung der Wechselkurse der Währungen der Staaten, deren Ausnahmeregelung aufgehoben worden ist, zum Euro bei (Art. 47.3. ESZBS). Und viertens entscheidet er über die Einzahlung eines Mindestprozentsatzes des Kapitals der EZB, das von den Zentralbanken der Staaten mit Ausnahmeregelung gezeichnet worden ist (Art. 48 ESZBS). Zwar sind nach Art. 45.3. ESZBS die Zuständigkeiten und Befugnisse des Erweiterten Rates der EZB abschließend in Art. 47 ESZBS genannt. Da das, wie gezeigt, offensichtlich nicht der Fall ist, ist auch diese Vorschrift wiederum ein Beispiel für Ungenauigkeiten bei der Regelung der Folgen der Gewährung einer Ausnahmeregelung. Die Befugnisse des Erweiterten Rates der EZB sind sekundärrechtlich zudem näher ausgestaltet, insbesondere in der Geschäftsordnung des EZB-Rates und der des Erweiterten Rates der EZB.[368]

Die Bedeutung des Erweiterten Rates der EZB und seine Befugnisse bleiben mithin ersichtlich hinter denen der ständigen Beschlussorgane zurück. Er ist im Wesentlichen ein beratendes Organ, das die Zentralbanken des Euro-Währungsgebietes und die der Staaten mit Ausnahmeregelung verbindet. Unterschätzt werden darf seine Bedeutung gleichwohl nicht. Gerade auf Grund des umfassenden Rechts zur Stellungnahme, das alle währungspolitischen Fragen umfasst, die einen Bezug zu

---

367 Dazu ausführlich unten § 9, S. 299 ff.

368 Vgl. Beschluss der Europäischen Zentralbank vom 19. Februar 2004 zur Verabschiedung der Geschäftsordnung der Europäischen Zentralbank (EZB/2004/2), ABl. EG Nr. L 80 vom 18.3.2004, S. 33, und den Beschluss der Europäischen Zentralbank vom 17. Juni 2004 zur Verabschiedung der Geschäftsordnung des Erweiterten Rates der Europäischen Zentralbank, ABl. EU Nr. L 230 vom 30.6.2004, S. 61. Weitere Befugnisse ergeben sich aus dem Abkommen über das WKM II. Dazu unten § 6, S. 206 ff.

seinen Aufgaben haben, kommt ihm als Meinungsbildungsforum jedenfalls potentiell eine wichtige Bedeutung zu. In der Praxis scheint er dagegen ein gewisses Schattendasein zu führen. So trat er ausweislich der Terminplanung der EZB etwa 2004 nur alle drei Monate zusammen, während die Beratungen des EZB-Rates zweimal monatlich stattfinden.[369] Soweit ersichtlich, ist er in der Öffentlichkeit bislang kaum in Erscheinung getreten.

Die Kompetenzen, die der Erweiterte Rat der EZB hat, um die Aufgaben zu erfüllen, die Art. 44 ESZBS der EZB zuweist, sind bereits ausführlich dargestellt worden.[370] Sie bedürfen hier keiner erneuten Behandlung. Dasselbe gilt für seine Befugnisse im Zusammenhang mit der Einzahlung eines Mindestprozentsatzes des von den Zentralbanken der Staaten mit Ausnahmeregelung gezeichneten Kapitals der EZB.[371] Auf die Kompetenzen des Erweiterten Rates der EZB aus Art. 47.3. ESZBS ist an späterer Stelle im Zusammenhang mit den Entscheidungen einzugehen, die vom EG-Rat auf der Grundlage des Art. 123 Abs. 5 EGV getroffen werden.[372] Einer näheren Betrachtung bedürfen vorliegend daher lediglich die Mitwirkungsrechte, die Art. 47.1., 2. Gs. und 47.2. ESZBS dem Erweiterten Rat der EZB einräumen.

b) Mitwirkungsrechte

Die Art. 47.1., 2. Gs., Art. 47.2. ESZBS räumen dem Erweiterten Rat der EZB insgesamt in sechs Fällen Mitwirkungsrechte ein. Erstens wirkt er bei der Erfüllung der Beratungsfunktionen mit, die der EZB in Art. 4 und 25.1. ESZBS zugewiesen sind, zweitens bei der Erhebung statistischer Daten nach Art. 5 ESZBS, drittens den Berichtstätigkeiten der EZB nach Art. 15 ESZBS, viertens der Festlegung der Regeln für die Anwendung des Art. 26 ESZBS, fünftens bei allen Maßnahmen zur Anwendung von Art. 29 ESZBS sowie sechstens bei der Festlegung der Beschäftigungsbedingungen für das Personal der EZB nach Art. 36 ESZBS.[373] Ein weiterer Fall, in dem er mitwirkt, ergibt sich im Wege der Analogie. Er wirkt aus den oben genannten Gründen auch bei Entscheidungen mit, die der EZB-Rat auf der Grundlage des Art. 28.5. ESZBS trifft.[374] Auf diese Mitwirkungsrechte ist, bis auf eine Ausnahme, die Mitwirkung bei der Festlegung der Beschäftigungsbedingungen, bereits vorstehend jeweils im sachlichen Zusammenhang mit Bereichen hingewiesen worden, in denen sie bestehen.

---

369 Der Terminplan ist auf der Internetseite der Europäischen Zentralbank veröffentlichet (*www.ecb.int*).
370 Siehe dazu oben S. 115 ff.
371 Siehe dazu oben S. 127 ff.
372 Siehe dazu unten § 9, S. 299 ff.
373 Zu den Beschäftigungsbedingungen der EZB vgl. die von der EZB im ABl. EG Nr. C 236 vom 22. August 2001, S. 13, und im ABl. EU Nr. C 92 vom 16.4.2004, S. 31, veröffentlichten Dienstvorschriften. Vgl. zudem den Beschluss der Europäischen Zentralbank vom 3. Juni 2004 (Fn. 365). Zum Personalrecht der EZB vgl. allgemein *Schmid*, Das Personalrecht der Europäischen Zentralbank, S. 14 ff.
374 Siehe dazu oben S. 133 ff.

Worin die Mitwirkung des Erweiterten Rates der EZB besteht, ist in seiner Geschäftsordnung und der des EZB-Rates festgelegt. Danach beschränkt sie sich ganz überwiegend darauf, dass er von den ständigen Beschlussorganen angehört wird.[375] Lediglich im Zusammenhang mit der Erhebung statistischer Daten gehen die Mitwirkungsrechte des Erweiterten Rates darüber hinaus. Er hat hier neben dem Anhörungsrecht ausdrücklich auch die Aufgabe, die Zusammenarbeit zwischen den nationalen Zentralbanken zu verstärken, um die Erfüllung der Aufgaben der EZB im Bereich der Statistik zu unterstützen und, soweit erforderlich, Bestimmungen und Gepflogenheiten im Zusammenhang mit der Erhebung und Weitergabe statistischer Daten zu harmonisieren (vgl. Art. 6.3. GO ER-EZB).

Die EZB hat mithin die Mitwirkungsrechte des Erweiterten Rates der EZB durch die Geschäftsordnungen des Erweiterten Rates der EZB und des EZB-Rates recht eng ausgestaltet. Aus rechtlicher Sicht ist das unproblematisch. Denn die ESZB-Satzung definiert nicht, worin die Mitwirkung des Erweiterten Rates der EZB im Einzelnen besteht. Sie stellt die Entscheidung hierüber vielmehr in das Ermessen der EZB. Dass die EZB bei Erlass der Geschäftsordnungen des Erweiterten Rates bzw. des EZB-Rates insoweit ermessensfehlerhaft gehandelt hätte, ist nicht erkennbar. Die Grenzen, die der ESZB-Satzung für diese Ermessensausübung zu entnehmen sind, sind ohnehin recht weit. Sie muss sich zum einen insbesondere an dem vorrangigen Ziel des ESZB orientieren, die Preisstabilität zu wahren. An dieses Ziel ist auch der Erweiterte Rat der EZB gebunden.[376] Und zum anderen bilden die primärrechtlich vorgegebenen Organzuständigkeiten für die Ausgestaltung der Mitwirkungsbefugnisse des Erweiterten Rates der EZB eine Grenze. Denn die Zuständigkeitsverteilung zwischen den Beschlussorganen der EZB darf sekundärrechtlich nicht verändert werden. Daraus folgt, dass die Aufgaben und Befugnisse, bei deren Wahrnehmung der Erweiterte Rat der EZB mitwirkt, verantwortlich durch die ständigen Beschlussorgane der EZB wahrgenommen werden müssen. Denn der Begriff „wirkt mit" lässt ein Verständnis nicht zu, dass der Erweiterte Rat insoweit letztverantwortlich Entscheidungen trifft. Er ist vielmehr im Sinne von „Beitrag leisten" zu verstehen. Innerhalb dieser Grenzen besteht jedoch ein weites Spektrum von Möglichkeiten, wie der EZB-Rat seine Mitwirkungsbefugnisse wahrnehmen kann. Die in den Geschäftsordnungen des Erweiterten Rates der EZB und des EZB-Rates insoweit überwiegend vorgesehene Möglichkeit, zu Entscheidungen des EZB-Rates Stellung zu nehmen, ist nur eine, wenngleich nahe liegende Möglichkeit.

Es ist deutlich geworden, dass die Mitwirkungsrechte des Erweiterten Rates der EZB sowohl in dessen Geschäftsordnung als auch in der Geschäftsordnung des EZB-Rates geregelt sind.[377] Dieses Vorgehen ist notwendig, weil die ESZB-Satzung insoweit keine klare Regelung vorgibt. Denn die Wahrnehmung der Aufgaben und Befugnisse, bei denen der Erweiterte Rat der EZB mitwirkt, obliegt verantwortlich den

---

375 Vgl. Art. 6 der Geschäftsordnung des Erweiterten Rates (Fn. 365) und Art. 12 der Geschäftsordnung der Europäischen Zentralbank (Fn. 44).
376 Dazu oben S. 57 ff.
377 Vgl. Fn. 375.

ständigen Beschlussorganen. Diese haben jedoch das primärrechtlich vorgegebene Mitwirkungsrecht des Erweiterten Rates der EZB zu beachten. Das setzt eine entsprechende Regelung in ihrer Geschäftsordnung voraus. Umgekehrt sind die Mitwirkungsrechte nach Art. 47.1. und Art. 47.2. ESZBS solche des Erweiterten Rates der EZB, der mithin auch berechtigt sein muss, sie in seiner Geschäftsordnung auszugestalten. Diese Regelung ist nicht unproblematisch. Schließlich kann theoretisch die Situation entstehen, dass etwa der Erweiterte Rat einerseits und der EZB-Rat andererseits die Mitwirkungsrechte unterschiedlich ausgestalten.

Nicht zu überzeugen vermag zudem, dass der Erweiterte Rat der EZB mangels einer entsprechenden Anordnung nicht an Beschlüssen mitwirkt, die auf der Grundlage des Art. 14.4. ESZBS gefasst werden.[378] Diese Beschlüsse können auch die Zentralbanken der Staaten mit Ausnahmeregelung betreffen. Eine Anhörung des Erweiterten Rates der EZB erscheint daher wünschenswert. Da sie jedoch nicht angeordnet ist und auch für eine Regelungslücke kein Anhaltspunkt besteht, treffen die ständigen Beschlussorgane der EZB Entscheidungen auf der Grundlage des Art. 14.4. ESZBS ohne Mitwirkung des Erweiterten Rates der EZB.

c) *Ergebnis*

Die Gewährung einer Ausnahmeregelung hat erhebliche Auswirkungen auf die interne Organisation innerhalb des ESZB. Die EZB kann die nationalen Zentralbanken der Staaten mit Ausnahmeregelung nicht einsetzen, um sicherzustellen, dass die Aufgaben des ESZB erfüllt werden. Art. 9.2. ESZBS, der ihr an sich diese Befugnis einräumt, lässt für die Staaten mit Ausnahmeregelung und deren Zentralbanken keinerlei Rechte und Verpflichtungen entstehen. Integrale Bestandteile des ESZB sind zudem nur die nationalen Zentralbanken des Eurosystems. Nur sie handeln nach Art. 14.3. ESZBS gemäß den Richtlinien und Weisungen der EZB. Die Zentralbanken der Staaten mit Ausnahmeregelung behalten dagegen ihre währungspolitischen Entscheidungsbefugnisse. Sie sind grundsätzlich nicht an die Richtlinien und Weisungen der EZB gebunden. Gleichwohl kann die EZB in einigen Fällen auch gegenüber diesen Zentralbanken Leitungsfunktionen wahrnehmen. Bestimmte von ihr erlassene Rechtsakte sind auch für diese Zentralbanken verbindlich.

Die Zuständigkeitsbereiche der ständigen Beschlussorgane der EZB verändern sich im Grundsatz nicht, wenn einem Mitgliedstaat eine Ausnahmeregelung gewährt wird. Sie haben grundsätzlich dieselben Aufgaben und Befugnisse wie auch in dem Fall, in dem in der Europäischen Union ein einheitliches Währungsgebiet besteht. Allerdings ist ihre Hoheitsgewalt in vielen Fällen lediglich auf das Euro-Währungsgebiet beschränkt, wenn sie ihre Aufgaben und Befugnisse wahrnehmen. In zwei Fällen nehmen sie zudem bei Bestehen einer Ausnahmeregelung zusätzliche Aufgaben wahr.

---

378 Zu diesen Beschlüssen ausführlich oben S. 76 ff.

Der Erweiterte Rat der EZB nimmt die Aufgaben wahr, die der EZB in Art. 44 ESZBS zugewiesen sind. Er wirkt zudem in einigen Fällen an Maßnahmen mit, die von den ständigen Beschlussorganen getroffen werden. Und schließlich leistet er einen Beitrag zu den Vorarbeiten, die erforderlich sind, um die Wechselkurse der Währungen der Staaten mit Ausnahmeregelung unwiderruflich zum Euro festlegen zu können, sowie zu allen sonstigen Maßnahmen, die zur Einführung der einheitlichen Währung in diesen Staaten erforderlich sind. Darüber hinaus hat er die Kompetenz, die Einzahlung eines Teils des von den Zentralbanken der Staaten mit Ausnahmeregelung gezeichneten Kapitals der EZB zu beschließen.

XII. Unabhängigkeit bei der Wahrnehmung von Aufgaben, Rechten und Pflichten

1. Kriterien der Zentralbankunabhängigkeit

Die EZB und die nationalen Zentralbanken sind bei der Wahrnehmung der ihnen durch den EG-Vertrag und die ESZB-Satzung übertragenen Aufgaben, Befugnisse und Pflichten umfassend unabhängig (Art. 108 EGV, Art. 7 ESZBS). Sie und die Mitglieder ihrer Beschlussorgane dürfen von den Organen und Einrichtungen der Gemeinschaft bzw. von den Regierungen der Mitgliedstaaten oder anderen Stellen keine Weisungen einholen oder entgegennehmen (Satz 1 der genannten Vorschriften). Umgekehrt verpflichten sich die Regierungen der Mitgliedstaaten und die Organe und Einrichtungen der Gemeinschaft, diesen Grundsatz zu beachten und nicht zu versuchen, die Mitglieder der Beschlussorgane der EZB und der nationalen Zentralbanken bei der Wahrnehmung ihrer Aufgaben zu beeinflussen (Satz 2 der genannten Vorschriften).[379]

Die durch Art. 108 EGV und Art. 7 ESZBS garantierte Unabhängigkeit der EZB und der nationalen Zentralbanken steht in engem Zusammenhang mit dem vorrangigen Ziel des ESZB, Preisstabilität zu gewährleisten.[380] Unabhängige Zentralbanken werden weithin als der einzig wirkliche Garant für die Gewährleistung von stabilen Preisen angesehen, weil nur sie dem politischen Zugriff weitgehend entzogen sind.[381] Eine Zentralbank gilt jedoch nur dann als unabhängig und mithin als Ga-

379 Zur Bedeutung des unterschiedlichen Wortlautes der beiden Sätze der Art. 108 EGV und Art. 7 ESZBS *Gnan/Wittelsberger*, (Fn. 85), Art. 108 EG Rdnr. 39 ff.; *Häde*, (Fn. 9), Art. 108 EG-Vertrag Rdnr. 9; *Kempen*, (Fn. 3), Art. 108 EGV Rdnr. 9, *Palm*, (Fn. 286), Art. 113 EGV Rdnr. 5 ff.; *Schubert/Aspetsberger*, Europäische Währungspolitik und Notenbankautonomie, ÖBA 1992, S. 977 (981).

380 Vgl. *Gnan/Wittelsberger*, (Fn. 85), Art. 108 EG Rdnr. 2 ff.; *Häde*, (Fn. 9), Art. 108 EG-Vertrag Rdnr. 2; *Kempen*, (Fn. 3), Art. 108 EGV Rdnr. 4; *Palm*, (Fn. 24), S. 117 f.; *Woll*, Die Unabhängigkeit der Europäischen Zentralbank, Dogma oder Notwendigkeit?, in: *Weber* (Hrsg.), Europa auf dem Weg zur Währungsunion, S. 159.

381 Vgl. *Caesar*, Die Unabhängigkeit der Notenbank im demokratischen Staat, ZRP 1980, S. 347 ff.; *Gormley/Haan*, The democratic deficit of the European Central Bank, ELR 1996, S. 95 (109 ff.); *Hoffmeyer*, The case for central bank independence, in: *Temperton* (Hrsg.), The European Currency Crisis, S. 139 ff.; *Lastra*, The Independence of the European System of Central Banks, HILJ rant für die Preisstabilität, wenn sie insoweit bestimmte Anforderungen erfüllt. Sie muss sowohl funktionell als auch personell, institutionell und finanziell unabhängig sein.[382]

Funktionelle Unabhängigkeit bedeutet, dass eine Zentralbank bei der Wahrnehmung ihrer Aufgaben, Rechte und Pflichten unabhängig sein muss.[383] Das setzt insbesondere voraus, dass ihr das Instrumentarium zur Verfügung steht, das für eine ordnungsgemäße Erfüllung ihrer Aufgaben erforderlich ist.[384] Gefahren für die funktionelle Unabhängigkeit entstehen etwa dann, wenn eine Zentralbank staatliche Haushaltsdefizite finanzieren muss.[385] Aber auch die uneingeschränkte Verpflichtung, Wechselkurse zu Drittwährungen im Rahmen eines Wechselkurssystems zu verteidigen, kann die funktionelle Unabhängigkeit einer Notenbank beeinträchtigen.[386]

Personell ist eine Zentralbank unabhängig, wenn die Mitglieder ihrer Beschlussorgane von Weisungen unabhängig sind.[387] Zudem müssen die Amtszeiten der Mitglieder der Leitungsorgane einer Notenbank hinreichend lang bemessen sein, um unzulässige Einflussnahmen, etwa hinsichtlich einer möglichen Wiederernennung oder der weiteren beruflichen Zukunft, von politischer Seite auszuschließen.[388] Per-

---

1992, S. 475 (476 ff.); *Mittendorfer*, Wie unabhängig ist das Europäische System der Zentralbanken?, ÖBA 1994, S. 777 (777); *Schiemann*, Eine autonome Zentralbank für Europa?, in: *Caesar/Scharrer* (Hrsg.), Maastricht: Königsweg oder Irrweg zur Wirtschafts- und Währungsunion?, S. 308 f.; *Smits*, (Fn. 20), S. 155 ff.; *Stark*, Notenbankunabhängigkeit in der Wirtschafts- und Währungsunion, WM 1998, S. 125; *Ullrich*, Unabhängigkeit und Verantwortlichkeit der Europäischen Zentralbank, S. 6 ff.; *Woll*, (Fn. 380), S. 159. Ferner *Amtenbrink*, (Fn. 286), S. 72, und *Papaschinopoulou*, Institutional Adaption of the Bank of Greece with a View to Stage Three of EMU – A Case Study of Central Bank Independence, S. 211.

382 Vgl. *Häde*, (Fn. 9), Art. 108 EG-Vertrag Rdnr. 6 ff.; *Hahn/Häde*, (Fn. 9), Art. 88 Rdnr. 529 ff. Zu dieser Unterscheidung auch *Endler*, (Fn. 73), S. 405 ff.; *Gaitandides*, (Fn. 75), S. 41 ff.; *Galahn*, Die Deutsche Bundesbank im Prozeß der europäischen Währungsintegration, S. 140 f.; *Gnan/Wittelsberger*, (Fn. 85), Art. 108 EG Rdnr. 18 ff.; *Heun*, (Fn. 24), S. 874 ff.; *Kempen*, (Fn. 3), Art. 108 EGV Rdnr. 8; *Mittendorfer*, (Fn. 381), S. 777 ff.; *Siekmann*, Die Unabhängigkeit von EZB und Bundesbank nach geltendem Recht und dem Vertrag über eine Verfassung für Europa, S. 4 ff.; *Ullrich*, (Fn. 381), S. 4 ff. Siehe dazu auch *Brentford*, Constitutional Aspects of the independence of the European Central Bank, ICLQ 1998, S. 75 (88 ff.), sowie ferner *Caesar*, Central banks and governments: issues, traditions, lessons, in: Financial History Review 1995, S. 119 ff. Zur Unabhängigkeit des ESZB siehe auch die Schlussanträge von Generalanwalt *Jacobs* in der Rechtssache C-11/00, Rdnr. 151 ff.

383 *Kempen*, (Fn. 3), Art. 108 EGV Rdnr. 9; *Wahlig*, (Fn. 343), S. 268, der allerdings den Begriff „institutionelle Unabhängigkeit" verwendet. Zur funktionellen Unabhängigkeit der EZB siehe auch *Heun*, (Fn. 24), S. 874.

384 *Gnan/Wittelsberger*, (Fn. 85), Art. 108 EG Rdnr. 19; *Palm*, (Fn. 24), S. 122 f.; *Wahlig*, (Fn. 343), S. 271. Vgl. dazu auch *Gaitandides*, (Fn. 75), S. 96 ff.

385 Vgl. *Endler*, (Fn. 73), S. 447 ff.; *Gnan/Wittelsberger*, (Fn. 85), Art. 108 EG Rdnr. 19; *Lastra*, (Fn. 381), S. 490 f., sowie ferner *Hahn/Häde*, (Fn. 9), Art. 88 Rdnr. 537.

386 Vgl. *Endler*, (Fn. 73), S. 454 ff.; *Gnan/Wittelsberger*, (Fn. 85), Art. 108 EG Rdnr. 19. Dazu auch *Plewka*, (Fn. 14), S. 58, und *Weber*, (Fn. 11), S. 1465.

387 *Kempen*, (Fn. 3), Art. 108 EGV Rdnr. 10. Dazu ausführlich *Gaitandides*, (Fn. 75), S. 74 ff.

388 Vgl. *Endler*, (Fn. 73), S. 430 ff.; *Hahn/Häde*, (Fn. 9), Art. 88 Rdnr. 471; *Lastra*, (Fn. 381), S. 484 f.; *Smits*, European Central Bank: Institutional Aspects, International and Comparative Law Quarterly 1996, S. 319 (329).

sonelle Unabhängigkeit erfordert aber auch, dass die Mitglieder der Beschlussorgane einer Zentralbank nur unter bestimmten, erschwerten Voraussetzungen vorzeitig aus ihrem Amt entfernt werden dürfen.[389] Zudem müssen auch ihre Beschäftigungsbedingungen eine hinreichende Gewähr für eine unabhängige Tätigkeit gewährleisten.[390]

Zur finanziellen Unabhängigkeit einer Zentralbank gehört insbesondere ihre budgetäre Eigenständigkeit.[391] Diese erfordert vor allem, dass eine Zentralbank mit einer hinreichenden Eigenkapitaldecke ausgestattet ist. Die Zentralbanken des ESZB müssen also über die Eigenmittel verfügen, die für die Erfüllung ihrer Aufgaben erforderlich sind.[392] Die institutionelle Unabhängigkeit ergibt sich insbesondere aus der Rechtsform, in der eine Zentralbank gegründet worden ist. Insoweit muss eine Rechtsform gewählt werden, die sicherstellt, dass keine „notenbankfremden Erwägungen"[393] aus anderen Rechtsbereichen die unabhängige Arbeit der Zentralbank beeinflussen.[394] Die Zentralbank muss, als Kernelement der Unabhängigkeitsgewährleistung, zudem umfassend von Weisungen freigestellt sein.[395]

Es ist allgemein anerkannt, dass das ESZB alle vorstehenden Kriterien erfüllt, die an die Unabhängigkeit einer Zentralbank zu stellen sind.[396] Kritisch werden allenfalls die relativ kurzen Amtszeiten der Präsidenten der nationalen Zentralbanken gesehen. Teilweise wird insoweit vertreten, eine fünfjährige Amtsperiode (vgl. Art. 14.2. ESZBS) biete keine ausreichende Gewähr für deren Unabhängigkeit.[397]

---

389 Dazu *Gnan/Wittelsberger*, (Fn. 85), Art. 108 EG Rdnr. 20; *Häde*, (Fn. 9), Art. 108 Rdnr. 16; *Janzen*, (Fn. 20), S. 114 f. Dazu auch *Plewka*, (Fn. 14), S. 58, und *Weber*, (Fn. 11), S. 1465 f.

390 Dazu *Gnan/Wittelsberger*, (Fn. 85), Art. 108 EG Rdnr. 20; *Häde*, (Fn. 9), Art. 108 Rdnr. 16; *Janzen*, (Fn. 20), S. 113 f.; *Lastra*, (Fn. 381), S. 484 ff.

391 *Heun*, (Fn. 24), S. 874. In diesem Sinne auch *Gaitandides*, (Fn. 75), S. 55 ff.; *Smits* (Fn. 388), S. 329; *Weber*, (Fn. 11), S. 1469.

392 *Gnan/Wittelsberger*, (Fn. 85), Art. 108 EG Rdnr. 21. Siehe hierzu auch *Plewka*, (Fn. 14), S. 59.

393 *Gnan/Wittelsberger*, in: *Groeben/Thiesing/Ehlermann* (Hrsg.), Kommentar zum EU-/EG-Vertrag, 5. Auflage (1999), Art. 107 EGV Rdnr. 27.

394 Zur institutionellen Unabhängigkeit auch *Janzen*, (Fn. 20), S. 96 f.; *Palm*, (Fn. 24), S. 118 ff.; *Selmayr*, Die rechtlichen Grenzen der Geldpolitik der Europäischen Zentralbank – eine Fallstudie, in: *Köhler/Rohde* (Hrsg.), Geldpolitik ohne Grenzen, S. 167 ff.

395 Vgl. *Hahn/Häde*, (Fn. 9), Art. 88 Rdnr. 531f.; *Palm*, (Fn. 24), S. 118f.; *Selmayr*, (Fn. 343), S. 296 ff.; *Smits*, (Fn. 20), S. 155.

396 Vgl. *Bini Smaghi*, How can the ECB be credible?, S. 9 ff.; *Brentford*, (Fn. 382), S. 89; *Dutzler*, Der Status des ESZB aus demokratietheoretischer Sicht, Der Staat 2002, S. 495 (513); *Kempen*, (Fn. 3), Art. 107 EGV Rdnr. 28 ff., sowie Art. 108 EGV Rdnr. 5 und 26 ff.; *Palm*, (Fn. 24), S. 117 ff.; *Smits* (Fn. 388), S. 329; *Ullrich*, (Fn. 381), S. 19. Vgl. auch EuGH, Rs. C-11/00, Rdnr. 64 ff., 91 f., und 135. Kritisch allerdings *Hedrich*, Die Kritik an den Maastrichter Beschlüssen über die Europäische Währungsunion: Rechtliche und ökonomische Argumente, Jahrbuch für Sozialwissenschaft 1994, S. 68 (83 ff.).

397 *Häde*, (Fn. 9), Art. 108 EG-Vertrag Rdnr. 17; *ders.*, (Fn. 41), S. 35; *Jochimsen*, Revisionskonferenz 1996: Wirtschafts- und währungspolitische Anforderungen an ein Maastricht II, SuS 1995, S. 533 (539); *Kempen*, (Fn. 3), Art. 108 EGV Rdnr. 10.

2. Unabhängigkeit des ESZB bei Bestehen einer Ausnahmeregelung

Die Vorschriften zur Unabhängigkeit der EZB und der nationalen Zentralbanken (Art. 108 EGV, Art. 7 ESZBS) sind auch dann uneingeschränkt anwendbar, wenn für einen Mitgliedstaat eine Ausnahmeregelung gilt.[398] Weder der EG-Vertrag noch die ESZB-Satzung enthalten insoweit abweichende Regelungen. Die Unabhängigkeit des ESZB bleibt also auch bei Bestehen einer Ausnahmeregelung umfassend abgesichert.

Da Art. 108 EGV und Art. 7 ESZBS auch dann auf alle Mitgliedstaaten uneingeschränkt anwendbar bleiben, wenn für einen Mitgliedstaat eine Ausnahmeregelung gilt, scheinen auch die Zentralbanken der Staaten mit Ausnahmeregelung in demselben Umfang unabhängig zu sein wie die EZB und die Zentralbanken der Staaten des Euro-Währungsgebietes. Allerdings ergibt eine nähere Analyse des Wortlautes beider Vorschriften, dass dieses zunächst als nahe liegend erscheinende Ergebnis nicht uneingeschränkt haltbar ist. Denn nach Satz 1 der beiden Vorschriften sind die Zentralbanken des ESZB nur bei „der Wahrnehmung der ihnen durch diesen Vertrag und die Satzung des ESZB übertragenen Befugnisse, Aufgaben und Pflichten" unabhängig. Die Organe und Einrichtungen der Gemeinschaft und die Regierungen der Mitgliedstaaten sind gemäß Satz 2 beider Vorschriften zudem verpflichtet, den in Satz 1 festgelegten Grundsatz zu beachten. Weiterhin dürfen sie nicht versuchen, die EZB oder die nationalen Zentralbanken bei der Wahrnehmung ihrer Aufgaben zu beeinflussen. Satz 2 der Vorschriften verweist zwar nicht ausdrücklich auf die „Befugnisse, Aufgaben und Pflichten", die der EZB und den nationalen Zentralbanken durch den EG-Vertrag und die ESZB-Satzung zugewiesen sind, sondern nur auf deren „Aufgaben". Dem unterschiedlichen Wortlaut der beiden Sätze des Art. 108 EGV und des Art. 7 ESZBS kommt jedoch nach herrschender Auffassung keine Bedeutung zu. Der Begriff „Aufgaben" in Satz 2 umschreibt danach lediglich verkürzt die „Aufgaben, Pflichten und Befugnisse" nach Satz 1.[399] Der Anwendungsbereich der Sätze 1 und 2 der Art. 108 EGV und Art. 7 ESZBS ist mithin trotz des unterschiedlichen Wortlautes insoweit identisch.[400]

Der EG-Vertrag gewährt also der EZB und den nationalen Zentralbanken nur bei der Wahrnehmung von solchen Aufgaben, Rechten und Pflichten Unabhängigkeit, die ihnen durch den EG-Vertrag oder die ESZB-Satzung übertragen werden. EG-Vertrag und ESZB-Satzung weisen den Zentralbanken der Staaten mit Ausnahmeregelung jedoch nur wenige Aufgaben, Rechte und Pflichten zu. So sind diese Zentralbanken durch ihre Präsidenten zwar im Erweiterten Rat der EZB vertreten und nehmen so die Aufgaben und Befugnisse dieses Beschlussorgans wahr. Sie sind zudem verpflichtet, die statistischen Daten zu erheben, die das ESZB benötigt, um seine Aufgaben erfüllen zu können.[401] Sie sind auch an bestimmte Rechtsakte der

398 Zur Bedeutung und zum Gehalt der Unabhängigkeitsgarantie siehe oben S. 157 ff.
399 Siehe dazu die Nachweise oben in Fn. 379.
400 Siehe die Nachweise in Fn. 379.
401 Dazu oben S. 96 ff.

EZB gebunden.[402] Weitere Pflichten ergeben sich daraus, dass sie als Anteilseigner der EZB einen Anteil an deren Kapital gezeichnet haben.[403] Und schließlich ermächtigt sie die ESZB-Satzung, Eigengeschäfte vorzunehmen (Art. 24 ESZBS).[404] Darüber hinaus ergeben sich für diese Zentralbanken aber im Wesentlichen keine Aufgaben, Befugnisse oder Pflichten aus dem EG-Vertrag oder der ESZB-Satzung. Vielmehr legt das nationale Recht der Staaten mit Ausnahmeregelung fest, welche Aufgaben, Befugnisse und Pflichten sie wahrnehmen. Gemeinschaftsrechtliche Vorgaben bestehen neben den vorstehend genannten grundsätzlich nicht. Ausgehend vom Wortlaut garantieren die Art. 107 EGV und Art. 8 EGV die Unabhängigkeit der Zentralbanken der Staaten mit Ausnahmeregelung jedoch nur bei der Wahrnehmung der wenigen Aufgaben, Rechte und Pflichten, die sich unmittelbar aus dem EG-Vertrag und der ESZB-Satzung ergeben.

Gleichwohl vertreten die EZB und einige Stimmen in der Literatur, dass die nationalen Zentralbanken der Staaten mit Ausnahmeregelung auch bei der Wahrnehmung ihrer innerstaatlichen geldpolitischen Kompetenzen unabhängig sind, dass sich also die Unabhängigkeitsgarantie der Art. 108 EGV, Art. 7 ESZBS auch auf die innerstaatlichen währungspolitischen Befugnisse erstreckt.[405] Das einzige Argument, das für diese Auffassung sprechen könnte, ergibt sich aus Art. 43.2. ESZBS. Nach dieser Vorschrift behalten die Zentralbanken dieser Staaten ihre währungspolitischen Befugnisse nach innerstaatlichem Recht.

Aus Art. 43.2. ESZBS könnte jedoch nur dann abgeleitet werden, dass die Zentralbanken der Staaten mit Ausnahmeregelung auch bei der Wahrnehmung ihrer innerstaatlichen währungspolitischen Kompetenzen unabhängig sind, wenn ihnen diese Norm im Sinne der Art. 108 EGV und Art. 7 ESZBS „Aufgaben, Rechte oder Pflichten" zuweist. In der Tat scheint der Wortlaut des Art. 43.2. ESZBS diese Interpretation zunächst nahe zu legen. Er scheint diesen Zentralbanken zu garantieren, dass ihnen die währungspolitischen Befugnisse, die ihnen nach dem innerstaatlichen Recht zugewiesen sind, nicht entzogen werden können. Gegen ein solches Verständnis bestehen jedoch Bedenken.

Zunächst spricht hiergegen, dass sich aus Art. 43.2. ESZBS nicht entnehmen lässt, welche währungspolitischen Befugnisse die nationalen Zentralbanken der Staaten mit Ausnahmeregelung nach nationalem Recht wahrnehmen müssen. Art. 43.2. ESZBS verweist insoweit lediglich auf das innerstaatliche Recht, nach dessen Maß-

---

402 Vgl. beispielsweise S. 127 ff. und S. 99 ff.

403 Dazu oben S. 127 ff.

404 Insbesondere zählt die Tätigkeit der EZB und der nationalen Zentralbanken als Fiskalagent (vgl. Art. 21.2. ESZBS), zu denen auch die nationalen Zentralbanken der Staaten mit Ausnahmeregelung ermächtigt sind, nicht zu den Aufgaben, bei deren Wahrnehmung das ESZB unabhängig ist. Hiergegen spricht bereits die Bedeutung des Wortes „Agent", das insbesondere im Zusammenhang mit den entsprechenden Funktionen, die von einer Zentralbank in diesem Zusammenhang wahrgenommen wird, eine Weisungsfreiheit geradezu ausschließt. Anders aber *Harden*, (Fn. 255), S. 154.

405 Vgl. etwa *Europäische Zentralbank*, Konvergenzbericht 2004, S. 25 ff. In der Literatur wohl *Gnan/Wittelsberger*, (Fn. 85), Art. 109 EG Rdnr. 3 und Rdnr. 7; *Harden*, (Fn. 255), S. 155.

gabe sie ihre währungspolitischen Befugnisse behalten. Mithin garantiert Art. 43.2. ESZBS, bei einem entsprechenden Verständnis dieser Vorschrift, gemeinschaftsrechtlich nur einen in keiner Weise quantifizierten Ist-Stand in der Rechtslage. Nur die Befugnisse, die nach nationalem Recht von den Zentralbanken wahrgenommen werden, dürfen ihnen nicht entzogen werden. Welche das im Einzelnen sind, bleibt aber offen. Es könnten also theoretisch auch nur ganz marginale währungspolitische Befugnisse sein. Aus Art. 43.2. ESZBS abzuleiten, es werde gemeinschaftsrechtlich auch vorausgesetzt, dass die Zentralbanken der Staaten mit Ausnahmeregelung ähnlich umfassend wie etwa die EZB und die Zentralbanken des Euro-Währungsgebietes für die Währungspolitik verantwortlich sind, findet im Wortlaut der Norm keine Stütze.[406] In der Konsequenz würde also die Annahme, Art. 43.2. ESZBS weise den nationalen Zentralbanken Aufgaben, Rechte und Pflichten zu, bei deren Wahrnehmung sie unabhängig sind, dazu führen, dass sich die Rechtslage in den einzelnen Mitgliedstaaten deutlich unterscheiden könnte. Nur in dem Maße, in dem ihnen das jeweilige nationale Recht währungspolitische Befugnisse garantiert, sind sie unabhängig. Das kann jedoch ersichtlich nicht gewollt sein.

Zudem ist zu berücksichtigen, dass die Zentralbanken der Staaten mit Ausnahmeregelung nur dann an die Ziele des ESZB gebunden sind, wenn sie Aufgaben, Rechte und Pflichten im Rahmen des ESZB wahrnehmen.[407] Vorgaben dahingehend, welche Ziele diese Zentralbanken bei der Wahrnehmung ihrer innerstaatlichen währungspolitischen Kompetenzen verfolgen sollen, enthält das Gemeinschaftsrecht nicht.[408] Die Verpflichtung einer Zentralbank auf das vorrangige Ziel der Preisstabilität und die Gewährung der Unabhängigkeit stehen jedoch in einer Wechselbeziehung.[409] Unabhängigkeit wird einer Zentralbank gerade deshalb gewährt, damit sie ihr vorrangiges Ziel, die Preisstabilität zu wahren, möglichst effektiv verfolgen kann. Daher wäre es widersprüchlich, wenn EG-Vertrag und ESZB-Satzung die Zentralbanken der Staaten mit Ausnahmeregelung zwar bei der Wahrnehmung ihrer innerstaatlichen währungspolitischen Befugnisse nicht an das Ziel bänden, die Preisstabilität zu wahren, ihnen aber gleichwohl Unabhängigkeit bei der Wahrnehmung dieser Aufgaben gewährten.

Schließlich kann vernachlässigt werden, dass in Art. 43.2. ESZBS die Zentralbanken genannt sind und nicht etwa die Mitgliedstaaten, die ihre währungspolitischen Befugnisse behalten. Die Begriffe sind im Prinzip austauschbar. Es liegt in der Tradition wohl aller Mitgliedstaaten der Europäischen Union, dass die währungspolitischen Befugnisse durch eine Zentralbank wahrgenommen werden.[410] Insoweit ist es

---

406 Anders aber wohl *Gnan/Wittelsberger*, (Fn. 85), Art. 109 EG Rdnr. 3 und Rdnr. 7; *Harden*, (Fn. 255), S. 155 f.

407 Dazu ausführlich oben S. 56 ff.

408 Siehe dazu a.a.O. (Fn. 407).

409 Siehe dazu oben S. 157.

410 Zu den Gründen siehe etwa *Knieper*, Rechtsfragen der Europäischen Währungsunion, Recht und Politik 1991/1992, S. 90 (91).

konsequent, auf die währungspolitischen Befugnisse der Zentralbanken zu verweisen. Der Sache nach gemeint sein, dürfte aber Folgendes. Es soll deklaratorisch klargestellt werden, was sich aus den Vorschriften des EG-Vertrages und der ESZB-Satzung zur Währungspolitik ohnehin ergibt, dass die Währungshoheit der Staaten mit Ausnahmeregelung von gemeinschaftsrechtlichen Vorgaben grundsätzlich unberührt bleibt. Insoweit kann in dieser Norm auch eine Kollisionsregelung gesehen werden. Sollte in Bezug auf eine gemeinschaftsrechtliche Norm zweifelhaft sein, ob sich aus ihr Vorgaben für die Währungspolitik der Staaten mit Ausnahmeregelung ergeben, ist im Zweifel davon auszugehen, dass das Gemeinschaftsrecht solche Vorgaben nicht enthält. So soll nochmals deutlich gemacht werden, dass die Währungshoheit unteilbar ist und nur von einer Stelle ausgeführt werden kann und soll.[411]

Art. 43.2. ESZBS weist den nationalen Zentralbanken der Staaten mit Ausnahmeregelung mithin keine Aufgaben, Rechte und Pflichten im Sinne der Art. 108 EGV, Art. 7 ESZBS zu. Folglich gibt es keine gemeinschaftsrechtlichen Vorgaben zur Unabhängigkeit der nationalen Zentralbanken der Staaten mit Ausnahmeregelung, soweit die Wahrnehmung ihrer innerstaatlichen geld- und währungspolitischen Kompetenzen in Frage steht. Ob und inwieweit sie insoweit unabhängig sind, obliegt einer Entscheidung des jeweiligen nationalen Gesetzgebers.

Allerdings müssen die Mitgliedstaaten mit Ausnahmeregelung sicherstellen, dass ihre Zentralbanken immer dann unabhängig sind, wenn sie Aufgaben, Rechte oder Pflichten wahrnehmen, die ihnen durch den EG-Vertrag oder die ESZB-Satzung übertragen worden sind. Insoweit ist die Unabhängigkeit dieser nationalen Zentralbanken ebenso umfassend garantiert wie die der Zentralbanken des Euro-Währungsgebietes. Das gilt auch für die personelle Unabhängigkeit der Präsidenten der nationalen Zentralbanken, die den Anforderungen des Art. 14.2. ESZBS entsprechen muss. Somit müssen auch die Präsidenten der Zentralbanken der Staaten mit Ausnahmeregelung für eine Amtszeit von mindestens fünf Jahren ernannt werden. Zudem dürfen auch sie nur unter den restriktiven Vorgaben ihres Amtes enthoben werden, die Art. 14.2. ESZBS aufstellt. Soweit hierfür eine Anpassung des innerstaatlichen Rechts erforderlich war, musste diese gemäß Art. 109 EGV bis zum Zeitpunkt der Errichtung des ESZB vorgenommen werden.

C. Der Rat der Europäischen Gemeinschaften

I. Kompetenzen des EG-Rates in der Geldpolitik

Dem EG-Rat sind in der Wirtschafts- und Währungsunion wichtige Entscheidungen übertragen. So entschied er etwa darüber, welche Mitgliedstaaten die notwendigen Voraussetzungen erfüllten, um den Euro gleich zu Beginn der dritten Stufe der

411 Zum Grundsatz der Unteilbarkeit der Währungspolitik siehe etwa *Hahn*, (Fn. 24), S. 799, „*it is common knowledge, borne out by the monetary history both of states and international institutions, that monetary sovereignty is and has to be indivisible*", sowie *Smits*, (Fn. 20), S. 98. Siehe zu dem Quellen in Fn. 271.

Wirtschafts- und Währungsunion einführen zu können.[412] Er legt den Rechtsrahmen für die Tätigkeit des ESZB fest (vgl. etwa Art. 107 Abs. 6 EGV). Er hat die Befugnis, bestimmte Vorschriften der ESZB-Satzung zu ändern (vgl. Art. 107 Abs. 5 EGV). Zudem kann er der EZB weitere Aufgaben im Bereich der Bankenaufsicht übertragen (vgl. Art. 105 Abs. 6 EGV, Art. 25.2. ESZBS). Und schließlich entscheidet er über die Aufhebung einer Ausnahmeregelung und mithin die Einführung des Euro in den Staaten mit Ausnahmeregelung (vgl. Art. 122 Abs. 2 EGV).[413] Diese nur beispielhaft aufgeführten Befugnisse machen deutlich, welche wichtige Rolle dem EG-Rat in der Wirtschafts- und Währungspolitik zukommt.

Das Bestehen einer Ausnahmeregelung wirkt sich in mehrfacher Hinsicht auch auf den EG-Rat aus. Zunächst gelten eine Reihe von Vorschriften, die ihm Kompetenzen einräumen oder die für die Ausübung seiner Kompetenzen von Bedeutung sind, für die Staaten mit Ausnahmeregelung nicht oder lassen für sie keine Rechte oder Verpflichtungen entstehen (vgl. Art. 122 Abs. 3 S. 1 EGV, Art. 43.1. ESZBS). Im EG-Vertrag sind es die Art. 104 Abs. 9 und 11, 106 Abs. 2, 110, 111 sowie 112 Abs. 2 lit. b). In der ESZB-Satzung handelt es sich um die Art. 19.2., 20, 27, 34 und 50. Erlässt der EG-Rat auf der Grundlage dieser Vorschriften Rechtsakte, muss er die beschränkte Hoheitsgewalt der Gemeinschaft beachten. Der Anwendungsbereich dieser Normen ist auf das Euro-Währungsgebiet beschränkt.[414] Für die Staaten mit Ausnahmeregelung dürfen sich aus ihnen keine Rechtswirkungen ergeben. Daher kann auch ein Sekundärrechtsakt, der auf der Grundlage einer dieser Vorschriften erlassen worden ist, für diese Mitgliedstaaten keinerlei Rechte und Verpflichtungen entstehen lassen. Auf die Folgen, die sich hieraus im Einzelnen ergeben, ist überwiegend bereits oben im sachlichen Zusammenhang mit den jeweiligen Kompetenznormen eingegangen worden. Sie bedürfen daher an dieser Stelle keiner erneuten Darstellung. Soweit die Ermächtigungsgrundlagen im Zusammenhang mit der Wechselkurs- oder der Wirtschaftspolitik stehen, ist auf sie an späterer Stelle, ebenfalls im sachlichen Zusammenhang mit den entsprechenden Kompetenzen, genauer einzugehen.

Im Lichte der vorstehenden Ausführungen ist die Praxis der Gemeinschaft nicht unproblematisch, nach der insbesondere Verordnungen, die auf der Basis dieser Normen erlassen worden sind, gleichwohl in allen Mitgliedstaaten gelten.[415] Die Ursache hierfür ergibt sich wohl aus Art. 249 EGV. Diese Vorschrift bleibt auch bei Bestehen einer Ausnahmeregelung unverändert auf alle Mitgliedstaaten anwend-

---

412 Siehe dazu oben Teil I, § 3, S. 26 ff.
413 Dazu ausführlich unten § 9, S. 291 ff.
414 Ähnlich auch *Wölker*, (Fn. 7), Art. 122 EG Rdnr. 31 ff.
415 Vgl. etwa Verordnung (EG) Nr. 975/98 des Rates vom 3. Mai 1998 über Stückelung und technische Merkmale der für den Umlauf bestimmten Euro-Münzen, ABl. EG Nr. L 139 vom 11.5. 1998, S. 6, geändert durch Verordnung (EG) Nr. 423/1999, ABl. EG Nr. L 52 vom 27.2.1999, S. 2; Verordnung (EG) Nr. 2532/98 des Rates vom 23. November 1998 über das Recht der Europäischen Zentralbank, Sanktionen zu verhängen, ABl. EG Nr. L 318 vom 27.11.1998, S. 4; Verordnung (EG) Nr. 974/98 des Rates vom 3. Mai 1998 über die Einführung des Euro, ABl. EG Nr. L 139 vom 11.5. 1998, S. 1, geändert durch Verordnung (EG) Nr. 2596/2000, ABl. EG Nr. L 300 vom 29.11.2000, S. 2.

bar. Und danach gelten die Verordnungen der EG in allen Mitgliedstaaten unmittelbar. Das ist aus den genannten Gründen jedoch gleichwohl nicht der Fall. Wenn eine Ermächtigungsgrundlage für die Mitgliedstaaten mit Ausnahmeregelung keine Rechte und Verpflichtungen entstehen lässt, dann ist die Gemeinschaft nicht befugt, auf dieser Kompetenzgrundlage Rechtsakte zu erlassen, die auch in diesen Staaten gelten. Ihre Hoheitsgewalt und mithin ihre Befugnis Recht zu setzen, ist insoweit auf das Euro-Währungsgebiet beschränkt. Die Gemeinschaft trägt dem auch Rechnung. Sie stellt über den Wortlaut der betroffenen Rechtsakte sicher, dass ihr sachlicher Anwendungsbereich auf die Staaten des Euro-Währungsgebietes beschränkt bleibt.[416] Rechtlich korrekt erscheint allerdings nur eine ausdrückliche Beschränkung des Geltungsbereichs dieser Rechtsakte.

Bis auf einen weiteren Fall, der sich im Wege der Auslegung ergibt (Art. 104 Abs. 12 EGV)[417], sind alle anderen Kompetenzgrundlagen grundsätzlich uneingeschränkt auf alle Mitgliedstaaten anwendbar. Auch auf die Kompetenzgrundlagen, die bei Bestehen einer Ausnahmeregelung uneingeschränkt anwendbar bleiben, ist, soweit sie die Geldpolitik betreffen, bereits vorstehend eingegangen worden. Auch sie bedürfen hier keiner erneuten Darstellung. Soweit sie im Zusammenhang mit der Wechselkurs-, der Wirtschaftspolitik oder der Aufhebung einer Ausnahmeregelung stehen, ist auf sie an späterer Stelle einzugehen.

II. Veränderungen im Entscheidungsverfahren

Wenn für einen Mitgliedstaat eine Ausnahmeregelung gilt, verändert sich in einigen Fällen auch das Verfahren, in dem Entscheidungen im EG-Rat zu Stande kommen. Das ergibt sich aus Art. 122 Abs. 5 EGV. Danach ruht das Stimmrecht der Mitgliedstaaten mit Ausnahmeregelung bei Beschlüssen, die der EG-Rat auf der Grundlage von Vorschriften fasst, die für diese Staaten gemäß Art. 122 Abs. 3 EGV nicht gelten. Betroffen sind hiervon Entscheidungen nach Art. 104 Abs. 9 und 11, 106 Abs. 2, 110 Abs. 1 und 3 EGV, 111 und 112 Abs. 2 lit. b) EGV.

Das Stimmrecht dieser Staaten ruht zudem auch bei allen Entscheidungen, die auf der Grundlage einer Vorschrift der ESZB-Satzung ergehen, die gemäß Art. 43.1. ESZBS für sie keinerlei Rechte oder Verpflichtungen entstehen lässt. Zwar scheint sich aus dem Wortlaut des Art. 122 Abs. 5 ESZBS zunächst etwas anderes zu ergeben. Denn nach dieser Vorschrift ruht das Stimmrecht der Mitgliedstaaten mit Ausnahmeregelung nur bei Beschlüssen „gemäß den in Absatz 3 genannten Artikeln". Art. 122 Abs. 3 EGV nennt allerdings nur die Artikel des EG-Vertrages ausdrücklich, die für diese Staaten nicht gelten. Die Vorschriften der ESZB-Satzung, die für sie keine Rechtswirkungen entstehen lassen, sind in dieser Norm nicht genannt. Sie sind ausschließlich in Art. 43.1. ESZBS aufgeführt. Das spricht zunächst dafür, dass

---

416 Vgl. insoweit im Einzelnen die in Fn. 415 genannten Rechtsakte.
417 Dazu unten § 8, S. 265 ff.

die Stimmen der Staaten mit Ausnahmeregelung im EG-Rat lediglich bei Beschlüssen ruhen, die auf der Grundlage von Normen des EG-Vertrages gefasst werden, die für diese Staaten nicht gelten.

Dieses im Wege grammatikalischer Auslegung gefundene Ergebnis wird jedoch dadurch in Frage gestellt, dass es zu Wertungswidersprüchen zwischen dem EG-Vertrag und der ESZB-Satzung führt. Denn es ist kein Grund ersichtlich, dass die Stimmen der Staaten mit Ausnahmeregelung im EG-Rat nur dann ruhen sollen, wenn er Beschlüsse auf der Grundlage von Vorschriften fasst, die im EG-Vertrag genannt sind und die für diese Staaten nicht gelten. Denn einige Rechtsakte erlässt der EG-Rat auf der Grundlage von Normen, die nur in der ESZB-Satzung enthalten sind und die keine Entsprechung im EG-Vertrag haben. Diese Normen sind die Art. 19.2., 20 und 30.4. ESZBS. Art. 122 Abs. 5 EGV ist daher so zu verstehen, dass die Stimmen der Staaten mit Ausnahmeregelung bei allen Beschlüssen des EG-Rates ruhen, die auf der Grundlage einer Norm gefasst werden, die für sie keine Rechtswirkungen entstehen lässt.[418] Ob diese Vorschriften im EG-Vertrag oder der ESZB-Satzung enthalten sind, ist insoweit nicht von Relevanz.

Mit dem Wortlaut des Art. 122 Abs. 5 EGV lässt sich das vereinbaren. Denn Art. 122 Abs. 3 S. 2 EGV verweist ausdrücklich auf die Übergangsbestimmungen der ESZB-Satzung. Danach ist der Ausschluss eines Mitgliedstaates mit Ausnahmeregelung und seiner Zentralbank im ESZB in der ESZB-Satzung geregelt. Dieser Verweis kann aber auch so gelesen werden, als ob die entsprechenden Normen der ESZB-Satzung direkt in Art. 122 Abs. 3 EGV genannt werden. Denn ob auf die Regelungen der ESZB-Satzung verwiesen wird oder ob die Normen der ESZB-Satzung, die für die Staaten mit Ausnahmeregelung keine Rechtswirkungen entstehen lassen, ausdrücklich in Art. 122 Abs. 3 EGV enthalten sind, macht in der Sache keinen Unterschied. Mithin ruht das Stimmrecht der Staaten mit Ausnahmeregelung auch bei allen Entscheidungen des EG-Rates, die auf der Grundlage einer Norm der ESZB-Satzung ergehen, die für die Staaten mit Ausnahmeregelung gemäß Art. 43.1. ESZBS keinerlei Rechte und Verpflichtungen entstehen lassen.

Etwas anderes, darauf sei der Vollständigkeit halber hingewiesen, ergibt sich auch nicht aus Art. 107 Abs. 6 EGV. Nach dieser Vorschrift erlässt der EG-Rat die in den Art. 4, 5.4., 19.2., 20, 28.1., 29.2., 30.4. und 34.3. der ESZB-Satzung genannten Vorschriften mit qualifizierter Mehrheit, und zwar entweder auf Vorschlag der Kommission oder auf Empfehlung der EZB, jeweils nach Anhörung des Parlaments und, abhängig von der einschlägigen Ermächtigungsgrundlage, der EZB bzw. der Kommission. Art. 107 Abs. 6 EGV ist auf alle Mitgliedstaaten auch bei Bestehen einer Ausnahmeregelung uneingeschränkt anwendbar. Er regelt allerdings lediglich das Verfahren, in dem bestimmte Entscheidungen zu Stande kommen. Eine eigenständige Ermächtigungsgrundlage ist er nicht. Das ergibt sich aus den genannten Vorschriften der ESZB-Satzung. Sie ordnen an, dass der EG-Rat die jeweils genannten Rechtsakte „nach dem Verfahren des Art. 42“ ESZB-Satzung erlässt. Art. 42 ESZBS

---

418 Anders *Zilioli/Selmayr*, (Fn. 20), S. 174 f.

entspricht Art. 107 Abs. 6 EGV. Kompetenzgrundlage für den Erlass der in dieser Vorschrift genannten Bestimmungen sind mithin die jeweiligen Normen der ESZB-Satzung.

Weiterhin ruht das Stimmrecht der Staaten mit Ausnahmeregelung im EG-Rat auch bei Entscheidungen, die auf der Grundlage der Art. 123 Abs. 1, 2. Gs, 123 Abs. 4 und 5 bzw. 104 Abs. 12 EGV ergehen. Hinsichtlich Art. 123 EGV ergibt sich das bereits aus dem Wortlaut der Norm[419], für Art. 104 Abs. 12 EGV dagegen im Wege der Auslegung.[420] In allen anderen Fällen, in denen der EG-Rat im Bereich der Wirtschafts- und Währungspolitik Entscheidungen trifft, sind alle Mitgliedstaaten stimmberechtigt.[421] Das gilt auch dann, wenn der EG-Rat einen Rechtsakt erlässt, der sachlich zunächst nur die Staaten des Euro-Währungsgebietes betrifft. Der EG-Vertrag sieht insoweit keine Veränderungen des Entscheidungsverfahrens vor.[422]

Fasst der EG-Rat einen Beschluss, bei dem die Stimmen der Staaten mit Ausnahmeregelung ruhen, verändern sich auch die Voraussetzungen für dessen Zustandekommen (vgl. Art. 122 Abs. 5 S. 2 EGV). In diesem Fall gelten abweichend von Art. 205 EGV zwei Drittel der nach Art. 205 Abs. 2 EGV gewogenen Stimmen der Vertreter der Mitgliedstaaten des Euro-Währungsgebiets als qualifizierte Mehrheit. Sofern der EG-Vertrag für die Änderung eines Rechtsaktes Einstimmigkeit vorsieht, ist die Einstimmigkeit der Staaten des Euro-Währungsgebietes erforderlich (Art. 122 Abs. 5 S. 2 EGV). Unter welchen Voraussetzungen ein Beschluss mit einfacher Mehrheit zu Stande kommt, legt der EG-Vertrag nicht ausdrücklich fest. Unzweifelhaft werden jedoch auch hier die Stimmen der Staaten mit Ausnahmeregelung nicht berücksichtigt.

Diese Abstimmungsregeln gelten nach Art. 122 Abs. 5 S. 2 EGV zwar nur dann, wenn Entscheidungen auf der Grundlage von Artikeln getroffen werden, die in Art. 122 Abs. 3 EGV genannt werden. Auf sie ist jedoch in allen Fällen zurückzugreifen, in denen das Stimmrecht der Staaten mit Ausnahmeregelung im EG-Rat ruht, also insbesondere auch bei Entscheidungen auf der Grundlage des Art. 123 EGV. Der Wortlaut des Art. 122 Abs. 5 S. 2 EGV ist insoweit nicht hinreichend genau.

---

419 Hinsichtlich Art. 123 Abs. 4 und 5 EGV ist jedoch ein vergleichender Rückgriff auf andere Sprachfassungen des EG-Vertrages erforderlich. Siehe dazu unten § 9, S. 299 ff.

420 Dazu unten § 8, S. 265 ff.

421 Anders allerdings *Seidel*, Recht und Verfassung des Kapitalmarktes als Grundlage der Währungsunion, in: GS *Grabitz*, S. 776, der die Auffassung vertritt, die Stimmen der Mitgliedstaaten, für die eine Ausnahmeregelung gilt, würden auch bei Entscheidungen ruhen, die der EG-Rat auf der Grundlage des Art. 59 EGV fasst, obwohl diese Vorschrift in Art. 122 Abs. 3 EGV nicht genannt ist. Dem kann jedoch aus den genannten Gründen nicht gefolgt werden.

422 Daraus ergibt sich in der Tat die Gefahr, dass die Mitgliedstaaten mit Ausnahmeregelung bestimmte Entscheidungen des EG-Rates, die für das Euro-Währungsgebiet von Bedeutung sind, blockieren könnten. Darauf weist etwa *Duijm*, Entscheidungsgremien und Entscheidungsregeln in der EWU, Wirtschaftsdienst 1998, S. 661 (664), hin. Diese Möglichkeit ist aber in den entsprechenden Vorschriften angelegt. Verhindern ließe sich das nur durch eine Änderung der Vertragsbestimmungen, durch die das Stimmrecht der Staaten mit Ausnahmeregelung in diesen Fällen beschränkt wird.

Im Übrigen verändert sich das Verfahren im EG-Rat nicht, wenn für einen Mitgliedstaat eine Ausnahmeregelung gilt. Weder das Recht der Mitgliedstaaten mit Ausnahmeregelung, an allen Ratstagungen teilzunehmen, noch ihr Rede- und Antragsrecht werden eingeschränkt.[423] Ebenso ist mangels abweichender Regelung im EG-Vertrag denkbar, dass ein Staat mit Ausnahmeregelung die Kommission ersucht, dem EG-Rat einen Vorschlag oder eine Empfehlung zu unterbreiten, und zwar auch dann, wenn die Kompetenzgrundlage, auf der Grundlage derer der EG-Rat über diesen Vorschlag bzw. die Empfehlung entscheidet, für diese Staaten nicht gilt (vgl. Art. 115 EGV).[424] Zulässig ist mangels abweichender Regelung auch, dass ein Mitgliedstaat des Euro-Währungsgebietes einem Staat mit Ausnahmeregelung sein Stimmrecht im EG-Rat gemäß Art. 206 EGV überträgt.

D. Der Wirtschafts- und Finanzausschuss

Mit Beginn der dritten Stufe ist die bis dahin älteste auf die währungspolitische Zusammenarbeit spezialisierte Institution der Gemeinschaft, der Beratende Währungsausschuss[425], aufgelöst worden (Art. 114 Abs. 2 S. 1 EGV). Für ihn setzte die Gemeinschaft den Wirtschafts- und Finanzausschuss ein (Art. 114 Abs. 2 EGV). Der Wirtschafts- und Finanzausschuss ist wie bereits der Beratende Währungsausschuss ein beratendes Expertengremium, das keine eigenen Entscheidungsbefugnisse hat.[426] Er besteht aus jeweils höchstens zwei Vertretern jedes Mitgliedstaates und der EZB (Art. 114 Abs. 2 a.E. EGV). Wie sich der Ausschuss im Einzelnen zusammensetzt, legt der EG-Rat im Verfahren nach Art. 114 Abs. 3 EGV fest.[427]

Die Aufgaben des Wirtschafts- und Finanzausschusses werden in Art. 114 Abs. 2 EGV festgelegt. Danach hat er auf Ersuchen des EG-Rates oder der Kommission oder aus eigener Initiative Stellungnahmen an diese Organe abzugeben. Er hat die Wirtschafts- und Finanzlage zu beobachten und dem EG-Rat und der Kommission hierüber zu berichten. Weiterhin wirkt er an der Vorbereitung bestimmter Entscheidungen des EG-Rates mit, die entweder in Art. 114 Abs. 2 EGV aufgezählt sind oder ihm durch den EG-Rat übertragen worden sind. Der EG-Rat kann dem Aus-

---

423 So auch *Bandilla*, in: *Grabitz/Hilf* (Hrsg.), Kommentar zur Europäischen Union, EL 11, Art. 109 k Rdnr. 18; *Häde*, (Fn. 9), Art. 122 EG-Vertrag Rdnr. 26; *Kempen*, (Fn. 3), Art. 122 EGV Rdnr. 15; *Weber*, Die Währungsunion – Modell für ein Europa mehrerer Geschwindigkeiten, in: FS *Hahn*, S. 279; *Wölker*, (Fn. 7), Art. 122 EG Rdnr. 24.

424 Zu Sinn und Zweck des Art. 115 EGV *Häde*, (Fn. 9), Art. 115 EG-Vertrag Rdnr. 1 ff.; *Kempen*, (Fn. 3), Art. 115 EGV Rdnr. 2 und Rdnr. 4; *Palm*, (Fn. 286), Art. 113 EGV Rdnr. 1 ff.

425 Siehe zum Beratenden Währungsausschuß z.B. *Kees*, Der Währungsausschuß, Jahrbuch der Europäischen Integration 1981, S. 135 ff.; *Bakker*, The Liberalization of capital movements in Europe: The Monetary Committee and Financial Integration, S. 58 ff. Zum Währungsausschuss siehe auch Teil I, § 1, S. 4 f.

426 Zu den Aufgaben des Wirtschafts- und Finanzausschusses ausführlich etwa *Kempen*, (Fn. 3), Art. 114 EGV Rdnr. 4 ff.; *Smulders*, (Fn. 8), Art. 114 Rdnr. 7 ff.

427 Was zwischenzeitlich geschehen ist. Vgl. den Beschluss des EG-Rates vom 21. Dezember 1998 über die Einzelheiten der Zusammensetzung des Wirtschafts- und Finanzausschusses (98/743/EG), ABl. EG Nr. L 358 vom 31.12.1998, S. 109.

schuss zudem weitere beratende Aufgaben übertragen. Und schließlich muss er mindestens einmal jährlich die Lage im Bereich der Kapital- und Zahlungsverkehrsfreiheit prüfen und der Kommission und dem EG-Rat über das Ergebnis der Prüfung Bericht erstatten. Der Wirtschafts- und Finanzausschuss bereitet zudem die Arbeit der Euro-Gruppe vor.[428]

Wenn für einen Mitgliedstaat eine Ausnahmeregelung besteht, erweitern sich die Aufgaben des Wirtschafts- und Finanzausschusses. Denn in diesem Fall übernimmt er gemäß Art. 114 Abs. 4 EGV einige Aufgaben des Beratenden Währungsausschusses. Er hat dann zusätzlich zu seinen in Art. 114 Abs. 2 EGV genannten Aufgaben auch die Währungs- und Finanzlage sowie den allgemeinen Zahlungsverkehr der Staaten mit Ausnahmeregelung zu beobachten und dem EG-Rat und der Kommission hierüber Bericht zu erstatten.

Die Arbeit des Wirtschafts- und Finanzausschusses ist für die Gemeinschaft auf Grund seiner fachlichen Kompetenz von großer Bedeutung. Bemerkenswert ist, dass in diesem Nebenorgan alle Mitgliedstaaten vertreten sind. Da der Wirtschafts- und Finanzausschuss ausweislich des Art. 114 Abs. 2, 3. Gs. EGV nahezu an allen wichtigen Entscheidungen mitwirkt, die der EG-Rat im Bereich der Wirtschafts- und Währungsunion trifft, erhalten diese Mitgliedstaaten somit auch über diesen Ausschuss einen gewissen Einfluss auf die Wirtschafts- und Währungspolitik des Euro-Währungsgebietes. Denn der Wirtschafts- und Finanzausschuss wirkt auch an Entscheidungen des EG-Rates mit, bei denen die Vertreter der Staaten mit Ausnahmeregelung im EG-Rat ausgeschlossen sind, und zwar bei Entscheidungen, die auf Grundlage der Art. 104 Abs. 9 bis 11 EGV, Art. 106 Abs. 2 sowie Art. 111 EGV ergehen (vgl. Art. 114 Abs. 2, 3. Gs. EGV).

E. Zusammenarbeit in der Euro-Gruppe

I. Zusammensetzung und Arbeitsweise der Euro-Gruppe

Die Euro-Gruppe ist ein Gremium, dessen Einrichtung im EG-Vertrag nicht geregelt ist. Sie ist vielmehr durch eine Entschließung des Europäischen Rates etabliert worden[429], die wiederum wohl auf eine Initiative Frankreichs zurückgeht.[430] In die-

428 Zur Euro-Gruppe unten S. 169 ff.
429 Punkt 6 der Entschließung des Europäischen Rates vom 13. Dezember 1997 über die wirtschaftspolitische Koordinierung in der dritten Stufe der WWU zu den Artikeln 109 und 109b des Vertrags, ABl. EG Nr. C 35 vom 2.2.1998, S. 1.
430 Vgl. etwa *Hägele/Wessels*, Die Euro-Gruppe und der Wirtschafts- und Finanzausschuss, JbEI 2000/2001, S. 109 (109); *Hasse/Starbatty*, Überlegungen und Empfehlungen der Aktionsgemeinschaft Soziale Marktwirtschaft zur Währungsunion, in: *Hasse/Starbatty* (Hrsg.), Wirtschafts- und Währungsunion auf dem Prüfstand, S. 123 f.; *Selmayr*, (Fn. 24), S. 359 und 384 f.; *Senti*, (Fn. 41), S. 44. Teilweise wird die Euro-Gruppe mit den französischen Vorstellungen von einer „Wirtschaftsregierung" in Verbindung gebracht, vgl. z.B. *Glomb*, Bedarf die Wirtschafts- und Währungsunion einer gemeinsamen „Wirtschaftsregierung"?, in: *Caesar/Scharrer* (Hrsg.), Die Europä-

ser Entschließung räumt der Europäische Rat den Staaten des Euro-Währungsgebietes die Möglichkeit ein, „in informellem Rahmen" Fragen zu besprechen, die „im Zusammenhang mit ihrer gemeinsam getragenen Verantwortung für die gemeinsame Währung stehen".[431] Die Euro-Gruppe ist also ein informelles Gesprächsforum der Mitgliedstaaten des Euro-Währungsgebietes.

An den Treffen der Euro-Gruppe nehmen die Finanzminister der Staaten des Euro-Währungsgebietes teil.[432] Die einzelnen Finanzminister können jeweils durch maximal einen Berater begleitet werden.[433] Vertreter der EZB und der Kommission nehmen dagegen nur auf eine besondere Einladung an den Gesprächen teil.[434] Ergeht eine solche Einladung, wird sie in der Regel durch zwei Mitglieder der Kommission bzw. durch den Präsidenten der EZB wahrgenommen.[435] Weiterhin werden auch die Mitgliedstaaten, die dem Euro-Währungsgebiet nicht angehören, zu den Treffen eingeladen. In der Regel geschieht das dann, wenn Fragen besprochen werden, die im gemeinsamen Interesse aller Mitgliedstaaten liegen.[436]

Die Euro-Gruppe trifft sich regelmäßig vor den regulären Sitzungen des ECOFIN-Rates.[437] Ihr erstes Treffen fand bereits Mitte 1998 statt.[438] Den Vorsitz führte zunächst grundsätzlich jeweils der Finanzminister des Staates, der den Vorsitz im EG-Rat (vgl. Art. 203 EGV) innehatte.[439] Diese Vorsitzregelung ist Ende 2004 geändert worden. Nunmehr wählt die Euro-Gruppe für die Dauer von zwei Jahren einen Vorsitz.[440] Einen eigenständigen institutionellen Unterbau hat die Euro-Gruppe nicht.[441] Ihre Treffen werden vielmehr maßgeblich durch den Wirtschafts- und Finanzausschuss vorbereitet.[442] Es entspricht dem Charakter der Euro-Gruppe als

ische Wirtschafts- und Währungsunion: regionale und globale Herausforderungen, S. 16 f. Dazu auch *Häde*, (Fn. 9), Art. 108 EG-Vertrag Rdnr. 9.

431 Vgl. Punkt 6 der Entschließung des Europäischen Rates vom 13. Dezember 1997, (Fn. 429).

432 *Hägele/Wessels*, (Fn. 430), S. 109; *Puetter*, Informal Circles of Ministers: A Way Out of the EU's Institutional Dilemmas?, European Law Journal 2003, S. 109 (114); *Senti*, (Fn. 41), S. 44. Offenbar wollten ursprünglich auch die Außenminister an den Beratungen der Euro-Gruppe teilnehmen. Das ist jedoch abgelehnt worden. Dazu *Senti*, (Fn. 41), S. 44.

433 *Glomb*, (Fn. 430), S. 18; *Hägele/Wessels*, (Fn. 430), S. 109; *Puetter*, (Fn. 432), S. 114; *Senti*, (Fn. 41), S. 44.

434 Vgl. Punkt 6 der Entschließung des Europäischen Rates vom 13. Dezember 1997, (Fn. 429).

435 *Senti*, (Fn. 41), S. 44.

436 Punkt 6 der Entschließung des Europäischen Rates vom 13. Dezember 1997, (Fn. 429).

437 *Europäische Zentralbank*, Die Beziehungen der EZB zu den Organen und Einrichtungen der Europäischen Union, Monatsbericht, Oktober 2000, S. 60; *Herdegen*, (Fn. 73), S. 16.

438 *Deutsche Bundesbank*, Geschäftsbericht, 1999, S. 108; *Glomb*, (Fn. 430), S. 17; *Puetter*, (Fn. 432), S. 114.

439 *Deutsche Bundesbank*, Geschäftsbericht, 1999, S. 108; *Hägele/Wessels*, (Fn. 430), S. 109. Für den Fall, dass ein Mitgliedstaat, der nicht zum Euro-Währungsgebiet gehört, den Vorsitz im EG-Rat führte, sollte der Vorsitz in der Euro-Gruppe von dem Mitgliedstaat des Euro-Währungsgebietes wahrgenommen werden, der als nächstes die EU-Präsidentschaft übernimmt. Vgl. *Glomb*, (Fn. 430), S. 18; *Hägele/Wessels*, (Fn. 430), S. 109.

440 Vgl. *Europäische Zentralbank*, Jahresbericht 2004, S. 143.

441 Vgl. *Glomb*, (Fn. 430), S. 17.

442 Vgl. *Glomb*, (Fn. 430), S. 17, der allerdings noch auf den zu Beginn der dritten Stufe aufgelösten Währungsausschuss verweist; *Hägele/Wessels*, (Fn. 430), S. 109; *Puetter*, (Fn. 432), S. 114. Zum Wirtschafts- und Finanzausschuss oben S. 168 f.

informelles Gremium, dass, soweit ersichtlich, diese Verfahrensfragen nie durch die Euro-Gruppe selbst veröffentlicht oder bekannt gegeben worden sind.[443] Bekannt ist lediglich, dass sich die Euro-Gruppe während ihres ersten Treffens im Juni 1998 über die organisatorischen Fragen ihrer Zusammenarbeit geeinigt hat.[444]

Gegen die Gründung der Euro-Gruppe sind eine Reihe von Bedenken vorgebracht worden. So befürchtete etwa Großbritannien, auf Grund seiner Nichtzugehörigkeit zum Euro-Währungsgebiet durch die Euro-Gruppe an politischem Einfluss zu verlieren.[445] Teilweise wurde auch auf mögliche Gefahren hingewiesen, die durch die Arbeit der Euro-Gruppe für die Unabhängigkeit des ESZB entstehen könnten.[446] Auf Grund des informellen Charakters der Beratungen der Euro-Gruppe ist jedoch keine Gefährdung der Unabhängigkeit des ESZB erkennbar.[447] Dass die Staaten, die dem Euro-Währungsgebiet nicht angehören, politischen Einfluss verlieren, ist allerdings in der Tat anzunehmen. Zwar sind sie über den Wirtschafts- und Finanzausschuss, dem auch Vertreter dieser Staaten angehören[448], in die Arbeit der Euro-Gruppe eingebunden. Das kann die Nichtteilnahme an den Gesprächen in der Euro-Gruppe jedoch nicht kompensieren.

Allerdings muss das wohl hingenommen werden, solange innerhalb der Europäischen Union mehrere Währungsgebiete bestehen. Denn in diesem Fall besteht für ein Gremium wie die Euro-Gruppe, jedenfalls aus der Sicht der Staaten, die den Euro eingeführt haben, ein Bedürfnis.[449] Schließlich sind diese Staaten durch die einheitliche Währung besonders eng miteinander verbunden. Dass sich hierdurch der Bedarf an Absprache und Koordination erhöht, ist offensichtlich.

II. Die Aufgaben der Euro-Gruppe

Die Aufgaben der Euro-Gruppe sind nicht näher spezifiziert. Das kommt bereits in der oben genannten Entschließung des Europäischen Rates zur Gründung der Euro-Gruppe zum Ausdruck. Sie ist danach ein Gremium, in dem alle Fragen be-

---

443 In diesem Sinne wohl auch *Glomb*, (Fn. 430), S. 17.
444 *Glomb*, (Fn. 430), S. 17.
445 *Cullen*, Die flexiblen Briten: Rechtsstellung eines Außenseiters in der EU, S. 22 f. Ähnliche Befürchtungen bestanden wohl auch in Dänemark. Vgl. *Deubner*, Differentiation as a Mark of Monetary and Economic Politics in the European Union: Post-Amsterdam, in: *Caesar/Scharrer* (Hrsg.), European Economic and Monetary Union: Regional and Global Challenges, S. 413.
446 Vgl. *Duijm*, (Fn. 422), S. 666. Kritisch auch *Randzio-Plath*, Europäische Währungsunion, Erosionsvehikel oder Gestaltungsfaktor?, WSI Mitteilungen 1997, S. 328 (333); *Starbatty*, Die politische Dimension des Euro – Zehn Thesen, in: *Hasse/Starbatty* (Hrsg.), Wirtschafts- und Währungsunion auf dem Prüfstand, S. 53 f.; *Ungerer*, Probleme einer europäischen Wirtschafts- und Währungsunion, in: *Socher/Lexa/Smekal* (Hrsg.), Europas Währungsgefüge, S. 10. In diesem Sinne auch *o.V.*, Editorial Comments: The birth of the Euro, CMLR 1998, S. 585 (593).
447 Vgl. *Herdegen*, (Fn. 73), S. 16.
448 Dazu oben S. 168 f.
449 Auf dieses Bedürfnis weisen etwa auch *Deubner*, Harnessing Differentiation in the EU, S. 30 f., und *Regling*, Die Europäische Währungsunion ante portas, in: *Unternehmerverband Ruhr-Niederrhein e.V.*, Die Europäische Währungsunion ante portas: Chancen und Risiken des Euro, S. 24 f., hin.

handelt werden können, die im Zusammenhang mit der gemeinsamen Währung stehen, also das gesamte Spektrum der Wirtschafts- und Währungspolitik.[450] Und in der Tat lässt sich aus den wenigen über die Arbeit der Euro-Gruppe zur Verfügung stehenden Informationen auch ableiten, dass die Euro-Gruppe in dieser gesamten Bandbreite von der Möglichkeit Gebrauch macht, im informellen Rahmen solche Fragen zu erläutern.[451] Rechtsverbindliche Beschlüsse kann sie nicht fassen.[452] Mithin werden durch ihre Arbeit weder die Befugnisse der Gemeinschaft noch die der Mitgliedstaaten berührt.[453] Allerdings spielt die Euro-Gruppe auch in den Außenwährungsbeziehungen eine wichtige Rolle. Denn in der Regel vertritt der Vorsitzende der Euro-Gruppe das Euro-Währungsgebiet in bestimmten Bereichen der internationalen währungspolitischen Zusammenarbeit, und zwar insbesondere im IWF und in der G7-Gruppe.[454] Dass der Einfluss der Euro-Gruppe in diesem Bereich sehr groß ist, auch wenn sie keine verbindlichen Rechtsakte erlassen kann, ist ersichtlich.

Über die praktische Arbeit der Euro-Gruppe ist relativ wenig bekannt. Auch das entspricht dem informellen Charakter der Zusammenarbeit in diesem Gremium. Soweit ersichtlich, teilt in der Regel lediglich der ECOFIN-Rat in den von ihm herausgegeben Pressemitteilungen zu seinen Tagungen mit, dass sich auch die Euro-Gruppe getroffen und womit sie sich im Wesentlichen beschäftigt hat.[455] Diese Informationen sind jedoch meist nur kursorisch. Eher selten wendet sich die Euro-Gruppe mit eigenen Erklärungen direkt an die Öffentlichkeit.[456] Unter den Teilnehmern der Beratungen der Euro-Gruppe werden Briefe mit den Protokollen über die Beratungen verschickt.[457]

---

450 Vgl. Punkt 6 der Entschließung des Europäischen Rates vom 13. Dezember 1997, (Fn. 429). Auf den alle wirtschafts- und währungspolitische Fragen umfassenden Aufgabenkreis weist auch *Deubner*, (Fn. 445), S. 413, hin. Für einen Überblick über die insoweit in Frage kommende Themenbereiche siehe etwa *Glomb*, (Fn. 430), S. 18 ff.; *Hägele/Wessels*, (Fn. 430), S. 109 f.

451 Vgl. insoweit die einzelnen Protokolle über die Sitzungen des ECOFIN-Rates, in denen über die Arbeit der Euro-Gruppe berichtet wird. Die Ratsprotokolle sind auf der Internetseite der Europäischen Union (*www.europa.eu.int*) abrufbar. Hinweise auf die Tätigkeit der Euro-Gruppe finden sich etwa in den Ratsprotokollen zu den Ratstagungen Nr. 2087, 2112, 2156, 2175, 2205, 2212, 2225, 2241, 2245, 2246, 2258, 2268, 2274, 2277, 2301, 2312, 2345, 2326, 2353, 2365, 2393, 2513 sowie 2557.

452 So auch *Cullen*, (Fn. 445), S. 24; *Deutsche Bundesbank*, Geschäftsbericht 1999, S. 108; *Duijm*, (Fn. 422), S. 661; *Glomb*, (Fn. 430), S. 22.

453 Das hat bereits der Europäische Rat in der Entschließung klargestellt, auf die die Einrichtung der Euro-Gruppe zurückgeht. Vgl. Punkt 6 der Entschließung des Europäischen Rates vom 13. Dezember 1997, (Fn. 429).

454 Vgl. dazu den „Bericht an den Europäischen Rat über den Stand der Vorarbeiten für die dritte Stufe der WWU, insbesondere hinsichtlich der Vertretung der Gemeinschaft nach außen“, abgedruckt als Anlage II zu den Schlussfolgerungen des Vorsitzes des Europäischen Rates in Wien vom 11. und 12. Dezember 1998, veröffentlicht z. B. in Bull. EU Nr. 12-1998, S. 26.

455 Vgl. insoweit die Nachweise in Fn. 451.

456 Vgl. die auf der Internetseite der Europäischen Union (*www.europa.eu.int*) veröffentlichten Protokolle zu den Tagungen des ECOFIN-Rates Nr. 2258 (8. März 2000) oder Nr. 2353 (5. Juni 2001).

457 *Hägele/Wessels*, (Fn. 430), S. 109; *Puetter*, (Fn. 432), S. 114.

§ 6 Die Wechselkurspolitik der EG bei Bestehen einer Ausnahmeregelung

A. Vorbemerkung

In der Geldpolitik nimmt das ESZB eine zentrale Rolle ein. Es ist im Prinzip allein dafür verantwortlich, die Geldpolitik der Gemeinschaft festzulegen und auszuführen. Die Verantwortung der Gemeinschaft im Übrigen beschränkt sich in diesem Bereich der Währungspolitik weitgehend darauf, den rechtlichen Rahmen für die Tätigkeit des ESZB zu schaffen. Das ist im Einzelnen im vorstehenden Kapitel dieser Arbeit deutlich geworden.[1] Und auch in der Wechselkurspolitik, also den Währungsaußenbeziehungen[2], nimmt das ESZB wichtige Funktionen wahr. Zum Ausdruck kommt das zunächst darin, dass es die Aufgabe hat, die offiziellen Währungsreserven der Mitgliedstaaten zu halten und zu verwalten sowie Devisengeschäfte durchzuführen (vgl. Art. 105 Abs. 2 EGV, Art. 3.1. ESZBS).

Gleichwohl unterscheidet sich die Stellung des ESZB in der Geldpolitik von der in der Wechselkurspolitik deutlich. Denn der EG-Rat ist befugt festzulegen, welche Wechselkurspolitik die Gemeinschaft verfolgt (vgl. Art. 111 EGV).[3] Diese Festlegungen sind für das ESZB unter Umständen sogar verbindlich, so dass sein Handlungsspielraum in diesem Bereich der Währungspolitik im Vergleich zu dem, den es in der Geldpolitik hat, durch den EG-Rat erheblich beschränkt werden kann.[4] Das ergibt sich mit besonderer Deutlichkeit auch aus dem Wortlaut der Vorschriften, die dem ESZB Aufgaben in der Wechselkurspolitik zuweisen (vgl. Art. 105 Abs. 2, 2. Gs. EGV, Art. 3.1., 2. Gs. ESZBS). Danach kann das ESZB Devisengeschäfte nur „im Einklang mit Art. 111" EGV durchführen, also der Norm, in der die Kompetenzen des EG-Rates zur Festlegung der Wechselkurspolitik der Gemeinschaft enthalten sind.

Unbeschadet dessen ist jedoch allein das ESZB dafür zuständig, die Wechselkurspolitik der Gemeinschaft auszuführen.[5] Weder der EG-Vertrag noch die ESZB-Satzung weisen den anderen Organen und Einrichtungen der Gemeinschaft entsprechende Aufgaben und Befugnisse zu. Es bietet sich daher an, nachstehend zunächst zu untersuchen, welche Vorgaben der EG-Rat dem ESZB für die Ausführung der Wechselkurspolitik machen kann und wie sich das Bestehen einer Ausnahmeregelung auf diese Befugnisse auswirkt. Anschließend ist zu prüfen, welche Konsequenzen die Gewährung einer Ausnahmeregelung auf die Kompetenzen des ESZB in der Wechselkurspolitik hat.

---

1 Vgl. dazu ausführlich § 5.

2 Zum Begriff der Wechselkurspolitik etwa *Häde*, in: *Calliess/Ruffert* (Hrsg.), Kommentar zu EUV und EGV, 2. Auflage (2002), Art. 111 EG-Vertrag Rdnr. 1.

3 Zu Art. 111 EGV im Einzelnen unten S. 174 ff.

4 Dazu im Einzelnen a.a.O. (Fn. 3).

5 So auch *Häde*, in: *Calliess/Ruffert* (Hrsg.), Kommentar zu EU-Vertrag und EG-Vertrag, 2. Auflage (2002), Art. 105 EG-Vertrag Rdnr. 30; *Stadler*, Der rechtliche Handlungsspielraum des Europäischen Systems der Zentralbanken, S. 172 und S. 176. Dazu im Einzelnen unten S. 176 ff.

Wenn in der Europäischen Union ein einheitliches Währungsgebiet besteht, ist eine Wechselkurspolitik der Gemeinschaft nur gegenüber Drittstaaten und internationalen Einrichtungen, nicht aber gegenüber den Mitgliedstaaten möglich.[6] Denn die Wechselkurse der Währungen der Mitgliedstaaten sind in diesem Fall unwiderruflich zum Euro festgelegt.[7] Alle Mitglieder der Union haben eine einheitliche Währung. An die Stelle von Wechselkursbeziehungen zwischen diesen Staaten ist eine einheitliche Geldpolitik getreten, die vom ESZB festgelegt und durchgeführt wird.[8] Solange allerdings einem Mitgliedstaat eine Ausnahmeregelung gewährt wird, sind Wechselkursbeziehungen auch innerhalb der Europäischen Union denkbar, und zwar sowohl zwischen dem Euro-Währungsgebiet und den Staaten mit Ausnahmeregelung als auch zwischen den Mitgliedstaaten, für die eine Ausnahmeregelung gilt. Es ist zweckmäßig, die Wechselkurspolitik der Gemeinschaft gegenüber Drittstaaten und internationalen Einrichtungen sowie die zwischen den verschiedenen Währungsgebieten innerhalb der Europäischen Union getrennt darzustellen. Denn es lässt sich bereits hier vermuten, dass sich in diesen beiden Bereichen unterschiedliche Rechtsfragen stellen.

B. Wechselkurspolitik gegenüber Drittstaaten

I. Festlegung der Wechselkurspolitik durch den EG-Rat

Die für die Festlegung der Wechselkurspolitik der Gemeinschaft gegenüber Drittstaaten und internationalen Einrichtungen zentrale Vorschrift ist Art. 111 EGV. Der Regelungsgehalt dieser Vorschrift kann in fünf Komplexe unterteilt werden. Erstens ermächtigt sie den EG-Rat, förmliche Vereinbarungen über ein Wechselkurssystem für den Euro gegenüber den Währungen dritter Staaten abzuschließen (vgl. Art. 111 Abs. 1 S. 1 EGV). Mit förmlichen Vereinbarungen in diesem Sinne sind Festkurssysteme gemeint, vergleichbar etwa dem von *Bretton-Woods*.[9] Zweitens kann der EG-Rat so genannte „allgemeine Orientierungen" zur Wechselkurspolitik festlegen (vgl. Art. 111 Abs. 2 EGV).[10] Diese Orientierungen sind rechtlich nicht verbindlich.[11]

---

6 Vgl. *Ledig*, Die Währungsintegration in Europa, in: *Zippel* (Hrsg.), Ökonomische Grundlagen der europäischen Integration, S. 125.

7 Dazu oben Teil I, § 3, S. 26 ff.

8 Dazu ausführlich § 5.

9 *Smits*, in: *von der Groeben/Schwarze* (Hrsg.), Vertrag über die Europäische Union und Vertrag zur Gründung der Europäischen Gemeinschaft, 6. Auflage (2003), Art. 111 EG Rdnr. 41, mit ausführlichen Erläuterungen zum Begriff der förmlichen Vereinbarungen und deren Abschluss. Dazu auch *Häde*, (Fn. 5), Art. 111 EG-Vertrag Rdnr. 6; *Kempen*, in: *Streinz* (Hrsg.), EUV/EGV, Art. 111 EGV Rdnr. 4 ff.; *Martenczuk*, Die Außenvertretung der Europäischen Gemeinschaft auf dem Gebiet der Währungspolitik, ZaöRV 1999, S. 93 (97 ff.).

10 Ausführlich zu den allgemeinen Orientierungen *Bognar*, Europäische Integration und Außenwirtschaftsbeziehungen, S. 350 ff.; *Häde*, (Fn. 5), Art. 111 EG-Vertrag Rdnr. 10 ff.; *Hahn*, „Allgemeine Orientierungen" oder „allgemeine Leitlinien" für die Wechselkurspolitik der Europäischen Währungsunion?, BayVBl. 1999, S. 741 ff.; *ders.*, Die Einflußnahme der Europäischen Währungsunion auf Wechselkurse im Spiegel diesbezüglicher Zuständigkeiten, in: *Classen/*

Sie geben dem ESZB lediglich einen Anhaltspunkt dafür, wie nach der Vorstellung des EG-Rates die Wechselkurspolitik der Gemeinschaft durchgeführt werden sollte.[12] Drittens ist der EG-Rat befugt, Vereinbarungen im Zusammenhang mit Währungsfragen oder Devisenregelungen abzuschließen (vgl. Art. 111 Abs. 3 EGV).[13] Weiterhin regelt Art. 111 EGV viertens bestimmte Verfahrensfragen im Zusammenhang mit der Festlegung der Wechselkurspolitik der Gemeinschaft, die, hierin liegt die Besonderheit, zum Teil von den allgemeinen Vorschriften abweichen, die der EG-Vertrag im Bereich der internationalen Zusammenarbeit vorsieht.[14] Schließlich werden die Mitgliedstaaten fünftens „unbeschadet der Gemeinschaftszuständigkeit und der Gemeinschaftsvereinbarungen über die Wirtschafts- und Währungsunion" ermächtigt, in internationalen Gremien Verhandlungen zu führen und mit diesen Gremien Vereinbarungen zu treffen (vgl. Art. 111 Abs. 5 EGV).[15]

Art. 111 EGV gilt für Staaten mit Ausnahmeregelung nicht (vgl. Art. 122 Abs. 3 EGV). Zudem bezeichnet der Begriff „Mitgliedstaaten" in dieser Vorschrift lediglich die Staaten, für die keine Ausnahmeregelung gilt (vgl. Art. 122 Abs. 4 EGV). Für die Mitgliedstaaten mit Ausnahmeregelung lässt Art 111 EGV somit keine Rechtswirkungen entstehen. Die Hoheitsgewalt der Gemeinschaft ist auf das Euro-Währungsgebiet beschränkt.[16] Art. 111 EGV ermächtigt sie also nur, die Wechselkurspolitik

---

Dittmann/Fechner/Gassner/Kilian (Hrsg.), Liber amicorum *Thomas Oppermann*, S. 609 ff.; *Oppermann*, Die internationale Vertretung von Euroland, in: *Kirchhof/Lehner/Raupach/Rodi* (Hrsg.), Staaten und Steuern: Festschrift für *Klaus Vogel*, S. 532 ff.; *Smits*, (Fn. 9), Art. 111 EG Rdnr. 88 ff.; *ders.*, The European Central Bank: Institutional Aspects, S. 398 ff.

11 Siehe dazu *Hahn*, (Fn. 10), BayVBl. 1999, S. 741 ff., mit ausführlicher Begründung. Ähnlich *Pernice*, in: *Grabitz/Hilf* (Hrsg.), Kommentar zur Europäischen Union, EL 10, Art. 105 EGV Rdnr. 14; *Smits*, (Fn. 9), Art. 111 EG Rdnr. 90 ff.; *Weber*, Das Europäische System der Zentralbanken, WM 1998, S. 1465 (1468). Anders dagegen *Bognar*, (Fn. 10), S. 360 f.; *Martenczuk*, (Fn. 9), S. 99 f.; *Potacs*, in: *Schwarze* (Hrsg.), EU-Kommentar, Art. 111 EGV Rdnr. 5; *Selmayr*, Darf die EZB den Wechselkurs des Euro stützen?, Europablätter 2000, S. 209 (210); *Stadler*, (Fn. 5), S. 176 f.; *Weiß*, Kompetenzverteilung in der Währungspolitik und Außenvertretung des Euro, EuR 2002, S. 165 (185). Offen gelassen von *Dutzler*, The European System of Central Banks: An Autonomous Actor?, S. 55, und *Pipkorn*, Legal Arrangements in the Treaty of Maastricht for the Effectiveness of the Economic and Monetary Union, CMLR 1994, S. 263 (285).

12 Vgl. *Hahn*, (Fn. 10), BayVBl. 1999, S. 741 (742 ff.); *Pernice*, (Fn. 11), Art. 105 EGV Rdnr. 14; *Smits*, (Fn. 9), Art. 111 EG Rdnr. 95 ff.; *Weber*, (Fn. 11), S. 1468.

13 Zur Bedeutung des Art. 111 Abs. 3 EGV ausführlich *Smits*, (Fn. 9), Art. 111 EG Rdnr. 116 ff.; *Weiß*, (Fn. 11), S. 174 ff. Dazu auch *Bognar*, (Fn. 10), S. 350 ff.; *Häde*, (Fn. 5), Art. 111 EG-Vertrag Rdnr. 14 f.

14 Ausführlich hierzu *Herrmann*, Monetary Souvereignty over the Euro and External Relations of the Euro Area: Competences, Procedures and Practice, European Foreign Affairs Review 2002, S. 1 (12 f.); *Smits*, (Fn. 9), Art. 111 EG Rdnr. 23 ff. und Rdnr. 36 ff.; *Weiß*, (Fn. 11), S. 174 ff.

15 Dazu *Häde*, (Fn. 5), Art. 111 EG-Vertrag Rdnr. 19 ff.; *Smits*, (Fn. 9), Art. 111 EG Rdnr. 170 ff.; *Weiß*, (Fn. 11), S. 179 ff.; *Zilioli/Selmayr*, The external relations of the Euro area: Legal Aspects, CMLR 1999, S. 273 (317).

16 Zur Beschränkung der Hoheitsgewalt der Gemeinschaft infolge der bei Bestehen einer Ausnahmeregelung im Anwendungsbereich einiger Normen des EG-Vertrages angeordneten Veränderungen siehe bereits oben § 5, S. 53 f. Die Formulierung von *Martenczuk*, (Fn. 9), S. 96, ist dagegen ungenau, nach der Vereinbarungen, die von der Gemeinschaft auf der Grundlage des Art. 111 EGV getroffen werden, im Außenverhältnis die gesamte Gemeinschaft binden, und zwar „unter Einschluss aller ihrer Mitglieder". Gebunden werden durch diese Abkommen lediglich die für das Euro-Währungsgebiet festzulegen. Die Kompetenzen der Staaten mit Ausnahmeregelung werden dagegen durch Art. 111 EGV nicht eingeschränkt. Vereinbarungen und Festlegungen, die von der Gemeinschaft auf der Grundlage des Art. 111 EGV getroffen werden, binden sie nicht. Darüber hinaus ergibt sich daraus, dass diese Vorschrift für diese Staaten nicht gilt, noch eine weitere Konsequenz. Ihre Stimmen im EG-Rat ruhen bei allen Beschlüssen, die er auf der Grundlage des Art. 111 EGV trifft (vgl. Art. 122 Abs. 5 EGV).[17]

Die im Anwendungsbereich des Art. 111 EGV angeordneten Veränderungen überzeugen. Einerseits ist es erforderlich, dass die Gemeinschaft für das Euro-Währungsgebiet eine einheitliche Wechselkurspolitik festlegt. Schließlich haben die Mitgliedstaaten des Euro-Währungsgebietes eine gemeinsame Währung.[18] Eine Wechselkurspolitik ist insoweit nur noch einheitlich für das gesamte Euro-Währungsgebiet möglich. Andererseits behalten die Staaten mit Ausnahmeregelung ihre eigene Währung und ihre innerstaatlichen währungspolitischen Kompetenzen.[19] Es ist daher konsequent, dass die Gemeinschaft keine wechselkurspolitischen Entscheidungen treffen kann, die sie binden.[20]

Für die Anwendung des Art. 111 EGV ergeben sich im Übrigen keine Besonderheiten, wenn für einen Mitgliedstaat eine Ausnahmeregelung gilt. Auf die Frage der Anwendbarkeit dieser Bestimmung auf die Wechselkursbeziehungen zwischen den verschiedenen Währungsgebieten innerhalb der Europäischen Union ist an späterer Stelle einzugehen.[21]

II. Befugnisse des ESZB bei Bestehen einer Ausnahmeregelung

1. Überblick

Art. 111 EGV enthält, das ist vorstehend deutlich geworden, keine verbindlichen Vorgaben dahingehend, wie die Wechselkurspolitik der Gemeinschaft auszuführen ist. Solche Vorgaben bestehen erst dann, wenn der EG-Rat von den Kompetenzen Gebrauch macht, die ihm diese Vorschrift einräumt. Geschieht das, schränken diese allerdings den Handlungsspielraum des ESZB entsprechend ein. Gleichwohl bleibt aus den oben genannten Gründen[22] auch in diesem Fall allein das ESZB dafür zuständig, die Wechselkurspolitik auszuführen.

---

internationale Organisation „Europäische Gemeinschaft" und die Staaten des Euro-Währungsgebietes. Für die Staaten, die dem Euro-Währungsgebiet nicht angehören, lassen sie jedoch keinerlei Rechte und Verpflichtungen entstehen.

17 Zum Ruhen des Stimmrechts der Vertreter dieser Staaten im EG-Rat im Einzelnen oben § 5, S. 165 ff.

18 Dazu bereits oben S. 174.

19 Dazu ausführlichen oben § 5.

20 Vgl. aber unten S. 199 ff. zu den Wechselkursbeziehungen zwischen dem Euro-Währungsgebiet und den Staaten mit Ausnahmeregelung.

21 Dazu unten S. 208 ff.

22 Dazu im Einzelnen oben S. 173 f.

Solange und soweit der EG-Rat von seinen Kompetenzen aus Art. 111 EGV jedoch keinen Gebrauch macht, kann das ESZB eigenverantwortlich die Wechselkurspolitik der Gemeinschaft festlegen und ausführen.[23] Insbesondere ist die EZB auch berechtigt, grundlegende wechselkurspolitische Entscheidungen zu treffen, mithin eine wechselkurspolitische Strategie festzulegen. Wäre das nicht der Fall, würde es im Prinzip keine Wechselkurspolitik der Gemeinschaft geben können, wenn und soweit der EG-Rat von seinen Kompetenzen aus Art. 111 EGV keinen Gebrauch macht. Das kann jedoch nicht gewollt sein. Als Ermächtigungsgrundlage für grundlegende wechselkurspolitische Entscheidungen der EZB kommt Art. 12.1. UAbs. 1 S. 1 ESZBS in Betracht. Nach dieser Vorschrift erlässt der EZB-Rat die Leitlinien und Entscheidungen, die notwendig sind, um zu gewährleisten, dass die Aufgaben des ESZB erfüllt werden. Da zu diesen Aufgaben auch bestimmte Aufgaben in der Wechselkurspolitik gehören (vgl. insbesondere Art. 105 Abs. 2, 2. und 3. Gs. EGV, Art. 3.1., 2. und 3. Gs. ESZBS), kann er alle Entscheidungen, die zu ihrer Wahrnehmung erforderlich sind, auf der Grundlage dieser Norm treffen.

Der EG-Vertrag und die ESZB-Satzung enthalten nur wenige Vorschriften, die spezifisch die Aufgaben und Befugnisse des ESZB in der Wechselkurspolitik betreffen. Neben den bereits genannten Art. 105 Abs. 2, 2. und 3. Gs. EGV, Art. 3.1., 2. und 3. Gs. ESZBS sind das im Wesentlichen die Art. 5.1., 6, 22, 23, 30 und 31 ESZBS. Danach kann sich das ESZB insbesondere an internationalen Währungseinrichtungen beteiligen (vgl. Art. 6.2. ESZBS).[24] Es ist berechtigt, mit Drittstaaten und internationalen Organisationen zusammenzuarbeiten, um die für die Erfüllung der Aufgaben des ESZB erforderlichen statistischen Daten zu erheben (vgl. Art. 5.1. ESZBS).[25] Weiterhin soll es nicht nur innerhalb des Euro-Währungsgebietes, sondern auch im Verkehr mit dritten Staaten Einrichtungen zur Verfügung stellen, um effiziente Zahlungs- und Verrechnungssysteme zu gewährleisten (vgl. Art. 22 ESZBS).[26] Es ist zudem zu Offenmarktgeschäften auch im Verkehr mit Drittstaaten ermächtigt (vgl. Art. 23 ESZBS).[27] Hierzu kann es insbesondere auch Beziehungen zu Finanzinstituten und mit internationalen Organisationen aufnehmen (vgl. Art. 23, Art. 1. Gs. ESZBS).[28] Und schließlich regeln die Art. 30 und 31 ESZBS ausführlich, in welchem Umfang die EZB von den nationalen Zentralbanken mit Währungsreserven ausgestattet wird und wie sie mit diesen Reserven verfahren kann.[29]

---

23 Vgl. *Häde*, (Fn. 5), Art. 111 EG-Vertrag Rdnr. 8 f.; *Kempen*, (Fn. 9), Art. 105 EGV Rdnr. 13; *Oppermann*, (Fn. 10), S. 531 f.; *Pernice*, (Fn. 11), Art. 105 EGV Rdnr. 14; *Potacs*, (Fn. 11), Art. 111 EGV Rdnr. 5; *Smits*, (Fn. 9), Art. 111 EG Rdnr. 88 ff.; *ders.*, The European Central Bank: Institutional Aspects, S. 397 f.; *Weber*, (Fn. 11), S. 1468. Ähnlich *Harden*, The European Central Bank and the Role of National Central Banks in Economic and Monetary Union, in: *Gretschmann* (Hrsg.), Economic and monetary union: implications for national policy-makers, S. 161.
24 Siehe dazu oben S. 181 ff.
25 Siehe dazu oben § 5, S. 96 ff.
26 Siehe dazu oben § 5, S. 91 ff.
27 Siehe dazu oben § 5, S. 85 ff.
28 Dazu a.a.O. (Fn. 27).
29 Siehe dazu oben S. 184 ff.

Die ESZB-Satzung enthält also keine Art. 111 EGV oder Art. 300 EGV vergleichbare Norm, in der die Kompetenzen des ESZB im Bereich der Wechselkurspolitik zusammengefasst, die speziellen Verfahrensfragen geregelt und die ihm im Bereich der internationalen Zusammenarbeit zur Verfügung stehenden Handlungsformen definiert sind. Die wechselkurspolitischen Befugnisse der EZB und der nationalen Zentralbanken ergeben sich vielmehr aus einer ganzen Reihe von Normen, die jeweils bestimmte Einzelfragen regeln. Problematisch hieran ist, dass diese Vorschriften viele Fragen offen lassen. Handlungsformen und Verfahrensfragen im Bereich der internationalen Zusammenarbeit werden überhaupt nicht geregelt. Und viele der genannten Vorschriften enthalten zudem unbestimmte Rechtsbegriffe, die es teilweise sehr schwer machen zu bestimmen, wie weit die Befugnisse des ESZB in der Wechselkurspolitik im Einzelnen reichen. Beispielsweise sind die EZB und die nationalen Zentralbanken nach Art. 6.2. ESZB ermächtigt, sich an „internationalen Währungseinrichtungen" zu beteiligen. Was Währungseinrichtungen in diesem Sinne sind, bleibt jedoch offen. An anderer Stelle ermächtigt die ESZB-Satzung die Bestandteile des ESZB, „Beziehungen" zu internationalen Organisationen aufzunehmen (vgl. Art. 23 ESZBS). Welcher Art diese Beziehungen sein können, ist jedoch nicht geregelt. Und ob die EZB befugt ist, auch förmliche Vereinbarungen auf dem Gebiet der Wechselkurspolitik abzuschließen, wie weit also ihre völkerrechtliche Vertragsschlusskompetenz reicht, ergibt sich aus der ESZB-Satzung nicht. Die wechselkurspolitischen Kompetenzen des ESZB sind daher nur lückenhaft geregelt. Das ist eine wesentliche Ursache dafür, dass in der juristischen Literatur über die Reichweite der Befugnisse des ESZB in diesem Bereich keine Einigkeit besteht. Umstritten ist insbesondere die Frage, welche Kompetenzen das ESZB zum Abschluss völkerrechtlicher Vereinbarungen hat.[30]

2. Folgen der Gewährung einer Ausnahmeregelung

Die Artikel 105 Abs. 2, 2. und 3. Gs. EGV sowie die Artikel 3.1., 6, 12.1., 22, 23, 30 und 31 ESZBS lassen für die Staaten mit Ausnahmeregelung keinerlei Rechte und Verpflichtungen entstehen (vgl. Art. 122 Abs. 3 EGV, Art. 43.1. ESZBS). Mithin sind die meisten der Vorschriften, die dem ESZB Aufgaben und Befugnisse in der Wechselkurspolitik gegenüber Drittstaaten einräumen, nur auf das Euro-Währungsgebiet anwendbar. Einzig Art. 5 ESZBS gilt bei Bestehen einer Ausnahmeregelung in allen Mitgliedstaaten. Nach Art. 5.2., 5.1. ESZBS sind auch die nationalen Zentralbanken der Staaten mit Ausnahmeregelung berechtigt und verpflichtet, die statistischen Daten zu erheben, die das ESZB zur Wahrnehmung seiner Aufgaben benötigt.[31] Da das ESZB jedoch nur für das Euro-Währungsgebiet Aufgaben wahr-

30 Zum Streitstand siehe etwa *Herrmann*, (Fn. 14), S. 1 ff.; *Weiß*, (Fn. 11), S. 165 ff.; *Zilioli/Selmayr*, The external relations of the Euro area: Legal Aspects, CMLR 1999, S. 273 ff.; *dies.*, The Law of the European Central Bank, S. 73 ff. Ferner *Kempen*, (Fn. 9), Art. 105 EGV Rdnr. 18 f.; *Stadler*, (Fn. 5), S. 92; *Strumpf*, Die auswärtigen Beziehungen der Europäischen Währungsunion, ZaöRV 2003, S. 1075 ff.

31 Dazu ausführlich oben § 5, S. 96 ff.

nimmt, lässt diese Verpflichtung die Währungshoheit der Mitgliedstaaten mit Ausnahmeregelung im Übrigen unberührt.[32] Die Zentralbanken dieser Staaten werden lediglich in engen Grenzen in die Erfüllung der Aufgaben des ESZB, die es für das Euro-Währungsgebiet wahrzunehmen hat, mit einbezogen. Zusammenfassend ist also festzustellen, dass keine der Normen, die dem ESZB Aufgaben und Befugnisse in der Wechselkurspolitik zuweisen, das ESZB ermächtigt, wechselkurspolitische Entscheidungen für die Staaten mit Ausnahmeregelung zu treffen. Die Hoheitsgewalt des ESZB ist in der Wechselkurspolitik auf das Euro-Währungsgebiet beschränkt. Übt es seine wechselkurspolitischen Kompetenzen aus, dürfen sich hieraus für die Staaten mit Ausnahmeregelung keine Rechtswirkungen ergeben.

Dasselbe gilt, wenn die EZB und die nationalen Zentralbanken neben den wechselkurspolitischen Befugnissen, die ihnen durch die ESZB-Satzung ausdrücklich zugewiesen werden, auch auf ungeschriebene Kompetenzen zurückgreifen können sollten. Im Gemeinschaftsrecht werden ungeschriebene Außenkompetenzen nach den Grundsätzen der so genannten *AETR*-Rechtsprechung und der *implied-powers*-Lehre bestimmt.[33] Beide sind grundsätzlich auf die EZB anwendbar. Mithin können aus ihnen gegebenenfalls auch ungeschriebene Außenkompetenzen der EZB abgeleitet werden. Allerdings sind ungeschriebene wechselkurspolitische Kompetenzen der EZB nur denkbar, wenn sie diese benötigt, um ihre Aufgaben zu erfüllen. Das ESZB nimmt aber gegenüber den Staaten mit Ausnahmeregelung keine Aufgaben wahr.[34] Die wenigen Fälle, in denen die EZB zu rechtsverbindlichen Maßnahmen gegenüber den Zentralbanken der Staaten mit Ausnahmeregelung befugt ist, beschränken sich auf den internen organisatorischen Bereich innerhalb des ESZB.[35] Dass die EZB auf ungeschriebene wechselkurspolitische Befugnisse zurückgreifen müsste, um diese Befugnisse wahrnehmen zu können, ist nicht ersichtlich. Auch aus den Aufgaben, die von der EZB vorübergehend wahrgenommen werden, ergibt sich insoweit nichts anderes. Die vorübergehenden Aufgaben der EZB sind überwiegend beratender Natur.[36] Die Währungshoheit der Mitgliedstaaten mit Ausnahmeregelung bleibt durch sie unberührt. Zur Wahrnehmung dieser Aufgaben ist die EZB allenfalls im Zusammenhang mit einem etwaigen Wechselkurssystem zwischen

---

32 A.a.O. (Fn. 31).

33 Zur *AETR*-Rechtsprechung ausführlich unten S. 211 f. Zu den Grundsätzen, nach denen im Gemeinschaftsrecht ungeschriebene völkerrechtliche Vertragsschlusskompetenzen hergeleitet werden, siehe etwa *Gilsdorf*, Die Außenkompetenzen der EG im Wandel, EuR 1996, S. 145 ff.; *Köck*, Die „implied powers" der Europäischen Gemeinschaften als Anwendungsfall der „implied powers" internationaler Organisationen überhaupt, in: *Böckstiegel/Folz/Mössner/Zemanek* (Hrsg.), Festschrift für *Ignaz Seidl-Hohenveldern*, S. 279 ff.; *Mögele*, in: *Streinz* (Hrsg.), EUV/EGV, Art. 300 EGV Rdnr. 24 ff.; *Oppermann*, Europarecht, 2. Auflage (1999), § 26 Rdnr. 1703 ff.; *Schmalenbach*, in: *Calliess/Ruffert* (Hrsg.), Kommentar zu EU-Vertrag und EG-Vertrag, 2. Auflage (2002), Art. 300 EG-Vertrag Rdnr. 5 ff.; *Tomuschat*, in: *von der Groeben/Schwarze* (Hrsg.), Vertrag über die Europäische Union und Vertrag zur Gründung der Europäischen Gemeinschaft, Art. 300 EG Rdnr. 5 ff. Grundlegend zur Anwendbarkeit der *„implied powers"*-Lehre im Gemeinschaftsrecht bereits *Nicolaysen*, Zur Theorie von den implied-powers in den Europäischen Gemeinschaften, EuR 1966, S. 129 ff.

34 Zu den Aufgaben des ESZB siehe oben S. 50 ff.

35 Siehe dazu insbesondere oben S. 78 ff. und S. 149 ff.

36 Zu den vorübergehenden Aufgaben der EZB ausführlich oben S. 65 ff und S. 115 ff.

dem Euro und den Währungen der Mitgliedstaaten, die dem Euro-Währungsgebiet nicht angehören, zu rechtsverbindlichem Handeln befugt. Ein solches Wechselkurssystem betrifft jedoch die Wechselkursbeziehungen innerhalb der Gemeinschaft und nicht die gegenüber Drittstaaten.[37]

Mithin sind weder die EZB noch die nationalen Zentralbanken des Euro-Währungsgebietes befugt, im Verhältnis zu Drittstaaten und internationalen Einrichtungen wechselkurspolitische Entscheidungen zu treffen, die Rechtswirkungen für die Staaten mit Ausnahmeregelung haben. Ihre Hoheitsgewalt ist auf das Euro-Währungsgebiet beschränkt. Die Währungshoheit der Staaten mit Ausnahmeregelung bleibt somit auch in der Wechselkurspolitik von gemeinschaftsrechtlichen Vorgaben grundsätzlich unbeschränkt bestehen. Das Gemeinschaftsrecht räumt den Zentralbanken der Mitgliedstaaten, für die eine Ausnahmeregelung gilt, allerdings andererseits auch keine wechselkurspolitischen Kompetenzen ein. Ihre Befugnisse ergeben sich auch insoweit aus dem nationalen Recht.

Hinzuweisen bleibt allerdings darauf, dass die Wechselkurspolitik des Euro-Währungsgebietes und die der Staaten mit Ausnahmeregelung gleichwohl nicht vollständig voneinander getrennt sind. Zum einen sind die Zentralbanken der Mitgliedstaaten, für die eine Ausnahmeregelung gilt, in engen Grenzen in die Wechselkurspolitik des Euro-Währungsgebietes einbezogen. Sie sind verpflichtet, bestimmte statistische Daten zu erheben, die das ESZB zur Wahrnehmung seiner Aufgaben benötigt (vgl. Art. 5 ESZBS).[38] Das können auch Daten sein, die es zur Wahrnehmung seiner wechselkurspolitischen Aufgaben benötigt. Die nationalen Zentralbanken dieser Staaten sind zudem befugt, hierzu mit internationalen Organisationen und Drittstaaten zusammenzuarbeiten (vgl. Art. 5.1. ESZBS). Weiterhin kann der Erweiterte Rat der EZB[39], in dem auch die Präsidenten der Zentralbanken der Staaten mit Ausnahmeregelung vertreten sind, zur Wechselkurspolitik der Gemeinschaft gegenüber Drittstaaten und internationalen Einrichtungen ebenso Stellung nehmen wie zu der, die von den Staaten mit Ausnahmeregelung verfolgt wird.[40] Es muss sich lediglich ein Bezug zu den Aufgaben herstellen lassen, die von ihm wahrzunehmen sind.[41] Und schließlich sind die Staaten mit Ausnahmeregelung verpflichtet, die EZB zu jedem Rechtsakt anzuhören, der in den Zuständigkeitsbereich der EZB fällt (Art. 105 Abs. 4 EGV, Art. 4 ESZBS).[42] Das können auch Rechtsakte sein, die den Bereich der Wechselkurspolitik betreffen.[43] An der grundlegenden Kompetenzverteilung in der Wechselkurspolitik ändert das nichts. Die Wechselkurspolitik des Euro-Währungsgebietes legen der EG-Rat und gegebenenfalls das ESZB fest. Die Staaten mit Ausnahmeregelung sind dagegen allein für die-

---

37 Dazu ausführlich unten S. 199 ff.
38 Dazu ausführlich unten S. 181 ff.
39 Zum Erweiterten Rat der EZB ausführlich oben § 5, S. 48 ff. und S. 149 ff.
40 Dazu ausführlich oben § 5, S. 115 ff.
41 A.a.O. (Fn. 40).
42 Dazu ausführlich oben § 5, S. 104 ff.
43 A.a.O. (Fn. 42).

sen Bereich der Währungspolitik zuständig. Gemeinschaftsrechtliche Vorgaben bestehen nicht. Allerdings sind diese Staaten und das Euro-Währungsgebiet verpflichtet, ihre Wechselkurspolitik gegenüber Drittstaaten als eine Angelegenheit von gemeinsamem Interesse zu behandeln (vgl. Art. 124 EGV).[44]

Der Anwendungsbereich der Art. 5, 12.1., 22 und 23 ESZBS, die dem ESZB Kompetenzen in der Wechselkurspolitik einräumen, ist in dieser Arbeit insbesondere im Zusammenhang mit der Geldpolitik der Gemeinschaft bei Bestehen einer Ausnahmeregelung bereits ausführlich dargestellt worden.[45] Auf sie muss daher nachstehend nicht erneut eingegangen werden. Lediglich die Art. 6, 30 und 31 ESZBS sind bislang im Prinzip noch nicht behandelt worden. Im Anwendungsbereich dieser drei Normen ergeben sich jedoch eine Reihe von Besonderheiten, wenn für einen Mitgliedstaat eine Ausnahmeregelung gilt. Sie sind mithin nachstehend darzustellen und darauf zu untersuchen, ob die Gewährung einer Ausnahmeregelung für sie Folgen hat, die über die Beschränkung der Hoheitsgewalt, auf die bereits hingewiesen worden ist, hinaus gehen. Dieselbe Frage muss hinsichtlich der ungeschriebenen wechselkurspolitischen Kompetenzen der EZB und der nationalen Zentralbanken untersucht werden.

3. Besonderheiten bei der Anwendung von Art. 6 ESZBS

a) Folgen der Gewährung einer Ausnahmeregelung für Art. 6 ESZBS

Eine der für die Kompetenzen des ESZB im Bereich der internationalen Zusammenarbeit zentralen Normen ist Art. 6 ESZBS. Danach entscheidet die EZB darüber, wie das ESZB auf internationaler Ebene vertreten wird (vgl. Art. 6.1. ESZBS). Weiterhin sind nach dieser Vorschrift die EZB und mit deren Zustimmung auch die nationalen Zentralbanken befugt, sich an internationalen Währungseinrichtungen zu beteiligen (vgl. Art. 6.2. ESZBS). Allerdings ist Art. 6 ESZBS nur „unbeschadet" des Art. 111 EGV anwendbar (Art. 6.3. ESZBS). Die ESZB-Satzung bestätigt so nochmals die Befugnis des EG-Rates, die Wechselkurspolitik der Gemeinschaft festzulegen, gegebenenfalls auch mit Bindungswirkung gegenüber dem ESZB.[46]

Art. 6 ESZBS enthält also zunächst organisationsrechtliche Bestimmungen. Durch sie soll sichergestellt werden, dass das ESZB im Bereich der internationalen Zusammenarbeit einheitlich auftritt.[47] Aus diesem Grund kann die EZB zentral festlegen, wie das ESZB im internationalen Bereich vertreten wird, bzw. den nationalen Zentralbanken gestatten oder auch untersagen, sich an internationalen Währungseinrichtungen zu beteiligen. Weiterhin ergibt sich aus dieser Zwecksetzung, dass Art. 6 ESZBS immer dann anzuwenden ist, wenn das ESZB von den Kompetenzen Ge-

---

44 Dazu ausführlich unten S. 200 ff.
45 Dazu im Einzelnen oben § 5, S. 84 ff.
46 Dazu ausführlich oben S. 174 ff.
47 Vgl. *Smits*, (Fn. 9), Art. 6 ESZB-Satzung Rdnr. 6 ff.; *Zilioli/Selmayr*, (Fn. 15), S. 279.

brauch macht, die ihm im Bereich der Außenwährungsbeziehungen eingeräumt sind, gleich auf welcher Kompetenzgrundlage das geschieht. Die nationalen Zentralbanken können sich also nur mit Zustimmung der EZB an internationalen Währungseinrichtungen beteiligen. Und die EZB hat die alleinige Kompetenz, darüber zu entscheiden, wie das ESZB im Bereich der internationalen Zusammenarbeit vertreten wird.

Darüber hinaus ist Art. 6 ESZBS auch in materiell-rechtlicher Hinsicht von Bedeutung.[48] Denn Art. 6.2. ESZBS ermächtigt die EZB und die nationalen Zentralbanken, sich an internationalen Währungseinrichtungen zu beteiligen. Welche Einrichtungen in diesem Sinne Währungseinrichtungen sind, legt der EG-Vertrag nicht ausdrücklich fest. Nach einer Ansicht in der Literatur sind Währungseinrichtungen nur solche, die sich mit Währungsfragen im engeren Sinne beschäftigen.[49] Eine andere Ansicht hält dagegen alle Einrichtungen, die für die Aufgaben des ESZB von Bedeutung sind, für Währungseinrichtungen in diesem Sinne.[50] Für eine weite Auslegung des Begriffs Währungseinrichtungen spricht neben der Offenheit des Begriffs „Währungseinrichtungen" vor allem, dass kein zwingender Grund ersichtlich ist, die Befugnisse des ESZB insoweit auf Währungseinrichtungen im engeren Sinne zu beschränken. Soweit die Beteiligung an einer internationalen Einrichtung der Wahrnehmung der Aufgaben des ESZB dient, sind somit die EZB und mit deren Zustimmung auch die nationalen Zentralbanken berechtigt, sich an internationalen Einrichtungen jeder Art zu beteiligen.

Art. 6.2. ESZBS legt nicht ausdrücklich fest, welche Formen der Zusammenarbeit vom Begriff „beteiligen" umfasst sind. Aus der Zusammenschau mit Art. 6.1. ESZBS ergibt sich jedoch, dass hierunter die Aufnahme von rechtsverbindlichen Beziehungen bis hin zur Mitgliedschaft in internationalen Organisationen fallen. Denn zur informellen Zusammenarbeit im internationalen Bereich sind die EZB und die nationalen Zentralbanken schon durch Art. 6.1. ESZBS ermächtigt.[51] Diese Vorschrift regelt zwar ausdrücklich nur das Recht der EZB, über die Vertretung des ESZB im Bereich der internationalen Zusammenarbeit zu entscheiden. Allerdings setzt sie damit implizit voraus, dass EZB und nationale Zentralbanken ermächtigt sind, im Bereich der internationalen Zusammenarbeit tätig zu sein.

Art. 6 ESZBS lässt für die Staaten mit Ausnahmeregelung keinerlei Rechte und Verpflichtungen entstehen (vgl. Art. 43.1. ESZBS). Mithin beschränkt sich die Hoheitsgewalt, die diese Vorschrift dem ESZB verleiht, auf das Euro-Währungsgebiet. Sie ermächtigt zudem nur die EZB und die nationalen Zentralbanken des Euro-Währungsgebietes, sich an internationalen Währungseinrichtungen zu beteiligen und zur Zusammenarbeit im internationalen Bereich, nicht aber die Zentralbanken der Staaten mit Ausnahmeregelung. Und auch die organisationsrechtlichen Bestim-

---

48 Dazu *Kempen*, (Fn. 9), Art. 105 EGV Rdnr. 19; *Smits*, The European Central Bank: Institutional Aspects, S. 420 ff.; *Weiß*, (Fn. 11), S. 187 ff.
49 In diesem Sinne *Weiß*, (Fn. 11), S. 187 ff.
50 So vor allem *Smits*, (Fn. 9), Art. 6 ESZB-Satzung Rdnr. 19 ff.
51 In diesem Sinne wohl auch *Weiß*, (Fn. 11), S. 186.

mungen dieser Vorschrift betreffen die Zentralbanken der Staaten mit Ausnahmeregelung nicht. Sie ermächtigen die EZB nur zu Festlegungen gegenüber den Zentralbanken des Euro-Währungsgebietes. Die EZB kann somit nur gegenüber diesen Zentralbanken verbindlich festlegen, wie das ESZB im Bereich der internationalen Zusammenarbeit vertreten wird. Die Zentralbanken der Staaten mit Ausnahmeregelung werden durch einen entsprechenden Beschluss nicht gebunden. Das hat allerdings auch zur Folge, dass die EZB sie nicht mit der Vertretung des ESZB durch einen Beschluss auf der Grundlage des Art. 6.1. ESZBS beauftragen kann. Ein solcher Beschluss ließe für sie keinerlei Rechte und Verpflichtungen entstehen.

Der Vollständigkeit halber sei darauf hingewiesen, dass sich etwas anderes auch nicht daraus ergibt, dass der Begriff „nationale Zentralbanken“ in Art. 6 ESZBS inhaltlich nicht verändert wird. Zwar bezieht sich Art. 6 ESZBS vom Wortlaut her auch bei Bestehen einer Ausnahmeregelung auf alle nationalen Zentralbanken des ESZB. Eine Norm, die gemäß Art. 43.1. ESZBS für einen Mitgliedstaat keinerlei Rechte und Verpflichtungen entstehen lässt, kann aber auch die Zentralbank dieses Staates, dessen Einrichtung sie ist, weder ermächtigen noch verpflichten.[52] Dass der Begriff „nationale Zentralbanken“ in dieser Vorschrift im Gegensatz etwa zu Art. 9.2. ESZBS inhaltlich nicht verändert worden ist, lässt sich anders als durch ein Redaktionsversehen wohl nicht erklären.

b) Analoge Anwendung des Art. 6 ESZBS

Für die Anwendung des Art. 6 ESZBS ergeben sich über die Beschränkung der Hoheitsgewalt hinaus bis auf eine Ausnahme keine Besonderheiten, wenn für einen Mitgliedstaat eine Ausnahmeregelung gilt. Lediglich im Zusammenhang mit der Erhebung statistischer Daten durch die Zentralbanken der Staaten mit Ausnahmeregelung auf der Grundlage des Art. 5 ESZBS besteht ein Problem. Die Zentralbanken dieser Staaten unterstützen die Wahrnehmung von Aufgaben des ESZB, in dem sie die von ihm benötigten statistischen Daten erheben.[53] Hierzu dürfen sie nach Art. 5.1. ESZBS auch mit Drittstaaten und internationalen Organisationen zusammenarbeiten. Soweit diese Zusammenarbeit eine Beteiligung an internationalen Organisationen umfasst, bedürfen die nationalen Zentralbanken hierfür nach Art. 6.2. ESZBS an sich der Ermächtigung durch die EZB. Und ebenso wären die nationalen Zentralbanken an einen Beschluss der EZB über die Vertretung des ESZB im internationalen Bereich gebunden, der Fragen der Erhebung statistischer Daten betrifft. Für die Zentralbanken der Staaten mit Ausnahmeregelung gilt das jedoch an sich nicht. Schließlich lässt Art. 6 ESZBS für sie keinerlei Rechte und Verpflichtungen entstehen.

Allerdings folgt daraus nicht, dass die nationalen Zentralbanken der Staaten mit Ausnahmeregelung auch ohne Ermächtigung durch die EZB befugt sind, sich an in-

---

52 Zur organisationsrechtlichen Stellung der nationalen Zentralbanken im ESZB siehe oben § 5, S. 38 ff.
53 Dazu ausführlich oben § 5, S. 96 ff.

ternationalen Organisationen zu beteiligen, wenn diese Beteiligung im Zusammenhang mit der Wahrnehmung der ihnen in Art. 5 ESZBS eingeräumten Befugnisse erfolgt. Vielmehr ist Art. 6 ESZBS insoweit analog anzuwenden. Ein anderes Ergebnis erscheint nicht sachgerecht. Denn die ESZB-Satzung will durch die Regelungen in ihrem Art. 6 sicherstellen, dass das ESZB in internationalen Organisationen einheitlich und geschlossen repräsentiert wird.[54] Andererseits wird so auch im Bereich der internationalen Zusammenarbeit die Leitungsfunktion der EZB abgesichert.[55] Sie hat die alleinige Entscheidungsbefugnis darüber, wie das ESZB auf internationaler Ebene auftritt. Diese Zwecksetzungen, die Art. 6 ESZBS verfolgt, sind aber nicht nur dann relevant, wenn die Zentralbanken des Euro-Währungsgebietes auf der Grundlage des Art. 5 ESZBS Beziehungen zu internationalen Organisationen aufnehmen. Sie sind auch dann von Bedeutung, wenn die Zentralbanken der Staaten mit Ausnahmeregelung diese Befugnisse wahrnehmen. Denn auch in diesem Fall hat die EZB ein Interesse daran, die einheitliche Repräsentation des ESZB in internationalen Organisationen sicherzustellen. Und ebenso muss ihr Leitungsrecht abgesichert werden. Das gilt insbesondere deshalb, weil sie auch im Innenverhältnis befugt ist, den Zentralbanken der Staaten mit Ausnahmeregelung bestimmte rechtsverbindliche Vorgaben zu machen, wie sie die Befugnisse aus Art. 5 ESZBS wahrzunehmen haben.[56] Daher ist insoweit auf Art. 6 ESZBS in analoger Anwendung zurückzugreifen. Folglich dürfen sich auch die nationalen Zentralbanken der Staaten mit Ausnahmeregelung, wenn sie auf der Grundlage des Art. 5 ESZBS tätig werden, an internationalen Organisationen nur dann beteiligen, wenn sie hierzu durch die EZB ermächtigt worden sind. Ebenso sind sie an Beschlüsse der EZB nach Art. 6.1. ESZBS gebunden, in denen die EZB bestimmt, wie das ESZB im Bereich der internationalen Zusammenarbeit, die im Zusammenhang mit der Erhebung statistischer Daten steht, vertreten wird.[57] Auch insoweit ist Art. 6 ESZBS auf die Staaten mit Ausnahmeregelung aus den genannten Gründen analog anzuwenden. Im Übrigen bleiben die Handlungsbefugnisse der Zentralbanken der Staaten mit Ausnahmeregelung im Bereich der internationalen Zusammenarbeit von Art. 6 ESZBS jedoch unberührt.

4. Währungsreserven

a) *Regelungsgehalt der Art. 30 und 31 ESZBS*

Die EZB ist gemäß Art. 30.1. S. 1 ESZBS von den nationalen Zentralbanken mit Währungsreserven bis zu einem Gegenwert von 50 Mrd. Euro auszustatten. Dieser Betrag erhöht sich automatisch immer dann, wenn der Europäischen Union neue Mitglieder beitreten (Art. 49.3. ESZBS). Der neue Höchstbetrag errechnet sich, in

54 Vgl. die Nachweise in Fn. 47.
55 Zur Leitungsfunktion der EZB ausführlich § 5, S. 42 ff. und S. 149 ff.
56 Siehe dazu etwa oben § 5, S. 96 ff.
57 So im Ergebnis auch *Smits*, (Fn. 9), Art. 6 ESZB-Satzung Rdnr. 26 f.; *ders.*, (Fn. 48), S. 428.

dem der jeweils geltende Betrag, bis zu dem die EZB mit Währungsreserven ausgestattet werden kann, mit einem bestimmten Faktor multipliziert wird. Dieser Faktor ergibt sich aus dem Verhältnis zwischen den Gewichtsanteilen, die den neu beigetretenen Staaten im Schlüssel für die Zeichnung des Kapitals der EZB[58] zugewiesen sind, und denen, die in diesem Schlüssel den bisherigen Mitgliedstaaten zugewiesen sind (vgl. Art. 49.3. ESZBS). Seit dem Beitritt der zehn neuen Mitgliedstaaten im Mai 2004 sind von den nationalen Zentralbanken dementsprechend Währungsreserven mit einem Gegenwert von maximal 55.646.692.471,89 Euro an die EZB zu übertragen.[59]

Der Beitrag, den die einzelnen nationalen Zentralbanken zu den Währungsreserven der EZB leisten müssen, entspricht prozentual dem Anteil, den sie am Kapital der EZB gezeichnet haben (vgl. Art. 30.2. ESZBS). Wann die Zahlungen fällig sind, bestimmt der EZB-Rat (vgl. Art. 30.1. S. 2 ESZBS). Die auf die EZB übertragenen Währungsreserven gehen in ihr Eigentum über.[60] Sie werden von ihr gehalten und verwaltet (vgl. Art. 30.1. S. 3 ESZBS). Allerdings schreibt die EZB den nationalen Zentralbanken eine Forderung in Höhe des Betrages gut, der von ihnen zu den Währungsreserven geleistet worden ist (vgl. Art. 30.3. S. 1 ESZBS). Sie entscheidet zudem über die Denomierung und Verzinsung dieser Forderung (vgl. Art. 30.3. S. 2 ESZBS). Der EZB-Rat ist weiterhin befugt, alle weiteren Festlegungen zu treffen, die zur Anwendung des Art. 30 ESZBS erforderlich sind (vgl. Art. 30.6. ESZBS).[61] Und schließlich kann die EZB beschließen, dass die nationalen Zentralbanken sie mit einem höheren Betrag an Währungsreserven ausstatten als in Art. 30.1., 49.3. ESZBS vorgesehen (vgl. Art. 30.4. ESZBS). So ist sichergestellt, dass sie immer angemessen mit Währungsreserven ausgestattet ist, auch wenn die derzeit maximal möglichen ca. 55,65 Mrd. Euro nicht ausreichen sollten. Die Grenzen und die Bedingungen,

---

58 Zur Funktion und zur Berechnung dieses Schlüssels siehe oben § 5, S. 127 ff.

59 Vgl. den vierten Erwägungsgrund des Beschlusses der Europäischen Zentralbank vom 22. April 2004 zur Festlegung der Maßnahmen, die für den Beitrag zum kumulierten Wert der Eigenmittel der Europäischen Zentralbank, für die Anpassung der den übertragenen Währungsreserven entsprechenden Forderungen der nationalen Zentralbanken sowie für hiermit zusammenhängende finanzielle Angelegenheiten erforderlich sind (EZB/2004/8), ABl. EG Nr. L 205 vom 9.6.2004, S. 13.

60 *Kroppenstedt*, in: *von der Groeben/Schwarze* (Hrsg.), Vertrag über die Europäische Union und Vertrag zur Gründung der Europäischen Gemeinschaft, 6. Auflage (2003), Art. 30 ESZB-Satzung Rdnr. 8. Anders *Kempen*, (Fn. 9), Art. 105 EGV Rdnr. 14; *Pernice*, (Fn. 11), Art. 105 EGV Rdnr. 15; *Selmayr*, (Fn. 11), S. 210. Dazu auch *Smits*, (Fn. 9), Art. 105 EG Rdnr. 39.

61 Auch insoweit sind zwischenzeitlich eine Reihe von Vorschriften ergangen. Vgl. etwa die Leitlinie der Europäischen Zentralbank vom 3. Februar 2000 über die Verwaltung von Währungsreserven der Europäischen Zentralbank durch die nationalen Zentralbanken sowie über die Rechtsdokumentation bei Geschäften mit den Währungsreserven der Europäischen Zentralbank (EZB/2000/1), ABl. EG Nr. L 207 vom 17.8.2000, S. 24, geändert durch die Leitlinien EZB/2001/5, ABl. EG Nr. L 190 vom 12.7.2001, S. 26, EZB/2001/12, ABl. EG Nr. L 310 vom 28.11.2001, S. 31, und EZB/2005/6, ABl. EU Nr. L 109 vom 29.4.2005, S. 107, und die Leitlinie der Europäischen Zentralbank vom 26. September 2002 über die für die Europäische Zentralbank und die nationalen Zentralbanken bei der Durchführung von geldpolitischen Geschäften und Devisengeschäften mit den Währungsreserven der EZB sowie der Verwaltung der Währungsreserven der EZB geltenden Mindeststandards (EZB/2002/6), ABl. EG Nr. L 270 vom 8.10.2002, S. 14.

unter denen die EZB die Einzahlung weiterer Währungsreserven fordern kann, legt allerdings, was zwischenzeitlich geschehen ist[62], der EG-Rat fest (vgl. Art. 30.4. ESZBS).

Obwohl die Währungsreserven, die der EZB übertragen werden, nicht aus IWF-Reservepositionen, Sonderziehungsrechten (SZR) oder den Währungen der Mitgliedstaaten bestehen dürfen (Art. 30.1. S. 1 ESZBS), ist die EZB berechtigt, derartige Währungsreserven zu halten und zu verwalten. Für IWF-Reservepositionen und Sonderziehungsrechte (SZR) ergibt sich das aus Art. 30.5. ESZBS. Im Übrigen ist es aus Art. 23 ESZBS abzuleiten. Denn nach dieser Vorschrift kann die EZB alle Arten von Devisen kaufen und verkaufen.[63]

Art. 30 ESZBS verpflichtet die nationalen Zentralbanken nicht zwingend, ihre gesamten Währungsreserven auf die EZB zu übertragen. Ihnen verbleiben vielmehr potentiell erhebliche eigene Währungsreserven.[64] Über diese Reserven können sie jedoch mit Beginn der dritten Stufe nicht mehr frei verfügen. Vielmehr regelt Art. 31 ESZBS, wie sie verwendet werden können. Danach sind die nationalen Zentralbanken zwar befugt, ihren Verpflichtungen gegenüber internationalen Organisationen nachzukommen (vgl. Art. 31.1. ESZBS).[65] Alle übrigen Geschäfte, die sie mit ihren Währungsreserven vornehmen, bedürfen dagegen der Zustimmung der EZB (vgl. Art. 31.2. ESZBS). Und auch die Mitgliedstaaten selbst dürfen Arbeitsguthaben, über die sie in Fremdwährungen verfügen (vgl. Art. 105 Abs. 3 EGV, Art. 3.2. ESZBS), grundsätzlich nur mit Zustimmung der EZB einsetzen (vgl. Art. 31.2. ESZBS). Den Grund für diese Regelung nennt Art. 31.2. ESZBS selbst. Durch sie soll sichergestellt werden, dass derartige Geschäfte die Währungspolitik der Gemeinschaft nicht beeinträchtigen. Allerdings ist die EZB verpflichtet, einen Betrag festzusetzen, bis zu dem derartige Transaktionen zustimmungsfrei sind (vgl. Art. 31.2. ESZBS). Der EZB-Rat hat zudem Leitlinien zu erlassen, um die Geschäfte der nationalen Zentralbanken mit ihren Währungsreserven bzw. der Mitgliedstaaten mit ihren Arbeitsguthaben in Fremdwährungen zu erleichtern (vgl. Art. 31.3. ESZBS).[66]

Für Beschlüsse auf der Grundlage der Art. 30 und 31 ESZBS findet das Beschlussverfahren nach Art. 10.3. ESZBS Anwendung, bei dem die Stimmen der Mitglieder des EZB-Rates gewogen werden.[67]

---

62 Vgl. Verordnung (EG) Nr. 1010/2000 des Rates vom 8. Mai 2000 über die Einforderung weiterer Währungsreserven durch die Europäische Zentralbank, ABl. EG Nr. L 115 vom 16.5.2000, S. 2.
63 Zu Art. 23 ESZBS siehe oben § 5, S. 85 ff.
64 Vgl. *Kroppenstedt*, (Fn. 60), Art. 31 ESZB-Satzung Rdnr. 2.
65 Zu den Hintergründen dieser Regelung *Kroppenstedt*, (Fn. 60), Art. 31 ESZB-Satzung Rdnr. 3 ff.
66 Vgl. Leitlinie der Europäischen Zentralbank vom 23. Oktober 2003 gemäß Art. 31.3 der Satzung des Europäischen Systems der Zentralbanken und der Europäischen Zentralbank für die von den teilnehmenden Mitgliedstaaten ausgeführten Transaktionen mit ihren Arbeitsguthaben in Fremdwährungen (EZB/2003/12), ABl. EU Nr. L 283 vom 31.10.2003, S. 81. Nach Art. 31.3. ESZBS erlässt der EZB-Rat Richtlinien, um die in Art. 31 ESZBS genannten Geschäfte zu erleichtern. Die Verwendung des Begriffs Richtlinie geht hier wiederum auf eine ungenaue Übersetzung zurück. Gemeint sind Leitlinien. Siehe dazu oben § 5, S. 78 ff.
67 Zu diesem Verfahren ausführlich oben § 5, S. 135 ff.

b) Folgen der Gewährung einer Ausnahmeregelung

(1) Überblick

Wenn für einen Mitgliedstaat eine Ausnahmeregelung gilt, verändert sich der Anwendungsbereich der Art. 30 und 31 ESZBS deutlich. Beide Vorschriften lassen für die Staaten mit Ausnahmeregelung keinerlei Rechte oder Verpflichtungen entstehen (vgl. Art. 43.1. ESZBS). Weiterhin bezeichnet der Begriff „nationale Zentralbanken" in diesem Fall in beiden Vorschriften die „Zentralbanken der Mitgliedstaaten, für die keine Ausnahmeregelung gilt" (vgl. Art. 43.4. ESZBS). Und schließlich ist der Ausdruck „gezeichnetes Kapital der EZB" in Art. 30.2. ESZBS im Sinne von „Kapital der EZB, das von den Zentralbanken der Mitgliedstaaten gezeichnet wurde, für die keine Ausnahmeregelung gilt", zu verstehen (vgl. Art. 43.6. ESZBS).

Die Staaten mit Ausnahmeregelung werden also aus dem Anwendungsbereich der Art. 30 und 31 ESZBS umfassend ausgenommen. Sie sind nicht verpflichtet, Währungsreserven auf die EZB zu übertragen. Und auch ihre Befugnisse zum Halten und Verwalten ihrer Währungsreserven werden gemeinschaftsrechtlich nicht beschränkt. Dasselbe gilt für das Recht dieser Mitgliedstaaten, über Arbeitsguthaben in Fremdwährungen zu verfügen und diese zu verwenden.[68] Weiterhin lassen Sekundärrechtsakte des EG-Rates bzw. der EZB, die auf der Grundlage der beiden Normen erlassen worden sind, weder für diese Staaten noch deren Zentralbanken Rechtswirkungen entstehen. Zu Veränderungen kommt es darüber hinaus im Entscheidungsverfahren, in dem Beschlüsse auf der Grundlage der Art. 30 und 31 ESZBS zustande kommen (vgl. Art. 10.3., 43.4., 43.5. ESZBS).[69]

(2) Höhe der Währungsreserven

Bei der Anwendung des Art. 30 ESZBS bestehen im Wesentlichen zwei Probleme. Das erste ergibt sich im Ansatzpunkt daraus, dass sich der Maximalbetrag, bis zu dem die EZB mit Währungsreserven ausgestattet werden kann, nicht verringert, wenn für einen Mitgliedstaat eine Ausnahmeregelung gilt.[70] Denn der Regelungsgehalt der Art. 30.1., 49.3. ESZBS bleibt von den Veränderungen, die in diesem Fall im Anwendungsbereich des Art. 30 ESZBS angeordnet sind, insoweit unberührt. Die Beiträge, die von den nationalen Zentralbanken des Euro-Währungsgebietes zu den Währungsreserven der EZB zu leisten sind, werden anhand der Summe der An-

---

68 Das ergibt sich allerdings bereits daraus, dass Art. 105 Abs. 3 EGV, Art. 3.3. ESZBS für die Staaten mit Ausnahmeregelung nicht gilt bzw. für sie keinerlei Rechte und Verpflichtungen entstehen lässt (vgl. Art. 122 Abs. 3 EGV, Art. 43.1. ESZBS). Nach diesen Vorschriften sind die Regierungen der Mitgliedstaaten auch in der dritten Stufe der Wirtschafts- und Währungsunion befugt, Arbeitsguthaben in Fremdwährungen zu halten.

69 Zu diesem Verfahren ausführlich oben § 5, S. 135 ff.

70 Anders offenbar *Kroppenstedt*, (Fn. 60), Art. 30 ESZB-Satzung Rdnr. 8, nach dem es sich „zwangsläufig" ergab, dass die EZB bei Bestehen einer Ausnahmeregelung nicht mit Währungsreserven in der vollen in Art. 30.1. ESZBS vorgesehenen Höhe ausgestattet werden konnte.

teile am Kapital der EZB berechnet, die von diesen Zentralbanken gezeichnet worden sind. Das ergibt sich aus dem durch Art. 43.4., 43.6. ESZBS veränderten Wortlaut des Art. 30.2. ESZBS.[71] Die jeweiligen prozentualen Anteile, die sie hieran halten, entsprechen prozentual dem Beitrag, den sie zu den Währungsreserven der EZB zu leisten haben. Da die Summe dieser Anteile einhundert ergibt, können auf der Grundlage dieser Berechnungsmethode von den nationalen Zentralbanken des Euro-Währungsgebietes Währungsreserven auch dann in der in Art. 30.1., 49.3. ESZBS vorgesehenen Maximalhöhe von derzeit ca. 55,65 Mrd. Euro eingefordert werden, wenn für einen Mitgliedstaat eine Ausnahmeregelung gilt. Von Vorteil ist dieses veränderte Berechnungsverfahren auch dann, wenn die EZB sekundärrechtlich auf der Grundlage des Art. 30.4. ESZBS weitere Währungsreserven einfordern sollte. Denn auch in diesem Fall lässt sich der Betrag, in dem die EZB weitere Währungsreserven einfordert, unter den Zentralbanken der Staaten des Euro-Währungsgebietes zu einhundert Prozent aufteilen.

Ohne die vorstehend dargestellten Veränderungen im Anwendungsbereich des Art. 30.2. ESZBS könnte die EZB bei Bestehen einer Ausnahmeregelung nicht in der Höhe des in Art. 30.1., 49.3. ESZBS vorgesehenen Maximalbetrages Währungsreserven von den Zentralbanken des Euro-Währungsgebietes einfordern. Denn nach dieser Vorschrift entsprechen die Beträge, die von den einzelnen nationalen Zentralbanken als Beitrag zu den Währungsreserven der EZB geleistet werden, prozentual dem Anteil, den sie am Kapital der EZB gezeichnet haben. Der Betrag, bis zu dem die EZB nach Art. 30.1., 49.3. ESZBS maximal mit Währungsreserven ausgestattet werden kann, lässt sich mithin auf dieser Berechnungsgrundlage nur dann voll unter den Zentralbanken aufteilen, wenn alle Zentralbanken des ESZB der EZB Reserven übertragen, die prozentual den von ihnen gezeichneten Anteilen am Kapital der EZB entsprechen. Das ist jedoch nicht der Fall, wenn für einen Mitgliedstaat eine Ausnahmeregelung gilt. Denn auch die Zentralbanken dieser Staaten zeichnen zwar einen Anteil am Kapital der EZB.[72] Sie übertragen aber keine Währungsreserven auf die EZB. Würde Art. 30.2. ESZBS bei Bestehen einer Ausnahmeregelung unverändert angewendet werden, würde sich der Betrag, bis zu dem die EZB gemäß Art. 30.1., 49.3. ESZBS maximal mit Währungsreserven ausgestattet werden kann, daher prozentual um die Anteile vermindern, die von den Zentralbanken der Staaten mit Ausnahmeregelung am Kapital der EZB gezeichnet worden sind.

An sich erscheint es nahe liegend, dass sich die Höhe der Währungsreserven, die auf die EZB zu übertragen sind, verringert, wenn für einen Mitgliedstaat eine Ausnahmeregelung gilt. Schließlich ist die Ausstattung der EZB mit Währungsreserven in Höhe von ca. 55,65 Mrd. Euro für den Fall festgelegt worden, dass alle Mitglied-

---

71 Die Vorschrift lautet unter Berücksichtigung der in ihr angeordneten Veränderungen: „Die Beiträge der einzelnen nationalen Zentralbanken der Mitgliedstaaten, für die keine Ausnahmeregelung gilt, werden entsprechend ihrem jeweiligen Anteil am Kapital der EZB, das von den Zentralbanken der Mitgliedstaaten gezeichnet wurde, für die keine Ausnahmeregelung gilt, bestimmt“.

72 Siehe oben § 5, S. 125 ff.

staaten dem Euro-Währungsgebiet angehören. Und auch die EZB handhabt Art. 30 ESZBS bislang in diesem Sinne. Die von ihr von den nationalen Zentralbanken eingeforderten Beiträge zu den Währungsreserven entsprechen genau dem Anteil, den die einzelnen Zentralbanken am Kapital der EZB gezeichnet haben.[73] Dieses Verfahren steht jedoch im Widerspruch zum Wortlaut von Art. 30.2. i.V.m. Art. 43.4. und 43.6. ESZBS. Gleichwohl sprechen eine Reihe von Gründen für dieses Vorgehen und eine im Ergebnis berichtigende Auslegung der genannten Normen. Denn hierdurch lassen sich in einer überzeugenden Weise Probleme vermeiden, die ansonsten im Zusammenhang mit der Aufhebung einer Ausnahmeregelung entstehen würden.[74]

Diese Probleme ergeben sich daraus, dass zwischen Art. 49.1. ESZBS einerseits und Art. 30.2. i.V.m. Art, 43.4., 43.6. ESZBS andererseits ein Widerspruch besteht. Nach Art. 49.1. S. 1 ESZBS ist die Zentralbank eines Mitgliedstaates, dessen Ausnahmeregelung aufgehoben worden ist, verpflichtet, einen Beitrag zu den Währungsreserven der EZB zu leisten. Um diesen Beitrag zu berechnen, ist der Wert der Währungsreserven, die bereits auf die EZB übertragen worden sind, mit einem bestimmen Faktor zu multiplizieren (vgl. Art. 49.1. S. 2 ESZBS). Dieser Faktor ergibt sich aus dem Verhältnis zwischen den Anteilen am Kapital der EZB, die von der betreffenden Zentralbank gezeichnet worden sind, und denen, die von den anderen Zentralbanken des Euro-Währungsgebietes gehalten werden.[75] Der so errechnete Betrag ist durch die betreffende Zentralbank an die EZB zu übertragen, und zwar zusätzlich zu den Währungsreserven, die ihr bereits zur Verfügung stehen.[76]

---

73 Das ergibt sich aus einem Vergleich der im Anhang des Beschlusses EZB/2004/8 (ABl. EU Nr. L 205 vom 9.6.2004, S. 13) genannten Beträge mit den Anteilen, die von den einzelnen nationalen Zentralbanken am Kapital der EZB gezeichnet worden sind. Die gezeichneten Anteile am Kapital der EZB sind veröffentlicht etwa in Art. 1 des Beschlusses EZB/2004/6 (ABl. EU Nr. 205 vom 9.6.2004, S. 7). Vgl. zudem die Leitlinie der Europäischen Zentralbank vom 3. November 1998, geändert durch die Leitlinie vom 16. November 2000 über die Zusammensetzung und Bewertung von Währungsreserven und die Modalitäten ihrer ersten Übertragung sowie die Denomierung und Verzinsung entsprechender Forderungen (EZB/2000/15), ABl. EG Nr. L 336 vom 30.12.2000, S. 14 (veröffentlicht als Anhang zum Beschluss EZB/2000/14), durch die von der EZB erstmalig Währungsreserven eingefordert worden sind. Die in der Anlage dieser Leitlinie genannten Beiträge, die von den nationalen Zentralbanken zu den Währungsreserven geleistet worden sind, entsprechen prozentual genau den Anteilen, die sie am Kapital der EZB gezeichnet hatten. Die entsprechenden Anteile sind im Beschluss der Europäischen Zentralbank vom 1. Dezember 1998 über die prozentualen Anteile der nationalen Zentralbanken im Schlüssel für die Zeichnung des Kapitals der Europäischen Zentralbank (EZB/1998/13), ABl. EG Nr. L 125 vom 19.5.1999, S. 33, veröffentlicht.

74 Zur Aufhebung der für einen Mitgliedstaat geltenden Ausnahmeregelung ausführlich unten § 9.

75 Zwar nennt Art. 49.1. S. 2 ESZBS insoweit die Anteile, die von den anderen nationalen Zentralbanken bereits eingezahlt worden sind. Aus den unten S. 190 ff. gezeigten Gründen ist jedoch insoweit auf das Kapital abzustellen, das von den Zentralbanken des Euro-Währungsgebietes gezeichnet worden ist.

76 Es handelt sich also um den Betrag, um den sich die Währungsreserven der EZB erhöhen, wenn die für einen Mitgliedstaat geltende Ausnahmeregelung aufgehoben worden ist. Ausdrücklich geregelt ist das zwar nicht. Allerdings macht nur dieses Verständnis des Art. 49.1. S. 2 ESZBS Sinn. Denn sobald die betreffende nationale Zentralbank Währungsreserven in der entsprechenden Höhe auf die EZB übertragen hat, entsprechen die Beiträge, die von den einzelnen nationalen

Mithin werden die Beiträge, die von den Zentralbanken, deren Ausnahmeregelung aufgehoben worden ist, gemäß Art. 49.1. ESZBS zu leisten sind, anhand eines anderen Maßstabes berechnet als die Beiträge der anderen Zentralbanken des Euro-Währungsgebietes. Denn Berechnungsgrundlage für die Beiträge dieser Zentralbanken ist gemäß den Artikeln 30.2., 43.4. und 43.6. ESZBS die Summe der von diesen Zentralbanken gezeichneten Anteile am Kapital der EZB. Die prozentualen Anteile, die sie hieran halten, entsprechen prozentual dem Anteil, den sie an den Währungsreserven der EZB zu tragen haben. Art. 49.1. ESZBS knüpft bei der Berechnung dagegen an den Anteil an, den eine Zentralbank am Gesamtkapital der EZB hält. Auf die in Art. 49.1. ESZBS vorgesehene Berechnungsmethode kann aber nur dann zurückgegriffen werden, wenn auch die Beiträge, die von den anderen Zentralbanken des Euro-Währungsgebietes zu den Währungsreserven der EZB geleistet worden sind, am Maßstab des Kapitals der EZB berechnet worden sind. Denn anderenfalls würden die Beiträge, die von den Zentralbanken der Staaten, deren Ausnahmeregelung aufgehoben worden ist, an den Währungsreserven zu tragen sind, anhand eines anderen Maßstabes berechnet als die der anderen Zentralbanken des Euro-Währungsgebietes. Das kann aber nicht gewollt sein. Zudem ist die Regelung in Art. 49.1. S. 2 ESZBS nicht darauf zugeschnitten, dass die Beiträge der nationalen Zentralbanken des Euro-Währungsgebietes an den Währungsreserven der EZB am Maßstab des nur von ihnen gezeichneten Teils des Kapitals der EZB bestimmt werden. Denn bei einem Rückgriff auf diesen Maßstab, würden sich vor allen dann schwierige Folgeprobleme bei der Anwendung dieser Norm ergeben, wenn der EZB bereits Währungsreserven in der in Art. 30.1., 49.3. ESZBS vorgesehenen Maximalhöhe übertragen worden sind.[77]

Diese Probleme lassen sich jedoch vollständig vermeiden, wenn die Beiträge, die von den einzelnen Zentralbanken an den Währungsreserven der EZB zu leisten sind, abweichend von dem durch Art. 43.4. und 43.6. ESZBS veränderten Wortlaut des Art. 30.2. ESZBS berechnet werden. Sie sind demnach anhand der Anteile zu berechnen, die eine Zentralbank am Kapital der EZB gezeichnet hat, also nach dem Verfah-

---

Zentralbanken zu den Währungsreserven der EZB geleistet worden sind, prozentual den Anteilen, die von ihnen am Kapital der EZB gezeichnet worden sind. Genau diese Verteilung sieht Art. 30.2. ESZBS für den Fall vor, dass in der Europäischen Union ein einheitliches Währungsgebiet besteht.

77 In diesem Fall könnten die Beiträge, die von den nationalen Zentralbanken an den Währungsreserven der EZB bereits geleistet worden sind, lediglich neu verteilt werden. Denn nur so ließe sich erreichen, dass durch die Übertragung des Beitrags der Zentralbank eines Staates, dessen Ausnahmeregelung aufgehoben worden ist, die primärrechtlich vorgesehene Höchstgrenze, bis zu der die EZB mit Währungsreserven ausgestattet werden kann, nicht überschritten wird. Aus demselben Grund hätte eine solche Neuverteilung der von den einzelnen nationalen Zentralbanken zu leistenden Beiträge zur Konsequenz, dass die EZB einen Teil ihrer Währungsreserven an die Zentralbanken des Euro-Währungsgebietes rückübertragen müsste. Zudem müssten die Forderungen angepasst werden, die den Zentralbanken von der EZB in Höhe der ihr übertragenen Währungsreserven gutgeschrieben werden (vgl. Art. 30.3. ESZBS). Denn sie entsprechen auf Grund der Neuverteilung nicht mehr den Beiträgen, die von den einzelnen nationalen Zentralbanken geleistet worden sind. Keines dieser Probleme ließe sich anhand der Regelungen in Art. 49.1. S. 2 ESZBS lösen.

ren, das Art. 30.2. ESZBS für den Fall vorsieht, in dem in der Europäischen Union ein einheitliches Währungsgebiet besteht. Das hat zwar zur Konsequenz, dass die EZB nicht mit Währungsreserven in Höhe des in Art. 30.1., 49.3. ESZBS vorgesehenen Maximalbetrages ausgestattet werden kann, wenn für einen Mitgliedstaat eine Ausnahmeregelung gilt. Vielmehr verringert sich dieser Betrag prozentual um die Anteile, die von den Zentralbanken der Staaten mit Ausnahmeregelung am Kapital der EZB gezeichnet worden sind. Das kann jedoch aus zwei Gründen hingenommen werden. Erstens macht es, wie oben gezeigt, Sinn, dass sich der Betrag, bis zu dem die EZB maximal mit Währungsreserven ausgestattet werden kann, verringert, wenn nicht alle Mitgliedstaaten dem Euro-Währungsgebiet angehören. Und zweitens bleibt es der EZB unbenommen, auf der Grundlage des Art. 30.4. ESZBS weitere Währungsreserven einzufordern.

(3) Zusammensetzung der Währungsreserven

Das zweite Problem bei der Anwendung des Art. 30 ESZBS ergibt sich daraus, dass die Währungsreserven, die auf die EZB zu übertragen sind, nicht aus den Währungen der Mitgliedstaaten bestehen dürfen (vgl. Art. 30.1. ESZBS). Wenn alle Mitgliedstaaten dem Euro-Währungsgebiet angehören, ist das konsequent. Schließlich werden die Währungen der Mitgliedstaaten mit der Einführung der einheitlichen Währung in Euro umgetauscht.[78] Die Währungsreserven der EZB sollen aber, so die Intention des Art. 30 ESZBS, aus Fremdwährungen bestehen. Probleme entstehen aus dieser Festlegung allerdings dann, wenn für einen Mitgliedstaat eine Ausnahmeregelung gilt. Denn in diesem Fall hat die EZB einen Bedarf an Währungsreserven, die auch Währungen der Staaten mit Ausnahmeregelung umfassen. Ohne sie könnte sie beispielsweise nicht in diesen Währungen auf dem Devisenmarkt intervenieren, um den Wechselkurs des Euro zu beeinflussen. Die EZB ist daher gezwungen, sich mit Währungsreserven auszustatten, die aus Währungen der Staaten mit Ausnahmeregelung bestehen.

Daher ist Art. 30.1. ESZBS abweichend von seinem Wortlaut nach Sinn und Zweck so auszulegen, dass die EZB von den nationalen Zentralbanken des Euro-Währungsgebietes auch mit Währungsreserven ausgestattet werden kann, die aus Währungen der Staaten mit Ausnahmeregelung bestehen.[79] Denn ob die Zentralbanken der EZB entsprechende Währungsreserven übertragen oder ob die EZB sie sich auf dem Devisenmarkt verschafft, was nach Art. 18 und 23 ESZBS möglich ist, ist im Ergebnis nicht von Relevanz. Allerdings darf eine nationale Zentralbank keine Währungsreserven auf die EZB übertragen, die auch aus der Währung bestehen, die bis zur Einführung des Euro von ihr selbst ausgegeben worden ist. Gerade

78 Der Euro ersetzt also die ehemals nationalen Währungen. Vgl. dazu *Bandilla*, in: *Grabitz/Hilf* (Hrsg.), Kommentar zur Europäischen Union, EL 11, Art. 109l EGV Rdnr. 15; *Häde*, (Fn. 5), Art. 123 EG-Vertrag Rdnr. 26; *Hahn/Häde*, in: *Dolzer/Vogel* (Hrsg.), Bonner Kommentar zum Grundgesetz, 93. Lfg., Art. 88 Rdnr. 486 f.

79 Anders *Kroppenstedt*, (Fn. 60), Art. 30 ESZB-Satzung Rdnr. 7.

das will Art. 30.1 S. 1 ESZBS verhindern. Von Bedeutung ist das mit der Ausgabe des Euro-Bargeldes nur noch für Zentralbanken der Staaten, deren Ausnahmeregelung aufgehoben wird und die infolgedessen ihren Anteil an den Währungsreserven auf die EZB übertragen.[80]

c) *Berechnung der Beiträge zu Währungsreserven und Rückstellungen*

Die Zentralbank eines Staates mit Ausnahmeregelung überträgt keine Währungsreserven auf die EZB.[81] Hierzu ist sie erst verpflichtet, wenn die Ausnahmeregelung aufgehoben worden ist (vgl. Art. 49.1. ESZBS). Der Betrag, den sie dann zu übertragen hat, ergibt sich aus der Multiplikation des Wertes, den die bereits auf die EZB übertragenen Währungsreserven in Euro haben, mit dem Verhältnis zwischen den Anteilen, den die betreffende Zentralbank am Kapital der EZB gezeichnet hat, und den Anteilen am Kapital der EZB, die von den anderen nationalen Zentralbanken eingezahlt worden sind (vgl. Art. 49.1. S. 2 ESZBS). Weiterhin muss die Zentralbank eines Staates, dessen Ausnahmeregelung aufgehoben worden ist, einen Beitrag zu den allgemeinen Reserven und den diesen gleichwertigen Rückstellungen der EZB leisten (vgl. Art. 49.2. S. 1 ESZBS). Der Betrag, der insoweit fällig ist, ergibt sich aus der Multiplikation der Summe der Reserven und der diesen vergleichbaren Rückstellungen, die der EZB bereits zur Verfügung stehen, mit demselben Faktor, mit dem der Wert der Währungsreserven der EZB multipliziert wird (vgl. Art. 49.2. S. 2 ESZBS). Bei der Anwendung von Art. 49.1. und 49.2. ESZBS ergeben sich insgesamt drei Probleme, die durch eine berichtigende Auslegung behoben werden müssen.

Zunächst können die Beträge, die von den Zentralbanken der Mitgliedstaaten, deren Ausnahmeregelung aufgehoben worden ist, gemäß Art. 49.1. und 49.2. ESZBS zu leisten sind, abweichend vom Wortlaut der beiden Normen nicht anhand der „Anzahl der von den anderen Zentralbanken bereits eingezahlten Anteile“ des Kapitals der EZB berechnet werden.[82] Vielmehr müssen die von den Zentralbanken der Staaten mit Ausnahmeregelung als Betriebskostenbeitrag eingezahlten Kapitalanteile außer Betracht bleiben.[83] Anderenfalls ließe sich nicht sicherstellen, dass alle nationalen Zentralbanken im selben Verhältnis Währungsreserven auf die EZB übertragen und an den sonstigen Reserven und diesen gleichwertigen Rückstellungen beteiligt sind. Rechnerisch ergibt sich das daraus, dass sich bei einer Berücksichtigung der Betriebskostenanteile der Faktor verringern würde, mit dem der Wert der Währungsreserven bzw. der sonstigen Reserven und Rückstellungen multipliziert wird, um den Betrag zu ermitteln, den die betreffende Zentralbank zu tragen hat. Das ist jedoch nicht sachgerecht, da die Zentralbanken der Staaten mit Ausnahmeregelung noch keine Währungsreserven auf die EZB übertragen haben und auch

80 Zur Aufhebung der Ausnahmeregelung siehe unten § 9.
81 Siehe oben S. 187 ff.
82 Zu diesem Problemkreis siehe auch *Kroppenstedt*, (Fn. 60), Art. 49 ESZB-Satzung Rdnr. 7 ff.
83 Zur Einzahlung eines Betriebskostenanteils durch die Zentralbanken der Staaten mit Ausnahmeregelung oben § 5, S. 127 ff.

an den Rückstellungen der EZB nicht anteilig dem von ihnen bereits eingezahlten Kapitalanteil beteiligt sind.

Auch die zweite Korrektur, die im Wege der Auslegung im Wortlaut der Art. 49.1. und 49.2. ESZBS vorzunehmen ist, betrifft die Ermittlung des Faktors, der für die Berechnung der einzelnen Beträge maßgeblich ist. Nach Art. 49.1. und 49.2. ESZBS sind bei der Ermittlung dieses Faktors einerseits die Anteile zu berücksichtigen, die von der Zentralbank des Staates gezeichnet worden sind, dessen Ausnahmeregelung aufgehoben wurde. Ins Verhältnis hierzu sind nach beiden Vorschriften jedoch die von den Zentralbanken des Euro-Währungsgebietes eingezahlten Kapitalanteile und nicht etwa die von ihnen gezeichneten Kapitalanteile zu setzen. Die gezeichneten und die eingezahlten Anteile entsprechen sich aber nur dann, wenn die Zentralbanken des Euro-Währungsgebietes das von ihnen gezeichnete Kapital der EZB voll einzahlen müssen. Zahlen sie das Kapital dagegen nur anteilig ein, ließe sich auf Grund der dann unterschiedlichen Berechnungsgrundlage nicht sicherstellen, dass alle Zentralbanken im Verhältnis dieselben Anteile an den Währungsreserven und den diesen vergleichbaren sonstigen Reserven und Rückstellungen zu tragen haben. Daher dürfen in die Berechnung nur die gezeichneten Kapitalanteile einbezogen werden.[84]

Das dritte Problem bei der Anwendung des Art. 49 ESZBS steht im Zusammenhang mit der Übertragung von Währungsreserven auf die EZB. Nach Art. 30.2. ESZBS statten die nationalen Zentralbanken die EZB mit Währungsreserven in einer bestimmten Höhe aus. Die Anteile der einzelnen Zentralbanken, die sie an den Währungsreserven zu tragen haben, entsprechen prozentual den Anteilen, die sie am Kapital der EZB halten. Die EZB schreibt den einzelnen Zentralbanken eine Forderung in Höhe des Wertes der auf sie übertragenen Währungsreserven gut (vgl. Art. 30.3. ESZBS). Gemessen an der Gesamthöhe aller Forderungen, die den nationalen Zentralbanken als Gegenwert zu den übertragenen Währungsreserven gutgeschrieben werden, entspricht die einer Zentralbank gutgeschriebene Forderung mithin prozentual den von ihr am Kapital der EZB gezeichneten Anteilen.

Nach der Aufhebung aller Ausnahmeregelungen gilt in der Gemeinschaft ein einheitliches Währungsrecht. Sonderregelungen für die Mitgliedstaaten, für die eine Ausnahmeregelung bestand, sind nicht vorgesehen. Daher müssen die Vorschriften, in denen die Folgen der Aufhebung einer Ausnahmeregelung geregelt sind, so ausgelegt werden, dass die Vorschriften des EG-Vertrages zur Währungspolitik bei Bestehen eines einheitlichen Währungsgebietes uneingeschränkt angewendet werden können. Aus diesem Grund muss Art. 49.1. S. 2 ESZBS so angewendet werden, dass auch nach der Aufhebung der für einen Mitgliedstaat geltenden Ausnahmeregelung sowohl die Anteile, die von den nationalen Zentralbanken an den Währungsreser-

84 Da alle Zentralbanken des Euro-Währungsgebietes im Verhältnis dieselben Kapitalanteile einzahlen, kann das zur Berechnung heranzuziehende Verhältnis auch zwischen den Anteilen ermittelt werden, die von der Zentralbank eines Mitgliedstaates, dessen Ausnahmeregelung aufgehoben worden ist, einzuzahlen sind, und den Anteilen, die von den Zentralbanken des Euro-Währungsgebietes bereits eingezahlt worden sind.

ven getragen worden sind, als auch die Forderungen, die von der EZB den nationalen Zentralbanken als Gegenwert gutgeschrieben worden sind, prozentual entsprechend den Anteilen verteilt sind, die von den nationalen Zentralbanken am Kapital der EZB gezeichnet worden sind. Sicherstellen lässt sich das, indem der Wert der Währungsreserven der EZB, der die Grundlage für die Berechnung des Betrages ist, in dessen Höhe gemäß Art. 49.1. ESZBS Währungsreserven auf die EZB übertragen werden müssen, in dem Zeitpunkt maßgeblich ist, in dem die Zentralbanken des Euro-Währungsgebietes Währungsreserven auf die EZB übertragen haben.[85] Er ist zudem gemäß Art. 30.1., 30.2. ESZBS in Euro anzusetzen. Der Begriff „Wert der Währungsreserven" ist also als der Betrag in Euro zu verstehen, den die EZB vor Aufhebung einer Ausnahmeregelung als Währungsreserven von den nationalen Zentralbanken eingefordert hat.[86]

Die EZB hat im Zusammenhang mit der Aufhebung der für Griechenland geltenden Ausnahmeregelung jedoch einen anderen Weg gewählt. Sie hat beschlossen, dass Griechenland unter denselben Bedingungen den Beitrag zu den Währungsreserven leistet, als hätte es von Beginn der dritten Stufe der Wirtschafts- und Währungsunion dem Euro-Währungsgebiet angehört.[87] Aus dem Zusammenhang der Regelungen, die von der EZB getroffen worden sind, um diesen Beschluss umzusetzen,

---

85 Würde dagegen auf den Euro-Gegenwert der Währungsreserven in dem Zeitpunkt abgestellt, in dem die Zentralbanken der Staaten, deren Ausnahmeregelung aufgehoben worden ist, Währungsreserven auf die EZB übertragen, ließe sich nicht erreichen, dass auch die Forderungen, die den Zentralbanken gutgeschrieben werden, den Anteilen entsprechen, die sie am Kapital der EZB gezeichnet haben. Denn die EZB schreibt diese Forderungen entsprechend dem Euro-Gegenwert der Währungsreserven in dem Zeitpunkt gut, in dem die Übertragung erfolgt. In dem Zeitpunkt, in dem eine Übertragung nach Art. 49.1. ESZBS erfolgt, haben diese Reserven aber mit hoher Wahrscheinlichkeit einen anderen Wert als zu dem Zeitpunkt, in dem die Zentralbanken des Euro-Währungsgebietes Währungsreserven auf die EZB übertrugen. Die Forderung, die der übertragenden Zentralbank gutgeschrieben würde, entspräche daher im Verhältnis zur Gesamthöhe aller Forderungen, die den Zentralbanken gutgeschrieben werden, prozentual nicht den Anteilen, die sie am Kapital der EZB gezeichnet hat. Denn die einzelnen Forderungen werden grundsätzlich nicht an Wertänderungen infolge von Kursänderungen angepasst. Vielmehr hat die EZB Forderungen bislang nur infolge einer Änderung des Zeichnungsschlüssels für das Kapital der EZB (dazu oben § 5, S. 130 ff.) an die neuen Gewichtsanteile angepasst. Vgl. die Beschlüsse der EZB vom 18. Dezember 2003 (EZB/2003/21), ABl. EU Nr. L 9 vom 15.1.2004, S. 9, sowie vom 22. April 2004 (EZB/2004/8), ABl. EU Nr. L 205 vom 9.6.2004, S. 13.

86 Sollte die EZB Währungsreserven in mehreren Schritten, also zu unterschiedlichen Zeitpunkten eingefordert haben, muss, um die geschilderten Probleme zu vermeiden, bei der Berechnung der Beiträge der Zentralbanken der Staaten mit Ausnahmeregelung auch zwischen den verschiedenen Zeitpunkten differenziert werden.

87 Vgl. insbesondere den 8. und 9. Erwägungsgrund der Präambel sowie Art. 3 des Beschlusses der Europäischen Zentralbank vom 16. November 2000 über die Einzahlung von Kapital und den Beitrag zu den Reserven und Rückstellungen der EZB durch die Bank von Griechenland und die erste Übertragung von Währungsreserven auf die EZB durch die Bank von Griechenland sowie damit zusammenhängende Fragen (EZB/2000/14), ABl. EG Nr. L 336 vom 30.12.2000, S. 110. Vgl. zudem den 1. Erwägungsgrund des Abkommens vom 16. November 2000 zwischen der Europäischen Zentralbank und der Bank von Griechenland über die Forderung, die der Bank von Griechenland gemäß Art. 30.3 der Satzung durch die Europäische Zentralbank gutgeschrieben wird, und damit zusammenhängende Fragen, ABl. EG Nr. L 336 vom 30.12.2000, S. 122. Siehe hierzu auch *Kroppenstedt*, (Fn. 60), Art. 49 ESZB-Satzung Rdnr. 14 ff.

ergibt sich, dass die EZB durch diesen Beschluss erreichen wollte, dass sich die Währungsreserven nominal genau so zusammensetzen, wie das der Fall gewesen wäre, wenn Griechenland den Euro bereits zum 1. Januar 1999 eingeführt hätte.[88] Die EZB schrieb Griechenland gemäß Art. 30.3. ESZBS eine Forderung in der Höhe des Wertes gut, den diese Währungsreserven im Zeitpunkt der Übertragung hatten.[89] Diese Forderung entsprach jedoch, insbesondere infolge von Wechselkursschwankungen, gemessen an der Gesamthöhe aller Forderungen, die sie den nationalen Zentralbanken auf der Grundlage dieser Norm gutgeschrieben hat, prozentual nicht dem Anteil der Zentralbank Griechenlands am Kapital der EZB. Um sicherzustellen, dass die der Zentralbank Griechenlands gutgeschriebene Forderung ihren Anteilen an dem von ihr gezeichneten Kapital der EZB entspricht, vereinbarte die EZB mit der Zentralbank Griechenlands, diese Forderung durch Verrechnungen oder Ausgleichzahlungen entsprechend zu erhöhen oder zu verringern.[90]

Im Ergebnis ließ sich auch so sicherstellen, dass die Währungsreserven und die diesen gegenüberstehenden Forderungen im Sinne von Art. 30.2., 30.3. ESZBS verteilt sind. Mit dem Wortlaut des Art. 49.1. ESZBS ist auch der Weg der EZB vereinbar. Welchen Vorteil das von der EZB gewählte Verfahren gegenüber dem hat, in dem der Wert der Währungsreserven mit der Höhe der eingeforderten Währungsreserven in Euro gleichgesetzt wird, erschließt sich nicht ohne weiteres. Einzig erkennbar ist, dass so die nominale Zusammensetzung der Währungsreserven, die von den einzelnen Zentralbanken auf die EZB übertragen worden sind, im jeweiligen Verhältnis identisch ist. Das wäre nach dem oben geschilderten Berechnungsweg nicht der Fall.[91] Rechtlich zulässig sind gleichwohl beide Verfahrensweisen.

d) Ergebnis

Die EZB wird von den nationalen Zentralbanken gemäß Art. 30 ESZBS mit Währungsreserven ausgestattet, die von ihr gehalten und verwaltet werden. So wird eine wichtige Voraussetzung dafür geschaffen, dass das ESZB die Wechselkurspolitik der Gemeinschaft ausführen kann. Neben der EZB sind auch die nationalen Zentralban-

---

88 Vgl. den 8. Erwägungsgrund und Art. 3 und 4 der Leitlinie EZB/2000/14, (Fn. 87), sowie den 1. Erwägungsgrund des Abkommens vom 16. November 2000, (Fn. 87), wonach die EZB beschlossen hat, dass die Bank von Griechenland „im gleichen Umfang Währungsreserven, die auf US-Dollar oder japanische Yen lauten, und Gold überträgt, wie wenn die Bank von Griechenland eine nationale Zentralbank (NZB) eines Mitgliedstaats gewesen wäre, der die einheitliche Währung am 1. Januar 1999 eingeführt hat ...".

89 Vgl. insbesondere Art. 4 der Leitlinie EZB/2000/14, (Fn. 87), sowie den 1. Erwägungsgrund und Art. 1 des Abkommens vom 16. November 2000, (Fn. 87).

90 Vgl. insbesondere Art. 1 und 2 des Abkommens vom 16. November 2000, (Fn. 87).

91 Wertet beispielsweise der Dollar im Zeitraum zwischen der Übertragung der Währungsreserven durch die Zentralbanken des Euro-Währungsgebietes und der Übertragung durch die Zentralbank eines Staates, dessen Ausnahmeregelung aufgehoben worden ist, gegenüber dem Euro um 10 % ab, müsste die betreffende Zentralbank einen um zehn Prozent höheren Dollarbetrag auf die EZB übertragen, um auf die EZB Devisenreserven mit demselben Euro-Gegenwert zu übertragen, wie das im Zeitpunkt des Beginns der dritten Stufe der Fall gewesen wäre.

ken befugt, Währungsreserven zu halten. Die Bedingungen, unter denen das möglich ist, regelt Art. 31 ESZBS. Danach bedürfen sie insbesondere für Geschäfte, die sie mit ihren Währungsreserven durchführen, oberhalb eines bestimmten Betrages ebenso der Zustimmung der EZB wie die Regierungen der Mitgliedstaaten für Transaktionen mit ihren Arbeitsguthaben. Der Anwendungsbereich der Art. 30 und 31 ESZBS verändert sich erheblich, wenn für einen Mitgliedstaat eine Ausnahmeregelung gilt. Beide Vorschriften lassen für diese Staaten keinerlei Rechte und Verpflichtungen entstehen (vgl. Art. 43.1. ESZBS). Zudem wird ihr Wortlaut verändert (vgl. Art. 43.4. und 43.6. ESZBS).

Aus diesen Veränderungen ergeben sich im Anwendungsbereich des Art. 30 ESZBS einige rechtliche Probleme, die jedoch im Wege der Auslegung gelöst werden können. Danach können die Währungsreserven der EZB abweichend vom Wortlaut des Art. 30.1. ESZBS auch aus den Währungen der Staaten bestehen, für die eine Ausnahmeregelung gilt. Allerdings darf die Zentralbank eines Staates, dessen Ausnahmeregelung aufgehoben worden ist, der EZB nicht die ehemals von ihr selbst ausgegebene Währung als Beitrag zu den Währungsreserven übertragen. Weiterhin verringert sich bei Bestehen der Ausnahmeregelung der Maximalbetrag, bis zu dem die EZB nach Art. 30.1., 49.3. ESZBS mit Währungsreserven ausgestattet werden kann, prozentual um die Anteile, die von den nationalen Zentralbanken der Mitgliedstaaten, die dem Euro-Währungsgebiet nicht angehören, am Kapital der EZB gezeichnet worden sind. Und die Beiträge, die von den nationalen Zentralbanken des Euro-Währungsgebietes zu den Währungsreserven der EZB geleistet werden müssen, entsprechen abweichend von dem durch die Art. 43.4. und 43.6. ESZBS veränderten Wortlaut des Art. 30.2. ESZBS prozentual den Anteilen, die sie am Kapital der EZB gezeichnet haben.

Wenn die für einen Mitgliedstaat geltende Ausnahmeregelung aufgehoben worden ist, ist die Zentralbank dieses Staates verpflichtet, einen Beitrag zu den Währungsreserven sowie den sonstigen Reserven und den diesen gleichwertigen Rückstellungen zu leisten (vgl. Art. 49.1. und 49.2. ESZBS). Die Beiträge, die sie insoweit zu tragen haben, errechnen sich aus der Multiplikation des Wertes der Währungsreserven, die bereits auf die EZB übertragen worden sind, bzw. der Höhe der sonstigen Reserven und diesen gleichwertigen Rückstellungen, die der EZB zur Verfügung stehen, mit dem Verhältnis zwischen den Anteilen, die von der Zentralbank des betreffenden Mitgliedstaates am Kapital der EZB gezeichnet worden sind, und denen, die von den anderen Zentralbanken des Euro-Währungsgebietes gehalten werden. Zudem ist der Wert der Währungsreserven in dem Zeitpunkt in die Berechnung einzubeziehen, zu dem die EZB Währungsreserven von den nationalen Zentralbanken eingefordert hat.

5. Ungeschriebene Kompetenzen

Umstritten ist, ob und gegebenenfalls inwieweit die EZB in der Wechselkurspolitik auch auf ungeschriebene Kompetenzen zurückgreifen kann, insbesondere wie weit ihre völkerrechtliche Vertragsschlusskompetenz reicht.[92] Weitgehend anerkannt ist insoweit bislang lediglich, dass die EZB die wichtigste Voraussetzung für den Abschluss verbindlicher völkerrechtlicher Vereinbarungen, die begrenzte Völkerrechtssubjektivität, erfüllt.[93]

Dass die EZB in der Wechselkurspolitik auf ungeschriebene Ermächtigungen zurückgreifen kann, erscheint bereits aufgrund der lückenhaften Regelung der wechselkurspolitischen Befugnisse des ESZB wahrscheinlich.[94] Allerdings lässt sich nur im Einzelfall beantworten, ob die EZB auf solche Kompetenzen zurückgreifen kann. Eine generelle ungeschriebene Kompetenz zur Regelung aller wechselkurspolitischen Fragen lässt sich nicht begründen. Daher ist in jedem Einzelfall zunächst zu prüfen, ob der EZB ausdrückliche Außenkompetenzen eingeräumt sind. Nur wenn das verneint werden muss, kann geprüft werden, ob der EZB ungeschriebene Außenkompetenzen zustehen.

Aus Art. 111 EGV, darauf sei der Vollständigkeit halber hingewiesen, ergibt sich nicht, dass die EZB nicht auf ungeschriebene Außenkompetenzen zurückgreifen kann.[95] Zwar ermächtigt diese Vorschrift den EG-Rat umfassend zu wechselkurspolitischen Vereinbarungen jeder Art, die gegebenenfalls auch die EZB binden.[96] Solange und soweit der EG-Rat allerdings von seinen Befugnissen keinen Gebrauch macht, die ihm Art. 111 EGV einräumt, ist die EZB nicht darin beschränkt, eigene wechselkurspolitische Festlegungen zu treffen.[97] Sie muss allerdings die Bindungen beachten, die sich aus Art. 111 EGV für sie ergeben. Daher muss sie bei allen Regelungen, die sie in Wahrnehmung möglicher ungeschriebener Befugnisse trifft, insbesondere sicherstellen, dass diese aufgehoben werden können, wenn der EG-Rat von seinen Kompetenzen aus Art. 111 EGV Gebrauch macht. Sie muss also eine Kollision mit Regelungen vermeiden, die auf der Grundlage des Art. 111 EGV getroffen werden.

Mithin kann die EZB im Bereich der Wechselkurspolitik gegenüber Drittstaaten auf ungeschriebene Kompetenzen zurückgreifen, wenn die Voraussetzungen, unter denen im Gemeinschaftsrecht solche Kompetenzen begründet werden, gegeben sind.[98] Besteht eine Ausnahmeregelung, ändert sich hieran im Grundsatz nichts. Argumente, aus denen sich insoweit etwas anderes ergibt, sind nicht ersichtlich. Allerdings muss die EZB ihre bei Bestehen einer Ausnahmeregelung beschränkte Hoheitsgewalt beachten. Aus der Wahrnehmung möglicher ungeschriebener Kom-

---

92 Zum Streitstand siehe die Nachweise oben in Fn. 30.

93 Vgl. etwa *Kempen*, (Fn. 9), Art. 107 EGV Rdnr. 9; *Pernice*, (Fn. 11), Art. 105 EGV Rdnr. 19; *Selmayr*, Das Recht der Wirtschafts- und Währungsunion, S. 387; *Stadler*, (Fn. 5), S. 92; *Smulders*, in: *von der Groeben/Schwarze* (Hrsg.), Vertrag über die Europäische Union und Vertrag zur Gründung der Europäischen Gemeinschaft, 6. Auflage (2003), Art. 107 EG Rdnr. 16; *Strumpf*, (Fn. 30), S. 1078. Vgl. zudem die Nachweise oben in Fn. 30. Anders dagegen *Weber*, (Fn. 11), S. 1471.

94 Siehe dazu oben S. 176 ff.

95 Anders allerdings wohl *Herrmann*, (Fn. 14), S. 7 ff.

96 Zu Art. 111 EGV ausführlich oben S. 174 ff.

97 Dazu oben S. 176 ff.

98 Zu diesen Voraussetzungen siehe bereits oben S. 179 f. sowie unten S. 210 ff.

petenzen in der Wechselkurspolitik gegenüber Drittstaaten dürfen daher keine Rechtswirkungen für die Staaten mit Ausnahmeregelung entstehen.[99]

6. Organzuständigkeit

Die wechselkurspolitischen Befugnisse des ESZB werden entsprechend der allgemeinen Zuständigkeitsverteilung[100] ausschließlich durch die ständigen Beschlussorgane der EZB wahrgenommen. Der Erweiterte Rat der EZB wirkt an ihnen mangels entsprechender Anordnung nicht mit. Seine Befugnisse im Zusammenhang mit der Wechselkurspolitik der Gemeinschaft gegenüber Drittstaaten und internationalen Einrichtungen beschränken sich auf das Recht, zu diesen Fragen Stellung zu nehmen, soweit ein Zusammenhang zu seinen Aufgaben besteht, die er gemäß Art. 44 ESZBS wahrzunehmen hat.[101] Unter derselben Voraussetzung kann er das auch in Bezug auf die Wechselkurspolitik der Staaten mit Ausnahmeregelung. Da die Stimmen der Mitgliedstaaten, für die eine Ausnahmeregelung gilt, zudem auch im EG-Rat ruhen, wenn er wechselkurspolitische Festlegungen auf der Grundlage des Art. 111 EGV trifft, sind diese Mitgliedstaaten an der Festlegung und Ausführung der Wechselkurspolitik der EG gegenüber Drittstaaten und internationalen Einrichtungen im Prinzip nicht beteiligt. Bemerkenswert ist zudem, dass der Erweiterte Rat der EZB auch nicht an den Beschlüssen der EZB mitwirkt, die zur Anwendung des Art. 49 ESZBS erforderlich sind.[102]

III. Ergebnis

Die Gewährung einer Ausnahmeregelung hat für die Wechselkurspolitik der EG gegenüber Drittstaaten und internationalen Einrichtungen erhebliche Konsequenzen. Zunächst ist der EG-Rat lediglich für das Euro-Währungsgebiet befugt, die Wechselkurspolitik der Gemeinschaft in einer Vereinbarung über ein Wechselkurssystem, allgemeinen Orientierungen oder sonstigen Vereinbarungen festzulegen. Die Staaten mit Ausnahmeregelung binden sie nicht. Ihre innerstaatlichen währungspolitischen Kompetenzen bleiben von gemeinschaftsrechtlichen Vorgaben uneingeschränkt bestehen. Und auch das ESZB kann wechselkurspolitische Entscheidungen und Maßnahmen nur für das Euro-Währungsgebiet treffen. Aufgaben und Befugnisse gegenüber den Staaten mit Ausnahmeregelung bestehen mit einer Ausnahme nicht. Die EZB kann die Zentralbanken dieser Staaten lediglich ermächtigen, zum Zwecke der Erhebung statistischer Daten, die vom ESZB für die Wahrnehmung seiner Aufgaben benötigt werden, sich an internationalen Organisationen zu beteiligen (vgl. Art. 5 und 6.2. ESZBS). Sie kann zudem mit Bindungs-

---

99 Dazu oben S. 178 ff.
100 Dazu oben § 5, S. 49 f.
101 Zu diesen Aufgaben ausführlich oben § 5, S. 65 ff.
102 Kritisch hierzu auch *Kroppenstedt*, (Fn. 60), Art. 49 ESZB-Satzung Rdnr. 24.

wirkung auch gegenüber diesen Zentralbanken festlegen, wie das ESZB im Bereich der internationalen Zusammenarbeit, die Fragen der Erhebung statistischer Daten betrifft, vertreten wird (vgl. Art. 5 und 6.1. ESZBS). Weiterhin sind die Staaten mit Ausnahmeregelung unter Umständen verpflichtet, die EZB auch zu Rechtsakten anzuhören, die Fragen der Wechselkurspolitik betreffen (vgl. Art. 104 EGV, Art. 4 ESZBS). Wenn für einen Mitgliedstaat eine Ausnahmeregelung gilt, ergeben sich zudem viele Probleme im Anwendungsbereich der Art. 30 und 31 ESZBS, in denen unter anderem die Ausstattung der EZB mit Währungsreserven geregelt ist.[103]

C. Wechselkursbeziehungen innerhalb der Gemeinschaft

I. Einführung

Die Verwirklichung der Wirtschafts- und Währungsunion im Wege der differenzierten Integration[104] verbinden Politik und Wissenschaft verbreitet mit einer Reihe von Gefahren.[105] Die insoweit mit Abstand am häufigsten geäußerte Befürchtung ist, dass sich die Staaten mit Ausnahmeregelung durch ökonomisch nicht gerechtfertigte Abwertungen ihrer nationalen Währungen Wettbewerbsvorteile gegenüber dem Euro-Währungsgebiet verschaffen könnten, was insbesondere für das Funktionieren des Binnenmarktes problematisch sein könnte.[106] Den Wechselkursbeziehungen zwischen dem Euro-Währungsgebiet und den Staaten mit Ausnahmeregelung kommt mithin, zumindest nach den entsprechenden Stimmen in der Literatur, eine große Bedeutung zu. Gleichwohl beschäftigen sich nur wenige Vorschriften des EG-Vertrages ausdrücklich mit den Wechselkursbeziehungen zwischen den verschiedenen Währungsgebieten in der Europäischen Union. Die wichtigste ist Art. 124 EGV, nach dem die Wechselkurspolitik eine Angelegenheit von gemeinsamem Interesse der Mitgliedstaaten ist. Regelungen, die im Zusammenhang mit der Wechselkurspolitik innerhalb der Europäischen Union stehen, enthalten zudem die Art. 119 und 120 EGV. Ergänzt werden diese Vorschriften durch abgeleitetes Gemeinschaftsrecht, und zwar insbesondere durch das Abkommen über den WKM II. Über diese Vorschriften ist nachfolgend ein Überblick zu geben. Zudem ist zu fragen, ob sie den vielfach geäußerten Bedenken gegen die differenzierte Integration in der Wirtschafts- und Währungsunion begegnen können.

---

103 Siehe dazu die Zusammenfassung oben S. 195 f.
104 Zum Begriff der differenzierten Integration und zu ihrer Umsetzung in der Wirtschafts- und Währungsunion oben Teil I, §§ 2 und 3.
105 Dazu im Einzelnen oben Vorbemerkung, S. 1 f.
106 A.a.O. (Fn. 105).

II. Wechselkurspolitik als Angelegenheit von gemeinsamem Interesse

1. Bedeutung der Verpflichtung

Die Mitgliedstaaten sind verpflichtet, ihre Wechselkurspolitik als eine Angelegenheit von gemeinsamem Interesse zu behandeln (Art. 124 Abs. 1 S. 1 EGV). Hierbei sollen sie die Erfahrungen berücksichtigen, die im EWS und bei der Entwicklung der ECU gesammelt worden sind (Art. 124 Abs. 1 S. 2 EGV). Zudem sind sie verpflichtet, die „bestehenden Zuständigkeiten" zu respektieren (Art. 124 Abs. 1 S. 2 EGV). Art. 124 EGV ist seit Beginn der dritten Stufe nur noch „sinngemäß" auf die Staaten anwendbar, für die eine Ausnahmeregelung gilt (vgl. Art. 124 Abs. 2 EGV). Für die Mitgliedstaaten, die dem Euro-Währungsgebiet angehören, lässt er keine Rechte und Verpflichtungen entstehen. Er ist für sie außer Kraft getreten.

Den Bedeutungsgehalt des Art. 124 EGV zu erschließen, begegnet gewissen Schwierigkeiten. Denn es ist auf Grund der Unbestimmtheit des Rechtsbegriffs „gemeinsames Interesse" nicht ohne weiteres erkennbar, welche Verpflichtungen sich aus ihm ergeben. Sicher ist allerdings, dass die Wechselkurspolitik der Mitgliedstaaten mit Ausnahmeregelung in deren Verantwortung bleibt.[107] Das kommt bereits im Wortlaut des Art. 124 Abs. 1 EGV klar zum Ausdruck. Danach „behandelt jeder Mitgliedstaat seine Wechselkurspolitik als eine Angelegenheit von gemeinsamem Interesse".

Gleichwohl ist die Vorschrift rechtlich nicht bedeutungslos. Zunächst lässt sich aus dem Begriff „gemeinsames Interesse" ableiten, dass die Staaten mit Ausnahmeregelung verpflichtet sind, auf die Interessen der anderen Mitgliedstaaten und der Gemeinschaft bei wechselkurspolitischen Entscheidungen Rücksicht zu nehmen.[108] Denn die Wechselkurpolitik wird, das macht Art. 124 EGV deutlich, nicht nur im nationalen Interesse, sondern im gemeinsamen Interesse aller Mitgliedstaaten verfolgt. Eine solche Rücksichtnahme ist jedoch nur dann effektiv möglich, wenn sowohl die anderen Mitgliedstaaten als auch die Gemeinschaft über beabsichtigte wechselkurspolitische Entscheidungen informiert sind. Dementsprechend folgt aus Art. 124 EGV das Gebot, die anderen Mitgliedstaaten und die Gemeinschaft zu konsultieren und zu informieren, bevor wechselkurspolitische Entscheidungen getrof-

---

107 Vgl. *Bandilla*, in: *Grabitz/Hilf* (Hrsg.), Kommentar zur Europäischen Union, EL 11, Art. 109 m EGV Rdnr. 1.

108 Vgl. *Bandilla*, (Fn. 107), Art. 109 m EGV Rdnr. 1; *Häde*, (Fn. 5), Art. 124 EG-Vertrag Rdnr. 2; *Kempen*, (Fn. 9), Art. 124 EGV Rdnr. 2; *Smits*, in: *von der Groeben/Thiesing/Ehlermann* (Hrsg.), Kommentar zum EWG-Vertrag, 4. Auflage (1991), Art. 107 Rdnr. 5. Daher wird die Verpflichtung, die Wechselkurspolitik als eine Angelegenheit von gemeinsamem Interesse zu behandeln, als eine spezielle Ausformung des aus Art. 10 EGV abzuleitenden Grundsatzes der Gemeinschaftstreue (loyale Zusammenarbeit) angesehen. Vgl. insoweit für Art. 107 EWGV etwa *Bleckmann*, Europarecht, 6. Auflage (1997), Rdnr. 698 f.; *Seidel*, Das EWS im Gemeinschaftsrecht – Pflichten und Rechte der Mitgliedstaaten, in: *Scharrer/Wessels* (Hrsg.), Das Europäische Währungssystem, S. 473. Ausführlich zum Zusammenhang zwischen dem Grundsatz der loyalen Zusammenarbeit und Art. 124 EGV unten § 7.

fen werden.[109] Ebenso kann sich die Gemeinschaft, auch als Konsequenz der Konsultationspflicht, mit der Wechselkurspolitik der Staaten mit Ausnahmeregelung befassen.[110] Sie ist allerdings nicht befugt, diesen Staaten rechtsverbindliche Vorgaben für ihre Wechselkurspolitik zu machen.

Zuständig für Stellungnahmen zur Wechselkurspolitik der Staaten mit Ausnahmeregelung sind die für die Wechselkurspolitik zuständigen Stellen der Gemeinschaft, also insbesondere der EG-Rat und die EZB. Innerhalb der EZB besteht eine parallele Zuständigkeit der ständigen Beschlussorgane der EZB sowie des Erweiterten Rates der EZB. Die Zuständigkeit der ständigen Beschlussorgane ergibt sich aus den Aufgaben, die sie in der Wechselkurspolitik der Gemeinschaft und im Zusammenhang mit dem Verfahren, in dem über die Aufhebung einer Ausnahmeregelung entschieden wird, wahrzunehmen haben.[111] Die Zuständigkeit des Erweiterten Rates der EZB ergibt sich aus einem Vergleich mit den Kompetenzen des EWI.[112] Das EWI durfte gemäß Art. 5.1. EWIS an die Mitgliedstaaten ausdrücklich Stellungnahmen und Empfehlungen zur Wechselkurspolitik abgeben. Diese Befugnis hat der Erweiterte Rat der EZB vom EWI übernommen (vgl. Art. 44 UAbs. 1, Art. 47.1., 1. Gs. ESZBS).[113] Allerdings ist eine Mitwirkung des Erweiterten Rates der EZB an den Stellungnahmen der ständigen Beschlussorgane nicht vorgesehen. Die vorstehend genannten Stellen der Gemeinschaft sind auch in das Verfahren einzubeziehen, in dem die Konsultationen zur Wechselkurspolitik stattfinden.

Fraglich ist dagegen, ob sich über die bereits genannten hinaus weitere Rechte und Verpflichtungen aus Art. 124 EGV ergeben. In der Literatur wird das teilweise ver-

---

109 Vgl. *Bandilla*, (Fn. 107), Art. 109 m EGV Rdnr. 2; *Häde*, (Fn. 5), Art. 124 EG-Vertrag Rdnr. 2; *Kempen*, (Fn. 9), Art. 124 EGV Rdnr. 2; *Smits*, (Fn. 108), Art. 107 Rdnr. 7 und 9 f. In diesem Sinne auch bereits der Bericht von *van Campen* über die Koordinierung der Währungspolitik im Rahmen der EWG vom 7.4.1962, Rdnr. 22, abgedruckt z.B. in: *Gehrmann/Harmsen*, Monetäre Integration in der EWG, S. 24 ff. Die Gemeinschaft führte bereits 1964 ein Verfahren ein, in dem Konsultationen im Bereich der Wechselkurspolitik stattfanden. Vgl. Erklärung vom 8. Mai 1964 der im Rat vereinigten Vertreter der Regierungen der Mitgliedstaaten der Europäischen Wirtschaftsgemeinschaft über Konsultationen zwischen den Mitgliedstaaten vor Änderungen der Wechselkursparitäten ihrer Währungen (64/306/EWG), ABl. Nr. 78 vom 22.5.1964, S. 1226, sowie den Beschluss des Rates vom 8. Mai 1964 über die Zusammenarbeit zwischen den Mitgliedstaaten auf dem Gebiet der internationalen Währungsbeziehungen (64/301/EWG), ABl. Nr. 77 vom 21.5.1964, S. 1207. Beide Rechtsakte sind bislang, soweit ersichtlich, nicht aufgehoben worden. Bestimmungen zur Konsultation vor Wechselkursentscheidungen enthielt zudem die Entscheidung des Rates vom 18. Februar 1974 zur Erreichung eines hohen Grades an Konvergenz der Wirtschaftspolitik der Mitgliedstaaten der Europäischen Wirtschaftsgemeinschaft (74/120/EWG), ABl. EG Nr. L 63 vom 5.3.1974, S. 16. Die Entscheidung ist durch die Entscheidung des Rates vom 12. März 1990 zur Erreichung einer schrittweisen Konvergenz der Politiken und der wirtschaftlichen Ergebnisse während der ersten Stufe der Wirtschafts- und Währungsunion (90/141/EWG), ABl. EG Nr. L 78 vom 24.3.1990, S. 23, aufgehoben worden, die keine Bestimmungen zur Konsultationen in Wechselkursfragen mehr enthält.

110 *Bandilla*, (Fn. 107), Art. 109 m EGV Rdnr. 2.

111 Zu den umfassenden Beratungsbefugnissen der ständigen Beschlussorgane siehe bereits oben § 5, S. 104 ff.

112 Zur Herleitung von Kompetenzen des Erweiterten Rates der EZB aus einem Vergleich mit denen des EWI ausführlich oben § 5, S. 115 ff.

113 Dazu ausführlich oben § 5, S. 115 ff.

treten. So findet sich etwa die Ansicht, diese Vorschrift verbiete Abwertungen einer Währung, die nur erfolgen, um sich gegenüber den anderen Mitgliedstaaten Wettbewerbsvorteile zu verschaffen (so genannte kompetetive Abwertungen).[114] Darüber hinaus wird vertreten, Art. 124 EGV fordere unter bestimmten Voraussetzungen, korrigierend in die Wechselkursentwicklung einzugreifen.[115] Und in der Tat erscheint es denkbar, dass Art. 124 EGV entsprechende Ge- und Verbote enthält. Abwertungen, die allein deshalb erfolgen, um ökonomisch nicht gerechtfertigte Vorteile gegenüber den anderen Mitgliedstaaten zu schaffen, liegen sicherlich nicht im gemeinsamen Interesse aller Mitgliedstaaten.[116] Dasselbe gilt für bestimmte Wechselkursentwicklungen. Beispielsweise können starke Wechselkursschwankungen insbesondere das Funktionieren des Binnenmarktes, eines der Fundamente der Gemeinschaft[117], gefährden.[118] Dass das nicht im gemeinsamen Interesse der Mitgliedstaaten liegt, ist evident. Daher ist nicht so sehr problematisch, dass die Staaten mit Ausnahmeregelung unter bestimmten Voraussetzungen aus Art. 124 EGV verpflichtet sein können, in den Wechselkurs ihrer Währung korrigierend einzugreifen.[119] Ebenso kann aus dieser Vorschrift recht unproblematisch ein Verbot von wettbewerbsbedingten Abwertungen hergeleitet werden. Das eigentliche Problem liegt darin zu entscheiden, wann eine kompetetive Abwertung oder eine Gefährdung des Binnenmarktes vorliegt, unter welchen Umständen also die geschilderten Rechtsfolgen ausgelöst werden. Denn in der Praxis begegnet der Nachweis solcher Auswirkungen wohl erheblichen Problemen.[120]

---

114 *Estorff/Molitor*, in: *von der Groeben/Thiesing/Ehlermann* (Hrsg.), Kommentar zum EU-/EG-Vertrag, 5. Auflage (1999), Art. 109k Rdnr. 6; *Randzio-Plath*, Europäische Währungsunion, Erosionsvehikel oder Gestaltungsfaktor?, WSI Mitteilungen 1997, S. 328 (334).

115 Vgl. den Bericht von *van Campen* über die Koordinierung der Währungspolitik im Rahmen der EWG vom 7.4.1962, Rdnr. 22, abgedruckt z. B. in: *Gehrmann/Harmsen*, Monetäre Integration in der EWG, S. 24 ff.

116 In diesem Sinne *Häde*, (Fn. 5), Art. 124 EG-Vertrag Rdnr. 2, m.w.N.

117 Zur Bedeutung des Binnenmarktes für die Gemeinschaft siehe etwa *Pipkorn/Bardenhewer-Rating/Taschner*, in: *von der Groeben/Schwarze* (Hrsg.), Vertrag über die Europäische Union und Vertrag zur Gründung der Europäischen Gemeinschaft, 6. Auflage (2003), Art. 14 EG Rdnr. 1 ff., insbesondere Rdnr. 2: „Kernstück der europäischen Integration".

118 Siehe dazu insbesondere oben in der Vorbemerkung, S. 1 f. Vgl. zudem etwa *Europäische Zentralbank*, Die technische Ausgestaltung des neuen europäischen Wechselkursmechanismus, Monatsbericht, Oktober 1998, S. 19 (20).

119 In diesem Sinne bereits der Bericht von *van Campen* über die Koordinierung der Währungspolitik im Rahmen der EWG vom 7.4.1962, Rdnr. 22, abgedruckt z.B. in: *Gehrmann/Harmsen*, Monetäre Integration in der EWG, S. 24 ff. Anders allerdings *Köster*, Das Recht der europäischen Währungspolitiken, S. 60 f.

120 Vgl. etwa *Côté*, Exchange rate volatility and trade, S. 1 ff., und die Mitteilung der *Europäischen Kommission*, Die Auswirkungen der Wechselkursschwankungen auf den Binnenmarkt, vom 31.10. 1995. Dazu auch *Lamfalussy*, Rückbesinnung auf Grundsätzliches: Wozu braucht Europa eine Währungsunion?, in: *Hahn* (Hrsg.), Die Europäische Währung, S. 52, nach dem die Auswirkungen von Wechselkursschwankungen auf den Binnenmarkt schon deshalb schwer abschätzbar sind, weil sich die Wirtschaft gegen Wechselkursschwankungen gut absichern kann. Beispiele für Fälle, in denen das gemeinsame Interesse möglicherweise tangiert worden ist, nennen *Smits*, (Fn. 108), Art. 107, Fn. 29, und *Thygesen*, The prospects for the EMU by 1999 – and Reflections on Arrangements for the Outsiders, S. 10.

Aus juristischer Sicht lassen sich diese Fragen sicher nicht abschließend beantworten. Feststellen lässt sich aber Folgendes. Weder kompetetive Abwertungen noch übermäßige Wechselkursschwankungen liegen im gemeinsamen Interesse aller Mitgliedstaaten. Die Mitgliedstaaten sind daher verpflichtet, sie zu vermeiden. Da die Wechselkurspolitik gleichwohl in der Verantwortung der Mitgliedstaaten mit Ausnahmeregelung bleibt, haben sie in diesem Bereich einen erheblichen Beurteilungsspielraum, der sich im Wesentlichen aus den Problemen erklärt zu entscheiden, wann eine Wechselkursentwicklung im Sinne von Art. 124 EGV problematisch ist bzw. wann eine unzulässige Abwertung vorliegt. Wie groß dieser Spielraum ist, lässt sich mit Blick auf die Rechtsprechung des Europäischen Gerichtshofes erkennen. Dieser überprüft die Ausübung von Beurteilungsspielräumen im Bereich der Wirtschaftspolitik, zu dem auch die Wechselkurspolitik gehört[121], im Wesentlichen nur darauf, ob sie auf offensichtlichen Fehlbeurteilungen oder einer unzureichenden Tatsachenermittlung beruhen.[122] Selbst wenn etwa die Beurteilung der Wechselkursentwicklung ergibt, dass ein Eingreifen erforderlich ist, liegt es immer noch weitgehend im Ermessen der Mitgliedstaaten mit Ausnahmeregelung, darüber zu entscheiden, welche Maßnahmen sie im Einzelnen treffen. Das erklärt sich vor allem aus den vielfältigen Möglichkeiten, die eingesetzt werden können, um den Wechselkurs einer Währung zu beeinflussen. Konkrete Handlungspflichten werden sich daher aus Art. 124 EGV für die Staaten mit Ausnahmeregelung allenfalls in ganz seltenen Fällen ergeben.[123] Selbst wenn sie im Einzelfall bestehen, sind die von ihnen zu ergreifenden Maßnahmen gemeinschaftsrechtlich im Prinzip nicht vorgegeben. Gefordert ist nur, dass sie tätig werden und dass die von ihnen getroffenen Maßnahmen im Lichte von Art. 10 EGV nicht völlig ungeeignet sein dürfen.[124]

Zu weit geht dagegen die Ansicht, nach der (auch) aus Art. 124 EGV abzuleiten sei, dass in der dritten Stufe der Wirtschafts- und Währungsunion ein Wechselkursmechanismus zwischen dem Euro-Währungsgebiet und den Währungen der Staaten mit Ausnahmeregelung bestehen muss.[125] Ein solcher Mechanismus liegt sicher-

---

121 Vgl. dazu unten § 8, S. 246 ff.

122 Vgl. hierzu etwa *Berg*, Die Problematik der Verwendung unbestimmter Rechtsbegriffe, dargestellt am Beispiel der „Novel Food"-Verordnung, ZLR 1993, S. 455 (467); *Bleckmann*, Der Vertrag über die Europäische Union, DVBl. 1992, S. 335 (340); *Danwitz*, Verwaltungsrechtliches System und europäische Integration, S. 328 f.; *Weber*, Die Kompetenzvereilung im Europäischen System der Zentralbanken bei der Festlegung und Durchführung der Geldpolitik, S. 116. Siehe dazu auch *Everling*, Zur Funktion des Gerichtshofs der EG als Verwaltungsgericht, in: *ders.*, Unterwegs zur Europäischen Union, S. 306 f.; *Wegener*, in: *Calliess/Ruffert* (Hrsg.), Kommentar zu EU-Vertrag und EG-Vertrag, 2. Auflage (2002), Art. 220 EG-Vertrag Rdnr. 18 ff.

123 Noch enger *Smits* in: *von der Groeben/Boeckh/Thiesing/Ehlermann* (Hrsg.), Kommentar zum EWG-Vertrag, 3. Auflage, Baden-Baden (1983), Art. 107 Rdnr. 10, der neben den Konsultationspflichten keine Handlungspflichten sieht.

124 Vgl. hierzu *Zuleeg*, in: *von der Groeben/Schwarze* (Hrsg.), Vertrag über die Europäische Union und Vertrag zur Gründung der Europäischen Gemeinschaft, Art. 10 Rdnr. 9, mit Nachweisen aus der Rechtsprechung des EuGH.

125 So aber *Smits*, European Central Bank, International and Comparative Law Quarterly 1996, S. 336; *ders.*, (Fn. 48), S. 465. Im Ergebnis wohl auch *Brinster*, Eintritt in die Europäische Wirtschafts- und Währungsunion, S. 355 f.; *Selmayr*, Das Recht der Wirtschafts- und Währungsunion, S. 373.

lich sowohl im Interesse des Euro-Währungsgebietes als auch der Staaten mit Ausnahmeregelung. Schließlich kann er dazu beitragen, die Wechselkurse zwischen den verschiedenen Währungsgebieten in der Europäischen Union zu stabilisieren. Eine Pflicht, ihn einzurichten, lässt sich jedoch aus Art. 124 EGV nicht herleiten. Aus dieser Norm ergibt sich hierfür kein Anhaltspunkt.

Die Mitgliedstaaten sind gemäß Art. 124 Abs. 1 S. 2 EGV außerdem verpflichtet, bei ihrer Wechselkurspolitik die Erfahrungen aus der Zusammenarbeit im Rahmen des EWS zu berücksichtigen und die bestehenden Zuständigkeiten zu respektieren. Der Regelungsgehalt dieser Bestimmung ist schwer fassbar.[126] Es ist jedoch anerkannt, dass sich aus ihm keine konkreten Rechtspflichten ergeben.[127] Die Mitgliedstaaten sind, im Sinne des Wortlauts der Vorschrift, lediglich verpflichtet, bei der Festlegung und Ausübung ihrer Wechselkurspolitik die Erfahrungen nicht außer Betracht zu lassen, die im Rahmen des EWS und dessen Nachfolger, dem WKM II, gesammelt worden sind.[128] Auch die Verpflichtung, die bestehenden Zuständigkeiten zu respektieren, ist in ihrem rechtlichen Gehalt denkbar gering. Teilweise ist zwar vertreten worden, sie stehe im Zusammenhang mit dem EWS, das so eine primärrechtliche Rechtsgrundlage gefunden habe.[129] Das erscheint jedoch auf Grund des vagen Wortlautes der Vorschrift zu weitgehend. Sie genügt nicht, um ein Tätigwerden der Gemeinschaft zu rechtfertigen. Ihre Bedeutung erschließt sich vielmehr aus ihrer systematischen Stellung. Sie folgt unmittelbar der Vorschrift des EG-Vertrages, nach der die Wechselkurspolitik eine Angelegenheit von gemeinsamem Interesse ist (Art. 124 Abs. 1 S. 1 EGV). Das spricht dafür, dass ihre Bedeutung darin liegt, diese Verpflichtung zu konkretisieren. Die rechtliche Verpflichtung, die Wechselkurspolitik als Angelegenheit von gemeinsamem Interesse zu behandeln, verlangt von den Mitgliedstaaten demnach insbesondere, die Zuständigkeitsverteilung in diesem Bereich der Währungspolitik zu respektieren.

2. Gegenseitigkeit der Verpflichtungen aus Art. 124 EGV

Bemerkenswert an der Regelung in Art. 124 EGV ist, dass diese Norm ausweislich ihres Absatzes 2 ausschließlich die Staaten mit Ausnahmeregelung verpflichtet, die Gemeinschaft jedoch nicht. Das hat vom Wortlaut her zur Folge, dass zwar die Staaten mit Ausnahmeregelung ihre Wechselkurspolitik als eine Angelegenheit von gemeinsamem Interesse behandeln müssen, die Gemeinschaft dagegen im Verhältnis zu den Staaten mit Ausnahmeregelung nicht. Das kann jedoch ersichtlich nicht

---

126 Ausführlich dazu *Köster*, (Fn. 119), S. 147 ff., mit vielen weiteren Nachweisen; *Selmayr*, (Fn. 125), S. 175 f.

127 Vgl. *Köster*, (Fn. 119), S. 151.

128 Vgl. *Köster*, (Fn. 119), S. 151. Zum WKM II ausführlich unten S. 206 ff.

129 So etwa *Hahn*, Währungsrecht, § 13 Rdnr. 33. Zu diesen Überlegungen ausführlich *Köster*, (Fn. 119), S. 147 ff., m.w.N., sowie *Selmayr*, (Fn. 126), S. 175 f., die diese Auffassung allerdings überzeugend zurückweisen. Dazu auch *Häde*, (Fn. 5), Art. 124 EG-Vertrag Rdnr. 3 f., m.w.N., und *Kempen*, (Fn. 9), Art. 124 EGV Rdnr. 6.

gewollt sein. Vielmehr verpflichtet Art. 124 EGV auch die Gemeinschaft, ihre Wechselkurspolitik als eine Angelegenheit von gemeinsamem Interesse zu behandeln.[130] Das hat zur Konsequenz, dass die für die Wechselkurspolitik zuständigen Stellen der Gemeinschaft verpflichtet sind, die Mitgliedstaaten mit Ausnahmeregelung vor wechselkurspolitischen Entscheidungen, die sich auf die Wechselkursbeziehungen innerhalb der Gemeinschaft auswirken können, zu konsultieren. Ebenso sind sie unter Umständen verpflichtet, korrigierend in die Wechselkursentwicklung einzugreifen. Eine Grenze besteht auf Grund der Bedeutung des Ziels der Preisstabilität für die Währungspolitik der Gemeinschaft allerdings dann, wenn dieses Ziel gefährdet ist.[131]

3. Sekundärrechtsakte im Anwendungsbereich des Art. 124 EGV

Art. 124 EGV ermächtigt die Gemeinschaft jedenfalls nicht ausdrücklich zum Erlass von Sekundärrechtsakten. Denkbar ist allerdings, dass sie im Anwendungsbereich dieser Vorschrift Sekundärrecht insbesondere auf der Grundlage des Art. 308 EGV erlässt.[132] Zulässig ist das jedoch nur in engen Grenzen. Da die Wechselkurspolitik der Staaten mit Ausnahmeregelung nach Art. 124 EGV in deren Verantwortung bleibt, kann die Gemeinschaft sekundärrechtlich die Kompetenzen der Mitgliedstaaten insoweit nicht beschränken. Denkbar ist lediglich, dass die Rechtspflichten, die sich aus Art. 124 EGV ergeben, sekundärrechtlich näher ausgestaltet werden. Möglich sind daher etwa Bestimmungen, die das Verfahren näher regeln, in dem Konsultationen vor wechselkurspolitischen Entscheidungen getroffen werden, aber auch Vorschriften, die das Recht der Gemeinschaft ausgestalten, sich mit der Wechselkurspolitik der Staaten mit Ausnahmeregelung zu befassen.

4. Fehlende Sanktionsmöglichkeiten

Abschließend bleibt darauf hinzuweisen, dass durch den Vertrag von Maastricht der zweite Absatz des Art. 107 EWGV, der im Übrigen dem heutigen Art. 124 EGV weitgehend entspricht, gestrichen worden ist. Dieser räumte der Kommission die, wenngleich sachlich eng begrenzte, Möglichkeit ein, auf eine Verletzung der Verpflichtungen aus Art. 124 EGV durch einen Mitgliedstaat zu reagieren. Danach konnte sie die anderen Mitgliedstaaten unter bestimmten Voraussetzungen ermächtigen, Maßnahmen mit dem Ziel zu treffen, die negativen Folgen einer wechselkurspolitischen Entscheidung, die gegen Art. 107 Abs. 1 EWGV verstieß, zu besei-

---

130 So im Ergebnis auch *Smits*, (Fn. 48), S. 462.
131 Zur Bedeutung des Ziels der Preisstabilität für das ESZB siehe oben § 5, S. 56 ff.
132 Zum Anwendungsbereich des Art. 308 EGV siehe etwa *Schwartze*, in: *von der Groeben/Schwarze* (Hrsg.), Vertrag über die Europäische Union und Vertrag zur Gründung der Europäischen Gemeinschaft, Art. 308 EG Rdnr. 9 ff.; *Streinz*, in: *Streinz* (Hrsg.), EUV/EGV, Art. 308 EGV Rdnr. 1 ff.

tigen.[133] Da diese Vorschrift jedoch gestrichen worden ist, kann die Kommission heute nur im Wege des Vertragsverletzungsverfahrens gegen einen Mitgliedstaat mit Ausnahmeregelung vorgehen, der gegen seine Pflichten aus Art. 124 EGV verstößt (Art. 226 EGV). Sollte die Gemeinschaft selbst gegen diese Verpflichtungen verstoßen, käme eine Untätigkeitsklage (Art. 232 EGV) und gegebenenfalls wohl auch die Nichtigkeitsklage (Art. 230 EGV) in Betracht.

III. Abkommen über den Wechselkursmechanismus II

1. Überblick

Die Wechselkursbeziehungen zwischen dem Euro-Währungsgebiet und den Staaten mit Ausnahmeregelung sind nicht nur primärrechtlich in Art. 124 EGV geregelt. Große Bedeutung kommt insoweit auch dem zwischen den Zentralbanken der Staaten, die dem Euro-Währungsgebiet nicht angehören, und der EZB geschlossenen Abkommen über die Funktionsweise eines Wechselkursmechanismus in der dritten Stufe der Wirtschafts- und Währungsunion zu (WKM II Abkommen, WKM II-Abk).[134] Dieses Abkommen hat zum Beginn der dritten Stufe der Wirtschafts- und Währungsunion das EWS ersetzt (vgl. Präambel, 2. Erwägungsgrund, sowie Art. 20.1. WKM II-Abk). Letzteres konnte in der dritten Stufe nicht fortgeführt werden. Das erklärt sich aus seiner Konstruktion. Sein zentrales Element, die als Währungskorb definierte ECU, existiert seit Beginn der dritten Stufe nicht mehr.[135] Die meisten der ehemals in der ECU enthaltenen Währungen sind mit dem 1. Januar 1999 durch den Euro abgelöst worden. Mit der ECU ist dem EWS jedoch die Grundlage entzogen worden.

---

133 Zur Auslegung dieser Schutzklausel siehe etwa *von der Groeben/Thiesing/Ehlermann* (Hrsg.), Kommentar zum EWG-Vertrag, 4. Auflage (1991), Art. 107 Rdnr. 25 ff. Zur Streichung dieser Bestimmung siehe auch *Smits*, (Fn. 48), S. 458 ff.

134 Abkommen vom 1. September 1998 zwischen der Europäischen Zentralbank und den nationalen Zentralbanken der nicht dem Euro-Währungsgebiet angehörenden Mitgliedstaaten über die Funktionsweise eines Wechselkursmechanismus in der dritten Stufe der Wirtschafts- und Währungsunion, ABl. EG Nr. C 345 vom 13.11.1998, S. 6, geändert durch das Abkommen vom 14. September 2000 zwischen der Europäischen Zentralbank und den nationalen Zentralbanken der nicht dem Euro-Währungsgebiet angehörenden Mitgliedstaaten, ABl. EG Nr. C 362 vom 16.12.2000, S. 11, das Abkommen zwischen der Europäischen Zentralbank und den nationalen Zentralbanken der am 1. Mai 2004 nicht dem Euro-Währungsgebiet angehörenden Mitgliedstaaten, ABl. EU Nr. C 135 vom 13.5.2004, S. 3, sowie durch Abkommen vom 16. September 2004, ABl. EU Nr. C 281 vom 18.11.2004, S. 3.

135 Zur Bedeutung der ECU im EWS vgl. etwa *Ensthaler*, Das Europäische Währungssystem, JuS 1994, S. 26 (27 f.).; *Hahn*, Das Europäische Währungssystem: Fixkursverbund oder Auftakt zur Europäischen Währungsunion?, ÖBA 1989, S. 123 ff.; *ders.*, Das Europäische Währungssystem – Systemvergleich und Funktionsweise, EuR 1979, S. 337 (340 ff.). Zurückhaltend zur Bedeutung der ECU im EWS allerdings *Gleske*, Institutionelle Fragen des Europäischen Währungssystems, in: *Gramlich/Weber/Zehetner* (Hrsg.), Auf dem Wege zur Europäischen Währungsunion, S. 107, „nicht unbedingt erforderlich".

Forderungen, die Wechselkursbeziehungen zwischen dem Euro und den Währungen der Staaten mit Ausnahmeregelung in einem Wechselkursmechanismus in der dritten Stufe der Wirtschafts- und Währungsunion zu regeln, sind bereits lange vor Beginn der dritten Stufe erhoben worden.[136] Die Gründe hierfür waren vielfältig. Zum Teil wird vertreten, der EG-Vertrag setze das Bestehen eines solchen Mechanismus in der dritten Stufe voraus. Denn die Teilnahme an ihm gehöre zu den Bedingungen, die von den Staaten mit Ausnahmeregelung erfüllt werden müssen, um den Euro einführen zu können.[137] Auch die Furcht vor ökonomisch nicht gerechtfertigten Abwertungen der Währungen der Staaten mit Ausnahmeregelung war eine wesentliche Ursache für die Forderung nach einem Wechselkurssystem in der dritten Stufe der Wirtschafts- und Währungsunion.[138] Zudem müsse der Binnenmarkt mittels eines Wechselkurssystems vor übermäßigen Wechselkursschwankungen geschützt werden.[139] Und schließlich ist ein solcher Mechanismus als Beitrag angesehen worden, den Staaten mit Ausnahmeregelung dabei zu helfen, die wirtschaftlichen Voraussetzungen für die Einführung des Euro zu schaffen.[140] Diese letzten beiden Zwecksetzungen, also Absicherung des Binnenmarktes vor Wechselkursschwankungen und Hilfestellung bei der Herstellung der wirtschaftlichen Voraussetzungen für die Einführung des Euro, werden in der Präambel des Abkommens über den Wechselkursmechanismus II auch ausdrücklich als Gründe für dessen Abschluss genannt.

Der Regelungsgehalt des Abkommens über den Wechselkursmechanismus II kann in drei Teile untergliedert werden. Der erste und wichtigste Teil enthält die Bestimmungen über den Wechselkursmechanismus zwischen dem Euro-Währungsgebiet und den übrigen Währungsgebieten in der Gemeinschaft (vgl. Art. 1 bis 14, 16 bis 20 WKM II-Abk). Die Teilnahme an diesem Mechanismus ist, nach allerdings umstrittener Ansicht, freiwillig.[141] Sie setzt eine entsprechende Entscheidung der einzelnen Staaten mit Ausnahmeregelung voraus. Den zweiten Teil bilden eine Reihe von Vorschriften, in denen die Möglichkeit eröffnet wird, die wechselkurspolitische Zusammenarbeit zwischen dem Euro-Währungsgebiet und den Staaten mit Ausnah-

136 Vgl. *Duijm*, Auf dem Weg zum EWS II, List-Forum 1997, S. 10 (11), m.w.N.

137 Vgl. *Duijm*, (Fn. 136), S. 12; *Häde*, (Fn. 5), Art. 121 EG-Vertrag Rdnr. 4 und Art. 122 EG-Vertrag Rdnr. 15; *Kortz*, Die Entscheidung über den Übergang in die Endstufe der Wirtschafts- und Währungsunion, S. 196 ff.; *Martenczuk*, Der Europäische Rat und die Wirtschafts- und Währungsunion, EuR 1998, S. 151 (172); *Rohde/Janssen*, Europäische Zentralbank und Wechselkurspolitik, in: *Simmert/Welteke* (Hrsg.), Die Europäische Zentralbank: europäische Geldpolitik im Spannungsfeld zwischen Wirtschaft und Politik, S. 215; *Selmayr*, (Fn. 125), S. 373. Siehe dazu auch die Nachweise in Fn. 125.

138 *Rohde/Janssen*, (Fn. 137), S. 216. Siehe zu entsprechenden Befürchtungen bereits oben S. 197.

139 Siehe dazu bereits oben S. 199.

140 Vgl. *Duijm*, (Fn. 136), S. 13; *Hasse*, Griechenland: Ein kleines Land als Mitglied des WKM II des EWS, in: *Papaschinopoulou* (Hrsg.), Griechenland auf dem Weg zur Europäischen Wirtschafts- und Währungsunion, S. 139; *ders./Herz*, Das EWS II – ein Europäisches System à la Bretton Woods?, Wirtschaftsdienst 1996, S. 233 (233 ff.); *Randzio-Plath*, A New Exchange Rate Mechanism for the Euro Age, Intereconomics 1996, S. 277 (277). Ähnlich auch *Schiemann*, The New European Exchange Rate Mechanism: Currency Conventions for Ins, Pre-Ins, and Outs, S. 2.

141 Dazu ausführlich unten S. 215 ff.

meregelung enger auszugestalten, als das im Abkommen für den Regelfall vorgesehen ist (vgl. Art. 15 WKM II-Abk). Diese Vorschriften finden nur Anwendung, wenn sich ein Mitgliedstaat entscheidet, am Wechselkursmechanismus teilzunehmen. Den dritten Teil bilden schließlich bestimmte Vorschriften zur währungspolitischen Zusammenarbeit, die für alle Vertragsparteien gelten, gleich ob sie am Wechselkursmechanismus teilnehmen oder nicht (vgl. Art. 18 WKM II-Abk).

2. Kompetenzgrundlage

a) *Befugnisse des EG-Rates*

Nicht einfach zu beantworten ist, welche Kompetenzgrundlage der Gemeinschaft für die Schaffung eines Wechselkurssystems zwischen dem Euro und den Staaten mit Ausnahmeregelung zur Verfügung steht. Eine ausdrückliche Kompetenzzuweisung fehlt.[142] Und Art. 111 EGV ist jedenfalls nicht direkt anwendbar, da diese Vorschrift nur die Wechselkursbeziehungen zu Drittstaaten, also zu Staaten, die der Europäischen Union nicht angehören, regelt.[143] Zu erwägen ist allenfalls eine analoge Anwendung dieser Norm. Denkbar erscheint zudem ein Rückgriff auf Art. 308 EGV.[144]

Am ehesten überzeugt eine analoge Anwendung des Art. 111 EGV.[145] Diese Vorschrift regelt im Gegensatz zu Art. 308 EGV differenziert die Befugnisse der Gemeinschaft in der Wechselkurspolitik und sieht zudem besondere Verfahren zum Abschluss währungspolitischer Vereinbarungen vor. Die Grundentscheidungen des Art. 111 EGV sind auch auf die Wechselkursbeziehungen zwischen dem Euro-Währungsgebiet und den anderen Währungsgebieten in der Gemeinschaft übertragbar. Zudem ist zu berücksichtigen, dass ein Wechselkurssystem zwischen dem

---

142 So *Häde*, Währungsintegration mit abgestufter Geschwindigkeit, in: FS *Hahn*, S. 155; *Hahn/Häde*, (Fn. 78), Art. 88 Rdnr. 471; *Martenczuk*, (Fn. 137), S. 172; *Selmayr*, (Fn. 125), S. 374.

143 *Di Preso*, in: *von der Groeben/Schwarze* (Hrsg.), Vertrag über die Europäische Union und Vertrag zur Gründung der Europäischen Gemeinschaft, Art. 124 EG Rdnr. 8; *Häde*, (Fn. 5), Art. 111 EG-Vertrag Rdnr. 4; *ders.*, (Fn. 142), S. 154; *Smits*, (Fn. 9), Art. 111 EG Rdnr. 4; *Selmayr*, (Fn. 125), S. 376; *Zilioli/Selmayr*, (Fn. 15), S. 301 f. Anders allerdings *Endler*, Europäische Zentralbank und Preisstabilität, S. 456 f.

144 *Selmayr*, (Fn. 125), S. 377, erwägt weiterhin, den Wechselkursmechanismus auf der Grundlage des Art. 123 EGV einzurichten. Der Wortlaut dieser Vorschrift ließe das jedoch schwerlich zu. Zudem ermächtigen die Absätze 4 und 5 des Art. 123 EGV, die insoweit einzig als Kompetenzgrundlage herangezogen werden könnten, nicht zum Erlass von Rechtsakten, die auch für die Staaten mit Ausnahmeregelung Rechtswirkungen entstehen lassen. Dazu unten § 9, S. 299 ff. Bereits aus diesem Grund kommt ein Rückgriff auf diese Normen nicht in Betracht. Sie ermächtigen die Gemeinschaft nicht, ein Wechselkurssystem zwischen dem Euro-Währungsgebiet und den übrigen Währungsgebieten in der Gemeinschaft einzurichten.

145 Auch *Smits*, (Fn. 9), Art. 111 EG Rdnr. 8, erwägt eine analoge Anwendung des Art. 111 EGV („vielleicht ... möglich"). Ebenso hält *Martenczuk*, Der Europäische Rat und die Wirtschafts- und Währungsunion, EuR 1998, S. 151 (173, Fn. 149) eine analoge Anwendung des Art. 111 EGV für möglich. Anders dagegen *Häde*, (Fn. 142), S. 155f., sowie *ders.*, (Fn. 5), Art. 124 EG-Vertrag Rdnr. 10, der auf Art. 308 EGV zurückgreift.

Euro-Währungsgebiet und den Staaten mit Ausnahmeregelung jedenfalls überwiegend nur im Wege einer völkerrechtlichen Vereinbarung getroffen werden könnte. Denn aus einem solchen System ergeben sich zwingend Einschränkungen des Handlungsspielraums, den die Staaten mit Ausnahmeregelung in der Wechselkurspolitik haben. Ein Rückgriff auf Art. 308 EGV kommt daher weitgehend nicht in Betracht. Denn die Gemeinschaft darf auf dieser Kompetenzgrundlage keine Maßnahmen ergreifen, die einer Vertragsänderung gleichkämen.[146] Der EG-Vertrag belässt die Wechselkurspolitik der Mitgliedstaaten mit Ausnahmeregelung jedoch grundsätzlich in der ausschließlichen Kompetenz dieser Staaten. Die einzige, sachlich eng begrenzte Ausnahme, ergibt sich aus Art. 124 EGV. Danach sind die Staaten mit Ausnahmeregelung verpflichtet, ihre Wechselkurspolitik als Angelegenheit von gemeinsamem Interesse zu behandeln.[147] Die einzigen Befugnisse, die sich hieraus für die Gemeinschaft ergeben, sind jedoch beratender Natur.[148] Würde die Gemeinschaft auf der Grundlage des Art. 308 EGV ein Wechselkurssystem einrichten, würde sie daher in die währungspolitischen Befugnisse der Mitgliedstaaten mit Ausnahmeregelung eingreifen, die der EG-Vertrag, unbeschadet der genannten Ausnahmen, in der Kompetenz der Mitgliedstaaten mit Ausnahmeregelung belässt.[149] Denkbar ist daher allenfalls, dass Teile eines Wechselkurssystems ergänzend auf Art. 308 EGV gestützt werden, wie das bereits beim EWS geschehen ist.[150] Eine Einschränkung der währungs-politischen Handlungsbefugnisse der Staaten mit Ausnahmeregelung darf sich aus diesen Regelungen jedoch nicht ergeben, jedenfalls nicht über den Rahmen hinaus, den Art. 124 EGV insoweit zulässt.[151] In Betracht kommt also nur, dass die Gemeinschaft und die Staaten mit Ausnahmeregelung ein völkerrechtliches Abkommen über einen Wechselkursmechanismus schließen. Dass die Staaten, die dem Euro-Währungsgebiet nicht angehören, die Kompetenz haben, ein solches Abkommen abzuschließen, steht nicht in Frage. Da die Währungspolitik des Euro-Währungsgebietes in die ausschließliche Zuständigkeit der Gemeinschaft fällt, bestehen insoweit auch keine Bedenken gegen die Vertragsschlusskompetenz der Gemeinschaft.[152]

---

146 Zu dieser Schranke bei der Anwendung des Art. 308 EGV, die vom EuGH erstmals im Gutachten 2/94, Rdnr. 30, (Beitritt zur EMRK) aufgestellt worden ist, vgl. etwa *Häde/Puttler*, Zur Abgrenzung des Art. 235 EGV von der Vertragsänderung, EuZW 1997, S. 13 ff.; *Rossi*, in: *Calliess/Ruffert* (Hrsg.), Kommentar zu EU-Vertrag und EG-Vertrag, 2. Auflage (2002), Art. 308 EG-Vertrag Rdnr. 52 ff.; *Streinz*, (Fn. 132), Art. 308 Rdnr. 1.

147 Dazu oben S. 200 ff. Beachte aber die Ausführungen unten S. 226 ff.

148 A.a.O. (Fn. 147).

149 Ähnlich *Di Preso*, (Fn. 143), Art. 124 EG Rdnr. 8.

150 In diesem Sinne *Häde*, (Fn. 142), S. 156. Mit der Anwendbarkeit des Art. 308 EGV setzt sich auch *Smits*, (Fn. 48), S. 472 ff., ausführlich auseinander. Er verneint die Anwendbarkeit dieser Norm zur Einrichtung eines Wechselkurssystems im Ergebnis vor allem aus verfahrensrechtlichen Gründen.

151 Zur Anwendbarkeit des Art. 308 EGV im Zusammenhang mit Art. 124 EGV siehe oben S. 205.

152 Vgl. *Zilioli/Selmayr*, (Fn. 15), S. 277 und S. 290 ff. Zu den völkerrechtlichen Vertragsschlusskompetenzen der Gemeinschaft siehe etwa *Mögele*, (Fn. 33), Art. 300 EGV Rdnr. 12 ff.; *Schmalenbach*, (Fn. 33), Art. 300 EG Rdnr. 3 ff.; *Tomuschat*, (Fn. 33), Art. 300 EG Rdnr. 4 ff.

b) *Befugnis der EZB zum Abschluss des Abkommens*

Das WKM II Abkommen ist jedoch weder auf der Grundlage des Art. 308 EGV noch des Art. 111 EGV in analoger Anwendung abgeschlossen worden. Es geht vielmehr auf eine Entschließung des Europäischen Rates zurück.[153] In dieser Entschließung hat der Europäische Rat nicht nur die Errichtung eines Wechselkurssystems zwischen dem Euro und den Staaten mit Ausnahmeregelung beschlossen. Er hat zudem bereits detailliert die Grundelemente dieses Systems bestimmt. Auf der Basis dieser Entschließung und unter Beachtung ihrer Vorgaben haben die nationalen Zentralbanken der Staaten, die dem Euro-Währungsgebiet nicht angehören, und die EZB das Abkommen über den Wechselkursmechanismus II geschlossen.[154]

Dieses Vorgehen wirft die Frage auf, ob die EZB die Kompetenz zum Abschluss dieses Vertrages hatte. Der Handlungsspielraum der EZB in der Wechselkurspolitik wird grundsätzlich erst dann beschränkt, wenn der EG-Rat seine Kompetenzen aus Art. 111 EGV ausübt.[155] Da das insoweit nicht geschehen ist, ist die EZB im Grundsatz befugt, tätig zu werden, ohne durch Vorgaben des EG-Rates beschränkt zu sein. Und auch an die Entschließung des Europäischen Rates war die EZB jedenfalls aus rechtlicher Sicht nicht gebunden.[156] Sie ist lediglich eine politische Empfehlung an die Zentralbanken der Europäischen Union, eine entsprechende Vereinbarung zu schließen.[157] Rechtsverbindliche Vorgaben hätte ihr nur der EG-Rat auf der Grundlage des Art. 111 EGV in analoger Anwendung machen können.

Die EZB hat allerdings nur dann die Befugnis, das WKM II Abkommen abzuschließen, wenn sie hierzu durch den EG-Vertrag oder die ESZB-Satzung ermächtigt ist. Denn das Prinzip der begrenzten Einzelermächtigung gilt auch für sie.[158] Die Voraussetzung für den Abschluss eines solchen Abkommens, die partielle Völkerrechtsfähigkeit, erfüllt die EZB.[159] Gleichwohl ermächtigen aber weder der EG-Vertrag noch die ESZB-Satzung die EZB ausdrücklich zum Abschluss einer förmlichen Vereinbarung über ein Wechselkurssystem zwischen dem Euro und den Währungen der Staaten mit Ausnahmeregelung.[160] Auch zum Abschluss eines sol-

---

153 Entschließung des Europäischen Rates über die Einführung eines Wechselkursmechanismus in der dritten Stufe der Wirtschafts- und Währungsunion, ABl. EG Nr. C 236 vom 2.8.1997, S. 5 f.

154 Zur rechtlichen Ausgestaltung des Abkommens sogleich.

155 Dazu oben S. 176 ff.

156 So auch *Selmayr*, (Fn. 125), S. 385; *Zilioli/Selmayr*, (Fn. 15), S. 312 f. Anders wohl *Pechstein/Koenig*, Die Europäische Union, 3. Auflage (2000), S. 96 ff., unter anderem unter Verweis auf die Leitungsfunktion des Europäischen Rates nach Art. 4 Abs. 1 EUV. Zur Bindungswirkung der Entschließungen des Europäischen Rates siehe auch *Martenczuk*, (Fn. 137), S. 155 ff.

157 Ähnlich *Selmayr*, (Fn. 125), S. 385; *Zilioli/Selmayr*, (Fn. 15), S. 312 f.

158 Siehe dazu die Nachweise oben § 5, Fn. 58.

159 Siehe die Nachweise in Fn. 93.

160 Anders allerdings *Gaitandides*, Das Recht der Europäischen Zentralbank, S. 150 ff., nach der Art. 23 1. Spiegelstr. ESZBS Kompetenzgrundlage für den Abschluss des Abkommen ist. Dem kann jedoch nicht gefolgt werden. Dem Wortlaut des Art. 23 ESZBS kann keine Ermächtigung der EZB zum Abschluss einer völkerrechtlichen Vereinbarung über ein Wechselkurssystem entnommen werden.

chen Abkommens mit Drittstaaten ist die EZB jedenfalls nicht ausdrücklich ermächtigt. Im Gegensatz zu den Befugnissen des EG-Rates kann die Kompetenz der EZB zum Abschluss eines Abkommens über ein Wechselkurssystem also auch nicht aus der analogen Anwendung einer geschriebenen Kompetenzgrundlage hergeleitet werden. Vielmehr ist der Abschluss einer solchen Vereinbarung durch die EZB weder im EG-Vertrag noch in der ESZB-Satzung vorgesehen. Die EZB ist hierzu also nur dann befugt, wenn sie insoweit auf eine ungeschriebene Ermächtigungsgrundlage zurückgreifen könnte.

Der EuGH erkennt in ständiger Rechtsprechung an, dass die Gemeinschaft auf ungeschriebene Außenkompetenzen zurückgreifen kann.[161] Voraussetzung hierfür ist jedoch in der Regel, dass ihr für den gemeinschaftsinternen Bereich eine Ermächtigungsgrundlage zur Verfügung steht und sie auf der Grundlage dieser Ermächtigung bereits tätig geworden ist.[162] In dem Maße, in dem sie von einer primärrechtlichen Handlungsermächtigung Gebrauch macht, ist sie befugt, völkerrechtliche Vereinbarungen abzuschließen. Hat die Gemeinschaft ihre Innenkompetenz dagegen noch nicht ausgeübt, kann sie nur ausnahmsweise auf eine ungeschriebene Außenkompetenz zurückgreifen. In diesem Fall setzt das Bestehen einer ungeschriebenen Außenkompetenz voraus, dass sie die Innenkompetenz nur ausüben kann, wenn sie gleichzeitig ein völkerrechtliches Abkommen abschließt.[163] Soweit die Gemeinschaft nach diesen Grundsätzen ungeschriebene Außenkompetenzen hat, dürfen die Mitgliedstaaten grundsätzlich keine völkerrechtlichen Abkommen mehr abschließen.[164] Denn anderenfalls bestünde die Möglichkeit, dass die Mit-

---

161 Erstmals entschieden im Urteil vom 31. März 1971, Rs. 22–70 (*AETR*), Slg. 1971, S. 263 ff., Rdnr. 15 ff. Bestätigt und zum Teil konkretisiert durch Urteil vom 14. Juli 1976, verb. Rs. 3, 4 und 6–76 (*Kramer*), Slg. 1976, S. 1279 ff., Rdnr. 30/33, Gutachten 1–76 (*Sillegungsfonds für die Binnenschifffahrt*), Slg. 1977, S. 741 ff., Rdnr. 3 f., Gutachten 1/92 (*EWR*), Slg. 1992, S. 2821 ff., Rdnr. 39 ff., Gutachten 2/91 (*ILO*), Slg. 1993, S. 1064 ff., Rdnr. 7 ff., Gutachten 1/94 (*GATS/TRIPS*), Slg. 1994, S. 5267 ff., Rdnr. 77 ff. und 102 ff., Gutachten 2/94 (*EMRK*), Slg. 1996, S. 1763 ff., Rdnr. 24 ff., Urteil vom 2. Juni 2005, Rs. C-266/03, Rdnr. 38 ff. Vgl. zudem die so genannten „*Open Skies*"-Urteile, in denen der EuGH ausführlich zu den völkerrechtlichen Vertragsschlusskompetenzen der Gemeinschaft Stellung nimmt. Die „*Open Skies*" Urteile umfassen u.a. die Rechtssachen C-467/98 (Slg. 2002, S. 9519 ff.), C-468/98 (Slg. 2002, S. 9575 ff.), C-469/98 (Slg. 2002, S. 9627 ff.), C-471/98 (Slg. 2002, S. 9681 ff.), C-472/98 (Slg. 2002, S. 9741 ff.), C-475/98 (Slg. 2002, S. 9797 ff.) und C-476/98 (Slg. 2002, S. 9855 ff.).

162 Zu diesem Verständnis der in Fn. 161 zitierten Rechtsprechung des EuGH vgl. *Eeckhout*, External Relations of the European Union, S. 58 ff.; *Geiger*, Vertragsschlusskompetenzen der Europäischen Gemeinschaft und auswärtige Gewalt der Mitgliedstaaten, JZ 1995, S. 979 ff.; *Koenig/Haratsch*, Europarecht, 4. Auflage (2003), Rdnr. 65; *Oppermann*, Europarecht, 2. Auflage (1999), § 26 Rdnr. 1704; *Schmalenbach*, (Fn. 33), Art. 300 Rdnr. 12 f.; *Tomuschat*, (Fn. 33), Art. 300 EG Rdnr. 11.

163 Vgl. Gutachten 1–76 (*Silllegungsfonds für die Binnenschiffahrt*), Slg. 1977, S. 741 ff., Rdnr. 4; Gutachten 1/94 (*GATS/TRIPS*), Slg. 1994, S. 5267 ff., Rdnr. 85 und 99 f. Vgl. zudem die „*Open Skies*" Urteile (Fn. 161), die hierauf ausführlich eingehen, und die in Fn. 162 zitierte Literatur.

164 Vgl. etwa Urteil vom 31. März 1971, Rs. 22–70 (*AETR*), Slg. 1971, S. 263 ff., Rdnr. 15 ff.; Urteil vom 14. Juli 1976, verb. Rs. 3, 4 und 6–76 (*Kramer*), Slg. 1976, S. 1279 ff., Rdnr. 39 ff.; Gutachten 1–76 (*Silllegungsfonds für die Binnenschiffahrt*), Slg. 1977, S. 741 ff., Rdnr. 6 ff.; Gutachten 2/91 (*ILO*), Slg. 1993, S. 1064 ff., Rdnr. 13 ff.; Gutachten 1/94 (*GATS/TRIPS*), Slg. 1994, S. 5267 ff., Rdnr. 73 ff.; Urteil vom 2. Juni 2005, Rs. C-266/03, Rdnr. 38 ff. Ausführlich hierzu auch die „Open Skies" Urteile (Fn. 161).

gliedstaaten durch eigenes völkerrechtliches Handeln das von der Gemeinschaft gesetzte Recht beeinträchtigen.[165]

Anhand dieser vom EuGH aufgestellten Grundsätze lässt sich jedoch nicht beantworten, ob die EZB zum Abschluss des WKM II-Abkommens befugt ist. Die Problemstellung ist insoweit eine andere, als in den vom EuGH beurteilten Fällen. Der Gemeinschaft steht in der innergemeinschaftlichen Wechselkurspolitik mit Art. 111 EGV in analoger Anwendung eine Ermächtigungsgrundlage zum Abschluss völkerrechtlicher Vereinbarungen zur Verfügung.[166] Es ist zudem ausgeschlossen, dass die Mitgliedstaaten des Euro-Währungsgebietes völkerrechtliche Vereinbarungen über ein Wechselkurssystem für den Euro treffen. Hierfür ist vielmehr die Gemeinschaft ausschließlich zuständig, und zwar unabhängig davon, ob sie von ihren wechselkurspolitischen Befugnissen Gebrauch macht.[167] Ein Rückgriff auf die Grundsätze der Rechtsprechung des EuGH zu den ungeschriebenen Außenkompetenzen ist also nicht erforderlich, um zu beantworten, ob die Gemeinschaft die Kompetenz zum Abschluss des WKM II-Abkommens hat. Ob und unter welchen Voraussetzungen in einer solchen Situation neben der Gemeinschaft auch eine ihrer rechtlich selbständigen Einrichtungen völkerrechtliche Vereinbarungen abschließen kann, ohne dass auch diese hierzu ausdrücklich ermächtigt ist, hat der EuGH bislang nicht entschieden. Ein Rückgriff auf die Grundsätze der Rechtsprechung des EuGH zu den ungeschriebenen Außenkompetenzen kommt jedenfalls nicht in Betracht. Diese führen nur dann zu sachgerechten Ergebnissen, wenn potentiell sowohl die Mitgliedstaaten als auch die Gemeinschaft in einem bestimmten Bereich völkerrechtliche Abkommen abschließen können. Sie ermöglichen, die Zuständigkeiten zwischen den Mitgliedstaaten und der Gemeinschaft im Bereich der Außenbeziehungen abzugrenzen. Auf die Frage nach der Zuständigkeitsverteilung zwischen der Gemeinschaft und ihren Einrichtungen lässt sie sich nicht übertragen.

Wenn nach ihrer dogmatischen Grundlage gefragt wird, hilft die Rechtsprechung des EuGH zu den ungeschriebenen Außenkompetenzen gleichwohl bei der Beantwortung der Frage weiter, ob die EZB die Kompetenz zum Abschluss des WKM II-Abkommens hat. Diese Rechtsprechung gilt als Anwendungsfall der *implied-powers* Lehre.[168] Der EuGH erkennt durch sie also an, dass diese Lehre im Gemeinschaftsrecht Anwendung findet. Und er wendet sie an, um das Bestehen von ungeschriebenen Außenkompetenzen der Gemeinschaft zu begründen. Mithin erscheint ein Rückgriff auf die Grundsätze der *implied-powers* Lehre möglich, um zu entscheiden, ob die EZB befugt ist, das WKM II-Abkommen abzuschließen. Das wäre dann der

---

165 Vgl. hierzu die Nachweise aus der Rechtsprechung in Fn. 164.
166 Siehe dazu oben S. 208 f.
167 Vgl. die Nachweise oben in § 3, Fn. 19.
168 Vgl. etwa *Calliess*, in: *Calliess/Ruffert* (Hrsg.), Kommentar zu EU-Vertrag und EG-Vertrag, 2. Auflage (2002), Art. 5 EG-Vertrag Rdnr. 13 ff.; *Dörr*, Die Entwicklung der ungeschriebenen Außenkompetenzen der EG, EuZW 1996, S. 39 ff.; *Lienbacher*, in: *Schwarze* (Hrsg.), EU-Kommentar, Art. 5 EGV Rdnr. 10; *Stadlmeier*, Die „implied powers" der Europäischen Gemeinschaften, ZÖR 1997, S. 353 ff.; *Streinz*, (Fn. 132), Art. 5 EGV Rdnr. 11; *Zuleeg*, (Fn. 124), Art. 5 EG Rdnr. 3. A.A. *Schmalenbach*, (Fn. 33), Art. 300 Rdnr. 17.

Fall, wenn die EZB hierzu zwar nicht ausdrücklich ermächtigt ist, sie diese Befugnis aber benötigt, um ihre Aufgaben sachgerecht wahrnehmen zu können und ihr die Wahrnehmung einer entsprechenden Befugnis nicht untersagt ist.[169] Es muss sich, mit anderen Worten, feststellen lassen, dass sich eine entsprechende Ermächtigung implizit aus anderen Vorschriften des EG-Vertrages ergibt. Ob das der Fall ist, ist anhand einer Gesamtschau der einschlägigen Vorschriften des EG-Vertrages zu beantworten.[170]

Mithin ist zunächst zu prüfen, ob die Einrichtung eines solchen Wechselkurssystems zu den Aufgaben der EZB gehört. Die vorrangige Aufgabe der EZB ist es, die Preisstabilität zu wahren. Ein Wechselkurssystem des Euro gegenüber dritten Währungen kann dazu beitragen, diese Aufgabe zu erfüllen. Denn starke Schwankungen des Wechselkurses des Euro können auch das Preisniveau innerhalb des Euro-Währungsgebietes beeinflussen.[171] Das Abkommen über den Wechselkursmechanismus II verfolgt allerdings ausweislich seiner Erwägungsgründe eine andere Zielsetzung. Es ist vor allem abgeschlossen worden, um den Binnenmarkt vor Wechselkursschwankungen abzusichern und die Wirtschaftspolitik der Staaten mit Ausnahmeregelung dabei zu unterstützen, die Voraussetzungen für die Einführung des Euro zu schaffen. Das Abkommen verfolgt also wirtschaftspolitische Ziele. Zu den Aufgaben des ESZB gehört es aber auch, die Wirtschaftspolitik in der Gemeinschaft zu unterstützen (vgl. Art. 105 Abs. 1 EGV, Art. 2 ESZBS). Mithin dient der Abschluss eines Abkommens über ein Wechselkurssystem zwischen der EZB und den Zentralbanken der Staaten, die dem Euro-Währungsgebiet nicht angehören, der Wahrnehmung der Aufgaben der EZB.[172] Der Abschluss eines solchen Abkommens ist ihr auch nicht ausdrücklich untersagt. Insoweit sind die Anforderungen erfüllt, die an die Herleitung einer Kompetenz nach den Grundsätzen der *implied powers* Lehre gestellt sind.

Der Abschluss eines solchen Abkommens müsste weiterhin auch für die sachgerechte Wahrnehmung der Aufgaben der EZB erforderlich sein. Bei der Beantwor-

---

169 Vgl. *Verdross/Simma*, Universelles Völkerrecht, 3. Auflage (1984), § 880 m.w.N. Ähnlich *Epping*, in: *Ipsen*, Völkerrecht, 5. Auflage (2004), § 6 Rdnr. 8 ff., sowie die Nachweise in Fn. 33.

170 Ganz ähnlich ging der EuGH vor, als er im *AETR*-Urteil erstmals das Bestehen einer ungeschriebenen Außenkompetenz prüfte. Er stellte fest, dass sich das Bestehen solcher Kompetenzen nur unter Rückgriff „auf das System und auf die materiellen Vorschriften des Vertrages" feststellen ließe. Vgl. Urteil vom 31. März 1971, Rs. 22–70 (*AETR*), Slg. 1971, S. 263 ff., Rdnr. 15/19.

171 Vgl. hierzu allgemein etwa *Caspers*, Zahlungsbilanz und Wechselkurse, S. 37. Zu den Auswirkungen, die Interventionen auf die Inflationsrate haben, etwa *Jarchow*, Zum Post-EWS-System, Wirtschaftsdienst 1996, S. 526 (526).

172 Nach *Zilioli/Selmayr*, (Fn. 15), S. 310, gehört der Abschluss des Abkommens über den WKM II zu den Aufgaben der EZB, weil bereits das EWI vergleichbare Aufgaben hatte. Ähnlich auch *Selmayr*, (Fn. 125), S. 388, nach dem die Kompetenz zum Abschluss des WKM II Abkommens implizit aus der Aufgabe der EZB abzuleiten sei, Vorarbeiten für die Aufhebung der für einen Mitgliedstaat geltenden Ausnahmeregelung zu schaffen, die sie über Art. 44 ESZBS vom EWI übernommen hat. Dem kann jedoch nicht zugestimmt werden, da die EZB, wie oben § 5, S. 114 ff., gezeigt, zur Wahrnehmung dieser Aufgaben keine rechtsverbindlichen Maßnahmen ergreifen kann. Auch das EWI hatte insoweit nicht die Kompetenz, ein Abkommen über einen Wechselkursmechanismus abzuschließen. Aus der EWI-Satzung ergibt sich kein Anhaltspunkt für das Gegenteil.

tung der Frage, ob das der Fall ist, ist zu berücksichtigen, dass die EZB jede operative Maßnahme auf dem Gebiet der Wechselkurspolitik treffen kann. Insbesondere kann sie auf dem Devisenmarkt intervenieren und so auf den Wechselkurs des Euro Einfluss nehmen. Die Entscheidung darüber, ob das geschieht, liegt, soweit der EG-Rat ihr auf der Grundlage des Art. 111 EGV keine Vorgaben macht, in ihrem Ermessen.[173] Diese umfassenden Rechte erfordern es aber, dass die EZB auch Vereinbarungen über ein Wechselkurssystem treffen kann. Denn für Absprachen etwa über Interventionen auf dem Devisenmarkt besteht ein erheblicher Bedarf. Schließlich sind gegenseitige Devisenmarktinterventionen unter Umständen besonders Erfolg versprechend.[174] Dass solche Absprachen nur mit informellem Charakter zulässig sein sollen, ist nicht ersichtlich. Das ergibt sich bereits daraus, dass allein die Existenz einer formellen Vereinbarung, mit der ökonomisch glaubwürdige Interventionsverpflichtungen verbunden sind, den Wechselkurs einer Währung stabilisieren kann, und zwar ohne dass Interventionen erforderlich sind.[175] Sollte die EZB nicht befugt sein, derartige Absprachen zu treffen, wäre ihr Handlungsspielraum in der Wechselkurspolitik erheblich beschränkt, ohne dass dafür eine Rechtfertigung ersichtlich wäre. Die EZB benötigt mithin die Kompetenz zum Abschluss eines Wechselkursabkommens, um ihre Aufgaben sachgerecht wahrnehmen zu können.

Die EZB hat folglich die ungeschriebene Kompetenz, völkerrechtliche Abkommen über ein Wechselkurssystem gegenüber den Mitgliedstaaten, die dem Euro-Währungsgebiet nicht angehören, abzuschließen.[176] Diese Befugnis ist für die sachgerechte Wahrnehmung ihrer Aufgaben erforderlich. Und sie ist ihr auch nicht ausdrücklich untersagt. Ausgeübt werden darf sie allerdings gleichwohl nur unter einem Vorbehalt. Die entsprechenden Vereinbarungen der EZB müssen aufgelöst werden können, wenn der EG-Rat von seinen Kompetenzen aus Art. 111 EGV Gebrauch macht und wenn die Vereinbarungen, die von der EZB getroffen worden sind, den wechselkurspolitischen Vorgaben des EG-Rates nicht entsprechen.

---

173 Siehe dazu oben S. 173 ff.

174 Vgl. *Junius, u.a.* (Hrsg.), Handbuch Europäische Zentralbank, S. 373. Zu den Unterschieden zwischen ein- und gegenseitigen Interventionen auf dem Devisenmarkt siehe etwa *Benesch*, Devisenmarktinterventionen in Theorie und Praxis, S. 109 ff. und S. 315 ff.

175 Zur Bedeutung der Glaubwürdigkeit in der Wechselkurspolitik siehe etwa *Benesch*, (Fn. 174), S. 295 ff.; *Gaitandides*, (Fn. 160), S. 29 ff.; *Reszat*, Die kurz- und langfristige währungspolitische Effizienz von Regeln für Devisenmarktinterventionen, S. 34 f.; *Willms*, Internationale Währungspolitik, 2. Auflage (1995), S. 188. Zur Problematik der Glaubwürdigkeit einer Zentralbank aus wirtschaftswissenschaftlicher Sicht allgemein etwa *Henning*, Die Reputation einer Zentralbank.

176 So in Bezug auf das WKM II Abkommen auch *Selmayr*, (Fn. 125), S. 388 f.; *ders.*, Wie unabhängig ist die Europäische Zentralbank?, WM 1998, S. 2429 (2439); *Zilioli/Selmayr*, (Fn. 15), S. 310 ff. Hiergegen ausdrücklich *Herrmann*, (Fn. 14), S. 15 f.

3. Funktionsweise des Wechselkursmechanismus

a) *Freiwilligkeit der Teilnahme*

Die Teilnahme am Wechselkursmechanismus des WKM II Abkommens ist freiwillig. Das legt die Präambel des Abkommens ausdrücklich fest (vgl. Präambel, 2. Erwägungsgrund, 3. Gs. WKM II-Abk).[177] Sie weist allerdings auch darauf hin, dass nach der Entschließung des Europäischen Rates zum WKM II eine Teilnahme der Staaten mit Ausnahmeregelung erwartet werden kann (a.a.O.). Eine Rechtspflicht hierzu besteht aber nicht.[178] Teile der Literatur vertreten demgegenüber gleichwohl, dass die Staaten mit Ausnahmeregelung verpflichtet seien, sich dem Wechselkursmechanismus anzuschließen. Das ergebe sich unter Rückgriff auf Art. 10 EGV daraus, dass sich ein Mitgliedstaat ansonsten der Verpflichtung entziehen könnte, den Euro einzuführen, obwohl er die ökonomischen Voraussetzungen hierfür erfüllt.[179] Im Ergebnis ist nach dieser Auffassung eine Nichtteilnahme am Wechselkursmechanismus im Lichte des Grundsatzes der loyalen Zusammenarbeit treuwidrig.

Richtig hieran ist, dass die Staaten mit Ausnahmeregelung den Euro nur dann einführen können, wenn sie am Wechselkursmechanismus teilnehmen.[180] Ob eine Pflicht zur Teilnahme besteht, ist hierdurch aber noch nicht beantwortet. Zu berücksichtigen ist insoweit vielmehr ganz maßgeblich, dass die Mitgliedstaaten mit Ausnahmeregelung in der Wechselkurspolitik ihre innerstaatlichen Kompetenzen behalten. Sie müssen ihre Wechselkurspolitik zwar gemäß Art. 124 EGV als eine Angelegenheit von gemeinsamem Interesse behandeln.[181] Hieraus können sich für diese Staaten auch bestimmte, wenngleich sachlich begrenzte Handlungspflichten ergeben.[182] Eine Kompetenzgrundlage, auf Grundlage der die Gemeinschaft den Staaten mit Ausnahmeregelung ohne deren Zustimmung bestimmte Vorgaben für ihre Wechselkurspolitik machen könnte, enthält das Gemeinschaftsrecht aber nicht. Insbesondere enthält der EG-Vertrag keine Ermächtigungsgrundlage, die herangezogen werden könnte, um ein formelles Wechselkurssystem für das Gebiet der gesamten Gemeinschaft zu schaffen. Ein solches System kann nur im Wege einer völkerrechtlichen Vereinbarung eingerichtet werden.[183] Vor diesem Hintergrund

---

177 Das geht wohl auf eine Initiative des Vereinigten Königsreichs zurück. Vgl. *Caesar/Scharrer* (Hrsg.), Die Europäische Wirtschafts- und Währungsunion: regionale und globale Herausforderungen, S. 348. Nach *Scheherazade*, The path to european economic and monetary union, S. 397, ging die Initiative hierzu auch von Schweden aus.

178 *Häde*, (Fn. 5), Art. 124 EG-Vertrag Rdnr. 12.

179 Vgl. *Goetze*, Die Tätigkeit der nationalen Zentralbanken in der Wirtschafts- und Währungsunion, S. 74 und S. 130; *Selmayr*, (Fn. 125), S. 390 f. In diesem Sinne wohl auch *Häde*, (Fn. 5), Art. 121 EG-Vertrag Rdnr. 20; *Selmayr*, (Fn. 125), S. 390; *Smits*, (Fn. 9), Art. 111 EG Rdnr. 5. Ähnlich *Kempen*, (Fn. 9), Art. 121 EGV Rdnr. 8 und Art. 124 EGV Rdnr. 7 und Rdnr. 10, der insoweit von einem *„pactum de contrahendo"* spricht. Zur Verpflichtung, den Euro einzuführen, wenn ein Mitgliedstaat die Voraussetzungen hierfür erfüllt, siehe unten § 9, S. 270 f. und S. 298 f.

180 Dazu ausführlich unten § 9, S. 285 ff.

181 Siehe dazu ausführlich oben S. 200 ff.

182 Siehe dazu ausführlich oben S. 200 ff.

183 Dazu oben S. 208 ff.

können die Mitgliedstaaten mit Ausnahmeregelung auch unter Berücksichtigung des Grundsatzes der loyalen Zusammenarbeit gemeinschaftsrechtlich in der Regel nicht verpflichtet sein, sich einem förmlichen Wechselkurssystem anzuschließen, zu dem der Wechselkursmechanismus des WKM II Abkommens zählt. Eine solche Verpflichtung griffe erheblich in die wechselkurspolitischen Befugnisse dieser Staaten ein, für die der EG-Vertrag keine rechtliche Grundlage enthält. Vielmehr verhält sich ein Mitgliedstaat, der seine nationalen wechselkurspolitischen Kompetenzen unter Berücksichtigung der Bindungen wahrnimmt, die Art. 124 EGV ihm auferlegt, auch dann gemeinschaftsrechtskonform, wenn er nicht am Wechselkursmechanismus teilnimmt.

Zudem ist zu berücksichtigen, dass auch das im Wege einer völkerrechtlichen Vereinbarung geschaffene WKM II Abkommen keine Teilnahmepflicht enthält. Im Gegenteil, es betont, dass eine Teilnahme freiwillig ist. Zwar trifft es zu, dass sich für die Mitgliedstaaten mit Ausnahmeregelung hierdurch eine „Hintertür“ [184] öffnet, die ihnen ermöglicht, sich der Verpflichtung zu entziehen, den Euro einzuführen, auch wenn sie hierzu ökonomisch an sich in der Lage sind.[185] Das ist jedoch im EG-Vertrag so angelegt und kann nicht über Art. 10 EGV korrigiert werden. Schließlich hätten die Mitgliedstaaten der Gemeinschaft im Bereich der Wechselkurspolitik weitergehende Kompetenzen einräumen können. Genügt hätte schon eine Kompetenzgrundlage, auf Grundlage der ein Wechselkurssystem zwischen dem Euro-Währungsgebiet und den anderen Währungsgebieten in der Gemeinschaft geschaffen werden könnte. Das ist bislang jedoch nicht geschehen.

Die Nichtteilnahme am Wechselkursmechanismus verstößt allerdings dann gegen den Grundsatz der loyalen Zusammenarbeit, wenn sie sich als Rechtsmissbrauch darstellt.[186] Theoretisch erscheint das etwa in dem Fall möglich, in dem ein Mitgliedstaat *nur* deshalb nicht teilnimmt, um den Euro nicht einführen zu müssen. Auf Grund der Kompetenzverteilung in der Wechselkurspolitik ist eine solche Fallgestaltung in der Praxis jedoch kaum vorstellbar. Denn solange und soweit ein Mitgliedstaat sachlich begründen kann, dass eine Teilnahme am Wechselkursmechanismus für ihn nicht in Betracht kommt, kommt auf Grund der in der Wechselkurspolitik vorgesehenen Kompetenzverteilung zwischen den Mitgliedstaaten und der Gemeinschaft eine solche Feststellung nicht in Betracht. Die Rechtsanwendung in diesem Bereich der Währungspolitik prägen auf Grund der komplexen ökonomischen Zusammenhänge, die hier eine Rolle spielen, umfangreiche Prognose- und Beurteilungsspielräume. Dass diese sich so stark verdichten, dass im Ergebnis nur eine wechselkurspolitische Entscheidung in Betracht kommt, die Teilnahme am Wechselkursmechanismus, dürfte sich allenfalls auf seltene Ausnahmesituationen beschränken.

---

184 *Häde*, in: *Calliess/Ruffert* (Hrsg.), Kommentar zu EU-Vertrag und EG-Vertrag, 2. Auflage (2002), Art. 121 EG-Vertrag Rdnr. 19.

185 Zur Verpflichtung den Euro einzuführen, siehe unten § 9, S. 270 f. und S. 298 f.

186 Zu dem aus Art. 10 EGV abzuleitenden Verbot des Rechtsmissbrauchs siehe etwa *Streinz*, in: *ders.* (Hrsg.), EUV/EGV, Art. 10 EGV Rdnr. 40.

Eine Teilnahmepflicht lässt sich auch nicht mit dem Argument begründen, ein Mitgliedstaat mit Ausnahmeregelung, der nicht am Wechselkursmechanismus teilnimmt, gefährde das Vertragsziel, die Wirtschafts- und Währungsunion zu verwirklichen. Ein nicht teilnehmender Mitgliedstaat kann grundsätzlich jederzeit seine bisherige Entscheidung überdenken, sich zu einer Teilnahme am Wechselkursmechanismus entschließen und so die Voraussetzungen für die Einführung schaffen.[187]

Und schließlich bestätigt auch die Staatspraxis, dass eine Teilnahmepflicht nicht besteht. Derzeit nehmen nur Estland, Lettland, Litauen, Malta, Slowenien, Zypern und Dänemark[188] am Wechselkursmechanismus teil.[189] Die Gemeinschaft akzeptiert diesen Zustand. Insbesondere ist die Kommission bislang gegen keinen Mitgliedstaat gerichtlich vorgegangen, der sich gegen eine Teilnahme am Wechselkursmechanismus entschieden hat. Anlass für ein Vertragsverletzungsverfahren hätte möglicherweise das Verhalten Schwedens gegeben. Die Auffassung, Schweden nehme nur deshalb nicht am Wechselkursmechanismus des WKM II-Abkommens teil, um den Euro nicht einführen zu müssen, ist weit verbreitet.[190] Ob die Nichtteilnahme Schwedens am Wechselkursmechanismus gemeinschaftsrechtswidrig ist, kann jedoch abschließend nur auf der Grundlage einer ökonomischen Analyse beurteilt werden. Diese kann die vorliegende juristische Untersuchung jedoch nicht leisten.

Selbst wenn die Mitgliedstaaten entgegen der hier vertretenen Ansicht gemeinschaftsrechtlich verpflichtet sein sollten, am Wechselkursmechanismus teilzunehmen, käme eine solche Verpflichtung nur in ganz engen Grenzen in Betracht. Und zwar muss die wirtschaftliche Lage eines Mitgliedstaates eine Teilnahme eindeutig zulassen.[191] Denn ohne bereits hinreichend konvergente Volkswirtschaften lassen sich die Wechselkurse im Rahmen eines Wechselkurssystems kaum verteidigen. Es besteht die Gefahr, dass die Zusammenarbeit in einem Wechselkurssystem scheitert. Eindrucksvoll belegen lässt sich das durch die so genannte EWS-Krise in den

---

187 Eine Nichtteilnahme am Wechselkursmechanismus gefährdet zudem nicht das Vertragsziel „Binnenmarkt". Art. 124 EGV schützt den Binnenmarkt vor Gefährdungen infolge von Wechselkursschwankungen. Eine Teilnahme am Wechselkursmechanismus des WKM II Abkommens ist mithin auch nicht erforderlich, um eine Gefährdung des Vertragszieles „Binnenmarkt" zu verhindern. Zu Art. 124 EGV ausführlich oben S. 200 ff.

188 Zur Stellung Dänemarks in der Wirtschafts- und Währungsunion ausführlich unten Teil III.

189 Siehe FAZ vom 29.6.2004, S. 11, sowie FAZ vom 2.5.2005, S. 13. Einige der im Mai 2004 der Europäischen Union beigetretenen Staaten haben nach *Eller*, Anpassungsmaßnahmen am Weg der EU-Beitrittskandidaten in die Wirtschafts- und Währungsunion, Wirtschaftspolitische Blätter 2002, S. 181 (187), schon vor dem Beitritt beantragt, am Wechselkursmechanismus II teilnehmen zu können.

190 Vgl. etwa *Bandilla*, in: *Grabitz/Hilf* (Hrsg.), Kommentar zur Europäischen Union, EL 24, Art. 121 EGV Rdnr. 41; *Häde*, (Fn. 5), Art. 121 Rdnr. 28; *Martenczuk*, Die differenzierte Integration nach dem Vertrag von Amsterdam, ZEuS 1998, S. 447 (459).

191 Vgl. *Hasse*, (Fn. 140), S. 139, der darauf hinweist, dass die Zielsetzungen des Wechselkursmechanismus nur erfüllt werden können, wenn die ökonomischen Rahmenbedingungen eine dauerhafte Teilnahme im Wechselkursmechanismus zulassen.

Jahren 1992 und 1993.[192] Die Entscheidung darüber, ob die ökonomischen Voraussetzungen für eine Teilnahme am WKM II vorliegen, beinhaltet aber, das ergibt sich aus der Natur der Sache, einen erheblichen Prognosespielraum, der nur in engen Grenzen gerichtlich überprüfbar ist.[193] Eine Pflicht zur Teilnahme wird sich daher auch nach der von der hier vertretenen abweichenden Ansicht nur in Ausnahmefällen feststellen lassen.

b) Grundelemente des WKM II

Entscheidet sich ein Mitgliedstaat, für den eine Ausnahmeregelung gilt, für eine Teilnahme am Wechselkursmechanismus, wird für seine Währung zunächst ein Leitkurs zum Euro festgelegt. Das Verfahren, in dem das geschieht, ist nicht im WKM II Abkommen selbst geregelt. Es ergibt sich vielmehr aus Punkt 2.3. der Entschließung des Europäischen Rates, auf die das Abkommen insoweit verweist (vgl. Art. 1 WKM II-Abk).[194] Danach werden die Leitkurse einvernehmlich zwischen den zuständigen Fachministern der Mitgliedstaaten des Euro-Währungsgebiets, denen der Staaten, die nicht zum Euro-Währungsgebiet gehören, sich aber am Wechselkursmechanismus beteiligen, deren Zentralbanken und der EZB festgelegt. Die Kommission ist an diesem Verfahren zu beteiligen. Der Wirtschafts- und Währungsausschuss ist anzuhören. Auch die Fachminister und Zentralbankpräsidenten der Staaten, die nicht dem Euro-Währungsgebiet angehören und sich nicht am Wechselkursmechanismus beteiligen, sind in das Verfahren eingebunden. Sie sind aber nicht stimmberechtigt. Die EZB und die nationalen Zentralbanken, die am Wechselkursmechanismus teilnehmen, geben die festgesetzten Leitkurse dem Markt bekannt (Art. 1.1. WKM II-Abk).

Auf der Grundlage der im vorstehend geschilderten Verfahren festgelegten Leitkurse setzen die EZB und die einzelnen nationalen Zentralbanken der Staaten, die am Wechselkursmechanismus teilnehmen, einen Interventionskurs fest, bei dessen Erreichen die Zentralbanken den Wechselkurs mittels automatischer Interventionen auf dem Devisenmarkt verteidigen (Art. 1.2. S. 1 WKM II-Abk). Auch die Interventionskurse geben die EZB und die jeweiligen nationalen Zentralbanken bekannt (Art. 1.2. S. 2 WKM II-Abk). Die Interventionskurse bemessen sich nach den Schwankungsbreiten, in denen sich die Wechselkurse der einzelnen teilnehmenden Wäh-

192 Dazu ausführlich *Grauwe*, Exchange Rate Arrangements between the Ins and the Outs, S. 3 ff.; *Herz*, Die Folgen der September-Krise des EWS, Wirtschaftsdienst 1993, S. 247 ff.; *Ohr*, Europäische Währungspolitik, in: *dies.* (Hrsg.), Europäische Integration, S. 213 ff.; *Pfister*, Ist das Europäische Währungssystem am Ende?, EA 1993, S. 711 ff.; *Riese*, Schwäche des Pfundes und Versagen der Deutschen Mark – Anmerkungen zur gegenwärtigen Krise des Europäischen Währungssystems – in: *Bofinger/Collignon/Lipp* (Hrsg.), Währungsunion oder Währungschaos? Was kommt nach der D-Mark, S. 123 ff.; *Thygesen*, Reinforcing Stage Two in the EMU process, in: *Steinherr* (Hrsg.), 30 years of European monetary integration: from the Werner Plan to EMU, S. 213 f.; *Walter*, Der Kollaps des EWS – Konsequenzen für den Maastricht-Prozess, Integration 1994, S. 30 ff.; *Weinbörner*, Die Stellung der Europäischen Zentralbank (EZB) und der nationalen Zentralbanken in der Wirtschafts- und Währungsunion nach dem Vertrag von Maastricht, S. 243 ff.

193 Dazu bereits oben S. 203.

194 Entschließung des Europäschen Rates, (Fn. 153), Punkt 2.3.

rungen bewegen dürfen. In der Regel sind das ±15 % (vgl. Präambel, 7. Erwägungsgrund). Das WKM II Abkommen ermöglicht aber auch, diese so genannte Standardschwankungsbreite zu verändern und in dem Verfahren, in dem die Leitkurse festgesetzt werden, eine neue, also eine engere oder weitere, Schwankungsbreite als Standard festzulegen. Das ergibt sich aus Punkt 2.3. der Entschließung des Europäischen Rates zum WKM II.[195] Danach werden in diesem Verfahren die „Beschlüsse über Leitkurse und die Standardbreite" gefasst.

Erreicht der Wechselkurs einer Währung den Interventionskurs, sind sowohl die EZB als auch die nationalen Zentralbanken zu automatischen Interventionen in grundsätzlich unbegrenzter Höhe verpflichtet (vgl. Art. 3.1. S. 1 WKM II-Abk). Abgewickelt werden die Interventionen über ein von den Vertragsparteien des WKM II Abkommens geschaffenes Zahlungsverfahren „Zahlung nach Anschaffung" (vgl. Art. 3.3. WKM II-Abk).[196] Die Interventionen können allerdings ausgesetzt werden, wenn sie das vorrangige Ziel einer Zentralbank, die Preisstabilität zu wahren, gefährden (vgl. Art. 3.1. S. 1 WKM II-Abk). Bei der Entscheidung über ein Aussetzen der Interventionen muss die betroffene Zentralbank jedoch insbesondere berücksichtigen, wie sich ihre Entscheidung auf die Glaubwürdigkeit des WKM II auswirkt und welche Konsequenzen sich hieraus sonst ergeben können (vgl. Art. 3.2. S. 1 WKM II-Abk). Zudem muss sie alle Zentralbanken, die am Wechselkursmechanismus beteiligt sind, sowie die betroffenen Währungsbehörden frühestmöglich und vertraulich über diese Entscheidung informieren (vgl. Art. 3.2. S. 2 WKM II-Abk).

Die automatischen Interventionen werden grundsätzlich entweder in Euro oder in der Währung eines Mitgliedstaates, der am Wechselkursmechanismus beteiligt ist, vorgenommen (Art. 2.1. S. 1 WKM II-Abk). Die am WKM II Abkommen beteiligten Zentralbanken sind zudem verpflichtet, sich gegenseitig über alle Devisenmarktinterventionen zu unterrichten (Art. 2.1. S. 2, Art. 2.2. WKM II-Abk). Um die Interventionen finanzieren zu können, führt das WKM II Abkommen einen Kreditmechanismus ein (vgl. Art. 6 bis 12 WKM II-Abk). Danach gewähren sich die am Abkommen beteiligten Zentralbanken zum Zwecke der Durchführung der Interventionen grundsätzlich automatisch und in unbegrenzter Höhe Kredit (vgl. Art. 6.1. S. 1, Art. 7.1., Art. 7.3. WKM II-Abk). Diese Kredite haben zunächst eine Laufzeit von drei Monaten (vgl. Art. 6.1. S. 2 WKM II-Abk). Sie können aber unter bestimmten Voraussetzungen verlängert werden (vgl. Art. 10, Art. 11 WKM II-Abk). Ein Ausgleich der Kredite ist zu jedem Zeitpunkt möglich (vgl. Art. 12 WKM II-Abk). Forderungen aus den Krediten können zudem im gegenseitigen Einvernehmen gegeneinander aufgerechnet werden (vgl. Art. 13 S. 1 WKM II-Abk). Ansonsten sind Salden aus den Krediten grundsätzlich in der Währung der kreditgebenden Zentralbank auszugleichen (vgl. Art. 14 WKM II-Abk). Sie werden zudem verzinst (vgl. Art. 9 WKM II-Abk). Auf die Kreditlinie darf jedoch erst dann zurückgegriffen werden, wenn die inter-

---

195 Entschließung des Europäschen Rates, (Fn. 153).
196 Vgl. dazu *Europäische Zentralbank*, (Fn. 118), S. 23.

venierenden Zentralbanken ihre eigenen Devisenreserven „in angemessenem Umfang" eingesetzt haben (vgl. Art. 7.2. WKM II-Abk).

Interventionen sind aber auch bereits dann zulässig, wenn der Wechselkurs einer Währung noch nicht den Interventionskurs erreicht hat (vgl. Art. 4 WKM II-Abk). Für diese so genannten intramarginalen Interventionen gelten allerdings besondere Regeln. Sie sind zum einen als koordinierte Interventionen aufgrund einer entsprechenden Absprache der beteiligten Zentralbanken möglich (vgl. Art. 4 WKM II-Abk). Aber auch einseitige intramarginale Interventionen sind zulässig. In diesem Fall darf die Währung eines Mitgliedstaates, der dem Euro-Währungsgebiet nicht angehört, von einer anderen Zentralbank allerdings unter Umständen nur eingesetzt werden, wenn die Zentralbank, die die Interventionswährung ausgibt, dem zustimmt (vgl. Art. 5.1. WKM II-Abk). Setzt eine Zentralbank, die dem Euro-Währungsgebiet nicht angehört, den Euro bei nicht obligatorischen Interventionen ein, muss sie grundsätzlich die EZB hierüber unterrichten (vgl. Art. 5.2. WKM II-Abk). Bei allen sonstigen Devisengeschäften unterrichten sich die im ESZB verbundenen Zentralbanken hierüber untereinander, wenn diese Geschäfte bestimmte einvernehmlich festgelegte Höchstgrenzen überschreiten und den Euro oder die Währung eines Mitgliedstaates betreffen (vgl. Art. 5.3. WKM II-Abk). In diesem Fall müssen die beteiligten Zentralbanken sich gegebenenfalls darüber einigen, wie die Folgen einer solchen Transaktion zu verringern sind (vgl. Art. 5.3. WKM II-Abk). Auch zur Finanzierung intramarginaler Interventionen kann auf die Kreditmechanismen des Abkommens zurückgegriffen werden (vgl. Art. 8 WKM II-Abk). Allerdings darf die Finanzierung nicht bestimmte im WKM II Abkommen festgelegte Höchstgrenzen überschreiten. Und die intervenierende Zentralbank muss wiederum ihre eigenen Devisenreserven in angemessenem Umfang einsetzen.

Sollte es erforderlich sein, die Leitkurse der am Wechselkursmechanismus teilnehmenden Währungen zum Euro zu verändern, ist das nach der Entschließung des Europäischen Rates rechtzeitig zu tun (Punkt 1.5.). Diese Festlegung steht ersichtlich im Zusammenhang mit der so genannten EWS-Krise.[197] Denn eine ihrer Ursachen war, dass die Leitkurse der am EWS beteiligten Währungen nicht rechtzeitig an die veränderten ökonomischen Rahmenbedingungen angepasst worden sind.[198] Das Verfahren, in dem die Leitkurse überprüft und gegebenenfalls angepasst werden, entspricht dem der Leitkursfestlegung.[199] Es ist vertraulich und kann durch alle Beteiligten eingeleitet werden, die an der Festlegung der Wechselkurse selbst mitwirken (vgl. Art. 17.1. WKM II-Abk).[200] Bemerkenswert hieran ist, dass dieses Verfahren ausdrücklich also auch von den Finanzministern oder den Zentralbanken

197 In diesem Sinne *Häde*, (Fn. 5), Art. 124 EG-Vertrag Rdnr. 11.
198 Zur Krise des EWS siehe die Nachweise in Fn. 192.
199 Zu diesem Verfahren oben S. 218 ff.
200 Auch diese Regelung steht im Zusammenhang mit den im Rahmen des EWS gesammelten Erfahrungen. Vgl. *Europäische Zentralbank*, (Fn. 118), S. 24, sowie *Vehrkamp*, De-facto-Kernwährungsunion in Europa durch Termininterventionen, Wirtschaftsdienst 1994, S. 633 (638), der allerdings die Befugnis zur Neufestsetzung der Wechselkurse unzutreffend nur bei den Zentralbanken sieht.

der Staaten eingeleitet werden kann, die nicht am Wechselkursmechanismus teilnehmen. Art. 17.1. WKM II-Abk spricht insoweit ausdrücklich von „sämtlichen Beteiligten“, die dieses Recht haben.

Der Erweiterte Rat der EZB hat die Aufgabe, den Wechselkursmechanismus zu überwachen (vgl. Art. 16.1. S. 1 WKM II-Abk). Er dient zudem als Forum zur Koordinierung der Geld- und der Wechselkurspolitik und zur Verwaltung des Interventions- und des Kreditmechanismus des WKM II Abkommens (vgl. Art. 16.1. S. 1 WKM II-Abk). Weiterhin überwacht er die Wechselkursentwicklung der am Wechselkurmechanismus teilnehmenden Währungen (vgl. Art. 16.1. S. 2 WKM II-Abk). Schließlich obliegt es ihm, die Bedingungen, unter denen das Abkommen angewendet wird, zu überwachen (vgl. Art. 16.2. WKM II-Abk).

4. Intensivierung der Zusammenarbeit im WKM II

Das WKM II Abkommen eröffnet den beteiligten Zentralbanken ein weites Spektrum an Möglichkeiten, in dem die währungspolitische Zusammenarbeit zwischen dem Euro-Währungsgebiet und den Staaten, die ihm nicht angehören, vertieft werden kann. Das ergibt sich aus Art. 15.1. WKM II-Abk. Danach ist „insbesondere“ eine engere Wechselkursanbindung möglich. Diese Möglichkeit, eine engere Wechselkursanbindung zu vereinbaren, gestaltet Art. 15.2. WKM II-Abk näher aus.

Danach können die Schwankungsbreiten zwischen dem Euro und einzelnen am Wechselkursmechanismus teilnehmenden Währungen enger ausgestaltet werden (vgl. Art. 15.2. WKM II-Abk). Die Initiative hierfür muss von dem Mitgliedstaat ausgehen, der an einer engeren Schwankungsbreite interessiert ist (vgl. Art. 15.2. WKM II-Abk). Das Verfahren, in dem diese engeren Bandbreiten formal festgelegt werden, ist in der Entschließung des Europäischen Rates geregelt (vgl. Art. 15.2., Art. 1.1 WKM II-Abk).[201] Danach werden engere Bandbreiten festgelegt, wenn ein Mitgliedstaat einen entsprechenden Antrag stellt. Zuständig hierfür sind die verantwortlichen Fachminister der Mitgliedstaaten des Euro-Währungsgebietes, die EZB sowie die Fachminister des antragstellenden Staates. Die Kommission ist zu beteiligen, der Wirtschafts- und Finanzausschuss anzuhören. Die Fachminister und Präsidenten der Zentralbanken der übrigen Mitgliedstaaten nehmen an dem Verfahren zwar auch teil. Sie haben allerdings kein Stimmrecht. Der Wirtschafts- und Finanzausschuss ist anzuhören. In demselben Verfahren wird auf Antrag eines der an ihm Beteiligten überprüft, ob die engeren Bandbreiten noch angemessen sind (vgl. Art. 17.2. WKM II-Abk). Bemerkenswert ist wiederum, dass nicht nur alle am Wechselkursmechanismus beteiligten Regierungen und Zentralbanken einen entsprechenden Antrag stellen können, sondern offenbar auch die Staaten und deren Zentralbanken, die nicht am Wechselkursmechanismus teilnehmen. Art. 17.2. WKM II-Abk eröffnet das Antragsrecht ausdrücklich „sämtlichen“ am Überprüfungsverfahren Beteiligten.

---

201 Vgl. Punkt 2.4. der Entschließung (Fn. 153).

Die Vereinbarung engerer Bandbreiten hat im Übrigen keine Auswirkungen auf das Funktionieren des Wechselkursmechanismus (vgl. auch Art. 15.2. WKM II-Abk). Seine grundlegenden Regeln, insbesondere die Interventions- und Kreditmechanismen, sind auch in diesem Fall unverändert anwendbar. Von der Möglichkeit, bilateral engere Schwankungsbreiten zu vereinbaren, hat derzeit nur Dänemark Gebrauch gemacht. Die Schwankungsbreite der dänischen Krone zum Euro beträgt ± 2,25 %.[202]

Neben der Vereinbarung engerer Schwankungsbreiten sind nach Art. 15.3. WKM II-Abk „auch andere Formen einer engeren Wechselkursanbindung mit informellem Charakter" zulässig. Diese Formulierung lässt ein breites Spektrum von Vereinbarungen zu. Einzige Bedingung ist, dass es keine förmlichen Vereinbarungen geben darf.[203] Es darf sich also um kein Festkurssystem handeln. Das erklärt sich aus der Systematik des WKM II Abkommens. Die Möglichkeit, eine engere Wechselkursanbindung auf der Grundlage des Art. 15 ESZBS zu vereinbaren, steht nur Mitgliedstaaten offen, die sich entscheiden, am Wechselkursmechanismus teilzunehmen (vgl. Art. 18 WKM II-Abk). Daraus folgt, dass Vereinbarungen auf der Grundlage des Art. 15 WKM II-Abk mit der Funktionsweise des Wechselkursmechanismus vereinbar sein müssen. Da dieser jedoch selbst ein förmliches Wechselkurssystem ist, bleibt für ein weiteres, das neben ihm besteht, kein Raum. Zulässig sind nur Vereinbarungen, die auf eine Verringerung der Bandbreite abzielen[204], und zwar obwohl Art. 15.1. WKM II-Abk davon spricht, dass „insbesondere" eine engere Wechselkursanbindung möglich ist. Neben dem formellen Wechselkursmechanismus des WKM II bleibt nur Raum für eine informelle wechselkurspolitische Zusammenarbeit zwischen den Mitgliedstaaten und der Gemeinschaft. Allerdings schließt das WKM II Abkommen auch nicht aus, dass zwischen den Währungen der Staaten, die dem Euro-Währungsgebiet nicht angehören, bilateral Vereinbarungen über die wechselkurspolitische Zusammenarbeit getroffen werden (vgl. Präambel, 4. Erwägungsgrund). Insoweit dürften wohl auch formelle Vereinbarungen möglich sein.

5. Sonstige Pflichten

Die Teilnahme am Wechselkursmechanismus des WKM II Abkommens ist zwar aus den oben genannten Gründen freiwillig. Gleichwohl gelten bestimmte Vorschriften des Abkommens für alle Zentralbanken, die durch das Abkommen gebunden sind. Welche Pflichten sich aus ihm für die Zentralbanken ergeben, die sich nicht am

---

202 Vgl. *Europäische Zentralbank*, Jahresbericht, 1998, S. 76.
203 Die *Europäische Zentralbank*, (Fn. 118), S. 22, weist zudem darauf hin, dass diese Vereinbarungen nicht veröffentlicht werden. Aus Art. 15.3. WKM II-Abk ergibt sich das allerdings nicht.
204 Allerdings verbleibt gleichwohl Raum für ein relativ weites Spektrum an Vereinbarungen. Vgl. hierzu etwa *Feuerstein/Grimm/Siebke*, Die Osterweiterung der Europäischen Währungsunion, in: *Cassel/Müller/Thieme* (Hrsg.), Stabilisierungsprobleme in der Marktwirtschaft, S. 173 ff. Eine allgemeine Übersicht über verschiedene Wechselkursmodelle geben etwa *Caspers*, Zahlungsbilanz und Wechselkurse, S. 133 ff.; *Selmayr*, (Fn. 126), S. 55 ff.

Wechselkursmechanismus des WKM II Abkommens beteiligen, ist insbesondere in Art. 18 WKM II-Abk geregelt. Danach gelten zwar die Bestimmungen der Art. 1, 2.1., 3, 4 und 6 bis 15 WKM II-Abk nicht für die Zentralbanken dieser Staaten. Die übrigen Vorschriften des Abkommens bleiben aber uneingeschränkt anwendbar. Daraus ergibt sich, dass alle Zentralbanken insbesondere bestimmten Informationspflichten unterliegen. So sind sie verpflichtet, sich gegenseitig über alle Interventionen auf dem Devisenmarkt zu unterrichten (Art. 2.2. WKM II-Abk). Von Bedeutung ist zudem, dass auch Art. 5 WKM II-Abk auf alle Zentralbanken anwendbar ist. Denn aus dieser Norm ergeben sich auch für die Zentralbanken, die sich nicht am Wechselkursmechanismus beteiligen, auf Grund der in ihr festgelegten Informations-, Zustimmungs- und Abstimmungsverpflichtungen gewisse Einschränkungen ihres wechselkurspolitischen Handlungsspielraumes.

Die Zentralbanken der Staaten, die nicht am Wechselkursmechanismus teilnehmen, sind zudem über die Aufgaben in den Wechselkursmechanismus eingebunden, die dem Erweiterten Rat der EZB durch das Abkommen über den Wechselkursmechanismus II zugewiesen sind, und aufgrund ihrer Beteiligung an dem Verfahren, in dem die Leitkurse und die Schwankungsbreiten festgelegt werden.[205] Sie arbeiten zudem mit allen am WKM II Abkommen beteiligten Zentralbanken im Rahmen des so genannten Konzertationsverfahrens zusammen und tauschen die Informationen aus, die für ein ordnungsgemäßes Funktionieren des Wechselkursmechanismus II erforderlich sind (Art. 19 WKM II-Abk).

IV. Zahlungsbilanzprobleme

Die Art. 119 und 120 EGV legen fest, wie die Gemeinschaft und die Mitgliedstaaten auf Zahlungsbilanzschwierigkeiten reagieren können. Zahlungsbilanzschwierigkeiten liegen dann vor, wenn entweder ein Ungleichgewicht in der Gesamtzahlungsbilanz eines Mitgliedstaates besteht oder wenn dessen Zahlungsfähigkeit durch Devisenabflüsse bedroht ist.[206] Die Art. 119 und 120 EGV sind nicht bei jeder Zahlungsbilanzschwierigkeit anwendbar. Vielmehr greifen sie erst dann ein, wenn Zahlungsbilanzprobleme den Gemeinsamen Markt oder die gemeinsame Handelspolitik gefährden (vgl. Art. 119 Abs. 1 S. 1 EGV).[207] Nicht erforderlich ist hingegen, dass die Zahlungsbilanzschwierigkeiten bereits konkret eingetreten sind. Es genügt, dass ein Mitgliedstaat von solchen Schwierigkeiten ernstlich bedroht ist (vgl. Art. 119 Abs. 1 S. 1 EGV).[208]

---

205 Zu diesem Verfahren oben S. 218 ff.

206 Dazu im Einzelnen etwa *Häde*, (Fn. 5), Art. 119 EG-Vertrag Rdnr. 4; *Smulders*, (Fn. 93), Art. 119 und 120 EG Rdnr. 14 ff.

207 Dazu *Häde*, (Fn. 5), Art. 119 EG-Vertrag Rdnr. 6; *Krämer/Bandilla*, in: *Grabitz/Hilf* (Hrsg.), Kommentar zur Europäischen Union, EL 11, Art. 109 h EGV Rdnr. 9; *Smulders*, (Fn. 93), Art. 119 und 120 EG Rdnr. 17 ff.

208 Dazu *Smulders*, (Fn. 93), Art. 119 und 120 EG Rdnr. 20 f.

Liegt eine Zahlungsbilanzschwierigkeit im Sinne des Art. 119 EGV vor, ist der betroffene Mitgliedstaat verpflichtet, geeignete vertragskonforme[209] Gegenmaßnahmen zu ergreifen.[210] Diese Maßnahmen werden von der Kommission geprüft. Sie empfiehlt dem betroffenen Mitgliedstaat die Maßnahmen, die sie für besonders geeignet hält. Sollten diese Maßnahmen nicht genügen, um die Zahlungsbilanzschwierigkeiten zu beheben, kann der EG-Rat auf Empfehlung der Kommission einen „gegenseitigen Beistand" beschließen (Art. 119 Abs. 1 UAbs. 2, Abs. 2 EGV).[211] Dieser Beistand ist bislang wohl ausschließlich in der Form von Krediten an die betroffenen Staaten gewährt worden.[212] Allerdings sieht Art. 119 Abs. 2 EGV auch andere Formen vor, in denen er gewährt werden kann. Möglich sind insbesondere ein abgestimmtes Vorgehen bei internationalen Organisationen sowie bestimmte Maßnahmen zur Vermeidung der Verlagerung von Handelsströmen. Sollte der EG-Rat einen gegenseitigen Beistand, gleich aus welchen Gründen, nicht beschließen oder sollten die vom EG-Rat getroffenen Maßnahmen nicht ausreichen, die Zahlungsbilanzschwierigkeiten zu beseitigen, kann die Kommission den betroffenen Staat ermächtigen, unter von ihr festgelegten Bedingungen Schutzmaßnahmen zu treffen, also bestimmte Regeln insbesondere des EG-Vertrages vorübergehend auszusetzen (Art. 119 Abs. 3 S. 1 EGV).[213] Der EG-Rat kann diese Ermächtigung allerdings aufheben oder die Bedingungen, unter denen von ihr Gebrauch gemacht werden kann, ändern (Art. 119 Abs. 3 S. 2 EGV).

Für den Fall, dass das Verfahren nach Art. 119 EGV aus Zeitgründen nicht durchlaufen werden kann, also bei einer so genannten „plötzlichen Zahlungsbilanzkrise", ist der betroffene Mitgliedstaat zu solchen Schutzmaßnahmen auch ohne eine Ermächtigung der Kommission befugt (vgl. Art. 120 Abs. 1 S. 1 EGV).[214] Allerdings stehen diese Maßnahmen unter einem strengen Verhältnismäßigkeitsvorbehalt.[215] Sie dürfen nur ein Mindestmaß an Störungen des Gemeinsamen Marktes hervorrufen und nicht über das zur Abwendung der Zahlungsbilanzkrise unbedingt Erforderliche hinausgehen (vgl. Art. 120 Abs. 1 S. 2 EGV).[216] Macht ein Mitgliedstaat von dieser Befugnis Gebrauch, muss er die Kommission und die anderen Mitgliedstaaten über die getroffenen Maßnahmen unterrichten. Die Kommission ist in diesem Fall auch ermächtigt, das Verfahren nach Art. 119 EGV einzuleiten (vgl. Art. 120 Abs. 2 S. 2 EGV). Der EG-Rat kann allerdings entscheiden, dass der betroffene Mitglied-

---

209 Dazu *Häde*, (Fn. 5), Art. 119 EG-Vertrag Rdnr. 6 ff.; *Krämer/Bandilla*, (Fn. 207), Art. 109 h EGV Rdnr. 10; *Smulders*, (Fn. 93), Art. 119 und 120 EG Rdnr. 23.
210 *Krämer/Bandilla*, (Fn. 207), Art. 109 h EGV Rdnr. 10.
211 Dazu im Einzelnen *Krämer/Bandilla*, (Fn. 207), Art. 109 h EGV Rdnr. 13 ff.; *Smulders*, (Fn. 93), Art. 119 und 120 EG Rdnr. 27 ff.
212 Vgl. *Häde*, (Fn. 5), Art. 119 EG-Vertrag Rdnr. 10 ff.
213 Zu den Schutzmaßnahmen *Krämer/Bandilla*, (Fn. 207), Art. 109 h EGV Rdnr. 24 ff.; *Smulders*, (Fn. 93), Art. 119 und 120 EG Rdnr. 10 ff. und Rdnr. 39 ff.
214 Zur Abgrenzung des Anwendungsbereichs der Art. 119 und Art. 120 EGV vgl. etwa *Häde*, (Fn. 5), Art. 119 EG-Vertrag Rdnr. 5 und Art. 120 Rdnr. 1 ff.; *Krämer/Bandilla*, (Fn. 207), Art. 109 h EGV Rdnr. 5 ff.; *Smulders*, (Fn. 93), Art. 119 und 120 EG Rdnr. 52 ff.
215 *Krämer/Bandilla*, (Fn. 207), Art. 109 h EGV Rdnr. 9.
216 Dazu *Häde*, (Fn. 5), Art. 120 EG-Vertrag Rdnr. 3; *Smulders*, (Fn. 93), Art. 119 und 120 EG Rdnr. 59 ff.

staat die von ihm getroffenen Maßnahmen aufheben, ändern oder aussetzen muss (vgl. Art. 120 Abs. 3 EGV).

Der Anwendungsbereich der beiden Vorschriften endet gemäß Art. 119 Abs. 4 bzw. Art. 120 Abs. 4 EGV mit Beginn der dritten Stufe. Allerdings ordnet Art. 122 Abs. 6 EGV an, dass sie für die Mitgliedstaaten, für die eine Ausnahmeregelung gilt, weiterhin anwendbar sind. Das erklärt sich im Wesentlichen daraus, dass in einem einheitlichen Währungsgebiet Zahlungsbilanzschwierigkeiten im Sinne der Art. 119 und 120 EV nicht mehr möglich sind.[217] Da die Staaten mit Ausnahmeregelung im Verhältnis zu den übrigen Mitgliedstaaten weiterhin eine solche Zahlungsbilanz aufweisen, besteht für sie ein Bedarf für die Regelungen in Art. 119 und Art. 120 EGV.

Es ist nicht erkennbar, dass für die Anwendung beider Vorschriften in der dritten Stufe der Wirtschafts- und Währungsunion Besonderheiten bestehen, die in der vorliegenden Arbeit einer näheren Betrachtung bedürfen. Vielmehr kann zu den einzelnen Rechtsfragen, die in der Anwendung beider Vorschriften auftreten, auf die einschlägige spezielle Literatur verwiesen werden.[218] Hinzuweisen bleibt lediglich darauf, dass die Gemeinschaft mit Beginn der dritten Stufe der Wirtschafts- und Währungsunion in der Verordnung (EG) Nr. 332/2002[219] einen Kreditmechanismus geschaffen hat, durch den von einer Zahlungsbilanzschwierigkeit betroffenen Mitgliedstaaten ein finanzieller gegenseitiger Beistand gewährt werden kann.[220]

Keine Regelung enthält der EG-Vertrag für den Fall, dass das Euro-Währungsgebiet in Zahlungsbilanzschwierigkeiten gerät. Eine analoge Anwendung der Art. 119 und 120 EGV kommt jedenfalls nicht in Betracht. Diese Vorschriften sind von ihrem Instrumentarium nur auf die Zahlungsbilanzkrise eines Mitgliedstaates, nicht aber des Euro-Währungsgebietes zugeschnitten. Zudem ordnet der EG-Vertrag ausdrücklich an, dass sie mit Beginn der dritten Stufe für die Staaten des Euro-Währungsgebietes außer Kraft treten. In Betracht kommt wohl nur ein Rückgriff auf Art. 59 EGV.[221] Aber auch Maßnahmen auf der Grundlage des Art. 100 EGV erscheinen denkbar.[222]

---

217 Vgl. *Häde*, (Fn. 5), Art. 120 EG-Vertrag Rdnr. 1; *Kempen*, (Fn. 9), Art. 100 EGV Rdnr. 2 und Art. 119 EGV Rdnr. 2; *Krämer/Bandilla*, (Fn. 207), Art. 109 h EGV Rdnr. 1; *Smulders*, (Fn. 93), Art. 119 und 120 EG Rdnr. 1. Zum Begriff der Zahlungsbilanz etwa *Caspers*, Zahlungsbilanz und Wechselkurse, S. 3 ff.

218 Vgl. etwa *Häde*, (Fn. 5), Art. 119 EG-Vertrag Rdnr. 1 ff. und Art. 120 Rdnr. 1 ff.; *Krämer/Bandilla*, (Fn. 207), Art. 109 h EGV Rdnr. 1, Art. 109 i EGV Rdnr. 1 ff.; *Smulders*, (Fn. 93), Art. 119 und 120 EG Rdnr. 1 ff.

219 Verordnung (EG) Nr. 332/2002 des Rates vom 18. Februar 2002 zur Einführung einer Fazilität des mittelfristigen finanziellen Beistands zur Stützung der Zahlungsbilanzen der Mitgliedstaaten, ABl. EU Nr. L 53 vom 23.2.2002, S. 1.

220 Zu den Hintergründen *Smulders*, (Fn. 93), Art. 119 und 120 EG Rdnr. 38. Kritisch *Häde*, Finanzausgleich, S. 463 ff., der die Vergabe von Krediten durch die Gemeinschaft für nicht zulässig hält.

221 So *Kempen*, (Fn. 9), Art. 119 EGV Rdnr. 2; *Krämer/Bandilla*, (Fn. 207), Art. 109 h EGV Rdnr. 2.

222 Zu Art. 100 EGV siehe ausführlich unten § 8, S. 255 ff.

V. Einseitige Einführung des Euro

Insbesondere in der wirtschaftswissenschaftlichen Literatur ist verbreitet diskutiert worden, ob die einseitige Übernahme des Euro durch die Staaten mit Ausnahmeregelung sinnvoll ist.[223] Im Rahmen der vorliegenden Arbeit kann nicht beurteilt werden, ob eine solche Maßnahme aus ökonomischer Sicht zweckmäßig ist. Geprüft werden kann nur, ob sie aus juristischer Sicht zulässig ist.

In der juristischen Literatur findet sich verbreitet die Ansicht, dass die einseitige Einführung des Euro durch einen Mitgliedstaat der Europäischen Union unzulässig ist. Zwar ist ein souveräner Staat normalerweise befugt, eine fremde Währung einseitig einzuführen und seine währungspolitische Souveränität insoweit aufzugeben.[224] Für die Mitgliedstaaten, für die eine Ausnahmeregelung gilt, treffe das jedoch nicht uneingeschränkt zu. Das ergebe sich im Wesentlichen daraus, dass die Gemeinschaft in speziell hierfür vorgesehenen Verfahren über die Einführung der einheitlichen Währung in den Mitgliedstaaten der Europäischen Union entscheidet und nicht der jeweilige Mitgliedstaat selbst.[225] Für eine einseitige Einführung des Euro verbleibe deshalb kein Raum.[226] Weiterhin gefährde ein Mitgliedstaat, für den eine Ausnahmeregelung gilt, durch die einseitige Einführung des Euro die Verwirklichung des Vertragsziels Wirtschafts- und Währungsunion, was Art. 10 UAbs. 2 EGV untersage.[227]

Für diese Ansicht sprechen eine Reihe von Argumenten. Das Vertragsziel der Gründung einer Wirtschafts- und Währungsunion (Art. 4 EGV) ist erst dann vollendet, wenn auch die Mitgliedstaaten, für die eine Ausnahmeregelung gilt, den Euro eingeführt haben.[228] Das ergibt sich daraus, dass auch diese Staaten uneingeschränkt an dieses Vertragsziel gebunden sind. Der EG-Vertrag enthält bei Bestehen einer Ausnahmeregelung insoweit keine abweichenden Regelungen. Dementsprechend sind diese Mitgliedstaaten auch verpflichtet, die einheitliche Währung im dem dafür vorgesehenen Verfahren einzuführen.[229] Dieses Verfahren ist insbesondere in

---

223 Vgl. etwa *Belke/Hebler*, Euroisierung der mittel- und osteuropäischen EU-Beitrittskandidaten – ein alternativer Weg in die Währungsunion?, S. 1 ff.; *Buiter/Grafe*, Anchor, Float or Abandon Ship: Exchange Rate Regimes for the Accession Countries, S. 1 ff., die eine Vielzahl von währungspolitischen Optionen diskutieren; *Eller*, (Fn. 189), S. 187 f.; *Feuerstein/Grimm/Siebke*, (Fn. 204), S. 179; *Gern/Hammermann/Schweickert/Vinhas de Souza*, European Monetary Integration after EU Enlargement, S. 14 ff. Siehe dazu auch *Allemand*, The impact of EU enlargement on Economic and Monetary Union: What lessons can be learnt from the differentiated integration mechanisms in an enlarged Europe?, European Law Journal 2005, S. 586 (599 ff.).

224 Vgl. *Häde*, (Fn. 5), Art. 122 EG-Vertrag Rdnr. 38; *Kempen*, (Fn. 9), Art. 122 EGV Rdnr. 30; *Selmayr*, (Fn. 204), S. 50 ff.

225 Zu diesem Verfahren ausführlich in § 9.

226 Vgl. *Häde*, (Fn. 5), Art. 122 EG-Vertrag Rdnr. 39; *Kempen*, (Fn. 9), Art. 122 EGV Rdnr. 30. Vgl. zudem *Europäische Zentralbank*, Grundsatzposition des EZB-Rates zu Wechselkursfragen in Bezug auf die beitretenden Staaten, S. 1. Im Ergebnis auch *Brinster*, Eintritt in die Europäische Wirtschafts- und Währungsunion, S. 531 ff.

227 Vgl. *Häde*, (Fn. 5), Art. 122 EG-Vertrag Rdnr. 39.

228 Vgl. dazu oben Teil I, § 3, S. 23 ff.

229 Zu den Voraussetzungen für die Einführung des Euro ausführlich unten § 9.

Art. 122 Abs. 2 EGV und in Art. 123 Abs. 5 EGV geregelt.[230] Danach hebt der EG-Rat eine Ausnahmeregelung auf, wenn ein Mitgliedstaat, für den eine Ausnahmeregelung gilt, die notwendigen Voraussetzungen für die Einführung des Euro erfüllt (vgl. Art. 122 Abs. 2 EGV). Anschließend werden die Umrechnungskurse der Währung dieses Staates zum Euro festgelegt und alle anderen Maßnahmen getroffen, die für die Einführung des Euro in diesem Staat erforderlich sind (vgl. Art. 123 Abs. 5 EGV). Macht ein Mitgliedstaat die Einführung des Euro in diesem Verfahren durch eine wechselkurspolitische Entscheidung unmöglich, gefährdet er die Vollendung des Vertragsziels Wirtschafts- und Währungsunion und verstößt aus diesem Grund gegen seine Verpflichtungen aus Art. 10 EGV.

Führt ein Mitgliedstaat den Euro einseitig ein, scheint ein solcher Vertragsverstoß vorzuliegen. Die für ihn geltende Ausnahmeregelung kann nicht aufgehoben werden. Das ist nach Art. 122 Abs. 2 EGV nur möglich, wenn ein Mitgliedstaat u.a. in einer bestimmten Referenzperiode eine anhaltende Preisstabilität erreicht hat und der Wechselkurs seiner nationalen Währung zum Euro hinreichend stabil geblieben ist.[231] Diese Voraussetzungen kann ein Mitgliedstaat aber nur erfüllen, wenn er eine eigenständige Geld- und Wechselkurspolitik betreibt. Übernimmt er den Euro einseitig, führt er jedoch keine eigenständige Geld- und Wechselkurspolitik mehr durch. Er unterwirft sich vielmehr vollständig den währungspolitischen Entscheidungen des Euro-Währungsgebietes.[232] Daher kann nicht beurteilt werden, ob der Wechselkurs seiner Währung hinreichend stabil gewesen ist. Ein Wechselkurs, der beurteilt werden könnte, existiert nicht mehr. Und auch das Vorliegen anhaltender Preisstabilität kann nicht überprüft werden. Die Inflationsrate, die in diesem Staat besteht, geht nicht auf die Geldpolitik dieses Staates zurück. Sie hängt ganz maßgeblich von der des Euro-Währungsgebietes ab.

Wenn ein Mitgliedstaat den Euro einseitig einführt, kann die für ihn geltende Ausnahmeregelung also nicht aufgehoben werden.[233] Fraglich ist jedoch, ob ein Mitgliedstaat bereits hierdurch gegen seine Verpflichtungen aus Art. 10 EGV verstößt. Ohne weiteres anzunehmen ist das jedenfalls dann, wenn die einseitige Einführung des Euro nicht ohne weiteres rückgängig gemacht werden kann. In diesem Fall besteht die Gefahr, dass es ein Mitgliedstaat dauerhaft unmöglich macht, den Euro in dem dafür vertraglich vorgesehenen Verfahren einzuführen. Nicht ohne weiteres rückgängig zu machen ist allein auf Grund der hiermit verbundenen Kosten und praktischen Schwierigkeiten die einseitige Einführung des Euro insbesondere dann, wenn ein Mitgliedstaat seine eigene Währung unter Aufgabe des nationalen Bargeldes vollständig durch die einheitliche Währung ersetzt. Diese Fallkonstella-

---

230 Dazu ausführlich unten § 9.

231 Dazu im Einzelnen unten § 9, S. 274 ff. und S. 280 ff.

232 Vgl. *Häde*, (Fn. 5), Art. 122 EG-Vertrag Rdnr. 39; *Ruckriegel/Seitz*, Euro Go East: Je schneller, desto besser?, Wirtschaftsdienst 2004, S. 635 (642).

233 Anders für bestimmte Währungsrat-Vereinbarungen (*Currency Board*) allerdings die EZB. Vgl. *Europäische Zentralbank*, (Fn. 226), S. 3.

tion ist es, die in der Literatur in der Regel als einseitige Einführung des Euro verstanden und zu Recht als gemeinschaftsrechtswidrig befunden wird.

Die einseitige Einführung des Euro muss jedoch nicht zwingend mit der Einführung des Euro-Bargeldes und der vollständigen Aufgabe der eigenen nationalen Währung einhergehen. Möglich ist etwa auch, dass ein Mitgliedstaat mit Ausnahmeregelung seine Währung zu einem festen Wechselkurs an den Euro anbindet und diesen Kurs durch die Garantie absichert, seine Währung zu diesem Kurs in Euro umzutauschen.[234] Eine solche Wechselkursanbindung kann grundsätzlich ohne weiteres wieder aufgehoben werden. Ein Mitgliedstaat, der eine derartige Wechselkursanbindung wählt, macht es also nicht zwingend dauerhaft unmöglich, die Wirtschafts- und Währungsunion zu vollenden. Er verzögert allerdings unter Umständen deren Vollendung. Denn solange die Wechselkursanbindung besteht, kann der Euro nicht in dem dafür vorgesehenen Verfahren eingeführt werden. Fraglich ist daher, ob auch eine solche Wechselkursanbindung gegen Art. 10 UAbs. 2 EGV verstößt.

Unzulässig ist sie jedenfalls dann, wenn ein Mitgliedstaat sie nur deshalb wählt, um den Euro nicht in dem dafür vorgesehenen Verfahren einführen zu müssen.[235] Ein Mitgliedstaat, der so verfährt, setzt seine innerstaatlichen wechselkurspolitischen Kompetenzen rechtsmissbräuchlich ein und verstößt aus diesem Grund gegen Art. 10 EGV.[236] Wenn sich ein solcher Rechtsmissbrauch jedoch nicht feststellen lässt, bestehen gegen sie keine durchgreifenden Bedenken.[237] Der Grund hierfür ist in der Kompetenzverteilung zu finden, die der EG-Vertrag in der Wechselkurspolitik vorgibt. Die Wechselkurspolitik der Staaten mit Ausnahmeregelung verbleibt in deren nationaler Zuständigkeit.[238] Die Gemeinschaft kann diesen Staaten unbeschadet des Art. 124 EGV keine verbindlichen wechselkurspolitischen Vorgaben machen.[239] Diese Mitgliedstaaten bleiben daher grundsätzlich zu jeder wechselkurspolitischen Entscheidung befugt, also grundsätzlich auch zur einseitigen Einführung des Euro. Die bloße Verzögerung der Einführung des Euro durch einen Mitgliedstaat in Folge einer wechselkurspolitischen Entscheidung kann daher nicht gegen Art. 10 EGV verstoßen. Anderenfalls wäre eine weitreichende Souveränitätsbeschränkung die Folge, die im EG-Vertrag keine Stütze findet. Es handelt sich vielmehr um eine nach dem EG-Vertrag grundsätzlich zulässige wirtschaftspolitische Grundentscheidung.

---

234 Vgl. *Gern/Hammermann/Schweickert/Vinhas de Souza*, European Monetary Integration after EU Enlargement, S. 15, die jedenfalls *Currency Boards* für eine Form der einseitigen Einführung des Euro halten.

235 Zu einem vergleichbaren Problem siehe bereits oben S. 215 ff.

236 Zu dem aus Art. 10 EGV abzuleitenden Verbot des Rechtsmissbrauchs siehe etwa *Streinz*, in: *ders.* (Hrsg.), EUV/EGV, Art. 10 EGV Rdnr. 40.

237 So auch die EZB für bestimmte *Currency Board* Regelungen. Vgl. *Europäische Zentralbank*, Grundsatzposition des EZB-Rates zu Wechselkursfragen in Bezug auf die beitretenden Staaten, S. 3. Anders dagegen EG-Rat im „Bericht des Rates (Wirtschafts- und Finanzen) an den Europäischen Rat (Nizza) über die Wechselkursaspekte der Erweiterung“, 8.11.2000, Dok.-Nr. 13055/00, Punkt 9.

238 Dazu bereits oben S. 174 ff.

239 Zu Art. 124 EGV ausführlich oben S. 200 ff.

Ohne weiteres zulässig ist die einseitige Einführung des Euro zudem dann, wenn sie von vorneherein nicht mit dem im EG-Vertrag vorgesehenen Verfahren für die Einführung des Euro in Konflikt kommt. Das ist etwa dann der Fall, wenn sie für einen Mitgliedstaat mit Ausnahmeregelung gerade die wirtschaftspolitische Entscheidung ist, die ihn am effektivsten auf seinem Weg hin zur Einführung des Euro in dem dafür vorgesehenen Verfahren unterstützt. Führt ein Mitgliedstaat den Euro aus diesem Grund einseitig ein, ohne dass hierdurch die Einführung der einheitlichen Währung in dem dafür vorgesehenen Verfahren potentiell dauerhaft unmöglich wird, fördert er die Verwirklichung des Vertragsziels Wirtschafts- und Währungsunion sogar. Ebenso ist eine Gefährdung des Vertragsziels Wirtschafts- und Währungsunion durch die einseitige Einführung des Euro ausgeschlossen, wenn ein Mitgliedstaat mit Ausnahmeregelung die einheitliche Währung ohnehin nicht einführen kann. Zu denken ist hier an das Bestehen eines übermäßigen öffentlichen Defizits, die mangelnde Konvergenz der Zinssätze oder andere ökonomische Gründe, die der Einführung des Euro entgegenstehen.[240] Das gilt jedenfalls dann, wenn die einseitige Einführung des Euro der Einführung der einheitlichen Währung in diesem Mitgliedstaat in dem dafür vorgesehenen Verfahren nicht potentiell auf Dauer entgegensteht.

Zusammenfassend ist also festzustellen, dass eine einseitige Einführung des Euro durch einen Mitgliedstaat, für den eine Ausnahmeregelung gilt, unzulässig ist, wenn sie nicht ohne weiteres rückgängig gemacht werden kann. Nicht ohne weiteres rückgängig gemacht werden kann sie in der Regel dann, wenn ein Mitgliedstaat seine eigene nationale Währung vollständig aufgibt. Unzulässig ist sie zudem, wenn sie einen Rechtsmissbrauch darstellt. Im Übrigen ist die einseitige Einführung des Euro jedoch grundsätzlich zulässig.

Unter dem Gesichtspunkt der effektiven Durchsetzung des Gemeinschaftsrechts ergeben sich aus der hier vertretenen Auffassung keine Probleme. Ein Mitgliedstaat, der den Euro vertragswidrig einseitig einführt oder die einseitige Einführung des Euro nicht rückgängig macht, begeht einen Vertragsverstoß. Diesen kann der EuGH gegebenenfalls effektiv mit einem Zwangsgeld nach Art. 228 EGV sanktionieren.

VI. Ergebnis

Die für die Wechselkursbeziehungen zwischen den verschiedenen Währungsgebieten innerhalb der Europäischen Union zentrale Vorschrift ist Art. 124 EGV. Danach sind die Mitgliedstaaten mit Ausnahmeregelung zunächst verpflichtet, ihre Wechselkurspolitik als eine Angelegenheit von gemeinsamem Interesse zu behandeln (vgl. Art. 124 EGV). Daraus folgt, dass sie bei allen wechselkurspolitischen Entscheidungen die Interessen der Gemeinschaft und der anderen Mitgliedstaaten berück-

---

240 Zu den Voraussetzungen, unter denen ein Mitgliedstaat in dem dafür vorgesehenen Verfahren den Euro einführen kann, siehe ausführlich oben § 9.

sichtigen müssen. Weiterhin müssen sie die anderen Mitgliedstaaten und die Gemeinschaft vor wechselkurspolitischen Entscheidungen konsultieren und über die beabsichtigten Maßnahmen informieren. Die Gemeinschaft schließlich ist berechtigt, sich mit der Wechselkurspolitik der Staaten mit Ausnahmeregelung zu befassen. Aus der Verpflichtung, die Wechselkurspolitik als eine Angelegenheit von gemeinsamem Interesse zu behandeln, lässt sich zudem ableiten, dass eine Währung nicht allein deshalb abgewertet werden darf, um ökonomisch nicht gerechtfertigte Wettbewerbsvorteile zu schaffen. Weiterhin können bestimmte Wechselkursentwicklungen die Mitgliedstaaten zu einem Eingreifen zwingen. Da es jedoch schwer fällt nachzuweisen, wann eine solche unzulässige Abwertung vorliegt bzw. welche Wechselkursentwicklungen ein Eingreifen erfordern, dürften sich für die Mitgliedstaaten aus Art. 124 EGV nur in Ausnahmefällen konkrete Handlungspflichten ergeben. Selbst wenn sich eine solche Pflicht feststellen lässt, liegt es weitgehend im alleinigen Ermessen der Mitgliedstaaten, welche Maßnahmen sie ergreifen. Obwohl Art. 124 EGV ausdrücklich nur auf die Staaten mit Ausnahmeregelung anwendbar ist, muss diese Vorschrift analog auch auf das Euro-Währungsgebiet Anwendung finden. Auch die Gemeinschaft ist mithin verpflichtet, ihre Wechselkurspolitik als eine Angelegenheit von gemeinsamem Interesse zu behandeln.

Neben Art. 124 EGV kommt dem Abkommen über den Wechselkursmechanismus II für die innergemeinschaftliche Wechselkurspolitik erhebliche Bedeutung zu. Diesem Abkommen haben sich die Zentralbanken aller Mitgliedstaaten angeschlossen, die bislang dem Euro-Währungsgebiet nicht angehören. Das Abkommen richtet vor allem ein Wechselkurssystem ein, das das Euro-Währungsgebiet mit den anderen Währungsgebieten innerhalb der Europäischen Union verbindet. Die Teilnahme an dem Wechselkurssystem ist freiwillig. Bislang nehmen neben Dänemark lediglich Estland, Lettland, Litauen, Malta, Slowenien, und Zypern daran teil. Durch den Wechselkursmechanismus wird der Wechselkurs der beteiligten Währungen zum Euro grundsätzlich in einer Schwankungsbreite von ± 15 % durch Interventionen verteidigt und so stabilisiert. Das Abkommen ermöglicht aber auch, die wechselkurspolitische Zusammenarbeit bilateral enger auszugestalten, als das im Abkommen für den Regelfall vorgesehen ist. Insbesondere sind Vereinbarungen über engere Schwankungsbreiten möglich. Von dieser Möglichkeit hat Dänemark Gebrauch gemacht. Für die dänische Krone gilt eine Schwankungsbreite von ± 2,25 %, deren Einhaltung durch Interventionen verteidigt wird. Einige der Vorschriften des WKM II Abkommens enthalten Verpflichtungen, die für alle Zentralbanken gelten, unabhängig davon, ob sie am Wechselkursmechanismus teilnehmen oder nicht.

Die Vorschriften des EG-Vertrages zur innergemeinschaftlichen Wechselkurspolitik werden schließlich durch einige Regelungen für den Fall ergänzt, dass ein Mitgliedstaat mit Ausnahmeregelung in Zahlungsbilanzschwierigkeiten gerät. Für diesen Fall sieht der EG-Vertrag ein ausdifferenziertes Instrumentarium vor, mit dem die Gemeinschaft und die betroffenen Mitgliedstaaten hierauf reagieren können. Und schließlich schränkt der EG-Vertrag die nationale währungspolitische Souveränität der Staaten mit Ausnahmeregelung noch dahingehend ein, dass sie den Euro nicht uneingeschränkt einseitig einführen dürfen.

Eingangs[241] ist darauf hingewiesen worden, dass die Gefahr, die Staaten mit Ausnahmeregelung könnten sich Wettbewerbsvorteile durch so genannte kompetetive Abwertungen verschaffen, diejenige ist, die wohl am häufigsten im Zusammenhang mit der Verwirklichung der Wirtschafts- und Währungsunion im Wege differenzierter Integration gesehen worden ist. Aus juristischer Sicht lässt sich hierzu anmerken, dass das Gemeinschaftsrecht sowohl primärrechtlich als auch sekundärrechtlich Vorkehrungen enthält, mit denen solche Abwertungen vermieden werden sollen.

Als Ergebnis bleibt abschließend festzustellen, dass die Wechselkurspolitik der Staaten mit Ausnahmeregelung weitgehend in deren nationaler Kompetenz bleibt. Die Gemeinschaft hat im Bereich der innergemeinschaftlichen Wechselkursbeziehungen nur wenige eigene Befugnisse.

§ 7 Währungspolitik als eine Angelegenheit von gemeinsamem Interesse

A. Problemlage

I. Notwendigkeit einer Art. 124 EGV entsprechenden Regelung

Es ist in den vorstehenden Kapiteln deutlich geworden, dass eine Vielzahl von Einzelvorschriften des EG-Vertrages und der ESZB-Satzung das Nebeneinander der verschiedenen Währungsgebiete regelt, die in der Europäischen Union infolge der Gewährung einer Ausnahmeregelung entstehen. Eine generelle Bestimmung, die Grundsätze für die Beziehungen der einzelnen Währungsgebiete untereinander festlegt, ist dagegen weder im EG-Vertrag noch in der ESZB-Satzung enthalten. Einzig für einen Teilbereich der Währungspolitik, die Wechselkurspolitik, findet sich eine solche grundlegende Regelung. Art. 124 EGV erklärt die Wechselkurspolitik zu einer Angelegenheit von gemeinsamem Interesse.[1] Dass der EG-Vertrag für die Geldpolitik dagegen keine vergleichbare Bestimmung enthält, ist umso erstaunlicher, als er auch für die Wirtschaftspolitik, also für den zweiten großen Teilbereich des Vertragsziels Wirtschafts- und Währungsunion[2], bestimmt, dass sie eine Angelegenheit von gemeinsamem Interesse ist (Art. 99 Abs. 1 EGV).[3]

Dass eine ausdrückliche Festlegung fehlt, nach der die Währungspolitik eine Angelegenheit von gemeinsamem Interesse ist, verwundert vor allem auch deshalb,

---

241 Oben S. 199.

1 Zu Art. 124 EGV ausführlich § 6, S. 200 ff.
2 Zu dieser Unterteilung oben § 4, S. 35 f.
3 Zu Art. 99 Abs. 1 EGV ausführlich unten § 8, S. 244 ff.

weil Art. 124 EGV den Gemeinsamen Markt und den Binnenmarkt, also die Fundamente der Gemeinschaft, gegen Wechselkursschwankungen absichert. Es lässt sich jedoch nicht erklären, warum die Grundlagen der Gemeinschaft nur gegen Wechselkursschwankungen, nicht aber auch vor Beeinträchtigungen durch sonstige währungspolitische, insbesondere geldpolitische Entscheidungen abgesichert werden sollen. Die Währungspolitik definiert zu einem nicht unerheblichen Teil die wirtschaftspolitischen Rahmenbedingungen in einem Währungsraum.[4] Insbesondere die Geldpolitik als Teilbereich der Währungspolitik kann jedoch in Abhängigkeit zu einem anderen Währungsgebiet geraten. Das ist insbesondere dann der Fall, wenn geldpolitische Entscheidungen eines anderen Währungsgebietes nachvollzogen werden müssen. Eine solche Abhängigkeit ist im Vorfeld der dritten Stufe der Wirtschafts- und Währungsunion immer wieder kritisch hervorgehoben worden. Sie bestand für etliche europäische Staaten im Verhältnis zur Bundesbank.[5] Dass eine solche Abhängigkeit ökonomische Probleme nach sich ziehen kann, steht außer Zweifel. Schließlich kann ein Mitgliedstaat gezwungen werden, geldpolitische Entscheidungen zu treffen, die seiner ökonomischen Lage nicht vollständig entsprechen.[6] Das wiederum vermag jedenfalls potentiell ebenso wie Verwerfungen im Wechselkurs das Funktionieren des Gemeinsamen Marktes oder des Binnenmarktes zu beeinflussen.

Wie bedeutend diese Möglichkeit jedenfalls potentiell ist, lässt sich allein daran ermessen, dass vor Beginn der dritten Stufe der Wirtschafts- und Währungsunion eine solche Abhängigkeit im Verhältnis zu nur einem Mitgliedstaat gesehen wurde. Heute sehen sich die dreizehn Mitgliedstaaten der Europäischen Union, die ihre eigene Währung behalten haben, mit dem Euro-Währungsgebiet einem Währungsraum gegenüber, der ungleich größer ist. Mithin ist festzustellen, dass also nicht nur Wechselkursschwankungen das Funktionieren des Gemeinsamen Marktes und

---

4 Zu den vielfältigen Wechselwirkungen zwischen Währungs- und Wirtschaftspolitik siehe etwa *Europäische Zentralbank*, Der Einfluss der Finanzpolitik auf die gesamtwirtschaftliche Stabilität und die Preise, Monatsbericht, April 2004, S. 49 ff.; *dies.*, Der Zusammenhang zwischen Geld- und Finanzpolitik im Euro-Währungsgebiet, Monatsbericht, Februar 2003, S. 41 ff.; *Hartmann*, Europäische Union und die Budgetautonomie der deutschen Länder, S. 51 f.; *Reszat*, Die kurz- und langfristige währungspolitische Effizienz von Regeln für Devisenmarktinterventionen, S. 19 ff.; *Reumann*, Die Europäische Zentralbank: Zwischen Selbstbestimmung und vertragsmäßiger Zusammenarbeit, S. 50 ff., mit entsprechenden Nachweisen; *Palm*, Preisstabilität in der Europäischen Wirtschafts- und Währungsunion, S. 21 ff.

5 Vgl. dazu etwa *Hasse*, Die Europäische Zentralbank: Perspektiven für eine Weiterentwicklung des Europäischen Währungssystems, in: *ders.* (Hrsg.) Europäische Zentralbank, S. 67 ff.; *Herz*, Währungspolitische Assymetrie im Europäischen Währungssystem, S. 89 ff.; *Krägenau/Wetter*, Europäische Wirtschafts- und Währungsunion: Vom Werner-Plan zum Vertrag von Maastricht; Analysen und Dokumentation, S. 22 ff.; *Pfister*, Ist das Europäische Währungssystem am Ende?, EA 1993, S. 711 (711 f.); *Riese*, Schwäche des Pfundes und Versagen der Deutschen Mark – Anmerkungen zur gegenwärtigen Krise des Europäischen Währungssystems – in: *Bofinger/Collignon/Lipp* (Hrsg.), Währungsunion oder Währungschaos? Was kommt nach der D-Mark, S. 161 ff., insbesondere S. 170 ff. Ferner *Ciampi*, Für einen Vertrag zur Europäischen Währungsunion: Hegemonialwährung keine Lösung, Integration 1990, S. 3 (5 ff.).

6 Vgl. hierzu die Nachweise in Fn. 5. So im Ergebnis auch *Bleckmann*, Europarecht, 6. Auflage (1997), Rdnr. 691.

des Binnenmarktes beeinträchtigen können, sondern auch andere währungspolitische Maßnahmen. Es ist jedoch kein Grund ersichtlich, die Fundamente der Gemeinschaft nur vor wechselkurspolitischen Beeinträchtigungen zu schützen. Im Gegenteil, es fällt schwer zu begründen, warum der EG-Vertrag keine Norm enthält, die insbesondere den Binnenmarkt vor währungspolitischen Beeinträchtigungen schützt. Es spricht daher auf den ersten Blick einiges dafür, dass der EG-Vertrag insoweit eine Regelungslücke enthält.

II. Scheinbare Regelungslücken

Denkbar erscheint allerdings, dass lediglich eine Art. 124 EGV vergleichbare Bestimmung fehlt, der Regelungsgehalt des Art. 124 EGV aber in den währungspolitischen Vorschriften des EG-Vertrages und der ESZB-Satzung ausdrücklich Berücksichtigung gefunden hat. Der Regelungsgehalt des Art. 124 EGV, der keine Kompetenzgrundlage ist, kann in zwei Kategorien unterteilt werden.[7] Er enthält erstens ein Gebot zur gegenseitigen Rücksichtnahme in wechselkurspolitischen Angelegenheiten, aus dem sich unter bestimmten Umständen auch konkrete Handlungspflichten ergeben können. Insbesondere sind die Gemeinschaft und die Staaten mit Ausnahmeregelung verpflichtet, korrigierend in die Entwicklung des Wechselkurses ihrer Währung einzugreifen, wenn eine Wechselkursentwicklung das Funktionieren des Binnenmarktes zu gefährden droht. Und schließlich sind wechselkurspolitische Entscheidungen unzulässig, die nur dazu dienen, einen ökonomisch nicht gerechtfertigten Vorteil zu schaffen. Zweitens ergibt sich aus Art. 124 EGV das Gebot, sich gegenseitig zu wechselkurspolitischen Fragen zu informieren und vor Entscheidungen in diesem Bereich der Währungspolitik zu konsultieren.

Weder der EG-Vertrag noch die ESZB-Satzung verpflichten die Mitgliedstaaten oder die Gemeinschaft neben Art. 124 EGV ausdrücklich, bei der Wahrnehmung der währungspolitischen Befugnisse auf die Interessen der anderen Mitgliedstaaten oder die der Gemeinschaft Rücksicht zu nehmen. Und auch Handlungspflichten, die sich aus einer Verpflichtung zur Rücksichtnahme erklären, enthalten sie nicht. Es finden sich lediglich etliche Vorschriften, die eine gegenseitige Information und Konsultation im währungspolitischen Bereich zum Gegenstand haben. Das gilt insbesondere für das ESZB.

Innerhalb des ESZB koordiniert der Erweiterte Rat der EZB[8] die Geldpolitik der im ESZB zusammengeschlossenen Zentralbanken, verstärkt die Zusammenarbeit zwischen ihnen und führt Konsultationen im Bereich der Bankenaufsicht durch.[9] Er kann sich zudem grundsätzlich mit jeder währungspolitischen Frage befassen, gleich ob sie das Euro-Währungsgebiet oder die Staaten mit Ausnahmeregelung be-

7 Zum Regelungsgehalt von Art. 124 EGV ausführlich oben § 6, S. 200 ff.
8 Zum Erweiterten Rat der EZB ausführlich oben § 5, S. 48 ff. und S. 149 ff.
9 Dazu ausführlich oben § 5, S. 115 ff.

trifft.[10] Zudem ist der Präsident der EZB verpflichtet, den Erweiterten Rat über die Beschlüsse des EZB-Rates zu unterrichten (vgl. Art. 47.4. ESZBS). Umgekehrt sind die ständigen Beschlussorgane über die Vorgänge im Erweiterten Rat der EZB schon deshalb informiert, weil der Präsident und der Vizepräsident der EZB allen Beschlussorganen der EZB angehören (vgl. Art. 45.2. ESZBS).[11]

Feststellen lässt sich mithin, dass innerhalb des ESZB Konsultationen zu allen währungspolitischen Fragen stattfinden. Eine Pflicht der im ESZB verbundenen Zentralbanken, sich gegenseitig umfassend über alle währungspolitischen Angelegenheiten zu informieren, ist zwar nicht gesondert festgeschrieben. Es ist jedoch anerkannt, dass die Mitgliedstaaten und ihre Einrichtungen der Gemeinschaft alle Informationen zur Verfügung stellen müssen, die diese für die Wahrnehmung ihrer Aufgaben benötigt. Das ergibt sich aus dem Grundsatz der loyalen Zusammenarbeit, der in Art. 10 EGV zum Ausdruck kommt.[12] Eines Rückgriffs auf einen ungeschriebenen Rechtsgrundsatz, nach dem die Währungspolitik eine Angelegenheit von gemeinsamem Interesse ist, bedarf es also auch nicht, um eine umfassende gegenseitige Information der im ESZB verbundenen Zentralbanken in währungspolitischen Angelegenheiten sicherzustellen.

Nicht in demselben Maße gilt das allerdings für das Verhältnis zwischen dem ESZB, der Gemeinschaft im Übrigen und den Mitgliedstaaten. Zwar sind die Mitgliedstaaten und die Gemeinschaft verpflichtet, die EZB zu jedem Entwurf für einen Rechtsakt anzuhören, der in den Zuständigkeitsbereich der EZB fällt (vgl. Art. 105 Abs. 4 EGV, Art. 4 ESZBS).[13] Die EZB ist zudem in vielen Fällen anzuhören, bevor der EG-Rat Entscheidungen trifft.[14] Soweit der EG-Rat im Rahmen seiner Zuständigkeiten im Bereich der Währungspolitik tätig wird, ist eine Konsultation zwischen den Mitgliedstaaten und der Gemeinschaft schon deshalb sichergestellt, weil im EG-Rat alle Mitgliedstaaten vertreten sind.[15] Zwischen dem EG-Rat und der EZB stellen insoweit zudem die Vorschriften zur institutionellen Zusammenarbeit sicher, dass eine gegenseitige Information und Konsultation erfolgt.[16] Nicht vorgesehen ist dagegen, dass die Mitgliedstaaten mit Ausnahmeregelung sich unbeschadet Art. 124 EGV untereinander bzw. die Gemeinschaft in währungspolitischen Angelegenheiten konsultieren. Von Relevanz ist das insbesondere deshalb, weil weder der EG-Vertrag noch die ESZB-Satzung ausdrücklich bestimmen, dass die nationalen Zentralban-

---

10 A.a.O. (Fn. 9).

11 Zur Leitungsstruktur des ESZB oben § 5, S. 42, und ausführlich oben S. 149 ff.

12 Zu den aus dem Grundsatz der loyalen Zusammenarbeit abzuleitenden Informations- und Konsultationspflichten siehe etwa *Hatje*, Loyalität als Rechtsprinzip in der Europäischen Union, S. 73 f.; *Kahl*, in: *Calliess/Ruffert* (Hrsg.), Kommentar zu EU-Vertrag und EG-Vertrag, 2. Auflage (2002), Art. 10 EG-Vertrag Rdnr. 29 f.; *Lück*, Die Gemeinschaftstreue als allgemeines Rechtsprinzip im Recht der Europäischen Gemeinschaft, S. 39 f.; *Streinz*, in: *ders.* (Hrsg.), EUV/EGV, Art. 10 EGV Rdnr. 8; *Wille*, Die Pflicht der Organe der Europäischen Gemeinschaft zur loyalen Zusammenarbeit mit den Mitgliedstaaten, S. 47 ff. und S. 54 ff.

13 Dazu ausführlich oben § 5, S. 104 ff.

14 A.a.O. (Fn. 13).

15 Dazu ausführlich oben § 5, S. 165 ff.

16 Dazu oben § 5, S. 124 f.

ken die wesentlichen währungspolitischen Entscheidungen treffen. Vielmehr kann, etwa über Weisungsrechte, die Ausübung währungspolitischer Befugnisse in diesen Staaten auch ganz maßgeblich den Regierungen überantwortet sein.[17] Offen ist auch, ob und inwieweit die Euro-Gruppe die in ihr nicht vertretenen Mitgliedstaaten über ihre Arbeit informieren muss.[18] Und schließlich sehen der EG-Vertrag und die ESZB-Satzung keine Konsultationen zu Fragen der Bankenaufsicht zwischen den Mitgliedstaaten mit Ausnahmeregelung und der Gemeinschaft vor, jedenfalls soweit die Aufgaben in der Bankenaufsicht nicht von den Zentralbanken wahrgenommen werden.[19]

III. Zwischenergebnis

Festzustellen ist mithin, dass EG-Vertrag und ESZB-Satzung neben weitreichenden Informations- auch zahlreiche Konsultationspflichten im Bereich der Währungspolitik vorsehen. Eine generelle Verpflichtung zur Information und Konsultation in währungspolitischen Angelegenheiten ist dagegen nicht ausdrücklich vorgesehen. Ebenso bestehen keine Handlungspflichten, die sich als Ausdruck eines Grundsatzes, nach dem die Währungspolitik eine Angelegenheit von gemeinsamem Interesse ist, verstehen lassen. Da der Begriff Wechselkurspolitik in Art. 124 EGV auf Grund seines eindeutigen Wortlautes und der sprachlichen und systematischen Trennung, die der EG-Vertrag zwischen der Geld- und der Wechselkurspolitik vornimmt[20], auch nicht so weit ausgelegt werden kann, dass unter ihn die Währungspolitik in der Gesamtheit zu fassen ist, ist festzustellen, dass der EG-Vertrag eine Regelungslücke aufzuweisen scheint. Er enthält keine Norm, nach der die Währungspolitik eine Angelegenheit von gemeinsamem Interesse ist. Und der Regelungsgehalt, der einem solchen Grundsatz zu entnehmen wäre, ist auch nicht auf verschiedene Einzelvorschriften des EG-Vertrages verteilt worden.

B. Währungspolitik als gemeinsames Interesse: Dogmatische Ableitung

I. Ausgangsthese

Art. 107 Abs. 1 EWGV, der Art. 124 Abs. 1 S. 1 EGV entspricht, ist in der Literatur als *„pars pro toto"* Regelung des Grundsatzes der Gemeinschaftstreue bezeichnet worden.[21] Dieser Grundsatz, den die vorliegende Arbeit mit dem EuGH als Grundsatz

---

17 Dazu ausführlich oben § 5, S. 157 ff.
18 Zur Euro-Gruppe oben § 5, S. 169 ff.
19 Ausdrücklich vorgesehen sind Konsultationen nur zwischen den Staaten des Euro-Währungsgebietes und der EZB sowie zwischen den Zentralbanken der Staaten mit Ausnahmeregelung und der EZB. Dazu ausführlich oben § 5, S. 109 ff. und S. 115 ff.
20 Dazu unten § 8, S. 246 ff.
21 *Bleckmann*, Europarecht, 6. Auflage (1997), Rdnr. 698 f., der ausdrücklich zwar von „Bundestreue" spricht, diesen Begriff aber gleichbedeutend mit „Gemeinschaftstreue" verwendet (vgl.

der loyalen Zusammenarbeit bezeichnet[22], ist ein allgemeiner Rechtsgrundsatz des Gemeinschaftsrechts.[23] Im Text des EG-Vertrages ist insbesondere Art. 10 EGV Ausdruck dieses Rechtsgrundsatzes.[24]

Der Grundsatz der loyalen Zusammenarbeit kann treffend als die „Geschäftsgrundlage“ des Integrationsprozesses im Rahmen der Europäischen Gemeinschaft angesehen werden.[25] Er stellt die Funktionsfähigkeit der Gemeinschaft und ihrer Rechtsordnung sicher.[26] Seine besondere Bedeutung erklärt sich im Ansatz daraus, dass in der Europäischen Union verschiedene Hoheitsträger öffentliche Aufgaben arbeitsteilig wahrnehmen, ohne dass die hieraus resultierenden Probleme im EG-Vertrag umfassend geregelt sind.[27] Das gilt insbesondere für den Bereich des Verwaltungsvollzugs, aber auch für alle anderen staatlichen Funktionsbereiche. Die Gemeinschaft und ihre Rechtsordnung können nur dann funktionieren, wenn alle am Integrationsprozess Beteiligten loyal zusammenarbeiten. Vor diesem Hintergrund drängen sich in der Tat Parallelen zu dem im deutschen Verfassungsrecht geltenden Grundsatz der Bundestreue auf.[28] Hieraus erklärt sich auch, dass die Literatur den Rechtsgrundsatz der loyalen Zusammenarbeit verbreitet in Anlehnung an

---

a.a.O., Rdnr. 697). Ähnlich *Seidel*, Das EWS im Gemeinschaftsrecht – Pflichten und Rechte der Mitgliedstaaten, in: *Scharrer/Wessels* (Hrsg.), Das Europäische Währungssystem, S. 473. *„Pars pro toto“* lässt sich mit „ein Teil für das Ganze“ oder „Beispiel“ übersetzen. Vgl. den entsprechenden Eintrag zu diesem Stichwort etwa bei *Adomeit*, Latein für Jurastudenten, 3. Auflage (2001).

22 Vgl. nur EuGH, Rs. C-72/92, Rdnr. 58. Allerdings ist auch die Terminologie des EuGH insoweit nicht einheitlich. Siehe dazu und zu den verschiedenen in diesem Zusammenhang in Literatur und Rechtsprechung verwendeten Begriffen etwa *Hatje*, (Fn. 12), S. 18, zugleich mit umfassender Übersicht über die Rechtsprechung; *Kahl*, (Fn. 12), Art. 10 EG-Vertrag Rdnr. 1; *Streinz*, (Fn. 12), Art. 10 EGV Rdnr. 1; *Zuleeg*, (Fn. 21), Art. 10 EG Rdnr. 1.

23 So etwa *von Bogdandy*, in: *Grabitz/Hilf* (Hrsg.), Kommentar zur Europäischen Union, EL 20, Art. 10 EGV Rdnr. 6; *Kahl*, (Fn. 12), Art. 10 EG-Vertrag Rdnr. 1, mit einem umfassenden Nachweis aus der Rechtsprechung; *Streinz*, (Fn. 12), Art. 10 EGV Rdnr. 1.

24 Vgl. etwa *Bleckmann*, Europarecht, 6. Auflage (1997), Rdnr. 704; *Hatje*, (Fn. 12), S. 36; *Kahl*, (Fn. 12), Art. 10 EG-Vertrag Rdnr. 3 f. und 6; *Zuleeg*, (Fn. 21), Art. 10 EG Rdnr. 1, alle mit umfangreichen Nachweisen aus der Rechtsprechung. Umstritten ist insoweit allerdings, ob Art. 10 EGV noch Raum für einen darüber hinausgehenden allgemeinen Rechtsgrundsatz der loyalen Zusammenarbeit lässt oder ob ihn Art. 10 EGV abschließend beschreibt. Für die erste Ansicht, die auch der EuGH vertritt, siehe die vorstehend genannten Nachweise, für letztere Ansicht siehe vor allem *Ipsen*, Europäisches Gemeinschaftsrecht, S. 217 f.; *Streinz*, Europarecht, 6. Auflage (2003) Rdnr. 143; *ders.*, (Fn. 12), Art. 10 EGV Rdnr. 1 und 3. Im Ergebnis nähern sich beide Ansichten jedoch stark an. Denn es besteht Einigkeit darüber, dass der Regelungsgehalt des Grundsatzes der loyalen Zusammenarbeit im Wortlaut des Art. 10 EGV nicht vollständig zum Ausdruck kommt. Die Vertreter der Ansicht, nach Art. 10 EGV den Grundsatz der loyalen Zusammenarbeit gleichwohl abschließend umschreibt, behelfen sich mit einer weiten Auslegung der Norm. Die andere Ansicht greift insoweit direkt auf den dann ungeschriebenen Rechtsgrundsatz zurück. Vgl. hierzu im Einzelnen die genannten Nachweise.

25 Vgl. *Kahl*, (Fn. 12), Art. 10 EG-Vertrag Rdnr. 11.

26 Dazu ausführlich *von Bogdandy*, (Fn. 23), Art. 10 EGV Rdnr. 1 und 6 ff.; *Kahl*, (Fn. 12), Art. 10 EG-Vertrag Rdnr. 11, mit vielen weiteren Nachweisen; *Streinz*, (Fn. 12), Art. 10 EGV Rdnr. 4.

27 In diesem Sinne *Due*, Der Grundsatz der Gemeinschaftstreue in der Europäischen Gemeinschaft nach der neueren Rechtsprechung des Gerichtshofs, S. 2 f., und *Hatje*, (Fn. 12), S. 11. Vgl. zudem insoweit die Nachweise in Fn. 26.

28 Vgl. dazu ausführlich *Hatje*, (Fn. 12), S. 11, mit vielen weiteren Nachweisen; *Lück*, (Fn. 12), S. 92 ff. Zur Bundestreue grundlegend *Bauer*, Die Bundestreue, 1992.

den Begriff Bundestreue als Grundsatz der Gemeinschaftstreue bezeichnet.[29] Der EuGH hat diesen Begriff, soweit ersichtlich, bislang allerdings nicht aufgegriffen.[30]

Wäre Art. 124 EGV tatsächlich im Sinne einer *„pars pro toto"* Regelung Ausdruck des Grundsatzes der loyalen Zusammenarbeit, hätte das für die hier untersuchte Fragestellung erhebliche Konsequenzen. Das Fehlen einer Art. 124 EGV vergleichbaren Regelung für die gesamte Währungspolitik würde dann möglicherweise keine Regelungslücke darstellen. Denn anstelle der ausdrücklich normierten Regelung in Art. 124 EGV könnte für die Währungspolitik im Übrigen der Grundsatz der loyalen Zusammenarbeit mit demselben Regelungsgehalt treten. Zu prüfen ist daher zunächst, ob die Auffassung zutrifft, Art. 124 EGV sei Ausdruck des Grundsatzes der loyalen Zusammenarbeit.

II. Bedeutung des Grundsatzes der loyalen Zusammenarbeit

Die dogmatischen Grundlagen des Grundsatzes der loyalen Zusammenarbeit sind bislang nicht abschließend geklärt. Das liegt nicht so sehr daran, dass dieser Grundsatz, der für den Integrationsprozess von überragender Bedeutung ist, wissenschaftlich nicht untersucht worden ist, als vielmehr an den Schwierigkeiten, ihn dogmatisch einzuordnen. Am ehesten wird ihm wohl gerecht, ihn aus verschiedenen Rechtsprinzipien vergleichend herzuleiten. Auf Grund der in einem Bundesstaat durchaus vergleichbaren Sachlage bieten sich daher trotz der fehlenden Staatsqualität der Gemeinschaft Parallelen zur Bundestreue ebenso an wie ein Rückgriff auf den völkerrechtlichen Grundsatz von Treu und Glauben.[31] Jedenfalls kommt in ihm ein Gebot zur gegenseitigen Rücksichtnahme zum Ausdruck.[32]

Der Grundsatz der loyalen Zusammenarbeit ist rechtsverbindlich und stellt nicht etwa nur einen Auslegungsgrundsatz dar.[33] Aus ihm ergibt sich eine Vielzahl von Verpflichtungen, die alle Bereiche der Staatstätigkeit betreffen.[34] Denkbar sind sowohl Handlungs- als auch Unterlassungspflichten.[35] Das kommt in besonderer Weise im Wortlaut des Art. 10 EGV zum Ausdruck. Wie weit die Verpflichtungen reichen, die sich aus dem Grundsatz der loyalen Zusammenarbeit ergeben, hängt maßgeblich von dem betroffenen Politikbereich und der in diesem Bereich bestehenden

---

29 Siehe hierzu die Nachweise in Fn. 22.

30 So *Kahl*, (Fn. 12), Art. 10 EG-Vertrag Rdnr. 1.

31 Zu den verschiedenen dogmatischen Begründungsansätzen siehe etwa *Hatje*, (Fn. 12), S. 36 ff.; *Lück*, (Fn. 12), S. 79 ff.

32 Vgl. *Bleckmann*, Art. 5 EWG-Vertrag und die Gemeinschaftstreue, DVBl. 1976, S. 483 (486 f.); *Hatje*, (Fn. 12), S. 63 ff.; *Streinz*, (Fn. 12), Art. 10 EGV Rdnr. 1; *ders.*, Bundesverfassungsgerichtlicher Grundrechtsschutz und Europäisches Gemeinschaftsrecht, S. 333. Dazu auch *Kahl*, (Fn. 12), Art. 10 EG-Vertrag Rdnr. 8, mit vielen weiteren Nachweisen; *Lück*, (Fn. 12), S. 90 ff.

33 Dazu ausführlich etwa *Wille*, (Fn. 12), S. 20 ff.; *Zuleeg*, (Fn. 21), Art. 10 EG Rdnr. 2.

34 Vgl. insoweit etwa die Zusammenstellung bei *von Bogdandy*, (Fn. 23), Art. 10 EGV Rdnr. 32 ff.; *Kahl*, (Fn. 12), Art. 10 EG-Vertrag Rdnr. 19 ff.; *Zuleeg*, (Fn. 21), Art. 10 EG Rdnr. 4 ff.

35 Vgl. insoweit die Nachweise in Fn. 34.

Integrationsdichte ab. Grundsätzlich gilt, dass Handlungspflichten um so eher entstehen, je weiter die Kompetenzen der Gemeinschaft reichen.[36] Welche Verpflichtungen bestehen, lässt sich daher in der Regel nicht direkt aus dem Grundsatz der loyalen Zusammenarbeit, sondern nur in der Zusammenschau mit anderen Normen des EG-Vertrages ableiten, die diesen Grundsatz konkretisieren.[37] In der Literatur ist daher insoweit davon die Rede, er sei jedenfalls in der Regel akzessorisch.[38]

Der Grundsatz der loyalen Zusammenarbeit, der allein nicht kompetenzbegründend ist[39], bindet umfassend die Mitgliedstaaten und die Gemeinschaft mitsamt all ihren Organen, Einrichtungen und Untergliederungen.[40] Die sich aus ihm ergebenden Verpflichtungen bestehen in jeder Hinsicht gegenseitig, also sowohl im Verhältnis der Gemeinschaft zu den Mitgliedstaaten als auch umgekehrt und zwischen den Mitgliedstaaten.[41]

III. Ausdruck des Grundsatzes loyaler Zusammenarbeit in der Währungspolitik

1. Art. 124 EGV als Ausdruck des Grundsatzes der loyalen Zusammenarbeit

Es ist im Lichte der vorstehenden Ausführungen deutlich erkennbar, dass Art. 124 EGV in der Tat Ausdruck des Grundsatzes der loyalen Zusammenarbeit ist. Aus dieser Vorschrift ergibt sich vor allem eine Verpflichtung zur gegenseitigen Rücksichtnahme in wechselkurspolitischen Angelegenheiten.[42] Die Mitgliedstaaten und die Gemeinschaft müssen bei wechselkurspolitischen Entscheidungen das gemeinsame Interesse berücksichtigen. Hieraus kann sich im Einzelfall ergeben, dass bestimmte wechselkurspolitische Maßnahmen unzulässig oder erforderlich sind. Darüber hinaus sind die Mitgliedstaaten und die Gemeinschaft verpflichtet, sich in wechselkurspolitischen Angelegenheiten zu konsultieren und zu informieren. Art. 124 EGV lässt die Kompetenzverteilung in der Wechselkurspolitik unberührt. Er ist keine Ermächtigungsgrundlage. Diese Festlegungen können im Grundsatz spiegelbildlich dem Grundsatz der loyalen Zusammenarbeit entnommen werden. Er ist Ausdruck eines Gebotes zur Rücksichtnahme, aus dem sich unter anderem Informa-

---

36 Vgl. *Kahl*, (Fn. 12), Art. 10 EG-Vertrag Rdnr. 15, mit vielen weiteren Nachweisen; *Zuleeg*, (Fn. 21), Art. 10 EG Rdnr. 2.

37 Siehe dazu *von Bogdandy*, (Fn. 23), Art. 10 EGV Rdnr. 11 ff.; *Kahl*, (Fn. 12), Art. 10 EG-Vertrag Rdnr. 15, mit vielen weiteren Nachweisen; *Streinz*, (Fn. 12), Art. 10 EGV Rdnr. 3; *Zuleeg*, (Fn. 21), Art. 10 EG Rdnr. 2.

38 Vgl. etwa *von Bogdandy*, (Fn. 23), Art. 10 EGV Rdnr. 13 f.; *Hatje*, (Fn. 12), S. 60 f.

39 *Kahl*, (Fn. 12), Art. 10 EG-Vertrag Rdnr. 35.

40 Vgl. etwa *von Bogdandy*, (Fn. 23), Art. 10 EGV Rdnr. 9 und 24; *Hatje*, (Fn. 12), S. 61 f.; *Kahl*, (Fn. 12), Art. 10 EG-Vertrag Rdnr. 14.

41 Dazu *von Bogdandy*, (Fn. 23), Art. 10 EGV Rdnr. 24; *Kahl*, (Fn. 12), Art. 10 EG-Vertrag Rdnr. 14; *Streinz*, (Fn. 12), Art. 10 EGV Rdnr. 5 ff.; *Zuleeg*, (Fn. 21), Art. 10 EG Rdnr. 1 und 11 f.

42 Zum Regelungsgehalt des Art. 124 EGV bereits oben S. 233 ff. und ausführlich § 6, S. 200 ff.

tions-, Konsultations- und Handlungspflichten ergeben können. Ohne Konkretisierung in einer anderen Rechtsnorm ermächtigt er die Gemeinschaft nicht, tätig zu werden.

2. Währungspolitik als Angelegenheit von gemeinsamem Interesse

Die Feststellung, Art. 124 EGV ist Ausdruck des Grundsatzes der loyalen Zusammenarbeit, beantwortet noch nicht, ob sich aus dem Rechtsgrundsatz der loyalen Zusammenarbeit ergibt, dass die gesamte Währungspolitik eine Angelegenheit von gemeinsamem Interesse ist. Ob das der Fall ist, ist vielmehr anhand des vorstehend geschilderten Maßstabes zu prüfen.[43] Danach ergeben sich aus dem Grundsatz der loyalen Zusammenarbeit in der Regel nur in Verbindung mit anderen Vorschriften des EG-Vertrages für die Mitgliedstaaten und die Gemeinschaft Verpflichtungen. Mithin ist zu prüfen, ob sich der Grundsatz der loyalen Zusammenarbeit aus den Normen des EG-Vertrages so weit konkretisieren lässt, dass ihm entnommen werden kann, dass die Währungspolitik eine Angelegenheit von gemeinsamem Interesse ist.

Zunächst ist daran zu denken, die erforderliche Konkretisierung aus den Vertragszielbestimmungen, insbesondere den Vertragszielen gemeinsamer Markt und Binnenmarkt (vgl. insbesondere die Art. 2, 3 lit. c und 14 EGV), abzuleiten. Schließlich können sich geldpolitische Entscheidungen auf das Funktionieren des Binnenmarktes und des Gemeinsamen Marktes auswirken.[44] Ob jedoch allein die Vertragszielbestimmungen ausreichen, den Grundsatz der loyalen Zusammenarbeit so weit zu konkretisieren, dass aus ihm abgeleitet werden kann, dass die Währungspolitik eine Angelegenheit von gemeinsamem Interesse ist, erscheint zumindest zweifelhaft. In der Literatur wird das zum Teil klar abgelehnt.[45] Für diese Ansicht spricht, dass bislang aus dem Grundsatz der loyalen Zusammenarbeit, von den ganz grundlegenden Prinzipien, wie dem Anwendungsvorrang des Gemeinschaftsrechts, abgesehen, überwiegend konkrete Verpflichtungen im Zusammenhang mit spezifischen Aufgaben hergeleitet worden sind. Das gilt insbesondere für die Informations- und Konsultationspflichten.[46] Die globale Verpflichtung zu gegenseitiger Konsultation und Information in währungspolitischen Angelegenheiten sowie zur Berücksichtigung des gemeinsamen Interesses bei allen währungspolitischen Maßnahmen erscheint unter diesem Hintergrund fraglich. Das gilt im Besonderen deshalb, weil der EG-Vertrag die währungspolitischen Kompetenzen der einzelnen Währungsgebiete, die in der Gemeinschaft infolge der Gewährung einer Ausnahmeregelung entstehen, im Prinzip vollständig voneinander trennt. Soweit und solange nicht alle Mitgliedstaaten dem Euro-Währungsgebiet angehören, hat die Gemeinschaft in der Währungspolitik fast keine Kompetenzen, die sich auf das Gebiet der gesamten Ge-

---

43 Siehe oben S. 237 f.
44 Dazu oben S. 231 ff.
45 So etwa durch *von Bogdandy*, (Fn. 23), Art. 10 EGV Rdnr. 18.
46 Siehe dazu bereits oben S. 233 ff.

meinschaft erstrecken. Aus dem Grundsatz der loyalen Zusammenarbeit in Verbindung allein mit den Vertragszielbestimmungen lässt sich mithin nicht ableiten, dass die Währungspolitik eine Angelegenheit von gemeinsamem Interesse ist. Die Vertragszielbestimmungen bieten zwar einen wichtigen Anknüpfungspunkt, um diesen Grundsatz entsprechend zu konkretisieren. Allein reichen sie hierfür aber nicht aus. Zu prüfen ist daher, ob weitere Vorschriften des EG-Vertrages zur Konkretisierung des Grundsatzes der loyalen Zusammenarbeit herangezogen werden können.

Und in der Tat ergeben sich aus einer Reihe von Normen ganz erhebliche Anhaltspunkte dafür, dass die Währungspolitik eine Angelegenheit von gemeinsamem Interesse ist. Denn der EG-Vertrag enthält eine Vielzahl von Einzelregelungen, in denen die Beziehungen zwischen den verschiedenen Währungsgebieten in der Geldpolitik geregelt sind.[47] Diese erschöpfen sich zwar im Wesentlichen in Konsultations- und Informationspflichten.[48] Gerade diese Pflichten sind aber Ausdruck dessen, dass die Währungspolitik in der Gemeinschaft auch bei Bestehen einer Ausnahmeregelung nicht im alleinigen nationalen oder im ausschließlichen Interesse des Euro-Währungsgebietes durchgeführt wird. Wäre dem nicht so, bestünden die Informations- und Konsultationspflichten lediglich rein formal. Und auch das Vertragsziel der Gründung einer Wirtschafts- und Währungsunion trägt zu einer entsprechenden Konkretisierung des Grundsatzes der loyalen Zusammenarbeit bei. Denn die Verwirklichung dieses Vertragszieles, an das auch die Staaten mit Ausnahmeregelung gebunden sind, erfordert ein hinreichendes Maß an Vertrauen zwischen den Mitgliedstaaten. Schließlich begeben sie sich mit der Einführung einer einheitlichen Währung in einem Bereich staatlicher Tätigkeit, der von überragender Bedeutung ist, in engste Abhängigkeiten zueinander. Die Verpflichtung der Währungspolitik auf ein gemeinsames Interesse kann einen erheblichen Beitrag zu dieser Vertrauensbildung leisten.

Mithin ist festzustellen, dass sich der Grundsatz der loyalen Zusammenarbeit in Verbindung mit den Vertragszielbestimmungen und den Informations- und Konsultationspflichten, die EG-Vertrag und ESZB-Satzung für den Fall vorsehen, dass in der Gemeinschaft kein einheitliches Währungsgebiet besteht, so weit konkretisieren lässt, dass sich aus ihm eine Verpflichtung ergibt, die Währungspolitik als Angelegenheit von gemeinsamem Interesse zu behandeln. Warum diese Verpflichtung im Gegensatz zu Art. 124 EGV nicht ausdrücklich in den EG-Vertrag eingefügt worden ist, lässt sich schwer erklären. Nicht angenommen werden kann jedenfalls, dass sich aus Art. 124 EGV insoweit eine Sperrwirkung ergibt, dass nur die Wechselkurspolitik eine Angelegenheit von gemeinsamem Interesse ist. Dafür besteht kein Anhaltspunkt. Im Gegenteil, dass das Fehlen einer Art. 124 EGV vergleichbaren Norm für die gesamte Währungspolitik, lässt sich kaum begründen.[49]

---

47 Dazu ausführlich oben § 5 und § 6 sowie die zusammenfassende Darstellung oben S. 233 ff.
48 A.a.O. (Fn. 47).
49 Dazu ausführlich oben S. 231 ff.

IV. Ergebnis

Das Fehlen einer Art. 124 EGV vergleichbaren Norm, nach der die Währungspolitik eine Angelegenheit von gemeinsamem Interesse ist, ist nicht Ausdruck einer Regelungslücke, die im Wege der Analogie geschlossen werden müsste. Vielmehr gilt für die gesamte Währungspolitik der aus dem Rechtsgrundsatz der loyalen Zusammenarbeit abgeleitete Grundsatz, dass sie eine Angelegenheit von gemeinsamem Interesse ist. Danach sind die Mitgliedstaaten und die Gemeinschaft verpflichtet, auf die Interessen der anderen Mitgliedstaaten bzw. der Gemeinschaft Rücksicht zu nehmen, wenn sie ihre währungspolitischen Befugnisse wahrnehmen. Insbesondere müssen sie sich in allen währungspolitischen Angelegenheiten gegenseitig informieren und konsultieren. Sollte sich das gemeinsame Interesse anders nicht berücksichtigen lassen, können währungspolitische Maßnahmen im Einzelfall auch unzulässig oder geboten sein. Auf Grund der erheblichen Beurteilungs- und Prognosespielräume, die den Bereich der Währungspolitik prägen, werden sich solche Pflichten aber nur selten ergeben. Die Mitgliedstaaten und die Gemeinschaft sind aber verpflichtet, bei allen währungspolitischen Entscheidungen zu berücksichtigen, dass die Währungspolitik nicht allein im nationalen bzw. im Interesse des Euro-Währungsgebietes, sondern im Interesse der gesamten Gemeinschaft verfolgt wird. Dementsprechend ist dieser Grundsatz gegebenenfalls in Beurteilungen und Prognosen einzubeziehen.

§ 8 Die Wirtschaftspolitik der EG bei Bestehen einer Ausnahmeregelung

A. Einführung

Die Wirtschaftspolitik als Element des Vertragsziels Wirtschafts- und Währungsunion beruht nach Art. 4 Abs. 1 EGV auf drei Säulen, erstens einer engen Koordination der Wirtschaftspolitik der Mitgliedstaaten, zweitens der Festlegung gemeinsamer Ziele sowie drittens dem Binnenmarkt. Die ersten beiden Säulen, die Koordination der Wirtschaftspolitik und die Festlegung gemeinsamer Ziele, sind in den Art. 98 ff. EGV geregelt.[1] Diese Vorschriften enthalten insbesondere Bestimmungen zur allgemeinen, also zur sektorübergreifenden Wirtschaftspolitik[2] sowie zur Haushaltspolitik. Sie stehen in einem engen Zusammenhang mit den währungspolitischen Vorschriften des EG-Vertrages, da eine Währungsunion eine

---

1 Vgl. *Häde*, in: *Calliess/Ruffert* (Hrsg.), Kommentar zu EU-Vertrag und EG-Vertrag, 2. Auflage (2002), Art. 4 EG-Vertrag Rdnr. 4 ff.

2 Zum Begriff der Wirtschaftspolitik etwa *Häde*, (Fn. 1), Art. 4 EG-Vertrag Rdnr. 2 ff. und Art. 98 EG-Vertrag Rdnr. 3; *Hattenberger*, in: *Schwarze* (Hrsg.), EU-Kommentar, Art. 98 EGV Rdnr. 5; *Kempen*, in: *Streinz* (Hrsg.), EUV/EGV, Art. 98 EGV Rdnr. 2 ff.; *Schulze-Steinen*, Rechtsfragen zur Wirtschaftsunion, S. 45 ff.; *Selmayr*, Das Recht der Wirtschafts- und Währungsunion, S. 192 ff.

zumindest abgestimmte Wirtschaftspolitik bedingt.[3] Trotz dieses Zusammenhanges unterscheiden sich beide Politikbereiche deutlich. Denn im Gegensatz zur Währungspolitik belässt der EG-Vertrag die allgemeine Wirtschaftspolitik überwiegend in der Kompetenz der Mitgliedstaaten.[4] Die einzelnen nationalen Wirtschaftspolitiken werden im Wesentlichen lediglich koordiniert und überwacht.[5] Nur im Bereich der Haushaltspolitik enthält der EG-Vertrag präzise Vorgaben, die den Handlungsspielraum der Mitgliedstaaten erheblich einschränken.[6] Die Gemeinschaft verfügt hier zudem über weitreichende Sanktionsmöglichkeiten, mit denen sie auf Verstöße gegen diese Verpflichtungen reagieren kann.[7]

Die Vorschriften des EG-Vertrages zur allgemeinen Wirtschaftspolitik und zur Haushaltspolitik sind auch bei Bestehen einer Ausnahmeregelung weitgehend unverändert anwendbar. Der EG-Vertrag sieht für diesen Fall fast keine abweichenden Regelungen vor. Lediglich die Absätze 9 und 11 des Art. 104 EGV lassen für die Staaten mit Ausnahmeregelung keine Rechtswirkungen entstehen (vgl. Art. 122 Abs. 3 S. 1 EGV). Daher kann hinsichtlich der Rechtsfragen, die sich aus diesen Vorschriften ergeben, weitgehend auf die speziellen Untersuchungen zur Wirtschaftspolitik verwiesen werden.[8] Beschränken kann sich die vorliegende Arbeit hierauf allerdings

---

3 Dazu ausführlich *Schulze-Steinen*, (Fn. 2), S. 63 ff.

4 Vgl. *Bandilla*, in: *Grabitz/Hilf* (Hrsg.), Das Recht der Europäischen Union, EL 15, Art. 98 EGV Rdnr. 2; *Blumenwitz/Schöbener*, Stabilitätspakt für Europa, S. 68 f.; *Häde*, (Fn. 1), Art. 98 EG-Vertrag Rdnr. 1; *Hatje*, in: *Schwarze* (Hrsg.), EU-Kommentar, Art. 4 EGV Rdnr. 4; *Hattenberger*, (Fn. 2), Art. 98 EGV Rdnr. 1; *Kempen*, (Fn. 2), Art. 98 EGV Rdnr. 2 ff.; *Palm*, Preisstabilität in der Europäischen Wirtschafts- und Währungsunion, S. 37; *Pipkorn*, Legal Arrangements in the Treaty of Maastricht for the Effectiveness of the Economic and Monetary Union, CMLR 1994, S. 263 (268); *Schill*, in: *Lenz* (Hrsg.), EU- und EG-Vertrag, 3. Auflage (2003), Art. 98–100 EGV Rdnr. 4; *Seidel*, Die Auswirkungen des Europäischen Gemeinschaftsrechts auf das Wirtschaftsverfassungsrecht der Mitgliedstaaten, in: FS *Everling*, S. 1394; *Wittelsberger*, in: *von der Groeben/Schwarze* (Hrsg.), Vertrag über die Europäische Union und Vertrag zur Gründung der Europäischen Gemeinschaft, 6. Auflage (2003), Art. 4 EG Rdnr. 3.

5 Dazu unten S. 243 ff.

6 Dazu unten S. 258 ff.

7 Dazu unten S. 261 ff.

8 Vgl. etwa die Kommentierungen von *Bandilla*, (Fn. 4), EL 15, *Häde*, (Fn. 1), *Hattenberger*, (Fn. 2), von verschiedenen Autoren in *von der Groeben/Schwarze* (Hrsg.), Vertrag über die Europäische Union und Vertrag zur Gründung der Europäischen Gemeinschaft, 6. Auflage (2003), Art. 98 ff. EG. Siehe zudem *Ambrosi*, Economic policy coordination, in: *Louis/Bronkhorst* (Hrsg.), The Euro and European Integration, S. 231 ff.; *Häde*, Der EuGH und die Haushaltsdisziplin – Das Urteil vom 13.7.2004 zum Verfahren bei einem übermäßigen Defizit, EuR 2004, S. 750 ff.; *Harden*, The fiscal constitution of EMU, in: *Beaumont/Walker* (Hrsg.), Legal framework of the single european currency, S. 71 ff.; *Hartmann*, Europäische Union und die Budgetautonomie der deutschen Länder, S. 23 ff.; *ders.*, Öffentliche Finanzpolitik in der EU, EuZW 1996, S. 133 ff.; *Henneke*, Die Gewährleistungspflicht der EU-Mitgliedstaaten zur Einhaltung von Haushaltsdisziplin, ZfG 1996, S. 299 ff.; *Molzahn*, Die normativen Verknüpfungen von Kapitalverkehrsfreiheit und Währungsunion im EG-Vertrag, S. 79 ff.; *Roth*, Der rechtliche Rahmen der Wirtschafts- und Währungsunion, EuR – Beiheft 1 – 1994, S. 45 (70 ff.); *Schulze-Steinen*, (Fn. 2), S. 33 ff.; *ders.*, Fiskalpolitische Bedingungen für einen Beitritt Griechenlands in die EWU aus gemeinschaftsrechtlicher Sicht, in: *Papaschinopoulou* (Hrsg.), Griechenland auf dem Weg zur Europäischen Wirtschafts- und Währungsunion, S. 125 ff.; *Seidel*, Die Verfassung der Europäischen Wirtschafts- und Währungsunion als Wirtschaftsunion, in: *Nölling/Schachtschneider/Starbatty* (Hrsg.), Währungsunion und Weltwirtschaft, S. 165 ff.

schon wegen der im Anwendungsbereich des Art. 104 EGV angeordneten Veränderungen nicht. Zudem bestehen, wenn für einen Mitgliedstaat eine Ausnahmeregelung gilt, sekundärrechtliche Besonderheiten, auf die einzugehen ist. Denn einige Sekundärrechtsakte im Bereich der Wirtschaftspolitik differenzieren zwischen dem Euro-Währungsgebiet einerseits und den Staaten, die ihm nicht angehören, andererseits. Daher sind nachfolgend die primär- und sekundärrechtlichen Bestimmungen zur allgemeinen Wirtschaftspolitik und zur Haushaltspolitik jedenfalls dann näher darzustellen, wenn Besonderheiten bestehen, die sich aus der Gewährung einer Ausnahmeregelung an einen Mitgliedstaat ergeben.

Außer Betracht bleiben nachstehend allerdings die Vorschriften des EG-Vertrages zum Binnenmarkt. Zwar gehören auch sie nach Art. 4 Abs. 1 EGV zur Wirtschaftspolitik der Gemeinschaft.[9] Der EG-Vertrag ordnet in diesem Tätigkeitsbereich der Gemeinschaft jedoch keine Veränderungen für den Fall an, in dem für einen Mitgliedstaat eine Ausnahmeregelung gilt.[10] Die Bestimmungen zum Binnenmarkt bedürfen daher in der vorliegenden Arbeit keiner näheren Betrachtung.[11]

B. Koordination und Überwachung der Wirtschaftspolitik

I. Primärrechtliche Vorgaben

1. Grundprinzipien in der Wirtschaftspolitik

Die Mitgliedstaaten sind verpflichtet, ihre Wirtschaftspolitiken so auszurichten, dass sie dazu beitragen, die Ziele der Gemeinschaft zu verwirklichen (Art. 98 S. 1 EGV). Sowohl die Mitgliedstaaten als auch die Gemeinschaft sind in der Wirtschaftspolitik an den Grundsatz einer „offenen Marktwirtschaft mit freiem Wettbewerb" gebunden (Art. 98 S. 2 EGV).[12] Sie müssen zudem die in Art. 4 EGV genannten Prinzipien beachten (Art. 98 S. 2 EGV). Danach sind insbesondere vier Grundsätze einzuhalten: erstens stabile Preise, zweitens eine gesunde Finanzlage der öffentlichen Hand, drittens gesunde monetäre Rahmenbedingungen sowie viertens eine dauer-

---

9 Zu den Gründen, aus denen der Binnenmarkt in Art. 4 Abs. 1 EGV genannt ist, vgl. *Häde*, (Fn. 1), Art. 4 EG-Vertrag Rdnr. 4 ff.

10 In der Literatur ist allerdings die Frage aufgeworfen worden, ob sich im Zusammenhang mit Art. 59 EGV solche Veränderungen nicht im Wege der Auslegung ergeben würden. Vertreten wird insoweit, dass die Stimmen der Staaten mit Ausnahmeregelung bei Entscheidungen des EG-Rates auf der Grundlage dieser Vorschrift ruhen müssten. Diese Auffassung ist jedoch bereits oben (§ 5, S. 162) verworfen worden und bedarf vorliegend keiner erneuten Betrachtung.

11 Zum Vertragsziel der Schaffung eines Binnenmarktes vgl. etwa die einführenden Bemerkungen von *Pipkorn/Bardenhewer-Rating/Taschner*, in: *von der Groeben/Schwarze* (Hrsg.), Vertrag über die Europäische Union und Vertrag zur Gründung der Europäischen Gemeinschaft, 6. Auflage (2003), Art. 14 EG Rdnr. 1 ff.

12 Zum Begriff der Marktwirtschaft im EG-Vertrag etwa *Häde*, (Fn. 1), Art. 4 EG-Vertrag Rdnr. 8 ff.; *Smits*, in: *von der Groeben/Schwarze* (Hrsg.), Vertrag über die Europäische Union und Vertrag zur Gründung der Europäischen Gemeinschaft, 6. Auflage (2003), Art. 105 EG Rdnr. 23 ff.

haft finanzierbare Zahlungsbilanz (vgl. Art. 4 Abs. 3 EGV).[13] Die Wirtschaftspolitik der Mitgliedstaaten ist zudem eine Angelegenheit von gemeinsamem Interesse (vgl. Art. 99 Abs. 1 EGV).[14]

Das Ziel der Preisstabilität ist mithin in der Wirtschaftspolitik nicht ebenso bedeutend wie in der Währungspolitik.[15] Es ist nach Art. 98 EGV in Verbindung mit Art. 4 Abs. 3 EGV zwar auch bei wirtschaftspolitischen Entscheidungen zu beachten. Allerdings kommt ihm kein Vorrang gegenüber den anderen in Art. 4 Abs. 3 EGV genannten wirtschaftspolitischen Grundsätzen zu.[16] Sie sind vielmehr gleichrangig zu verfolgen. Die Gegenauffassung, die annimmt, auch die Wirtschaftspolitik sei primär dem Ziel der Preisstabilität verpflichtet[17], findet im EG-Vertrag keine Stütze. Weder aus dem Wortlaut des Art. 4 Abs. 1 EGV, der das Vertragsziel der Einführung einer Wirtschaftspolitik beschreibt, oder des Art. 4 Abs. 3 EGV, der die wichtigsten Grundsätze für die Wirtschaftspolitik der Mitgliedstaaten und der Gemeinschaft festlegt, noch aus dem der Art. 98 oder 99 EGV oder dem der übrigen Vorschriften des EG-Vertrages zur Wirtschaftspolitik ergibt sich hierfür ein Anhaltspunkt.[18] Auf die Vorschriften, die eindeutig den Vorrang des Ziels der Preisstabilität festlegen (vgl. insbesondere Art. 105 Abs. 1 EGV, 2 ESZBS, Art. 4 Abs. 2 EGV, Art. 111 EGV), kann nicht zurückgegriffen werden. Sie stehen systematisch ausschließlich im Zusammenhang mit der Währungspolitik. In der Wirtschaftspolitik sind sie nicht anwendbar. Und auch aus dem engen Zusammenhang zwischen stabilen Preisen und einer gesunden wirtschaftlichen Entwicklung ergibt sich nichts anderes.[19] Zwar mag es volkswirtschaftlich sinnvoll sein, auf Grund dieser Wechselbeziehung auch die Wirtschaftspolitik vorrangig an dem Ziel auszurichten, stabile Preise aufrecht zu erhalten. Zwingend vorgegeben ist eine solche grundlegende wirtschaftspolitische Richtungsentscheidung durch den EG-Vertrag allerdings nicht.

2. Koordinierung und Überwachung der Wirtschaftspolitiken

Die wichtigsten wirtschaftspolitischen Grundentscheidungen, die von den Mitgliedstaaten in ihrer Wirtschaftspolitik zu beachten sind, legt die Gemeinschaft in den so genannten Grundzügen der Wirtschaftspolitik fest, die auf der Grundlage des Art. 99 Abs. 2 EGV verabschiedet werden.[20] Diese Grundzüge werden in Form ei-

---

13 Zur Bedeutung dieser Grundsätze siehe etwa *Häde,* (Fn. 1), Art. 4 EG-Vertrag Rdnr. 37 ff.

14 Zur Bedeutung dieser Verpflichtung siehe etwa *Bandilla,* (Fn. 4), Art. 99 EGV Rdnr. 5; *Kempen,* (Fn. 2), Art. 99 EGV Rdnr. 3 und Rdnr. 6; *Schill,* (Fn. 4), Art. 98–100 EGV Rdnr. 4; *Schulze-Steinen,* (Fn. 2), S. 184 ff.

15 Zur Bedeutung des Ziels der Preisstabilität in der Währungspolitik oben § 5, S. 56 ff.

16 Vgl. *Häde,* (Fn. 1), Art. 4 EG-Vertrag Rdnr. 36 und Rdnr. 39. Ähnlich *Schulze-Steinen,* (Fn. 2), S. 115 f.; *Wittelsberger,* (Fn. 4), Art. 4 EG Rdnr. 11.

17 Vgl. *Hattenberger,* (Fn. 3), Art. 98 EGV Rdnr. 1 und Art. 104 EGV Rdnr. 1; *Palm,* (Fn. 4), S. 21 ff.

18 Vgl. die in Fn. 16 genannten Nachweise.

19 Siehe dazu die Nachweise in § 7, Fn. 4.

20 Dazu *Auwärter/Thiel,* in: *von der Groeben/Schwarze* (Hrsg.), Vertrag über die Europäische Union und Vertrag zur Gründung der Europäischen Gemeinschaft, 6. Auflage (2003), Art. 99 EG Rdnr. 13 ff.; *Hattenberger,* (Fn. 3), Art. 99 EGV Rdnr. 5 ff.; *Schulze-Steinen,* (Fn. 2), S. 139 ff.

ner Empfehlung abgegeben, die an die Mitgliedstaaten gerichtet ist. Sie bilden den Kern der in Art. 99 Abs. 1 EGV festgelegten Verpflichtung der Mitgliedstaaten, ihre Wirtschaftspolitiken zu koordinieren.[21] Denn sie geben erstens den Rahmen vor, an dem die nationalen Wirtschaftspolitiken auszurichten sind (vgl. Art. 98 S. 1 EGV). Und sie sind zweitens die Grundlage für das Verfahren, in dem die Wirtschaftspolitiken durch die Gemeinschaft überwacht werden. Dieses Verfahren ist in den Absätzen 3 bis 5 des Art. 99 EGV geregelt.[22] Danach überwacht der EG-Rat anhand von Berichten der Kommission die wirtschaftliche Entwicklung in den einzelnen Mitgliedstaaten und überprüft sie auf ihre Vereinbarkeit mit den Grundzügen der Wirtschaftspolitik. Stellt er fest, dass die Wirtschaftspolitik, die ein Mitgliedstaat verfolgt, entweder nicht mit den Grundzügen vereinbar ist oder das ordnungsgemäße Funktionieren der Wirtschafts- und Währungsunion gefährdet, kann er eine Empfehlung an den betroffenen Staat richten und ihm Maßnahmen vorschlagen, die erforderlich sind, um Abhilfe zu schaffen. Bis auf die Möglichkeit, diese Empfehlungen zu veröffentlichen, stehen der Gemeinschaft jedoch keine Sanktionsmöglichkeiten zur Verfügung, um auf einen Verstoß gegen die Verpflichtungen aus Art. 98 und 99 EGV zu reagieren.[23]

Die Art. 98 und 99 EGV bleiben auch bei Bestehen einer Ausnahmeregelung uneingeschränkt anwendbar. Der EG-Vertrag sieht insoweit keine abweichenden Regelungen vor. Daher ist bemerkenswert, dass die Grundzüge der Wirtschaftspolitik seit 1998 zwischen dem Euro-Währungsgebiet einerseits und den Staaten, die ihm nicht angehören, unterscheiden.[24] Sie enthalten spezifische Regelungen für diese beiden Gruppen von Mitgliedstaaten. Diese Differenzierung findet sich auch in anderen Dokumenten, die im Zusammenhang mit der Koordination und Überwachung der Wirtschaftspolitiken nach Art. 98 und 99 stehen, beispielsweise in den Berichten der Kommission über die Umsetzung der Grundzüge der Wirtschaftspolitik.[25] Sie geht wohl auf eine Entschließung des Europäischen Rates zurück, der for-

---

21 Ähnlich *Häde*, (Fn. 1), Art. 99 EG-Vertrag Rdnr. 2.

22 Dazu *Auwärter/Thiel*, (Fn. 20), Art. 99 EG Rdnr. 13 ff.; *Hattenberger*, (Fn. 3), Art. 99 EGV Rdnr. 9 ff.; *Schulze-Steinen*, (Fn. 2), S. 169 ff.

23 Zur Justitiabilität der Verpflichtungen aus Art. 98 und 99 EGV siehe etwa *Häde*, (Fn. 1), Art. 99 EG-Vertrag Rdnr. 16 f.

24 Vgl. Empfehlung des Rates vom 6. Juli 1998 über die Grundzüge der Wirtschaftspolitik der Mitgliedstaaten und der Gemeinschaft, ABl. EG Nr. L 200 vom 16.7.1998, S. 34; Empfehlung des Rates vom 12. Juli 1999 über die Grundzüge der Wirtschaftspolitik der Mitgliedstaaten und der Gemeinschaft, ABl. EG Nr. L 217 vom 17.8.1999, S. 34; Empfehlung des Rates vom 19. Juni 2000 über die Grundzüge der Wirtschaftspolitik der Mitgliedstaaten und der Gemeinschaft, ABl. EG Nr. L 210 vom 21.8.2000, S. 1; Empfehlung des Rates vom 15. Juni 2001 über die Grundzüge der Wirtschaftspolitik der Mitgliedstaaten und der Gemeinschaft, ABl. EG Nr. L 179 vom 2.7.2001, S. 1; Empfehlung des Rates vom 21. Juni 2002 über die Grundzüge der Wirtschaftspolitik der Mitgliedstaaten und der Gemeinschaft, ABl. EG Nr. L 182 vom 11.7.2002, S. 1; Empfehlung des Rates vom 26. Juni 2003 über die Grundzüge der Wirtschaftspolitik der Mitgliedstaaten und der Gemeinschaft, ABl. EG Nr. L 195 vom 1.8.2003, S. 1.

25 Vgl. etwa Bericht der Kommission an den Rat über die Umsetzung der Grundzüge der Wirtschaftspolitik 1999, KOM(2000) 143 endgültig; Bericht der Kommission über die Umsetzung der Grundzüge der Wirtschaftspolitik 2000, KOM(2001) 105 endgültig; Bericht der Kommission über die Umsetzung der Grundzüge der Wirtschaftspolitik 2001, KOM(2002) 93 endgültig; Mitteilung derte, die Grundzüge der Wirtschaftspolitik müssten konkreter und länderspezifischer ausgestaltet werden.[26]

Aus juristischer Sicht bestehen keine Bedenken gegen diese Differenzierung. Sie ist mit den Art. 98 und 99 EGV vereinbar. Schließlich verfolgen die Mitgliedstaaten ihre eigene Wirtschaftspolitik. Es liegt daher bereits aus diesem Grund nahe, die Grundzüge, an denen sie ihre Wirtschaftspolitiken auszurichten haben, länderspezifisch zu formulieren. Weiterhin ist es sachgerecht, zwischen den Staaten zu unterscheiden, die dem Euro-Währungsgebiet angehören, und denen, die ihre eigene nationale Währung behalten. Schließlich ist eine aufeinander abgestimmte Wirtschaftspolitik für die Staaten des Euro-Währungsgebietes aus den oben genannten Gründen von besonderer Bedeutung.[27] Für sie mögen aber andere wirtschaftspolitische Prioritäten gelten als für die Mitgliedstaaten mit Ausnahmeregelung.

3. Währungspolitik als Bestandteil des Verfahrens nach Art. 99 EGV

Teilweise wird angenommen, im Verfahren nach Art. 99 EGV könne auch die Wechselkurspolitik der Mitgliedstaaten mit Ausnahmeregelung koordiniert werden.[28] Dem kann jedoch so nicht zugestimmt werden.[29] Zwar ist richtig, dass die Wechselkurspolitik ein Teilbereich der Wirtschaftspolitik ist.[30] Das spricht an sich dafür, auch die Wechselkurspolitik in das Koordinierungsverfahren nach Art. 99 EGV einzubeziehen. Dasselbe gilt für die Geldpolitik. Auch sie gehört zur Wirtschaftspolitik. Es würde zudem dem Sinn und Zweck der Koordinierung der natio-

---

der Kommission über die Umsetzung der Grundzüge der Wirtschaftspolitik 2002, KOM(2003) 4 endgültig; Mitteilung der Kommission über die Umsetzung der Grundzüge der Wirtschaftspolitik 2003–2005, KOM(2004) 20 endgültig. Die differenzierende Betrachtung des Euro-Währungsgebietes einerseits und der Staaten mit Ausnahmeregelung andererseits findet sich etwa auch im Jahreswirtschaftsbericht 1999, KOM(1999) 7 endg., sowie in verschiedenen Mitteilungen der Kommission, vgl. etwa „Die Wirtschaft der EU: Bilanz 2002“, KOM(2002), 712 endgültig, „Die Wirtschaft der EU: Bilanz 2003“, KOM(2003), 729 endgültig, „Die Wirtschaft der EU: Bilanz 2004“, KOM(2004), 723 endgültig, aber auch die „Mitteilung der Kommission über die verstärkte wirtschaftspolitische Koordinierung im Euro-Gebiet“, KOM(2001) 82 endgültig, und „Das Euro-Gebiet innerhalb der Weltwirtschaft“, KOM(2002) 332 endgültig.

26 Vgl. Punkt 4 der Entschließung des Europäischen Rates vom 13. Dezember 1997 über die wirtschaftspolitische Koordinierung in der dritten Stufe der WWU und zu den Artikeln 109 und 109b, ABl. EG Nr. C 35, S. 1.

27 Siehe dazu oben S. 239. Auch *Hattenberger*, (Fn. 2), Art. 99 EGV Rdnr. 8, weist auf den Zusammenhang mit der genannten Entschließung hin.

28 So etwa *Bandilla*, in: *Grabitz/Hilf* (Hrsg.), Das Recht der Europäischen Union, EL 11, Art. 109m EGV Rdnr. 4, und wohl auch *Häde*, (Fn. 1), Art. 124 EG-Vertrag Rdnr. 2.

29 So auch *Hattenberger*, (Fn. 2), Art. 98 EGV Rdnr. 5; *Schill*, (Fn. 4), Art. 98–100 EGV Rdnr. 1. Im Ergebnis wohl auch *Schulze-Steinen*, (Fn. 2), S. 48. In Bezug auf die Rechtslage unter dem EWG-Vertrag bereits *Seidel*, Institutionelle und rechtliche Probleme des Europäischen Währungssystems (EWS), Integration 1981, S. 67 (70 f.). Vom Grundsatz her auch *Bandilla*, (Fn. 4), Art. 98 EGV Rdnr. 4, vgl. aber Fn. 38.

30 In diesem Sinne etwa *Seidel*, Das EWS im Gemeinschaftsrecht – Pflichten und Rechte der Mitgliedstaaten, in: *Scharrer/Wessels* (Hrsg.), Das Europäische Währungssystem, S. 470, sowie die in den Fn. 28 und 29 genannten Nachweise.

nalen Wirtschaftspolitiken nach Art. 99 EGV entsprechen, auch die Geld- und die Wechselkurspolitik zu berücksichtigen. Denn die Grundzüge der Wirtschaftspolitik können ihre Aufgabe, den Rahmen für die Wirtschaftspolitik der Mitgliedstaaten vorzugeben, sicherlich am effektivsten erfüllen, wenn sie auf alle Bereiche der Wirtschaftspolitik eingehen. Und schließlich spricht der enge Zusammenhang zwischen der Währungs- und der Wirtschaftspolitik im Übrigen dafür, beide Politikbereiche in den Grundzügen zu koordinieren. Denn eine restriktive oder eine expansive Geldpolitik wirkt sich unter Umständen erheblich auf die wirtschaftspolitischen Rahmenbedingungen im Übrigen aus.[31] Umgekehrt kann aber etwa auch eine Wirtschaftspolitik, die nicht auf die Stabilität der Währung bedacht ist, erheblichen Einfluss auf die Währungspolitik haben.[32] Insbesondere kann sie inflationsfördernd sein.[33]

Dieser Wechselbeziehung zwischen Währungs- und Wirtschaftspolitik im Übrigen kommt in der Wirtschafts- und Währungsunion eine besondere Bedeutung zu. Denn die Wirtschaftspolitik der Mitgliedstaaten muss ausdrücklich auch auf die Einhaltung einiger währungspolitischer Grundsätze ausgerichtet sein. Insbesondere müssen die Mitgliedstaaten die Grundsätze stabile Preise, gesunde monetäre Rahmenbedingungen sowie eine dauerhaft finanzierbare Zahlungsbilanz einhalten. Die Wirtschaftspolitiken der Mitgliedstaaten müssen mit anderen Worten unter anderem auch die Währungspolitik berücksichtigen. Sie dürfen beispielsweise nicht nur auf ein möglichst starkes Wirtschaftswachstum ausgerichtet sein. Daher können auch die Grundzüge der Wirtschaftspolitik die Währungspolitik nicht außer Betracht lassen. Schließlich bilden sie gerade den Rahmen, an dem die Mitgliedstaaten ihre Wirtschaftspolitiken ausrichten. Sie müssen mithin den Mitgliedstaaten einen Rahmen vorgeben, der auch die währungspolitischen Grundsätze berücksichtigt, an denen die Mitgliedstaaten ihre Wirtschaftspolitiken auszurichten haben. Das impliziert, dass die wirtschaftspolitischen Grundentscheidungen, die in den Grundzügen zum Ausdruck kommen, auf ihre währungspolitischen Wirkungen hin bewertet und mit Blick auf diese verabschiedet werden. Genau das geschieht auch in der Praxis. Seit 1993 enthalten alle Grundzüge der Wirtschaftspolitik Aussagen zu den Maßnahmen, die von den Mitgliedstaaten getroffen werden sollen, um die in Art. 4 Abs. 3 EGV genannten währungspolitischen Grundsätze einzuhalten.[34]

---

31 Siehe dazu die Nachweise oben in Fn. 19.
32 A.a.O. (Fn. 31).
33 A.a.O. (Fn. 31).
34 Hinweise zur Geld- und Wechselkurspolitik finden sich in den Empfehlungen des EG-Rates zu den Grundzügen der Wirtschaftspolitik seit 1993. Lediglich in den 2003 verabschiedeten Grundzügen finden sich keine Ausführungen zur Wechselkurspolitik. Vgl. Empfehlung des Rates vom 22. Dezember 1993 über die Grundzüge der Wirtschaftspolitik der Mitgliedstaaten und der Gemeinschaft, ABl. EG Nr. L 7 vom 11.1.1994, S. 7; Empfehlung des Rates vom 11. Juli 1994 über die Grundzüge der Wirtschaftspolitik der Mitgliedstaaten und der Gemeinschaft, ABl. EG Nr. L 200 vom 3.8.1994, S. 38; Empfehlung des Rates vom 10. Juli 1995 über die Grundzüge der Wirtschaftspolitik der Mitgliedstaaten und der Gemeinschaft, ABl. EG Nr. L 191 vom 12.8.1995, S. 24; Empfehlung des Rates vom 8. Juli 1996 über die Grundzüge der Wirtschaftspolitik der Mitglied-

Unzulässig ist es allerdings, die Währungspolitik selbst im Verfahren nach Art. 99 EGV zu koordinieren und zu überwachen. Denn die Währungspolitik ist nicht Teil der Wirtschaftspolitik im Sinne der Art. 98 und 99 EGV.[35] Für die Staaten des Euro-Währungsgebietes ergibt sich das bereits daraus, dass die Währungspolitik nicht mehr in ihre nationale Kompetenz fällt. Für die Währungspolitik des Euro-Währungsgebietes ist vielmehr die Gemeinschaft ausschließlich zuständig.[36] Insoweit gibt es also keine Wirtschaftspolitik der Mitgliedstaaten mehr, die im Verfahren nach Art. 99 EGV koordiniert und überwacht werden könnte. Daher können die Grundzüge der Wirtschaftspolitik, soweit sie das Euro-Währungsgebiet betreffen, den Mitgliedstaaten nur vorgeben, durch ihre Wirtschaftspolitik die Währungspolitik der Gemeinschaft zu unterstützen, in dem sie insbesondere auf die in Art. 4 Abs. 3 EGV genannten Grundsätze ausgerichtet sind. Spezifische währungspolitische Koordinierungs- und Überwachungsmaßnahmen sind dagegen weder zulässig noch möglich.

Dasselbe gilt im Prinzip für die Staaten mit Ausnahmeregelung. Auch ihre Geld- und Wechselkurspolitik kann nicht im Verfahren nach Art. 99 EGV koordiniert und überwacht werden. Zulässig ist nur, ihre Wirtschaftspolitik im Übrigen auf die in Art. 4 Abs. 3 EGV genannten währungspolitischen Grundsätze auszurichten. Der Rahmen für ihre Wirtschaftspolitik ist also mit anderen Worten auch mit Blick auf die Auswirkungen zu bestimmen, die sich aus ihm für die Währungspolitik ergeben. Dass die Währungspolitik selbst nicht Gegenstand des Verfahrens nach Art. 99 EGV ist, ergibt sich allerdings aus anderen Gründen als für die Staaten des Euro-Währungsgebietes. Denn die Mitgliedstaaten mit Ausnahmeregelung sind weiterhin für ihre Geld- und Wechselkurspolitik verantwortlich.[37] Als Teilbereiche der Wirtschaftspolitik könnten sie daher an sich im Verfahren nach Art. 99 EGV koordiniert und überwacht werden. Dass das nicht möglich ist, hat überwiegend systematische Gründe.[38]

Zunächst ist die Wechselkurspolitik der Staaten mit Ausnahmeregelung in Art. 124 EGV gesondert geregelt.[39] Diese Norm sieht jedoch keine Koordination und Überwachung der Wechselkurspolitik vor. Sie erklärt die Wechselkurspolitik der Mitgliedstaaten mit Ausnahmeregelung lediglich zu einer Angelegenheit von gemeinsamem Interesse. Allein diese von Art. 99 EGV gesonderte und zudem abweichende Regelung schließt aus, die Wechselkurspolitik im Verfahren nach Art. 99 EGV zu

---

staaten und der Gemeinschaft, ABl. EG Nr. L 179 vom 18.7.1996, S. 46; Empfehlung des Rates vom 7. Juli 1997 über die Grundzüge der Wirtschaftspolitik der Mitgliedstaaten und der Gemeinschaft, ABl. EG Nr. L 209 vom 2.8.1997, S. 12. Zu den Grundzügen ab 1998 vgl. die Nachweise in Fn. 24.

35 Vgl. die in Fn. 29 genannten Nachweise.

36 Siehe dazu bereits Teil I, § 3, S. 23 ff., sowie ausführlich in den §§ 5 und 6.

37 Vgl. dazu oben § 5 und § 6.

38 Vgl. *Bandilla*, (Fn. 4), Art. 98 EGV Rdnr. 4, nach dem die Währungspolitik der Staaten mit Ausnahmeregelung nicht unter Art. 99 EGV fällt, der jedoch gleichwohl annimmt, die Wechselkurspolitik dieser Staaten könne Gegenstand der Koordinierung und Überwachung der Wirtschaftspolitik nach Art. 99 EGV sein (vgl. Fn. 28).

39 Zu Art. 124 EGV ausführlich oben § 6, S. 200 ff.

koordinieren und zu überwachen. Ein Verständnis, nach dem die Wechselkurspolitik Teil der Wirtschaftspolitik in Art. 99 EGV ist, würde zudem Art. 124 EGV weitgehend überflüssig machen. Denn auch die Wirtschaftspolitik ist nach Art. 99 Abs. 1 EGV eine Angelegenheit von gemeinsamem Interesse. Wäre die Wechselkurspolitik Teil der Wirtschaftspolitik im Sinne des Art. 99 EGV, hätte in Art. 124 EGV nicht gesondert festgelegt werden müssen, dass auch die Wechselkurspolitik eine Angelegenheit von gemeinsamem Interesse ist.

Weiterhin spricht gegen die Annahme, die Wechselkurspolitik der Staaten mit Ausnahmeregelung könne im Verfahren nach Art. 99 EGV koordiniert und überwacht werden, dass der EG-Vertrag systematisch die Währungspolitik von der Wirtschaftspolitik im Übrigen trennt.[40] Das gilt bereits für Art. 4 EGV, der das Vertragsziel, eine Wirtschafts- und Währungsunion zu errichten, konkretisiert und in seinem Absatz 1 Regelungen zur Wirtschafts- und in seinem Absatz 2 zur Währungspolitik enthält. Es trifft aber auch für das Kapitel VII des EG-Vertrages zu, in dem die wirtschafts- und währungspolitischen Vorschriften des EG-Vertrages enthalten sind. In dessen Kapitel 1 ist die Wirtschaftspolitik und dessen Kapitel 2 die Währungspolitik geregelt. Dass Art. 124 EGV im Kapitel 4 („Übergangsbestimmungen") und nicht im Kapitel 2 enthalten ist, erklärt sich daraus, dass diese Vorschrift nicht mehr anwendbar ist, sobald alle Mitgliedstaaten den Euro eingeführt haben (vgl. Art 124 Abs. 2 EGV). Es handelt sich also um eine Übergangsvorschrift für den Fall des Bestehens einer Ausnahmeregelung. Dass die Wechselkurspolitik ein Teilbereich der Währungspolitik ist und Art. 124 EGV mithin systematisch im Zusammenhang mit der Währungspolitik steht, dürfte unstreitig sein. Es besteht aber kein Anhaltspunkt dafür, dass die strikte systematische Trennung der Wirtschaftspolitik und der Währungspolitik für den Bereich der Wechselkurspolitik der Staaten mit Ausnahmeregelung nicht besteht. Die Wechselkurspolitik gehört also nicht zur Wirtschaftspolitik im Sinne der Art. 98 und 99 EGV. Ebenso ist auf Grund der strengen systematischen Unterscheidung zwischen der Währungs- und der Wirtschaftspolitik im Übrigen auch die Geldpolitik der Staaten mit Ausnahmeregelung nicht Gegenstand des Überwachungsverfahrens nach Art. 99 EGV.

Abschließend bleibt allerdings darauf hinzuweisen, dass unbeschadet der vorstehenden Ausführungen keine Bedenken dahingehend bestehen, dass die Gemeinschaft zu wechselkurspolitischen Entscheidungen dieser Staaten Stellung nimmt. Sie hat das Recht, sich mit der Wechselkurspolitik dieser Mitgliedstaaten zu befassen.[41] Das ergibt sich aus Art. 124 EGV. Allerdings darf sie das aus den genannten Gründen nicht im Rahmen des Verfahrens nach Art. 99 EGV. Will sie, etwa aus Gründen der Zweckmäßigkeit, die Positionen der Gemeinschaft zur Wechselkurspolitik der Staaten mit Ausnahmeregelung gleichwohl in die Grundzüge aufnehmen, müssen sie auch auf der Grundlage des Art. 124 EGV erlassen werden. Außerdem kann die Gemeinschaft auch zur Geldpolitik der Staaten mit Ausnahmeregelung Stellung

40 So im Ergebnis auch die in Fn. 29 genannten Nachweise.
41 Dazu oben § 6, S. 200 ff.

nehmen.[42] Sollte sie Stellungnahmen zur Geldpolitik dieser Staaten in die Grundzüge der Wirtschaftspolitik integrieren wollen, müsste sie aber wiederum deutlich machen, dass sie bei ihrem Erlass nicht nur auf Art. 99 Abs. 2 EGV zurückgegriffen hat.

Zusammenfassend lässt sich daher feststellen, dass in den Grundzügen der Wirtschaftspolitik die Währungspolitik der Staaten mit Ausnahmeregelung nicht koordiniert werden kann. Zulässig ist nur, die Wirtschaftspolitik dieser Mitgliedstaaten im Übrigen im Hinblick darauf zu bewerten und zu verabschieden, dass die in Art. 4 Abs. 3 EGV genannten währungspolitischen Grundsätze eingehalten werden. Spezifisch währungspolitische Maßnahmen dürfen die Grundzüge der Wirtschaftspolitik allerdings nicht enthalten. Da Art. 99 EGV also nicht dazu ermächtigt, die Geld- und Wechselkurspolitik der Staaten mit Ausnahmeregelung zu koordinieren und zu überwachen, dürfen diese Politikbereiche auch nicht Gegenstand von Rechtsakten sein, die auf der Grundlage des Art. 99 Abs. 5 EGV erlassen werden und die Einzelheiten des Verfahrens nach Art. 99 EGV regeln.

II. Konkretisierung durch die Verordnung (EG) Nr. 1466/97

Das Verfahren zur Koordination und Überwachung der Wirtschaftspolitiken der Mitgliedstaaten und der Gemeinschaft ist insbesondere durch die auf der Grundlage des Art. 99 Abs. 5 EGV erlassene und 2005 geänderte Verordnung (EG) Nr. 1466/97[43] konkretisiert und näher ausgestaltet worden. Diese Verordnung ist Teil des so genannten Stabilitäts- und Wachstumspaktes, der bereits in der zweiten Stufe vor allem auf deutsches Betreiben hin abgeschlossen worden ist.[44] Der Pakt sollte die Stabilität des Euro zusätzlich zu den primärrechtlichen Vorkehrungen dadurch absichern, dass er die Verfahren zur Koordination und Überwachung der Wirtschaftspolitiken einerseits (Art. 99 EGV) und der Haushaltsdisziplin (Art. 104 EGV)[45] andererseits verbessert.[46] Er besteht neben der bereits genannten Verordnung (EG)

---

42 Siehe dazu ausführlich oben § 5, S. 104 ff. und S. 115 ff. und § 7.

43 Verordnung (EG) Nr. 1466/97 vom 7. Juli 1997 über den Ausbau der haushaltspolitischen Überwachung und der Überwachung und Koordinierung der Wirtschaftspolitiken, ABl. EG Nr. L 209 vom 2.8.1997, S. 1, geändert durch Verordnung (EG) Nr. 1055/2005 des Rates vom 27. Juni 2005, ABl. EU Nr. L 174 vom 7.7.2005, S. 1. Zur Frage der Weitergeltung der Entscheidung des Rates vom 12. März 1990 zur Erreichung einer schrittweisen Konvergenz der Politiken und der wirtschaftlichen Ergebnisse während der ersten Stufe der Wirtschafts- und Währungsunion, ABl. EG Nr. L 78 vom 24.3.1990, S. 23, sowie deren Verhältnis zur Verordnung (EG) Nr. 1466/97 siehe *Hattenberger*, (Fn. 2), Art. 99 EGV Rdnr. 11; *Kempen*, (Fn. 2), Art. 99 EGV Rdnr. 16 ff.

44 Zur Entstehung des Stabilitäts- und Wachstumspaktes grundlegend *Blumenwitz/Schöbener*, (Fn. 4), S. 1 ff., und *Hahn*, Der Stabilitätspakt für die Europäische Währungsunion – Das Einhalten der Defizit-Obergrenze als stete Rechtspflicht, S. 3 ff.; *Konow*, Der Stabilitäts- und Wachstumspakt, S. 36 ff.

45 Zu diesem Verfahren unten S. 201 ff.

46 Grundlegend zum Stabilitäts- und Wachstumspakt vgl. *Amtenbrink/de Haan*, Economic governance in the European Union: Fiscal policy discipline versus flexibility, CMLR 2003, S. 1075 ff.; *dies./Sleijpen*, Stability and Growth Pact: Placebo or Panacea?, European Business Law Review 1997,

Nr. 1466/97 aus einer Entschließung des Europäischen Rates[47], der ebenfalls 2005 geänderten Verordnung (EG) Nr. 1467/97[48] sowie einem vom Europäischen Rat im März 2005 gebilligten Bericht des ECOFIN-Rates[49], auf den die Änderungen der beiden genannten Verordnungen zurückgehen.

Der Entschließung des Europäischen Rates kommt vor allem als politische Selbstverpflichtung Bedeutung zu.[50] Sie bringt zum Ausdruck, dass sich die Mitgliedstaaten, der EG-Rat und die Kommission zu einer Reihe von Maßnahmen verpflichtet haben, die überwiegend das Ziel haben, die Verfahren zur Koordinierung und Überwachung der Wirtschaftspolitik bzw. der Haushaltspolitik effektiv und zügig durchzuführen sowie auf eventuelle Fehlentwicklungen in der Wirtschafts- bzw. der Haushaltspolitik angemessen zu reagieren. Die Verordnung (EG) Nr. 1467/97 betrifft ausschließlich das Haushaltsüberwachungsverfahren nach Art. 104 EGV. Auf sie ist an späterer Stelle im Zusammenhang mit dieser Vorschrift einzugehen.[51]

S. 202 ff. (Teil I), und S. 233 ff. (Teil II); *Blumenwitz/Schöbener*, (Fn. 4), S. 1 ff.; *Buchmüller/Marte*, Der Stabilitätspakt auf dem Prüfstand, Wirtschaftsdienst 2004, S. 261 ff.; *Europäische Zentralbank*, Die Umsetzung des Stabilitäts- und Wachstumspaktes, Monatsbericht, Mai 1999, S. 49 ff.; *Häde*, Ein Stabilitätspakt für Europa?, EuZW 1996, S. 138 ff.; *ders.*, Rechtliche Aspekte der Europäischen Währungsunion, in: *Heinemann* (Hrsg.), Europäische Währungsunion und Kapitalmärkte, S. 50 ff.; *ders.*, (Fn. 1), Art. 104 EG-Vertrag Rdnr. 88 ff.; *Hahn*, Der Stabilitätspakt für die Europäische Währungsunion, JZ 1997, S. 1133 ff.; *Konow*, (Fn. 44), S. 55 ff.; *Kuschnick*, Die Währungsunion und der Stabilitätspakt von Amsterdam, DZWir 1997, S. 315 ff.; *Lienemeyer*, Die Sanktionen des Stabilitätspaktes und ihre Vereinnahmung, EWS 1997, S. 257 ff.; *Louis*, The Economic and monetary union: law and institutions, CMLR 2004, S. 575 (577); *Martenczuk*, Der Europäische Rat und die Wirtschafts- und Währungsunion, S. 160 ff.; *ders.*, Der Bruch des Stabilitäts- und Wachstumspaktes, EuZW 2004, S. 71 ff.; *Palm*, (Fn. 4), S. 142 ff.; *Schröder*, Verschuldenslizenzen als Alternative zum Stabilitäts- und Wachstumspakt, Wirtschaftsdienst 1999, S. 412 ff.; *Selmayr*, (Fn. 2), S. 351; *Steuer*, Der Europäische Stabilitäts- und Wachstumspakt, in: *Caesar/Scharrer* (Hrsg.), Die Europäische Wirtschafts- und Währungsunion: regionale und globale Herausforderungen, S. 87 ff.; *Streinz/Ohler/Herrmann*, Totgesagte leben länger – oder doch nicht?, NJW 2004, S. 1553 ff.; *Sutter*, Der Stabilitäts- und Wachstumspakt in der Europäischen Währungsunion, S. 15 ff. Siehe zudem das Urteil des EuGH in der Rechtssache C-27/04. Zu dieser Entscheidung ausführlich *Häde*, (Fn. 8), S. 750 ff.

47 Entschließung des Europäischen Rates über den Stabilitäts- und Wachstumspakt vom 17. Juni 1997, ABl. EG Nr. C 236 vom 2.8.1997, S. 1. Im Zusammenhang mit dem Stabilitäts- und Wachstumspakt steht auch die Entschließung des Europäischen Rates über Wachstum und Beschäftigung vom 16. Juni 1997, ABl. EG Nr. C 236 vom 2.8.1997, S. 3. Vgl. *Aschinger*, Probleme auf dem Weg zum Euro, Wirtschaftsdienst 1997, S. 580 (584); *Martenczuk*, (Fn. 46), S. 165 f. Anders allerdings *Glomb*, Die Euro-11-Gruppe – Eine europäische Wirtschaftsregierung?, in: *Caesar/Scharrer* (Hrsg.), Ökonomische und politische Dimensionen der Europäischen Wirtschafts- und Währungsunion, S. 58.

48 Verordnung (EG) Nr. 1467/97 über die Beschleunigung und Klärung des Verfahrens bei einem übermäßigen Defizit, ABl. EG Nr. L 209 vom 2.8.1997, S. 6, geändert durch Verordnung (EG) Nr. 1056/2005 des Rates vom 27. Juni 2005, ABl. EU Nr. L 174 vom 7.7.2005, S. 5.

49 *Europäischer Rat*, Tagung am 22./23. März in Brüssel, Anlage II der Schlussfolgerungen des Vorsitzes.

50 Ähnlich *Europäische Zentralbank*, (Fn. 46), S. 453; *Häde*, (Fn. 1), Art. 104 EG-Vertrag Rdnr. 92 ff.; *Hahn*, (Fn. 46), S. 1135 f. Ausführlich zu den Bindungswirkungen der Entschließung *Martenczuk*, (Fn. 46), S. 165 f. Zur rechtlichen Bedeutung von Entschließungen des Europäischen Rates vgl. zudem die Nachweise in § 6, Fn. 156.

51 Siehe unten S. 261 ff.

Die Verordnung (EG) Nr. 1466/97 enthält konkrete Vorgaben zur Durchführung des Verfahrens der multilateralen Überwachung der Wirtschaftspolitiken der Mitgliedstaaten nach Art. 99 EGV (vgl. Präambel sowie Art. 3 Abs. 1 VO Nr. 1466/97). Inhaltlich unterscheidet sie in weiten Teilen zwischen den Mitgliedstaaten des Euro-Währungsgebietes einerseits und denen, die ihm nicht angehören, andererseits. Die Staaten des Euro-Währungsgebietes werden durch sie verpflichtet, so genannte Stabilitätsprogramme zu erstellen (vgl. Art. 3 ff. VO Nr. 1466/97). Die Mitgliedstaaten, die ihre eigene nationale Währung behalten, müssen dagegen so genannte Konvergenzprogramme vorlegen (vgl. Art. 7 ff. VO Nr. 1466/97). Diese Verpflichtungen bilden den Kern der Bestimmungen der Verordnung. An sie knüpft ihr gesamter übriger Regelungsgehalt an. Mit ihr verfolgt die Gemeinschaft insbesondere zwei Ziele (vgl. Art. 1 VO Nr. 1466/97). Erstens unterstützen die Stabilitäts- und Konvergenzprogramme die Mitgliedstaaten dabei, ihren Verpflichtungen aus Art. 104 Abs. 1 EGV nachzukommen. Denn sie sollen dazu beitragen, das Entstehen eines übermäßigen Haushaltsdefizits zu verhindern.[52] Und zweitens sollen sie die Koordinierung der Wirtschaftspolitik fördern.

Zwar unterscheidet die Verordnung (EG) Nr. 1466/97 sprachlich und auch systematisch deutlich zwischen den Stabilitäts- und den Konvergenzprogrammen. Sie sind nicht nur unterschiedlich bezeichnet, sondern auch in eigenen Abschnitten der Verordnung geregelt. Gleichwohl entsprechen sie sich sowohl in ihrer Zielsetzung als auch in ihren Inhalten weitgehend. Ebenso unterscheidet sich das Verfahren, in dem überprüft wird, ob die Programme eingehalten werden, im Wesentlichen nicht. Die Vorschriften der Verordnung zu beiden Programmen können daher nachfolgend gemeinsam dargestellt werden.

Die Stabilitäts- und Konvergenzprogramme sind eine „wesentliche Grundlage für Preisstabilität und für ein starkes, nachhaltiges und der Schaffung von Arbeitsplätzen förderliches Wachstum" (vgl. Art. 3.1. und 7.1. VO Nr. 1466/97). In dieser Formulierung kommt erneut zum Ausdruck, dass die Wirtschaftspolitik der Mitgliedstaaten zwar über Art. 4 Abs. 3 EGV darauf verpflichtet ist, die Preisstabilität zu wahren, dieses Ziel aber nicht vorrangig, sondern nur als eines unter einer Reihe anderer wichtiger wirtschaftspolitischer Zielsetzungen verfolgen muss.[53] Art. 1 VO Nr. 1466/97 stellt insoweit das Ziel eines nachhaltigen Wachstums, das die Schaffung von Arbeitsplätzen fördert, gleichrangig neben das Ziel der Preisstabilität. Gleichzeitig verpflichtet diese Vorschrift die Wirtschaftspolitik der Mitgliedstaaten auf die in ihr aufgezählten ökonomischen Ziele. Denn die Mitgliedstaaten definieren in den Programmen wesentliche wirtschaftspolitische Grundentscheidungen, die von ihnen verfolgt werden. Das kommt vor allem darin zum Ausdruck, dass die Programme nach Art. 1 VO Nr. 1466/97 „eine wesentliche Grundlage" für die Erreichung der drei genannten wirtschaftspolitischen Ziele sind.

---

52 Zu den Verpflichtungen aus Art. 104 EGV ausführlich unten S. 261 ff.
53 Dazu oben S. 243 f.

Die Verordnung (EG) Nr. 1466/97 legt recht detailliert fest, welche Angaben die Stabilitäts- und Konvergenzprogramme enthalten müssen. Zunächst müssen sie insbesondere ein mittelfristiges Haushaltsziel benennen und einen Weg aufzeichnen, auf dem dieses Ziel erreicht werden soll (vgl. Art. 3 Abs. 2 lit. a), Art. 7 lit. a) VO Nr. 1466/97). Den Begriff des mittelfristigen Haushaltsziels definiert die Verordnung in ihrem Art. 2a. In die Konvergenzprogramme sind zusätzlich bestimmte Angaben aufzunehmen, die im Zusammenhang mit den Konvergenzkriterien[54] stehen (vgl. Art. 7 Abs. 2 lit. a) VO Nr. 1466/97). Welche das sind, benennt die Verordnung ausdrücklich. Danach müssen sie Angaben über das mittelfristige geldpolitische Ziel und die Beziehung dieses Ziels zur Preis- und Wechselkursstabilität enthalten (Art. 7 Abs. 2 lit. a) VO Nr. 1466/97). Weiterhin müssen sowohl die Stabilitäts- als auch die Konvergenzprogramme konkrete Angaben darüber enthalten, wie sich die wirtschaftliche Lage voraussichtlich entwickeln wird (vgl. Art. 3 Abs. 2 lit. b), Art. 7 Abs. 2 lit. b) VO Nr. 1466/97). Die vorstehend genannten Angaben, die in den Programmen enthalten sein müssen, sind auf Jahresbasis zu erstellen (vgl. Art. 3 Abs. 3, Art. 7 Abs. 3 VO Nr. 1466/97). Sie müssen zudem neben dem laufenden Jahr, auch das vergangene und mindestens die drei folgenden Jahre umfassen. Darüber hinaus ist in den Programmen auch darzustellen, durch welche Maßnahmen deren Ziele erreicht werden sollen und wie sich die wichtigsten Maßnahmen auf den Haushalt auswirken (vgl. Art. 3 Abs. 2 lit. c), Art. 7 Abs. 2 lit. c) VO Nr. 1466/97). Schließlich ist zu berücksichtigen, welche Konsequenzen es hat, wenn sich die ökonomischen Annahmen, die den Programmen zu Grunde liegen, ändern (vgl. Art. 3 Abs. 2 lit. d), Art. 7 Abs. 2 lit. d) VO Nr. 1466/97).

Die Konvergenz- und Stabilitätsprogramme sind jährlich jeweils bis zum 1. März zu aktualisieren und von den Mitgliedstaaten zu veröffentlichen (Art. 4, Art. 8 VO Nr. 1466/97). Ein Mitgliedstaat, für den der EG-Rat im Verfahren nach Art. 122 Abs. 2 EGV festgestellt hat, dass er nunmehr die Voraussetzungen für die Einführung der gemeinsamen Währung erfüllt[55], muss innerhalb von sechs Monaten nach der entsprechenden Entscheidung erstmalig ein Stabilitätsprogramm vorlegen (Art. 4 Abs. 1 S. 2 VO Nr. 1466/97).

Die Stabilitäts- und Konvergenzprogramme werden durch den EG-Rat nach Vorarbeiten durch die Kommission und den Wirtschafts- und Finanzausschuss unter verschiedenen Aspekten bewertet (vgl. Art. 5, Art. 9 VO Nr. 1466/97). Die Konvergenzprogramme bewertet er darüber hinaus dahingehend, ob sie geeignet sind, eine dauerhafte Konvergenz zu erreichen (vgl. Art. 9 Abs. 1 UAbs. 2 VO Nr. 1466/97).

Das Überprüfungsverfahren ist innerhalb von drei Monaten abzuschließen (Art. 5 Abs. 2, Art. 9 Abs. 2 VO Nr. 1466/97). Kommt der EG-Rat zu der Auffassung, „dass die Ziele und Inhalte des Programms" nicht anspruchsvoll genug sind, empfiehlt er dem betroffenen Mitgliedstaat, das Programm anzupassen (Art. 5 Abs. 2, Art. 9 Abs. 2 VO Nr. 1466/97). Die aktualisierten Programme werden vom Wirtschafts- und

---

54 Zur Bedeutung der Konvergenzkriterien siehe unten § 9, S. 274 ff.
55 Zu diesem Verfahren ausführlich unten § 9.

Finanzausschuss überprüft (Art. 5 Abs. 3, Art. 9 Abs. 3 VO Nr. 1466/97). Allerdings kann auch der EG-Rat „gegebenenfalls“ eine entsprechende Überprüfung vornehmen (Art. 5 Abs. 3, Art. 9 Abs. 3 VO Nr. 1466/97). Die Verordnung lässt aber offen, unter welchen Voraussetzungen das der Fall ist. Die Entscheidung, die Überprüfung selbst vorzunehmen, steht also in seinem Ermessen.

Die Umsetzung der Programme verfolgt der EG-Rat im Rahmen der Überwachung der Wirtschaftspolitiken nach Art. 99 EGV (vgl. Art. 6 Abs. 1, Art. 10 Abs. 1 VO Nr. 1466/97). Insbesondere prüft er, ob die in den Programmen festgelegten haushaltspolitischen Ziele erreicht werden können. Die Umsetzung der Konvergenzprogramme überwacht der EG-Rat zusätzlich daraufhin, ob die Wirtschaftspolitik der Staaten mit Ausnahmeregelung auf Stabilität und die Vermeidung von Verzerrungen oder Schwankungen der Wechselkurse ausgerichtet ist (vgl. Art. 10 Abs. 1 VO Nr. 1466/97).

Stellt der EG-Rat fest, dass die haushaltpolitischen Zielsetzungen der Stabilitäts- bzw. der Konvergenzprogramme nicht eingehalten werden, weil die aktuelle Haushaltslage erheblich von den Zielvorgaben abweicht, richtet er „als frühzeitige Warnung vor dem Entstehen eines übermäßigen Defizits“ eine Empfehlung an den betroffenen Mitgliedstaat (vgl. Art. 6 Abs. 3, Art. 10 Abs. 2 VO Nr. 1466/97). Ergreift dieser daraufhin nach Ansicht des EG-Rates keine wirksamen korrigierenden Maßnahmen, richtet er auf der Grundlage des Art. 99 Abs. 4 EGV eine Empfehlung an ihn, die Vorschläge für entsprechende Maßnahmen enthält (vgl. Art. 6 Abs. 3, Art. 10 Abs. 2 VO Nr. 1466/97). Bemerkenswert ist, dass die Möglichkeiten des EG-Rates, auf ein Abweichen von den Zielen der Programme zu reagieren, nach der Verordnung auf den Bereich der Haushaltspolitik beschränkt sind. Weichen die übrigen ökonomischen Zielsetzungen hiervon ab, ist er ausschließlich auf das Verfahren nach Art. 99 Abs. 4 EGV angewiesen. Erklären lässt sich das wohl nur aus dem engen Zusammenhang des Stabilitäts- und Wachstumspaktes mit dem Haushaltsüberwachungsverfahren.[56] Offenbar liegt der Schwerpunkt in der Ausgestaltung dieses Verfahrens.

III. Ergebnis

Auch wenn eine Ausnahmeregelung besteht, sind alle Mitgliedstaaten und die Gemeinschaft verpflichtet, ihre Wirtschaftspolitik an denselben, insbesondere in Art. 98 EGV und Art. 4 Abs. 3 EGV genannten Grundsätzen auszurichten. Der EG-Vertrag sieht insoweit keine abweichenden Regelungen vor. Und auch das Verfahren, in dem die einzelnen nationalen Wirtschaftspolitiken koordiniert und überwacht werden (Art. 99 EGV), verändert sich in diesem Fall nicht.

Obwohl die Art. 98 und 99 EGV also unverändert anwendbar bleiben, ergeben sich im Anwendungsbereich beider Vorschriften gleichwohl einige Besonderheiten. Ers-

56 Zum Haushaltsüberwachungsverfahren siehe unten S. 261 ff.

tens ist zu berücksichtigen, dass die Geld- und Wechselkurspolitik der Staaten mit Ausnahmeregelung nicht in das Koordinierungs- und Überwachungsverfahren nach Art. 99 EGV einbezogen werden darf. Sie ist nicht vom Begriff der Wirtschaftspolitik im Sinne dieser Vorschrift umfasst. Das schließt allerdings nicht aus, dass sich die Gemeinschaft mit der Geld- und Wechselkurspolitik dieser Staaten befasst. Kompetenzgrundlage ist hierfür jedoch der Grundsatz, nach dem die Währungspolitik eine Angelegenheit von gemeinsamem Interesse ist, bzw. Art. 124 EGV. Zweitens unterscheiden die auf der Grundlage des Art. 99 Abs. 2 EGV erlassenen Grundzüge der Wirtschaftspolitik zwischen den Staaten, die dem Euro-Währungsgebiet angehören, und den übrigen Mitgliedstaaten. Sie enthalten für die beiden Gruppen jeweils spezifische Regelungen, die ihre besondere Situation und ihre speziellen Interessen berücksichtigen. Und schließlich enthält drittens auch die Verordnung (EG) Nr. 1466/97 unterschiedliche Regelungen für die Staaten des Euro-Währungsgebietes einerseits und die übrigen Mitgliedstaaten andererseits. Die Staaten des Euro-Währungsgebietes werden insbesondere verpflichtet, so genannte Stabilitätsprogramme vorzulegen. Die anderen Mitgliedstaaten sind hingegen zur Vorlage von Konvergenzprogrammen verpflichtet. Beide Programme unterscheiden sich inhaltlich allerdings kaum. Die Konvergenzprogramme müssen im Vergleich zu den Stabilitätsprogrammen lediglich einige zusätzliche Angaben enthalten, die im Zusammenhang mit den Konvergenzkriterien stehen. Und auch das Verfahren, in dem die Programme überprüft bzw. deren Einhaltung überwacht wird, weicht nur marginal voneinander ab. Als Ergebnis bleibt daher festzustellen, dass die Gewährung einer Ausnahmeregelung für das Verfahren der Koordinierung und Überwachung der Wirtschaftspolitiken der Mitgliedstaaten (Art. 98 und 99 EGV) bis auf einige wenige Besonderheiten ohne Folgen bleibt.

C. Gegenseitiger Beistand

I. Überblick

In bestimmten Krisensituationen, insbesondere bei gravierenden Schwierigkeiten in der Versorgung mit bestimmten Waren, kann die Gemeinschaft die betroffenen Mitgliedstaaten mit „angemessenen Maßnahmen" unterstützen (Art. 100 Abs. 1 EGV).[57] Welche Maßnahmen im Einzelnen zulässig sind, ist in Art. 100 Abs. 1 EGV nicht näher spezifiziert. In der Literatur ist jedoch anerkannt, dass diese Vorschrift der Gemeinschaft eine Vielzahl von Möglichkeiten eröffnet, auf wirtschaftliche Schwierigkeiten zu reagieren, etwa durch längerfristige konjunkturpolitische Maßnahmen.[58]

---

57 Zum Anwendungsbereich des Art. 100 Abs. 1 EGV siehe etwa *Bandilla*, (Fn. 4), Art. 100 EGV Rdnr. 2 ff.; *Häde*, (Fn. 1), Art. 100 EG-Vertrag Rdnr. 1 ff.; *Palm*, (Fn. 4), S. 177 f.; *Kempen*, (Fn. 2), Art. 100 EGV Rdnr. 2 ff.; *Smulders*, in: *von der Groeben/Schwarze* (Hrsg.), Vertrag über die Europäische Union und Vertrag zur Gründung der Europäischen Gemeinschaft, 6. Auflage (2003), Art. 100 EG Rdnr. 3 und Rdnr. 9 f.

58 Vgl. *Bandilla*, (Fn. 4), Art. 100 EGV Rdnr. 3; *Hattenberger*, (Fn. 2), Art. 100 EGV Rdnr. 2 f.

Für einen besonderen Krisenfall, bei Schwierigkeiten, die sich aus einer Naturkatastrophe oder anderen, nicht durch staatliche Maßnahmen beeinflussbaren Ereignissen ergeben, kann der EG-Rat zudem beschließen, dem betroffenen Mitgliedstaat einen finanziellen Beistand der Gemeinschaft zu gewähren (vgl. Art. 100 Abs. 2 EGV).[59] Diese Möglichkeit besteht bereits dann, wenn die Probleme zwar noch nicht eingetreten sind, aber ihr Eintritt ernstlich droht (vgl. Art. 100 Abs. 2 S. 1 EGV). Art. 100 Abs. 2 EGV steht systematisch in einem engen Zusammenhang mit dem Verbot der monetären Haushaltsfinanzierung (vgl. Art. 101 bis 103 EGV).[60] Aufgrund dieses Verbotes sind die Mitgliedstaaten selbst in Fällen größter Schwierigkeiten darauf angewiesen, finanzielle Mittel auf dem Kapitalmarkt einzuwerben. Auf monetäre Finanzierungsformen können sie nicht zurückgreifen. Um in Krisensituationen, insbesondere solchen, die sich dem Einfluss des betroffenen Mitgliedstaates entziehen, gleichwohl angemessen reagieren zu können, sieht Art. 100 Abs. 2 EGV die Möglichkeit vor, den betroffenen Mitgliedstaat seitens der Gemeinschaft finanziell zu unterstützen.

II. Verhältnis zu Art. 119 und 120 EGV

Auch Art. 100 EGV bleibt bei Bestehen einer Ausnahmeregelung uneingeschränkt auf alle Mitgliedstaaten anwendbar. Der EG-Vertrag sieht keine abweichenden Regelungen vor. Gleichwohl ergibt sich für den Anwendungsbereich des Art. 100 EGV in diesem Fall ein Problem. Denn es ist fraglich, wie er von dem der Art. 119 und 120 EGV abzugrenzen ist. Die beiden zuletzt genannten Vorschriften, die mit Beginn der dritten Stufe der Wirtschafts- und Währungsunion nur noch auf die Staaten mit Ausnahmeregelung anwendbar sind (vgl. Art. 119 Abs. 4, Art. 120 Abs. 4, Art. 122 Abs. 6 EGV), regeln detailliert, wie die Mitgliedstaaten und die Gemeinschaft auf Zahlungsbilanzschwierigkeiten reagieren können.[61] Schwierigkeiten in der Zahlungsbilanz können Ursachen haben, denen die Gemeinschaft an sich nach Art. 100 Abs. 1 EGV mit angemessenen Maßnahmen begegnen kann. Denn sie deuten wohl in der Regel auf eine wirtschaftliche Krisensituation hin, deren Ursachen unter Umständen dem Einfluss des betroffenen Staates entzogen sind. Daher scheint die Gemeinschaft einen finanziellen Beistand nach Art. 100 Abs. 2 EGV gewähren zu können, wenn ein Mitgliedstaat, für den eine Ausnahmeregelung gilt, in Zahlungsbilanzschwierigkeiten gerät.[62] Der Tatbestand dieser Vorschrift ist in diesem Fall erfüllt.

---

59 Zum Anwendungsbereich des Art. 100 Abs. 2 EGV allgemein siehe etwa *Häde*, (Fn. 1), Art. 100 EG-Vertrag Rdnr. 3 ff.; *Hattenberger*, (Fn. 2), Art. 100 EGV Rdnr. 5 f.; *Smulders*, (Fn. 57), Art. 100 EG Rdnr. 26.

60 Vgl. *Bandilla*, (Fn. 4), Art. 100 EGV Rdnr. 7; *Häde*, (Fn. 1), Art. 100 EG-Vertrag Rdnr. 3; *Smulders*, (Fn. 57), Art. 100 EG Rdnr. 9 f. Zum Verbot der monetären Haushaltsfinanzierung siehe unten S. 258 ff.

61 Zu Art. 119 und 120 EGV ausführlich oben § 6, S. 223 ff.

62 So *Kempen*, (Fn. 2), Art. 100 EGV Rdnr. 2.

Gegen ein solches Verständnis bestehen jedoch Bedenken. Die Art. 119 und 120 EGV enthalten detaillierte Regelungen zu den Möglichkeiten, wie die Gemeinschaft und die Mitgliedstaaten auf Zahlungsbilanzschwierigkeiten reagieren können.[63] Sie sehen ein Vorgehen in mehreren aufeinander aufbauenden Stufen vor, in denen jeweils komplexe Verfahrensschritte zu beachten sind, bei denen insbesondere die Mitgliedstaaten, die Kommission und der EG-Rat zusammenwirken. Während in der ersten Stufe lediglich die betroffenen Mitgliedstaaten tätig werden müssen (vgl. Art. 119 Abs. 1 EGV), kann der EG-Rat in der zweiten beschließen, dem betroffenen Mitgliedstaat einen „gegenseitigen Beistand" zu gewähren, der unter Umständen auch aus finanziellen Leistungen bestehen kann (vgl. Art. 119 Abs. 2 EGV). Gegebenenfalls, insbesondere wenn sich die Zahlungsbilanzkrise trotz des Beistands der Gemeinschaft nicht beheben lässt oder Maßnahmen der Gemeinschaft nicht schnell genug getroffen werden können, ermächtigen die Art. 119 und 120 EGV den betroffenen Mitgliedstaat zu Schutzmaßnahmen. Die Kommission hat in den Verfahren nach Art. 119 und 120 EGV zudem eine sehr starke Position. Sie hat nicht nur ein Initiativrecht. Sie kann insbesondere eine Reihe von Maßnahmen, die auf der Grundlage dieser Norm getroffen werden können, konstitutiv beschließen.

Dagegen ermächtigt Art. 100 EGV den EG-Rat lediglich zu allgemeinen Maßnahmen im Falle wirtschaftlicher Schwierigkeiten. Die Rolle der Kommission ist darauf beschränkt, für diese Maßnahmen einen Vorschlag zu unterbreiten. Die spezifischen Regeln der Art. 119 und 120 EGV würden also umgangen werden können, wenn Art. 100 EGV auch Kompetenzgrundlage für Maßnahmen im Falle von Zahlungsbilanzproblemen sein sollte. Zusammenfassend lässt sich daher feststellen, dass die Art. 119 und 120 EGV im Verhältnis zu Art. 100 EGV die spezielleren Normen sind, auf die im Falle einer Zahlungsbilanzkrise, die in einem Mitgliedstaat mit Ausnahmeregelung besteht, zurückzugreifen ist. Auf der Grundlage des Art. 100 EGV können nur Maßnahmen getroffen werden, die nicht auf die Beseitigung einer Zahlungsbilanzschwierigkeit abzielen.[64] Nicht in derselben Weise gilt das allerdings für Zahlungsbilanzkrisen des Euro-Währungsgebietes. Der EG-Vertrag enthält für den Fall, dass das Euro-Währungsgebiet in Zahlungsbilanzschwierigkeiten gerät, keine speziellen Festlegungen. Daher kommt insoweit ein Rückgriff auf Art. 100 EGV durchaus in Betracht.

III. Ergebnis

Die Gemeinschaft kann auf der Grundlage des Art. 100 EGV durch verschiedene Maßnahmen auf wirtschaftliche Krisensituationen reagieren und den Mitgliedstaaten helfen, sie zu bewältigen. Diese Vorschrift ist bei Bestehen einer Ausnahmerege-

---

63 Zu Art. 119 und 120 EGV ausführlich oben § 6, S. 223 ff.

64 Anders allerdings *Kempen*, (Fn. 2), Art. 100 EGV Rdnr. 2, der wohl die parallele Anwendbarkeit der Art. 119 f. und 100 EGV annimmt.

lung uneingeschränkt auf alle Mitgliedstaaten anwendbar. Allerdings ermächtigt sie nicht dazu, gegen Zahlungsbilanzkrisen der Mitgliedstaaten mit Ausnahmeregelung vorzugehen oder deren Folgen zu minimieren. Die Art. 119 und 120 EGV sind insoweit die spezielleren Normen.

D. Haushaltspolitische Vorschriften

I. Überblick

Der EG-Vertrag enthält eine Reihe von Vorschriften, die den Spielraum der Mitgliedstaaten in der Haushaltspolitik erheblich einschränken.[65] So sind nach Art. 101 EGV, Art. 21.1. ESZBS grundsätzlich alle Formen der Kreditgewährung einer Zentralbank an die Mitgliedstaaten untersagt.[66] Die so genannte monetäre Haushaltsfinanzierung ist mithin in der Europäischen Union unzulässig.[67] Sachlich eng begrenzte Ausnahmen gelten nur für Kreditinstitute, die im öffentlichen Eigentum stehen, und im Zusammenhang mit der Tätigkeit der Zentralbanken als Fiskalagent (vgl. Art. 101 Abs. 2 EGV, Art. 21.2. ESZBS).[68] Art. 102 EGV sichert diesen Grundsatz nochmals darüber ab, dass auch ein bevorrechtigter Zugang staatlicher Stellen zu Finanzinstituten grundsätzlich unzulässig ist.[69] Ausnahmen gelten hier nur für Maßnahmen, die aus aufsichtsrechtlichen Gründen getroffen werden (vgl. Art. 102 Abs. 1 EGV).[70] Weiterhin haftet die Gemeinschaft nicht für Verbindlichkeiten der Mitgliedstaaten (vgl. Art. 103 Abs. 1 S. 1 EGV). Und auch die Mitgliedstaaten sind nur für ihre eigenen Schulden verantwortlich, nicht aber für die anderer Staaten (vgl. Art. 103 Abs. 1 S. 2 EGV). Und schließlich enthält Art. 104 EGV direkte Vorgaben für die Haushaltspolitik der Mitgliedstaaten und ein spezielles Verfahren, in dem die Einhaltung dieser Vorgaben überwacht wird.[71]

---

65 Allgemein zu den haushaltspolitischen Vorschriften des EG-Vertrages vgl. auch die Nachweise oben in Fn. 8.
66 Zum Regelungsgehalt dieser Vorschriften ausführlich etwa *Gnan*, in: *von der Groeben/Schwarze* (Hrsg.), Vertrag über die Europäische Union und Vertrag zur Gründung der Europäischen Gemeinschaft, 6. Auflage (2003), Art. 101 EG Rdnr. 1 ff.
67 Vgl. dazu ausführlich etwa *Häde*, (Fn. 1), Art. 101 EG-Vertrag Rdnr. 1 ff.
68 Zu den Ausnahmetatbeständen ausführlich *Gnan*, (Fn. 66), Art. 102 EG Rdnr. 27 ff.
69 Zum Regelungsgehalt des Art. 102 EGV vgl. *Gnan*, (Fn. 66), Art. 102 EG Rdnr. 1 ff. Vgl. zudem die Verordnung (EG) Nr. 3604/93 des Rates vom 13. Dezember 1993 zur Festlegung der Begriffsbestimmungen für die Anwendung des Verbots des bevorrechtigten Zugangs gemäß Art. 104a des Vertrages, ABl. EG Nr. L 332 vom 31.12.1993, S. 4.
70 Dazu etwa *Gnan*, (Fn. 66), Art. 102 EG Rdnr. 10 ff.
71 Dazu ausführlich unten S. 261 ff.

II. Besonderheiten im Anwendungsbereich der Art. 101 bis 103 EGV

1. Besonderheiten im Anwendungsbereich des Art. 101 EGV

Die Art. 101 bis 103 EGV bleiben bei Bestehen einer Ausnahmeregelung uneingeschränkt auf alle Mitgliedstaaten anwendbar. Der EG-Vertrag sieht insoweit keine abweichenden Regelungen vor. Besonderheiten im Anwendungsbereich dieser Vorschriften, die aus der Gewährung einer Ausnahmeregelung resultieren und die aus diesem Grund vorliegend näher betrachtet werden müssen, ergeben sich nur wenige, erstens im Zusammenhang mit der Verordnung (EG) Nr. 3603/93[72] und zweitens im Hinblick auf Art. 103 EGV.

In der Verordnung (EG) Nr. 3603/93 werden die in den Art. 101 und 103 EGV verwendeten Rechtsbegriffe näher bestimmt. Die Verordnung definiert unter anderem auch, welche Tätigkeiten der Zentralbanken des ESZB nicht gegen das Verbot des Art. 101 EGV verstoßen (vgl. Art. 2 ff. VO Nr. 3603/93). Wenn für einen Mitgliedstaat eine Ausnahmeregelung besteht, gelten insoweit einige besondere Regelungen. Denn in diesem Fall dürfen die im ESZB verbundenen Zentralbanken unter bestimmten Voraussetzungen unmittelbar handelbare Schuldtitel eines anderen Mitgliedstaates erwerben. Bestünde in der Europäischen Union nur ein einheitliches Währungsgebiet, wären solche Geschäfte durch Art. 101 EGV verboten.[73] Denn hierdurch gewährt eine Zentralbank einem Mitgliedstaat einen Kredit, was Art. 101 EGV untersagt. Bei Bestehen einer Ausnahmeregelung liegt nach der Verordnung allerdings dann kein unmittelbarer Erwerb eines handelbaren Schuldtitels eines Mitgliedstaates vor, wenn entweder die Zentralbanken des Euro-Währungsgebietes ihn von einem Mitgliedstaat erwerben, der nicht dem Euro-Währungsgebiet angehört, oder die Zentralbank eines solchen Mitgliedstaates handelbare Schuldtitel eines Staates erwirbt, der dem Euro-Währungsgebiet angehört (vgl. Art. 2 Abs. 2 VO Nr. 3603/93). Diese Regelung erklärt sich daraus, dass weder die Preisstabilität noch die Unabhängigkeit einer Zentralbank[74] gefährdet wird, wenn sie handelbare Schuldtitel eines Staates erwirbt, für dessen Währung sie nicht die Verantwortung trägt. Um allerdings auch insoweit jede Möglichkeit auszuschließen, das Verbot aus Art. 101 EGV zu umgehen, ist ein derartiger Erwerb nur zum Zwecke der Währungsreservenverwaltung gestattet (vgl. Art. 2 Abs. 2 VO Nr. 3603/ 93). Hierin muss der Zweck einer entsprechenden Transaktion liegen. Die Finanzierung des Haushalts des Mitgliedstaates, der den Schuldtitel ausgegeben hat, darf als Motiv für das Geschäft keine Rolle spielen.

---

72 Verordnung (EG) Nr. 3603/93 des Rates vom 13. Dezember 1993 zur Festlegung der Begriffsbestimmungen für die Anwendung der in Artikel 104 und 104b Absatz 1 des Vertrages vorgesehenen Verbote, ABl. EG Nr. L 332 vom 31.12.1993, S. 1.

73 Vgl. *Häde*, (Fn. 1), Art. 101 EG-Vertrag Rdnr. 12; *Hattenberger*, (Fn. 2), Art. 104 EGV Rdnr. 5.

74 Zum Zusammenhang zwischen dem Verbot der monetären Haushaltsfinanzierung und der Inflationsrate bzw. der Unabhängigkeit einer Zentralbank etwa *Häde*, (Fn. 1), Art. 101 EG-Vertrag Rdnr. 7.

Vereinzelt wird vertreten, der Erweiterte Rat der EZB habe die Einhaltung der Verpflichtungen aus Art. 101 EGV zu überwachen.[75] Dem kann jedoch nur mit Einschränkungen gefolgt werden. Spezifische Überwachungsaufgaben im Zusammenhang mit den haushaltspolitischen Vorschriften des EG-Vertrages hat der Erweiterte Rat der EZB nicht. Weder aus dem EG-Vertrag noch aus der ESZB-Satzung ergibt sich hierfür ein Anhaltspunkt. Allerdings ist vorstellbar, dass er über seine Beratungsfunktion nach Art. 44, Art. 47.1., 1. Gs. ESZBS insbesondere Empfehlungen und Stellungnahmen zu Fragen abgibt, die im Zusammenhang mit den Art. 101 bis 104 EGV stehen. Der Bezug zu seinen Aufgaben, der für die Ausübung seines Beratungsrechts erforderlich ist[76], dürfte sich in der Regel aus der beratenden Funktion ergeben, die er bei der Vorbereitung der Aufhebung der Ausnahmeregelung hat (Art. 44 UAbs. 2 EGV). Denn die Einhaltung der Verpflichtungen aus diesen Vorschriften gehört zu den Voraussetzungen, die ein Mitgliedstaat erfüllen muss, um den Euro einführen zu können.[77]

2. Besonderheiten im Anwendungsbereich des Art. 103 EGV

Teilweise wird in der Literatur problematisiert, ob die Möglichkeiten der Gemeinschaft, durch einen finanziellen Beistand auf wirtschaftliche Schwierigkeiten zu reagieren, in einem Spannungsverhältnis zu Art. 103 EGV stehen, wonach die Gemeinschaft nicht für die Verbindlichkeiten der Mitgliedstaaten haftet.[78] Solche Beistandsmöglichkeiten sehen insbesondere die Art. 100, 119 und 120 EGV vor.[79] Jedenfalls müsse ausgeschlossen werden, dass es durch den Beistand zu einer Haftung der Gemeinschaft komme, die Art. 103 EGV ausschließe.[80] Daher sei insbesondere eine restriktive Auslegung von Art. 100 EGV erforderlich.[81] Dem ist zuzustimmen. Schließlich könnte ein Mitgliedstaat zu einem unsoliden Haushaltskurs verleitet werden, weil er auf die solidarische Unterstützung der Gemeinschaft hoffen kann, wenn er in finanzielle Schwierigkeiten gerät.[82] Das lässt sich am ehesten und am sachgerechtesten durch eine restriktive Anwendung der Vorschriften errei-

---

75 Vgl. *Gnan*, (Fn. 66), Art. 101 EG Rdnr. 47.
76 Dazu oben § 5, S. 65 ff.
77 Dazu ausführlich unten § 9.
78 Vgl. *Häde*, (Fn. 1), Art. 103 EG-Vertrag Rdnr. 7; *Palm*, (Fn. 4), S. 178 f. In diesem Sinne wohl auch *Gnan*, (Fn. 66), Art. 103 EG Rdnr. 31.
79 Zu Art. 100 EGV siehe oben S. 255 ff., zu Art. 119 und 120 EGV siehe oben § 6, S. 223 ff.
80 Vgl. *Häde*, (Fn. 1), Art. 103 EG-Vertrag Rdnr. 7.
81 Vgl. *Häde*, (Fn. 1), Art. 103 EG-Vertrag Rdnr. 7, und *Kempen*, (Fn. 2), Art. 100 EGV Rdnr. 8, für Art. 100 Abs. 2 EGV; *Hattenberger*, (Fn. 2), Art. 100 EGV Rdnr. 2 und Rdnr. 5. Für *Gnan*, (Fn. 66), Art. 103 EG Rdnr. 28 f., ergibt sich dagegen jedenfalls zwischen Art. 100 Abs. 2 EGV und Art. 103 EGV kein Spannungsverhältnis, insbesondere weil Finanzhilfen auf dieser Kompetenzgrundlage nur in Situationen möglich sind, die sich der Kontrolle des betroffenen Mitgliedstaates entziehen. Diese Argumentation vermag jedoch nicht zu überzeugen. Schließlich ist es zumindest vorstellbar, dass ein Mitgliedstaat auf Grund einer unsoliden Haushaltspolitik auf Krisensituationen, die sich seinem Einfluss entziehen, nicht mehr aus eigener Kraft reagieren kann.
82 Zum Hintergrund der Regelung in Art. 103 EGV ausführlich *Gnan*, (Fn. 66), Art. 103 EG Rdnr. 2 ff.; *Häde*, (Fn. 1), Art. 103 EG-Vertrag Rdnr. 1 f.

chen, die der Gemeinschaft ermöglichen, die Mitgliedstaaten finanziell zu unterstützen. Allerdings gilt das nicht nur für Art. 100 EGV, sondern aus denselben Gründen auch für die Art. 119 und 120 EGV. Allerdings ist darauf hinzuweisen, dass die Beistandsmechanismen nicht automatisch greifen, sondern einen entsprechenden Beschluss der Gemeinschaft erfordern. Ein Mitgliedstaat, der auf einen Beistand der Gemeinschaft vertraut, geht daher ein erhebliches Risiko ein. Die Möglichkeit, dass ein Mitgliedstaat auf Grund der Beistandsmechanismen zu einem unsoliden Haushaltskurs verleitet wird, dürfte daher bereits aus diesem Grund eine ausgesprochen theoretische sein.

Ein möglicher Konflikt zu Art. 103 EGV wird in der Literatur auch in Bezug auf die Kreditmechanismen im Rahmen des WKM II Abkommens gesehen.[83] Ein solcher Konflikt bestünde aber allenfalls dann, wenn durch die Kreditmechanismen des WKM II Abkommens den Mitgliedstaaten dauerhaft oder jedenfalls über einen signifikanten Zeitraum Liquidität zu nicht marktgerechten Bedingungen zur Verfügung gestellt wird. In diesem Fall könnte in der Tat angenommen werden, die Gemeinschaft bzw. die anderen Mitgliedstaaten würden für Verbindlichkeiten dieses Staates einstehen, weil sie über den Kredit, der zu bevorzugten Bedingungen vergeben wird, jedenfalls einen Teil seiner Schulden decken. Der Wechselkursmechanismus ermöglicht jedoch nur die Gewährung kurzfristiger Kredite, die in der Regel eine Laufzeit von drei Monaten haben und die zudem zu Marktkonditionen verzinst werden (vgl. Art. 6 ff. WKM II-Abk). Er ist insoweit mit Art. 103 EGV vereinbar.

Weitere Probleme oder Besonderheiten für die Anwendung der Art. 101 bis 103 EGV ergeben sich bei Bestehen einer Ausnahmeregelung nicht.

III. Verfahren zur Überwachung der Haushaltsdisziplin

1. Einführung in das Überwachungsverfahren

Eine erhebliche Einschränkung des Handlungsspielraums der Mitgliedstaaten im Bereich der Haushaltspolitik ergibt sich aus Art. 104 EGV. Nach dieser Vorschrift sind die Mitgliedstaaten verpflichtet, übermäßige öffentliche Defizite zu vermeiden (Art. 104 Abs. 1 EGV). Ob ein Mitgliedstaat gegen diese Verpflichtung verstößt, wird in einem mehrstufigen Verfahren überprüft (vgl. Art. 104 Abs. 2 bis Abs. 6 EGV). Wird festgestellt, dass ein übermäßiges Defizit besteht, stehen der Gemeinschaft verschiedene Möglichkeiten offen, hierauf zu reagieren (vgl. Art. 104 Abs. 7 bis Abs. 12 EGV). Unter Umständen kann sie sogar Sanktionen gegen den betroffenen Mitgliedstaat verhängen (vgl. Art. 104 Abs. 11 EGV).

Die Prüfung der Frage, ob in einem Mitgliedstaat ein übermäßiges Defizit besteht, obliegt zunächst der Kommission (vgl. Art. 104 Abs. 2 EGV). Hierzu prüft sie insbe-

---

83 Vgl. *Häde*, Währungsintegration mit abgestufter Geschwindigkeit, in: FS *Hahn*, S. 154. Zum WKM II Abkommen ausführlich oben § 6, S. 206 ff.

sondere zwei Kriterien, erstens das Verhältnis des öffentlichen Defizits zum Bruttoinlandsprodukt (Defizitkriterium) und zweitens das Verhältnis des öffentlichen Schuldenstandes zum Bruttoinlandsprodukt (Schuldenstandskriterium).[84] Überschreitet dieses Verhältnis einen bestimmten Referenzwert, ist die Kommission grundsätzlich verpflichtet, hierüber einen Bericht zu erstellen (vgl. Art. 104 Abs. 3 EGV). Die entsprechenden Referenzwerte sind in dem Protokoll über das Verfahren bei einem übermäßigen Defizit dem EG-Vertrag beigefügt (vgl. Art. 104 Abs. 2 UAbs. 2 EGV). Danach beträgt der Referenzwert für das Defizitkriterium 3 % und der für das Schuldenstandskriterium 60 % (vgl. Art. 1 des Protokolls). Allerdings reicht allein die Feststellung, dass das öffentliche Defizit eines Mitgliedstaates bzw. der Schuldenstand die Referenzwerte überschreiten, grundsätzlich nicht aus, um das Bestehen eines übermäßigen Defizits feststellen zu können.[85] Denn nach Art. 104 Abs. 2 lit. a) EGV ist das Überschreiten des Defizitkriteriums dann unschädlich, wenn die Defizitquote erheblich und laufend zurückgegangen ist und einen Wert in der Nähe des Referenzwertes erreicht hat oder wenn der Referenzwert nur ausnahmsweise und vorübergehend überschritten worden ist und in der Nähe des Referenzwertes bleibt. Die Nichteinhaltung des Schuldenstandskriteriums ist unschädlich, wenn der Schuldenstand hinreichend rückläufig ist und sich rasch genug dem Referenzwert annähert (vgl. Art. 104 Abs. 2 lit. b) EGV).

Mithin führt allein das Überschreiten eines der Referenzwerte nicht dazu, dass die Kommission nach Art. 104 Abs. 3 EGV einen Bericht erstellt. Nur wenn auch die Ausnahmetatbestände nicht einschlägig sind, erstellt die Kommission den entsprechenden Bericht. In ihm berücksichtigt sie neben der Defizitquote und dem Schuldenstand aber auch weitere ökonomische Rahmendaten (vgl. Art. 104 Abs. 3 S. 2 EGV). So soll die haushaltspolitische Lage des betroffenen Mitgliedstaates umfassend beurteilt werden können.[86] Die Kommission kann allerdings bereits dann einen Bericht erstellen, wenn sie der Ansicht ist, dass in einem Mitgliedstaat die Gefahr eines übermäßigen Defizits besteht (vgl. Art. 104 Abs. 3 S. 3 EGV).[87]

---

84 Zu den Rechtsfragen, die sich bei der Anwendung des Art. 104 EGV und insbesondere bei der Auslegung der beiden Defizitkriterien ergeben, vgl. etwa *Bandilla*, (Fn. 4), Art. 104 EGV Rdnr. 7 ff.; *Bark*, Das gemeinschaftsrechtliche Defizitverfahren, S. 62 ff.; *Becker-Neetz*, Rechtliche Probleme im Zusammenhang mit der Europäischen Währungsunion, EWS 1996, S. 369 (372 ff.); *Bleckmann*, Der Vertrag über die Europäische Union, DVBl. 1992, S. 335 (340); *Gumboldt*, Europäisches Gemeinschaftsrecht als nachhaltige Verschuldensbremse, DÖV 2005, S. 499 ff.; *Häde*, (Fn. 1), Art. 104 EG-Vertrag Rdnr. 12 ff.; *ders./Hartmann*, Monetäre Integration in Europa und Privatisierung in Deutschland, EWS 1994, S. 409 (413 ff.); *Hattenberger*, (Fn. 2), Art. 104 EGV Rdnr. 13 ff.; *Kempen*, (Fn. 2), Art. 104 EGV Rdnr. 13 ff.; *Konow*, (Fn. 44), S. 84 ff.; *Kortz*, Die Entscheidung über den Übergang in die Endstufe der Wirtschafts- und Währungsunion, S. 99 ff.; *Ongena*, in: *von der Groeben/Schwarze* (Hrsg.), Vertrag über die Europäische Union und Vertrag zur Gründung der Europäischen Gemeinschaft, 6. Auflage (2003), Art. 104 EG Rdnr. 9 ff.; *Palm*, (Fn. 4), S. 151 ff.; *Schulze-Steinen*, (Fn. 2), S. 206 ff.; *Selmayr*, (Fn. 2), S. 325 ff.

85 Zu den Ausnahmetatbeständen, unter denen eine Überschreitung der Referenzwerte unschädlich ist, ausführlich etwa *Häde*, (Fn. 1), Art. 104 EG-Vertrag Rdnr. 21 ff.; *Konow*, (Fn. 44), S. 89 ff.; *Ongena*, (Fn. 84), Art. 104 EG Rdnr. 15 ff.

86 Dazu im Einzelnen etwa *Häde*, (Fn. 1), Art. 104 EG-Vertrag Rdnr. 36 ff.; *Kempen*, (Fn. 2), Art. 104 EGV Rdnr. 24 ff.; *Schulze-Steinen*, (Fn. 2), S. 224 ff.

87 Dazu *Konow*, (Fn. 44), S. 105 ff.; *Ongena*, (Fn. 84), Art. 104 EG Rdnr. 47 ff.

Zu dem Bericht der Kommission gibt der Wirtschafts- und Finanzausschuss eine Stellungnahme ab (vgl. Art. 104 Abs. 4 EGV). Ist die Kommission daraufhin der Auffassung, dass in einem Mitgliedstaat ein übermäßiges Defizit besteht, legt sie dem EG-Rat eine entsprechende Stellungnahme vor (vgl. Art. 104 Abs. 5 EGV). Nunmehr obliegt es dem EG-Rat, sich mit der Haushaltslage in dem betroffenen Mitgliedstaat zu befassen. Er entscheidet nach Prüfung der Gesamtlage darüber, ob ein übermäßiges Defizit besteht (Art. 104 Abs. 6 EGV).[88] Kommt er zu diesem Ergebnis, richtet er Empfehlungen an diesen Staat, die zum Ziel haben, das Defizit innerhalb einer bestimmten Frist abzubauen (vgl. Art. 104 Abs. 7 EGV). Diese Empfehlungen werden zunächst nicht veröffentlicht (vgl. Art. 104 Abs. 7 S. 2 EGV). Allerdings kann der EG-Rat beschließen, sie zu veröffentlichen, wenn der betroffene Mitgliedstaat innerhalb der ihm gesetzten Frist keine Maßnahmen getroffen hat, um das übermäßige Defizit zu beseitigen (vgl. Art. 104 Abs. 8 EGV).

Leistet ein Mitgliedstaat den Empfehlungen des EG-Rates weiterhin nicht Folge, kann der EG-Rat ihn in Verzug setzen und verpflichten, innerhalb einer bestimmen Frist Maßnahmen zum Defizitabbau zu treffen (vgl. Art. 104 Abs. 9 S. 1 EGV). Er kann ihn zudem „ersuchen", in bestimmten Zeitabschnitten Berichte über die von ihm getroffenen Maßnahmen vorzulegen (vgl. Art. 104 Abs. 9 S. 2 EGV). Kommt der Mitgliedstaat den entsprechenden Beschlüssen immer noch nicht nach, kann der EG-Rat hierauf mit verschiedenen Sanktionen reagieren (vgl. Art. 104 Abs. 11 EGV).[89] Insbesondere kann er „Geldbußen in angemessener Höhe" verhängen (vgl. Art. 104 Abs. 11, 4. Gs. EGV). Entscheidungen über das Bestehen eines übermäßigen Defizits bzw. über etwaig verhängte Sanktionen werden jeweils so weit aufgehoben, wie das übermäßige Defizit korrigiert worden ist (vgl. Art. 104 Abs. 12 EGV).[90] Gegebenenfalls ist das in einer öffentlichen Erklärung festzustellen (vgl. Art. 104 Abs. 12 S. 2 EGV).

Für Beschlüsse des EG-Rates auf der Grundlage der Absätze 7 bis 9, 11 und 12 des Art. 104 EGV gelten besondere Abstimmungsregeln (vgl. Art. 104 Abs. 13 EGV).[91] Danach entscheidet der EG-Rat mit der Mehrheit von zwei Dritteln der gemäß Art. 205 EGV gewogenen Stimmen. Das Stimmrecht der betroffenen Staaten ruht. Im Übrigen ist die Möglichkeit, das Bestehen eines übermäßigen Defizits in den

---

88 Zum Prüfungsmaßstab etwa *Häde*, (Fn. 1), Art. 104 EG-Vertrag Rdnr. 43 ff.; *Kempen*, (Fn. 2), Art. 104 EGV Rdnr. 27 ff.; *Konow*, (Fn. 44), S. 121 ff.; *Schulze-Steinen*, (Fn. 2), S. 255 ff.

89 Zu den Sanktionsmöglichkeiten ausführlich etwa *Bandilla*, (Fn. 4), Art. 104 EGV Rdnr. 32 ff.; *Häde*, (Fn. 1), Art. 104 EG-Vertrag Rdnr. 53 ff.; *Hattenberger*, (Fn. 2), Art. 104 EGV Rdnr. 37 ff.; *Kempen*, (Fn. 2), Art. 104 EGV Rdnr. 36 ff.; *Konow*, (Fn. 44), S. 165 ff.; *Palm*, (Fn. 4), S. 164 ff.; *Schulze-Steinen*, (Fn. 2), S. 275 ff. Siehe zudem das Urteil des EuGH in der Rechtssache C-27/04, das grundlegende Fragen im Zusammenhang mit der Anwendung des Art. 104 EGV klärt. Zu dieser Entscheidung ausführlich *Häde*, (Fn. 8), S. 750 ff.; *Henseler*, Galgenfrist für den Stabilitätspakt, ZEuS 2004, S. 514 ff.; *Nicolaysen*, Der EuGH zum Defizitverfahren nach Art. 104 EGV und dem Stabilitätspakt, DVBl. 2004, S. 1321 ff.

90 Vgl. *Häde*, (Fn. 1), Art. 104 EG-Vertrag Rdnr. 61 f.; *Hattenberger*, (Fn. 2), Art. 104 EGV Rdnr. 48 f.

91 Zu den Abstimmungsregeln ausführlich unten S. 265 ff.

Vertragsverletzungsverfahren nach Art. 226 und 227 EGV zu rügen, weitgehend ausgeschossen (vgl. Art. 104 Abs. 10 EGV).[92]

Der EG-Rat ist befugt, die Bestimmungen, die für die Anwendung des Art. 104 EGV erforderlich sind, zu erlassen (vgl. Art. 104 Abs. 14 UAbs. 2 EGV). Das ist zwischenzeitlich durch den Erlass der Verordnungen (EG) Nr. 3605/93, Nr. 1467/97 und Nr. 1222/2004 geschehen.[93] Von der Möglichkeit, das Protokoll über das Verfahren bei einem übermäßigen Defizit aufzuheben und durch andere geeignete Bestimmungen zu ersetzen (vgl. Art. 104 Abs. 14 UAbs. 3 EGV), hat er dagegen bislang keinen Gebrauch gemacht.[94]

2. Besonderheiten bei Bestehen einer Ausnahmeregelung

a) *Überblick*

Für die Anwendung der Absätze 1 bis 8 sowie 10 und 14 des Art. 104 EGV ergeben sich auch dann keine Besonderheiten, wenn für einen Mitgliedstaat eine Ausnahmeregelung gilt. Sie sind uneingeschränkt auf alle Mitgliedstaaten anwendbar. Mithin sind die Voraussetzungen, unter denen festgestellt wird, dass ein übermäßiges Defizit besteht, für alle Mitgliedstaaten dieselben (vgl. Art. 104 Abs. 1 bis 6 EGV). Ebenso kann der EG-Rat auch an alle Staaten, für die er das Bestehen eines übermäßigen Defizits festgestellt hat, Empfehlungen zum Abbau des Defizits richten (vgl. Art. 104 Abs. 7 EGV). Besonderheiten ergeben sich bei Bestehen einer Ausnahmeregelung aber für die Absätze 9, 11, 12 und 13 des Art. 104 EGV. Alle diese Besonderheiten lassen sich darauf zurückführen, dass die Abs. 9 und 11 des Art. 104 EGV für die Staaten mit Ausnahmeregelung nicht gelten (vgl. Art. 122 Abs. 3 EGV).

b) *Beschränkte Anwendbarkeit des Sanktionsverfahrens*

Daraus, dass die Absätze 9 und 11 des Art. 104 EGV für die Staaten mit Ausnahmeregelung nicht gelten, folgt zunächst, dass der EG-Rat die in diesen Vorschriften vorgesehenen Sanktionen nicht gegen die Mitgliedstaaten mit Ausnahme-

---

92 Zu den Rechtsschutzmöglichkeiten im Rahmen des Verfahrens nach Art. 104 EGV vgl. etwa *Häde*, (Fn. 1), Art. 104 EG-Vertrag Rdnr. 65 f., m.w.N.

93 Vgl. Verordnung (EG) Nr. 3605/93 des Rates vom 22. November 1993 über die Anwendung des dem Vertrag zur Gründung der Europäischen Gemeinschaft beigefügten Protokolls über das Verfahren bei einem übermäßigen Defizit, ABl. EG Nr. L 332 vom 31.12.1993, S. 7, geändert durch Verordnung (EG) Nr. 475/2000 des Rates vom 28. Februar 2000 zur Änderung der Verordnung (EG) Nr. 3605/94 über die Anwendung des dem Vertrag zur Gründung der Europäischen Gemeinschaft beigefügten Protokolls über das Verfahren bei einem übermäßigen Defizit, ABl. EG Nr. L 58 vom 3.3.2000, S. 1, sowie durch die Verordnung (EG) Nr. 351/2002 der Kommission vom 25. Februar 2002 zur Änderung der Verordnung (EG) Nr. 3605/93 des Rates hinsichtlich der Verweise auf das ESVG 95, ABl. EU Nr. L 55 vom 26.2.2002, S. 23. Zur Verordnung (EG) Nr. 1467/97 (Fn. 48) siehe bereits oben S. 250 und unten S. 268 f. Die Verordnung (EG) Nr. 1222/2004 des Rates vom 28. Juni 2004 über die Erhebung und Übermittlung von Daten zum vierteljährlichen öffentlichen Schuldenstand ist im ABl. EU Nr. L 233 vom 2.7.2004, S. 1, veröffentlicht.

94 Zu dieser Möglichkeit etwa *Häde*, (Fn. 1), Art. 104 EG-Vertrag Rdnr. 77 ff.

regelung verhängen kann. Da auch das Recht ausgeschlossen ist, die Verletzung der Verpflichtungen aus Art. 104 Abs. 1 bis 9 EGV im Wege der Vertragsverletzungsverfahren zu rügen (vgl. Art. 104 Abs. 10 EGV), steht ihm mithin nur eine Möglichkeit zur Verfügung, auf die Nichteinhaltung der Verpflichtungen aus Art. 104 Abs. 1 EGV durch einen Mitgliedstaat mit Ausnahmeregelung zu reagieren. Er kann die Empfehlungen veröffentlichen, die er gemäß Art. 104 Abs. 7 EGV an den betroffenen Staat mit dem Ziel gerichtet hat, dass dieser das übermäßige Defizit innerhalb einer bestimmten Frist abbaut (vgl. Art. 104 Abs. 8 EGV). Gleichwohl bleibt es nicht unsanktioniert, wenn der EG-Rat für diese Staaten festgestellt hat, dass ein übermäßiges Defizit besteht.[95] Denn solange der EG-Rat diese Entscheidung nicht aufhebt, können die von der Entscheidung betroffenen Mitgliedstaaten den Euro nicht einführen. Sie erfüllen die Voraussetzungen hierfür nicht.[96]

Die Mitgliedstaaten haben während der Verhandlungen zum Vertrag von Maastricht das Bestehen eines übermäßigen Defizits als besonders gefährlich für die Stabilität der einheitlichen Währung angesehen.[97] Die in Art. 104 Abs. 9 und 11 EGV vorgesehenen Sanktionsmöglichkeiten dienen dazu, diese Gefahr abzuwenden. Hieraus erklärt sich auch, warum gegen die Staaten mit Ausnahmeregelung keine Sanktionen verhängt werden können. Sie behalten weiterhin ihre eigene nationale Währung. Gefährden sie deren Stabilität durch ein übermäßiges Haushaltsdefizit, geht hiervon keine Gefahr für den Euro aus, so dass auf die Sanktionen verzichtet werden konnte.

c) Veränderungen im Entscheidungsverfahren

Da die Absätze 9 und 11 des Art. 104 EGV für die Staaten mit Ausnahmeregelung nicht gelten, ruht ihr Stimmrecht bei allen Entscheidungen, die der EG-Rat auf der Grundlage dieser beiden Absätze trifft (vgl. Art. 122 Abs. 3 und Abs. 5).[98] Die Vertreter der Mitgliedstaaten, für die eine Ausnahmeregelung gilt, sind also im EG-Rat weder bei Entscheidungen stimmberechtigt, mit denen er Staaten in Verzug setzt, innerhalb einer bestimmten Frist Maßnahmen zum Defizitabbau zu treffen (Art. 104 Abs. 9 EGV), noch bei der Verhängung von Sanktionen gegen Staaten, die dieser Verpflichtung nicht nachkommen (Art. 104 Abs. 11 EGV). Daher ist bemerkenswert, dass Art. 104 Abs. 12 EGV gleichwohl auf alle Mitgliedstaaten uneingeschränkt anwendbar ist. Auf der Grundlage dieser Norm entscheidet der EG-Rat über die Aufhebung unter anderem auch der Beschlüsse nach Art. 104 Abs. 9 und 11 EGV. Obwohl die Staaten mit Ausnahmeregelung also bei Beschlüssen nicht stimm-

---

95 In diesem Sinne auch *Häde*, Gesamtwirtschaftliches Gleichgewicht und europäische Haushaltsdisziplin, JZ 1997, S. 269 (270); *ders.*, (Fn. 1), Art. 104 EG-Vertrag Rdnr. 52.

96 Zu den Voraussetzungen für die Einführung des Euro ausführlich unten § 9.

97 Zum Hintergrund der haushaltspolitischen Regeln des EG-Vertrages siehe etwa *Häde*, (Fn. 1), Art. 104 EG-Vertrag Rdnr. 2; *Hattenberger*, (Fn. 2), Art. 104 EGV Rdnr. 1; *Schulze-Steinen*, (Fn. 2), S. 203 ff.

98 Dazu im Einzelnen oben § 5, S. 165 ff. Anders, ohne seine Auffassung allerdings näher zu erläutern, *Kortz*, Die Entscheidung über den Übergang in die Endstufe der Wirtschafts- und Währungsunion, S. 195.

berechtigt sind, die auf der Grundlage des Art. 104 Abs. 9 und 11 EGV ergehen, scheinen sie nach Art. 104 Abs. 12 EGV an deren Aufhebung mitzuwirken.

Dass Art. 104 Abs. 12 EGV uneingeschränkt auf alle Mitgliedstaaten anwendbar ist, erklärt sich daraus, dass auf der Grundlage dieser Vorschrift auch die Beschlüsse aufgehoben werden, die nach den Absätzen 6, 7 und 8 des Art. 104 EGV ergehen. Bei der Verabschiedung dieser Beschlüsse sind jedoch vorbehaltlich des Art. 104 Abs. 13 EGV alle Mitgliedstaaten stimmberechtigt. Daher wirken konsequent auch alle an ihrer Aufhebung mit. Nicht erklären lässt sich allerdings, warum die Staaten mit Ausnahmeregelung auch bei der Aufhebung von Beschlüssen mitwirken können sollen, die auf der Grundlage der Art. 104 Abs. 9 und 11 EGV ergangen sind.

Es spricht einiges dafür, dass die Mitgliedstaaten während der Verhandlungen zum Vertrag von Maastricht diese Problematik übersehen haben. Denn sie haben deutlich gemacht, dass die beiden genannten Absätze nicht nur für diese Staaten nicht gelten sollen. Bei Entscheidungen, die auf ihrer Grundlage ergehen, sollen auch ihre Stimmen im EG-Rat ruhen. Es würde sich ein nicht hinnehmbarer Wertungswiderspruch ergeben, wenn diese Staaten bei der Aufhebung der entsprechenden Beschlüsse gleichwohl stimmberechtigt sind.[99] Vermeiden lässt sich dieser Widerspruch durch eine analoge Anwendung von Art. 122 Abs. 5 EGV.[100] Mithin ruhen die Stimmen der Staaten mit Ausnahmeregelung auch bei allen Beschlüssen des EG-Rates, durch die Entscheidungen aufgehoben werden, die auf der Grundlage der Art. 104 Abs. 9 und 11 EGV gefasst worden sind.[101]

Ein weiteres Problem im Zusammenhang mit dem Entscheidungsverfahren, in dem bestimmte Beschlüsse des EG-Rates auf der Grundlage des Art. 104 EGV zustande kommen, ergibt sich in Bezug auf die Frage, wie die hierfür erforderlichen Mehrheiten zu berechnen sind. Denn nach Art. 104 Abs. 13 EGV finden bei Beschlüssen des EG-Rates, die auf der Grundlage der Absätze 7 bis 9 sowie 11 und 12 des Art. 104 EGV ergehen, besondere Abstimmungsregeln Anwendung. Danach entscheidet der EG-Rat mit einer Mehrheit von zwei Dritteln der nach Art. 205 EGV gewogenen Stimmen. Die Stimmen des Mitgliedstaates, der von der Entscheidung direkt betroffen ist, ruhen.

Diese Regelung wirft die Frage auf, welche Gesamtstimmenzahl für das Zustandekommen der Zweidrittelmehrheit maßgeblich ist. Der Wortlaut des Art. 104 Abs. 13 EGV stellt zunächst klar, dass die Stimmen der von der Entscheidung betroffenen Mitgliedstaaten nicht zu berücksichtigen sind („mit Ausnahme der Stimmen des

---

99 *Häde*, (Fn. 1), Art. 104 EG-Vertrag Rdnr. 70.
100 A.a.O. (Fn. 99).
101 *Häde*, (Fn. 1), Art. 104 EG-Vertrag Rdnr. 70. Im Ergebnis wohl auch *Bandilla*, (Fn. 4), Art. 104 EGV Rdnr. 47: „Es wäre logischer, wenn die Verfahrensregeln für die Aufhebung einer Entscheidung die gleichen sind wie für die Entscheidung selbst", und in diesem Sinne wohl auch *Estorff/Molitor*, in: *Groeben/Thiesing/Ehlermann* (Hrsg.), Kommentar zum EU-/EG-Vertrag, 5. Auflage (1999), Band 3, Art. 109k, Rdnr. 8: „Das Stimmrecht eines Mitgliedstaates mit Ausnahmeregelung ist somit analog zu seinen Rechten und Pflichten". Offengelassen durch *Hattenberger*, (Fn. 2), Art. 104 EGV Rdnr. 50.

Vertreters des betroffenen Mitgliedstaates"). Von der Summe der nach Art. 205 Abs. 2 EGV gewogenen Stimmen aller Mitgliedstaaten sind also die Stimmen des von der Entscheidung betroffenen Mitgliedstaates abzuziehen. Von der Summe der gewogenen Stimmen aller anderen Mitgliedstaaten sind zwei Drittel für das Zustandekommen eines Beschlusses notwendig, der die besondere qualifizierte Mehrheit nach Art. 104 Abs. 13 EGV erfordert.

Der EG-Vertrag lässt jedoch offen, ob neben den Stimmen des von der Entscheidung betroffenen Mitgliedstaates auch die Stimmen der Staaten mit Ausnahmeregelung abzuziehen sind, deren Stimmen bei Beschlüssen des EG-Rates auf der Grundlage des Art. 104 Abs. 9, 11 und 12 EGV ruhen.[102] Auf die Regelung in Art. 122 Abs. 5 S. 2 EGV kann jedenfalls nicht direkt zurückgegriffen werden, um diese Frage zu beantworten. Diese Vorschrift legt lediglich fest, wie bei Bestehen einer Ausnahmeregelung die qualifizierte Mehrheit im Sinne des Art. 205 Abs. 2 EGV zu berechnen ist. Bei Beschlüssen nach Art. 104 Abs. 9 und 11 EGV entscheidet der EG-Rat aber mit einer anderen Mehrheit. Allerdings kann auf den Rechtsgedanken des Art. 122 Abs. 5 S. 2 EGV zurückgegriffen werden. Danach sind die Stimmen der Staaten mit Ausnahmeregelung von der Summe der nach Art. 205 Abs. 2 EGV erreichbaren Gesamtstimmenzahl abzuziehen.[103] Ein anderes Ergebnis ist insoweit auch nicht vertretbar. Das ergibt sich bereits daraus, dass die für das Zustandekommen eines solchen Beschlusses erforderliche Mehrheit ansonsten unter Umständen überhaupt nicht erreicht werden könnte. Das wäre dann der Fall, wenn die nach Art. 205 EGV gewogenen Stimmen aller stimmberechtigten Mitgliedstaaten nicht mehr zwei Drittel der nach dieser Vorschrift gewogenen Stimmen aller Mitgliedstaaten erreichen. Genau diese Situation besteht seit dem Beitritt der zehn neuen Mitgliedstaaten zur Europäischen Union. Auf die Staaten, die dem Euro-Währungsgebiet angehören, entfallen derzeit nur ca. 59,5 % der nach Art. 205 EGV erreichbaren Stimmen. Beschlüsse, für deren Zustandekommen die besondere qualifizierte Mehrheit nach Art. 104 Abs. 13 EGV erforderlich ist, kommen also mit einer Mehrheit von zwei Dritteln der nach Art. 205 Abs. 2 EGV gewogenen Stimmen der Mitgliedstaaten zustande, die jeweils stimmberechtigt sind.

In der Literatur ist zudem problematisiert worden, ob Beschlüsse auf der Grundlage des Art. 104 Abs. 13 EGV die doppelt qualifizierte Mehrheit des Art. 205 Abs. 2 EGV erfordern.[104] Danach genügt für das Zustandekommen von Beschlüssen des EG-Rates nicht lediglich eine bestimmte Mindeststimmenzahl. Es müssen zudem noch zwei Drittel der Mitglieder des EG-Rates zustimmen, wenn der EG-Rat Beschlüsse auf Empfehlung der Kommission fasst, was auf die in Art. 104 Abs. 13 EGV genannten Fälle zutrifft. Es ist jedoch mit überzeugenden Argumenten gezeigt worden, dass ein Rückgriff auf Art. 205 EGV insoweit nicht in Betracht kommt, insbesondere

---

102 Dazu oben S. 261 ff.

103 So, ohne allerdings auf das geschilderte Problem näher einzugehen, *Bandilla*, (Fn. 4), Art. 104 EGV Rdnr. 49, sowie *Hattenberger*, (Fn. 2), Art. 104 EGV Rdnr. 50; *Schulze-Steinen*, (Fn. 2), S. 266 f.

104 Vgl. die Überlegungen von *Schulze-Steinen*, (Fn. 2), S. 266 f. Dazu auch *Bark*, (Fn. 84), S. 105 f.

weil der Wortlaut des Art. 104 Abs. 13 EGV hierfür keinen Anhaltspunkt gibt.[105] Beschlüsse, bei denen Art. 104 Abs. 13 EGV anwendbar ist, erfordern also lediglich zwei Drittel der nach Art. 205 Abs. 2 EGV gewogenen Stimmen der jeweils stimmberechtigten Mitgliedstaaten.

3. Sekundärrechtliche Konkretisierung

Sekundärrechtlich gestalten insbesondere die Verordnungen (EG) Nr. 1467/97 sowie Nr. 3605/93 [106] das Verfahren nach Art. 104 EGV näher aus.

Die Verordnung (EG) Nr. 1467/97, die Bestandteil des Stabilitäts- und Wachstumspaktes ist[107], verfolgt vor allem zwei Ziele. Sie will das Haushaltsüberwachungsverfahren beschleunigen und bestimmte Fragen, die sich bei der Anwendung dieses Verfahrens stellen, klären (vgl. Art. 1 VO Nr. 1467/97). Hierzu enthält sie Festlegungen dazu, unter welchen Umständen die Ausnahmetatbestände des Art. 104 Abs. 2 EGV einschlägig sind, nach denen ein Überschreiten des Defizit- bzw. des Schuldenstandskriteriums unschädlich ist (vgl. Art. 2 VO Nr. 1467/97). Zur Beschleunigung des Verfahrens werden allen am Haushaltsüberwachungsverfahren Beteiligten enge Fristen gesetzt (vgl. Art. 3 bis Art. 8 VO Nr. 1467/97). Darüber hinaus ermöglicht die Verordnung, das Verfahren dann ruhen zu lassen, wenn der betroffene Mitgliedstaat entsprechend den Empfehlungen nach Art. 104 Abs. 7 oder Abs. 9 EGV tätig wird (vgl. Art. 9 und 10 VO Nr. 1467/97). Und schließlich trifft sie bestimmte Festlegungen im Zusammenhang mit der Verhängung von Sanktionen. Danach sind Sanktionen zunächst in der Form einer unverzinslichen Einlage zu hinterlegen, die sich, sofern der betroffene Mitgliedstaat das übermäßige Defizit nicht innerhalb von zwei Jahren beseitigt, in der Regel in eine Geldbuße umwandelt (vgl. Art. 11, Art. 13 VO Nr. 1467/97). Die Verordnung bestimmt zudem, wie die Höhe der Einlage zu berechnen, wie sie zu hinterlegen und wie sie nach Umwandlung in eine Geldbuße unter den Mitgliedstaaten aufzuteilen ist (vgl. Art. 12, 16 VO Nr. 1467/97). Weiterhin präzisiert sie, unter welchen Voraussetzungen der EG-Rat eine Entscheidung aufhebt, durch die eine Sanktion verhängt worden ist (vgl. Art. 14, 15 VO Nr. 1467/97).

Auch die Verordnung (EG) Nr. 1467/97 unterscheidet begrifflich mehrfach zwischen den Staaten des Euro-Währungsgebietes und den übrigen Mitgliedstaaten. Das erklärt sich ausnahmslos daraus, dass das Sanktionsverfahren nur die Staaten des Euro-Währungsgebietes betrifft. Die Verordnung macht so deutlich, dass ihre Bestimmungen, soweit sie im Zusammenhang mit dem Sanktionsverfahren stehen, die übrigen Mitgliedstaaten nicht betreffen. Für die Anwendung der Verordnung Nr. 1467/97 ergeben sich bei Bestehen einer Ausnahmeregelung jedoch keine Besonderheiten, die im Rahmen der vorliegenden Arbeit einer genaueren Betrachtung

---

105 Vgl. *Hattenberger*, (Fn. 2), Art. 104 EGV Rdnr. 51.
106 Zu den Fundstellen beider Verordnungen siehe oben Fn. 48 und Fn. 93.
107 Zum Stabilitäts- und Wachstumspakt bereits oben S. 250 ff.

bedürfen. Das gilt auch für die zweite Verordnung, die das Verfahren nach Art. 104 EGV ausgestaltet, die Verordnung (EG) Nr. 3605/93.

IV. Ergebnis

Die haushaltspolitischen Vorschriften des EG-Vertrages (Art. 101 bis 104 EGV) bleiben auch bei Bestehen einer Ausnahmeregelung weitgehend unverändert auf alle Mitgliedstaaten anwendbar. Somit gelten für alle Staaten das umfassende Verbot der monetären Haushaltsfinanzierung und das Verbot eines übermäßigen Defizits. Und auch das Verfahren, in dem die Einhaltung des Verbotes eines übermäßigen Defizits überwacht wird, ist in weiten Teilen auf alle Mitgliedstaaten uneingeschränkt anwendbar. Allerdings kann die Gemeinschaft gegen die Staaten mit Ausnahmeregelung keine Sanktionen verhängen, wenn der EG-Rat festgestellt hat, dass diese Staaten ein übermäßiges Defizit aufweisen und es nicht korrigieren. Denn die Absätze 9 und 11 des Art. 104 EGV, die das Sanktionsverfahren regeln, gelten für diese Staaten nicht. Mithin ist die einzige Konsequenz, die sich für die Mitgliedstaaten, für die eine Ausnahmeregelung gilt, aus der Entscheidung über das Bestehen eines übermäßigen Defizits ergibt, dass sie den Euro solange nicht einführen können, wie diese Entscheidung nicht aufgehoben worden ist. Da die Abs. 9 und 11 des Art. 104 EGV für die Staaten mit Ausnahmeregelung nicht gelten, ruhen ihre Stimmen bei allen Beschlüssen, die der EG-Rat auf der Grundlage dieser Bestimmungen fasst. Im Wege der Auslegung ergibt sich zudem, dass die Mitgliedstaaten mit Ausnahmeregelung auch bei Beschlüssen nicht stimmberechtigt sind, durch die der EG-Rat Entscheidungen aufhebt, die er auf der Grundlage des Art. 104 Abs. 9 und 11 EGV getroffen hat.

Auch das Sekundärrecht, das die haushaltspolitischen Vorschriften des EG-Vertrages näher ausgestaltet, ist bei Bestehen einer Ausnahmeregelung weitgehend uneingeschränkt auf alle Mitgliedstaaten anwendbar. Eine einzige Besonderheit ergibt sich aus der Verordnung (EG) Nr. 3603/93, die das Verbot der monetären Haushaltsfinanzierung konkretisiert. Danach gilt der unmittelbare Erwerb eines handelbaren Schuldtitels durch eine Zentralbank, der von einem Mitgliedstaat ausgegeben worden ist, unter bestimmten Umständen nicht als eine durch Art. 101 EGV untersagte Kreditgewährung durch die Zentralbank. Und zwar ist das dann der Fall, wenn der Erwerb durch eine Zentralbank erfolgt, die für die Währung des Staates, der den Schuldtitel ausgibt, nicht die Verantwortung trägt.

Zusammenfassend lässt sich feststellen, dass die Regelungen des EG-Vertrages zur Wirtschaftspolitik bei Bestehen einer Ausnahmeregelung weitgehend unverändert anwendbar bleiben. Es sind bis auf ganz wenige Ausnahmen dieselben, die auch gelten, wenn in der Europäischen Union ein einheitliches Währungsgebiet besteht. An sich ist das bemerkenswert. Schließlich ist der Bedarf an einer gemeinsamen oder zumindest abgestimmten Wirtschaftspolitik unter den Mitgliedstaaten, die durch eine einheitliche Währung auf das engste miteinander verbunden sind, potentiell stärker als unter denen, die ihre eigene Währung behalten.

§ 9 Die Aufhebung der Ausnahmeregelung

A. Einführung

Wird einem Mitgliedstaat eine Ausnahmeregelung gewährt, hat das zur Folge, dass das Vertragsziel „Wirtschafts- und Währungsunion" für den betroffenen Staat noch nicht voll verwirklicht ist.[1] Denn der Wechselkurs seiner nationalen Währung ist noch nicht unwiderruflich zum Euro festgelegt worden. Das geschieht gemäß Art. 123 Abs. 4 EGV nur für die Staaten, für die keine Ausnahmeregelung gilt. Und der betreffende Mitgliedstaat ist auch im Übrigen nicht in demselben Maße in die Wirtschafts- und Währungspolitik der Gemeinschaft integriert wie die Staaten des Euro-Währungsgebietes. Insbesondere behält er im Gegensatz zu diesen Staaten fast uneingeschränkt seine innerstaatlichen währungspolitischen Befugnisse.[2]

Dieser Zustand, der als differenzierte Integration in der Wirtschafts- und Währungsunion beschrieben werden kann[3], soll, so die Intention des EG-Vertrages, jedoch nicht dauerhaft bestehen bleiben. Das ergibt sich bereits daraus, dass es nach Art. 4 Abs. 1 und Abs. 2 EGV das gemeinsame Ziel der Gemeinschaft und aller Mitgliedstaaten ist, eine Wirtschafts- und Währungsunion zu gründen.[4] Mithin bleiben auch die Staaten mit Ausnahmeregelung verpflichtet, dieses Vertragsziel zu verwirklichen und den Euro einzuführen.[5] Noch deutlicher kommt das jedoch in Art. 122 Abs. 2 EGV zum Ausdruck. Danach überprüft die Gemeinschaft mindestens einmal alle zwei Jahre oder auf Antrag der betroffenen Mitgliedstaaten, ob die Ausnahmeregelungen aufgehoben werden können. Der EG-Vertrag sieht also ausdrücklich ein Verfahren vor, in dem der Zustand der differenzierten Integration in der Wirtschafts- und Währungsunion beendet werden kann.

Das Verfahren nach Art. 122 Abs. 2 EGV, in dem überprüft wird, ob die einem Mitgliedstaat gewährte Ausnahmeregelung aufgehoben werden kann, umfasst verschiedene Schritte. Im ersten erstellen die Kommission und die EZB die so genannten Konvergenzberichte. Zu diesen Berichten wird im zweiten Verfahrensschritt das Europäische Parlament angehört. Weiterhin findet zu ihnen eine Aussprache im EG-Rat statt, der in der Zusammensetzung der Staats- und Regierungschefs zusammentritt. Erst im dritten, verfahrensabschließenden Schritt des Verfahrens entscheidet der EG-Rat auf Vorschlag der Kommission über die Aufhebung der Ausnahmeregelung. Hebt der EG-Rat die Ausnahmeregelung auf, kann der betreffende

---

1 Dazu bereits oben Teil I, § 3, S. 26 f.

2 Siehe dazu ausführlich oben Teil II, § 5.

3 Dazu oben Teil I, § 3, S. 30 ff.

4 Für Art. 4 Abs. 1 EGV ergibt sich das ausdrücklich aus dem Wortlaut, für Absatz 2 aus dem Verweis auf Absatz 1 („Parallel [zur Einführung einer Wirtschaftspolitik] umfasst diese Tätigkeit ...").

5 Zur rechtlichen Verpflichtung, den Euro einzuführen, siehe etwa *Bandilla*, in: *Grabitz/Hilf* (Hrsg.), Kommentar zur Europäischen Union, EL 11, Art. 109 j EGV Rdnr. 3; *Häde*, in: *Calliess/Ruffert* (Hrsg.), Kommentar zu EU-Vertrag und EG-Vertrag, 2. Auflage (2002), Art. 122 EG-Vertrag Rdnr. 20; *Wölker*, in: *von der Groeben/Schwarze* (Hrsg.), Vertrag über die Europäische Union und Vertrag zur Gründung der Europäischen Gemeinschaft, 6. Auflage (2003), Art. 121 EG Rdnr. 11.

Mitgliedstaat nunmehr den Euro einführen. Alle weiteren Maßnahmen, die noch getroffen werden müssen, um die Einführung der einheitlichen Währung in diesem Staat vorzubereiten, werden nunmehr auf der Grundlage des Art. 123 Abs. 5 EGV getroffen. Stellt der EG-Rat dagegen fest, dass die Ausnahmeregelung nicht aufgehoben werden kann, weil die Voraussetzungen hierfür noch nicht vorliegen, bleibt sie bestehen und das Verfahren nach Art. 122 Abs. 2 EGV ist spätestens in zwei Jahren oder auf Antrag des betroffenen Mitgliedstaates erneut durchzuführen.

B. Konvergenzberichte der Kommission und der EZB

I. Pflicht zum Erstellen der Konvergenzberichte

Am Beginn des Verfahrens, in dem über die Aufhebung einer Ausnahmeregelung entschieden wird, stehen gemäß Art. 122 Abs. 2 S. 1 EGV zwei Berichte, die von der Kommission und der EZB „nach dem Verfahren des Art. 121 Absatz 1" EGV erstellt werden, die so genannten Konvergenzberichte. Die Kommission und die EZB sind nach Art. 122 Abs. 2 EGV in drei Fällen verpflichtet, diese Berichte zu erstellen. Erstens müssen sie das alle zwei Jahre tun und zweitens auf Antrag eines Mitgliedstaates, der die Aufhebung der für ihn geltenden Ausnahmeregelung begehrt. Drittens sind die Konvergenzberichte auch dann zu erstellen, wenn der EG-Rat entscheidet, das Verfahren ohne Antrag der Staaten mit Ausnahmeregelung in kürzeren Abständen als von zwei Jahren einzuleiten, was nach Art. 122 Abs. 2 EGV möglich ist („mindestens einmal alle zwei Jahre").

Im Gegensatz zu den ersten beiden Fällen, in denen das Aufhebungsverfahren durchgeführt werden muss, steht die Entscheidung über eine Durchführung des Verfahrens in kürzeren Abständen als von zwei Jahren im politischen Ermessen des EG-Rates, der als das Organ, das die verfahrensabschließende Entscheidung trifft, auch für die Entscheidung über die Einleitung des Verfahrens zuständig ist. Denn aus Art. 122 Abs. 2 EGV ergibt sich kein Anhaltspunkt dafür, dass der EG-Rat bei dieser Entscheidung einer weitergehenden rechtlichen Bindung unterliegt. Die Interessen der Mitgliedstaaten, für die eine Ausnahmeregelung gilt, werden durch dieses Verständnis nicht berührt. Sie werden dadurch gewahrt, dass sie jederzeit einen Antrag auf Einleitung des Aufhebungsverfahrens stellen können, den der EG-Rat grundsätzlich nicht ablehnen kann.

Innerhalb der EZB sind die ständigen Beschlussorgane für die Erstellung der Konvergenzberichte zuständig. Der Erweiterte Rat der EZB hat jedoch im Zusammenhang mit dem Verfahren der Aufhebung der Ausnahmeregelung eine beratende Funktion (vgl. Art. 44 UAbs. 2, 47.1. ESZBS). Er muss mithin in den Prozess, in dem die Konvergenzberichte erstellt werden, durch die ständigen Beschlussorgane mit einbezogen werden.

II. Prüfungsmaßstab

In den Konvergenzberichten prüfen die Kommission und die EZB nach Art. 121 Abs. 1 S. 1 EGV, inwieweit die Mitgliedstaaten bei der Verwirklichung der Wirtschafts- und Währungsunion ihren Verpflichtungen nachgekommen sind. Hierzu haben sie insbesondere drei Aspekte zu prüfen (vgl. Art. 121 Abs. 1 S. 2, 3 und 4 EGV). Erstens untersuchen sie, ob die Mitgliedstaaten ihr nationales Recht an die Vorgaben des EG-Vertrages angepasst haben (vgl. Art. 121 Abs. 1 S. 2 EGV). Zweitens ist zu prüfen, „ob ein hoher Grad an dauerhafter Konvergenz" erreicht worden ist (Art. 121 Abs. 1 S. 3 und 4 EGV). Und schließlich sind drittens „die Entwicklung der ECU, die Ergebnisse bei der Integration der Märkte, ... Stand und Entwicklung der Leistungsbilanzen, die Entwicklung bei den Lohnstückkosten und andere Preisindizes" zu berücksichtigen (vgl. Art. 121 Abs. 1 S. 5 EGV). Im Ergebnis soll anhand dieser Untersuchungen festgestellt werden können, ob ein Mitgliedstaat die Voraussetzungen erfüllt, um den Euro einführen zu können.[6]

Am Aufwand gemessen ist die Prüfung, ob ein hoher Grad an dauerhafter Konvergenz erreicht ist, der wichtigste Bestandteil der Konvergenzberichte.[7] Denn der EG-Vertrag überlässt es nicht der Kommission und der EZB, darüber zu entscheiden, anhand welchen Maßstabes zu beurteilen ist, ob dieses Kriterium erfüllt ist. Vielmehr enthält er hierfür mit den so genannten Konvergenzkriterien detaillierte Vorgaben. Diese sind abschließend in Art. 121 Abs. 1 Satz 3 EGV aufgezählt. Sie werden zudem im „Protokoll über die Konvergenzkriterien nach Art. 109j des Vertrages zur Gründung der Europäischen Gemeinschaft" (Konvergenz-Protokoll, KonvProt) konkretisiert (vgl. Art. 121 Abs. 1 S. 4 EGV). Insgesamt zählt Art. 121 Abs. 1 Satz 3 EGV vier Konvergenzkriterien auf, erstens das Kriterium der Preisstabilität, zweitens das Bestehen einer auf Dauer tragbaren Finanzlage der öffentlichen Hand, drittens das Wechselkurskriterium sowie viertens das Kriterium der Konvergenz der Zinssätze.

Sowohl die Kommission als auch die EZB sind bei der Prüfung des Konvergenzstandes rechtlich an die Konvergenzkriterien gebunden. Erfüllt ein Mitgliedstaat eines dieser Kriterien nicht, verwehrt es der EG-Vertrag der Kommission bzw. der EZB, für ihn festzustellen, dass er einen hohen Grad an dauerhafter Konvergenz erreicht hat. Für ein Abweichen vom Maßstab der Konvergenzkriterien lassen weder Art. 121 Abs. 1 S. 3 und 4 EGV noch das Konvergenz-Protokoll Raum. Das schließt allerdings nicht aus, dass die EZB und die Kommission bei der Prüfung, ob ein Mitgliedstaat die Konvergenzkriterien erfüllt, einen Beurteilungsspielraum haben. Ob und inwieweit das der Fall ist, lässt sich vorab jedoch nicht allgemein, sondern nur hinsichtlich der einzelnen Konvergenzkriterien beantworten. Voranzustellen ist hier nur Folgendes. Der EuGH räumt den Organen der Gemeinschaft im Vergleich zum deutschen Verwaltungsrecht unter deutlich einfacheren Voraussetzungen

6 Zur Funktion der Konvergenzberichte siehe etwa *Bandilla*, (Fn. 5), Art. 109j EGV Rdnr. 6 ff.; *Bothe/Bünger/Estorff*, in: *Groeben/Thiesing/Ehlermann* (Hrsg.), Kommentar zum EU-/EG-Vertrag, 5. Auflage (1999), Art. 109j EGV Rdnr. 1 ff.; *Häde*, (Fn. 5), Art. 121 EG-Vertrag Rdnr. 1 ff.

7 Vgl. *Häde*, (Fn. 5), Art. 121 EG-Vertrag Rdnr. 4 und Art. 122 EG-Vertrag Rdnr. 6.

einen Beurteilungsspielraum ein. Ein Beurteilungsspielraum ist danach insbesondere dann gegeben, wenn komplexe wirtschaftspolitische Entscheidungen zu treffen sind.[8] Besteht ein Beurteilungsspielraum, überprüft der EuGH dessen Ausübung nur auf offensichtliche Fehlbeurteilungen und auf Fehler bei der Ermittlung der Tatsachen, die der Beurteilung zu Grunde liegen.[9] Die von der Kommission und der EZB vorgenommene Prüfung, ob ein Mitgliedstaat die Konvergenzkriterien erfüllt, ist also immer dann nur sehr begrenzt rechtlich nachprüfbar, wenn der EG-Vertrag ihnen hierbei einen Beurteilungsspielraum einräumt.

Theoretisch schränkt der allgemeine Gleichheitssatz[10] einen möglichen Beurteilungsspielraum der Kommission und der EZB bei der Konvergenzprüfung nicht unerheblich ein. Bedeutung kommt dem allgemeinen Gleichheitssatz nicht nur insoweit zu, als die einzelnen Mitgliedstaaten mit Ausnahmeregelung bei vergleichbarer Sachlage nicht unterschiedlich beurteilt werden dürfen.[11] Die Kommission und die EZB müssen die Konvergenzkriterien vielmehr grundsätzlich auch so anwenden und auslegen, wie das in den bisher erstellten Konvergenzberichten der Fall gewesen ist.[12] Das ergibt sich unter dem Aspekt der Selbstbindung daraus, dass alle Mitgliedstaaten unter denselben Voraussetzungen den Euro einführen können müssen. Praktisch dürfte dem allgemeinen Gleichheitssatz jedoch bei der Konvergenzprüfung nur eine untergeordnete Rolle zukommen. Denn jedenfalls bei den komplexen ökonomischen Beurteilungen, die bei der Prüfung der Konvergenzkriterien vorzunehmen sind, dürfte sich nur selten eine vergleichbare Situation feststellen lassen, in der Kommission und EZB durch den Gleichheitssatz an Beurtei-

---

8 Vgl. etwa *Berg*, Die Problematik der Verwendung unbestimmter Rechtsbegriffe, dargestellt am Beispiel der „Novel Food"-Verordnung, ZLR 1993, S. 455 (467); *Danwitz*, Verwaltungsrechtliches System und europäische Integration, S. 328 f.; *Weber*, Die Kompetenzverteilung im Europäischen System der Zentralbanken bei der Festlegung und Durchführung der Geldpolitik, S. 116.

9 Vgl. *Weber*, (Fn. 8), S. 116, mit Nachweisen aus der Rechtsprechung des Europäischen Gerichtshofes. Dazu auch *Bleckmann*, Der Vertrag über die Europäische Union, DVBl. 1992, S. 335 (340); *Danwitz*, (Fn. 8), S. 329; *Everling*, Zur Funktion des Gerichtshofs der EG als Verwaltungsgericht, in: *ders.*, Unterwegs zur Europäischen Union, S. 306 f.; *Wegener*, in: *Calliess/Ruffert* (Hrsg.), Kommentar zu EU-Vertrag und EG-Vertrag, 2. Auflage (2002), Art. 220 EG-Vertrag Rdnr. 18 ff.

10 Zum Gleichheitssatz im Gemeinschaftsrecht im Verhältnis der Gemeinschaft zu den Mitgliedstaaten siehe *Bleckmann*, Europarecht, 6. Auflage (1997), Rdnr. 1783, m.w.N., sowie ausführlich *Mohn*, Der Gleichheitssatz im Gemeinschaftsrecht, S. 34 ff.

11 So auch *Häde*, (Fn. 5), Art. 121 EG-Vertrag Rdnr. 4 und Art. 122 EG-Vertrag Rdnr. 11.

12 Für eine Anwendung des Gleichheitssatzes auch *Becker-Neetz*, Rechtliche Probleme der Europäischen Währungsunion, EWS 1996, S. 369 (372); *Häde*, (Fn. 5), Art. 122 EG-Vertrag Rdnr. 9 f.; *ders.*, Währungsintegration mit abgestufter Geschwindigkeit, in: FS *Hahn*, S. 158 f.; *Selmayr*, Das Recht der Wirtschafts- und Währungsunion, S. 271 f. Teilweise werden die Konvergenzkriterien selbst als Garant dafür angesehen, dass die Mitgliedstaaten mit Ausnahmeregelung unter denselben Bedingungen den Euro einführen können wie die Staaten, die bereits dem Euro-Währungsgebiet angehören. So etwa *Kees*, Einleitung: Neun Thesen zur europäischen Wirtschafts- und Währungsunion, in: *Griller* (Hrsg.), Auf dem Weg zur Europäischen Wirtschafts- und Währungsunion, S. 6; *Kortz*, Die Entscheidung über den Übergang in die Endstufe der Wirtschafts- und Währungsunion, S. 85. Ähnlich auch *Bankier*, Die Einhaltung der Stabilitätskriterien in der dritten Stufe der Europäischen Wirtschafts- und Währungsunion und die Rechtsstellung der Nichtmitglieder, in: *Rill/Griller* (Hrsg.), Rechtsfragen der Europäischen Wirtschafts- und Währungsunion, S. 99.

lungen gebunden sind, die sie in früheren Konvergenzberichten oder hinsichtlich anderer Mitgliedstaaten vorgenommen haben.

Ein wichtiger rechtlicher Maßstab für die Anwendung und Auslegung der in Art. 121 Abs. 1 EGV genannten Kriterien ergibt sich zudem daraus, dass die währungspolitischen Vorschriften des EG-Vertrages maßgeblich unter Berücksichtigung des Zieles der Preisstabilität auszulegen sind. Danach ist unter mehreren möglichen Auslegungen einer Norm grundsätzlich diejenige auszuwählen, die am ehesten geeignet ist, die Preisstabilität im Euro-Währungsgebiet zu wahren.[13]

Der vorstehend dargestellte Prüfungsmaßstab gilt nicht nur für die Konvergenzkriterien, sondern grundsätzlich auch für die anderen Bestandteile der Konvergenzberichte. Soweit Beurteilungsspielräume bestehen, sind diese nur begrenzt überprüfbar. Einen theoretisch wichtigen rechtlichen Prüfungsmaßstab bildet der Gleichheitssatz. Und die Auslegung ist maßgeblich am Ziel der Preisstabilität zu orientieren. Unter Berücksichtigung dieses Maßstabes sind im Folgenden die einzelnen Bestandteile der Konvergenzberichte darzustellen und auf Rechtsfragen zu untersuchen, die sich ihrer Anwendung stellen. Zu beginnen ist insoweit mit den Kriterien, die vom Regelungsaufwand her gesehen offenbar den wichtigsten Teil der Konvergenzberichte bilden, den vier Konvergenzkriterien.

III. Wirtschaftliche Konvergenz

1. Preisstabilität

a) Überblick

Nach dem Konvergenzkriterium der Preisstabilität müssen die Mitgliedstaaten einen hohen Grad an Preisstabilität erreicht haben (vgl. Art. 121 Abs. 1 S. 3, 1. Gs. EGV, Art. 1 KonvProt). Nach Art. 1 KonvProt ist das dann der Fall, wenn ein Mitgliedstaat eine „anhaltende Preisstabilität" aufweisen kann und die durchschnittliche Inflationsrate in diesem Staat während des Jahres vor der Überprüfung um nicht mehr als 1,5 % über einer bestimmten Referenzinflationsrate lag. Die Referenzinflationsrate ergibt sich aus der Inflationsrate der „höchstens drei" Mitgliedstaaten, in denen die niedrigsten Inflationsraten innerhalb der Europäischen Union bestehen. Nach Art. 1 S. 2 KonvProt sind die Inflationsraten in den einzelnen Mitgliedstaaten aus Gründen der Vergleichbarkeit auf der Grundlage eines harmonisierten Verfahrens zu berechnen. Das Konvergenzkriterium der Preisstabilität enthält also zwei Prüfungskriterien, die zwar getrennt voneinander zu prüfen sind, aber beide vorliegen müssen, damit die Kommission und die EZB einem Mitgliedstaat insoweit bescheinigen können, dass er einen hohen Grad an Konvergenz erreicht hat. Erstens muss der betreffende Staat eine „anhaltende Preisstabilität" auf-

---

13 Vgl. *Häde*, (Fn. 5), Art. 121 EG-Vertrag Rdnr. 23; *Palm*, Preisstabilität in der Europäischen Wirtschafts- und Währungsunion, S. 31 ff.

weisen. Und zweitens darf die in diesem Staat bestehende Inflationsrate die Referenzinflationsrate um nicht mehr als 1,5 % überschreiten.[14]

Unter welchen Voraussetzungen anzunehmen ist, dass ein Mitgliedstaat eine „anhaltende Preisstabilität" erreicht hat, legt der EG-Vertrag nicht ausdrücklich fest. Das ist also im Wege der Auslegung zu bestimmen. Vom Wortlaut her fordert dieses Kriterium, dass ein Mitgliedstaat nicht nur vorübergehend oder ausnahmsweise Preisstabilität erreicht hat.[15] Dieser Zustand muss vielmehr anhaltend, also dauerhaft, bestehen. Ob das der Fall ist, kann ersichtlich nur im Wege einer Prognoseentscheidung beurteilt werden. Eine anhaltende Preisstabilität weist also ein Mitgliedstaat auf, für den sich eine hinreichend sichere Prognose dahingehend stellen lässt, dass er auch in Zukunft Preisstabilität aufrechterhalten wird. Die Entscheidung, ob das der Fall ist, muss, das ergibt sich aus der Natur der Sache, überwiegend aus volkswirtschaftlicher Sicht getroffen werden. Sie beinhaltet zudem einen erheblichen Beurteilungsspielraum. Das ergibt sich bereits daraus, dass es schwierig zu beantworten ist, unter welchen Voraussetzungen Preisstabilität herrscht. Allgemein anerkannt ist das nur bei einer Inflationsrate zwischen 0 % und 2 %.[16] Allerdings werden in der volkswirtschaftlichen Literatur auch Inflationsraten in Höhe von bis zu 4 % noch als Ausdruck von stabilen Preisen angesehen.[17] Und auch die Bundesbank, die bis zur Einführung des Euro weithin als Garant für stabile Preise angesehen worden ist, hat in ihrer Geschichte lediglich in einem kurzen Zeitraum eine Inflationsrate von unter 2 % erreichen können.[18] Die durchschnittliche Inflationsrate in Deutschland lag vielmehr bei ungefähr 3 %.[19]

Für die Anwendung des Kriteriums der Preisstabilität ergibt sich daraus Folgendes. Soweit sich aus volkswirtschaftlicher Sicht begründen lässt, dass eine Inflationsrate noch als Ausdruck stabiler Preise angesehen werden kann, ist die Feststellung, dieser Mitgliedstaat weise eine anhaltende Preisstabilität auf, grundsätzlich durch den Beurteilungsspielraum, den das Kriterium der Preisstabilität der Kommission und der EZB bei der Prüfung einräumt, gedeckt. Allerdings muss die Prognose mit hinreichender Sicherheit ergeben, dass in dem zu beurteilenden Mitgliedstaat auch in der Zukunft Preisstabilität aufrechterhalten werden kann. Juristisch ist diese Feststellung im Wesentlichen nur daraufhin überprüfbar, ob eine offensichtliche Fehl-

---

14 Nach *Vaubel*, Die zweite Stufe auf dem Weg zur Europäischen Wirtschafts- und Währungsunion: Konsequenzen aus den Maastrichter Beschlüssen, in: *Griller* (Hrsg.), Auf dem Weg zur Europäischen Wirtschafts- und Währungsunion?, S. 73, Fn. 34, ist das Erfordernis der anhaltenden Preisstabilität nicht gesondert zu prüfen. Hiergegen überzeugend *Kortz*, (Fn. 12), S. 91 f.

15 Vgl. *Selmayr*, (Fn. 12), S. 320.

16 Vgl. insoweit die Nachweise in § 5, Fn. 78 und Fn. 79.

17 Vgl. *de Grauwe*, The Economics of Monetary Integration, 3. Auflage (1997), S. 180; *ders.*, The Design of the European Central Bank, in: *Francke/Ketzel/Kotz* (Hrsg.), Europäische Währungsunion, S. 303, der hier allerdings eine Obergrenze von 3,5 % nennt. *Krupp/Cabos*, Zu den Risiken einer Nullinflation als geldpolitisches Ziel, in: *Köhler/Rohde* (Hrsg.), Geldpolitik ohne Grenzen, S. 105, halten einen Zielkorridor von einem bis drei Prozent Inflation für mit dem Ziel der Preisstabilität vereinbar.

18 Dazu *Pohl*, Von der D-Mark zum Euro: Eine Übergangsbilanz, S. 2.

19 A.a.O. (Fn. 18).

beurteilung vorliegt und ob die Tatsachen, die ihr zu Grunde liegen, vollständig ermittelt und berücksichtigt worden sind.

Wie oben gezeigt, reicht es jedoch nicht aus, dass ein Mitgliedstaat eine „anhaltende Preisstabilität" erreicht hat, um das Konvergenzkriterium der Preisstabilität zu erfüllen. Er muss vielmehr weiterhin eine Inflationsrate aufweisen können, die nicht mehr als 1,5 % über der oben beschriebenen Referenzinflationsrate liegt. Im Zusammenhang mit der Anwendung dieses Kriteriums ist insbesondere problematisch, wie diese Referenzinflationsrate zu berechnen ist. Nach Art. 1 S. 1 KonvProt ist sie aus den Inflationsraten zu ermitteln, die in den „höchstens drei" Mitgliedstaaten bestehen, die unionsweit insoweit das beste Ergebnis erzielt haben. Rechnerisch ergeben sich daher sechs verschiedene Möglichkeiten, die Referenzinflationsrate zu bestimmen.[20]

Die Beantwortung der Frage, auf welche der sechs möglichen Berechnungsmethoden zurückzugreifen ist, muss sich am Sinn und Zweck dieses Kriteriums orientieren. Die Geldpolitik in einer Währungsunion ist grundsätzlich auf den gesamten Währungsraum ausgerichtet.[21] Die wirtschaftliche Situation in nur einzelnen Staaten kann sie grundsätzlich nicht berücksichtigen. Das gilt insbesondere für die Festlegung der Leitzinssätze. Weichen die regionalen Inflationsraten in den einzelnen Staaten des einheitlichen Währungsgebietes zu stark voneinander ab, können sich für die wirtschaftliche Situation dieser Staaten erhebliche Probleme ergeben. Denn in diesem Fall wäre die Geldpolitik für einige Mitgliedstaaten zu expansiv, für andere dagegen zu restriktiv. Daher legt das Kriterium der Preisstabilität fest, dass die regionalen Inflationsraten im Euro-Währungsgebiet jedenfalls zum Zeitpunkt der Einführung des Euro so wenig wie möglich voneinander abweichen dürfen. Es sieht grundsätzlich nur Abweichungen in Höhe von 1,5 % als hinnehmbar an. An dieser Zwecksetzung, Vermeidung zu starker regionaler Inflationsunterschiede im Zeitpunkt der Einführung des Euro, muss sich die Anwendung dieses Konvergenzkriteriums maßgeblich orientieren.

Das Erfordernis, die Referenzinflationsrate einzuhalten, dient dagegen entgegen einer weit verbreiteten Auffassung jedenfalls nicht vorrangig dazu sicherzustellen, dass im Zeitpunkt der Einführung der einheitlichen Währung im Euro-Währungsgebiet Preisstabilität herrscht.[22] Um das zu gewährleisten, ist im Rahmen des Kon-

---

20 Zu den einzelnen Möglichkeiten ausführlich *Kortz*, (Fn. 12), S. 86 ff.; *ders.*, Inhalt und rechtliche Relevanz der Konvergenzkriterien, in: *Rill/Griller* (Hrsg.), Rechtsfragen der Europäischen Wirtschafts- und Währungsunion, S. 64 ff.

21 Vgl. *Angeloni/Gaspar/Tristani*, The monetary policy strategy of the ECB, in: *Cobham/Zis* (Hrsg.), From EMS to EMU – 1979 to 1999 and beyond, S. 15.

22 So aber wohl *Collignon*, Geldwertstabilität für Europa: die Währungsunion auf dem Prüfstand, S. 22; *Emmerich-Fritsche*, Wie verbindlich sind die Konvergenzkriterien?, EWS 1996, S. 77 (79); *Häde*, (Fn. 5), Art. 121 EG-Vertrag Rdnr. 6; *Kempen*, in: *Streinz* (Hrsg.), EUV/EGV, Art. 121 EGV Rdnr. 11; *Kortz*, (Fn. 12), S. 86 ff.; *Palm*, (Fn. 13), S. 81; *Selmayr*, (Fn. 12), S. 318 f.; *Smeets*, Monetäre Integration: Vom EWS zur Währungsunion, in: *Groener/ Schüller* (Hrsg.), Die europäische Integration als ordnungspolitische Aufgabe, S. 114; *Wölker*, Der Eintritt in die dritte Stufe der Wirtschafts- und Währungsunion, S. 23; *ders.*, (Fn. 5), Art. 121 EG-Vertrag Rdnr. 11.

vergenzkriteriums der Preisstabilität auch zu prüfen, ob ein Mitgliedstaat eine anhaltende Preisstabilität aufweist. Die Anforderung, die Referenzinflationsrate einzuhalten, sichert hingegen für die Zeit nach der Einführung des Euro ab, dass der in den Mitgliedstaaten bestehende Zustand der anhaltenden Preisstabilität aufrechterhalten werden kann, in dem es Rahmenbedingungen definiert, die für eine stabilitätsorientierte Geldpolitik in der dritten Stufe der Wirtschafts- und Währungspolitik erforderlich sind.[23]

Welche der sechs möglichen Berechnungsmethoden zur Bestimmung der Referenzinflationsrate anzuwenden ist, kann vor diesem Hintergrund nur im Einzelfall entschieden werden. Zulässig ist jede Berechnungsmethode, die im Ergebnis sicherstellt, dass sich die regionalen Inflationsunterschiede im Euro-Währungsgebiet in einem vertretbaren Rahmen halten. Der EG-Vertrag eröffnet der Kommission und der EZB mithin auch insoweit wiederum einen Beurteilungsspielraum. Die juristische Kontrolle seiner Ausübung ist entsprechend beschränkt. Jedenfalls ist nicht erkennbar, dass aus juristischer Sicht die Anwendung einer bestimmten Berechnungsmethode vorherbestimmt, nahe liegend oder auch grundsätzlich unzulässig ist.[24] Nicht gefolgt werden kann zudem der Auffassung, die Referenzinflationsrate sei zwischenzeitlich mit dem Wert von 1,1 % gleichzusetzen, den die Gemeinschaft bei der Entscheidung über den Beginn der dritten Stufe der Wirtschafts- und Währungsunion auf der Grundlage des Art. 121 Abs. 4 EGV bei der Anwendung des Kriteriums der Preisstabilität zu Grunde gelegt hatte.[25] Für sie ergibt sich aus dem Wortlaut des Konvergenzkriteriums kein Anhaltspunkt. Sie widerspricht zudem dem Sinn und Zweck dieses Kriteriums. Die Referenzinflationsrate ist vielmehr stets neu zu berechnen.[26]

b) Besonderheiten im Aufhebungsverfahren

Die vier Konvergenzkriterien sind entwickelt worden, um einen Maßstab für den Übergang der Gemeinschaft in die dritte Stufe der Wirtschafts- und Währungs-

---

23 Im Ergebnis wohl auch *Brinster*, Eintritt in die Europäische Wirtschafts- und Währungsunion, S. 267. Zu den Problemen, die sich aus Abweichungen in den regionalen Inflationsraten für die Geldpolitik ergeben können, vgl. etwa *Europäische Zentralbank*, Die jüngere wirtschaftswissenschaftliche Literatur zu den Auswirkungen von Inflationsdifferentialen auf die Geldpolitik in einer Währungsunion, Monatsbericht, Mai 2005, S. 78 f.

24 Ähnlich *Palm*, (Fn. 13), S. 81. Präferenzen für die Berechnung finden sich dagegen in unterschiedlichster Ausgestaltung jedoch verbreitet in der Literatur. Vgl. etwa *Becker-Neetz*, (Fn. 12), S. 374; *Häde*, (Fn. 5), Art. 121 EG-Vertrag Rdnr. 7; *Hahn/Häde*, Europa im Wartestand: Bemerkungen zur Währungsunion, in: *Due/Lutter/Schwarze* (Hrsg.), FS *Everling*, S. 389; *Kempen*, (Fn. 22), Art. 121 EGV Rdnr. 11; *Kortz*, (Fn. 12), S. 90; *Seidel*, Verschiebungseffekte und Risiken der EWU: Juristische Aspekte, in: *Hasse* (Hrsg.), Herausforderungen der Europäischen Währungsunion, S. 68; *Selmayr*, (Fn. 12), S. 319; *Zeitler*, Die Europäische Währungsunion als Stabilitätsgemeinschaft, WM 1995, S. 1609 (1610).

25 So aber *Selmayr*, Wie unabhängig ist die Europäische Zentralbank?, WM 1998, S. 2429 (2432).

26 In diesem Sinne auch *Häde*, (Fn. 5), Art. 121 EG-Vertrag Rdnr. 4, und Art. 122 EG-Vertrag Rdnr. 14; *Hahn/Häde*, in: *Dolzer/Vogel* (Hrsg.), Bonner Kommentar zum Grundgesetz, 93. Lfg., Art. 88 Rdnr. 479.

union zu bilden.[27] Daher ist denkbar, dass sie nicht unverändert im Verfahren nach Art. 122 Abs. 2 EGV angewendet werden können, in dem über die Einführung des Euro in den Staaten mit Ausnahmeregelung zu einem Zeitpunkt entschieden wird, in dem die dritte Stufe der Wirtschafts- und Währungsunion bereits begonnen hat. Ob das der Fall ist, muss hinsichtlich jedes Konvergenzkriteriums einzeln geprüft werden.

Hinsichtlich des Kriteriums der Preisstabilität wird in der Literatur vereinzelt vertreten, dass es im Verfahren nach Art. 122 Abs. 2 EGV abweichend von seinem Wortlaut angewendet werden müsse. Bei der Berechnung der Referenzinflationsrate sei nicht mehr auf die Inflationsraten in den höchstens drei Mitgliedstaaten abzustellen, in denen das niedrigste Inflationsniveau herrscht.[28] Maßgeblich sei vielmehr die Inflationsrate des Euro-Währungsgebietes.[29] Diese Auslegung entspricht dem Sinn und Zweck dieses Konvergenzkriteriums. Schließlich lässt sich so sicherstellen, dass es keine großen Inflationsdifferenzen zwischen dem Euro-Währungsgebiet und den Staaten gibt, die infolge der Aufhebung der Ausnahmeregelung den Euro einführen. Allerdings lässt der Wortlaut des Konvergenzkriteriums eine solche Auslegung nicht zu.[30] Sie ist daher nicht möglich.

Weiterhin wird erwogen, in die Berechnung der Referenzinflationsrate nur die Inflationsraten von Mitgliedstaaten einzubeziehen, die dem Euro-Währungsgebiet angehören.[31] Hierfür spricht der Sinn und Zweck des Konvergenzkriteriums der Preisstabilität. Denn durch die Anforderung, dass die Referenzinflationsrate eingehalten werden muss, wird sichergestellt, dass die Inflationsraten der Staaten, die den Euro einführen, von denen des Euro-Währungsgebietes nicht zu weit abweichen. Daher dürfen die Mitgliedstaaten, deren Ausnahmeregelung im jeweils aktuellen Prüfverfahren voraussichtlich nicht aufgehoben werden kann, nicht in die Berechnung einbezogen werden.[32] Ansonsten bestünde die Gefahr, dass die Refe-

---

27 Zur Funktion der Konvergenzkriterien etwa *Bandilla*, (Fn. 5), Art. 109j EGV Rdnr. 11 ff.; *Bothe/Bünger/Estorff*, (Fn. 6), Art. 109j EGV Rdnr. 1 ff.; *Häde*, (Fn. 5), Art. 121 EG-Vertrag Rdnr. 4; *Kortz*, (Fn. 12), S. 79 ff.

28 So wohl *Nicolaysen*, Der rechtliche Status Griechenlands als Mitgliedstaat mit einer Ausnahmeregelung, in: *Papaschinopoulou* (Hrsg.), Griechenland auf dem Weg zur Europäischen Wirtschafts- und Währungsunion, S. 45. Ähnliche Überlegungen finden sich auch bei *Kortz*, (Fn. 12), S. 194 f., *Selmayr*, (Fn. 12), S. 321 f., und *Wölker*, (Fn. 5), Art. 121 EG-Vertrag Rdnr. 13. Ausführliche Erwägungen zur Anwendung dieses Konvergenzkriteriums nach Beginn der dritten Stufe nahm auch die Kommission vor. Vgl. *Europäische Kommission*, Konvergenzbericht 2000, KOM(2000) 277 endgültig, S. 55 ff.

29 A.a.O. (Fn. 28).

30 So auch *Selmayr*, (Fn. 12), S. 322.

31 Zu diesen Überlegungen *Europäische Kommission*, Konvergenzbericht 2000, KOM(2000) 277 endgültig, S. 55 ff.; *Kempen*, (Fn. 22), Art. 122 EGV Rdnr. 22.

32 Ähnlich *Brinster*, Eintritt in die Europäische Wirtschafts- und Währungsunion, S. 267, und die *Europäische Kommission*, Konvergenzbericht 2000, KOM(2000) 277 endgültig, S. 55 f. Gleichwohl hat die Kommission bislang immer auf die Ergebnisse der besten drei Mitgliedstaaten zurückgegriffen, ohne danach zu unterscheiden, ob Mitgliedstaaten dem Euro-Währungsgebiet angehören oder nicht, mit der Begründung (vgl. a.a.O.), dieses Verfahren wirke sich nicht auf das Ergebnis aus. Vgl. neben dem bereits genannten Konvergenzbericht auch die Konvergenzberichte aus den Jahren 2002 (*Europäische Kommission*, Konvergenzbericht 2002, KOM(2002) 243 endgültig, renzinflationsrate anhand der Inflationsraten in Mitgliedstaaten bestimmt werden müsste, deren Ausnahmeregelung aller Voraussicht nach jedenfalls im aktuellen Prüfverfahren nicht aufgehoben werden wird. Die Aussagekraft der Referenzinflationsrate würde in diesem Fall leer laufen. Unter welchen Voraussetzungen im Übrigen auch die Staaten in die Berechnung einbezogen werden dürfen, die nicht dem Euro-Währungsgebiet angehören, ist eine Frage des Einzelfalles, die ganz maßgeblich am Sinn und Zweck dieses Konvergenzkriteriums beantwortet werden muss. Dass insoweit eine bestimmte Entscheidung vorbestimmt, nahe liegend oder unzulässig ist, ist wiederum nicht erkennbar.

Ein bislang in der Literatur so gut wie nicht diskutiertes Problem bei der Anwendung des Konvergenzkriteriums der Preisstabilität ergibt sich dann, wenn in einem Mitgliedstaat mit Ausnahmeregelung eine Inflationsrate besteht, die um mehr als 1,5 % unter der Referenzinflationsrate liegt.[33] Der Wortlaut des Art. 1 KonvProt legt nahe, dass der betreffende Mitgliedstaat das Konvergenzkriterium erfüllt. Denn er fordert nur, dass die Inflationsrate um nicht mehr als 1,5 % über der Referenzinflationsrate liegen darf. Nach Sinn und Zweck des Art. 1 KonvProt müssen die Kommission und die EZB in diesem Fall jedoch feststellen, dass der betreffende Mitgliedstaat das Kriterium der Preisstabilität nicht erfüllt.[34] Denn anderenfalls würden innerhalb des Euro-Währungsgebietes zu starke regionale Abweichungen in der Inflationsrate entstehen. Gerade das will Art. 1 KonvProt durch das Erfordernis, die Referenzinflationsrate einzuhalten, jedoch verhindern. So ist es theoretisch zwar denkbar, dass ein Mitgliedstaat, der eine „anhaltende Preisstabilität" im Sinne dieses Konvergenzkriteriums aufweist, der Währungsunion gleichwohl nicht beitreten kann, weil seine Inflationsrate um mehr als 1,5 % unter der Referenzinflationsrate liegt. Rechtfertigen lässt sich das jedoch daraus, dass die Geldpolitik der EZB auf Grund der großen Abweichung von der Referenzinflationsrate der wirtschaftlichen Situation dieses Staates nicht entspricht. Für die EZB könnten sich hieraus zudem zumindest potentiell Probleme bei der Festlegung und Ausführung der Geldpolitik ergeben, die im Interesse einer funktionierenden Währungsunion nicht hingenommen werden sollen.[35]

S. 14) und 2004 (*Europäische Kommission*, Konvergenzbericht 2004, KOM(2004) 690 endgültig, S. 4). Im Ergebnis anders wohl *Kempen*, (Fn. 22), Art. 122 EGV Rdnr. 22. Auch die EZB hat bislang bei der Berechnung des Referenzwertes nicht danach differenziert, ob ein Mitgliedstaat dem Euro-Währungsgebiet angehört oder nicht. Vgl. *Europäische Zentralbank*, Konvergenzbericht 2000, S. 9; *dies.*, Konvergenzbericht 2002, S. 7; *dies.*, Konvergenzbericht 2004, S. 5 f.

33 Auf dieses Problem weist auch *Wölker*, (Fn. 5), Art. 121 EG Rdnr. 13, hin.

34 Anders wohl *Wölker*, (Fn. 5), Art. 121 EG Rdnr. 11, mit der Begründung, ein derartiges Ergebnis sei absurd. Die Auffassung von *Wölker* erklärt sich aber daraus, dass er die Einhaltung der Referenzinflationsrate als Maßstab dafür ansieht, ob ein Mitgliedstaat Preisstabilität erreicht hat. Die vorliegend vertretene Auffassung, nach der dieses Erfordernis auf die Vermeidung von zu starken regionalen Inflationsdifferenzen abzielt (dazu ausführlich oben S. 274 ff.), führt dagegen zu einem konsequenten Ergebnis.

35 Zu Problemen, die sich aus Abweichungen in den regionalen Inflationsraten für die Geldpolitik ergeben können, siehe die Nachweise in Fn. 23.

Hält ein Mitgliedstaat, für den eine Ausnahmeregelung gilt, dagegen die Referenzinflationsrate ein, ist er, sofern er auch die übrigen Voraussetzungen erfüllt, auch dann verpflichtet, dem Euro-Währungsgebiet beizutreten, wenn die Inflationsrate im Euro-Währungsgebiet nicht mehr als Ausdruck stabiler Preise angesehen werden kann. Der EG-Vertrag lässt insoweit keinen Raum für eine andere Entscheidung.

2. Tragbare Finanzlage der öffentlichen Hand

Das zweite Konvergenzkriterium ist das der auf Dauer tragbaren Finanzlage der öffentlichen Hand (vgl. Art. 121 Abs. 1 S. 3, 2. Gs. EGV). Dieses Kriterium ist rein formal. Es ist nach Art. 2 KonvProt dann erfüllt, wenn im Zeitpunkt der Überprüfung keine Entscheidung nach Art. 104 Abs. 6 EGV vorliegt, durch die der EG-Rat festgestellt hat, dass in dem betreffenden Mitgliedstaat ein übermäßiges Defizit besteht.[36] Die Kommission und die EZB haben mithin insoweit kein eigenständiges materielles Prüfungsrecht. Sie sind auf die Feststellung beschränkt, ob eine Entscheidung nach Art. 104 Abs. 6 EGV vorliegt oder nicht. Diese Regelung ist sachgerecht. Schließlich ist die Prüfung, ob in einem Mitgliedstaat ein übermäßiges Defizit besteht, in Art. 104 EGV in einem speziellen und komplexen Verfahren geregelt.[37] Streitig ist allerdings, ob der EG-Rat bei der Entscheidung, die das Verfahren nach Art. 122 Abs. 2 EGV abschließt, insoweit ein eigenständiges Prüfungsrecht hat. Auf diese Frage ist an späterer Stelle einzugehen.[38]

3. Wechselkursstabilität

a) *Überblick*

Das dritte Konvergenzkriterium, das der Wechselkursstabilität, enthält nach Art. 121 Abs. 1 S. 3, 4. Gs. EGV, Art. 3 KonvProt drei verschiedene Elemente, die zu berücksichtigen sind. Danach erfüllt ein Mitgliedstaat dieses Konvergenzkriterium, wenn er seit mindestens zwei Jahren am Wechselkursmechanismus des EWS teilnimmt, in diesem Zeitraum die „normalen Bandbreiten" des EWS ohne starke Spannungen einhält und seine Währung gegenüber denen der anderen Mitgliedstaaten nicht von sich aus abgewertet hat. Es ist stark umstritten, wie das Kriterium der Wechselkursstabilität im Einzelnen auszulegen ist. Streitig ist im Wesentlichen, ob dieses Kriterium derzeit überhaupt noch angewendet werden kann, wie der Begriff „normale Bandbreiten" zu verstehen ist und ob das Kriterium eine aktive Teilnahme am Wechselkurssystem voraussetzt.

---

36 Zu den Voraussetzungen, unter denen das Bestehen eines übermäßigen Defizits festgestellt wird, oben § 8, S. 261 ff.
37 A.a.O. (Fn. 36).
38 Siehe dazu unten S. 293 f.

Die Frage, ob das Wechselkurskriterium im Verfahren nach Art. 122 Abs. 2 EGV überhaupt anwendbar ist, erklärt sich zum einen daraus, dass es nach seinem Wortlaut an den Wechselkursmechanismus des EWS anknüpft. Das EWS ist jedoch zu Beginn der dritten Stufe der Wirtschafts- und Währungsunion durch das WKM II Abkommen ersetzt worden (vgl. Art. 20.1. WKM II-Abk).[39] Das EWS besteht folglich nicht mehr. Daher erscheint es zumindest denkbar, dass das Kriterium der Wechselkursstabilität nicht mehr anwendbar ist.[40] Dem ist jedoch entgegenzuhalten, dass das WKM II Abkommen das EWS ausdrücklich lediglich ersetzt hat. Da zudem nicht anzunehmen ist, dass die Mitgliedstaaten durch die sprachliche Fassung des Konvergenzkriteriums der Wechselkursstabilität das EWS jeglicher Veränderung entziehen wollten, ist der Verweis auf das EWS im Wortlaut dieses Konvergenzkriteriums mithin als Bezugnahme zu einem Wechselkurssystem zu verstehen, das die verschiedenen Währungsgebiete, die innerhalb der Europäischen Union bestehen, miteinander verbindet. Das Konvergenzkriterium der Wechselkursstabilität bleibt mithin weiterhin anwendbar. Soweit es auf das EWS Bezug nimmt, sind diese Bezugnahmen als solche auf den Wechselkursmechanismus II zu lesen.[41]

b) Normale Bandbreiten

Zweifel daran, ob das Kriterium der Wechselkursstabilität weiterhin anwendbar ist, sind aber auch im Zusammenhang mit der Frage nach der Bedeutung des Begriffs „normale Bandbreiten", den sowohl Art. 121 Abs. 1 S. 3 EGV als auch Art. 3 S. 1 Konv Prot verwenden, geäußert worden. Der EG-Vertrag definiert diesen Begriff nicht ausdrücklich. Seine Bedeutung ist mithin im Wege der Auslegung zu ermitteln. Als sicher kann angenommen werden, dass sich dieser Begriff ursprünglich auf die Standardschwankungsbreite des Wechselkurssystems des EWS von ± 2,25 % bezog.[42] Diese Schwankungsbreite ist jedoch infolge der so genannten EWS-Krise[43] auf ± 15 % erweitert und seitdem beibehalten worden.[44] Auch der Wechselkurs-

---

39 Abkommen vom 1. September 1998 zwischen der Europäischen Zentralbank und den nationalen Zentralbanken der nicht dem Euro-Währungsgebiet angehörenden Mitgliedstaaten über die Funktionsweise eines Wechselkursmechanismus in der dritten Stufe der Wirtschafts- und Währungsunion, ABl. EG Nr. C 345 vom 13.11.1998, S. 6, geändert durch Abkommen vom 14. September 2000, ABl. Nr. C 362 vom 16.12.2000, S. 11.

40 Zu diesen Überlegungen auch *Goetze,* Die Tätigkeit der nationalen Zentralbanken in der Wirtschafts- und Währungsunion, S. 128 ff.

41 So im Ergebnis auch *Goetze,* (Fn. 40), S. 128 ff.; *Nicolaysen,* (Fn. 28), S. 45.

42 Vgl. *Arrowsmith,* Economic and Monetary Union in a Multi-Tier Europe, National Institute Economic Review 1995, S. 76 (82); *Bandilla,* (Fn. 5), Art. 109 j EGV Rdnr. 20; *Hahn,* The European Monetary Institut's Annual Reports: Fact-finding, means of control, incentive, CMLR 1995, S. 1079 (1088); *Roth,* Der rechtliche Rahmen der Wirtschafts- und Währungsunion, EuR – Beiheft 1 – 1994, S. 45 (82); *Weber,* Die Wirtschafts- und Währungsunion nach dem Maastricht-Urteil des BVerfG, JZ 1994, S. 53 (56). Dazu auch *Bofinger,* Die europäische Währungsintegration in der Stufe II, Wirtschaftsdienst 1994, S. 627 (631).

43 Zur Krise des EWS siehe die Nachweise oben in § 6, Fn. 192.

44 Kommuniqué der Finanzminister, abgedruckt z. B. in *Deutsche Bundesbank,* Die jüngsten geld- und währungspolitischen Beschlüsse und die Entwicklungen im Europäischen Währungssystem, Monatsbericht, August 1993, S. 19 (29). Im Verhältnis DM – Gulden wurde die alte Schwankungsbreite beibehalten.

mechanismus des WKM II Abkommens hat diese Schwankungsbreite als Standardschwankungsbreite übernommen (vgl. Präambel, 1. Erwägungsgrund, 7. Gs. WKM II-Abk).

Aufgrund dieser Erweiterung der Bandbreite ist teilweise angenommen worden, das Kriterium der Wechselkursstabilität sei nicht mehr anwendbar.[45] Vertreten wird aber auch, dass weiterhin die ursprünglich geltenden ± 2,25 %[46] oder die nunmehr geltenden ± 15 % die „normalen Bandbreiten" im Sinne dieses Konvergenzkriteriums sind.[47] Teilweise wird zudem mit unterschiedlichen Begründungen vertreten, auf die alte enge Bandbreite des EWS könne zwar nicht mehr abgestellt werden, aber auch die neue könne nicht herangezogen werden.[48] Als Lösung wird von einigen Vertretern dieser Auffassung vorgeschlagen, es sei ausreichend, dass sich die Wechselkurse in der Nähe der Leitkurse bewegen.[49] Das sei insbesondere dann der

45 Vgl. *Bofinger*, (Fn. 42), S. 632; *Hellmann*, Die Europäische Wirtschafts- und Währungsunion aus der Sicht der Partnerländer, in: *Caesar/Scharrer* (Hrsg.), Maastricht: Königsweg oder Irrweg zur Wirtschafts- und Währungsunion?, S. 199; *Lesch*, Europa auf dem Weg zur Währungsunion: Ursachen und Lehren der EWS-Krise, S. 7; *Meyer*, Vom Europäischen Währungssystem zur Europäischen Wirtschafts- und Währungsunion 1979-1999, S. 34; *Pipkorn*, Der rechtliche Rahmen der WWU, EuR – Beiheft 1 – 1994, S. 85 (92); *Weber*, (Fn. 42), S. 56. Auf die Möglichkeit, das Konvergenzkriterium insoweit nicht mehr anzuwenden, weisen auch *Krägenau/Wetter*, Regierungskonferenz und WWU, in: *Hrbek* (Hrsg.), Die Reform der Europäischen Union, S. 265, hin.

46 So etwa *Arrowsmith*, (Fn. 42), S. 82; *Aschinger*, Probleme auf dem Weg zum Euro, Wirtschaftsdienst 1997, S. 580 (583); *Becker-Neetz*, (Fn. 12), S. 375; *Borell*, Zur Europäischen Währungsunion – Analysen und Folgerungen, S. 45; *Caravelis*, European Monetary Union, S. 47; *Galahn*, Die deutsche Bundesbank im Prozeß der europäischen Währungsintegration, S. 151; *Geiger*, Das Währungsrecht im Binnenmarkt der Europäischen Union, S. 129; *Häde*, (Fn. 5), Art. 121 EG-Vertrag Rdnr. 14 und Art. 122 Rdnr. 15, allerdings mit der Einschränkung, dass „eine allzu strenge Fixierung auf diesen Wert" nicht zu fordern sein dürfte; *ders.*, Finanzausgleich, S. 527; *ders.*, Rechtsfragen zum Eintritt Griechenlands in die Währungsunion, in: *Papaschinopoulou* (Hrsg.), Griechenland auf dem Weg zur Europäischen Wirtschafts- und Währungsunion, S. 50 f.; *Hahn/Häde*, (Fn. 26), Art. 88 Rdnr. 448; *Kempen*, (Fn. 22), Art. 121 EGV Rdnr. 20 und Art. 122 EGV Rdnr. 24; *Kortz*, (Fn. 12), S. 130 f.; *ders.*, Inhalt und rechtliche Relevanz der Konvergenzkriterien, in: *Rill/Griller* (Hrsg.), Rechtsfragen der Europäischen Wirtschafts- und Währungsunion, S. 78 ff.; *Lesch*, Europa auf dem Weg zur Währungsunion: Ursachen und Lehren der EWS-Krise, S. 110 ff.; *Potacs*, in: *Schwarze* (Hrsg.), EU-Kommentar, Art. 121 EGV Rdnr. 5; *Siebert*, Zu den Voraussetzungen der Europäischen Währungsunion, S. 14; *Tettinger*, Das Schicksal der Deutschen Mark, in: FS *Stern*, S. 1370.

47 So etwa *Thygesen*, Ein Neubeginn für den WWU-Prozess, in: *Amato/Christophersen* u.a. (Hrsg.), Ist die Europäische Währungsunion tot?, S. 70; *ders.*, Reinforcing Stage Two in the EMU process, in: *Steinherr* (Hrsg.), 30 years of European monetary integration: from the Werner Plan to EMU, S. 218.

48 Vgl. *Hahn*, The European Monetary Institute's Annual Reports: Fact-finding, means of control, incentive, CMLR 1995, S. 1079 (1088); *Palm*, (Fn. 13), S. 82 f.; *Zeitler*, (Fn. 24), S. 1611. Dagegen lassen *Aspetsberger/Gnan/Pauer/Schubert*, Auf dem Wege zur Wirtschafts- und Währungsunion, in: *Röttinger/Wexringer* (Hrsg.), Handbuch der Europäischen Integration, 2. Auflage (1996), S. 370 (410), und *Roth*, (Fn. 42), S. 58, offen, auf welche Bandbreite abzustellen ist.

49 Vgl. hierzu den vom EWI im Oktober 1994 entwickelten Ansatz (vgl. *Europäisches Währungsinstitut*, Progress towards convergence, S. 33), den das EWI und später die EZB bei der Konvergenzprüfung angewendet haben (vgl. *Europäisches Währungsinstitut*, Konvergenzbericht 1998, S. 41 f.; *Europäische Zentralbank*, Konvergenzbericht 2000, S. 12 f.; *dies.*, Konvergenzbericht 2002, S. 12 f.; *dies.*, Konvergenzbericht 2004, S. 10 f.). Die Kommission hat einen anderen Ansatz verwendet, der sich jedoch zumindest im Ergebnis nicht von dem Ansatz des Europäischen Währungsinstituts bzw. der EZB unterscheiden dürfte. Vgl. *Europäische Kommission*, Euro 1999: Bericht über den Kon-

Fall, wenn sie die alten Bandbreiten einhalten.[50] Seit der Erweiterung der Standardschwankungsbreite ist mithin stark umstritten, wie der Begriff „normale Bandbreiten“ zu verstehen ist.

Für die Ansicht, nach der die „normalen Bandbreiten“ die jeweils geltenden Standardschwankungsbreiten im Rahmen des WKM II Abkommens sind, spricht der Wortlaut des Konvergenzkriteriums. Schließlich legt der EG-Vertrag keinen bestimmen Wert ausdrücklich fest, sondern verweist auf die nicht näher definierten „normalen Bandbreiten“ des Wechselkursmechanismus. Hiergegen wird verbreitet die Entstehungsgeschichte der Konvergenzkriterien angeführt. Dem ist zwar zuzugeben, dass die Mitgliedstaaten während der Verhandlungen zum Vertrag von Maastricht die damaligen Standardschwankungsbreiten des EWS als „normale Bandbreite“ angesehen haben[51], zumal sie seit Gründung des EWS unverändert geblieben sind und ihre Erweiterung in den rechtlichen Grundlagen des EWS nicht vorgesehen war. Belegt ist auch, dass die Mitgliedstaaten damals nicht damit rechneten, dass die Bandbreiten verbreitert werden könnten.[52] Dass die Mitgliedstaaten sie während der Verhandlungen zum Vertrag von Maastricht allerdings als für die Auslegung des Kriteriums der Wechselkurstabilität maßgeblich *und* unveränderlich festschreiben wollten, lässt sich nicht belegen.[53] Daher kann der historischen Auslegung auch angesichts des offenen Wortlauts des Kriteriums der Wechselkursstabilität allein keine ausschlaggebende Bedeutung zukommen. Da systematische Erwägungen nicht weiterhelfen, muss eine am Sinn und Zweck des Konvergenzkriteriums orientierte Auslegung entscheidend sein.

Über das Kriterium der Wechselkursstabilität und allgemein die Konvergenzkriterien soll beurteilt werden, ob ein Mitgliedstaat die ökonomischen Voraussetzungen erfüllt, um den Euro einführen zu können. Bereits hieraus folgt, dass nicht jede im Wechselkursmechanismus des WKM II Abkommens geltende Standarschwankungsbreite mit der „normalen Bandbreite“ im Sinne des Wechselkurskriteriums gleichgesetzt werden kann. Vielmehr müssen sich aus der Feststellung, dass die Währung eines Mitgliedstaates die „normale Bandbreite“ des Wechselkursmecha-

---

vergenzstand mit Empfehlung für den Übergang zur dritten Stufe der Wirtschafts- und Währungsunion, Teil 2: Bericht, S. 197 ff. Diesen so genannten Median-Ansatz hat die Kommission nach Beginn der dritten Stufe zwar aufgegeben. Der von ihr nunmehr verfolgte Ansatz führt jedoch wohl zu keinen anderen Ergebnissen als der Median-Ansatz. Vgl. *Europäische Kommission*, Konvergenzbericht 2000, KOM(2000) 277 endgültig, S. 69 ff. Ähnlich *Bandilla*, (Fn. 5), Art. 109j EGV Rdnr. 23; *Wölker*, (Fn. 5), Art. 121 EG Rdnr. 23.

50 A.a.O. (Fn. 49).

51 Vgl. die Nachweise in Fn. 42.

52 Vgl. *Becker-Neetz*, (Fn. 12), S. 375; *Bothe/Bünger/Estorff*, (Fn. 6), Art. 109j EGV Rdnr. 27; *Delors*-Bericht, Nummer 57, abgedruckt z. B. bei *Krägenau/Wetter*, Europäische Wirtschafts- und Währungsunion, Dok. 28; *Thygesen*, Towards monetary union in Europe – Reforms of the EMS in the perspective of monetary union, in: *Johnson/Collignon* (Hrsg.), The monetary Economics of Europe – Causes of the EMS crisis, S. 148 f.

53 In diesem Sinne auch *Bandilla*, (Fn. 5), Art. 109j EGV Rdnr. 23; *Kortz*, Inhalt und rechtliche Relevanz der Konvergenzkriterien, in: *Rill/Griller* (Hrsg.), Rechtsfragen der Europäischen Wirtschafts- und Währungsunion, S. 77.

nismus eingehalten hat, noch konkrete Aussagen dazu ableiten lassen, ob ein Mitgliedstaat die Voraussetzungen für die Einführung des Euro erfüllt. Anderenfalls würde das Kriterium der Preisstabilität jegliche Aussagekraft verlieren.[54] Daher müsste an sich für jede jeweils geltende Standardschwankungsbreite überprüft werden, ob ihr noch eine hinreichende Aussagekraft in diesem Sinne zukommt. Wenngleich das allein noch hingenommen werden könnte, ergeben sich dann Probleme, wenn diese Prüfung ergibt, dass eine Standardschwankungsbreite nicht mehr die erforderliche Aussagekraft besitzt.[55] Welche Schwankungsbreite dann als normale Bandbreite anzusehen wäre, bleibt offen. Daher kommt, wenn diese Probleme und die mit ihnen einhergehende Rechtsunsicherheit vermieden werden sollen, nur eine Auslegung des Begriffs „normale Bandbreiten" in Betracht, die nicht auf die jeweils geltenden Schwankungsbreiten zurückgreift.

In Betracht kommt aus diesem Grund insoweit zunächst, die ursprünglich geltenden ± 2,25 % als „normale Bandbreite" anzusehen. Hiergegen spricht allerdings, dass sich auf Grund der Erweiterung der Bandbreiten des EWS die Rahmenbedingungen deutlich verändert haben, unter denen diese Bandbreiten eingehalten werden müssen. Die alten, engen Bandbreiten waren mittels Interventionen zu verteidigen. Diese Interventionsmechanismen stehen jedoch nicht mehr zur Verfügung, um den Wechselkurs einer Währung in dieser Bandbreite zu halten. Ein unveränderter Rückgriff auf den alten Wert kommt daher nicht in Betracht. Die Einhaltung dieser Schwankungsbreite ist infolge der Erweiterung der Bandbreiten nur noch unter deutlich erschwerten Voraussetzungen möglich.

Daher überzeugt nur die wohl erstmals vom EWI-Rat 1994 vorgeschlagene Auslegung des Wechselkurskriteriums[56], nach der maßgeblich sein sollte, dass sich die Wechselkurse „in der Nähe" der Leitkurse bewegen. Ob das der Fall ist, bemisst sich maßgeblich anhand der alten Schwankungsbreiten.[57] Da diese aber nicht mehr durch die Interventionsmechanismen verteidigt werden können, ist es nach diesem Verständnis grundsätzlich unschädlich, wenn diese Schwankungsbreiten jedenfalls zeitweise überschritten werden. Ob der Wechselkurs der Währung eines Staates, der

---

54 In diesem Sinne auch *Roth*, (Fn. 42), S. 58. Ähnlich *Becker-Neetz*, (Fn. 12), S. 375.

55 Was in der Literatur wohl zum Teil implizit hinsichtlich der derzeit geltenden Standardschwankungsbreiten mit dem Hinweis angenommen wird, die Wechselkurse seien faktisch freigegeben worden. Vgl. *Geiger*, Das Währungsrecht im Binnenmarkt der Europäischen Union, S. 63; *Knappe*, EWS vor neuem Anlauf, Die Bank 1993, S. 693 ff.; *Koebnick*, Ökonomische und institutionelle Probleme auf dem Weg zu einer Europäischen Währungsunion, S. 4; *Randzio-Plath*, Die aktuelle Währungssituation in der Europäischen Gemeinschaft, Wirtschaftsdienst 1993, S. 533 (533); *Walter*, Das neue EWS – Was es für die WWU bedeutet, in: *Amato/Christophersen* u.a. (Hrsg.), Ist die Europäische Währungsunion tot?, S. 76.

56 Vgl. *Europäisches Währungsinstitut*, Progress towards convergence, S. 33. Dieser Auslegungsvorschlag ist seit dem durch das EWI und die EZB bei der Konvergenzprüfung angewendet worden. Auch der Ansatz der Kommission dürfte jedenfalls im Ergebnis weitgehend diesem Ansatz entsprechen. Vgl. insoweit die Nachweise in Fn. 49.

57 Abzustellen ist insoweit auf die Schwankungsbreiten gegenüber dem Euro. Ein anderes Verständnis des Konvergenzkriteriums der Wechselkursstabilität ist nach Beginn der dritten Stufe der Wirtschafts- und Währungsunion nicht mehr möglich. Vgl. dazu auch *Europäische Kommission*, Konvergenzbericht 2000, KOM(2000) 277 endgültig, S. 69 ff.

den Euro einführen möchte, im Sinne des Konvergenzkriteriums der Wechselkursstabilität hinreichend stabil ist, ist in diesem Fall anhand einer Gesamtbetrachtung zu beurteilen. Insoweit eröffnet das Konvergenzkriterium der EZB und der Kommission einen Beurteilungsspielraum, der wiederum nur begrenzt juristisch nachprüfbar ist.[58] Diese Auffassung überzeugt neben den vorstehend genannten Gründen auch deshalb, weil sie sowohl dem Willen der Vertragsparteien als auch dem Sinn und Zweck dieses Konvergenzkriteriums entspricht. Sie ist auch mit dem Wortlaut des Konvergenzkriteriums vereinbar. Denn die normalen Bandbreiten müssen nach Art. 3 KonvProt lediglich ohne starke Spannungen eingehalten werden. Ein vorübergehendes Überschreiten der alten Bandbreiten mag daher noch nicht als starke Spannung angesehen werden.[59] Da mithin eine sinnvolle Anwendung des Wechselkurskriteriums weiterhin möglich ist, kann zudem der Auffassung, nach der es nicht mehr anwendbar ist, nicht gefolgt werden.[60]

Die vorstehend geschilderte Auslegung des Begriffs der „normalen Bandbreiten" ist von der EZB und der Kommission bei der Anwendung des Kriteriums der Wechselkursstabilität zu Grunde zu legen. Das ergibt sich nicht nur daraus, dass es die überzeugendste Auslegung des Kriteriums nach der Erweiterung der Bandbreiten ist, sondern auch daraus, dass sowohl das EWI als auch die EZB und die Kommission dieses Konvergenzkriterium bislang entsprechend ausgelegt haben.[61] Hier greift der Gleichheitssatz als Prüfungsmaßstab. Die EZB und die Kommission haben sich insoweit durch die entsprechende Auslegung dieses Konvergenzkriteriums selbst gebunden.[62]

c) *Teilnahme am Wechselkurssystem*

Umstritten ist weiterhin, ob das Konvergenzkriterium der Wechselkursstabilität nur von einem Mitgliedstaat erfüllt wird, der aktiv am Wechselkurssystem teilnimmt.[63] Teilweise wird insoweit vertreten, die tatsächliche Einhaltung der „nor-

---

58 Zum Prüfungsmaßstab siehe oben S. 272 ff.

59 In diesem Sinne auch *Wölker*, (Fn. 5), Art. 121 EG Rdnr. 24. Zur Auslegung des Begriffs „starke Spannungen" siehe auch *Kortz*, (Fn. 12), S. 132, nach dem starke Spannungen jedenfalls dann vorliegen, wenn der Wechselkurs einer Währung mehrmals in einem kurzen Zeitraum den Interventionskurs erreicht, der mittels Interventionen im Rahmen des Wechselkursmechanismus zu verteidigen ist.

60 Im Ergebnis, wenngleich mit anderer Begründung auch *Kortz*, (Fn. 12), S. 123, nach dem eine Vertragsänderung erforderlich sei, wenn das Kriterium der Wechselkursstabilität nicht mehr angewendet werden soll.

61 Zur Anwendung des Konvergenzkriteriums der Wechselkursstabilität siehe die Nachweise in Fn. 49.

62 Im Ergebnis auch *Häde*, Währungsintegration mit abgestufter Geschwindigkeit, in: FS *Hahn*, S. 152.

63 Eine Teilnahme fordern etwa *Becker-Neetz*, (Fn. 12), S. 375; *Duijm*, Auf dem Weg zum EWS II, List-Forum 1997, S. 10 (12); *Friedl*, Die Europäische Wirtschafts- und Währungsunion, S. 51 f.; *Häde*, (Fn. 5), Art. 121 EG-Vertrag Rdnr. 18; *ders.*, Rechtliche Aspekte der Europäischen Währungsunion, in: *Heinemann* (Hrsg.), Europäische Währungsunion und Kapitalmärkte, S. 55; *ders.*, Währungsintegration mit abgestufter Geschwindigkeit, in: FS *Hahn*, S. 156 f.; *ders.*, Rechtsfragen zum Eintritt Griechenlands in die Währungsunion, in: *Papaschinopoulou* (Hrsg.), Griechenland auf malen Bandbreiten" sei ausreichend.[64] Denn einer aktiven Teilnahme am Wechselkursmechanismus komme infolge der Erweiterung der Standardschwankungsbreiten keine Bedeutung mehr zu.[65] Vielmehr sei ein Wechselkurs, der ohne die Unterstützung des Wechselkursmechanismus stabil gehalten werde, für die Beurteilung, ob ein Mitgliedstaat die Voraussetzungen für die Einführung des Euro erfüllt, mindestens ebenso aussagekräftig wie ein Wechselkurs, der im Rahmen eines Wechselkursmechanismus stabilisiert wird.[66]

Dieser Auffassung ist zwar insoweit zuzustimmen, als der Feststellung, der Wechselkurs einer Währung sei auch ohne die Unterstützung des Wechselkursmechanismus stabil geblieben, durchaus eine im Sinne des Konvergenzkriteriums der Wechselkursstabilität hinreichende Aussagekraft zukommt. Gleichwohl kann ihr nicht gefolgt werden. Gegen sie spricht vor allem der Wortlaut dieses Konvergenzkriteriums.[67] So verweisen Art. 121 Abs. 1 S. 3, 3. Gs. EGV und Art. 3 KonvProt ausdrücklich auf die „Teilnahme am EWS". Und auch das Kriterium der Konvergenz der Zinssätze weist nochmals auf die Teilnahme am EWS hin (vgl. Art. 121 Abs. 1 S. 3, 4. Gs. EGV). Weiterhin ist zu berücksichtigen, dass die Mitgliedstaaten mit Ausnahmeregelung, die am Wechselkursmechanismus aktiv teilnehmen, in der Wechselkurspolitik weitgehenden Einschränkungen unterliegen, während die anderen Mitgliedstaaten insoweit im Wesentlichen autonom bleiben. Beispielsweise sind sie verpflichtet, einen bestimmten Wechselkurs mittels Interventionen zu verteidigen.[68] Und vor allem ist es ihnen nicht ohne weiteres möglich, den Leitkurs ihrer

---

dem Weg zur Europäischen Wirtschafts- und Währungsunion, S. 56; *Hahn/Häde*, (Fn. 26), Art. 88 Rdnr. 450; *Kempa*, Währungspolitische Strategien zur Heranführung der „Pre-Ins" an die europäische Währungsunion, Aussenwirtschaft 1998, S. 539 (540); *Kempen*, (Fn. 22), Art. 121 EGV Rdnr. 21 f. und Art. 122 EGV Rdnr. 24; *Krägenau/Wetter*, Regierungskonferenz und WWU, in: *Hrbek* (Hrsg.), Die Reform der Europäischen Union, S. 265; *Rohde/Janssen*, EU-Osterweiterung: Ist ein schneller Beitritt zur Europäischen Währungsunion für Estland sinnvoll?, S. 10; *Roth*, (Fn. 42), S. 83; *Schäfer*, Der neue europäische Wechselkursmechanismus und die MOE-Staaten, in: *Nölling/Schachtschneider/Starbatty* (Hrsg.), Währungsunion und Weltwirtschaft, S. 149; *Seidel*, Verschiebungseffekte und Risiken der EWU: Juristische Aspekte, in: *Hasse* (Hrsg.), Herausforderungen der Europäischen Währungsunion, S. 68; *ders.*, Rechtliche und politische Probleme beim Übergang in die Endstufe der Wirtschafts- und Währungsunion, in: *Francke/Ketzel/Kotz* (Hrsg.), Europäische Währungsunion, S. 169; *Smits*, The European Central Bank, S. 126; *Usher*, Legal Background of the Euro, SEW 1999, S. 12 (15); *Wölker*, (Fn. 5), Art. 121 EG Rdnr. 20; *Zeitler*, Verantwortung für Stabilität – auf dem Wege zur Europäischen Währungsunion, DStZ 1996, S 289 (290).

64 Vgl. *Schauer*, Schengen – Maastricht – Amsterdam: auf dem Weg zu einer flexiblen Union, S. 116 f.; *Sideek*, A critical interpretation of the EMU convergence rules, LIEI 1997, S. 1 (7); *Thygesen*, The prospects for the EMU by 1999 – and Reflections on Arrangements for the Outsiders, S. 12. Im Ergebnis wohl auch *Magiera*, in *Caesar/Scharrer* (Hrsg.), Die Europäische Wirtschafts- und Währungsunion: regionale und globale Herausforderungen, S. 423; *Wölker*, (Fn. 22), S. 26 f.

65 Vgl. insoweit die Nachweise in Fn. 64.

66 Vgl. die Nachweise in Fn. 64.

67 In diesem Sinne auch *Häde*, (Fn. 5), Art. 121 EG-Vertrag Rdnr. 16 ff.; *Roth*, (Fn. 42), S. 83. Auf den Wortlaut verweist insoweit auch *Bandilla*, (Fn. 5), Art. 109 j EGV Rdnr. 18, mit dem Hinweis, für Staaten, die nicht am Wechselkursmechanismus teilnehmen, gebe es keine Bandbreiten, die eingehalten werden könnten.

68 Darauf weisen auch *Brinster*, Eintritt in die Europäische Wirtschafts- und Währungsunion, S. 345, *Duijm*, (Fn. 63), S. 12, und *Häde*, (Fn. 5), Art. 121 EG-Vertrag Rdnr. 17, hin.

Währung zu ändern. Sie verpflichten sich also politisch auf einen bestimmen Wechselkurs, der dann Gegenstand der Konvergenzprüfung ist. Denn Änderungen der Leitkurse im Rahmen des Wechselkurssystems sind nur einvernehmlich möglich. Die Wechselkurse der Währungen der Staaten, die sich am Wechselkursmechanismus nicht beteiligen, werden dagegen ausschließlich durch den Markt bestimmt. Daher trifft es nicht zu, dass die aktive Teilnahme am Wechselkurssystem keine eigenständige Bedeutung mehr hat. Mithin erfüllt ein Mitgliedstaat nur dann das Konvergenzkriterium der Wechselkursstabilität, wenn er am Wechselkursmechanismus aktiv teilnimmt.

d) Verbot der Abwertung von sich aus

Das Konvergenzkriterium der Wechselkursstabilität fordert weiterhin, dass ein Mitgliedstaat seine Währung nicht „von sich aus" gegenüber dem Euro abgewertet hat.[69] Gegen diese Anforderung verstößt ein Mitgliedstaat bereits dann, wenn die Abwertung seiner Währung auf seine Initiative zurückgeht. Das kommt im Wortlaut der englischen Fassung des EG-Vertrages deutlich zum Ausdruck („*on its own initiative*"). Dieses Verständnis ist von besonderer Bedeutung, da die Mitgliedstaaten mit Ausnahmeregelung, die am Wechselkursmechanismus des WKM II Abkommens teilnehmen, ihre Währung im eigentlichen Wortsinn nicht von sich aus abwerten können. Denn der Leitkurs einer Währung wird im Rahmen des Wechselkursmechanismus einvernehmlich festgelegt.[70] Eine Abwertung kann also nur einvernehmlich vorgenommen werden.

Die Aufwertung einer Währung, darauf sei der Vollständigkeit halber hingewiesen, ist dagegen uneingeschränkt zulässig.[71] Nach dem Konvergenzkriterium der Preisstabilität darf die Währung lediglich nicht aus eigener Initiative abgewertet worden sein.

e) Referenzperiode

Art. 3 KonvProt legt fest, dass die zu beurteilende Währung die normalen Bandbreiten des Wechselkursmechanismus ohne starke Spannungen und ohne Abwertung, die auf eine Initiative des Mitgliedstaates zurückgeht, der sie ausgibt, in einem Zeitraum von zwei Jahren vor der Überprüfung eingehalten haben muss. Die Gemeinschaft hat diese Referenzperiode in der Vergangenheit jedoch sehr großzügig gehandhabt. Sie hat es als ausreichend angesehen, dass ein Mitgliedstaat jedenfalls nicht über den gesamten Zeitraum am Wechselkursmechanismus teilnimmt.[72] Die-

---

69 Zu den Gründen, aus denen insoweit nach Beginn der dritten Stufe der Wirtschafts- und Währungsunion nur noch der Euro als Bezugspunkt in Frage kommt, siehe etwa *Europäische Kommission*, Konvergenzbericht 2000, KOM(2000) 277 endgültig, S. 69 ff.

70 Zum Verfahren der Leitkursfestlegung siehe oben § 6, S. 218 ff.

71 Vgl. *Laun*, Zum Vertrag über die Europäische Union, ZfW 1994, S. 69 (72).

72 So nahm Italien nicht während des Zeitraums von vollen zwei Jahren am Wechselkursmechanismus teil, gleichwohl gehört Italien seit 1999 dem Euro-Währungsgebiet an. Vgl. *Europäische Kommission*, Euro 1999: Bericht über den Konvergenzstand mit Empfehlung für den Übergang zur ses Vorgehen, das nicht näher begründet worden ist, begegnet aus juristischer Sicht Bedenken.[73] Der Wortlaut des Konvergenzkriteriums lässt eine derartige Auslegung nicht zu. Vielmehr ist es erforderlich, dass ein Mitgliedstaat mindestens in den zwei Jahren vor der Überprüfung am Wechselkursmechanismus aktiv teilgenommen hat.[74] Auch aus dem Gleichheitssatz ergibt sich insoweit nichts anderes. Eine Selbstbindung kommt nur dann in Betracht, wenn die Rechtsanwendung mit dem EG-Vertrag vereinbar ist. Eine Gleichheit im Unrecht kann es nicht geben.[75] Daher ist die bislang insoweit von der Gemeinschaft vertretene Auslegung zur Dauer der Teilnahme am Wechselkurssystem für zukünftige Entscheidungen auf der Grundlage des Art. 122 Abs. 2 EGV nicht maßgeblich.

4. Kriterium der Konvergenz der Zinssätze

Anhand des vierten und letzten Konvergenzkriteriums, dem der Konvergenz der Zinssätze, prüfen die Kommission und die EZB, ob die Konvergenz, die ein Mitgliedstaat erreicht hat, und die Teilnahme am EWS dauerhaft sind (vgl. Art. 121 Abs. 1 S. 3, 4. Gs. EGV). Maßstab für diese Prüfung sind ausschließlich die langfristigen Nominalzinssätze (vgl. Art. 4 KonvProt). Diese dürfen im Jahr vor der Überprüfung um nicht mehr als 2 % über denen der „höchstens drei" Mitgliedstaaten liegen, die auf dem Gebiet der Preisstabilität das beste Ergebnis erzielt haben. Für die Prüfung sind langfristige Staatsschuldverschreibungen oder vergleichbare Wertpapiere heranzuziehen (vgl. Art. 4 S. 2 KonvProt). Um die zur Prüfung herangezogenen Wertpapiere und Schuldverschreibungen der einzelnen Mitgliedstaaten vergleichen zu können, sind unter Umständen bestehende Unterschiede zwischen ihnen zu berücksichtigen (vgl. Art. 4 S. 2 KonvProt).

Der Referenzwert, anhand dessen geprüft wird, ob ein Mitgliedstaat dieses Konvergenzkriterium erfüllt, bemisst sich also anhand der Zinssätze, die in den höchstens drei Mitgliedstaaten bestehen, die das niedrigste Inflationsniveau in der Europäischen Union aufweisen. Bei der Frage, wie der Referenzwert zu berechnen ist, stellen sich ähnliche Probleme, wie bei der Berechnung der Referenzinflationsrate im Rahmen des Kriteriums der Preisstabilität.[76] Das gilt insbesondere für die

---

dritten Stufe der Wirtschafts- und Währungsunion, Teil 2: Bericht, S. 33; *Europäisches Währungsinstitut*, Konvergenzbericht 1998, S. 22 f. Gleichwohl bestätigte der EG-Rat, dass Italien die notwendigen Voraussetzungen für die Einführung des Euro erfüllte. Vgl. Entscheidung des Rates vom 3. Mai 1998 gemäß Art. 109j des Vertrags (98/317/EG), ABl. EG Nr. L 139 vom 11.5.1998, S. 30.

73 Kritisch auch *Häde*, (Fn. 5), Art. 121 EG-Vertrag Rdnr. 4 und Art. 122 EG-Vertrag Rdnr. 16; *Hahn/Häde*, (Fn. 26), Art. 88 Rdnr. 450. Zustimmend dagegen im Ergebnis *Wölker*, (Fn. 5), Art. 121 EG Rdnr. 20.

74 Vgl. etwa *Häde*, (Fn. 5), Art. 121 EG-Vertrag Rdnr. 4 und Art. 122 EG-Vertrag Rdnr. 16; *Hahn/Häde*, (Fn. 26), Art. 88 Rdnr. 450; *Kempen*, (Fn. 22), Art. 121 EGV Rdnr. 21. Anders allerdings *Wölker*, (Fn. 5), Art. 121 EG Rdnr. 20.

75 Vgl. *Häde*, (Fn. 5), Art. 121 EG-Vertrag Rdnr. 4 und Art. 122 EG-Vertrag Rdnr. 10.

76 Dazu oben S. 276.

Frage, ob bei der Berechnung Mitgliedstaaten berücksichtigt werden dürfen, die dem Euro-Währungsgebiet nicht angehören. Auf die obigen Ausführungen zur Berechnung der Referenzinflationsrate kann daher sinngemäß verwiesen werden. Zu beachten ist, dass der EG-Vertrag keinen Anhaltspunkt dafür enthält, dass der Referenzwert unter Rückgriff auf dieselben Mitgliedstaaten berechnet werden muss, die bei der Berechnung der Referenzinflationsrate berücksichtigt worden sind.[77] Ein derartiges Vorgehen wird zwar in der Regel sachgerecht sein, zwingend vorgegeben ist es allerdings nicht. Auf die durchschnittlichen langfristigen Nominalzinssätze des gesamten Euro-Währungsgebietes kann dagegen nicht abgestellt werden. Das lässt der Wortlaut dieses Konvergenzkriteriums nicht zu.

5. Sonstige ökonomische Rahmendaten

Neben den vier Konvergenzkriterien sind in den Konvergenzberichten gemäß Art. 121 Abs. 1 S. 5 EGV einige weitere ökonomische Daten zu berücksichtigen. Der EG-Vertrag nennt insoweit ausdrücklich die Entwicklung der ECU, die Ergebnisse bei der Integration der Märkte, Stand und Entwicklung der Leistungsbilanzen, die Entwicklung bei den Lohnstückkosten sowie weitere Preisindizes (vgl. Art. 121 Abs. 1 a.E. EGV). Die EZB und die Kommission erhalten so die Möglichkeit, die ökonomische Situation eines Mitgliedstaates umfassend dahingehend zu beurteilen, ob er die Voraussetzungen erfüllt, um die einheitliche Währung einzuführen.[78]

Daher ist es auch denkbar, etwa die Entwicklung der Zahlungsbilanz des Mitgliedstaates, der zu beurteilen ist, in die Betrachtung mit einzubeziehen. Welche Schlussfolgerungen sich aus ihrer Entwicklung ergeben, obliegt einer Beurteilung durch die Kommission und die EZB. Sie haben auch bei der Interpretation der sonstigen ökonomischen Rahmendaten, die nach Art. 121 Abs. 1 S. 5 EGV in die Konvergenzberichte einfließen, einen Beurteilungsspielraum. Daher kann der Auffassung, ein Mitgliedstaat könne den Euro nicht einführen, wenn zur Abwehr von Zahlungsbilanzschwierigkeiten Maßnahmen auf der Grundlage der Art. 119 oder 120 EGV getroffen worden sind, so nicht gefolgt werden.[79] Aus der Anwendung der Art. 119 oder 120 EGV mag sich zwar ein Anhaltspunkt dafür ergeben, dass der zu beurteilende Mitgliedstaat die Voraussetzungen für die Einführung der gemein-

---

77 Anders *Becker-Neetz*, (Fn. 12), S. 375, und wohl auch *Kortz*, Inhalt und rechtliche Relevanz der Konvergenzkriterien, in: *Rill/Griller* (Hrsg.), Rechtsfragen der Europäischen Wirtschafts- und Währungsunion, S. 81 f.

78 Vgl. *Bandilla*, (Fn. 5), Art. 109 j EGV Rdnr. 27; *Kortz*, (Fn. 12), S. 140. Zu den Einzelaspekten, die bislang insoweit in die Beurteilung mit einbezogen worden sind, vgl. *Europäische Kommission*, Euro 1999: Bericht über den Konvergenzstand mit Empfehlung für den Übergang zur dritten Stufe der Wirtschafts- und Währungsunion, Teil 2: Bericht, S. 243 ff.; *dies.*, Bericht über die Konvergenz in der Europäischen Union 1996, KOM(96) 560 endg., S. 61 ff.; *dies.*, Konvergenzbericht 2000, KOM(2000) 277 endgültig, S. 31 ff.; *Europäisches Währungsinstitut*, Konvergenzbericht 1998, S. 22.

79 *Seidel*, Recht und Verfassung des Kapitalmarktes als Grundlage der Währungsunion, GS *Grabitz*, S. 769.

samen Währung nicht erfüllt.[80] Zwingend vorgegeben ist dieser Schluss allerdings nicht.

In die Konvergenzberichte fließen über die Konvergenzkriterien und über Art. 121 Abs. 1 S. 5 EGV alle ökonomischen Aspekte ein, die für die Beurteilung der Frage maßgeblich sind, ob ein Mitgliedstaat die Voraussetzungen für die Einführung der einheitlichen Währung erfüllt. Hieraus ergibt sich auch, dass die Kommission und die EZB lediglich anhand der drei in den Sätzen 2, 3 und 5 des Art. 121 Abs. 1 EGV genannten Kriterien zu prüfen haben, ob die Mitgliedstaaten ihren Verpflichtungen bei der Verwirklichung der Wirtschafts- und Währungsunion bereits nachgekommen sind, obwohl der Wortlaut des Art. 121 Abs. 1 EGV eigentlich ein Verständnis nahe legt, dass diese Kriterien nur Teile der Prüfung sind. Denn aus ökonomischer Sicht ermöglichen die Konvergenzkriterien einerseits und die wirtschaftlichen Rahmendaten, die nach Art. 121 Abs. 1 S. 5 EGV in den Konvergenzberichten zu berücksichtigen sind, eine abschließende Beurteilung, ob ein Mitgliedstaat die Voraussetzungen erfüllt, um den Euro einzuführen.[81] Und die rechtlichen Aspekte werden nach Art. 121 Abs. 1 S. 2 EGV gesondert geprüft.[82] Welche weiteren Aspekte bei der Konvergenzprüfung darüber hinaus noch berücksichtigt werden könnten, ist nicht ersichtlich. Allgemeine politische Zweckmäßigkeitserwägungen dürfen jedenfalls nicht berücksichtigt werden.[83] Zum einen macht Art. 121 Abs. 1 EGV deutlich, dass in den Konvergenzkriterien lediglich ökonomische und rechtliche Kriterien berücksichtigt werden sollen. Anders kann die Aufzählung der Inhalte der Konvergenzberichte, die nur ökonomische und rechtliche Aspekte umfassen, nicht verstanden werden. Und zum anderen enthält der EG-Vertrag an der Stelle, an der solche Erwägungen eine Rolle spielen sollen, einen ausdrücklichen Hinweis hierauf (vgl. Art. 121 Abs. 3 EGV).[84] Das lässt darauf schließen, dass sie da, wo sie nicht genannt sind, auch nicht berücksichtigt werden dürfen.

---

80 A.a.O. (Fn. 79).

81 Allerdings sprechen *Kortz*, (Fn. 12), S. 78, und wohl auch *Bandilla*, (Fn. 5), Art. 109j EGV Rdnr. 7, der Einhaltung der Verpflichtungen der Mitgliedstaaten, die nach Art. 121 Abs. 1 S. 1 EGV von der Kommission und der EZB zu prüfen sind, eine eigenständige Bedeutung zu. So müsse nach *Kortz*, a.a.O., auch geprüft werden, ob ein Mitgliedstaat etwa seinen Verpflichtungen aus Art. 101 EGV oder aus Art. 124 EGV nachgekommen ist. Diese Auffassung muss der oben vertretenen nicht widersprechen. Soweit es sich um wirtschaftspolitische Verpflichtungen handelt, lassen sie sich, wenn nicht über die Konvergenzkriterien, jedenfalls über Art. 121 Abs. 1 S. 5 EGV in die Konvergenzprüfung einbeziehen. Soweit die Rechtsanpassung in Frage steht, ist sie bei der Prüfung der rechtlichen Konvergenz zu berücksichtigen.

82 Dazu unten S. 291.

83 Vgl. etwa *Häde*, Finanzausgleich, S. 533; *Kempen*, (Fn. 22), Art. 121 EGV Rdnr. 9; *Kortz*, (Fn. 12), S. 167, S. 173 und S. 193.

84 Vgl. *Kortz*, (Fn. 12), S. 173; *Roth*, (Fn. 42), S. 55. Anders allerdings *Geiger*, Das Währungsrecht im Binnenmarkt der Europäischen Union, S. 131; *Jochimsen*, Revisionskonferenz 1996: Wirtschafts- und währungspolitische Anforderungen an ein Maastricht II, SuS 1995, S. 533 (541).

IV. Rechtliche Konvergenz

Die Kommission und die EZB müssen in den Konvergenzberichten auch prüfen, ob die Mitgliedstaaten ihr innerstaatliches Recht an die gemeinschaftsrechtlichen Vorgaben angepasst haben (vgl. Art. 121 Abs. 1 S. 2 EGV). Das innerstaatliche Recht des zu beurteilenden Mitgliedstaates muss insbesondere mit den Anforderungen aus Art. 108, 109 EGV und der ESZB-Satzung vereinbar sein.[85] Die EZB und die Kommission, aber auch bereits das EWI haben es insoweit für ausreichend angesehen, dass im Zeitpunkt der Überprüfung das Gesetzgebungsverfahren abgeschlossen ist und die entsprechenden Rechtsvorschriften spätestens mit der Einführung des Euro in Kraft treten.[86] Besonderheiten im Zusammenhang mit der Aufhebung einer Ausnahmeregelung, die in der vorliegenden Arbeit einer näheren Betrachtung bedürfen, sind insoweit nicht erkennbar. Daher kann hinsichtlich der Reichweite der Rechtsanpassungspflichten auf die speziellen Untersuchungen zu dieser Problematik verwiesen werden.[87]

C. Verfahren nach Erstellen der Konvergenzberichte

I. Überblick

Nach dem die EZB und die Kommission die Konvergenzberichte erstellt haben, wird das Europäische Parlament angehört. Zudem findet zu den Berichten eine Aussprache im EG-Rat statt, der in der Zusammensetzung der Staats- und Regierungschefs zusammentritt (vgl. Art. 122 Abs. 2 S. 2 EGV). Anschließend, im dritten und letzten Abschnitt des Aufhebungsverfahrens entscheidet der EG-Rat auf Vorschlag der Kommission darüber, ob die für einen Mitgliedstaat bestehende Ausnahmeregelung aufgehoben werden kann (Art. 122 Abs. 2 S. 2 EGV).

Zuständig für die Entscheidung über die Aufhebung einer Ausnahmeregelung ist folglich der ECOFIN-Rat.[88] Die teilweise vertretene Auffassung, die Entscheidung werde durch den EG-Rat in der Zusammensetzung der Staats- und Regierungschefs

---

85 Sinn und Zweck dieser Rechtsanpassungspflicht war es, Rechtsklarheit zu schaffen und Rechtsunsicherheiten zu vermeiden. Vgl. hierzu etwa *Gnan/Wittelsberger*, in: *von der Groeben/Schwarze* (Hrsg.), Vertrag über die Europäische Union und Vertrag zur Gründung der Europäischen Gemeinschaft, 6. Auflage (2003), Art. 109 EG Rdnr. 1 ff.; *Kempen*, (Fn. 22), Art. 109 EGV Rdnr. 2; *Kobabe*, Zentralbanken in Osteuropa, S. 71 ff.; *Selmayr*, (Fn. 12), S. 281 ff.

86 *Europäische Kommission*, Euro 1999: Bericht über den Konvergenzstand mit Empfehlung für den Übergang zur dritten Stufe der Wirtschafts- und Währungsunion, Teil 2: Bericht, S. 48 f.; *Europäisches Währungsinstitut*, Konvergenzbericht 1998, S. 306.

87 Siehe die Nachweise in Fn. 85 sowie grundlegend *Europäische Kommission*, Bericht über die Konvergenz in der Europäischen Union 1996, KOM(96) 560 endg., S. 7 ff.; *Europäisches Währungsinstitut*, Fortschritte auf dem Weg zur Konvergenz, S. 106 ff.; *dass.*, Konvergenzbericht 1998, S. 13 ff. und S. 304 ff.

88 Dass der EG-Rat als ECOFIN-Rat zusammentritt, ergibt sich aus der Erklärung Nr. 3 der Schlussakte zum Vertrag von Maastricht.

oder den Europäischen Rat getroffen[89], findet im Wortlaut des Art. 122 Abs. 2 EGV keine Stütze.[90] Das hat zwar zur Konsequenz, dass im Aufhebungsverfahren nach Art. 122 Abs. 2 EGV der EG-Rat in einer anderen Zusammensetzung die verfahrensabschließende Entscheidung trifft als im Verfahren nach Art. 121 Abs. 3 bzw. Abs. 4 EGV. In diesen Verfahren war der EG-Rat in der Zusammensetzung der Staats- und Regierungschefs für die Entscheidung zuständig. Das ist jedoch im EG-Vertrag so angelegt und somit hinzunehmen.

Bei der Entscheidung über die Aufhebung einer Ausnahmeregelung auf der Grundlage des Art. 122 Abs. 2 EGV sind alle Mitgliedstaaten stimmberechtigt. Die Entscheidung kommt gemäß Art. 205 Abs. 2 EGV mit doppelt qualifizierter Mehrheit zustande, da der EG-Rat auf Vorschlag der Kommission tätig wird. Erforderlich sind derzeit mithin 232 Stimmen und die Mehrheit der Mitglieder des EG-Rates. Weicht der EG-Rat von dem Vorschlag der Kommission ab, ist Einstimmigkeit erforderlich (vgl. Art. 250 Abs. 1 EGV).

II. Prüfungsmaßstab

1. Bedeutung der Kriterien nach Art. 121 Abs. 1 EGV

Der EG-Rat hebt die Ausnahmeregelung dann auf, wenn ein Mitgliedstaat, für den eine Ausnahmeregelung gilt, die „auf den Kriterien des Artikel 121 Absatz 1 beruhenden Voraussetzungen" erfüllt (vgl. Art. 122 Abs. 2 EGV). Der EG-Vertrag verweist also auf die Vorschrift, in der geregelt ist, welchen Inhalt die Konvergenzberichte haben. Hieraus ergibt sich, dass der Prüfungsmaßstab, anhand dessen der EG-Rat zu entscheiden hat, ob die für einen Mitgliedstaat geltende Ausnahmeregelung aufgehoben werden kann, derselbe ist, den die Kommission und die EZB bei der Erstellung der Konvergenzberichte anzulegen hatten.[91] Dass die Entscheidung des EG-Rates nicht anhand der Kriterien des Art. 121 Abs. 1 EGV erfolgt, sondern nach dem Wortlaut des Art. 122 Abs. 2 EGV nur auf diesen Kriterien beruht, kann insoweit vernachlässigt werden. Diese Formulierung dürfte sich daraus erklären, dass die Konvergenzkriterien bei der Entscheidung über die Aufhebung einer Ausnahmeregelung im Vergleich zum Verfahren nach Art. 121 Abs. 3 und 4 EGV zum Teil nur verändert angewendet werden können.[92] Die in Art. 121 Abs. 1 EGV genannten Kriterien sind daher die rechtliche Grundlage für die Entscheidung des EG-Rates über die Aufhebung einer Ausnahmeregelung. Das kommt auch deutlich in anderen Fas-

---

89 So aber *Kortz*, (Fn. 12), S. 191 f., und wohl auch *Glaesner*, Der Europäische Rat, EuR 1994, S. 22 (26), sowie *Nicolaysen*, Rechtsfragen der Währungsunion, S. 24 f.

90 So auch *Bandilla*, (Fn. 5), Art. 109 k EGV Rdnr. 8, *Häde*, (Fn. 5), Art. 122 EG-Vertrag Rdnr. 4; *ders.*, Rechtsfragen zum Eintritt Griechenlands in die Währungsunion, in: *Papaschinopoulou* (Hrsg.), Griechenland auf dem Weg zur Europäischen Wirtschafts- und Währungsunion, S. 50 f.; *Wölker*, (Fn. 5), Art. 122 EG Rdnr. 8.

91 Dazu im Einzelnen unten S. 295 f.

92 Siehe dazu oben S. 274 ff. In diesem Sinne auch *Kortz*, (Fn. 12), S. 193.

sungen des EG-Vertrages zum Ausdruck (*„sur la base des critères“*, *„on the basis of the criteria“*).

Daraus, dass die in Art. 121 Abs. 1 EGV genannten Kriterien den Prüfungsmaßstab für die Entscheidung des EG-Rates bilden, folgt im Übrigen auch, dass in die Entscheidung keine Aspekte einfließen dürfen, die bereits bei der Erstellung der Konvergenzberichte nicht berücksichtigt werden durften. Von Bedeutung ist das insbesondere in zweifacher Hinsicht. Zum einen dürfen politische Zweckmäßigkeitserwägungen die Entscheidung nicht beeinflussen.[93] Diese ist vielmehr ausschließlich an ökonomischen und rechtlichen Kriterien zu orientieren.[94] Und zum anderen darf auch der EG-Rat nicht erneut prüfen, ob in einem Mitgliedstaat ein übermäßiges Defizit besteht.[95] Diese Frage ist nicht Gegenstand der Konvergenzprüfung.[96] Das Kriterium der tragbaren Finanzlage der öffentlichen Hand ist im Verfahren nach Art. 122 Abs. 2 EGV vielmehr rein formal. Es ist immer dann erfüllt, wenn eine Entscheidung nach Art. 104 Abs. 6 EGV nicht vorliegt.[97]

Etwas anderes gilt auch dann nicht, wenn erhebliche Zweifel an der Rechtmäßigkeit dieser Situation bestehen. Hinsichtlich des Verfahrens nach Art. 121 EGV ist zwar vertreten worden, in diesem Fall müsse es ein erneutes Prüfungsrecht des Rates geben.[98] Schließlich könne der Rat in der Zusammensetzung der Staats- und Regierungschefs, der im Verfahren nach Art. 121 EGV die verfahrensabschließende Entscheidung traf, nicht an eine rechtswidrige Entscheidung des lediglich auf der Ebene der Fachminister tagenden ECOFIN-Rates gebunden sein, der für das Verfahren nach Art. 104 EGV zuständig ist.[99] Bereits dieses Argument lässt sich jedoch auf das Verfahren nach Art. 122 Abs. 2 EGV nicht übertragen. Im Verfahren nach Art. 122 Abs. 2 EGV entscheidet der ECOFIN-Rat und nicht der Rat in der Zusammensetzung der Staats- und Regierungschefs über die Aufhebung einer Ausnahmeregelung. Darüber hinaus lassen sich gegen ein erneutes Prüfungsrecht des Rates im Verfahren nach Art. 122 Abs. 2 EGV dieselben Argumente anführen, die bereits

---

93 Dazu bereits oben S. 289 f.

94 Dazu bereits oben S. 289 ff.

95 Anders dagegen ausdrücklich *Brinster*, Eintritt in die Europäische Wirtschafts- und Währungsunion, S. 293 ff.

96 Siehe oben S. 280.

97 Vgl. *Bandilla*, (Fn. 5), Art. 109 j EGV Rdnr. 17; *Kempen*, (Fn. 22), Art. 122 EGV Rdnr. 21; *Seidel*, Verschiebungseffekte und Risiken der EWU: Juristische Aspekte, in: *Hasse* (Hrsg.), Herausforderungen der Europäischen Währungsunion, S. 69; *Selmayr*, (Fn. 12), S. 340; *Wölker*, (Fn. 5), Art. 121 EG Rdnr. 15.

98 Vgl. *Häde*, (Fn. 5), Art. 121 EG-Vertrag Rdnr. 8 ff.; *ders.*, Zur Rechtmäßigkeit der Entscheidung über die Europäische Wirtschafts- und Währungsunion, JZ 1998, S. 1088 (1089); *Hahn/Häde*, (Fn. 26), Art. 88 Rdnr. 445 f. Für ein Prüfungsrecht des EG-Rates auch *Becker-Neetz*, (Fn. 12), S. 373; *Kortz*, (Fn. 12), S. 163 f.; *ders.*, Inhalt und rechtliche Relevanz der Konvergenzkriterien, in: *Rill/Griller* (Hrsg.), Rechtsfragen der Europäischen Wirtschafts- und Währungsunion, S. 68; *Palm*, (Fn. 13), S. 85; *Potacs*, in: *Schwarze* (Hrsg.), EU-Kommentar, Art. 121 EGV Rdnr. 5; *Roth*, (Fn. 42), S. 57 f.

99 Vgl. *Häde*, Zur Rechtmäßigkeit der Entscheidung über die Europäische Wirtschafts- und Währungsunion, JZ 1998, S. 1088 (1089); *ders.*, (Fn. 5), Art. 121 EG-Vertrag Rdnr. 11; *Hahn/Häde*, (Fn. 26), Art. 88 Rdnr. 446; *Palm*, (Fn. 13), S. 85. Ähnlich *Becker-Neetz*, (Fn. 12), S. 373; *Kortz*, (Fn. 12), S. 163 f.; *Potacs*, in: *Schwarze* (Hrsg.), EU-Kommentar, Art. 121 EGV Rdnr. 5.

gegen ein erneutes Prüfungsrecht im Verfahren nach Art. 121 EGV sprachen. So ergibt weder der Wortlaut des Art. 122 Abs. 2 EGV noch der des Art. 121 EGV einen Anhaltspunkt für ein solches Prüfungsrecht. Zudem ist zu berücksichtigen, dass das Verfahren nach Art. 104 EGV sehr komplex ist. Es besteht aus verschiedenen Schritten, die ineinander greifen und aufeinander aufbauen.[100] Schon aus diesem Grund begegnet es Bedenken, außerhalb dieses formalen Verfahrens im Rahmen der Konvergenzprüfung eine Entscheidung zu korrigieren, die innerhalb des Verfahrens nach Art. 104 EGV getroffen worden ist. Das Verfahren nach Art. 104 EGV könnte so umgangen werden. Und schließlich besteht auch kein Bedarf dafür, eine rechtswidrige Entscheidung über das Bestehen eines übermäßigen Defizits im Rahmen des Verfahrens zu überprüfen, in dem über das Vorliegen der Voraussetzungen für die Einführung des Euro entschieden wird. Gegen Entscheidungen des EG-Rates über das Bestehen eines übermäßigen Defizits nach Art. 104 Abs. 6 EGV ist der Rechtsweg zum EuGH eröffnet. Zweifelt ein Mitgliedstaat an der Rechtmäßigkeit einer Entscheidung nach Art. 104 Abs. 6 EGV, kann er gegen sie mit der Nichtigkeitsklage (Art. 230 EGV) vorgehen. Unterbleibt eine Entscheidung, steht ihm die Untätigkeitsklage zur Verfügung (Art. 232 EGV).

Ob ein Mitgliedstaat, für den eine Ausnahmeregelung gilt, die auf den Kriterien des Art. 121 Abs. 1 EGV beruhenden Voraussetzungen für die Einführung des Euro erfüllt, entscheiden sowohl die Kommission bei der Erarbeitung ihres Vorschlages und der EG-Rat bei der verfahrensabschließenden Entscheidung eigenverantwortlich. Beide Organe der Gemeinschaft sind mithin an die Ergebnisse der vorhergehenden Verfahrensschritte nicht gebunden.[101] Das erklärt sich schon daraus, dass etwa die beiden Konvergenzberichte zu unterschiedlichen Ergebnissen kommen können.[102] Soweit die Kriterien des Art. 121 Abs. 1 EGV Beurteilungsspielräume eröffnen, ist mithin auch die Entscheidung des EG-Rates über die Aufhebung der Ausnahmeregelung nur begrenzt gerichtlich überprüfbar.

Gerade hieraus erklärt sich aber, dass die Konvergenzberichte, die Stellungnahme des Europäischen Parlaments sowie die Ergebnisse der Aussprache im EG-Rat in der Zusammensetzung der Staats- und Regierungschefs für die verfahrensabschließende Entscheidung von erheblicher Bedeutung sind. Denn sie müssen bei dieser Entscheidung umfassend berücksichtigt werden, wenn sich der EG-Rat nicht dem Vorwurf aussetzen will, er habe die Tatsachen nicht vollständig berücksichtigt, die für die Entscheidung maßgeblich sind. Schließlich überprüft der EuGH die Ausübung eines Beurteilungsspielraums gerade hierauf.[103] Soweit kein Beurteilungsspielraum besteht, ist die Entscheidung des EG-Rates ohnehin rechtlich voll nachprüfbar.

---

100 Zu diesem Verfahren siehe § 8, S. 261 ff.

101 Vgl. in Bezug auf das Verfahren nach Art. 121 EGV *Geiger*, Das Währungsrecht im Binnenmarkt der Europäischen Union, S. 131; *Hahn/Häde*, (Fn. 24), S. 388; *Jochimsen*, (Fn. 84), S. 541; *Kortz*, (Fn. 12), S. 142; *Tettinger*, Weg frei für die Europäische Währungsunion?, RIW Beilage 3 zu Heft 12/1992, S. 1 (4).

102 Darauf weist zu Recht *Roth*, (Fn. 42), S. 55, hin. In diesem Sinne auch *Tettinger*, (Fn. 101), S. 5.

103 Siehe hierzu die Nachweise in Fn. 8 und Fn. 9.

2. Vergleich mit dem Prüfungsmaßstab nach Art. 121 Abs. 4 EGV

Da die Entscheidung über die Aufhebung der Ausnahmeregelung auf den Kriterien des Art. 121 EGV beruht (vgl. Art. 122 Abs. 2 EGV), ist der Entscheidungsmaßstab, den der EG-Rat anzuwenden hat, identisch mit dem, anhand dessen er über den Eintritt der Gemeinschaft in die dritte Stufe der Wirtschafts- und Währungsunion auf der Grundlage des Art. 121 Abs. 4 EGV zu entscheiden hatte. Zwar entschied der EG-Rat auf der Grundlage des Art. 121 Abs. 4 EGV darüber, ob ein Mitgliedstaat die „notwendigen Voraussetzungen" für die Einführung des Euro erfüllt. Obwohl der EG-Vertrag den Begriff „notwendige Voraussetzungen" nicht definiert, muss er so verstanden werden, dass er die in Art. 121 Abs. 1 EGV genannten Kriterien umschreibt.[104] Ein Mitgliedstaat, der diese Kriterien erfüllt, erfüllt auch die „notwendigen Voraussetzungen" für die Einführung des Euro.

Für dieses Verständnis spricht zunächst, dass das mehrstufige Entscheidungsverfahren, in dem die Entscheidung nach Art. 121 Abs. 4 EGV zu treffen war, nur dann effektiv durchgeführt werden konnte, wenn in allen Stufen des Verfahrens derselbe Prüfungsmaßstab galt. Der Prüfungsmaßstab wird daher im ersten Schritt des Verfahrens festgelegt, in dem, wie auch im Verfahren nach Art. 122 Abs. 2 EGV, die Konvergenzberichte nach Art. 121 Abs. 1 EGV zu erstellen sind. Zudem sind die Kriterien des Art. 121 Abs. 1 EGV gerade in den EG-Vertrag eingefügt worden, um den Entscheidungsprozess zu objektivieren.[105] Es sollte ein Maßstab geschaffen werden, anhand dessen beurteilt werden kann, ob ein Mitgliedstaat die einheitliche Währung einführen kann.[106] Ob diese Kriterien aus volkswirtschaftlicher Sicht möglicherweise in Frage zu stellen sind, ist insoweit dagegen nicht von Relevanz.[107] Die Mitgliedstaaten haben sich im Vertrag von Maastricht gerade auf diese Kriterien geeinigt. Sie müssen mithin aus juristischer Sicht der Entscheidung zu Grunde gelegt werden, ob sie nun ökonomisch zwingend sind oder nicht.[108] Und schließlich ermöglichen die in Art. 121 Abs. 1 EGV genannten Kriterien eine umfassende Beurteilung, ob ein Mitgliedstaat die Voraussetzungen erfüllt, um den Euro einzuführen.[109] Es ist mit anderen Worten also nicht ersichtlich, welche anderen Kriterien bei der Entscheidung auf der Grundlage des Art. 121 Abs. 4 EGV berücksichtigt werden könnten.[110]

---

104 In diesem Sinne *Häde*, Rechtsfragen zum Eintritt Griechenlands in die Währungsunion, in: *Papaschinopoulou* (Hrsg.), Griechenland auf dem Weg zur Europäischen Wirtschafts- und Währungsunion, S. 52; *Palm*, (Fn. 13), S. 76 ff. Ähnlich *Hauser*, Die Ergebnisse von Maastricht zur Schaffung einer Europäischen Währungsunion, Aussenwirtschaft 1992, S. 151 (158). Im Ergebnis zudem die in Fn. 117 und Fn. 118 genannten Quellen, die jedoch zumeist ausdrücklich lediglich feststellen, dass die Konvergenzkriterien zu den notwendigen Voraussetzungen gehören.

105 Dazu ausführlich *Kortz*, (Fn. 12), S. 80 ff.

106 Zur Funktion der Konvergenzkriterien siehe oben die Nachweise in Fn. 27.

107 In diesem Sinne *Kempen*, (Fn. 22), Art. 121 EGV Rdnr. 9. Siehe zudem die Nachweise oben in Fn. 27.

108 In diesem Sinne die Nachweise in Fn. 107.

109 Dazu oben S. 289 ff.

110 Dass es sich nicht um politische Zweckmäßigkeitserwägungen handeln darf, ergibt sich wiederum aus dem Vergleich mit Art. 121 Abs. 3 EGV. Siehe dazu oben S. 289 ff.

Die Identität der Maßstäbe, anhand derer die Entscheidungen auf der Grundlage des Art. 121 Abs. 4 EGV und des Art. 122 Abs. 2 EGV getroffen werden, ist im Übrigen zwingend. Denn es ließe sich nicht begründen, dass unbeschadet der vorstehend dargestellten Besonderheiten bei der Anwendung der Konvergenzkriterien[111] für die Einführung des Euro in den Staaten mit Ausnahmeregelung andere Maßstäbe gelten sollen als bei der Entscheidung über die Einführung des Euro zu Beginn der dritten Stufe der Wirtschafts- und Währungsunion.[112]

3. Bindung an die Konvergenzkriterien

Mit der Feststellung, dass die Kriterien des Art. 121 Abs. 1 EGV für die Entscheidung über die Aufhebung der Ausnahmeregelung maßgeblich sind, ist allerdings noch nicht die Frage beantwortet, ob insbesondere die vier Konvergenzkriterien zwingend erfüllt sein müssen, damit ein Mitgliedstaat den Euro einführen kann. Diese Frage gehörte zu den umstrittensten im Zusammenhang mit dem Verfahren nach Art. 121 Abs. 3 und Abs. 4 EGV, in dem über den Eintritt in die dritte Stufe der Wirtschafts- und Währungsunion entschieden worden ist. Von einer strikten Bindung des EG-Rates an die Konvergenzkriterien[113] bis hin zu der Auffassung, die Konvergenzkriterien seien für die Entscheidung des EG-Rates völlig unverbindlich[114], ist insoweit im Prinzip jede denkbare Auffassung vertreten worden.

Das zentrale Argument für die Auffassung, die Konvergenzkriterien seien im Verfahren nach Art. 121 EGV nicht verbindlich gewesen, ergab sich aus dem offenen Wortlaut des Art. 121 EGV. Die Konvergenzkriterien waren ausdrücklich lediglich

---

111 Zu den Konvergenzkriterien oben S. 274 ff.

112 In diesem Sinne auch *Kempen*, (Fn. 22), Art. 122 EGV Rdnr. 20; *Palm*, (Fn. 13), S. 77.

113 Vgl. *Bandilla*, (Fn. 5), Art. 109 j EGV Rdnr. 28; *Becker-Neetz*, (Fn. 12), S. 376; *Häde*, (Fn. 98), S. 1089; *Hahn/ Häde*, (Fn. 24), S. 388; *Kempen*, (Fn. 22), Art. 121 EGV Rdnr. 8; *Kortz*, (Fn. 12), S. 153 und S. 164 f.; *ders.*, Inhalt und rechtliche Relevanz der Konvergenzkriterien, in: *Rill/Griller* (Hrsg.), Rechtsfragen der Europäischen Wirtschafts- und Währungsunion, S. 86; *Palm*, (Fn. 13), S. 77 f.; *Potacs*, in: *Schwarze* (Hrsg.), EU-Kommentar, Art. 121 EGV Rdnr. 2; *Roth*, (Fn. 42), S. 55; *Seidel*, Rechtliche und politische Probleme beim Übergang in die Endstufe der Wirtschafts- und Währungsunion, in: *Francke/Ketzel/Kotz* (Hrsg.), Europäische Währungsunion, S. 172; *Stadler*, S. 81 f.; *Wölker*, (Fn. 5), Art. 121 EG Rdnr. 29 f. Im Ergebnis wohl auch *Stern*, Die Konvergenzkriterien des Vertrags von Maastricht und ihre Umsetzung in der bundesstaatlichen Finanzverfassung, in: FS *Everling*, S. 1474, und *Weber*, (Fn. 42), S. 56.

114 Vgl. *Emmerich-Fritsche*, (Fn. 22), S. 81 f.; *Fröhlich*, Geldwertstabilität in der Europäischen Währungsunion, S. 28; *Griller*, Blockademöglichkeiten gegen die Einführung des Euro?, Journal für Rechtspolitik 1997, S. 221 (225); *Hedrich*, Die Kritik an den Maastrichter Beschlüssen über die Europäische Währungsunion: Rechtliche und Ökonomische Argumente, Jahrbuch für Sozialwissenschaft 1994, S. 68 (80 f.); *Jochimsen*, (Fn. 84), S. 541; *Nicolaysen*, Rechtsfragen der Währungsunion, S. 24; *Ohr*, Europäische Währungsunion – eine Gefahr für Europa?, in: *Bareis/Ohr* (Hrsg.), Europäische Integration auf Abwegen, S. 44; *Schachtschneider/Emmerich-Fritsche/Beyer*, Der Vertrag über die Europäische Union und das Grundgesetz, JZ 1993, S. 751 (752); *Scharrer*, Probleme einer europäischen Wirtschafts- und Währungsunion nach Maastricht, HJbWG 1992, S. 207 (223); *Selmayr*, (Fn. 12), S. 276 und S. 281; *ders.*, Die Europäische Währungsunion zwischen Politik und Recht, EuZW 1998, S. 101 (101); *Tettinger*, (Fn. 101), S. 5; *Wölker*, (Fn. 22), S. 31.

bei der Erstellung der Konvergenzberichte zu berücksichtigen (vgl. Art. 121 Abs. 1 EGV). Schon im zweiten Abschnitt des Verfahrens nach Art. 121 EGV spielten sie nach dem Wortlaut des EG-Vertrages keine direkte Rolle mehr. Vielmehr nahm der EG-Rat in diesem Verfahrensabschnitt lediglich auf der Grundlage der Konvergenzberichte eine erste Beurteilung darüber vor, welche Mitgliedstaaten die „notwendigen Voraussetzungen" erfüllten, um den Euro einführen zu können (vgl. Art. 122 Abs. 2 EGV). Und auch bei der verfahrensabschließenden Entscheidung auf der Grundlage der Absätze 3 bzw. 4 des Art. 121 EGV prüfte der EG-Rat, ob die „notwendigen Voraussetzungen" für die Einführung des Euro vorlagen. Dadurch, dass der EG-Rat die „notwendigen Voraussetzungen" prüfte und jedenfalls nicht ausdrücklich, ob ein Mitgliedstaat die Konvergenzkriterien erfüllte, sind letztere nach dieser Auffassung nicht mit den „notwendigen Voraussetzungen" identisch. Der EG-Rat konnte sich also, so die Kritik, über die Konvergenzkriterien sogar völlig hinwegsetzen.

Richtig an dieser Auffassung ist zwar, dass der Begriff „notwendige Voraussetzungen" offen und auslegungsbedürftig ist. Andererseits schließt er gerade auf Grund seiner Offenheit nicht aus, ihn mit den Kriterien des Art. 121 Abs. 1 EGV gleichzusetzen. Weiterhin lässt sich recht eindeutig feststellen, dass die Konvergenzkriterien nicht unverbindlich sind. Denn der EG-Rat muss zumindest prüfen, ob sie eingehalten werden. Das ergibt sich jedenfalls für das Verfahren nach Art. 122 Abs. 2 EGV klar aus dem Wortlaut dieser Vorschrift.[115] Und auch für das Verfahren nach Art. 121 EGV galt schon deshalb nichts anderes, weil er die Konvergenzberichte und mithin die Konvergenzkriterien in seine Beurteilung mit einbeziehen musste. Denn er traf die verfahrensabschließenden Entscheidungen unter „Berücksichtigung" der Konvergenzberichte (vgl. Art. 121 Abs. 3 und 4 EGV).

Fraglich ist jedoch, welche Folgen es hat, wenn der EG-Rat feststellt, dass ein Mitgliedstaat eines oder mehrere der Konvergenzkriterien nicht erfüllt. Die Antwort hierauf ergibt sich im Wesentlichen aus dem Aufwand, mit dem die Konvergenzkriterien geregelt worden sind. Sie sind, das lässt sich am Regelungsaufwand ermessen, der wichtigste Bestandteil der Konvergenzprüfung, der zudem anhand detaillierter Maßstäbe definiert ist, die nicht nur in Art. 121 Abs. 1 EGV selbst, sondern zudem in einem eigens dem EG-Vertrag beigefügten Protokoll festgelegt sind. Außerdem ist auch hier zu berücksichtigen, dass sie gerade deshalb in den EG-Vertrag eingefügt worden sind, um die Entscheidung über die Einführung der einheitlichen Währung zu objektivieren.[116] Diese Funktion könnten sie aber dann nicht erfüllen, wenn sie für die Entscheidung des EG-Rates nicht verbindlich wären. Daher ist die Einhaltung der Konvergenzkriterien die „Mindestvoraussetzung"[117] für die Einführung des Euro.[118] Insoweit gilt nichts anderes als für die anderen in Art. 121 Abs. 1 EGV genannten Kriterien auch. Erfüllt ein Mitgliedstaat die rechtlichen Vor-

---

115 Dazu bereits oben S. 292 ff.
116 Dazu bereits oben S. 292 ff.
117 *Häde*, (Fn. 5), Art. 122 EG-Vertrag Rdnr. 6 f.
118 In diesem Sinne die Nachweise in Fn. 113.

aussetzungen an die Einführung des Euro nicht, weil er sein innerstaatliches Recht nicht in ausreichendem Maße an die gemeinschaftsrechtlichen Vorgaben angepasst hat, kann er die einheitliche Währung nicht einführen. Dass der EG-Rat hier eine andere Entscheidung treffen könnte, ist, soweit ersichtlich, auch nicht vertreten worden. Dasselbe gilt, wenn die ökonomische Gesamtbetrachtung, die neben der Prüfung der Konvergenzkriterien vorzunehmen ist, ergibt, dass die Voraussetzungen für die Einführung der einheitlichen Währung nicht vorliegen, und zwar selbst dann, wenn ein Mitgliedstaat die Konvergenzkriterien erfüllt.[119]

III. Ergebnis und Schlussbemerkung

Die Ausnahmeregelung, die einem Mitgliedstaat gewährt worden ist, weil er die notwendigen Voraussetzungen für die Einführung des Euro nicht erfüllen konnte, wird nach Art. 122 Abs. 2 EGV durch den EG-Rat dann aufgehoben, wenn der betreffende Staat die auf den Kriterien des Art. 121 Abs. 1 EGV beruhenden Voraussetzungen für die Einführung der einheitlichen Währung erfüllt. In die Entscheidung des EG-Rates dürfen daher nur die in Art. 121 Abs. 1 EGV genannten Kriterien einfließen. Von besonderer Bedeutung sind insoweit wiederum die Konvergenzkriterien, die, ebenso wie die anderen in Art. 121 Abs. 1 EGV genannten Kriterien, von einem Mitgliedstaat, dessen Ausnahmeregelung aufgehoben werden soll, zwingend erfüllt werden müssen. Soweit die in Art. 121 Abs. 1 EGV genannten Kriterien Beurteilungsspielräume eröffnen, stehen diese auch dem EG-Rat zur Verfügung. Insoweit ist die Entscheidung des EG-Rates über die Aufhebung einer Ausnahmeregelung nur begrenzt rechtlich überprüfbar.

Der EG-Vertrag eröffnet also die Möglichkeit, eine Ausnahmeregelung aufzuheben. Das darf jedoch nicht darüber hinwegtäuschen, dass die Mitgliedstaaten es weitgehend selbst in der Hand haben, wann das geschieht. Eine spezielle Rechtspflicht, auf die Verwirklichung insbesondere der Konvergenzkriterien hinzuarbeiten, lässt sich entgegen einer weit verbreiteten Auffassung in der Literatur[120] nicht feststellen. Die Mitgliedstaaten dürfen gemäß Art. 10 UAbs. 2 EGV lediglich das Vertragsziel Wirtschafts- und Währungsunion nicht gefährden. Wie bereits oben dargestellt, genügt ein Verhalten allein, das die Erreichung der notwendigen Voraussetzungen für die Einführung des Euro verzögert, nicht, um einen Verstoß gegen diese Pflicht festzustellen.[121] Das ergibt sich aus der Kompetenzverteilung im Bereich der Wirtschafts- und Währungspolitik. Diese Politikbereiche bleiben im Wesentlichen uneingeschränkt in der nationalen Zuständigkeit der Staaten mit Ausnahmeregelung. Das ist in den vorstehenden Kapiteln dieser Arbeit deutlich geworden. Die Mitgliedstaaten mit Ausnahmeregelung müssen in ihrer Wirtschafts- und Währungspolitik

119 In diesem Sinne auch *Wölker*, (Fn. 5), Art. 121 EG Rdnr. 30.

120 Vgl. etwa *Bandilla*, in: *Grabitz/Hilf* (Hrsg.), Kommentar zur Europäischen Union, EL 11, Art. 109 k EGV Rdnr. 5; *Kempen*, (Fn. 22), Art. 122 EGV Rdnr. 17; *Nicolaysen*, (Fn. 28), S. 45; *Wölker*, (Fn. 5), Art. 122 EG Rdnr. 4.

121 Dazu oben § 6, S. 226 ff.

lediglich die Verpflichtungen und Vorgaben einhalten, die sich insbesondere aus Art. 98, 99 und 124 EGV ergeben, die allerdings auch darauf ausgerichtet sind, die Voraussetzungen für die Einführung des Euro zu schaffen. Eine darüber hinausgehende Verpflichtung, die Wirtschafts- und Währungspolitik so auszurichten, dass die notwendigen Voraussetzungen für die Einführung des Euro geschaffen werden, lässt sich dem EG-Vertrag auch unter Berücksichtigung von Art. 10 EGV nicht entnehmen. Sie würde einen erheblichen Eingriff in die innerstaatlichen Befugnisse der Staaten mit Ausnahmeregelung darstellen, der gemeinschaftsrechtlich nicht vorgesehen ist. Eine Grenze ergibt sich aus Art. 10 UAbs. 2 EGV lediglich dann, wenn es ihnen auf Grund bestimmter wirtschafts- und währungspolitischer Entscheidungen auf Dauer unmöglich ist, den Euro einzuführen. Denkbar sind solche Entscheidungen allerdings wohl nur im Zusammenhang mit der einseitigen Einführung des Euro.[122] Im Übrigen dürften wirtschafts- und währungspolitische Entscheidungen in der Regel nicht zu Folgen führen, die voraussichtlich auf Dauer nicht zu korrigieren wären.

Die hier vertretene Auffassung hat zwar zur Konsequenz, dass sich die Mitgliedstaaten der Rechtspflicht zur Einführung des Euro entziehen können, wie das Beispiel Schwedens belegt, in dem sie etwa durch eine bewusste Entscheidung die Erfüllung der Konvergenzkriterien verhindern.[123] Das ist jedoch im EG-Vertrag so angelegt und mithin hinzunehmen. Wenn ein Mitgliedstaat mit Ausnahmeregelung allerdings die notwendigen Voraussetzungen erfüllt, um den Euro einführen zu können, ist er rechtlich hierzu in dem Moment verpflichtet, in dem der EG-Rat die Ausnahmeregelung aufgehoben hat, rein theoretisch also auch gegen seinen Willen.[124]

D. Folgen der Aufhebung einer Ausnahmeregelung

I. Überblick

Die Entscheidung des EG-Rates, eine Ausnahmeregelung aufzuheben, hat noch nicht unmittelbar zur Konsequenz, dass der betreffende Mitgliedstaat den Euro einführen kann. Zunächst wird diese Entscheidung in der Regel bereits einige Monate vor dem Zeitpunkt getroffen werden müssen, zu dem die Ausnahmeregelung aufgehoben wird. Das ist erforderlich, um die für die Einführung der einheitlichen Währung erforderlichen Vorbereitungen treffen zu können.[125] Ausdrücklich vorgesehen ist das zwar nicht. Ein anderes Verfahren dürfte allerdings aus praktischen

---

122 Dazu ausführlich oben § 6, S. 226 ff.

123 Zu den Besonderheiten, auf Grund derer Schweden eine Ausnahmeregelung gewährt worden ist, siehe die Nachweise oben in Teil I, § 3, Fn. 49. Zur Rechtspflicht, den Euro einzuführen, siehe die Nachweise oben in Fn. 5.

124 Zur Problematik der Pflicht zur Einführung des Euro unter Umständen gegen den Willen des betroffenen Mitgliedstaates siehe etwa *Hauser*, (Fn. 104), S. 152, *Horn*, Rechtliche und institutionelle Aspekte der Europäischen Währungsunion im politischen und wirtschaftlichen Kontext, ZBB 1997, S. 314 (317); *Kortz*, (Fn. 12), S. 254 ff.

125 Zu den Vorarbeiten, die erforderlich sind, unten S. 302 f.

Gründen nicht in Betracht kommen. Zwischen der Entscheidung des EG-Rates, die Ausnahmeregelung aufzuheben, und der Einführung des Euro in dem betreffenden Staat muss also ein gewisser Zeitraum liegen. Bei der Aufhebung der für Griechenland geltenden Ausnahmeregelung hat der EG-Rat das dadurch sichergestellt, dass er mit Entscheidung vom 19. Juni 2000 die Ausnahmeregelung zum 1. Januar 2001 aufgehoben hat.[126]

Vor allem aber kann ein Mitgliedstaat, dessen Ausnahmeregelung aufgehoben worden ist, den Euro erst einführen, wenn neben der Entscheidung über die Aufhebung der Ausnahmeregelung noch eine zweite Entscheidung getroffen worden ist. Der Umrechnungskurs der Währung dieses Staates zum Euro muss noch unwiderruflich festgelegt werden. Erst wenn das geschehen ist, ist auch für ihn die Wirtschafts- und Währungsunion vollendet.[127] Den Umrechnungskurs der Währung des betreffenden Mitgliedstaates zum Euro legt der EG-Rat auf der Grundlage des Art. 123 Abs. 5 EGV auf Vorschlag der Kommission fest. Zwar legt der Wortlaut dieser Vorschrift nahe, dass diesem Beschluss ein anderer vorausgeht, und zwar ein einstimmiger Beschluss der Mitgliedstaaten des Euro-Währungsgebietes und der Staaten mit Ausnahmeregelung („legt der Rat aufgrund eines einstimmigen Beschlusses der Mitgliedstaaten, für die keine Ausnahmeregelung gilt, und des betreffenden Mitgliedstaates ... den Kurs fest ... ").[128] Allerdings ist der Wortlaut der Vorschrift insoweit ungenau. Vielmehr soll durch diese Formulierung zum Ausdruck gebracht werden, dass der Rat nur mit den Stimmen der Vertreter der genannten Staaten entscheidet. Das ergibt sich insbesondere aus einem Vergleich mit anderen Sprachfassungen des EG-Vertrages. So bestimmt etwa die englische Fassung des EG-Vertrages: *„the council shall, acting with the unanimity of the member states without a derogation"*.[129] Der EG-Rat legt den Umrechnungskurs der Währung eines Staates, dessen Ausnahmeregelung aufgehoben worden ist, mithin nur mit den Stimmen der Vertreter dieses Staates sowie der Mitgliedstaaten, die dem Euro-Währungsgebiet angehören, fest.[130]

---

126 Vgl. Entscheidung des Rates vom 19. Juni 2000 gemäß Artikel 122 Absatz 2 des Vertrages über die Einführung der Einheitswährung durch Griechenland am 1. Januar 2001 (2000/427/EG), ABl. EG Nr. L 167 vom 7.7.2000, S. 19. Auf Grund dieses Vorgehens ist problematisiert worden, ab welchem Zeitpunkt der Präsident der Zentralbank Griechenlands dem EZB-Rat angehört. Vgl. dazu *Dutzler*, The European System of Central Banks: An Autonomous Actor?, S. 24 f., nach der die EZB dem Präsidenten der griechischen Zentralbank die Teilnahme an den Sitzungen des EZB-Rates ermöglicht hat, allerdings ohne Stimmrecht. Die Antwort auf dieses Problem ist jedoch einfach. Die Ausnahmeregelung Griechenlands ist erst zum 1. Januar 2001 aufgehoben worden. In der Zeit zwischen der Entscheidung des EG-Rates und diesem Datum behielt Griechenland mithin den Status eines Mitgliedstaates mit Ausnahmeregelung. Dass jedenfalls an einer Teilnahme an den Sitzungen des EZB-Rates ein praktisches Bedürfnis bestand, bedarf keiner näheren Erläuterung.

127 Dazu bereits oben Teil I, § 3, S. 26 ff.

128 Darauf weisen etwa *Häde*, (Fn. 98), S. 1094; *Kempen*, (Fn. 22), Art. 123 EGV Rdnr. 24 ff. und Rdnr. 31, *Selmayr*, (Fn. 12), S. 418, allerdings zu Art. 123 Abs. 4 EGV, bei dem sich jedoch dasselbe Problem stellte, hin.

129 Zu anderen Fassungen des EG-Vertrages siehe insoweit *Selmayr*, (Fn. 12), S. 418.

130 So etwa *Häde*, (Fn. 5), Art. 123 EG-Vertrag Rdnr. 37; *ders.*, (Fn. 98), S. 1094; *Hahn*, Das Entstehen der Europawährung – Szenarien ihrer Einführung, JZ 1996, S. 321 (322); *Kempen*, (Fn. 22),

Neben der Festlegung des Umrechungskurses ergreift der EG-Rat zudem alle weiteren Maßnahmen, die erforderlich sind, um den Euro in dem betreffenden Mitgliedstaat einzuführen (vgl. Art. 123 Abs. 5 EGV). Aufgrund der vielen Bereiche, die von der Einführung der einheitlichen Währung betroffen sind, ist insoweit ein breites Spektrum von Maßnahmen denkbar. So sind neben vielfältigen zivil-, straf- und öffentlich-rechtlichen Fragen auch etliche rein praktische Probleme zu lösen, die mit dem Umtausch der ehemals nationalen Währung in Euro einhergehen, bis hin zu Informationskampagnen über die Folgen der Zugehörigkeit des betreffenden Mitgliedstaates zum Euro-Währungsgebiet.[131]

Auch bei diesen Beschlüssen sind aus den oben genannten Gründen im EG-Rat nur die Vertreter der Staaten des Euro-Währungsgebietes sowie des Staates stimmberechtigt, dessen Ausnahmeregelung aufgehoben worden ist. Daher ist der Anwendungsbereich der auf der Grundlage des Art. 123 Abs. 5 EGV erlassenen Rechtsakte auf das Euro-Währungsgebiet beschränkt. Rechtswirkungen für die Staaten mit Ausnahmeregelung dürfen sich aus ihnen nicht ergeben. Ein anderes Verständnis erscheint insoweit nicht möglich. Zwar ist Art. 123 Abs. 5 EGV nicht in Art. 122 Abs. 3 EGV als eine der Vorschriften genannt, die für die Staaten mit Ausnahmeregelung nicht gelten. Mit der Beschränkung des Stimmrechts bringt der EG-Vertrag aber zum Ausdruck, dass die auf der Grundlage dieser Kompetenzvorschrift erlassenen Rechtsakte für die Staaten mit Ausnahmeregelung keinerlei Rechte und Verpflichtungen entstehen lassen sollen. Denn es ließe sich nicht rechtfertigen, dass ein Rechtsakt des EG-Rates nach Art. 123 Abs. 5 EGV, an dessen zu Stande kommen diese Staaten nicht beteiligt sind, für sie gleichwohl Rechtswirkungen entstehen lassen kann.

Art. 123 EGV Rdnr. 31; *Pipkorn*, (Fn. 45), S. 91; *Selmayr*, (Fn. 12), S. 419. Anders dagegen *Nicolaysen*, Europarecht II, S. 386; *Roth*, (Fn. 42), S. 61.

131 Vgl. insoweit die Übersicht bei *Häde*, (Fn. 5), Art. 123 EG-Vertrag Rdnr. 20 ff.; *Hafke*, Währungsrechtliche Fragen auf dem Weg zur Europäischen Währungsunion, S. 5 ff.; *Hahn/Häde*, (Fn. 26), Art. 88 Rdnr. 484 ff.; *Kempen*, (Fn. 22), Art. 123 EGV Rdnr. 24 ff. Zu den vielfältigen Fragestellungen, die mit der Einführung des Euro verbunden sind, siehe zudem *Di Majo*, Der Euro: Zivilrechtliche Betrachtungen, Jahrbuch für Italienisches Recht 1999, S. 3 ff.; *Dunnett*, Some legal principles applicable to the transition to the single currency, CMLR 1996, S. 1133 ff.; *Eberhartinger*, Ausgewählte Rechtsfragen zu den Euro-Verordnungen, ZfV 1998, S. 771 ff.; *Europäische Kommission*, Grünbuch über die praktischen Fragen des Übergangs zur einheitlichen Währung, S. 3 ff.; *Europäisches Währungsinstitut*, The Changeover to single currency, S. 2 ff.; *Hahn*, Europäische Währungsumstellung und Vertragskontinuität: eine rechtsvergleichende Analyse aus der Perspektive Deutschlands, Frankreichs, Großbritanniens unter Berücksichtigung der Verordnung (EG) Nr. 1103/97 des Rates vom 17. Juni 1997 über bestimmte Vorschriften im Zusammenhang mit der Einführung des Euro, S. 23 ff.; *Hartenfels*, Euro – Bankrechtliche Aspekte am Morgen der Währungsunion, WM – Sonderbeilage Nr. 1 – 1999, S. 1 ff.; *Sandrock*, Der Euro und sein Einfluß auf nationale und internationale privatrechtliche Verträge, EWS 1997 – Beilage 3 zu Heft 8 –, S. 1 ff.; *Scheller*, Von der Wechselkursfixierung zum Euro als gesetzliches Zahlungsmittel, in: *Francke/Ketzel/Kotz* (Hrsg.), Europäische Währungsunion, S. 201 ff.; *Wölker*, The Continuity of Contracts in the Transition to the Third Stage of Economic and Monetary Union, CMLR 1996, S. 1117 ff. Zu den Euro-Verordnungen *Dierdorf*, Neugestaltung der Währungsverfassung, NJW 1998, S. 3145 ff.

II. Maßnahmen auf der Grundlage des Art. 123 Abs. 5 EGV

Mit dem Tag, mit dem die Ausnahmeregelung eines Mitgliedstaates aufgehoben worden ist, und mit dem der Wechselkurs der Währung dieses Staates zum Euro unwiderruflich festgelegt worden ist, ist die Wirtschafts- und Währungsunion also auch für den betreffenden Mitgliedstaat vollendet. Ab diesem Zeitpunkt gelten für ihn grundsätzlich alle gemeinschaftsrechtlichen Vorschriften im Bereich der Wirtschafts- und Währungspolitik, die für die Staaten anwendbar sind, die dem Euro-Währungsgebiet angehören. Sie treten für ihn automatisch in Kraft.[132]

Gleichwohl sind eine Reihe von speziellen Übergangsmaßnahmen erforderlich. Zum größten Teil sind diese Maßnahmen bereits in den vorstehenden Kapiteln dieser Arbeit dargestellt worden. Insbesondere ist bereits ausführlich auf die Rechtsfragen eingegangen worden, die sich im Zusammenhang mit der vollumfänglichen Integration der Zentralbank eines Staates, dessen Ausnahmeregelung aufgehoben worden ist, in das ESZB ergeben. Diese Zentralbank ist infolge der Aufhebung der Ausnahmeregelung verpflichtet, den Kapitalanteil voll einzuzahlen, den sie am Kapital der EZB gezeichnet hat.[133] Weiterhin muss sie einen Beitrag zu den Währungsreserven sowie den sonstigen Reserven und Rückstellungen der EZB leisten.[134] Anpassungsbedarf besteht zudem im Bereich des abgeleiteten Gemeinschaftsrechts.[135]

Darüber hinaus sind infolge der Aufhebung einer Ausnahmeregelung spezielle Übergangsmaßnahmen nur ausnahmsweise erforderlich. Denn mit dem Tag der Aufhebung der Ausnahmeregelung tritt grundsätzlich das gesamte abgeleitete Gemeinschaftsrecht, das den Bereich der Wirtschafts- und Währungspolitik betrifft und für die Staaten des Euro-Währungsgebietes gilt, auch für die Staaten in Kraft, deren Ausnahmeregelung aufgehoben worden ist. In diesen Rechtsakten sind jedoch die meisten Maßnahmen, die zur Durchführung und Festlegung einer einheitlichen Währungspolitik in der dritten Stufe der Wirtschafts- und Währungspolitik erforderlich sind, bereits geregelt. Dasselbe gilt für die Maßnahmen, die im Zusammenhang mit der Einführung der einheitlichen Währung in einem Mitgliedstaat erforderlich sind. Diese sind insbesondere in den beiden Euro-Einführungsverordnungen enthalten.[136]

---

132 Vgl. nur *Zilioli/Kroppenstedt*, in: *von der Groeben/Schwarze* (Hrsg.), Vertrag über die Europäische Union und Vertrag zur Gründung der Europäischen Gemeinschaft, 6. Auflage (2003), Art. 110 EG Rdnr. 50.

133 Dazu oben § 5, S. 127 ff.

134 Dazu oben § 6, S. 192 ff.

135 Erforderlich sind solche Änderungen vor allem in den Euro-Einführungsverordnungen. Vgl. Verordnung (EG) Nr. 974/98 des Rates vom 3. Mai 1998 über die Einführung des Euro, ABl. EG Nr. L 139 vom 11.5.1998, S. 1, geändert durch Verordnung (EG) Nr. 2596/2000 des Rates vom 27. November 2000, ABl. EG Nr. L 300 vom 29.11.2000, S. 2; Verordnung (EG) Nr. 1103/97 des Rates vom 17. Juni 1997 über bestimmte Vorschriften im Zusammenhang mit der Einführung des Euro, ABl. EG Nr. L 162 vom 19.6.1997, S. 1, geändert durch Verordnung (EG) Nr. 2595/2000 des Rates vom 27. November 2000, ABl. EG Nr. L 300 vom 29.11.2000, S. 1. Auch das WKM II Abkommen (Fn. 39) muss jeweils angepasst werden.

136 Vgl. die in Fn. 135 genannten Rechtsakte.

Sollten gleichwohl spezielle Regelungen für den Fall erforderlich sein, dass die für einen Mitgliedstaat geltende Ausnahmeregelung aufgehoben worden ist, steht hierfür mit Art. 123 Abs. 5 EGV eine Kompetenzgrundlage zur Verfügung, auf der diese Maßnahmen getroffen werden können. Aus den vorstehend genannten Gründen, wird dieser Vorschrift jedoch kein besonders großer Anwendungsbereich verbleiben.[137] Das gilt insbesondere deshalb, weil zudem auch Art. 123 Abs. 4 EGV weiterhin als Ermächtigungsgrundlage zur Verfügung steht, auf dessen Grundlage viele der Vorschriften erlassen worden sind und weiterhin erlassen werden können, die im Zusammenhang mit der Einführung des Euro stehen.[138] Daher dürfte Art. 123 Abs. 5 EGV insoweit in der Tat lediglich Bedeutung als Ermächtigungsgrundlage für spezifische Übergangsregelungen zukommen, die infolge der Aufhebung einer Ausnahmeregelung erforderlich werden.[139]

Zu den Rechtsakten des EG-Rates, die auf der Grundlage des Art. 123 Abs. 5 EGV ergehen, ist die EZB anzuhören. Zuständig hierfür sind die ständigen Beschlussorgane der EZB. Allerdings trägt der Erweiterte Rat der EZB gemäß Art. 47.3. ESZBS zu den Vorarbeiten bei, die erforderlich sind, um die Wechselkurse der Währungen der Staaten, deren Ausnahmeregelung aufgehoben worden ist, gegenüber dem Euro unwiderruflich festzulegen.

---

137 Siehe *Bandilla*, (Fn. 5), Art. 109k EGV Rdnr. 12 und Art. 109l EGV Rdnr. 23; *Häde*, (Fn. 5), Art. 123 EG-Vertrag Rdnr. 36; *Kempen*, (Fn. 22), Art. 123 EGV Rdnr. 31. Einen größeren Anwendungsbereich des Art. 123 Abs. 5 EGV sieht dagegen wohl *Wölker*, (Fn. 5), Art. 123 EG Rdnr. 20.

138 Zum Anwendungsbereich des Art. 123 Abs. 4 EGV ausführlich etwa *Bandilla*, (Fn. 5), Art. 109l EGV Rdnr. 11 ff.; *Häde*, (Fn. 5), Art. 123 EG-Vertrag Rdnr. 13 ff.; *Wölker*, (Fn. 5), Art. 123 EG Rdnr. 13 ff.

139 A.a.O. (Fn. 138).

Teil III: Die Sonderstellung Dänemarks und Großbritanniens in der Wirtschafts- und Währungsunion

§ 10 Die Sonderregelungen für Dänemark und Großbritannien

A. Vorbemerkung

Für Dänemark und Großbritannien enthält der EG-Vertrag im Bereich der Wirtschafts- und Währungspolitik Sonderregelungen, die dem EG-Vertrag in zwei Protokollen beigefügt sind.[1] Die Sonderregelungen für Dänemark einerseits und Großbritannien andererseits gehen auf unterschiedliche Ursachen zurück. Dänemark führte überwiegend verfassungsrechtliche Gründe dafür an, dass es sich den Vorschriften des EG-Vertrages zur Wirtschafts- und Währungspolitik nicht uneingeschränkt unterwerfen wollte.[2] Großbritannien hingegen lehnte die Gründung einer Wirtschafts- und Währungsunion von Anfang an politisch ab.[3] Es verfolgte mit dem

---

1 „Protokoll über einige Bestimmungen betreffend das Vereinigte Königreich Großbritannien und Nordirland" und „Protokoll über einige Bestimmungen betreffend Dänemark". Zu den Sonderregelungen für Dänemark und Großbritannien siehe bereits oben Teil I, § 3, S. 29 f.

2 Vgl. *Flores*, in: *Groeben/Thiesing/Ehlermann* (Hrsg.), Kommentar zum EU-/EG-Vertrag, nach Art. 109m, Protokolle (Nr. 11) und (Nr. 12) Rdnr. 8; *Häde*, Die Europäische Wirtschafts- und Währungsunion, EuZW 1992, S. 171 (173). Zur dänischen Position siehe zudem *Howarth*, The compromise on Denmark and the Treaty on European Union: A legal and political analysis, CMLR 1994, S. 765 ff.; *Laursen*, Denmark and the ratification of the Maastricht treaty, in: *ders./Vanhoonacker* (Hrsg,), The Ratification of the Maastricht Treaty: Issues, Debates and Future Implications, S. 61 ff. *O'Keeffe/Twomey*, Legal Issues of the Maastricht Treaty, S. 349 ff.; *Schuster*, Der Sonderstatus Dänemarks im Vertrag über die Europäische Union, EuZW 1993, S. 177 ff.

3 Vgl. *Besters/Gleske*, Zur Diskussion um eine Europäische Währungsunion, in: *Wildenmann* (Hrsg.), Optionen für eine Europäische Union, S. 204 f.; *Curtice*, Can Britain Join the Euro? Political Opportunities and Impediments, in: *Cobham/Zis* (Hrsg.), From EMS to EMU – 1979 to 1999 and beyond, S. 181 ff.; *Eltis*, Britain, Europe and EMU, S. 171 ff.; *Häde*, (Fn. 2), S. 173; *Hölscheidt/Schotten*, Von Maastricht nach Karlsruhe: Der lange Weg des Vertrages über die Europäische Union, S. 23; *Kees*, Maastricht – Vorentscheidung für eine europäische Währung, in: *Gramlich/Weber/Zehetner*, Auf dem Wege zur Europäischen Währungsunion, S. 23 f.; *Krägenau/Wetter*, Europäische Wirtschafts- und Währungsunion, S. 66 ff.; *Lamont*, British Objectives for Monetary Integration in Europe, in: *Association for the Monetary Union of Europe* (Hrsg.), European Monetary Union in a Turbulent World Economy, S. 23 ff.; *Meier-Walser*, Splendid Isolation im 21. Jahrhundert?, Politische Studien 2000, November/Dezember 2000, S. 55 ff.; *Müller*, Politische Schritte zur Europäischen Währungsunion, EA 1989, S. 525 (526); *Schuster*, EG am Scheideweg: Perspektiven der europäischen Wirtschafts- und Währungsunion, S. 159 ff.; *Stadler*, Der rechtliche Handlungsspielraum des Europäischen Systems der Zentralbanken, S. 56 f.; *Tietmeyer*, Währungsunion – ein Weg ohne Umkehr, Integration 1992, S. 17 (17); *Williamson*, Aspects of the British Debate on EMU, in: *Baldassarri/Mundell* (Hrsg.), Building the New Europe, Volume 1: The Single Market and Monetary Unifi-

Plan der so genannten „harten ECU“[4], einem Parallelwährungsansatz, vielmehr einen eigenen Ansatz zur Vertiefung der wirtschafts- und währungspolitischen Zusammenarbeit im Rahmen der Gemeinschaft. Neben den politischen Bedenken gegen eine Wirtschafts- und Währungsunion verwies Großbritannien zudem auf wirtschaftliche Besonderheiten, die gegen eine uneingeschränkte Geltung der Vorschriften des EG-Vertrages zur Wirtschafts- und Währungsunion sprechen würden.[5] Die Sonderregelungen für Großbritannien gehen also vor allem darauf zurück, dass es das Ziel, eine Wirtschafts- und Währungsunion zu gründen, nicht teilt, jedenfalls nicht in den hierfür im EG-Vertrag vorgesehenen Verfahren.

Die Sonderregelungen für Großbritannien sehen vor, dass Großbritannien nur dann verpflichtet ist, den Euro einzuführen, wenn es dem EG-Rat ausdrücklich eine entsprechende Entscheidung mitteilt (Nummer 1 und 10 lit. a) ProtGB). Geschieht das nicht, finden die Vorschriften des Protokolls und mithin die für Großbritannien geltenden Sonderregelungen Anwendung. Großbritannien hat der Gemeinschaft bislang nicht mitgeteilt, dass es den Euro einführen möchte. Es hat ihr im Gegenteil zweimal mitgeteilt, dass es die einheitliche Währung nicht einführen wird.[6] Die Sonderregelungen für Dänemark finden dann Anwendung, wenn es dem EG-Rat mitteilt, dass es nicht an der dritten Stufe der Wirtschafts- und Währungsunion teilzunehmen beabsichtigt (vgl. Nummer 1, 2 und 3 ProtDK). Von dieser Möglichkeit hat Dänemark infolge der gescheiterten Volksabstimmung über den Vertrag von Maastricht bereits am 3. November 1993 Gebrauch gemacht.[7] Beide Staaten gehören mithin bislang dem Euro-Währungsgebiet nicht an.[8] Für sie gelten vielmehr die Sonderregelungen, die in den beiden eingangs genannten Protokollen enthalten sind und deren Regelungsgehalt im Folgenden darzustellen und zu untersuchen ist.

---

cation, S. 507 ff. Ferner *Nölling*, Großbritanniens Geldordnung in Konflikt mit der Europäischen Währungsunion, S. 26 ff.

4 Vgl. zu diesen Vorstellungen die Dokumentation bei *Krägenau/Wetter*, (Fn. 3), Dok. 68, 69 und 70. Zu diesem Ansatz siehe etwa *Hasse/Koch*, Die Hard-ECU – eine Ersatz-D-Mark oder ein trojanisches Pferd?, Wirtschaftsdienst 1991, S. 188 ff.; *Holthusen*, Der Parallelwährungsansatz als Integrationsstrategie für die Entwicklung der Europäischen Gemeinschaft zur Währungsunion, S. 189 ff.; *Neumann*, Auf dem Weg zu einer Europäischen Wirtschafts- und Währungsunion, S. 50 ff.; *Krägenau/Wetter*, (Fn. 3), S. 69 ff. Siehe ferner *Hahn*, Zum Geltungsbereich der Europäischen Währungsunion, JZ 1993, S. 481 (488 ff.); *Pöhl*, Prospects of the European Monetary Union, in: *ders.* (Hrsg.), Britain and EMU, S. 6 f.

5 Vgl. *Artis*, The UK and EMU, in: *Cobham/Zis* (Hrsg.), From EMS to EMU – 1979 to 1999 and beyond, S. 164 ff.; *Cullen*, Die flexiblen Briten: Rechtsstellung eines Außenseiters in der EU, S. 8; *Nölling*, Großbritannien – Ein selbstgefälliges Eiland? Das britische Opting-Out aus ökonomischer Sicht, S. 1 ff.; *Schuster*, (Fn. 3), S. 160.

6 Vgl. *Wölker*, in: *von der Groeben/Schwarze* (Hrsg.), Vertrag über die Europäische Union und Vertrag zur Gründung der Europäischen Gemeinschaft, 6. Auflage (2003), Art. 122 EG Rdnr. 7. Vgl. zudem die Präambel des dem Vertrag über eine Verfassung für die Europäische Union beigefügten Protokolls über einige Bestimmungen betreffend das Vereinigte Königreich Großbritannien und Nordirland hinsichtlich der Wirtschafts- und Währungsunion, die ausdrücklich auf die beiden Mitteilungen Bezug nimmt. Zum Verfassungsvertrag ausführlich unten Teil IV, § 11.

7 Vgl. ABl. EG Nr. C 348 vom 31.12.1992, S. 1, unter B. (1).

8 Allerdings ist in Dänemark im Jahr 2000 eine Volksabstimmung über die Einführung des Euro durchgeführt worden, die jedoch nicht die erforderliche Mehrheit fand. Dazu etwa *Schu-*

B. Sonderregelungen für Dänemark

Für Dänemark gilt in der Wirtschafts- und Währungsunion infolge der Mitteilung an den EG-Rat, dass es den Euro nicht einzuführen beabsichtigt, eine so genannte „Freistellung“ (vgl. Nummer 2 ProtDK). Die Freistellung hat zur Folge, dass grundsätzlich alle Vorschriften des EG-Vertrages zu den Mitgliedstaaten, für die eine Ausnahmeregelung gilt, entsprechend auf Dänemark anwendbar sind (vgl. Nummer 2 S. 2 ProtDK). Die rechtliche Stellung Dänemarks in der Wirtschafts- und Währungsunion entspricht daher mit einer Ausnahme, auf die sogleich einzugehen ist, derjenigen der Mitgliedstaaten, für die eine Ausnahmeregelung gilt. Daher können insoweit die Ergebnisse des Teils II dieser Arbeit zur Wirtschafts- und Währungspolitik der Europäischen Gemeinschaft bei Bestehen einer Ausnahmeregelung auf Dänemark grundsätzlich uneingeschränkt übertragen werden.[9]

Die einzige Ausnahme besteht insoweit im Zusammenhang mit dem Verfahren, in dem über die Aufhebung der Ausnahmeregelung entschieden wird.[10] Dieses Verfahren, das in Art. 122 Abs. 2 EGV geregelt ist, wird nur auf Antrag Dänemarks eingeleitet (vgl. Nummer 4 ProtDK). Es wird also nicht mindestens einmal alle zwei Jahre durchgeführt, wie das Art. 122 Abs. 2 EGV an sich vorsieht. Stellt Dänemark jedoch den Antrag, das Verfahren durchzuführen, entspricht es uneingeschränkt dem, das auch für die Mitgliedstaaten mit Ausnahmeregelung gilt. Die Freistellung, die für Dänemark in der Wirtschafts- und Währungspolitik gilt, wird auf einen entsprechenden Antrag Dänemarks hin also unter denselben Bedingungen aufgehoben wie die für einen Mitgliedstaat geltende Ausnahmeregelung.[11] Hebt der EG-Rat die Freistellung auf, tritt das Protokoll mit den Sonderregelungen Dänemarks außer Kraft (Nummer 5 ProtDK).

C. Sonderregelungen für Großbritannien

I. Regelungsgehalt des Protokolls

Das Protokoll, in dem die Sonderregelungen für Großbritannien enthalten sind, unterscheidet sich deutlich von dem mit den Sonderregelungen, die für Dänemark gelten. Es ist nicht nur deutlich umfangreicher. Beide Protokolle weichen auch inhaltlich stark voneinander ab. Insbesondere ordnet das Großbritannien betreffende Protokoll nicht an, dass die Vorschriften zu den Mitgliedstaaten mit Ausnahmeregelung auf Großbritannien entsprechend anzuwenden sind. Es regelt vielmehr aus-

---

macher/Schymik, Dänemark nach dem Euro-Referendum, Politische Studien 2000, November/Dezember 2000, S. 30 ff.

9 Siehe insbesondere die §§ 4 bis 7 dieser Arbeit.

10 Zu diesem Verfahren ausführlich oben Teil II, § 9.

11 Zu den Voraussetzungen, die für die Einführung des Euro erfüllt sein müssen, siehe oben Teil II, § 9.

führlich selbst, welche Regelungen für Großbritannien in der dritten Stufe der Wirtschafts- und Währungsunion gelten.

Das Protokoll bestimmt zunächst, dass das Vereinigte Königreich seine innerstaatlichen währungspolitischen Befugnisse behält (vgl. Nummer 4 ProtGB). Um das sicherzustellen, ordnet es an, dass bestimmte Vorschriften des EG-Vertrages und der ESZB-Satzung für Großbritannien nicht gelten (vgl. Nummer 5 S. 1 und 8 S. 1 ProtGB). Bezugnahmen, die in diesen Vorschriften auf die Mitgliedstaaten, deren Zentralbanken oder die Anteilseigner der EZB enthalten sind, betreffen zudem nicht das Vereinigte Königreich oder die Bank von England (Nummer 5 S. 2 und 8 S. 2 ProtGB). Weiterhin bezeichnet der Begriff „gezeichnetes Kapital der EZB" in Art. 10.3. und 30.2. ESZBS nicht das von der Bank von England gezeichnete Kapital der EZB (Nummer 8 S. 3 ProtGB).

Einige Vorschriften des EG-Vertrages, die für die Staaten des Euro-Währungsgebietes mit Beginn der dritten Stufe außer Kraft treten, bleiben zudem für Großbritannien weiterhin anwendbar, und zwar die Art. 116 Abs. 4, 119 und 120 EGV (vgl. Nummer 6 S. 1 ProtGB). Weiterhin sind die Art. 114 Abs. 4 und 124 EGV auf Großbritannien so anzuwenden, als würde es zu den Staaten mit Ausnahmeregelung gehören (Nummer 6 S. 2 ProtGB). In Nummer 9 ProtGB sind schließlich einige Sonderregelungen enthalten, in denen spezifische Fragen zur Stellung der Bank von England im ESZB geregelt sind. Danach findet Art. 123 Abs. 3 EGV, durch den der Erweiterte Rat der EZB eingesetzt wird, solange Anwendung, wie die Sonderregelungen für Großbritannien gelten. Dasselbe gilt grundsätzlich für die Art. 44 bis 48 ESZBS. Allerdings werden im Anwendungsbereich dieser Normen bestimmte Veränderungen angeordnet (vgl. Nummer 9 lit. a), b) und c) ProtGB). Sonderregelungen gelten auch im Anwendungsbereich des Art. 101 EGV (vgl. Nummer 11 ProtGB) sowie im Zusammenhang mit dem Verfahren, in dem über die Einführung des Euro in Großbritannien entschieden wird, sollte sich Großbritannien zu einer uneingeschränkten Teilnahme an der dritten Stufe der Wirtschafts- und Währungsunion entschließen (vgl. Nummer 10 ProtGB).

Ergänzt werden die vorstehend genannten Regelungen schließlich durch einige Festlegungen zu den Folgen, die sich für das Entscheidungsverfahren im EG-Rat aus den für Großbritannien geltenden Sonderregelungen ergeben (vgl. Nummer 7 ProtGB). Danach ruht das Stimmrecht Großbritanniens im EG-Rat bei allen Entscheidungen, die vom EG-Rat auf der Grundlage von Normen getroffen werden, die in Nummer 5 ProtGB aufgeführt sind (vgl. Nummer 7 S. 1 ProtGB). In diesen Fällen bleiben die nach Art. 205 EGV gewogenen Stimmen bei der Berechnung der qualifizierten Mehrheit außer Betracht, mit der bestimmte Entscheidungen im EG-Rat zustandekommen (vgl. Nummer 7 S. 2 ProtGB). Großbritannien wirkt zudem nicht an der Ernennung der Direktoriumsmitglieder mit (vgl. Nummer 7 S. 3 ProtGB).

II. Folgen für die Wirtschafts- und Währungspolitik

1. Vergleich mit der Rechtsstellung der Staaten mit Ausnahmeregelung

a) *Übereinstimmungen*

Das Protokoll mit den für Großbritannien geltenden Sonderregelungen greift also zur Regelung der Rechtsstellung Großbritanniens in der dritten Stufe der Wirtschafts- und Währungsunion auf eine Systematik zurück, die weitgehend der entspricht, die der EG-Vertrag auch zur Regelung der Rechtsstellung der Mitgliedstaaten mit Ausnahmeregelung einsetzt.[12] Deren Grundelemente, also die Veränderung des Anwendungsbereichs einiger Normen des EG-Vertrages einerseits und die Ergänzung der allgemeinen Vorschriften des EG-Vertrages zur Wirtschafts- und Währungsunion durch spezielle Regelungen, für die nur ein Anwendungsbereich besteht, wenn nicht alle Mitgliedstaaten dem Euro-Währungsgebiet angehören, andererseits, finden sich auch im Protokoll mit den für Großbritannien in der Wirtschafts- und Währungsunion geltenden Sonderregelungen.

Ein Vergleich der Normen, die nach Art. 122 Abs. 3 EGV bzw. nach Art. 43.1. ESZBS für die Staaten mit Ausnahmeregelung keinerlei Rechte und Verpflichtungen entstehen lassen, mit denen, die nach Nummer 5 und 8 ProtGB für Großbritannien nicht gelten, ergibt zudem, dass alle Vorschriften, die Art. 122 Abs. 3 EGV und Art. 43.1. ESZBS aufzählen, auch in Nummer 5 und 8 ProtGB genannt sind. Und auch die inhaltlichen Veränderungen, die Art. 122 Abs. 4 EGV und Art. 43.3. bis 43.5. ESZBS anordnen, werden mit einer Ausnahme[13] in allen Bestimmungen des EG-Vertrages bzw. der ESZB-Satzung, die in diesen Normen aufgeführt sind, auch durch das Protokoll mit den für Großbritannien geltenden Sonderregelungen im Ergebnis in derselben Weise vorgenommen. Zwar verwendet das Protokoll insoweit zum Teil eine andere Wortwahl. Danach betreffen Bezugnahmen in den Vorschriften, die in Nummern 5 und 8 ProtGB genannt sind, auf die Mitgliedstaaten, die nationalen Zentralbanken sowie die Anteilseigner der EZB nicht Großbritannien und die Bank von England. Hieraus ergibt sich aber im Ergebnis nichts anderes als aus der ausdrücklich in Art. 122 Abs. 4 EGV bzw. Art. 43.3., 43.4. und 43.5. ESZBS angeordneten Veränderung der Begriffe „Mitgliedstaaten", „nationale Zentralbanken" und „Anteilseigner" auch. Diese Begriffe beziehen sich nur auf die Mitgliedstaaten des Euro-Währungsgebietes und deren nationale Zentralbanken.

Als Zwischenergebnis lässt sich daher festhalten, dass trotz des erheblichen Regelungsaufwandes des Protokolls die Rechtsstellung Großbritanniens in der dritten Stufe der Wirtschafts- und Währungsunion mithin offenbar jedenfalls teilweise der Rechtsstellung der Staaten mit Ausnahmeregelung entspricht. Dieser Eindruck

---

12 Zu dieser Systematik siehe den Überblick oben Teil I, § 3, S. 26 f.

13 Einzig Art. 17 ESZBS ist in Nummer 8 ProtGB nicht genannt, obwohl in dieser Vorschrift gemäß Art. 43.4. ESZBS der Begriff „nationale Zentralbanken" verändert wird. Zu den Konsequenzen, die sich hieraus für die Rechtsstellung Großbritanniens in der Wirtschafts- und Währungsunion ergeben, unten S. 323.

wird noch durch zwei weitere Aspekte verstärkt. Zum einen finden die Art. 119, 120 und 124 EGV nach Beginn der dritten Stufe nicht nur auf die Staaten mit Ausnahmeregelung weiterhin Anwendung.[14] Sie bleiben auch für Großbritannien weiter anwendbar (vgl. Nummer 6 ProtGB). Und ebenso ruht das Stimmrecht des Vertreters Großbritanniens im EG-Rat bei Entscheidungen, die auf der Grundlage von Normen getroffen werden, die für Großbritannien nicht gelten, wie auch die Stimmen der Staaten mit Ausnahmeregelung, bei Entscheidungen ruhen, die auf der Grundlage von Normen ergehen, die für sie nicht anwendbar sind.[15]

Das darf jedoch nicht darüber hinwegtäuschen, dass sich die Rechtsstellung der Staaten mit Ausnahmeregelung einerseits und Großbritanniens andererseits in der dritten Stufe der Wirtschafts- und Währungsunion gleichwohl unterscheidet. Denn das Großbritannien betreffende Protokoll verändert den Anwendungsbereich einer Reihe von Vorschriften des EG-Vertrages und der ESZB-Satzung, die bei Bestehen einer Ausnahmeregelung uneingeschränkt auf alle Mitgliedstaaten anwendbar bleiben. Und zwar sind das im EG-Vertrag die Art. 4 Abs. 2, 104 Abs. 1, Art. 105 Abs. 4, 108, 109, 112 Abs. 1, 123 Abs. 4 und 5 sowie in der ESZB-Satzung die Art. 4, 7, 14, 26. Weiterhin gelten auch die Art. 10.1., 10.3. und 11.2. ESZBS für Großbritannien nicht (vgl. Nummer 8 S. 1 ProtGB). Diese Vorschriften bleiben aber für die Mitgliedstaaten mit Ausnahmeregelung weiter anwendbar. Sie gehören nicht zu den Normen, die nach Art. 43.1. ESZBS für diese Staaten keinerlei Rechte und Verpflichtungen entstehen lassen. Gemäß Art. 43.3. bis 43.6. ESZBS werden sie lediglich inhaltlich verändert. Darüber hinaus gelten für Großbritannien einige spezielle Regelungen, die auch bei Bestehen einer Ausnahmeregelung überhaupt keine Entsprechung im EG-Vertrag oder der ESZB-Satzung haben, die also die Vorschriften des EG-Vertrages und der ESZB-Satzung zur Wirtschafts- und Währungsunion ergänzen. Hierzu zählen insbesondere die in Nummer 9, 10 und 11 EGV enthaltenen Regelungen. Und schließlich bleibt für Großbritannien Art. 116 Abs. 4 EGV auch in der dritten Stufe weiterhin anwendbar, obwohl diese Vorschrift für die anderen Mitgliedstaaten nach ihrem Wortlaut nur in der zweiten Stufe der Wirtschafts- und Währungsunion galt.

Die Rechtslage Großbritanniens einerseits und die der Staaten mit Ausnahmeregelung andererseits scheinen sich also sogar deutlich voneinander zu unterscheiden. Allerdings zeigt eine genauere Betrachtung der für Großbritannien geltenden Sonderregelungen, dass dieser erste Eindruck nur bedingt zutrifft. Denn viele der Regelungen des Protokolls, die im EG-Vertrag und der ESZB-Satzung keine Entsprechung haben, sind lediglich regelungstechnischer Natur. Sie führen in vielen Fällen zu denselben Ergebnissen, die der EG-Vertrag und die ESZB-Satzung als Rechtsfolgen der Gewährung einer Ausnahmeregelung anordnen. Die Regelungen des Protokolls, für die das zutrifft, sind nachfolgend darzustellen. Erst im Anschluss geht die

---

14 Dazu ausführlich oben Teil II, § 6, S. 200 ff. und S. 223 ff.

15 Zu den Folgen der Gewährung einer Ausnahmeregelung für das Entscheidungsverfahren im EG-Rat siehe oben Teil II, § 5, S. 165 ff. Zu Besonderheiten in der Regelung dieser Folgen in dem Großbritannien betreffenden Protokoll siehe unten S. 313 ff.

vorliegende Arbeit auf die Bestimmungen des Protokolls ein, in denen sich die Rechtsstellung Großbritanniens tatsächlich von der der Staaten mit Ausnahmeregelung unterscheidet.

b) Scheinbare Unterschiede

(1) Einsetzung sowie Aufgaben und Befugnisse des Erweiterten Rates

Die erste Fallgruppe, in der sich die Rechtsstellung Großbritanniens und die der Staaten mit Ausnahmeregelung nur scheinbar unterscheiden, betrifft die Einsetzung sowie die Aufgaben und Befugnisse des Erweiterten Rates der EZB.[16]

Nach Nummer 9 ProtGB ist Art. 123 Abs. 3 EGV solange anwendbar, wie die für Großbritannien geltenden Sonderregelungen in Kraft sind. Durch Art. 123 Abs. 3 EGV wird der Erweiterte Rat der EZB als drittes Beschlussorgan der EZB eingesetzt. Auf Grund der Regelung in Nummer 9 ProtGB geschieht das für den gesamten Zeitraum, in dem Großbritannien nicht zum Euro-Währungsgebiet gehört. Mithin wird der Erweiterte Rat der EZB in zwei Fällen eingesetzt, erstens dann, wenn für einen Mitgliedstaat eine Ausnahmeregelung gilt, und zweitens durch Nummer 9 ProtGB. Für den Fall, dass einem Mitgliedstaat eine Ausnahmeregelung gewährt wird, ordnet das Art. 123 Abs. 3 EGV, Art. 45.1. i.V.m. Art. 53 ESZBS ausdrücklich an. Nummer 9 ProtGB erstreckt den Regelungsgehalt dieser Vorschriften, die vom Wortlaut her nur bei Bestehen einer Ausnahmeregelung anwendbar sind, lediglich auf Großbritannien.

Und auch die Aufgaben und Befugnisse des Erweiterten Rates der EZB werden durch die für Großbritannien geltenden Sonderegelungen im Ergebnis nicht verändert. Zwar finden die Art. 44 bis 48 ESZBS, die sie festgelegen, nur vorbehaltlich bestimmter Änderungen auf Großbritannien Anwendung (vgl. Nummer 9 ProtGB). Durch diese Veränderungen wird jedoch auch der Anwendungsbereich dieser Vorschriften lediglich auf Großbritannien ausgedehnt, ohne dass sie im Übrigen inhaltlich verändert werden würden. Denn Nummer 9 lit. a) ProtGB bestimmt, dass die EZB über Art. 44 ESZBS auch die Aufgaben des EWI übernimmt, die infolge der für Großbritannien geltenden Sonderregelungen noch wahrgenommen werden müssen. Es ist jedoch nicht ersichtlich, dass es sich hierbei um andere Aufgaben handelt, als die EZB über Art. 44 ESZBS gegenüber den Staaten mit Ausnahmeregelung wahrnimmt.[17] Und auch die Funktion, die Nummer 9 lit. b) ProtGB der EZB zuweist, entspricht Aufgaben, die von der EZB auch bei Bestehen einer Ausnahmeregelung wahrzunehmen sind. Nach Nummer 9 lit. b) ProtGB berät die EZB das Vereinigte Königreich bei der Vorbereitung von Beschlüssen und wirkt an deren Ausarbeitung mit, die im Zusammenhang mit der Einführung des Euro in Groß-

---

16 Zum Erweiterten Rat der EZB ausführlich oben Teil II, § 5, S. 48 ff. und S. 149 ff.
17 Zu den Aufgaben, die die EZB vom EWI über Art. 44 EWIS übernimmt, ausführlich oben Teil II, § 5, S. 65 ff.

britannien stehen.[18] Diese Aufgabe entspricht inhaltlich der, die der EZB bei Bestehen einer Ausnahmeregelung gemäß Art. 47.1., 1. Gs., 44 UAbs. 2, 47.3. ESZBS zugewiesen ist.[19] Und schließlich stellt auch die Regelung in Nummer 9 lit. c) ProtGB Großbritannien lediglich den Staaten mit Ausnahmeregelung gleich. Danach zahlt die Bank von England auf einen entsprechenden Beschluss des Erweiterten Rates der EZB unter denselben Voraussetzungen einen Beitrag zu den Betriebskosten der EZB ein wie die Zentralbanken der Staaten mit Ausnahmeregelung (vgl. Art. 48 ESZBS).[20]

Die Regelungen in Art. 9 ProtGB erklären sich, darauf sei abschließend hingewiesen, daraus, dass der Anwendungsbereich der Art. 44 bis 48 ESZBS durch eine gesonderte Regelung auf Großbritannien erstreckt werden musste. Denn die genannten Vorschriften der ESZB-Satzung sind nur bei Bestehen einer Ausnahmeregelung anwendbar. Das ergibt sich aus Art. 53 ESZBS, zum Teil aber auch ausdrücklich aus dem Wortlaut dieser Vorschriften. Da für Großbritannien jedoch keine Ausnahmeregelung gilt, musste sichergestellt werden, dass diese Vorschriften, wie offenbar gewünscht, auch auf Großbritannien Anwendung finden. Im Ergebnis unterscheidet sich die Rechtsstellung der Staaten mit Ausnahmeregelung und die Großbritanniens insoweit im Prinzip jedoch nicht.

(2) Ernennung und Zusammensetzung von EZB-Rat und Direktorium

Die zweite Fallgruppe, in der sich die Rechtsstellung Großbritanniens und die der Staaten mit Ausnahmeregelung zu unterscheiden scheint, steht im Zusammenhang mit der Ernennung und Zusammensetzung der ständigen Beschlussorgane der EZB sowie dem Entscheidungsverfahren im EZB-Rat. Denn für Großbritannien gelten Art. 112 Abs. 1 und Abs. 2 lit. b) EGV sowie die Art. 10.1., 10.3. und 11.2. ESZBS nicht, in denen festgelegt ist, wie sich der EZB-Rat zusammensetzt, wie das Direktorium ernannt wird und wie in bestimmten Fällen die Stimmen der Mitglieder des EZB-Rates zu gewichten sind (vgl. Nummer 5 S. 1 und 8 S. 1 ProtGB). Bezugnahmen in diesen beiden Vorschriften auf die Mitgliedstaaten, die nationalen Zentralbanken oder die Anteilseigner der EZB betreffen zudem nicht das Vereinigte Königreich oder die Bank von England (vgl. Nummer 5 S. 2 und 8 S. 2 ProtGB). Im Gegensatz zu diesen Regelungen des Großbritannien betreffenden Protokolls bleiben die vorstehend genannten Normen des EG-Vertrages und der ESZB-Satzung für die Staaten mit Ausnahmeregelung grundsätzlich weiter anwendbar. Lediglich Art. 112 Abs. 2 lit. b) EGV gilt für sie nicht (vgl. Art. 122 Abs. 3 EGV, Art. 43.1. ESZBS). Allerdings verändert sich bei Bestehen einer Ausnahmeregelung der Wortlaut von Art. 112 Abs. 2 lit. b) EGV und von Art. 10.1., 10.3. und 11.2. ESZBS zum Teil deutlich (vgl. Art. 122 Abs. 4 EGV, Art. 43.4. bis 43.6. ESZBS).

---

18 Zu der Möglichkeit Großbritanniens, den Euro einzuführen, siehe unten S. 324.
19 Zu dieser Aufgabe ausführlich oben Teil II, § 5, S. 115 ff.
20 Zur Einzahlung des Betriebskostenbeitrages durch die Zentralbanken der Staaten mit Ausnahmeregelung ausführlich oben Teil II, § 5, S. 125 ff.

Diese oben bereits ausführlich dargestellten Veränderungen haben für die Mitgliedstaaten mit Ausnahmeregelung und deren Zentralbanken bzw. die EZB drei Konsequenzen. Sie führen erstens dazu, dass die Präsidenten dieser Zentralbanken dem EZB-Rat nicht angehören.[21] Der EZB-Rat besteht also neben den Mitgliedern des Direktoriums in diesem Fall lediglich aus den Präsidenten der nationalen Zentralbanken der Staaten des Euro-Währungsgebietes (vgl. Art. 112 Abs. 1 EGV, Art. 10.1. ESZBS, Art. 43.4. ESZBS). Sie haben zweitens zur Folge, dass bei Entscheidungen, bei denen die Stimmen der Mitglieder des EZB-Rates nach Art. 10.3. ESZBS gewichtet werden, die Stimmanteile der im EZB-Rat vertretenen Präsidenten der nationalen Zentralbanken entsprechend dem Anteil an dem Teil des Kapitals der EZB berechnet werden, der nur von den Zentralbanken des Euro-Währungsgebietes gezeichnet worden ist (vgl. Art. 10.3. ESZBS, Art. 43.4., 43.5. und 43.6. ESZBS).[22] Und drittens sind die Mitgliedstaaten mit Ausnahmeregelung nicht an der Ernennung der Direktoriumsmitglieder beteiligt, und zwar weder bei der Empfehlung des EG-Rates, die der Ernennung vorausgeht, noch bei der Ernennung durch die Regierungen der Mitgliedstaaten selbst (vgl. Art. 112 Abs. 2 lit. b), 122 Abs. 3 und Abs. 5 EGV, Art. 11.2. ESZBS, Art. 43.3. ESZBS).[23]

Dieselben Konsequenzen ergeben sich insoweit aus den Regelungen des Großbritannien betreffenden Protokolls. Das folgt weitgehend bereits daraus, dass die oben genannten Normen des EG-Vertrages und der ESZB-Satzung inhaltlich durch das Großbritannien betreffende Protokoll ebenso verändert werden wie durch Art. 122 Abs. 4 EGV bzw. durch Art. 43 ESZBS. Darauf ist bereits oben hingewiesen worden.[24] In dem einzigen Fall, in dem es darüber hinaus von Bedeutung ist, dass eine dieser Normen für die Staaten mit Ausnahmeregelung nicht gilt, Art. 112 Abs. 2 lit. b) EGV, ordnet auch das Protokoll an, dass diese Vorschrift für Großbritannien nicht gilt. Hieraus ergibt sich in Verbindung mit Art. 122 Abs. 5 EGV bzw. mit Nummer 7 ProtGB, dass die Stimmen der Staaten mit Ausnahmeregelung und die Großbritanniens im EG-Rat ruhen, wenn dieser die Empfehlung abgibt, die der Ernennung des Direktoriums vorausgeht. Die durch das Protokoll im Anwendungsbereich der Normen, in denen die Zusammensetzung des EG-Rates, die Ernennung des Direktoriums sowie bestimmte Verfahrensfragen bei Entscheidungen des EZB-Rates geregelt sind, darüber hinaus angeordneten Veränderungen führen zu keinem anderen Ergebnis. Mithin unterscheidet sich die Rechtsstellung Großbritanniens auch insoweit nicht von der der Staaten mit Ausnahmeregelung.

Zusammenfassend lässt sich somit feststellen, dass der Präsident der Bank von England dem EZB-Rat nicht angehört (vgl. Art. 112 Abs. 1 EGV, Art. 12.1. ESZBS, Nummer 5 und 8 ProtGB). Das Stimmgewicht der Präsidenten der im EZB-Rat vertretenen nationalen Zentralbanken berechnet sich bei Entscheidungen, bei denen ihre Stimmen gewogen werden, anhand des Anteils an dem Teil des Kapitals der EZB,

---

21 Dazu ausführlich oben Teil II, § 5, S. 42 ff.
22 Dazu ausführlich oben Teil II, § 5, S. 135 ff.
23 Dazu ausführlich oben Teil II, § 5, S. 46 ff.
24 Vgl. oben S. 308 ff.

der von den Zentralbanken der Staaten des Euro-Währungsgebietes gezeichnet worden ist (vgl. Art. 10.3. ESZBS, Nummer 8 ProtGB). Und schließlich ist Großbritannien auch an der Ernennung des Direktoriums nicht beteiligt, und zwar weder im EG-Rat bei der Verabschiedung der Empfehlung zur Ernennung der Direktoriumsmitglieder noch bei der Ernennung selbst (vgl. Art. 112 Abs. 2 lit. b) EGV, Art. 11.2. ESZBS, Nummer 5, 7 und 8 ProtGB). Letzteres stellt Nummer 7 UAbs. 2 ProtGB nochmals ausdrücklich klar.

(3) *Anwendungsbereich von Art. 123 Abs. 4 und 5 EGV*

Die Regelungen zur Rechtsstellung der Staaten mit Ausnahmeregelung einerseits und Großbritanniens andererseits scheinen sich weiterhin hinsichtlich des Anwendungsbereichs von Art. 123 Abs. 4 und 5 EGV zu unterscheiden.[25] Weder Art. 123 Abs. 4 noch Art. 123 Abs. 5 EGV ist in Art. 122 Abs. 3 EGV oder in Art. 122 Abs. 4 EGV genannt. Die beiden genannten Absätze des Art. 123 EGV scheinen also auf die Staaten mit Ausnahmeregelung uneingeschränkt anwendbar zu sein. Ihr Anwendungsbereich ist gleichwohl auf das Euro-Währungsgebiet beschränkt, und die Stimmen der Vertreter dieser Staaten im EG-Rat ruhen bei Entscheidungen, die auf ihrer Grundlage ergehen.[26] Zu demselben Ergebnis führen auch die Regelungen in dem Großbritannien betreffenden Protokoll. Nach Nummer 5 ProtGB gelten Art. 123 Abs. 4 und 5 EGV für Großbritannien nicht. Dementsprechend ist der Anwendungsbereich dieser Vorschriften auf das Euro-Währungsgebiet beschränkt. Und auch das Stimmrecht Großbritanniens ruht bei Entscheidungen, die der EG-Rat auf dieser Kompetenzgrundlage trifft (vgl. Nummer 7 ProtGB).

(4) *Veränderungen im Entscheidungsverfahren des EG-Rates*

Der letzte Fall, in dem die Rechtslage Großbritanniens nur scheinbar von der abweicht, die für die Staaten mit Ausnahmeregelung gilt, besteht im Zusammenhang mit dem Beschlussverfahren im EG-Rat. Zwar entsprechen die Regelungen des Großbritannien betreffenden Protokolls auch insoweit weitgehend den Regelungen bei Bestehen einer Ausnahmeregelung. Darauf ist bereits oben hingewiesen worden.[27] Danach ruht das Stimmrecht des Vertreters Großbritanniens im EG-Rat bei Entscheidungen, die auf der Grundlage von Normen ergehen, die für Großbritannien nach Nummer 5 ProtGB nicht gelten (vgl. Nummer 7 S. 1 ProtGB). Zudem bleiben die nach Art. 205 EGV gewogenen Stimmen Großbritanniens in diesen Fällen bei der Berechnung der qualifizierten Mehrheit nach Art. 205 Abs. 2 EGV außer Betracht (vgl. Nummer 7 S. 1 ProtGB). Diese Regelungen weichen jedoch in zweifacher Hinsicht jedenfalls scheinbar von denen ab, die bei Bestehen einer Ausnahmeregelung gelten. Erstens fehlt eine Regelung, welche Konsequenzen das Ruhen der Stimmen Großbritanniens im EG-Rat hat, wenn Einstimmigkeit erforderlich ist. Eine

---

25 Zur Bedeutung von Art. 123 Abs. 4 und 5 EGV siehe oben Teil II, § 9, S. 299 ff.
26 Dazu ausführlich oben Teil II, § 5, S. 165 ff.
27 Siehe oben S. 308 ff.

solche Regelung enthält aber Art. 122 Abs. 5 EGV, der die Folgen für das Entscheidungsverfahren im EG-Rat bei Bestehen einer Ausnahmeregelung regelt. Und zweitens stellt sich auch hinsichtlich Großbritanniens die Frage, ob die Stimme des britischen Vertreters im EG-Rat auch dann ruht, wenn der EG-Rat Entscheidungen auf der Grundlage der ESZB-Satzung trifft, die für Großbritannien nicht gelten.[28]

Die erste Frage, die nach der fehlenden Regelung zur Einstimmigkeit, ist unproblematisch zu beantworten. Auch bei solchen Entscheidungen zählt die Stimme Großbritanniens ebenso nicht mit wie nach Art. 122 Abs. 5 EGV die der Staaten mit Ausnahmeregelung.[29] Einstimmigkeit lässt sich in diesen Fällen also auch ohne die Zustimmung Großbritanniens erreichen. Ein anderes Ergebnis ist insoweit nicht vertretbar.

Auch die zweite Frage ist so zu beantworten, wie das bereits hinsichtlich der Staaten mit Ausnahmeregelung geschehen ist. Die Stimmen Großbritanniens ruhen im EG-Rat auch bei allen Entscheidungen, die auf der Grundlage von Vorschriften der ESZB-Satzung ergehen, die für Großbritannien nicht gelten.[30] Das ergibt sich im Wesentlichen daraus, dass der EG-Vertrag in Art. 122 Abs. 5 EGV bzw. in Art. 7 ProtGB deutlich gemacht hat, dass ein Mitgliedstaat, der dem Euro-Währungsgebiet nicht angehört, nicht an Entscheidungen des EG-Rates beteiligt sein soll, die auf der Grundlage von Normen ergehen, die für den betreffenden Mitgliedstaat nicht anwendbar sind.[31]

Hinsichtlich der Staaten mit Ausnahmeregelung spricht für dieses Ergebnis auch der Wortlaut des Art. 122 Abs. 5 EGV. Denn danach ruht das Stimmrecht der Staaten mit Ausnahmeregelung bei allen Entscheidungen des EG-Rates „gemäß den in Absatz 3 genannten Artikeln“. Art. 122 Abs. 3 EGV lässt sich aber so verstehen, dass in dieser Vorschrift neben den Artikeln des EG-Vertrages, die für die Staaten mit Ausnahmeregelung nicht gelten, im Sinne des Art. 122 Abs. 5 EGV auch die Normen der ESZB-Satzung genannt sind, die für sie keine Rechtswirkungen entstehen lassen.[32] Diese Überlegung lässt sich auf das Großbritannien betreffende Protokoll nicht übertragen. Nach Nummer 7 ProtGB ruhen die Stimmen des Vertreters Großbritanniens im EG-Rat lediglich bei allen Entscheidungen, die auf der Grundlage von Normen ergehen, die in Nummer 5 ProtGB genannt sind. In Nummer 5 ProtGB sind jedoch ausschließlich die Vorschriften des EG-Vertrages aufgezählt, die für Großbritannien nicht gelten. Die Artikel der ESZB-Satzung, die für Großbritannien nicht anwendbar sind, zählt dagegen Nummer 8 ProtGB auf. Hieraus scheint sich mithin

---

28 Hinsichtlich des Stimmrechts der Staaten mit Ausnahmeregelung siehe oben Teil II, § 5, S. 165 ff.

29 Vgl. hinsichtlich der Staaten mit Ausnahmeregelung a.a.O. (Fn. 28).

30 Zum Ruhen der Stimmen der Staaten mit Ausnahmeregelung bei Entscheidungen des EG-Rates auf der Grundlage von Normen der ESZB-Satzung ausführlich oben Teil II, § 5, S. 165 ff.

31 Vgl. hinsichtlich der Staaten mit Ausnahmeregelung a.a.O. (Fn. 30).

32 Siehe dazu a.a.O. (Fn. 30).

zu ergeben, dass Großbritannien im EG-Rat bei allen Entscheidungen stimmberechtigt ist, die auf der Grundlage von Normen der ESZB-Satzung ergehen.

Gleichwohl sprechen jedoch gewichtige Argumente dafür, dass das Stimmrecht Großbritanniens ebenso wie das der Staaten mit Ausnahmeregelung bei allen Entscheidungen des EG-Rates ruht, die auf der Grundlage von Normen ergehen, die für diese Staaten nicht gelten, und zwar unabhängig davon, ob diese Normen im EG-Vertrag oder in der ESZB-Satzung enthalten sind. Das ergibt sich maßgeblich daraus, dass sich nicht begründen lässt, warum das Stimmrecht Großbritanniens nur bei Entscheidungen des EG-Rates ruhen soll, die auf der Grundlage von Normen des EG-Vertrages ergehen, die für Großbritannien nicht gelten. Ein Verständnis, nach dem Großbritannien bei Entscheidungen des EG-Rates stimmberechtigt ist, die auf der Grundlage von für Großbritannien nicht geltenden Normen der ESZB-Satzung ergehen, würde daher zu einem Wertungswiderspruch führen, zumal alle anderen Staaten, die dem Euro-Währungsgebiet nicht angehören, bei diesen Entscheidungen nicht stimmberechtigt sind.[33] Im Ergebnis muss der fehlende Verweis in Nummer 7 ProtGB auf Nummer 8 ProtGB, in dem die für Großbritannien nicht geltenden Normen der ESZB-Satzung aufgeführt sind, als Redaktionsversehen eingeordnet werden.[34]

(5) Bindung an das Ziel der Preisstabilität

Dem Wortlaut des Art. 122 Abs. 3 EGV kommt noch in einem weiteren Fall für die Lösung einer Rechtsfrage, die infolge der Gewährung einer Ausnahmeregelung entsteht, eine wichtige Bedeutung zu. Denn er bietet einen wichtigen Ansatzpunkt für die Lösung des Widerspruchs zwischen Art. 2 ESZBS einerseits, der auch bei Bestehen einer Ausnahmeregelung auf alle Mitgliedstaaten uneingeschränkt anwendbar ist, und Art. 105 Abs. 1 ESZBS andererseits, der für die Staaten mit Ausnahmeregelung nach Art. 122 Abs. 3 EGV nicht gilt.[35] Derselbe Widerspruch im Anwendungsbereich beider Normen, die sich inhaltlich entsprechen, findet sich auch in dem Protokoll, das die für Großbritannien geltenden Sonderregelungen in der Wirtschafts- und Währungspolitik enthält (vgl. Nummer 5 S. 1 und 8 S. 1 ProtGB).

---

33 Vgl. hinsichtlich der Staaten mit Ausnahmeregelung a.a.O. (Fn. 30).

34 Wie in der Praxis verfahren wird, lässt sich nicht abschließend beurteilen. Die Präambel der auf der Grundlage von Art. 30.4. ESZBS erlassenen Verordnung (EG) Nr. 1010/2000 verweist neben Art. 122 Abs. 5 EGV auch auf Nr. 7 ProtGB. Das spricht dafür, dass die Vertreter Großbritanniens bei der Verabschiedung dieses Rechtsaktes nicht mitgewirkt haben. Dagegen findet sich in den auf der Grundlage von Art. 19.2. ESZBS erlassenen Mindestreserveverordnungen (Verordnung (EG) Nr. 2531/98, ABl. EG Nr. L 318 vom 27.11.1998, S. 1, geändert durch Verordnung (EG) Nr. 134/2002, ABl. EG Nr. L 24 vom 26.1.2002, S. 1) weder ein Verweis auf Art. 122 Abs. 5 EGV noch auf Art. 7 ProtGB, obwohl Art. 19.2. ESZBS für Großbritannien keine Rechte oder Verpflichtungen entstehen lässt. Ob Großbritannien an der Verabschiedung dieser Verordnungen mitgewirkt hat, ist mithin offen.

35 Zum Ruhen der Stimmen der Staaten mit Ausnahmeregelung bei Entscheidungen des EG-Rates auf der Grundlage von Normen der ESZB-Satzung ausführlich oben Teil II, § 5, S. 165 ff.

Dieser Widerspruch lässt sich anhand des Wortlauts beider Normen sowie durch teleologische und systematische Erwägungen überzeugend auflösen.[36] Danach ist die unterschiedliche Veränderung des Anwendungsbereichs der beiden genannten Normen bei Bestehen einer Ausnahmeregelung kein Redaktionsversehen. Sie stellt vielmehr sicher, dass die Zentralbanken der Staaten mit Ausnahmeregelung immer dann an die Ziele des ESZB gebunden sind, wenn sie Aufgaben und Befugnisse im Rahmen des ESZB wahrnehmen. Das ist im Wesentlichen im Zusammenhang mit ihrer Mitwirkung im Erweiterten Rat der EZB und bei der Ausübung der Aufgaben und Befugnisse, die ihnen Art. 5 ESZBS einräumt, der Fall. Da auch Großbritannien insoweit Aufgaben und Befugnisse innerhalb des ESZB wahrnimmt, schließlich enthält das Großbritannien betreffende Protokoll insoweit keine abweichenden Regelungen, erschiene es konsequent, wenn die in Art. 105 Abs. 1 EGV, Art. 2 ESZBS genannten Ziele des ESZB im oben gezeigten Umfang auch die Bank von England binden würden.

Allerdings lässt sich das nicht in derselben Weise begründen wie hinsichtlich der Staaten mit Ausnahmeregelung. Vor allem kann auf das systematische Argument zur Lösung dieses Widerspruchs nicht zurückgegriffen werden. Denn das ergibt sich ganz maßgeblich aus dem Wortlaut des Art. 122 Abs. 3 EGV, der dafür spricht, dass die Rechtsstellung der nationalen Zentralbanken der Staaten mit Ausnahmeregelung ausschließlich und abschließend in der ESZB-Satzung geregelt ist.[37] Das Großbritannien betreffende Protokoll enthält jedoch keinen Art. 122 Abs. 3 EGV vergleichbaren Verweis auf die ESZB-Satzung. Die aus dem Wortlaut des Art. 122 Abs. 3 EGV entwickelte Systematik zum Verhältnis der Übergangsbestimmungen des EG-Vertrages zu denen der ESZB-Satzung ist jedoch ein ganz wesentlicher Teil der Argumentationskette, durch die der Widerspruch zwischen Art. 105 Abs. 2 EGV und Art. 2 ESZBS bei Bestehen einer Ausnahmeregelung aufgelöst werden kann.

Soll die unterschiedliche Veränderung des Anwendungsbereichs der Art. 105 Abs. 1 EGV und Art. 2 ESZBS durch das Protokoll mit den für Großbritannien geltenden Sonderregelungen vor diesem Hintergrund nicht lediglich als Versehen eingeordnet werden, muss angenommen werden, dass das systematische Verhältnis der Übergangsbestimmungen des EG-Vertrages und der ESZB-Satzung, das sich aus dem Wortlaut des Art. 122 Abs. 3 EGV ergibt, durch das Protokoll nicht verändert werden sollte. Hierfür spricht im Übrigen auch ganz maßgeblich, dass sich das in Teil II dieser Arbeit zur Lösung des Widerspruchs zwischen Art. 105 Abs. 1 EGV und Art. 2 ESZBS gefundene Ergebnis auch im Wege teleologischer Auslegung bestätigen lässt. Denn die Bindung der Zentralbanken der Staaten, die dem Euro-Währungsgebiet nicht angehören, an die Ziele des ESZB, wenn sie Aufgaben und Befugnisse des ESZB wahrnehmen, entspricht dem Sinn und Zweck des EG-Vertrages.[38] Großbritannien ist mithin in demselben Umfang an das Ziel der Preisstabilität gebunden, wie die Zentralbanken der Staaten mit Ausnahmeregelung auch.

---

36 Siehe dazu a.a.O. (Fn. 35).
37 Siehe dazu a.a.O. (Fn. 35).
38 Dazu oben Teil II, § 5, S. 56 ff.

c) *Zwischenergebnis*

Eine nähere Untersuchung des Regelungsgehaltes des Protokolls, das die für Großbritannien in der Wirtschafts- und Währungsunion geltenden Sonderregelungen enthält, bestätigt den ersten Eindruck, den das Protokoll hinterlässt. Trotz des erheblichen Regelungsaufwandes, den das Protokoll betreibt, um die Rechtsstellung Großbritanniens in der Wirtschafts- und Währungsunion zu regeln, entspricht die Rechtsstellung dieses Mitgliedstaates weitgehend derjenigen der Staaten mit Ausnahmeregelung. Von den Unterschieden, die oben in der Ausgestaltung der Rechtsstellung der Staaten mit Ausnahmeregelung einerseits und der Großbritanniens andererseits festgestellt worden sind, bleiben mithin lediglich elf Fälle übrig, die sich nicht darauf reduzieren lassen, dass sie im Ergebnis die Rechtsstellung Großbritanniens in der Wirtschafts- und Währungsunion derjenigen der Staaten mit Ausnahmeregelung angleichen. Zwei dieser Fälle betreffen die Wirtschafts-, die anderen die Währungspolitik. Auf sie ist im Folgenden einzugehen. Im Übrigen, darauf sei nochmals hingewiesen, entspricht die Rechtsstellung Großbritanniens in der Wirtschafts- und Währungsunion der der Staaten mit Ausnahmeregelung. Auf die entsprechenden Ausführungen im Teil II dieser Arbeit kann unbeschadet der nachfolgenden Ausführungen mithin verwiesen werden.

2. Sonderregelungen in der Wirtschaftspolitik

Die Rechtsstellung Großbritanniens in der Wirtschaftspolitik weicht auf Grund der für das Vereinigte Königreich geltenden Sonderregelungen nur in zweifacher Hinsicht von derjenigen der Mitgliedstaaten mit Ausnahmeregelung ab. Zum einen gilt für Großbritannien das Verbot der monetären Haushaltsfinanzierung (Art. 101 EGV) nicht uneingeschränkt. Denn das Protokoll mit den Sonderregelungen für Großbritannien enthält insoweit in Nummer 11 abweichende Regelungen. Zwar bleibt Art. 101 EGV grundsätzlich auch auf Großbritannien anwendbar. Großbritannien kann jedoch gleichwohl die so genannte „*ways and means*" Fazilität bei der Bank von England aufrechterhalten.[39]

Zweitens gelten für Großbritannien im Vergleich zu den Staaten mit Ausnahmeregelung im Verfahren der Überwachung der Haushaltspolitik andere Regelungen (Art. 104 EGV).[40] Großbritannien ist nicht nach Art. 104 Abs. 1 EGV verpflichtet, übermäßige öffentliche Defizite zu vermeiden. Denn Art. 104 Abs. 1 EGV gilt für das Vereinigte Königreich nicht (vgl. Nummer 5 S. 1 ProtGB). Vielmehr bleibt für Großbritannien Art. 116 Abs. 4 EGV weiterhin anwendbar. Nach dieser Vorschrift, die für die anderen Mitgliedstaaten auf Grund ihres Wortlautes nur während der zweiten

---

39 Vgl. hierzu auch die Präambel sowie Art. 1 Abs. 2 der Verordnung (EG) Nr. 3603/93 des Rates vom 13. Dezember 1993 zur Festlegung der Begriffsbestimmungen für die Anwendung der in Artikel 104 und 104b Absatz 1 des Vertrages vorgesehenen Verbote, ABl. EG Nr. L 332 vom 31.12.1993, S. 1.

40 Zu diesem Verfahren ausführlich oben Teil II, § 8, S. 261 ff.

Stufe galt, muss sich Großbritannien auch in der dritten Stufe der Wirtschafts- und Währungsunion lediglich bemühen, ein übermäßiges öffentliches Defizit zu vermeiden. Im Übrigen findet das Haushaltsüberwachungsverfahren auf Großbritannien ebenso Anwendung wie auf die Staaten mit Ausnahmeregelung.[41] Insbesondere kann der EG-Rat nach demselben Verfahren und unter denselben Voraussetzungen wie für die Staaten mit Ausnahmeregelung feststellen, dass in Großbritannien ein übermäßiges Defizit besteht (vgl. Art. 104 Abs. 2 bis 6 EGV). Er kann zudem auch Großbritannien mit der Maßgabe in Verzug setzen, Maßnahmen zum Defizitabbau zu treffen, und gegebenenfalls seine an Großbritannien gerichteten Empfehlungen mit Maßnahmen zum Abbau des übermäßigen Defizits veröffentlichen (Art. 104 Abs. 7 und 8 EGV). Die entsprechenden Regelungen des Art. 104 EGV sind uneingeschränkt auf alle Mitgliedstaaten anwendbar. Lediglich Sanktionen (vgl. Art. 104 Abs. 9 und 11 EGV) können weder gegen die Staaten mit Ausnahmeregelung noch gegen Großbritannien verhängt werden.[42]

Im Übrigen entspricht die Rechtsstellung Großbritanniens in der Wirtschaftspolitik trotz der für das Vereinigte Königreich geltenden Sonderregelungen derjenigen der Staaten mit Ausnahmeregelung.

3. Sonderregelungen in der Währungspolitik

a) *Nichtgeltung des Art. 4 Abs. 2 EGV*

Dass die Rechtsstellung Großbritanniens in der Wirtschafts- und Währungsunion eine andere ist als die der Staaten mit Ausnahmeregelung, ergibt sich mit besonderer Deutlichkeit bereits daraus, dass Art. 4 Abs. 2 EGV für Großbritannien nicht gilt (vgl. Nummer 5 ProtGB). Großbritannien ist mithin an ein Teilelement des Vertragszieles Wirtschafts- und Währungsunion, die Gründung der Währungsunion, nicht gebunden.

Da sich aus den Vertragszielbestimmungen des EG-Vertrages grundsätzlich keine eigenständigen Verpflichtungen ergeben[43], ist diese Regelung immer dann von Bedeutung, wenn sich, was grundsätzlich möglich ist, aus Art. 4 Abs. 2 EGV in Verbindung mit anderen Vorschriften des EG-Vertrages Handlungspflichten für die Mitgliedstaaten ergeben. Das kann etwa im Zusammenhang mit Art. 10 EGV der Fall sein. Solche Handlungspflichten bestehen jedoch im hier interessierenden Zusammenhang im Wesentlichen lediglich im Bereich der Wechselkurspolitik. Und zwar sind die Mitgliedstaaten mit Ausnahmeregelung nicht berechtigt, wechselkurspolitische Entscheidungen zu treffen, die unter Umständen auf Dauer die Einführung des Euro unmöglich machen.[44] Insbesondere dürfen sie aus diesem Grund in der

---

41 Dazu im Einzelnen oben Teil II, § 8, S. 261 ff.
42 Zum Sanktionsrecht siehe oben Teil II, § 8, S. 261 ff.
43 Zu den Funktionen der Vertragszielbestimmungen etwa *Ukrow*, in: *Calliess/Ruffert* (Hrsg.), 2. Auflage (2002), Art. 2 EG-Vertrag Rdnr. 3 ff.
44 Siehe dazu Teil II, § 6, S. 226 ff.

Regel den Euro nicht einseitig einführen.[45] Das gilt jedoch nicht für Großbritannien, kann aber als rein theoretische Möglichkeit weitgehend außer Betracht bleiben. Großbritannien wird wohl kaum seine eigene Währung zu Gunsten des Euro einseitig aufgeben. Ebenso ist Großbritannien grundsätzlich, also unter Wahrung des Gemeinschaftsrechts im Übrigen, auch dann zu allen wirtschafts- und währungspolitischen Maßnahmen berechtigt, wenn diese zur Konsequenz haben sollten, dass Großbritannien auf Dauer den Euro nicht einführen kann.

b) Unabhängigkeit der Bank von England

Eine Sonderstellung nimmt zudem die Bank von England innerhalb des ESZB ein. Sie ist nicht unabhängig. Denn die Art. 108 EGV, Art. 7 ESZBS gelten für Großbritannien nicht (vgl. Nummer 5 ProtGB).[46] Und auch Art. 14.2. ESZBS, der systematisch einen engen Zusammenhang zu den beiden genannten Vorschriften aufweist und der bestimmte Regelungen zur Ernennung und Entlassung der Präsidenten der nationalen Zentralbanken enthält, gilt für Großbritannien nicht (vgl. Nummer 5 ProtGB). Das Vereinigte Königreich ist also von gemeinschaftsrechtlichen Vorgaben darin frei, wie es die institutionelle Stellung der Bank von England insoweit ausgestaltet.

Diese Regelung ist nicht unproblematisch. Die Vorschriften zur Unabhängigkeit des ESZB sind für die Staaten mit Ausnahmeregelung im Wesentlichen dann relevant, wenn sie Aufgaben, Befugnisse und Pflichten im Rahmen des ESZB wahrnehmen.[47] Das ist, solange die Ausnahmeregelung gilt, etwa dann der Fall, wenn sie statistische Daten auf der Grundlage des Art. 5 ESZBS erheben, im Erweiterten Rat der EZB mitwirken oder auch die Vorgaben befolgen, die sich aus der ESZB-Satzung oder Rechtsakten der EZB für sie ergeben.[48] Nimmt dagegen die Bank von England Aufgaben, Befugnisse und Pflichten im Rahmen des ESZB wahr, ist sie als einzige der im ESZB verbundenen Zentralbanken nicht unabhängig. Vielmehr lässt es der EG-Vertrag zu, dass sie insoweit sogar weisungsgebunden handelt.

Darauf hinzuweisen bleibt, dass diese Regelung noch in einer weiteren Hinsicht problematisch ist. Der Erweiterte Rat der EZB übernimmt gemäß Art. 44 ESZBS bestimmte Aufgaben des EWI (vgl. Art. 47.1., 1. Gs. ESZBS). Im EWI-Rat war auch der Präsident der Bank von England vertreten. Für ihn galt Art. 8 EWIS, nach dem die Mitglieder des EWI-Rates bei der Ausübung ihrer Tätigkeit in eigener Verantwortung handeln und bei der Wahrnehmung der Befugnisse, Aufgaben und Pflichten, die den EWI-Ratsmitgliedern oblagen, weder von der Gemeinschaft noch von den Mitgliedstaaten Weisungen entgegennehmen durften. Die Gemeinschaft und die Mitgliedstaaten waren zudem verpflichtet, diesen Grundsatz zu achten. Im Ergebnis ähnelte mithin die Stellung der Mitglieder des EWI-Rates hinsichtlich der Unab-

---

45 A.a.O. (Fn. 44).
46 Zur Unabhängigkeit der EZB und der nationalen Zentralbanken ausführlich oben Teil II, § 5, S. 157 ff.
47 Dazu ausführlich oben Teil II, § 5, S. 157 ff.
48 A.a.O. (Fn. 47).

hängigkeit insoweit der, die auch die Mitglieder der Beschlussorgane der EZB an sich genießen.[49] Gleichwohl enthält der EG-Vertrag hinsichtlich des Vertreters Großbritanniens im Erweiterten Rat der EZB keine Art. 8 EWIS vergleichbare Bestimmung. Der Präsident der Bank von England ist folglich das einzige Mitglied eines Beschlussorgans der EZB, das nicht unabhängig ist.

c) *Rechtsanpassungspflichten*

Im Gegensatz zu den Staaten mit Ausnahmeregelung ist Großbritannien weiterhin nicht verpflichtet, gemäß Art. 109 EGV, Art. 14.1. ESZBS sein innerstaatliches Recht an die Vorgaben des EG-Vertrages und der ESZB-Satzung anzupassen. Die beiden genannten Vorschriften, in denen die Mitgliedstaaten hierzu verpflichtet werden, gelten für Großbritannien nicht (vgl. Nummer 5 und 8 ProtGB). Diese Regelung ist in der Logik der für Großbritannien geltenden Sonderregelungen konsequent. Die Rechtsanpassungspflichten bestehen ganz maßgeblich deshalb, um in rechtlicher Hinsicht die Voraussetzungen für die Einführung einer einheitlichen Währung sowie die Durchführung einer einheitlichen Geld- und Währungspolitik zu schaffen, mithin das Vertragsziel der Gründung einer Währungsunion zu verwirklichen.[50] Da Großbritannien an dieses Vertragsziel nicht gebunden ist, macht es insoweit Sinn, es auch von der Pflicht auszunehmen, sein innerstaatliches Recht im Hinblick auf die Einführung einer einheitlichen Währung anzupassen.

Gleichwohl bedarf das für Großbritannien geltende Protokoll insoweit einer einschränkenden Auslegung. Denn Großbritannien kann nicht vollständig von der Pflicht ausgenommen werden, sein innerstaatliches Recht im Bereich der Wirtschafts- und Währungspolitik an die gemeinschaftsrechtlichen Vorgaben anzupassen. Das ergibt sich daraus, dass auch für Großbritannien viele Vorschriften im Bereich der Wirtschafts- und Währungsunion gelten. Es ist bis auf bestimmte Sonderregelungen weitgehend in demselben Maße in die Wirtschafts- und Währungspolitik der Gemeinschaft eingebunden wie die Staaten mit Ausnahmeregelung. Daher muss Großbritannien auch verpflichtet sein, sein innerstaatliches Recht insoweit anzupassen, wie das unbeschadet der für das Vereinigte Königreich geltenden Sonderregelungen im Bereich der Wirtschafts- und Währungspolitik erforderlich ist. Soweit Großbritannien also gemeinschaftsrechtlichen Vorgaben in der Wirtschafts- und Währungspolitik unterliegt, muss es gegebenenfalls sein nationales Recht auch an diese Vorgaben anpassen. Von der Rechtsanpassungspflicht ausgenommen sind lediglich die Regelungen, die erst in Kraft treten oder für die erst ein Anwendungsbereich entsteht, wenn Großbritannien den Euro einführt.

Im Übrigen ist darauf hinzuweisen, dass Großbritannien den Verpflichtungen aus Art. 109 EGV, Art. 14.1. ESZBS voll nachkommen muss, wenn es sich entschließt, den Euro einzuführen.[51] Denn zu den Voraussetzungen hierfür gehört auch, dass

---

49 Dazu ausführlich in Teil II, § 5, S. 157 ff.
50 Ähnlich *Kempen*, in: *Streinz* (Hrsg.), EUV/EGV, Art. 109 EGV Rdnr. 2.
51 Zu dieser Möglichkeit unten S. 324.

die innerstaatlichen Rechtsordnungen der Mitgliedstaaten den gemeinschaftsrechtlichen Vorgaben entsprechen, dass ein Staat, der den Euro einführen möchte, mithin seinen Verpflichtungen aus Art. 109 EGV nachgekommen ist.[52]

d) *Anhörungs- und Stellungnahmerechte*

Die Rechtsstellung der Staaten mit Ausnahmeregelung und die Großbritanniens unterscheiden sich zudem auch hinsichtlich der Verpflichtungen, die sich für die Mitgliedstaaten aus Art. 105 Abs. 4 EGV, Art. 4 ESZBS ableiten lassen, bzw. der Rechte, die sich aus diesen Vorschriften für die EZB ergeben.[53] Beide Vorschriften gelten für Großbritannien nicht (vgl. Nummer 5 und 8 ProtGB). Großbritannien ist mithin nicht verpflichtet, die EZB zu Rechtsakten anzuhören, die in deren Zuständigkeitsbereich fallen.[54] Zudem darf die EZB auf dieser Kompetenzgrundlage gegenüber Großbritannien auch keine Stellungnahmen und Empfehlungen abgeben.

Allerdings kann die EZB gleichwohl grundsätzlich auch dann zu jeder währungspolitischen Fragestellung gegenüber Großbritannien Stellung nehmen, wenn die britische Währungspolitik in Frage steht. Das ergibt sich insbesondere daraus, dass die EZB über Art. 44 UAbs. 1 ESZBS bestimmte Aufgaben des EWI übernimmt.[55] Zu diesen Aufgaben gehört auch ein umfassendes Beratungsrecht.[56] Wahrgenommen wird dieses Beratungsrecht allerdings durch den Erweiterten Rat der EZB (vgl. Art. 47.1., 1. Gs. ESZBS) und nicht wie die Befugnisse aus Art. 105 Abs. 4 EGV, Art. 4 ESZBS durch die ständigen Beschlussorgane der EZB.[57]

Fraglich ist jedoch, ob Großbritannien wie die anderen Mitgliedstaaten auch verpflichtet ist, die EZB vor dem Erlass von Rechtsakten anzuhören.[58] An sich scheint das Protokoll mit den Großbritannien betreffendenden Sonderregelungen das auszuschließen. Schließlich gelten Art. 105 Abs. 4 EGV und Art. 4 ESZBS, die diese Anhörungsverpflichtung festschreiben, nicht für das Vereinigte Königreich. Allerdings waren die Mitgliedstaaten bereits in der zweiten Stufe verpflichtet, die Gemeinschaft zu Rechtsakten anzuhören. Sie mussten unter den Grenzen und Bedingungen, die der EG-Rat festlegte, gemäß Art. 5.3. EWIS das EWI zu Entwürfen für Rechtsvorschriften in dessen Zuständigkeitsbereich anhören. Zudem hat der Erweiterte Rat der EZB über Art. 44 ESZBS das Recht, zu Rechtsakten der Mitgliedstaaten,

---

52 Zur Unabhängigkeit der EZB und der nationalen Zentralbanken ausführlich oben Teil II, § 5, S. 157 ff.

53 Zum Anwendungsbereich des Art. 105 Abs. 4 EGV, Art. 4 ESZBS ausführlich oben Teil II, § 5, S. 102 ff.

54 Was der EG-Rat auch im Sekundärrecht deutlich gemacht hat. Vgl. Entscheidung des Rates vom 29. Juni 1998 über die Anhörung der Europäischen Zentralbank durch die nationalen Behörden zu Entwürfen für Rechtsvorschriften (98/415/EG), ABl. EG Nr. L 189 vom 3.7.1998, S. 42, Präambel, 7. Erwägungsgrund.

55 Dazu ausführlich oben S. 310 f. sowie ausführlich oben Teil II, § 5, S. 65 ff.

56 Dazu ausführlich oben Teil II, § 5, S. 115 ff.

57 A.a.O. (Fn. 56).

58 Zu dieser Verpflichtung hinsichtlich der Staaten mit Ausnahmeregelung siehe oben Teil II, § 5, S. 105 ff.

die den Zuständigkeitsbereich der EZB betreffen, Stellung zu nehmen.[59] Da sich die Kompetenzen, die von der EZB gemäß 47.1., 1. Gs., 44 ESZBS wahrgenommen werden, aus einem Vergleich mit den Befugnissen des EWI ergeben[60], erscheint es daher zumindest denkbar, dass Großbritannien verpflichtet ist, den Erweiterten Rat der EZB zu allen Rechtsakten anzuhören, die Aufgaben des EWI betreffen, die von der EZB über Art. 44 ESZBS übernommen werden. Um die Grenzen und Bedingungen zu bestimmen, in denen diese Verpflichtung besteht, ist auf die Entscheidung des EG-Rates zurückzugreifen, in der er die Grenzen und Bedingungen festgelegt hat, in denen die Verpflichtung zur Anhörung des EWI bestand.[61]

Gegen die Verpflichtung, die EZB anzuhören, könnte allenfalls sprechen, dass das Protokoll durch den Ausschluss der Anwendbarkeit von Art. 105 Abs. 4 EGV, Art. 4 ESZBS deutlich machen wollte, dass das Vereinigte Königreich zu einer Anhörung überhaupt nicht verpflichtet ist. Hiergegen ist jedoch einzuwenden, dass das Anhörungsrecht in der zweiten Stufe auch für Großbritannien uneingeschränkt bestand und die EZB ihre vorübergehenden Aufgaben ohne Einschränkungen auch gegenüber Großbritannien wahrnimmt. Das Großbritannien betreffende Protokoll enthält insoweit keine abweichenden Regelungen. Gegen eine aus Art. 44 ESZBS abgeleitete Verpflichtung Großbritanniens, die EZB zu Entwürfen für Rechtsakte anzuhören, kann schließlich nicht eingewendet werden, ein solches Verständnis hebele die Regelung des Protokolls zur Anwendbarkeit von Art. 105 Abs. 4 EGV, Art. 4 ESZBS aus. Diese Regelung macht vielmehr auch nach dem hier vertretenen Verständnis Sinn, weil so für Stellungnahmen und Empfehlungen der EZB zu währungspolitischen Fragen, die Großbritannien betreffen, ausschließlich der Erweiterte Rat der EZB zuständig ist, in dem auch der Präsident der Bank von England vertreten ist. Das wäre ohne die entsprechende Regelung in dem Großbritannien betreffenden Protokoll nicht der Fall. Denn für Stellungnahmen und Empfehlungen, die auf der Grundlage von Art. 105 Abs. 4 EGV, Art. 4 ESZBS verabschiedet werden, ist gemäß Art. 12.4. ESZBS der EZB-Rat zuständig.

Als Ergebnis lässt sich daher festhalten, dass Großbritannien gemäß Art. 44 UAbs. 1 ESZBS in Verbindung mit Art. 5.3. EWIS und unter den Bedingungen der Entscheidung des EG-Rates 93/717/EG[62] verpflichtet ist, die EZB zu allen Entwürfen zu Rechtsakten anzuhören, die Aufgaben der EZB betreffen, die sie über Art. 44 UAbs. 1 ESZBS vom EWI übernommen hat. Zuständig für Stellungnahmen zu diesen Rechtsakten ist der Erweiterte Rat der EZB (vgl. Art. 47.1., 1. Gs. ESZBS). Ob eine solche Anhörung in der Praxis auch stattfindet, kann nicht abschließend beurteilt werden. Veröffentlicht hat die EZB bislang jedenfalls keine Stellungnahmen zu Rechtsakten Großbritanniens.

---

59 Dazu oben Teil II, § 5, S. 115 ff.

60 A.a.O. (Fn. 59).

61 Entscheidung des Rates vom 22. November 1993 über die Anhörung des Europäischen Währungsinstituts durch die Behörden der Mitgliedstaaten zu Rechtsvorschriften (93/717/EG), ABl. EG Nr. L 332 vom 31.12.1993, S. 14.

62 A.a.O. (Fn. 61).

e) *Befugnisse der EZB gegenüber der Bank von England*

Die Rechtsstellung Großbritanniens unterscheidet sich von derjenigen der Staaten mit Ausnahmeregelung zudem im Zusammenhang mit den internen Leitungsbefugnissen der EZB. Zunächst ist 14.4. ESZBS auf Großbritannien nicht anwendbar (vgl. Nummer 8 ProtGB).[63] Die EZB ist mithin auch dann nicht befugt, der Bank von England die Wahrnehmung von Aufgaben zu untersagen, wenn diese Aufgaben mit den Zielen und Aufgaben des ESZB nicht vereinbar sind. Weiterhin gilt auch Art. 26 ESZBS für Großbritannien nicht.[64] Die EZB kann daher insbesondere auf der Grundlage des Art. 26.4. ESZBS keine Maßnahmen erlassen, die auch die Bank von England binden. Zudem gilt für Großbritannien nicht die Festlegung in Art. 26.1. ESZBS, wonach das Geschäftsjahr der Zentralbanken des ESZB das Kalenderjahr ist.

Der Ausschluss der Anwendbarkeit der Art. 14.4. und 26 ESZBS ist insoweit konsequent, als diese beiden Normen für die Staaten mit Ausnahmeregelung zunächst im Wesentlichen nur Bedeutung im Zusammenhang mit der angestrebten Einführung des Euro in diesen Staaten haben.[65] Da Großbritannien nicht verpflichtet ist, den Euro einzuführen, ist nachvollziehbar, dass sie für Großbritannien nicht gelten. Probleme dürften sich aus dieser Regelung nicht ergeben. Hinzuweisen bleibt darauf, dass die EZB in der konsolidierten Bilanz, die sie nach Art. 26.3. ESZBS erstellt, auch die Aktiva und Passiva ausweisen kann, die im Zusammenhang mit der Bank von England stehen.[66] Dass Art. 26.3. ESZBS für Großbritannien nicht gilt, hat auf diese Befugnis keine Auswirkungen. Die EZB ist weiterhin uneingeschränkt befugt, eine konsolidierte Bilanz zu erstellen, die alle Aktiva und Passiva des ESZB ausweist.

f) *Kompetenzen aus Art. 17 ESZBS*

Die einzige Norm, deren Anwendungsbereich bei Bestehen einer Ausnahmeregelung verändert wird, die aber für Großbritannien weiterhin uneingeschränkt anwendbar bleibt, ist Art. 17 ESZBS. Diese Vorschrift ermächtigt die EZB und die nationalen Zentralbanken, zur Durchführung ihrer Geschäfte Konten zu eröffnen und Sicherheiten hereinzunehmen. Da Art. 17 ESZBS uneingeschränkt auf Großbritannien anwendbar bleibt, kann die Bank von England auf diese Kompetenznorm zurückgreifen. Zu einer Einschränkung der währungspolitischen Befugnisse Großbritanniens führt das gleichwohl im Prinzip nicht, da Art. 17 ESZBS nur ganz grundlegende Kompetenzen enthält, die wohl jeder Zentralbank zwingend zustehen müssen.

---

63 Zum Anwendungsbereich des Art. 14.4. ESZBS siehe ausführlich oben Teil II, § 5, S. 76 ff.
64 Zum Anwendungsbereich des Art. 6 ESZBS siehe ausführlich oben Teil II, § 6, S. 181 ff.
65 Siehe oben Teil II, § 5, S. 76 ff., und S. 141 ff.
66 Zu dieser Befugnis oben Teil II, § 5, S. 142.

4. Aufhebung der Sonderregelungen

Die Sonderregelungen für Großbritannien müssen nicht zwingend dauerhaft gelten. Vielmehr eröffnet das Protokoll, das die für Großbritannien in der Wirtschafts- und Währungspolitik geltenden Sonderregelungen enthält, Großbritannien auch die Möglichkeit, den Euro einzuführen (vgl. Nummer 10 ProtGB). Hierzu muss es lediglich einen Antrag auf Einleitung des Verfahrens nach Art. 122 Abs. 2 EGV stellen, in dem über die Einführung des Euro in den Staaten entschieden wird, die bislang dem Euro-Währungsgebiet noch nicht angehören.[67] Das Verfahren und die Voraussetzungen, unter denen Großbritannien den Euro einführen kann, sind dagegen dieselben, die auch für die Staaten mit Ausnahmeregelung gelten. Nummer 10 ProtGB enthält insoweit keine abweichenden Regelungen. Das Verfahren nach Art. 122 Abs. 2 EGV wird allerdings nur auf Antrag Großbritanniens durchgeführt und nicht, wie in dieser Norm an sich vorgesehen, mindestens einmal alle zwei Jahre.

Stellt der EG-Rat auf einen entsprechenden Antrag fest, dass Großbritannien die Voraussetzungen erfüllt, um den Euro einzuführen, dann entspricht auch das weitere Verfahren bis zur Einführung der einheitlichen Währung dem, das auch für Staaten Anwendung findet, deren Ausnahmeregelung aufgehoben worden ist.[68] Nummer 10 ProtGB erweitert den Anwendungsbereich der Normen, die dieses Verfahren regeln, wiederum lediglich auf Großbritannien, ohne insoweit von diesen Regelungen abweichende Festlegungen zu treffen. Danach zahlt die Bank von England unter denselben Bedingungen ihren Anteil am Kapital der EZB ein wie die Staaten, deren Ausnahmeregelung aufgehoben worden ist (vgl. Art. 49.1. ESZBS).[69] Dasselbe gilt für ihren Beitrag zu den Reserven und den diesen gleichwertigen Rückstellungen (vgl. Art. 49.2. ESZBS).[70] Und schließlich findet in diesem Fall auch Art. 123 Abs. 5 EGV uneingeschränkt auf Großbritannien Anwendung, auf dessen Grundlage im gegebenen Fall der Wechselkurs des britischen Pfundes zum Euro unwiderruflich festgelegt wird und alle weiteren Maßnahmen getroffen werden, die zur Einführung des Euro in Großbritannien erforderlich sind.[71]

Sobald Großbritannien den Euro eingeführt hat, tritt das Protokoll mit den Sonderregelungen außer Kraft (Nummer 10 lit. c) a.E. ProtGB).

III. Ergebnis

Obwohl die Rechtsstellung Großbritanniens in der Wirtschafts- und Währungsunion mit einem erheblichen Aufwand in einem eigenen Protokoll zum EG-Vertrag geregelt ist, entspricht die Rechtslage Großbritanniens in der dritten Stufe der Wirt-

---

67 Zu diesem Verfahren ausführlich oben Teil II, § 9.
68 Dazu oben Teil II, § 9.
69 Dazu ausführlich oben Teil II, § 6, S. 192 ff.
70 Dazu ausführlich oben Teil II, § 6, S. 192 ff.
71 Dazu ausführlich oben Teil II, § 9, S. 299 ff.

schafts- und Währungsunion weitgehend derjenigen der Staaten mit Ausnahmeregelung. Die Rechtsstellung Großbritanniens unterscheidet sich, abgesehen von bestimmten regelungstechnischen Besonderheiten, im Ergebnis nur in einigen wenigen, wenngleich bedeutenden Fällen von denen der Staaten mit Ausnahmeregelung. Um die Rechtsstellung Großbritanniens in der Wirtschafts- und Währungsunion zu beschreiben, kann daher weitgehend auf die Ergebnisse dieser Arbeit zur Wirtschafts- und Währungspolitik der Gemeinschaft bei Bestehen einer Ausnahmeregelung verwiesen werden. Das gilt im Übrigen auch für den Grundsatz, nach dem die Währungspolitik eine Angelegenheit von gemeinsamem Interesse ist. Auf die Argumente, aus denen er abgeleitet worden ist, kann trotz der für Großbritannien geltenden Sonderregelungen uneingeschränkt zurückgegriffen werden.

Lediglich in elf Fällen, in denen die Rechtsstellung Großbritanniens in der Wirtschafts- und Währungsunion von derjenigen der Staaten mit Ausnahmeregelung abweicht, ist ein Rückgriff auf die Ergebnisse des Teils II dieser Arbeit nicht möglich. Die ersten beiden dieser Fälle bestehen im Bereich der Wirtschaftspolitik der Gemeinschaft. Erstens ist Großbritannien im Gegensatz zu den anderen Mitgliedstaaten der Gemeinschaft nicht verpflichtet, übermäßige Haushaltsdefizite zu vermeiden. Denn Art. 104 Abs. 1 EGV gilt für Großbritannien nicht. Es muss sich vielmehr gemäß Art. 116 Abs. 4 EGV lediglich bemühen, ein übermäßiges Defizit zu vermeiden. Die zweite Regelung im Bereich der Wirtschaftspolitik, auf Grund der sich die Rechtsstellung Großbritanniens von der der Staaten mit Ausnahmeregelung unterscheidet, besteht im Anwendungsbereich des Art. 101 EGV. Denn Großbritannien darf eine bestimmte Form der Kreditfinanzierung bei der Bank von England beibehalten, die den anderen Mitgliedstaaten nach Art. 101 EGV verboten ist, die so genannte *ways and means* Fazilizät.

In der Währungspolitik unterscheidet sich die Rechtsstellung Großbritanniens von derjenigen der Staaten mit Ausnahmeregelung zunächst hinsichtlich Art. 4 Abs. 2 EGV. Diese Vorschrift, in der das Vertragsziel der Verwirklichung der Wirtschafts- und Währungsunion definiert ist, gilt für Großbritannien nicht. Das Vereinigte Königreich ist an dieses Ziel des EG-Vertrages mithin nicht gebunden. Weiterhin ist die Bank von England nicht unabhängig, jedenfalls nicht auf Grund gemeinschaftsrechtlicher Vorgaben. Denn die Art. 108 EGV, Art. 7 ESZBS, in denen die Unabhängigkeit des ESZB garantiert wird, gelten für Großbritannien nicht. Und auch die Regelungen der ESZB-Satzung zur Ernennung, Amtszeit und Entlassung der Präsidenten der nationalen Zentralbanken (Art. 14.2. ESZBS) lassen für Großbritannien keinerlei Rechtswirkungen entstehen. Großbritannien ist darüber hinaus nicht verpflichtet, gemäß Art. 109 EGV, Art. 14.1. ESZBS seine innerstaatliche Rechtsordnung an die Vorschriften des EG-Vertrages und der ESZB-Satzung zur Wirtschafts- und Währungspolitik anzupassen, wenngleich diese Regelung einer einschränkenden Auslegung bedarf.

Solange die Sonderregelungen für Großbritannien gelten, stehen der EZB zudem bestimmte Kompetenzen nicht gegenüber dem Vereinigten Königreich und der Bank von England zur Verfügung. Insbesondere kann sie der Bank von England nicht auf der Grundlage des Art. 14.4. ESZBS untersagen, Aufgaben wahrzunehmen, die mit den Zielen und Aufgaben des ESZB nicht vereinbar sind. Denn Art. 14.4. ESZBS gilt für Großbritannien nicht. Weiterhin gilt auch Art. 26.4. ESZBS für Großbritannien nicht. Die EZB ist mithin auf der Grundlage dieser Norm auch nicht befugt, Rechtsakte mit Bindungswirkung gegenüber der Bank von England zu erlassen. Und schließlich kann die EZB nicht auf der Grundlage des Art. 105 Abs. 4 EGV, Art. 4 ESZBS gegenüber Großbritannien zu Fragen Stellung nehmen, die in ihren Zuständigkeitsbereich fallen. Das Vereinigte Königreich ist zudem nicht auf der Grundlage dieser Normen verpflichtet, die EZB anzuhören. Denn auch diese beiden Normen gelten für Großbritannien nicht. Im Gegensatz zu den Zentralbanken der Staaten mit Ausnahmeregelung ist für die Bank von England dagegen Art. 17 ESZBS uneingeschränkt anwendbar, der sie zur Durchführung ihrer Geschäfte zur Einrichtung von Konten sowie zur Hereinnahme von Sicherheiten ermächtigt.

Darauf hinzuweisen bleibt, dass das Sekundärrecht im Bereich der Wirtschafts- und Währungspolitik in der Regel auf die für Großbritannien in der Wirtschafts- und Währungsunion geltende Sonderstellung lediglich hinweist, ohne dass sich hieraus rechtliche Konsequenzen ergeben.[72] Die sekundärrechtlichen Vorschriften sind grundsätzlich auf die Staaten mit Ausnahmeregelung und Großbritannien in derselben Weise anzuwenden. Auch das erklärt sich daraus, dass sich ihre Rechtsstellung weitgehend entspricht. Lediglich die Verordnung (EG) Nr. 3603/93[73], die u.a. den Anwendungsbereich des Art. 101 EGV näher ausgestaltet, sowie die Entscheidung des EG-Rates, in der die Grenzen und Bedingungen festgelegt sind, unter denen die Mitgliedstaaten die EZB nach Art. 105 Abs. 4 EGV, Art. 4 ESZBS anzuhören haben, enthalten auf Grund der für Großbritannien geltenden Sonderregelungen besondere Bestimmungen für diesen Mitgliedstaat.[74]

Großbritannien hat wie die Mitgliedstaaten mit Ausnahmeregelung auch das Recht, den Euro einzuführen. Hierzu muss es allerdings einen entsprechenden Antrag an den EG-Rat stellen. Geschieht dies, entscheidet der EG-Rat in demselben Verfahren und unter denselben Voraussetzungen über die Einführung des Euro in Großbritannien, nach denen auch über die Aufhebung einer Ausnahmeregelung entschieden wird. Dieses Verfahren ist in Art. 122 Abs. 2 EGV geregelt.

---

72 Vgl. etwa die Verordnung (EG) Nr. 2532/98 des Rates vom 23. November 1998 über das Recht der Europäischen Zentralbank, Sanktionen zu verhängen, ABl. EG Nr. L 318 vom 27.11.1998, S. 4; Verordnung (EG) Nr. 1466/97 vom 7. Juli 1997 über den Ausbau der haushaltspolitischen Überwachung und der Überwachung und Koordinierung der Wirtschaftspolitiken, ABl. EG Nr. L 209 vom 2.8.1997, geändert durch Verordnung (EG) Nr. 1055/2005 des Rates vom 27. Juni 2005, ABl. EU Nr. L 174 vom 7.7.2005, S. 1; Verordnung (EG) Nr. 1467/97 über die Beschleunigung und Klärung des Verfahrens bei einem übermäßigen Defizit, ABl. EG Nr. L 209 vom 2.8.1997, S. 6, geändert durch Verordnung (EG) Nr. 1056/2005 des Rates vom 27. Juni 2005, ABl. EU Nr. L 174 vom 7.7.2005, S. 5.

73 Verordnung (EG) Nr. 3603/93 des Rates vom 13. Dezember 1993 zur Festlegung der Begriffsbestimmungen für die Anwendung der in Artikel 104 und 104b Absatz 1 des Vertrages vorgesehenen Verbote, ABl. EG Nr. L 332 vom 31.12.1993, S. 1.

74 Vgl. Entscheidung des Rates vom 29. Juni 1998 (Fn. 54) sowie die Verordnung (EG) Nr. 3603/93 (Fn. 39).

Teil IV: Ausblick und Rückbezug

§ 11 Ausblick: Die Wirtschafts- und Währungspolitik im Verfassungsvertrag

A. Einführung

I. Überblick über den Verfassungsvertrag

Am 29. Oktober 2004 unterzeichneten die Staats- und Regierungschefs der Europäischen Union in historischer Stätte, in demselben Gebäude, in dem 1957 der Vertrag über die Europäische Wirtschaftsgemeinschaft unterzeichnet wurde[1], den „Vertrag über eine Verfassung für Europa" (Verfassungsvertrag, EU-Verf).[2] Der Vertrag, dessen Entwurf ein Konvent erarbeitete[3] und auf den sich die Staats- und Regierungschefs auf der Tagung des Europäischen Rates in Brüssel am 18. Juni 2004 endgültig verständigten[4], stellt mithin die jüngste bedeutende Fortentwicklung im europäischen Integrationsprozess dar.[5] Ursprünglich sollte der Verfassungsvertrag am 1. November 2006 in Kraft treten (vgl. Art. IV-447 EU-Verf). Nach den gescheiterten Referenden in Frankreich und in den Niederlanden ist derzeit jedoch offen, ob er überhaupt in Kraft treten wird.

Der Verfassungsvertrag überträgt der Union nur wenige neue Kompetenzen. Er vereinfacht vielmehr vor allem die Struktur der bisherigen Europäischen Union. Hierzu fasst er den Vertrag über die Europäische Union (EUV) und den EG-Vertrag in einem Vertragstext zusammen. Er verleiht der Europäischen Union zudem

---

1 Vgl. FAZ vom 30.10.2004, S. 1.

2 Der Text des Verfassungsvertrages ist veröffentlicht in ABl. EU Nr. C 310 vom 16.12.2004, S. 1.

3 Zur Arbeit des Verfassungskonvents siehe etwa *Oppermann*, Eine Verfassung für die Europäische Union, 1. und 2. Teil, DVBl. 2003, S. 1165 ff. und S. 1234 ff. Zum Verfassungsentwurf des Konvents siehe ausführlich etwa *Oppermann*, Europäischer Verfassungskonvent und Regierungskonferenz 2002–2004, DVBl. 2004, S. 1264 ff., sowie den Sammelband von *Schwarze* (Hrsg.), Der Verfassungsentwurf des Europäischen Konvents, mit einer umfassenden Analyse des Entwurfs.

4 Vgl. hierzu die Zusammenfassung in dem Dokument der Regierungskonferenz CIG 85/04 vom 18. Juni 2004. Das Dokument ist im Internet auf der Homepage der Europäischen Union (*www.europa.eu.int*) abrufbar.

5 Allgemein zum Verfassungsvertrag siehe etwa *Blanke*, Die Zuständigkeiten der Union, ZfG 2004, S. 225 ff.; *von Danwitz*, Richtungsentscheidungen des Verfassungsvertrags für die Europäische Union, ZfG 2005, S. 1 ff.; *Ludwigs*, Die Kompetenzordnung der Europäischen Union im Vertragsentwurf über eine Verfassung für Europa, ZEuS 2004, S. 211 ff.; *Nettesheim*, Die Kompetenzordnung im Vertrag über eine Verfassung für Europa, EuR 2004, S. 511 ff.; *Trüe*, Das System der EU-Kompetenzen vor und nach dem Entwurf eines Europäischen Verfassungsvertrags, ZaöRV 2004, S. 391 ff.

Rechtsfähigkeit (vgl. Art. I-7 EU-Verf) und ordnet an, dass sie die Rechtsnachfolge der durch den Vertrag von Maastricht gegründeten Europäischen Union[6] und die der Europäischen Gemeinschaft antritt (vgl. Art. IV-436 Abs. 1 EU-Verf). Die Europäische Atomgemeinschaft (EAG) bleibt allerdings eine eigenständige internationale Organisation.[7] Außerdem ist das gesamte bisherige Primärrecht mit dem Ziel überarbeitet worden, die Vertragstexte vor allem sprachlich zu vereinfachen.[8] Große Veränderungen nimmt der Verfassungsvertrag auch im institutionellen Bereich vor. Unter anderem bezeichnet er die Handlungsformen neu, die der Union zur Verfügung stehen, und gestaltet die Rechtssetzungsverfahren um. Weiterhin grenzt er die Zuständigkeiten der Union und die der Mitgliedstaaten ab, in dem er u.a. erstmals einzelne Kompetenzarten kategorisiert.[9] Weiterhin schreibt er die Gemeinschaftsgrundrechte nunmehr ausdrücklich im Primärrecht fest.

Der Vertrag gliedert sich in vier Teile. Der erste enthält im Wesentlichen organisationsrechtliche Bestimmungen. Im zweiten sind die Gemeinschaftsgrundrechte verankert. Der dritte Teil regelt die Politikbereiche, in denen die Union tätig ist, und die Arbeitsweise der Union. Der vierte Teil enthält schließlich Übergangs- und Schlussbestimmungen. Wie dem EU- und dem EG-Vertrag sind auch dem Verfassungsvertrag viele Protokolle und Erklärungen beigefügt.

II. Wirtschafts- und Währungspolitik im Verfassungsvertrag

1. Vorbemerkung

Der Verfassungsvertrag ist auch für den Bereich der Wirtschafts- und Währungspolitik von Bedeutung.[10] Er ändert viele der wirtschafts- und währungspolitischen Vorschriften des EG-Vertrages. Die meisten dieser Änderungen erklären sich daraus, dass das Primärrecht durch den Verfassungsvertrag sprachlich überarbeitet worden ist. Es sollte vereinfacht werden, ohne hierdurch die Rechtslage zu verändern.[11] Andere sind erforderlich, um die wirtschafts- und währungspolitischen Vorschriften an den geänderten institutionellen Rahmen anzupassen. So müssen etwa die Vor-

---

6 Zur Struktur der Europäischen Union nach der derzeit geltenden Rechtslage ausführlich *Pechstein/Koenig*, Die Europäische Union, 3. Auflage (2000), S. 28 ff.

7 Vgl. insoweit das dem Verfassungsvertrag beigefügte Protokoll zur Änderung des Vertrages zur Gründung der Europäischen Atomgemeinschaft, das den Gründungsvertrag zwar ändert, im Übrigen aber unberührt lässt.

8 Zum entsprechenden Mandat des Verfassungskonvents siehe etwa *Oppermann*, Europäischer Verfassungskonvent und Regierungskonferenz 2002–2004, DVBl. 2004, S. 1264 (1268).

9 Zur Kompetenzabgrenzung nach dem Verfassungsvertrag siehe die Nachweise in Fn. 5.

10 Vgl. dazu allgemein *Europäische Zentralbank*, Die Europäische Verfassung und die EZB, Monatsbericht, April 2004, S. 55 ff.; *Gramlich/Manger-Nestler*, Währungsrechtliche Aspekte des Reformprojekts „Europäische Verfassung", Kreditwesen 2005, S. 478 ff.; *Smits*, The European Constitution and EMU: An appraisal, CMLR 2005, S. 425 ff. Zum Entwurf des Verfassungskonvents im Hinblick auf die wirtschafts- und währungspolitischen Vorschriften bereits *Seidel*, Die Stellung der Europäischen Zentralbank nach dem Verfassungsvertrag.

11 Vgl. hierzu etwa *Oppermann*, (Fn. 8), S. 1268.

schriften geändert werden, die bislang ausdrücklich die derzeitigen Handlungsformen der Gemeinschaft nennen oder in denen Bestimmungen zum Rechtssetzungsverfahren enthalten sind, die mit den neuen Verfahrensvorschriften nicht vereinbar sind. Der Verfassungsvertrag ändert darüber hinaus die Vorschriften zur Wirtschafts- und Währungspolitik aber auch in materiell-rechtlicher Hinsicht. Daher ist er entsprechend der Fragestellung dieser Arbeit darauf zu untersuchen, wie die Wirtschafts- und Währungspolitik der Europäischen Union nach In-Kraft-Treten des Verfassungsvertrages ausgestaltet ist, soweit und solange nicht alle Mitgliedstaaten dem Euro-Währungsgebiet angehören.

2. Systematischer Überblick

Die Vorschriften zur Wirtschafts- und Währungspolitik sind im ersten und dritten Teil des Verfassungsvertrages enthalten. Ein erster Verweis auf diesen Politikbereich findet sich in Art. I-3 EU-Verf. Danach beruht die Union unter anderem auf einer nachhaltigen Entwicklung Europas auf der Grundlage eines ausgewogenen Wirtschaftswachstums und von Preisstabilität. Art. I-7 EU-Verf bestimmt, dass der Euro die Währung der Union ist.

Weitere Regelungen, die im ersten Teil des Verfassungsvertrages die Wirtschafts- und Währungspolitik betreffen, enthalten die Art. I-12 bis I-14 EU-Verf. Diese Regelungen stehen im Zusammenhang mit der Kompetenzabgrenzung zwischen den Mitgliedstaaten und der Union.[12] Nach Art. I-13 Abs. 1 lit. c) EU-Verf ist die „Währungspolitik für die Mitgliedstaaten, deren Währung der Euro ist“, ein Bereich, für den die Union ausschließlich zuständig ist. Die Wirtschafts- und Beschäftigungspolitik koordinieren die Mitgliedstaaten dagegen gemäß Art. I-12 Abs. 3 EU-Verf lediglich nach Maßgabe der im Teil III des Verfassungsvertrages enthaltenen Bestimmungen. Aus der systematischen Stellung des Art. I-12 Abs. 3 EU-Verf, der die Überschrift „Arten von Zuständigkeiten“ trägt, ergibt sich, dass diese Koordination eine eigenständige Zuständigkeitskategorie ist, die insbesondere neben den Typus der ausschließlichen Zuständigkeit der Union (Art. I-12 Abs. 1 EU-Verf) bzw. den der zwischen der Union und den Mitgliedstaaten geteilten Zuständigkeit (Art. I-12 Abs. 2 EU-Verf) tritt.[13] Gemäß Art. I-15 Abs. 1 EU-Verf kann die Union in diesem Bereich, für den ausdrücklich bestimmt wird, dass für die Mitgliedstaaten des Euro-Währungsgebietes besondere Regelungen gelten, „Maßnahmen“ erlassen, zu denen insbesondere die Verabschiedung der Grundzüge der Wirtschaftspolitik gehört.[14] Die letzte Bestimmung, die im ersten Teil des Verfassungsvertrages im Zusammenhang mit der Wirtschafts- und Währungspolitik steht, ist Art. I-30 EU-Verf. Diese Norm enthält einige grundlegende Festlegungen zur EZB und zum ESZB.[15]

---

12 Zur Abgrenzung der Kompetenzen nach dem Verfassungsvertrag siehe die Nachweise in Fn. 5.

13 Zu dieser Zuständigkeitskategorie siehe *Krebber*, Die Koordinierung als Kompetenzkategorie im EU-Verfassungsentwurf aus dogmatischer Sicht, EuGRZ 2004, S. 592 ff.

14 Dazu im Einzelnen unten S. 343 ff.

15 Dazu im Einzelnen unten S. 338 f.

Die meisten anderen Vorschriften zur Wirtschafts- und Währungspolitik finden sich im Kapitel II des dritten Teils des Verfassungsvertrages. Die erste Norm dieses Kapitels, Art. III-177, entspricht, abgesehen von gewissen sprachlichen Änderungen, die sich auf die Rechtslage nicht auswirken, Art. 4 EGV. Diese Bestimmung, die bislang das in Art. 2 EGV genannte Ziel der Gemeinschaft konkretisierte, eine Wirtschafts- und Währungsunion zu errichten, ist nunmehr direkt den Vorschriften vorangestellt, in denen die Einzelheiten dieses Politikbereichs geregelt sind, den Artikeln III-178 bis III-202 EU-Verf. Diese Vorschriften sind in fünf Abschnitte untergliedert, die systematisch mit einer Ausnahme den bisherigen Kapiteln des Titel VII („Die Wirtschafts- und Währungspolitik") des EG-Vertrages entsprechen und weitgehend auch wie diese bezeichnet sind. Abschnitt 1 regelt die Wirtschaftspolitik (Art. III-177 bis III-184 EU-Verf), Abschnitt 2 die Währungspolitik (Art. III-185 bis III-191 EU-Verf), Abschnitt 3 die institutionellen Bestimmungen (Art. III-192 und III-193) und in Abschnitt 5 sind die Übergangsbestimmungen enthalten (Art. III-197 bis III-202). Der vierte Abschnitt (Art. III-194 bis III-196 EU-Verf) hat dagegen keine Entsprechung im EG-Vertrag. Er trägt die Bezeichnung „Besondere Bestimmungen für die Mitgliedstaaten, deren Währung der Euro ist". Außerhalb des Kapitels II des dritten Teils des Verfassungsvertrages betreffen nur die Art. III-326, Art. III-382 und III-383 EU-Verf die Wirtschafts- und Währungspolitik. Diese Vorschriften waren bislang direkt im Titel VII des EG-Vertrages enthalten. Sie stehen im Zusammenhang mit der Wechselkurspolitik oder enthalten institutionelle Bestimmungen zur EZB.

Die im Verfassungsvertrag enthaltenen Vorschriften zur Wirtschafts- und Währungspolitik werden durch insgesamt acht Protokolle ergänzt, die in direktem Zusammenhang mit der Wirtschafts- und Währungsunion stehen. Sieben dieser Protokolle sind auch dem EG-Vertrag beigefügt.[16] Eines ist neu hinzugekommen, das Protokoll betreffend die Euro-Gruppe. Gestrichen wurden dagegen das Protokoll, das die EWI-Satzung enthielt, sowie das Protokoll über den Übergang in die dritte Stufe der Wirtschafts- und Währungsunion. Die dem Verfassungsvertrag beigefügten Protokolle haben gemäß Art. IV-442 EU-Verf denselben Rang wie der Vertrag selbst.

3. Nichtzugehörigkeit aller Mitgliedstaaten zum Euro-Währungsgebiet

Auch bei In-Kraft-Treten des Verfassungsvertrages werden voraussichtlich noch nicht alle Mitgliedstaaten dem Euro-Währungsgebiet angehören. Der Verfassungsvertrag muss also Vorkehrungen für diesen wahrscheinlichen Fall treffen. Hierzu

---

16 Es handelt sich um das Protokoll zur Festlegung der Satzung des Europäischen Systems der Zentralbanken und der Europäischen Zentralbank, das Protokoll über das Verfahren bei einem übermäßigem Defizit, das Protokoll über die Konvergenzkriterien, das Protokoll über einige Bestimmungen betreffend das Vereinigte Königreich Großbritannien und Nordirland hinsichtlich der Wirtschafts- und Währungsunion, das Protokoll über einige Bestimmungen betreffend Dänemark hinsichtlich der Wirtschafts- und Währungsunion, das Protokoll über bestimmte Aufgaben der Nationalbank Dänemarks, das Protokoll über die Regelung für den Franc der Pazifischen Finanzgemeinschaft.

greift er im Grundsatz auf dieselben Regelungen zurück, die insoweit bereits heute im EG-Vertrag gelten. Allerdings verändert er diese Bestimmungen sprachlich und zum Teil auch inhaltlich erheblich.

Nach Art. III-197 Abs. 1 EU-Verf werden die Mitgliedstaaten, für die der Rat beschlossen hat, dass sie die erforderlichen Voraussetzungen für die Einführung des Euro nicht erfüllen, als „Mitgliedstaaten, für die eine Ausnahmeregelung gilt“ bezeichnet. Diese Vorschrift entspricht mithin Art. 122 Abs. 1 EGV. Sie trägt sprachlich allerdings dem Rechnung, dass im Zeitpunkt des In-Kraft-Tretens des Verfassungsvertrages feststeht, für welche Mitgliedstaaten eine Ausnahmeregelung gilt. Daher ist die Änderung des Wortlauts des Art. 122 Abs. 1 EGV nahe liegend und konsequent. Welche Folgen es hat, dass für einen Mitgliedstaat eine Ausnahmeregelung gilt, ergibt sich zunächst aus den Absätzen 2, 3 und 4 des Art. III-197 EU-Verf. Diese drei Absätze enthalten im Wesentlichen die bisher in den Art. 122 Abs. 3, 4 und 5 EGV enthaltenen Regelungen. EG-Vertrag und Verfassungsvertrag weichen insoweit gleichwohl sprachlich als auch inhaltlich deutlich voneinander ab.

Nach Art. III-197 Abs. 2 EU-Verf finden die in dieser Vorschrift genannten Bestimmungen des Verfassungsvertrages keine Anwendung auf die Staaten mit Ausnahmeregelung. Die einzelnen Bestimmungen, für die das der Fall ist, umschreibt Art. III-197 Abs. 2 EU-Verf inhaltlich und nennt jeweils als Zusatz in Klammern, welche Norm konkret gemeint ist. Art. III-197 Abs. 2 EU-Verf nennt alle Vorschriften, die nach Art. 122 Abs. 3 EGV für die Staaten mit Ausnahmeregelung nicht gelten. Insoweit entspricht die Rechtslage nach dem Verfassungsvertrag mithin der derzeitigen. Art. III-197 Abs. 2 EU-Verf führt zudem mit Art. III-196 Absatz 1 und Absatz 2 zwei Vorschriften auf, die bislang im EG-Vertrag keine ausdrückliche Entsprechung haben. Diese beiden Vorschriften konkretisieren jedoch lediglich den Regelungsgehalt des bisherigen Art. 111 Abs. 4 EGV [17], der für die Staaten mit Ausnahmeregelung gemäß Art. 122 Abs. 3 EGV nicht gilt. Auch insoweit ändert sich die Rechtslage mithin jedenfalls im Ergebnis nicht. Allerdings finden nach Art. III-197 Abs. 2 EU-Verf zwei weitere Bestimmungen des Verfassungsvertrages auf die Staaten mit Ausnahmeregelung keine Anwendung, die derzeit auf alle Mitgliedstaaten uneingeschränkt anwendbar sind. Danach sind erstens auf diese Staaten die Regelungen des Verfassungsvertrages nicht anzuwenden, die die „Annahme der das Euro-Währungsgebiet generell betreffenden Teile der Grundzüge der Wirtschaftspolitik betreffen (Art. III-179 Absatz 2)“. [18] Und zweitens findet Art. III-191 EU-Verf keine Anwendung.

Dass Art. III-191 EU-Verf auf die Staaten mit Ausnahmeregelung nicht anzuwenden ist, ist konsequent und verändert jedenfalls im Ergebnis die Rechtslage nicht. Diese Vorschrift entspricht dem bisherigen Art. 123 Abs. 4 EGV, der zwar auf alle Mitgliedstaaten anwendbar ist. Art. 123 Abs. 4 EGV lässt aber gleichwohl nur Rechtswirkungen für die Staaten mit Ausnahmeregelung entstehen, da er ausdrücklich nur die

17 Siehe dazu auch unten S. 340 f.
18 Dazu im Einzelnen unten S. 344 ff.

Staaten, für die keine Ausnahmeregelung gilt, ermächtigt, bestimmte Maßnahmen im Zusammenhang mit dem Euro zu treffen.[19] Auf Grund sprachlicher Änderungen, die der Verfassungsvertrag im Wortlaut dieser Bestimmung vornimmt, ist es erforderlich geworden, die Anwendbarkeit dieser Vorschrift über Art. III-197 Abs. 2 EU-Verf auf die Staaten des Euro-Währungsgebietes zu beschränken. Etwas anderes gilt allerdings für die Festlegung, dass Art. III-179 Abs. 2 EU-Verf, der weitgehend Art. 99 Abs. 2 EGV entspricht, nicht auf die Staaten mit Ausnahmeregelung anwendbar ist. Art. 99 Abs. 2 EGV war bislang uneingeschränkt auf alle Mitgliedstaaten anwendbar. Infolge der Regelung in Art. III-197 Abs. 2 EU-Verf werden die Staaten mit Ausnahmeregelung mithin weniger intensiv in die Wirtschaftspolitik integriert sein als derzeit.[20]

Nach Art. III-197 Abs. 2 S. 2 EU-Verf sind Mitgliedstaaten im Sinne der Vorschriften, die im ersten Satz dieser Norm genannt sind, die Mitgliedstaaten des Euro-Währungsgebietes. Der Regelungsgehalt des Art. 122 Abs. 4 EGV findet sich mithin in dieser Bestimmung wieder. Und der dritte Absatz des Art. III-197 EU-Verf entspricht der Regelung in Art. 122 Abs. 3 S. 2 EGV, nach dem die Folgen der Gewährung einer Ausnahmeregelung für einen Mitgliedstaat und dessen Zentralbank im Rahmen des ESZB in der ESZB-Satzung geregelt sind. Auch insoweit ergeben sich mithin keine Änderungen zur derzeitigen Rechtslage.

Wie der EG-Vertrag ändert auch der Verfassungsvertrag das Beschlussverfahren im Ministerrat, dem bisherigen EG-Rat, wenn für einen Mitgliedstaat eine Ausnahmeregelung gilt. Die entsprechenden Regelungen des Verfassungsvertrages sind in Art. III-197 Abs. 4 EU-Verf enthalten. Danach ruht das Stimmrecht der Vertreter der Staaten mit Ausnahmeregelung im EG-Rat in bestimmten, einzeln aufgeführten Fällen (Satz 1). Zudem gelten in diesen Fällen besondere Regeln für die Berechnung der qualifizierten Mehrheit (Satz 2 und 3). Der Regelungsgehalt dieser Vorschrift entspricht mithin weitgehend dem des Art. 122 Abs. 5 EGV. Allerdings gelten nach Art. III-197 Abs. 3 EU-Verf andere Regelungen hinsichtlich des Zustandekommens der qualifizierten Mehrheit als derzeit. Das erklärt sich aus der allgemeinen Veränderung der Rechtsetzungsverfahren durch den Verfassungsvertrag.[21] Art. III-197 Abs. 3 EU-Verf enthält zudem im Gegensatz zu Art. 122 Abs. 5 EGV keine Regelung zu der Frage, wie einstimmige Entscheidungen zu Stande kommen, wenn das Stimmrecht eines Mitgliedstaates bei Abstimmungen im Ministerrat ruht. Probleme entstehen hieraus nicht.

Allerdings ruhen nach Art. III-179 Abs. 4 EU-Verf die Stimmen der Staaten mit Ausnahmeregelung im Ministerrat in drei Fällen, in denen derzeit auch die Vertreter dieser Staaten stimmberechtigt sind. Danach können sie erstens bei der Verabschiedung der Teile der Grundzüge der Wirtschaftspolitik, die das Euro-Währungsgebiet betreffen, nicht mehr mitstimmen. Das ergibt sich aus Art. III-197 Abs. 4

19 Dazu oben Teil II, § 9, S. 299 ff.
20 Dazu im Einzelnen unten S. 343 ff.
21 Dazu bereits oben S. 327 f. und unten S. 334 f.

i.V.m. Art. III-197 Abs. 2 lit. a) EU-Verf. Zweitens ruht ihr Stimmrecht bei Empfehlungen im Rahmen des Verfahrens, in dem die Einhaltung der Grundzüge der Wirtschaftspolitik überwacht wird (vgl. Art. III-197 Abs. 4 lit. a) EU-Verf). Und drittens sind sie auch bei „Maßnahmen bei übermäßigem Defizit von Mitgliedstaaten, deren Währung der Euro ist (Artikel III-184 Absätze 6, 7, 8 und 11)", nicht stimmberechtigt (Art. III-197 Abs. 4 lit. b) EU-Verf). Auch insoweit ist wiederum festzustellen, dass die Staaten mit Ausnahmeregelung durch diese Festlegungen des Verfassungsvertrages weniger intensiv in die Wirtschafts- und Währungsunion integriert sind als derzeit.[22]

Ergänzt werden die Regelungen des Art. III-197 EU-Verf wie bereits im EG-Vertrag durch einige Vorschriften, die entweder ausdrücklich nur die Staaten mit Ausnahmeregelung (Art. III-200 bis III-202 EU-Verf) oder nur das Euro-Währungsgebiet betreffen (Art. III-194 bis III-196 EU-Verf) bzw. für die nur bei Bestehen einer Ausnahmeregelung ein Anwendungsbereich verbleibt (Art. III-192 Abs.4 , III-197 bis III-199 EU-Verf). Für Dänemark und Großbritannien gelten zudem, soweit sie sich nicht entschließen, den Euro einzuführen, auch nach In-Kraft-Treten des Verfassungsvertrages Sonderregelungen, die dem Verfassungsvertrag in zwei Protokollen beigefügt sind.[23]

III. Änderungen in anderen Politikbereichen

1. Relevanz für die vorliegende Arbeit

Um beantworten zu können, wie die Wirtschafts- und Währungspolitik der Europäischen Gemeinschaft bei Bestehen einer Ausnahmeregelung bzw. infolge der für Dänemark und Großbritannien geltenden Ausnahmeregelung ausgestaltet ist, muss zum Teil auf Vorschriften zurückgegriffen werden, die keinen direkten Zusammenhang mit der Wirtschafts- und Währungspolitik aufweisen. Im EG-Vertrag sind insbesondere der Grundsatz der loyalen Zusammenarbeit, der in Art. 10 EGV zum Ausdruck kommt, der ungeschriebene allgemeine Gleichheitssatz, der ebenfalls ungeschriebene Grundsatz der Parallelität der Innen- und Außenkompetenzen, der Grundsatz der begrenzten Einzelermächtigung (Art. 5 EGV) sowie die Befugnisse der Gemeinschaft aus Art. 308 EGV zur ergänzenden Rechtsetzung von besonderer Bedeutung. Für die Anwendung der wirtschafts- und währungspolitischen Vorschriften ist zudem relevant, welche Handlungsformen der Gemeinschaft zur Verfügung stehen. Und auch das Entscheidungsverfahren im EG-Rat kann insoweit nicht außer Betracht bleiben, da in diesem Verfahren im Bereich der Wirtschafts- und Währungspolitik viele Besonderheiten bestehen.

---

22 Diese Regelungen sind nicht unproblematisch, weil sie zu einem in sich nicht stimmigen Ergebnis führen. Siehe dazu unten S. 343 ff.
23 Zu den Protokollen im Einzelnen unten S. 347 f.

Es ist jedenfalls potentiell erforderlich, auf die Bestimmungen des Verfassungsvertrages zurückzugreifen, die den vorstehend genannten Regelungen des EG-Vertrages entsprechen, um im Einzelnen beantworten zu können, wie der Verfassungsvertrag die Wirtschafts- und Währungspolitik der Europäischen Union ausgestaltet. Folglich ist zu prüfen, ob der Verfassungsvertrag diese Bestimmungen auch enthält, ob er sie verändert oder ob er möglicherweise neue Regelungen einführt, die zwar nicht zu den wirtschafts- und währungspolitischen Vorschriften im engeren Sinne zählen, die jedoch gleichwohl bei der Anwendung dieser Vorschriften zu berücksichtigen sind. Im Übrigen ist es auf Grund der in dieser Arbeit untersuchten Fragestellung nicht erforderlich, den Verfassungsvertrag vertieft darzustellen.

2. Grundlegende Rechtsprinzipen und Befugnis zur ergänzenden Rechtsetzung

Alle vorstehend genannten Vorschriften des EG-Vertrages, die für die Anwendung der wirtschafts- und währungspolitischen Bestimmunen des EG-Vertrages von Bedeutung sind, sind auch im Verfassungsvertrag enthalten. Der Regelungsgehalt dieser Vorschriften verändert sich jedenfalls im vorliegend interessierenden Zusammenhang nicht. Art. 10 EGV entspricht Art. I-5 Abs. 2 EU-Verf, der im Gegensatz zu Art. 10 EGV nunmehr sogar ausdrücklich den Begriff der loyalen Zusammenarbeit verwendet. Den Grundsatz der begrenzten Einzelermächtigung schreibt der Verfassungsvertrag in Art. I-11 EU-Verf fest. Der allgemeine Gleichheitssatz, der im EG-Vertrag nur ein ungeschriebener Rechtsgrundsatz ist, ist im Verfassungsvertrag in Art. I-5 Abs. 1 EU-Verf ausdrücklich geregelt. Und auch der bislang ebenfalls ungeschriebene Grundsatz der Parallelität der Innen- und Außenkompetenzen findet nun ausdrücklich im Wortlaut des Verfassungsvertrages Berücksichtigung (vgl. Art. I-13 Abs. 2 EU-Verf). Die Befugnisse aus Art. 308 EGV zur ergänzenden Rechtsetzung übernimmt der Verfassungsvertrag in Art. I-18 EU-Verf, obgleich diese Vorschrift vom Wortlaut her einen deutlich weiteren Anwendungsbereich hat als Art. 308 EGV.

Die Ergebnisse, die in der vorliegenden Arbeit unter Rückgriff auf die vorstehend genannten Normen des EG-Vertrages gefunden worden sind, sind mithin jedenfalls im Grundsatz auf die Rechtslage unter dem Verfassungsvertrag übertragbar. Der Regelungsgehalt der entsprechenden Vorschriften des EG-Vertrages und des Verfassungsvertrages unterscheidet sich nicht.

3. Entscheidungsverfahren im Ministerrat

Von Bedeutung für die Wirtschafts- und Währungspolitik sind auch die Veränderungen, die der Verfassungsvertrag im Entscheidungsverfahren im Ministerrat vornimmt, der in der Zusammensetzung dem EG-Rat entspricht. Dieser entscheidet nunmehr mit qualifizierter Mehrheit, soweit der Verfassungsvertrag nicht etwas anderes bestimmt (vgl. Art. I-23 Abs. 3 EU-Verf). Die Entscheidung mit qualifizierter Mehrheit, die Art. I-25 EU-Verf legal definiert, ist mithin in Zukunft der Regelfall. Redaktionell kommt das darin zum Ausdruck, dass, soweit ersichtlich, in allen Vorschriften, in denen bislang ausdrücklich bestimmt ist, dass eine Entscheidung mit qualifizierter Mehrheit zu Stande kommt, der Verweis auf die erforderliche Mehrheit im Wortlaut gestrichen worden ist. Allerdings finden sich in vielen Normen Festlegungen, die von dem Regelfall abweichen. Insbesondere werden vielfach in Vorschriften des Verfassungsvertrages besondere Anforderungen an das Zustandekommen einer qualifizierten Mehrheit gestellt. Das gilt im Besonderen für den Bereich der Wirtschafts- und Währungspolitik.

4. Handlungsformen

Der Verfassungsvertrag verändert die Bezeichnung der Handlungsformen, die der Union zur Verfügung stehen. Nach Art. I-33 EU-Verf können die Organe der Union auf folgende Handlungsformen zurückgreifen: Europäisches Gesetz, Europäisches Rahmengesetz, Europäische Verordnung, Europäischer Beschluss sowie Empfehlung und Stellungnahme (vgl. Art. I-33 Abs. 1 UAbs. 1 EU-Verf).

Die beiden zuletzt genannten Handlungsformen, die Empfehlung und die Stellungnahme, sind auch nach dem Verfassungsvertrag nicht verbindlich (vgl. Art. I-33 Abs. 1 UAbs. 6 EU-Verf). Der Europäische Beschluss entspricht in den Rechtswirkungen der bisherigen Entscheidung (vgl. Art. I-33 Abs. 1 UAbs. 5 EU-Verf). Mit den Begriffen Europäisches Gesetz und Europäisches Rahmengesetz umschreibt der Verfassungsvertrag nunmehr die bisherigen Handlungsformen Verordnung und Richtlinie (vgl. Art. I-33 Abs. 1 UAbs. 2 und 3 EU-Verf). Rechtsakte der Union werden allerdings nur als Europäisches Gesetz bzw. als Europäisches Rahmengesetz bezeichnet, wenn sie im so genannten ordentlichen Gesetzgebungsverfahren erlassen worden sind (vgl. Art. I-34 EU-Verf). Allerdings kommen nach dem Verfassungsvertrag nicht alle Rechtsakte, die in den Rechtswirkungen der bisherigen Verordnung oder Richtlinie entsprechen, im ordentlichen Gesetzgebungsverfahren zu Stande. Solche Rechtsakte bezeichnet der Verfassungsvertrag als Europäische Verordnung, gleich ob sie in den Rechtswirkungen der bisherigen Verordnung oder der Richtlinie entsprechen (vgl. Art. I-33 Abs. 1 UAbs. 4 EU-Verf).

Aus dieser Einordnung der Handlungsformen erklärt sich auch, dass der Verfassungsvertrag die EZB nur ermächtigt, neben Empfehlungen und Stellungnahmen auf die Handlungsformen Europäische Verordnung und Europäischer Beschluss zurückzugreifen (vgl. Art. III-190 Abs. 1 EU-Verf, 34.1. ESZBS). Denn die EZB kann keine Rechtsakte im ordentlichen Gesetzgebungsverfahren erlassen.[24] Eine möglicherweise unbeabsichtigte Folge dieser Neuregelungen ist, dass die EZB

24 Zum ordentlichen Gesetzgebungsverfahren nach dem Verfassungsvertrag siehe Art. III-396 EU-Verf.

nunmehr auch Rechtsakte erlassen kann, die in den Rechtswirkungen der bisherigen Richtlinie entsprechen. Derzeit ist das nicht möglich (vgl. Art. 110 Abs. 1 EGV, Art. 34.1. ESZBS).

5. Austritt aus der Union

Eine bemerkenswerte Neuerung des Verfassungsvertrages ist in Art. I-60 EU-Verf geregelt. Nach dieser Vorschrift können Mitgliedstaaten unter bestimmten Voraussetzungen aus der Union austreten.[25] Damit wird auch ein Austritt aus der Wirtschafts- und Währungsunion möglich, wenn ein Mitgliedstaat die Union verlassen sollte. Ein Austritt nur aus der Wirtschafts- und Währungsunion bleibt aber gleichwohl nicht möglich. Art. I-60 EU-Verf ermöglicht einem Mitgliedstaat nur, die Union vollständig zu verlassen. Eine Suspendierung nur einzelner Politikbereiche ist nicht zulässig.

B. Wirtschafts- und Währungspolitik bei Bestehen einer Ausnahmeregelung

I. Vorbemerkung

Die Vorschriften des Verfassungsvertrages zur Wirtschafts- und Währungspolitik folgen einer ähnlichen Systematik wie die des EG-Vertrages. Das ist vorstehend deutlich geworden.[26] Es bietet sich daher an, die nachfolgende Untersuchung zur Rechtslage in der Wirtschafts- und Währungspolitik nach dem Verfassungsvertrag soweit wie möglich so zu gliedern wie die vorherigen Kapitel dieser Arbeit. So ist auch ein Vergleich der jetzigen Rechtslage mit der nach dem Verfassungsvertrag am einfachsten.

Der Verfassungsvertrag ändert viele Vorschriften im Bereich der Wirtschafts- und Währungspolitik nur redaktionell. Auf diese Änderungen muss nachstehend nicht gesondert hingewiesen werden, da sie die Rechtslage im Vergleich zum EG-Vertrag nicht verändern. Das gilt insbesondere für sprachliche Veränderungen, die zum Zwecke der Vereinfachung des Vertragstextes vorgenommen worden sind, und sonstige redaktionelle Anpassungen, wie etwa die Änderung von Verweisen oder die Bezeichnung der Handlungsformen.

Fast ausschließlich redaktionelle Änderungen nimmt der Verfassungsvertrag auch in der ESZB-Satzung vor. Die einzige Ausnahme besteht hinsichtlich Art. 29 Abs. 1 ESZBS. In dieser Vorschrift ist die Rundungsregel geändert worden, so dass nunmehr eine erheblich genauere Bestimmung des Schlüssels für die Zeichnung des

---

25 Vgl. dazu *Bruha/Nowak*, Recht auf Austritt aus der Europäischen Union?, Archiv des Völkerrechts 2004, S. 1 ff.
26 Dazu oben S. 328 ff.

Kapitals der EZB möglich ist. Auf die Ergebnisse der Auslegung der ESZB-Satzung in den vorstehenden Kapiteln kann daher insoweit uneingeschränkt verwiesen werden. Hinzuweisen ist lediglich darauf, dass sich die Nummerierung einiger Vorschriften der ESZB-Satzung geändert hat. Das erklärt sich daraus, dass die Art. 37 und 50 ESZBS, die sich erledigt haben, durch den Verfassungsvertrag gestrichen worden sind. Hierdurch werden die bisherigen Artikel 38 bis 49 ESZBS nach In-Kraft-Treten des Verfassungsvertrages zu den Artikeln 37 bis 48 ESZBS, und die bisherigen Artikel 51 bis 53 ESZBS werden zu den Artikeln 49 bis 51 ESZBS.

Die nachfolgende Darstellung hat nicht zum Ziel, die wirtschafts- und währungspolitischen Vorschriften des Verfassungsvertrages umfassend darzustellen. Sie beschränkt sich darauf, die Veränderungen darzustellen und zu analysieren, die sich in der Wirtschafts- und Währungspolitik durch den Verfassungsvertrag ergeben und die für die in dieser Arbeit untersuchte Fragestellung nach den rechtlichen Folgen der Gewährung einer Ausnahmeregelung bzw. der Sonderregelungen für Großbritannien und Dänemark relevant sind. Die Darstellung dient dem Ziel, beantworten zu können, ob und inwieweit auf die Ergebnisse dieser Arbeit nach In-Kraft-Treten des Verfassungsvertrages zurückgegriffen werden kann.

II. Währungspolitik: Institutionen und Kompetenzen

1. Überblick

Die meisten währungspolitischen Normen sind im Abschnitt 2 des Kapitels II im dritten Teil des Verfassungsvertrages enthalten.[27] Fast alle entsprechen inhaltlich den Regelungen im EG-Vertrag. So sind die Vorschriften, die im Abschnitt 2 „Währungspolitik“ enthalten sind, weitgehend mit denen identisch, die im Kapitel des EG-Vertrages mit der Überschrift „Währungspolitik“ enthalten sind. Im Einzelnen entsprechen die Art. III-185 und III-186 EU-Verf den Art. 105 und 106 EGV. Art. III-187 EU-Verf entspricht Art. 107 Abs. 3 bis 6 EGV. Die ersten beiden Absätze des Art. 107 EGV gibt der Verfassungsvertrag dagegen in Art. I-30 EU-Verf wieder. Art. I-30 Abs. 1 EU-Verf entspricht Art. 107 Abs. 1 EGV (Zusammensetzung des ESZB) und Art. 30 Abs. 3 S. 2 EU-Verf entspricht Art. 107 Abs. 2 EGV (Rechtspersönlichkeit der EZB). Die Artikel III-188, III-189 und III-190 EU-Verf enthalten weitgehend denselben Regelungsgehalt wie die Artikel 108, 109 und 110 EGV. Lediglich in der Vorschrift, die Art. 110 EGV entspricht (Art. III-190 EU-Verf), bestehen bestimmte Besonderheiten, die sich jedoch aus der Änderung der institutionellen Stellung der EZB erklären, im Ergebnis aber die Rechtslage im Vergleich zur derzeitigen nicht ändern.[28] Die letzte Vorschrift im Abschnitt „Währungspolitik“, Art. III-191 EU-Verf, entspricht inhaltlich Art. 123 Abs. 4 EGV. Dagegen findet sich Art. 111 EGV,

---

27 Zu einem systematischen Überblick über die Vorschriften des Verfassungsvertrages zur Wirtschafts- und Währungsunion siehe oben S. 328 ff.
28 Dazu unten S. 338 f.

der bislang das Kapitel des EG-Vertrages zur Währungspolitik abschließt, im Verfassungsvertrag an anderer Stelle wieder. Die ersten drei Absätze sowie der fünfte Absatz dieser Vorschrift entsprechen nunmehr den Regelungen in Art. III-326 EU-Verf. Der vierte Absatz des Art. 111 EGV ist allerdings mit einem deutlich differenzierenderen Regelungsgehalt in Art. III-196 EU-Verf enthalten.[29]

Das Kapitel „Institutionelle Bestimmungen" des Titels des EG-Vertrages zur Wirtschafts- und Währungspolitik besteht im Verfassungsvertrag nur noch aus zwei Normen, den Art. III-192 und III-193 EU-Verf. Beide Normen haben ihre Entsprechung in Art. 114 und 115 EGV. Die bislang in diesem Kapitel enthaltenen Art. 112 und 113 EGV sind dagegen verlagert worden. Sie entsprechen nunmehr den Art. III-382 und III-383 EU-Verf.

Erhebliche Veränderungen enthält der Abschnitt zu den Übergangsbestimmungen. Die Art. 116, 117 und 118 EGV sind im Verfassungsvertrag nicht mehr enthalten. Art. 119 EGV und Art. 120 EGV werden weitgehend unverändert als Art. III-201 und III- 202 EU-Verf an das Ende dieses Abschnitts gerückt. Die Art. 121, 122 Abs. 2 und 123 Abs. 5 EGV fasst der Verfassungsvertrag in Art. III-198 EU-Verf zusammen. Die Absätze 1, 3, 4 und 5 des Art. 122 EGV werden zu Art. III-197 EU-Verf. Und Art. 123 Abs. 1 und 2 EGV wird mit allerdings erheblichen Veränderungen zu Art. III-199 EU-Verf. Art. 124 EGV ist schließlich vom Regelungsgehalt her mit Art. III-200 EU-Verf identisch.

2. Stellung des ESZB im institutionellen System und Leitungsstruktur

Die EZB ist nach Art. 30 Abs. 3 S. 1 EU-Verf ein Organ der Europäischen Union. Sie ist mithin nach dem Verfassungsvertrag nicht mehr als „Einrichtung" in das institutionelle System einzuordnen.[30] Gleichwohl ändert sich ihre institutionelle Stellung hierdurch kaum. Denn fast alle Vorschriften des EG-Vertrages und der ESZB-Satzung, aus denen sich ihre Einordnung als Einrichtung erklärt, sind auch im Verfassungsvertrag weitgehend unverändert enthalten. Das gilt insbesondere für ihre Unabhängigkeit, die der Verfassungsvertrag in demselben Umfang gewährleistet wie derzeit der EG-Vertrag (vgl. Art. III-188 EU-Verf, Art. 7 ESZBS). Die Qualifizierung der EZB als Organ der Union hat daher nur zur Konsequenz, dass die Vorschriften, in denen die Handlungsformen der Union und deren Zustandekommen geregelt sind, unmittelbar auf die EZB anwendbar sind. Bislang definierte sie Art. 110 Abs. 1 EGV, Art. 34.1. ESZBS gesondert und verwies hinsichtlich bestimmter Verfahrensvorschriften bei deren Erlass auf die allgemeinen Bestimmungen des EG-Vertrages (vgl. Art. 110 Abs. 2 EGV, Art. 34.2. ESZBS).

Artikel I-30 Abs. 1 S. 2 EU-Verf und Art. 1 Abs. 1 S. 2 ESZBS führen den Begriff „Eurosystem" in das Primärrecht ein. Das Eurosystem besteht danach aus der

29 Siehe dazu auch unten S. 340 f.

30 Zu dieser Einordnung oben Teil II, § 5, S. 38 ff.

Europäischen Zentralbank und den nationalen Zentralbanken der Mitgliedstaaten des Euro-Währungsgebietes. Der Verfassungsvertrag erwähnt den Begriff „Eurosystem“ allerdings an keiner anderen Stelle nochmals.

Neu im Vergleich zur derzeitigen Rechtslage ist zudem, dass Art. I-30 EU-Verf in seinen Absätzen 2 bis 5 bereits einen Bezug zu den Aufgaben und Zielen des ESZB, zur Unabhängigkeit der EZB, aber auch den Kompetenzen von EZB und ESZB aufweist. Diese Absätze fassen den Regelungsgehalt der entsprechenden Vorschriften im dritten Teil zusammen, allerdings ohne den Grad an sprachlicher Präzision dieser Vorschriften zu erreichen. Der Sinn dieser Regelung dürfte ausschließlich darin zu sehen sein, dass die institutionelle Stellung und die Aufgaben des Organs EZB bzw. die des ESZB bereits an dieser Stelle im Verfassungsvertrag allgemein umschrieben werden sollen. Die Rechtslage ändert sich hierdurch im Vergleich zur derzeitigen nicht.

Der Verfassungsvertrag verändert die Leitungsstruktur des ESZB nicht. Allerdings ändert er den Wortlaut des Art. 10.1. ESZBS sowie den des Art. III-382 Abs. 1 EU-Verf, der Art. 112 Abs. 1 EGV entspricht. Beide Vorschriften stellen nunmehr ausdrücklich klar, dass dem EZB-Rat neben dem Direktorium nur die Präsidenten der nationalen Zentralbanken des Euro-Währungsgebietes angehören. Den Widerspruch zwischen Art. 10.1. ESZBS und Art. 112 Abs. 1 EGV, der sich bei Bestehen einer Ausnahmeregelung aus der unterschiedlichen Veränderung des Anwendungsbereichs beider Normen ergibt, löst der Verfassungsvertrag mithin auf.[31] Von den Widersprüchen im Anwendungsbereich des EG-Vertrages und der ESZB-Satzung, die nicht auf ein Redaktionsversehen zurückzuführen sind, bleibt daher lediglich der wichtigste übrig, der unterschiedlich veränderte Anwendungsbereich der Art. 105 Abs. 1 EGV und Art. 2 ESZBS.[32]

Hinzuweisen bleibt darauf, dass sich nach Art. 42.4. ESZBS in der Fassung des Verfassungsvertrages auch in Art. 10.2. ESZBS die Bezeichnung „nationale Zentralbanken“ nur auf die Zentralbanken des Euro-Währungsgebietes bezieht. Art. 10.2. ESZBS regelt Einzelheiten des Beschlussverfahrens im EZB-Rat. Bislang verändert die ESZB-Satzung in dieser Vorschrift den Begriff nationale Zentralbanken nicht. Auswirkungen auf die Anwendung des Art. 10.2. ESZBS hat die Neuregelung des Verfassungsvertrages jedoch nicht. Sie ist lediglich redaktioneller Art.

3. Vorübergehende Aufgaben der EZB

Die vorübergehenden Aufgaben der EZB sind in Art. 123 Abs. 2 S. 1 EGV und in Art. 44 ESZBS festgelegt. Art. 123 Abs. 2 S. 1 EGV beschränkt sich insoweit allerdings darauf festzulegen, dass die EZB „erforderlichenfalls“ Aufgaben des EWI übernimmt. Erst Art. 44 ESZBS konkretisiert diese Festlegung. Danach übernimmt die EZB die Auf-

31 Dazu oben Teil II, § 5, S. 42 ff.
32 Dazu oben Teil II, § 5, S. 57 ff.

gaben des EWI, die infolge der Gewährung einer Ausnahmeregelung noch erfüllt werden müssen. Zu den vorübergehenden Aufgaben zählt zudem nach Art. 44 U Abs. 2 ESZBS eine beratende Funktion bei der Aufhebung der Ausnahmeregelung.

Der Verfassungsvertrag verändert den bisherigen Art. 123 Abs. 2 S. 1 EGV deutlich. Diese Vorschrift, die im Verfassungsvertrag Art. III-199 Abs. 2 EU-Verf entspricht, zählt fünf Aufgaben der EZB einzeln auf, die sie vorübergehend übernimmt. Problematisch hieran ist, dass diese Aufzählung nicht vollständig ist. Denn es fehlt erstens die Aufgabe, Vorarbeiten für die Euro-Einführung sowie für die Durchführung einer einheitlichen Währungspolitik zu leisten, die derzeit über Art. 44 ESZBS von der EZB wahrgenommen wird.[33] Und zweitens findet auch die beratende Funktion der EZB bei der Aufhebung einer Ausnahmeregelung keine Erwähnung. An sich erscheint es möglich, dass der Verfassungsvertrag den Kreis der Aufgaben, die von der EZB vorübergehend wahrgenommen werden, beschränkt. Allerdings lässt er Art. 43 ESZBS, der dem jetzigen Art. 44 ESZBS entspricht, weitgehend unverändert. Nach dieser Vorschrift nimmt die EZB zum einen die früheren Aufgaben des Europäischen Währungsinstituts „nach Art. III-199 Absatz 2 der Verfassung" wahr, die infolge der für einen Mitgliedstaat geltenden Ausnahmeregelung noch erfüllt werden müssen. Und zum anderen gehört danach auch die beratende Funktion bei der Aufhebung einer Ausnahmeregelung zu den vorübergehenden Aufgaben der EZB.

Abgesehen von der Änderung des Wortlauts des Art. III-199 Abs. 2 EU-Verf im Vergleich zu Art. 123 Abs. 3 EGV ergibt sich jedoch kein Anhaltspunkt dafür, dass der Verfassungsvertrag den Kreis der Aufgaben, die von der EZB vorübergehend wahrgenommen werden, einschränken will. Es ist vielmehr davon auszugehen, dass die im Vergleich zur jetzigen Rechtslage unvollständige Aufzählung der vorübergehenden Aufgaben in Art. III-199 Abs. 2 EU-Verf auf einen Redaktionsfehler zurückgeht. Ziel der Änderungen in der Art. 123 Abs. 2 EGV entsprechenden Norm des Verfassungsvertrages dürfte gewesen sein, den nicht näher spezifizierten Verweis auf die Aufgaben des EWI, die „erforderlichenfalls" von der EZB übernommen werden, vor dem Hintergrund der angestrebten sprachlichen Vereinfachung des Primärrechts näher und konkreter zu gestalten. Hierbei ist jedoch der Kreis der Aufgaben, die von der EZB wahrgenommen werden, zu eng gezogen worden. Daher muss wie bisher maßgeblich anhand von Art. 43 ESZBS in der Fassung des Verfassungsvertrages der Kreis der vorübergehenden Aufgaben der EZB bestimmt werden. Nach dieser Norm nimmt die EZB dieselben Aufgaben vorübergehend wahr wie bisher.

4. Wechselkurspolitik

Für die Wechselkurspolitik bringt der Verfassungsvertrag im Wesentlichen systematische Veränderungen mit sich. Die ersten drei Absätze sowie der fünfte Absatz des Art. 111 EGV entsprechen Art. III-326 EU-Verf, der im Kapitel VI der Verfassung

---

33 Zur Wahrnehmung dieser Aufgabe durch die EZB als vorübergehende Aufgabe siehe oben Teil II, § 5, S. 70 ff.

unter der Überschrift „Internationale Übereinkünfte“ enthalten ist. Art. 111 Abs. 4 EGV ist dagegen nicht mehr in derselben Form im Verfassungsvertrag enthalten. Sein Regelungsgehalt findet sich nunmehr allerdings in Art. III-196 EU-Verf im Abschnitt 4 „Besondere Bestimmungen für die Mitgliedstaaten, deren Währung der Euro ist“ wieder. Die dortigen Regelungen sind jedoch differenzierter als die des Art. 111 Abs. 4 EGV. Nach Art. III-196 EU-Verf ruht das Stimmrecht der Staaten mit Ausnahmeregelung bei Beschlüssen, die auf der Grundlage dieser Norm gefasst werden. Zudem kommen Beschlüsse mit einer besonderen qualifizierten Mehrheit zu Stande. Art. III-196 Abs. 1 und Abs. 2 EU-Verf finden auf die Staaten mit Ausnahmeregelung gemäß Art. III-197 Abs. 2 lit. h) und j) EU-Verf keine Anwendung. Diese Vorschriften und Entscheidungen, die auf ihrer Grundlage gefasst werden, lassen für diese Staaten mithin keine Rechtswirkungen entstehen. Die im Ergebnis entstehende Rechtslage unterscheidet sich somit auch insoweit nicht von der jetzigen. Denn auch Art. 111 EGV gilt gemäß Art. 122 Abs. 3 EGV für diese Staaten nicht.

Ebenso ist Art. 124 EGV lediglich sprachlich überarbeitet worden. Dem Regelungsgehalt dieser Vorschrift entspricht Art. III-200 EU-Verf. Zwar unterscheidet sich der Wortlaut beider Normen deutlich. Änderungen in der Rechtslage sind jedoch nicht erkennbar.

5. Ministerrat

Der Verfassungsvertrag ändert die Stellung des Ministerrates, dem bisherigen EG-Rat, in der Wirtschafts- und Währungspolitik nicht. Insbesondere nimmt der Ministerrat im Wesentlichen dieselben Aufgaben und Befugnisse wahr wie bisher. Lediglich in der Wirtschaftspolitik erweitern sich in einigen wenigen Fällen seine Kompetenzen.[34]

Bedeutende Veränderungen ergeben sich aber im Entscheidungsverfahren. Teilweise ist darauf bereits hingewiesen worden, zum Teil folgen entsprechende Hinweise noch. Insbesondere gelten neue Regelungen zum Zustandekommen der qualifizierten Mehrheit.[35] In diesem Zusammenhang stellt sich auch das einzige wirkliche Problem, das sich aus den Neuregelungen des Verfassungsvertrages ergibt und den Ministerrat betrifft. Dieses Problem betrifft das Stimmrecht der Staaten mit Ausnahmeregelung im Ministerrat.[36]

Der Verfassungsvertrag trennt die beiden Sätze des Art. 122 Abs. 3 EGV in zwei Absätze, in die Art. III-197 Abs. 2 und 3 EU-Verf. Derzeit kann Art. 122 Abs. 3 EGV so gelesen werden, dass in dieser Norm sowohl die Vorschriften des EG-Vertrages als auch die der ESZB-Satzung genannt sind, die für die Staaten mit Ausnahmeregelung keine Rechtswirkungen entstehen lassen. Von Bedeutung ist diese Lesart für

---

34 Dazu im Einzelnen unten S. 343 ff.
35 Dazu allgemein bereits oben S. 334 f.
36 Dazu bereits oben S. 330 ff.

die Beantwortung der Frage, ob das Stimmrecht dieser Mitgliedstaaten im EG-Rat auch dann ruht, wenn der EG-Rat Entscheidungen auf der Grundlage von Normen der ESZB-Satzung trifft, die für diese Staaten keine Rechtswirkungen entstehen lassen. Aus ihr lässt sich in Verbindung mit Art. 122 Abs. 5 EGV folgern, dass das Stimmrecht dieser Staaten in diesen Fällen ruht. Dieses Auslegungsergebnis lässt sich allerdings auch im Wege der teleologischen Auslegung bestätigen.[37]

Nach Art. III-197 Abs. 4 EU-Verf ruht das Stimmrecht der Staaten mit Ausnahmeregelung jedoch nur bei Entscheidungen, die auf der Grundlage der in Absatz 2 genannten Normen des Verfassungsvertrages ergehen bzw. die direkt in dieser Norm genannt sind. Art. III-197 Abs. 3 EU-Verf, in dem der Verweis auf die Übergangsbestimmungen der ESZB-Satzung enthalten ist, ist in Absatz 4 dagegen nicht genannt. Daher scheinen die Staaten mit Ausnahmeregelung auch dann stimmberechtigt zu sein, wenn der EG-Rat auf der Grundlage von Normen der ESZB-Satzung Entscheidungen trifft, die für sie keinerlei Rechte und Verpflichtungen entstehen lassen.

Allerdings ist anzunehmen, dass die Trennung der beiden Sätze des Art. 122 Abs. 3 EGV lediglich aus redaktionellen Gründen erfolgt ist. Anhaltspunkte dafür, dass hierdurch die systematischen Aspekte dieser Norm verändert werden sollen, bestehen nicht. Mithin ist auch mit dem In-Kraft-Treten des Verfassungsvertrages anzunehmen, dass die Stimmen der Staaten mit Ausnahmeregelung ruhen, wenn der Ministerrat Entscheidungen auf der Grundlage von Normen der ESZB-Satzung trifft, die für diese Staaten keinerlei Rechte und Verpflichtungen entstehen lassen. Das ergibt sich im Übrigen bereits daraus, dass sich anderenfalls ein nicht hinnehmbarer Wertungswiderspruch ergeben würde.[38] Gerade dieser Wertungswiderspruch spricht für die bisherige Lesart von Art. 122 Abs. 3 und 5 EGV.

6. Euro-Gruppe

Der EG-Vertrag erwähnt die Euro-Gruppe nicht.[39] Der Verfassungsvertrag enthält dagegen ausdrücklich Bestimmungen zur Euro-Gruppe. Nach Art. III-195 EU-Verf sind die Einzelheiten für die Tagung der Euro-Gruppe in einem Protokoll geregelt. Der Regelungsgehalt dieses Protokolls ist allerdings sehr begrenzt. Es stellt in seiner Präambel lediglich fest, dass die Euro-Gruppe eingerichtet worden ist, um eine engere Koordination der Wirtschaftspolitik im Euro-Währungsgebiet zu fördern, und dass ein engerer Dialog zwischen den Mitgliedstaaten des Euro-Währungsgebietes erforderlich ist, bis der Euro die Währung aller Mitgliedstaaten ist. Artikel 1 des Protokolls bestätigt, dass die Minister des Euro-Währungsgebietes unter Beteiligung der Kommission und der EZB bei Bedarf zu informellen Tagungen zusammentreten, um „Fragen im Zusammenhang mit ihrer gemeinsamen spezifischen

---

37 Zu diesem Problemkreis ausführlich oben Teil II, § 5, S. 165 ff.
38 Zu diesem Problemkreis ausführlich oben Teil II, § 5, S. 165 ff.
39 Zur Euro-Gruppe oben Teil II, § 5, S. 169 ff.

Verantwortung im Bereich der einheitlichen Währung zu erörtern". Vorbereitet werden die Sitzungen durch die Mitgliedstaaten des Euro-Währungsgebietes und die Kommission. Und schließlich bestimmt Art. 2 des Protokolls, dass die Mitgliedstaaten des Euro-Währungsgebietes für die Dauer von zweieinhalb Jahren einen Präsidenten der Euro-Gruppe wählen.

Die Stellung der Euro-Gruppe verändert sich mithin durch den Verfassungsvertrag zwar deutlich. Schließlich enthält der Verfassungsvertrag nunmehr ausdrücklich Festlegungen, die sie betreffen. Ihre Aufgaben werden jedoch nur ausgesprochen allgemein umschrieben. Materielle Kompetenzen hat sie weiterhin nicht. Sie bleibt daher auch nach dem In-Kraft-Treten des Verfassungsvertrages das informelle Gesprächsforum, als das sie derzeit einzuordnen ist.

III. Wirtschaftspolitik

1. Überblick

Die wirtschaftspolitischen Vorschriften des EG-Vertrages sind überwiegend in den Art. III-177 bis III-184 EU-Verf enthalten. Diese Vorschriften entsprechen in der Reihenfolge vollständig und inhaltlich fast den Art. 98 bis 104 EGV. Die Artikel 98, 100, 101, 102 und 103 EGV sind durch den Verfassungsvertrag lediglich sprachlich verändert worden (Art. III-180 bis III-183 EU-Verf). Ihr Regelungsgehalt wurde durch diese Änderungen jedoch nicht berührt. Inhaltliche Veränderungen enthält der Verfassungsvertrag dagegen im Zusammenhang mit dem Verfahren der Koordinierung und Überwachung der Wirtschaftspolitiken nach Art. III-179 EU-Verf und dem Haushaltsüberwachungsverfahren nach Art. III-184 EU-Verf. Diese beiden Verfahren, die derzeit in Art. 99 und 104 EGV geregelt sind, werden zum Teil deutlich verändert. Die allgemeinen wirtschaftspolitischen Vorschriften des Verfassungsvertrages, die Art. III-177 bis III-184 EU-Verf, werden zudem durch Art. III-194 ergänzt, einer Norm aus dem Abschnitt „Besondere Bestimmungen für die Mitgliedstaaten, deren Währung der Euro ist", der bislang keine Entsprechung im EG-Vertrag hat.

2. Koordination und Überwachung der Wirtschaftspolitiken

Das Verfahren, in dem die Wirtschaftspolitiken der Mitgliedstaaten und der Gemeinschaft koordiniert und überwacht werden (Art. III-179 EU-Verf), entspricht weitgehend dem jetzigen, das in Art. 99 EGV geregelt ist. Die Absätze eins bis sechs des Art. III-179 EU-Verf sind mit zwei Ausnahmen und abgesehen von lediglich sprachlichen Änderungen mit den ersten fünf Absätzen des Art. 99 EGV identisch. Der Verfassungsvertrag teilt lediglich Art. 99 Abs. 4 EGV in zwei Absätze auf, die Absätze 4 und 5 des Art. III-179 EU-Verf. Art. 99 Abs. 5 EGV wird hierdurch zu Art. III-179 Abs. 6 EU-Verf.

Die erste der beiden genannten Ausnahmen betrifft die in Art. 99 Abs. 4 EGV vorgesehenen Möglichkeiten der Gemeinschaft zu reagieren, wenn die Wirtschaftspolitik eines Mitgliedstaates nicht den gemeinschaftsrechtlichen Vorgaben entspricht. Nach Art. III-179 Abs. 4 S. 1 EU-Verf kann die Kommission an einen Mitgliedstaat eine Verwarnung richten, wenn die Wirtschaftspolitik dieses Staates nicht mit den Grundzügen der Wirtschaftspolitik vereinbar ist oder das Funktionieren der Wirtschafts- und Währungsunion zu gefährden droht. Bislang konnte in diesem Fall lediglich der EG-Rat an den betreffenden Mitgliedstaat eine Empfehlung richten. Diese Möglichkeit bleibt zwar erhalten, wird aber um die Befugnis der Kommission ergänzt, eine Verwarnung auszusprechen. Die zweite Ausnahme betrifft das Verfahren, in dem der Ministerrat Entscheidungen auf der Grundlage des Art. III-179 Abs. 4 EU-Verf trifft. Bei Entscheidungen über Empfehlungen auf der Grundlage dieser Norm ruhen die Stimmen des betroffenen Mitgliedstaates im Ministerrat (Art. III-179 Abs. 4 UAbs. 2 EU-Verf). Bislang waren bei diesen Entscheidungen alle Mitgliedstaaten stimmberechtigt. Erforderlich ist zudem eine besondere qualifizierte Mehrheit (Art. III-179 Abs. 4 UAbs. 3 EU-Verf).

Bei Bestehen einer Ausnahmeregelung verändert sich das Verfahren, in dem die Grundzüge der Wirtschaftspolitik verabschiedet und überwacht werden noch in einer weiteren Hinsicht. Im Gegensatz zur derzeit geltenden Rechtslage ruht das Stimmrecht der Staaten mit Ausnahmeregelung bei Entscheidungen des Ministerrates, die auf der Grundlage der Absätze 2 und 4 des Art. III-179 EU-Verf ergehen. Das ergibt sich für Absatz 2 aus Art. III-197 Abs. 2 i.V.m. Art. III-197 Abs. 4 EU-Verf und für Absatz 4 direkt aus Art. III-197 Abs. 4 EU-Verf. Bemerkenswert ist, dass nach Art. III-197 Abs. 4 EU-Verf das Stimmrecht der Staaten mit Ausnahmeregelung auch bei Empfehlungen zu den Stabilitätsprogrammen ruht. Dieser Verweis auf die Stabilitätsprogramme stellt den einzigen Bezug zum Stabilitäts- und Wachstumspakt im Primärrecht überhaupt dar.

Das Ruhen der Stimmen der Staaten mit Ausnahmeregelung bei Maßnahmen des Ministerrates, die auf der Grundlage des Art. III-179 Abs. 2 und 4 EU-Verf getroffen werden, ist nicht unproblematisch. Das so erzielte Ergebnis ist nicht stimmig. Die Staaten mit Ausnahmeregelung dürfen über die Grundzüge der Wirtschaftspolitik nicht abstimmen, soweit sie das Euro-Währungsgebiet betreffen. Ebenso ruht ihr Stimmrecht bei Empfehlungen des Ministerrates auf der Grundlage des Art. III-179 Abs. 4 EU-Verf, wenn diese Empfehlungen an einen Mitgliedstaat gerichtet werden, der dem Euro-Währungsgebiet angehört. Die Staaten des Euro-Währungsgebietes sind hingegen uneingeschränkt an allen Entscheidungen beteiligt, die auf der Grundlage des Art. III-179 EU-Verf ergehen, gleich ob sie die Staaten mit Ausnahmeregelung, das Euro-Währungsgebiet oder alle Mitgliedstaaten betreffen.

3. Haushaltsüberwachungsverfahren

Der Verfassungsvertrag verändert das Haushaltsüberwachungsverfahren mit zwei Ausnahmen nicht. Um so erstaunlicher ist, dass die Vorschriften des Verfassungsvertrages, die das Haushaltsverfahren regeln, systematisch weitgehend neu geregelt worden sind. Das Haushaltsüberwachungsverfahren ist im Verfassungsvertrag in Art. III-184 geregelt. Abgesehen von kleineren sprachlichen Anpassungen entsprechen die Absätze 1 bis 4 dieser Vorschrift dem Art. 104 Abs. 1 bis 4 EGV.

Veränderungen ergeben sich, wenn die Kommission zu dem Ergebnis kommt, in einem Mitgliedstaat bestehe ein übermäßiges Defizit oder es könne sich ein derartiges Defizit ergeben. Bislang legt sie in diesem Fall dem EG-Rat eine entsprechende Stellungnahme vor (vgl. Art. 104 Abs. 5 EGV). Der Verfassungsvertrag ordnet in diesem Fall dagegen an, dass die Kommission dem betroffenen Mitgliedstaat eine entsprechende Stellungnahme vorlegt (Art. 184 Abs. 5 EU-Verf). Der Ministerrat wird von ihr lediglich unterrichtet.

Das Verfahren, dass sich an eine solche Stellungnahme und die entsprechende Unterrichtung der Kommission anschließt, entspricht mit zwei Ausnahmen dem derzeitigen. Gleichwohl gestaltet der Verfassungsvertrag die folgenden Absätze des Art. III-184 EU-Verf im Vergleich zum EG-Vertrag völlig neu. Zunächst fasst er in Absatz 6 die bisherigen Absätze 6 und 7 des Art. 104 EGV sowie Teile des Art. 104 Abs. 13 EGV zusammen und ändert gleichzeitig den bisherigen Art. 104 Abs. 6 EGV. Nach Art. III-184 Abs. 6 EU-Verf entscheidet der Ministerrat über das Bestehen eines übermäßigen Defizits in einem Mitgliedstaat nicht wie bisher auf Empfehlung, sondern auf Vorschlag der Kommission (bisher Art. 104 Abs. 6 EGV). Er empfiehlt dem betreffenden Mitgliedstaat zudem Maßnahmen, die von ihm zum Defizitabbau getroffen werden sollen (bisher Art. 104 Abs. 7 EGV). Das Stimmrecht des betroffenen Staates im Ministerrat ruht und bei der Berechnung der erforderlichen qualifizierten Mehrheit bestehen Besonderheiten (bisher Art. 104 Abs. 13 EGV).

In Art. III-184 Abs. 7 EU-Verf sind weitere Verfahrensvorschriften enthalten, die bislang zum Teil in Art. 104 Abs. 13 EGV geregelt waren. Danach beschließt der Ministerrat Beschlüsse und Empfehlungen auf der Grundlage der Absätze 8 bis 11 auf Empfehlung der Kommission. Zudem findet bei diesen Beschlüssen wiederum eine im Einzelnen definierte qualifizierte Mehrheit Anwendung. Die Absätze 8, 9 und 11 des Art. 104 EGV, nach denen der EG-Rat seine Empfehlungen zum Defizitabbau veröffentlichen kann und die das Sanktionsverfahren regeln, entsprechen uneingeschränkt den Absätzen 8, 9 und 10 des Art. III-184 EU-Verf. Die Voraussetzungen, unter denen Maßnahmen aufgehoben werden, die auf Grundlage des Art. III-184 EU-Verf getroffen worden sind, regelt Art. III-184 Abs. 11 EU-Verf, der Art. 104 Abs. 12 EGV entspricht. Art. III-184 Abs. 12 EU-Verf, der die Rechtsschutzmöglichkeiten im Anwendungsbereich des Haushaltsüberwachungsverfahrens einschränkt, übernimmt die Regelungen des Art. 104 Abs. 10 EGV. Und Art. III-184 Abs. 13 EU-Verf, der den EG-Rat zum Erlass bestimmter Rechtsakte ermächtigt, die im Zusammenhang mit dem Haushaltsüberwachungsverfahren stehen, entspricht dem Art. 104 Abs. 14 EGV. Es mag dahingestellt bleiben, welchen Gewinn diese systematische Neufassung des Art. 104 EGV für die Rechtsanwendung bringt.

Eine wirkliche Neuerung im Anwendungsbereich des Haushaltsüberwachungsverfahrens bringt dagegen Art. III-197 Abs. 4 EU-Verf. Danach ruht das Stimmrecht der Vertreter der Staaten mit Ausnahmeregelung bei allen „Maßnahmen bei übermäßigem Defizit von Mitgliedstaaten, deren Währung der Euro ist (Artikel III-184 Absätze 6, 7, 8 und 11)". Bislang ruht das Stimmrecht dieser Staaten nur bei Entscheidungen im Zusammenhang mit der Verhängung von Sanktionen sowie deren Aufhebung. Insoweit verändert der Verfassungsvertrag die Rechtslage nicht. Das ergibt sich aus Art. III-197 Abs. 4 i.V.m. Art. III-197 Abs. 2 lit. b) EU-Verf. Nach In-Kraft-Treten des Verfassungsvertrages sind diese Mitgliedstaaten jedoch auch dann nicht stimmberechtigt, wenn der Ministerrat über das Bestehen eines übermäßigen Defizits entscheidet (Art. III-184 Abs. 6 EU-Verf), bei Abstimmungen über Empfehlungen zum Defizitabbau (Art. III-184 Abs. 6 EU-Verf) bzw. deren Veröffentlichung (Art. III-184 Abs. 8 EU-Verf) und bei der Entscheidung über die Aufhebung der entsprechenden Maßnahmen (Art. III-184 Abs. 11 EU-Verf), jedenfalls soweit die entsprechenden Beschlüsse das Euro-Währungsgebiet betreffen. Auch diese Neuerung des Verfassungsvertrages ist in sich nicht stimmig, da umgekehrt die Staaten des Euro-Währungsgebietes die genannten Entscheidungen mit Ausnahme des Sanktionsverfahrens (Art. 104 Abs. 11 EGV) bzw. der Entscheidung über das In-Verzug-Setzen eines Mitgliedstaaten bei Bestehen eines übermäßigen Defizits (bisher Art. 104 Abs. 9 EGV), das auch weiterhin auf die Staaten mit Ausnahmeregelung keine Anwendung findet, auch gegenüber den Mitgliedstaaten mit Ausnahmeregelung treffen.

Auf Grund der Festlegung in Art. III-197 Abs. 4 EU-Verf ergibt sich nunmehr auch ausdrücklich aus dem Verfassungsvertrag, dass die Staaten mit Ausnahmeregelung bei Abstimmungen über die Aufhebung von Entscheidungen im Zusammenhang mit dem Sanktionsverfahren nicht stimmberechtigt sind. Derzeit lässt sich das nur im Wege der Auslegung ermitteln.[40]

4. Engere wirtschaftspolitische Zusammenarbeit

Art. III-194 EU-Verf eröffnet den Mitgliedstaaten des Euro-Währungsgebietes die Möglichkeit, die wirtschaftspolitische Zusammenarbeit enger auszugestalten. Eine vergleichbare Vorschrift ist derzeit im EG-Vertrag nicht enthalten. Nach Art. III-194 Abs. 1 lit. a) EU-Verf können die Staaten des Euro-Währungsgebietes insbesondere Maßnahmen treffen, um die Koordinierung und Überwachung ihrer Haushaltsdisziplin zu verstärken. Art. III-194 Abs. 1 lit. b) EU-Verf ermöglicht ihnen zudem, Gründzüge der Wirtschaftspolitik auszuarbeiten, die nur die Staaten des Euro-Währungsgebietes betreffen. Art. III-194 EU-Verf ordnet an, dass insoweit grundsätzlich die Verfahrensvorschriften der Art. III-179 bzw. III-184 EU-Verf Anwendung finden. Bei der Verabschiedung von Maßnahmen auf der Grundlage des Art. 194 Abs. 1 EU-Verf sind nur die Vertreter der Staaten des Euro-Währungsgebietes stimmberechtigt (vgl. Art. III-194 Abs. 2 UAbs. 1 EU-Verf). Zudem ist eine besondere qualifizierte Mehrheit für die Annahme von Maßnahmen auf der Grundlage dieser Vorschrift erforderlich (vgl. Art. III-194 Abs. 2 UAbs. 2 und 3 EU-Verf).

---

40 Dazu im Einzelnen oben Teil II, § 7, S. 265 ff.

IV. Aufhebung der Ausnahmeregelung

Die Voraussetzungen, unter denen eine Ausnahmeregelung aufzuheben ist, regelt der Verfassungsvertrag in Art. III-198. Diese Vorschrift fasst im Wesentlichen den Regelungsgehalt von Art. 122 Abs. 2 EGV und Art. 121 Abs. 1 EGV zusammen. Der Regelungsgehalt dieser beiden Vorschriften ist durch Art. III-198 EU-Verf mit zwei Ausnahmen nicht verändert worden. Insbesondere sind die materiellen Voraussetzungen für die Aufhebung der Ausnahmeregelung unverändert geblieben. Lediglich in sprachlicher Hinsicht sind Anpassungen vorgenommen worden. Das Konvergenzkriterium der Wechselkursstabilität nimmt nunmehr ausdrücklich auf den Euro Bezug, gegenüber dem keine Abwertungen vorgenommen werden dürfen. Die vier Konvergenzkriterien werden wie bisher in einem Protokoll näher präzisiert. Auch der Inhalt dieses Protokolls ist von bestimmten sprachlichen Anpassungen abgesehen unverändert geblieben.

Die beiden Ausnahmen, bei denen sich durch den Verfassungsvertrag im Aufhebungsverfahren Veränderungen zur derzeitigen Rechtslage ergeben, betreffen das Verfahren. Erstens findet nach Art. III-198 Abs. 2 EU-Verf die Aussprache zu den beiden Konvergenzberichten, die im ersten Abschnitt des Aufhebungsverfahrens von der Kommission und der EZB erstellt werden, nicht mehr wie bisher im Rat in der Zusammensetzung der Staats- und Regierungschefs statt, sondern im Europäischen Rat. Und zweitens ordnet der Verfassungsvertrag an, dass der Ministerrat die Ausnahmeregelung auf eine Empfehlung derjenigen seiner Mitglieder hin aufhebt, die zum Euro-Währungsgebiet gehören (Art. III-198 Abs. 2 UAbs. 2 EU-Verf). Für die Annahme dieser Empfehlung ist eine besondere qualifizierte Mehrheit vorgesehen (Art. III-198 Abs. 2 UAbs. 3 EU-Verf). Sie ist innerhalb von sechs Monaten zu verabschieden, nach dem der Rat mit dem Vorschlag der Kommission zur Aufhebung der für einen Mitgliedstaat geltenden Ausnahmeregelung befasst worden ist (Art. III-198 Abs. 2 UAbs. 2 EU-Verf).

Diese zweite Änderung im Aufhebungsverfahren ist bemerkenswert. Denn es darf nicht übersehen werden, dass die Empfehlung der Mitglieder im Ministerrat, die dem Euro-Währungsgebiet angehören, nicht nur eine verfahrensrechtliche Komponente enthält. Denn sie muss in die Beurteilung mit einfließen, ob ein Mitgliedstaat die Voraussetzungen erfüllt, unter denen eine Ausnahmeregelung aufgehoben werden kann. Insoweit erweitert sich die Beurteilungsgrundlage, auf der der Ministerrat die verfahrensabschließende Entscheidung trifft.

C. Sonderregelungen für Dänemark und Großbritannien

Der Verfassungsvertrag lässt den Regelungsgehalt der beiden für Dänemark und Großbritannien geltenden Protokolle weitgehend unberührt. Er nimmt im Wesentlichen nur redaktionelle Änderungen vor. Insbesondere weisen beide Protokolle nunmehr ausdrücklich darauf hin, dass sich beide Staaten entschieden haben, den

Euro nicht einzuführen.[41] Die bislang in beiden Protokollen enthaltenen Vorschriften, die das Verfahren für die Inanspruchnahme der Sonderregelungen regeln, sind dagegen gestrichen worden. Der Regelungsgehalt des Dänemark betreffenden Protokolls bleibt im Übrigen unverändert. Die Rechtsstellung Dänemarks in der Wirtschafts- und Währungsunion entspricht der eines Staates mit Ausnahmeregelung, wie bislang allerdings mit Ausnahme der Einleitung des Verfahrens, in dem über die Aufhebung der Ausnahmeregelung entschieden wird.

Und auch die Rechtsstellung Großbritanniens ändert sich im Übrigen fast nicht. Die in den Artikeln 3 bis 10 ProtGB in der Fassung des Verfassungsvertrages enthaltenen Regelungen entsprechen abgesehen von redaktionellen Änderungen mit einer Ausnahme vollständig den Art. 4 bis 11 ProtGB in der jetzigen Fassung. Hinsichtlich der Änderungen, die der Verfassungsvertrag im Verfahren der Koordinierung der Wirtschaftspolitiken und der Überwachung der Haushaltspolitik vornimmt, passt der Verfassungsvertrag allerdings die Rechtsstellung Großbritanniens an die der Staaten mit Ausnahmeregelung an. Auch Großbritannien ist daher nicht stimmberechtigt, wenn der Ministerrat auf der Grundlage des Art. III-179 Abs. 2, III-179 Abs. 4 bzw. III-184 Abs. 6 bis 11 EU-Verf Maßnahmen erlässt, die Mitgliedstaaten des Euro-Währungsgebietes betreffen (vgl. Artikel 4 und 6 ProtGB).[42] Und auch der neu in den Verfassungsvertrag eingefügte Art. III-194 EU-Verf ist auf Großbritannien nicht anwendbar. Das ergibt sich allerdings nicht aus dem Großbritannien betreffenden Protokoll, sondern aus dem Wortlaut dieser Vorschrift. Hinzuweisen bleibt darauf, dass Art. 5 ProtGB nunmehr ausdrücklich festlegt, dass Großbritannien sich bemüht, ein übermäßiges öffentliches Defizit zu vermeiden. Bislang verweist das Protokoll insoweit auf Art. 116 Abs. 4 EGV, den der Verfassungsvertrag jedoch streicht.

D. Ergebnis

Der Verfassungsvertrag verändert die Vorschriften zur Wirtschafts- und Währungsunion zum Teil erheblich. Die meisten dieser Änderungen sind jedoch redaktioneller Natur, die keine Änderung der Rechtslage beabsichtigen. Daher kann auch nach In-Kraft-Treten des Verfassungsvertrages weitgehend auf die Ergebnisse dieser Arbeit zu den rechtlichen Folgen der Gewährung einer Ausnahmeregelung an einen Mitgliedstaat bzw. der Sonderregelungen für Dänemark und Großbritannien zurückgegriffen werden. Sie können, soweit die geänderte Nummerierung der einzelnen Vorschriften und die redaktionellen Änderungen beachtet werden, auf die durch den Verfassungsvertrag entstehende Rechtslage übertragen werden. Ausnahmen bestehen nur hinsichtlich sieben Aspekten.

---

41 Vgl. im Einzelnen die Präambel sowie Art. 1 und 2 ProtGB bzw. die Präambel und Art. 1 ProtDK, jeweils in der Fassung des Verfassungsvertrages.
42 Dazu ausführlich oben S. 343 ff.

Erstens ordnet der Verfassungsvertrag an, dass die EZB ein Organ der Europäischen Union und keine Einrichtung mehr ist. Die einzige direkte Konsequenz, die sich hieraus ergibt, ist, dass die EZB nunmehr auf die Handlungsformen zurückgreifen muss, die der Union auch im Übrigen zur Verfügung stehen, und direkt an bestimmte Verfahrensvorschriften zum Erlass von Rechtsakten gebunden ist. Zweitens löst der Verfassungsvertrag den Widerspruch zwischen Art. 112 Abs. 1 EGV und Art. 10.1. ESZBS durch eine Änderung des Wortlauts beider Normen auf. Drittens ändert der Verfassungsvertrag das Verfahren der Koordinierung und Überwachung der Wirtschaftspolitiken (Art. III-179 EU-Verf). In diesem Verfahren kann die Kommission nunmehr unter bestimmten Voraussetzungen eine Verwarnung an einen Mitgliedstaat richten, der seinen Verpflichtungen in der Wirtschaftspolitik nicht nachkommt. Zudem ruhen die Stimmen der Vertreter der Staaten mit Ausnahmeregelung bei Maßnahmen, die der Ministerrat auf der Grundlage von Art. 179 Abs. 2 und 4 EU-Verf trifft, wenn diese das Euro-Währungsgebiet betreffen. Weiterhin ruht auch das Stimmrecht des Staates, der von Maßnahmen betroffen ist, über die der Ministerrat auf der Grundlage des Art. III-179 Abs. 4 EU-Verf entscheidet.

Viertens ergeben sich Veränderungen im Rahmen des Haushaltsüberwachungsverfahrens (Art. III-184 EU-Verf). Die Kommission ist durch den Verfassungsvertrag ausdrücklich verpflichtet, einem Mitgliedstaat eine Stellungnahme vorzulegen, wenn sie der Auffassung ist, in diesem Staat bestehe oder drohe ein übermäßiges Defizit. Über das Bestehen eines übermäßigen Defizits entscheidet der Ministerrat nunmehr auf Vorschlag der Kommission. Zudem ruht das Stimmrecht der Staaten mit Ausnahmeregelung bei allen Entscheidungen, die der Ministerrat auf der Grundlage des Art. III-184 Abs. 6 bis 11 EU-Verf trifft, wenn diese das Euro-Währungsgebiet betreffen. Fünftens verändert der Verfassungsvertrag das Verfahren, in dem über die Aufhebung einer Ausnahmeregelung entschieden wird. Die Aussprache zu den Konvergenzberichten findet nunmehr im Europäischen Rat statt. Zudem führt der Verfassungsvertrag einen weiteren Verfahrensschritt ein. Danach entscheidet der Ministerrat über die Aufhebung einer Ausnahmeregelung auf eine Empfehlung der Mitglieder des Ministerrates, die dem Euro-Währungsgebiet angehören. Sechstens führt der Verfassungsvertrag zwei Normen in das Kapitel Wirtschafts- und Währungspolitik ein, die bislang keine Entsprechung im EG-Vertrag haben. Diese ermöglichen es den Staaten des Euro-Währungsgebietes, im Bereich der Wirtschaftspolitik enger zusammenzuarbeiten (Art. III-194 EU-Verf) und geben der Arbeit der Euro-Gruppe eine primärrechtliche Grundlage (Art. III-195 EU-Verf). Und siebtens ist zu beachten, dass der Verfassungsvertrag andere Bestimmungen zum Zustandekommen der qualifizierten Mehrheit im Ministerrat enthält.

§ 12 Rückbezug: Die Wirtschafts- und Währungsunion als Form differenzierter Integration

A. Einführung

Wäre die Wirtschafts- und Währungsunion nicht im Wege der differenzierten Integration[1] verwirklicht worden, gäbe es bislang sehr wahrscheinlich keine einheitliche europäische Währung. Nur unter Rückgriff auf dieses Konzept gelang es dem Rechnung zu tragen, dass bis heute nicht alle Mitgliedstaaten den Euro einführen können oder wollen.[2] Das Vorgehen im Wege differenzierter Integration hat zwar zur Konsequenz, dass in der Wirtschafts- und Währungspolitik eine relativ komplexe und teilweise nicht einfach zugängliche Rechtslage entstanden ist. Andererseits ist es gleichwohl gelungen, eine funktionierende Wirtschafts- und Währungsunion zu gründen, an der nicht alle Mitgliedstaaten voll beteiligt sein müssen. Jedenfalls bislang ist aus dem Vorgehen im Wege differenzierter Integration keiner der Konflikte entstanden, vor denen im Vorfeld der Gründung der Wirtschafts- und Währungsunion viele mit zum Teil deutlichen Worten warnten.[3] Die wirtschafts- und währungspolitischen Regelungen des EG-Vertrages sind daher insgesamt als beeindruckende integrationspolitische Leistung und als gelungenes Beispiel für die Anwendung und die Leistungsfähigkeit des Konzeptes der differenzierten Integration zu würdigen.

Vor diesem Hintergrund ist die Frage interessant, ob der differenzierten Integration in der Wirtschafts- und Währungsunion ein besonderer, eigenständiger Ansatz der Anwendung dieses Konzeptes zu Grunde liegt, oder ob andere Formen differenzierter Integration in einem ähnlichen verwirklicht worden sind. Denn die Wirtschafts- und Währungsunion ist nicht der einzige Anwendungsfall dieses Konzeptes im Primärrecht. Aus zeitlicher Sicht ist sie zusammen mit dem Sozialprotokoll des Vertrages von Maastricht allerdings der erste bedeutende.[4] Durch den Vertrag von Amsterdam[5] sind mit den Vorschriften zur verstärkten Zusammenarbeit, im Zusammenhang mit der Einbeziehung des Schengen-Besitzstandes in den Rahmen der Europäischen Union und der Vergemeinschaftung von Teilbereichen des Titels VI des EU-Vertrages weitere wichtige hinzugekommen. Um diese Frage zu beantworten, ist ein Vergleich der verschiedenen Formen der differenzierten Inte-

---

1 Zum Konzept der differenzierten Integration ausführlich oben Teil I, § 2.

2 Dazu ausführlich oben Teil I, § 1.

3 Zu diesen Risiken vergleiche oben in der Vorbemerkung S. 1 f.

4 In der Literatur werden zum Teil weitere Anwendungsfälle des Konzeptes der differenzierten Integration im Primärrecht gesehen. Vgl. insoweit etwa *Blanke*, in: *Grabitz/Hilf* (Hrsg.), Das Recht der Europäischen Union, vor Art. 43–45 EUV Rdnr. 8. Es kann hier dahingestellt bleiben, ob die insoweit genannten Fälle tatsächlich alle Anwendungsfälle des Konzeptes der differenzierten Integration sind. Vgl. hierzu bereits oben Teil I, § 2, Fn. 17. Die drei oben genannten Formen sind neben der Wirtschafts- und Währungsunion jedenfalls die wichtigsten. Die nachfolgende Darstellung beschränkt sich daher auf sie.

5 Zum Vertrag von Amsterdam vgl. etwa *Ukrow*, Die Fortentwicklung des Rechts der Europäischen Union durch den Vertrag von Amsterdam, ZEuS 1998, S. 141 ff.

gration erforderlich. Insbesondere ist danach zu fragen, wie die Situation einer differenzierten Integration entsteht, welche Konsequenzen das Vorgehen im Wege differenzierter Integration hat und schließlich, welche Möglichkeiten bestehen, den Zustand der differenzierten Integration wieder zu beenden. Um diesen Vergleich vornehmen zu können, ist jedoch über die verschiedenen Formen der differenzierten Integration im Primärrecht zunächst ein kurzer Überblick zu geben.

B. Weitere Formen differenzierter Integration im Primärrecht: Überblick

I. Sozialprotokoll

Die Regelungen des dem Vertrag von Maastricht beigefügten Sozialprotokolls gehen darauf zurück, dass elf der damals zwölf Mitgliedstaaten ein Abkommen über die Sozialpolitik abgeschlossen hatten.[6] Das Sozialprotokoll ermächtigte die durch das Abkommen gebundenen Mitgliedstaaten, die Organe, Verfahren und Mechanismen des EG-Vertrages zur Durchführung des Abkommens in Anspruch zu nehmen.[7] Großbritannien war nicht Vertragspartei des Abkommens. Aus diesem Grund legte das Sozialprotokoll fest, dass Großbritannien im EG-Rat nicht beteiligt ist, wenn dieser Vorschläge berät und annimmt, die auf der Grundlage des Sozialprotokolls und des Sozialabkommens verabschiedet werden. Es bestimmte zudem, wie die für das Zustandekommen dieser Beschlüsse erforderlichen Mehrheiten zu berechnen sind. Außerdem legte es fest, dass alle Rechtsakte des EG-Rates, die das Sozialabkommen bzw. das Sozialprotokoll betreffen, für Großbritannien nicht gelten. Und schließlich hatte Großbritannien mit Ausnahme der Organkosten etwaige finanzielle Lasten nicht zu tragen, die in Folge der Anwendung des Sozialprotokolls und des Sozialabkommens entstehen.

Die differenzierte Integration, die durch das Sozialprotokoll in das Primärrecht Eingang gefunden hatte, besteht zwischenzeitlich nicht mehr. Die Sonderregelungen, die das Protokoll Großbritannien einräumte, sind durch den Vertrag von Amsterdam gegenstandslos geworden.[8] Das Sozialprotokoll ist also nur noch aus historischer Sicht interessant.

---

6 Vgl. ABl. EG Nr. C 191 vom 29.7.1992, S. 90, geändert durch die Akte über die Bedingungen des Beitritts des Königreichs Norwegen, der Republik Österreich, der Republik Finnland und des Königreichs Schweden und die Anpassungen der die Europäische Union begründenden Verträge (ABl. EG Nr. C 241 vom 29.08.1994, S. 24).

7 Zum Sozialprotokoll und zum Sozialabkommen vgl. etwa *Arl*, Sozialpolitik nach Maastricht, S. 129 ff.; *Coen*, Abgestufte soziale Integration nach Maastricht, EuZW 1995, S. 50 ff.; *Grieser*, Flexible Integration in der Europäischen Union: Neue Dynamik oder Gefährdung der Rechtseinheit?, S. 38 ff.; *Kellerbauer*, Von Maastricht bis Nizza, S. 43 ff.; *McGlynn*, Opting-Out of Community Social Policy: Some Legal, Practical and Political Consequences, in: *Ehlermann* (Hrsg.), Rechtliche Grenzen eines Europas in mehreren Geschwindigkeiten und unterschiedlichen Gruppierungen, S. 85 ff.

8 Dazu *Kellerbauer*, (Fn. 7), S. 84 ff.

II. Verstärkte Zusammenarbeit

Die Vorschriften zur verstärkten Zusammenarbeit ermöglichen es, in der Gemeinsamen Außen- und Sicherheitspolitik (Teil V EUV), der Polizeilichen und Justiziellen Zusammenarbeit in Strafsachen (Teil VI EUV) und im Bereich der Europäischen Gemeinschaft Integrationsmaßnahmen im Wege differenzierter Integration durch einen Sekundärrechtsakt zu verwirklichen.[9] Sie sind durch den Vertrag von Amsterdam in das Primärrecht eingefügt und durch den Vertrag von Nizza umfangreich geändert worden.[10] In den Art. 43 ff. EUV sind die allgemeinen Bestimmungen festgelegt, die für jede verstärkte Zusammenarbeit gelten. Diese werden durch besondere Regelungen in den einzelnen Bereichen ergänzt, in denen eine verstärkte Zusammenarbeit zulässig ist (vgl. Art. 27 a ff. EUV, Art. 40 f. EUV, Art. 11 f. EGV).

Zulässig ist eine verstärkte Zusammenarbeit nach Art. 43 EUV nur dann, wenn verschiedene Bedingungen erfüllt sind. Insbesondere muss sie den Interessen der Union dienen, den Integrationsprozess stärken und den einheitlichen institutionellen Rahmen der Union sowie den Besitzstand der Union beachten. Außerdem darf sie nur im Rahmen der Zuständigkeiten der Union stattfinden, allerdings nicht in Bereichen, die zur ausschließlichen Zuständigkeit der Europäischen Gemeinschaft gehören. Weiterhin darf sie weder den Binnenmarkt, noch den wirtschaftlichen und sozialen Zusammenhalt nach Titel XVII des EG-Vertrages beeinträchtigen, den Handel zwischen den Mitgliedstaaten nicht diskriminieren und die Wettbewerbsbedingungen nicht verzerren. Beteiligen müssen sich an einer verstärkten Zusammenarbeit mindestens acht Mitgliedstaaten. Die beteiligten Staaten müssen zudem die Zuständigkeiten, Rechte und Pflichten der nicht an der verstärkten Zusammenarbeit beteiligten Mitgliedstaaten beachten. Nach Art. 43 b EUV muss eine verstärkte Zusammenarbeit schließlich immer allen Mitgliedstaaten offen stehen. Diese allgemeinen Bedingungen werden in den einzelnen Bereichen, in denen eine verstärkte Zusammenarbeit möglich ist, um weitere ergänzt (vgl. Art. 27a f. EUV, Art. 40 EUV, Art. 11 EGV).

Wenn sowohl die allgemeinen als auch die besonderen Zulässigkeitsbedingungen erfüllt sind, muss der Rat noch feststellen, dass die mit der Zusammenarbeit angestrebten Ziele in einem vertretbaren Zeitraum nicht von allen Mitgliedstaaten gemeinsam verwirklicht werden können (vgl. Art. 43a EUV). Ist auch das der Fall, kann der EG-Rat die Ermächtigung zu einer verstärkten Zusammenarbeit erteilen (vgl. Art. 27 c EUV, Art. 40 a EUV, Art. 11 Abs. 2 EGV). Erst mit dieser Ermächtigung steht zudem fest, in welchem Tätigkeitsbereich der Union es zu einer differenzierten Integration kommt und welche Mitgliedstaaten sich an ihr beteiligen.

---

9 Allgemein zu den Vorschriften zur verstärkten Zusammenarbeit vgl. die Nachweise in Teil I, § 2, Fn. 34.

10 Zur Änderung der Vorschriften zur verstärkten Zusammenarbeit durch den Vertrag von Nizza vgl. etwa *Becker*, in: *von der Groeben/Schwarze* (Hrsg.), Vertrag über die Europäische Union und Vertrag zur Gründung der Europäischen Gemeinschaft, Artikel 43 EU Rdnr. 4 ff.; *Kellerbauer*, (Fn. 7), S. 170 ff.; *Pechstein*, in: *Streinz* (Hrsg.), EUV/EGV, Art. 43 EUV Rdnr. 5.

Die insgesamt restriktiven Bedingungen, die an ein Vorgehen im Wege der verstärkten Zusammenarbeit gestellt sind, stellen sicher, dass in Bereichen, in denen eine einheitliche Integration als Regelfall ausdrücklich vorgesehen ist, es in der Regel auch zu einer einheitlichen Integration kommt. Sie stellen aber auch sicher, dass die Interessen der Gemeinschaft und der Union umfassend geschützt werden. Durch eine verstärkte Zusammenarbeit soll deren Tätigkeit nicht nachteilig beeinträchtigt werden können.[11] Ziel der Vorschriften zur verstärkten Zusammenarbeit ist es dementsprechend, die Handlungsfähigkeit der Union bzw. der Gemeinschaft zu bewahren.[12] Sie wollen es ermöglichen, dass eine vorhandene, auf alle Mitgliedstaaten anwendbare Ermächtigungsgrundlage auch dann angewendet werden kann, wenn einzelne Mitgliedstaaten nicht in der Lage oder nicht bereit sind, sich einer Integrationsmaßnahme anzuschließen.

Rechtsakte und Beschlüsse im Rahmen einer verstärkten Zusammenarbeit werden nach Maßgabe der jeweils einschlägigen Vorschriften verabschiedet (vgl. Art. 44 EUV). Sie sind allerdings nicht Bestandteil des Besitzstandes und binden nur die an der verstärkten Zusammenarbeit beteiligten Mitgliedstaaten (vgl. Art. 44 EUV). Werden sie im Rat beraten und verabschiedet, können zwar alle Mitgliedstaaten teilnehmen. Stimmberechtigt sind jedoch nur die an der verstärkten Zusammenarbeit beteiligten. Dementsprechend gelten für die Berechnung der erforderlichen Mehrheiten abweichende Regeln (vgl. Art. 44 a EUV). Um eine Abstimmung mit der Tätigkeit der Gemeinschaft und der Union im Übrigen zu ermöglichen, enthalten EU-Vertrag und EG-Vertrag eine Reihe von Verpflichtungen zur gegenseitigen Information und Zusammenarbeit (vgl. Art. 27 d, 44 Abs. 2, 45 EUV). Finanzielle Belastungen, die durch die verstärkte Zusammenarbeit entstehen, tragen mit Ausnahme der Verwaltungskosten der Organe grundsätzlich nur die an der verstärkten Zusammenarbeit beteiligten Mitgliedstaaten (vgl. Art. 44 a EUV).

Die vorerst nicht beteiligten Mitgliedstaaten können sich jederzeit einer verstärkten Zusammenarbeit anschließen. Dieses Beteiligungsrecht ist verfahrensrechtlich abgesichert (vgl. Art. 27 e EUV, 40 b EUV, Art. 11a EGV). Es gelten enge Fristen für die Entscheidung über den Antrag, der zudem allenfalls zurückgestellt, nicht aber abgelehnt werden kann. Die Kommission sowie die an der verstärkten Zusammenarbeit beteiligten Mitgliedstaaten sind verpflichtet, eine möglichst große Anzahl von Mitgliedstaaten zu einer Beteiligung anzuregen (vgl. Art. 43 b EUV).

---

11 In diesem Sinne auch *Blanke*, (Fn. 4), vor Art. 43 EUV Rdnr. 1. Kritisch zur Funktion der Bedingungen allerdings *Martenczuk*, Die differenzierte Integration nach dem Vertrag von Amsterdam, ZEuS 1998, S. 447 (461 f.).

12 In diesem Sinne etwa auch *Pechstein*, (Fn. 10), Art. 43 EUV Rdnr. 1.

III. Schengen-Besitzstand und Sonderregelungen im Titel IV EGV

1. Überblick

Der Vertrag von Amsterdam bezog den so genannten Schengen-Besitzstand in den Rahmen der Union ein.[13] Hierzu waren auch deshalb bestimmte Übergangsregelungen erforderlich, weil Großbritannien und Irland durch den Schengen-Besitzstand nicht gebunden waren und Dänemark bei der Einbeziehung Sonderregelungen in Anspruch nehmen wollte.[14] Diese Regelungen sind in dem „Protokoll zur Einbeziehung des Schengen-Besitzstandes in den Rahmen der Europäischen Union" (Schengen-Protokoll) enthalten, das dem Vertrag von Amsterdam beigefügt ist.[15] Ebenfalls durch den Vertrag von Amsterdam sind zudem Teilbereiche des Titel VI des EU-Vertrages in der Fassung des Vertrages von Maastricht vergemeinschaftet worden.[16] Sie finden sich nunmehr im Titel IV des EG-Vertrages (Art. 61 ff. EGV). Auch hier gelten für Großbritannien, Irland und Dänemark Sonderregelungen, die in insgesamt drei weiteren Protokollen enthalten sind.[17] Für Großbritannien und Irland gelten darüber hinaus besondere Bestimmungen, die den Anwendungsbereich des Art. 14 EGV betreffen, und die ebenfalls in einem eigenen Protokoll enthalten sind.[18]

2. Sonderregelungen des Schengen-Protokolls

Das Schengen-Protokoll stellt zunächst klar, dass Großbritannien und Irland auch durch den in den Rahmen der Union einbezogenen Schengen-Besitzstand nicht gebunden werden (vgl. Art. 4 Schengen-Protokoll). Beide Staaten haben aber die Möglichkeit, sich dem Schengen-Besitzstand in Teilen oder im Ganzen anzuschließen (vgl. Art. 4 Schengen-Protokoll). Sie können sich auch an Maßnahmen zum Ausbau des Schengen-Besitzstandes beteiligen. Soweit das jedoch zumindest einer von ihnen nicht möchte, werden die anderen Mitgliedstaaten durch das Schengen-Protokoll ermächtigt, im Wege einer verstärkten Zusammenarbeit vorzugehen (Art. 5 Schengen-Protokoll).

---

13 Vgl. hierzu und zum Schengen-Besitzstand *Hailbronner*, European Immigration and Asylum Law under the Amsterdam Treaty, CMLR 1998, S. 1047 ff.; *Kellerbauer*, (Fn. 7), S. 133 ff.; *Thym*, Ungleichzeitigkeit und Europäisches Verfassungsrecht, S. 79 ff.; *Tuytschaever*, Differentiation in European Union Law, S. 70 ff.; *Wasielewski*, Rechtsdifferenzierungen in einer erweiterten Europäischen Union, S. 39 ff.; *Weiß*, in: *Streinz* (Hrsg.), EUV/EGV, Art. 61 EGV Rdnr. 24 ff.

14 Vgl. dazu allgemein die Nachweise in Fn. 13.

15 ABl. EG Nr. C 340 vom 10.11.1997, S. 93.

16 Dazu ausführlich *Thym*, (Fn. 13), S. 79 ff.; *Tuytschaever*, (Fn. 13), S. 70 ff.

17 Protokoll über die Position des Vereinigten Königreichs und Irlands, ABl. EG Nr. C 340 vom 10.11.1997, S. 99; Protokoll über die Position Dänemarks, ABl. EG Nr. C 340 vom 10.11.1997, S. 101.

18 Protokoll über die Anwendung bestimmter Aspekte des Art. 14 des Vertrages zur Gründung der Europäischen Gemeinschaft auf das Vereinigte Königreich und auf Irland, ABl. EG Nr. C 340 vom 10.11.1997, S. 97.

Die Sonderregelungen, die das Schengen-Protokoll für Dänemark enthält, unterscheiden sich von denen für Großbritannien und Irland. Das erklärt sich daraus, dass Dänemark bereits vor der Einbeziehung des Schengen-Besitzstandes an diesen gebunden war.[19] Dänemark stimmte jedoch dessen Einbeziehung in den Rahmen der Union nur unter Bedingungen zu. Die Rechtsnatur der Verpflichtungen, die sich für Dänemark aus dem Schengen-Besitzstand ergeben, sollte sich nicht ändern. Daher legt Art. 3 Schengen-Protokoll im Ergebnis fest, dass die Verpflichtungen, die sich für Dänemark aus dem Schengen-Besitzstand ergeben, völkerrechtlicher Natur bleiben.[20] Die an sich vorgesehene Vergemeinschaftung von Teilbereichen des Besitzstandes (vgl. Art. 1 Schengen-Protokoll) findet in Bezug auf Dänemark somit nicht statt. Trotz dieser Sonderregelungen sind sowohl der Schengen-Besitzstand als auch die Folgebeschlüsse ausdrücklich Teil des Besitzstandes, der von Staaten zu übernehmen ist, die zukünftig der Union beitreten (vgl. Art. 8 Schengen-Protokoll).

Das Schengen-Protokoll enthält keine weiteren Vorschriften, die die institutionellen Folgen der Sonderregelungen festlegen, die für die drei Mitgliedstaaten gelten. Ebenso fehlt eine Regelung zu den finanziellen Konsequenzen. Diese ergeben sich jedoch in einem komplexen Zusammenspiel entweder aus den Vorschriften zur verstärkten Zusammenarbeit (Art. 43 ff. EUV)[21] oder aus den Protokollen, in denen die Sonderstellung Großbritanniens, Irlands und Dänemarks im Anwendungsbereich des Titels IV EG-Vertrag geregelt ist.[22]

3. Sonderregelungen im Anwendungsbereich des Titel IV EG-Vertrag

Die Protokolle, in denen die Sonderstellung Großbritanniens, Irlands und Dänemarks im Anwendungsbereich des Titel IV EG-Vertrag geregelt ist[23], enthalten in Bezug auf alle drei Staaten weitgehend vergleichbare Bestimmungen. Unterschiede bestehen vor allem hinsichtlich ihres sachlichen Anwendungsbereichs.[24]

Die Vorschriften des Titels IV des EG-Vertrages gelten für alle drei Mitgliedstaaten nicht.[25] Maßnahmen, die auf der Grundlage einer Ermächtigungsnorm dieses Titels

---

19 Vgl. *Weiß*, (Fn. 13), Art. 61 EGV Rdnr. 33.
20 Vgl. *Weiß*, (Fn. 13), Art. 61 EGV Rdnr. 34 f.
21 Zu den Vorschriften zur verstärkten Zusammenarbeit siehe oben S. 352 f.
22 Zu diesen Protokollen zugleich.
23 Die einzelnen Protokolle sind in Fn. 17 und Fn. 18 genannt.
24 So betreffen die Sonderregelungen des Protokolls über die Anwendung bestimmter Aspekte des Art. 14 des Vertrages zur Gründung der Europäischen Gemeinschaft auf das Vereinigte Königreich und auf Irland, ABl. EG Nr. C 340 vom 10.11.1997, S. 97, lediglich Großbritannien und Dänemark. Das Protokoll über die Position Dänemarks, ABl. EG Nr. C 340 vom 10.11.1997, S. 101, findet zudem keine Anwendung hinsichtlich Maßnahmen zur Festlegung der Drittstaaten, deren Angehörige im Besitz eines Visa bei der Einreise in einen Mitgliedstaat der Union sein müssen, sowie hinsichtlich Maßnahmen zur einheitlichen Visagestaltung (vgl. Art. 5 des Protokolls). Weiterhin gelten für Dänemark im Anwendungsbereich von Art. 13 EUV und Art. 17 EUV sachliche Sonderregelungen (vgl. Art. 6 des Protokolls).
25 Vgl. Art. 2 des Protokolls über die Position des Vereinigten Königreichs und Irlands (Fn. 17) und Art. 2 des Protokolls über die Position Dänemarks (Fn. 17).

erlassen worden sind, lassen für Großbritannien, Dänemark und Irland grundsätzlich keine Rechtswirkungen entstehen.[26] Großbritannien und Irland haben jedoch die Möglichkeit, sich an einer Maßnahme zu beteiligen, die auf der Grundlage des Titel IV des EG-Vertrages erlassen werden soll.[27] Sie können sich zudem ebenso wie Dänemark zu einem späteren Zeitpunkt einer bereits erlassenen Maßnahme nach Titel IV des EG-Vertrages anschließen.[28] Das Verfahren in dem das geschieht, unterscheidet sich jedoch hinsichtlich Großbritannien und Irland einerseits sowie Dänemark anderseits.[29] Wenn sich Großbritannien oder Irland im Einzelfall nicht an einer Maßnahme beteiligen, die auf der Grundlage des Titel IV EG-Vertrag erlassen werden soll, sind sie im Rat nicht stimmberechtigt.[30] Auch Dänemark ist nicht stimmberechtigt, wenn der Rat Beschlüsse im Anwendungsbereich des Titel IV EGV fasst.[31] Für die Berechnung der Mehrheiten, die für das Zustandekommen solcher Beschlüsse erforderlich sind, gelten besondere Regelungen.[32] Und die finanziellen Lasten dieser Beschlüsse tragen mit Ausnahme der Organkosten nur die Staaten, die durch sie gebunden sind.[33] Irland hat zudem die Möglichkeit, auf die Sonderstellung zu verzichten, die ihm im Anwendungsbereich des Titels IV des EG-Vertrages eingeräumt ist.[34]

C. Vergleich der Formen differenzierter Integration im Primärrecht

I. Entstehen einer differenzierten Integration

Eine verstärkte Zusammenarbeit ist also, das ist vorstehend deutlich geworden[35], nur zulässig, wenn verschiedene im EG- und im EU-Vertrag ausdrücklich genannte Bedingungen erfüllt sind. Regelungen, die den Zulässigkeitsvoraussetzungen der verstärkten Zusammenarbeit vergleichbar sind, finden sich dagegen im Sozialprotokoll, im Schengen-Protokoll und in den Sonderregelungen, die Titel IV des EG-Vertrages betreffen, nicht. Das Vorgehen im Wege differenzierter Integration ist in diesen Anwendungsfällen des Konzeptes der differenzierten Integration, die alle politische Ursachen haben, nicht an normativ festgelegte Bedingungen geknüpft, die dem Schutz der Interessen der Union dienen oder die sicherstellen, dass die Mit-

---

26 Vgl. den jeweiligen Artikel 2 des Protokolls über die Position des Vereinigten Königreichs und Irlands (Fn. 17) und des Protokolls über die Position Dänemarks (Fn. 17).
27 Vgl. Art. 3 des Protokolls über die Position des Vereinigten Königreichs und Irlands (Fn. 17).
28 Vgl. Art. 4 des Protokolls über die Position des Vereinigten Königreichs und Irlands (Fn. 17) und Art. 5 des Protokolls über die Position Dänemarks (Fn. 17).
29 A.a.O. (Fn. 28).
30 Vgl. die Artikel 1 und 3 des Protokolls über die Position des Vereinigten Königreichs und Irlands (Fn. 17).
31 Vgl. Art. 1 des Protokolls über die Position Dänemarks (Fn. 17).
32 Vgl. Art. 1 und Art. 3 des Protokolls über die Position des Vereinigten Königreichs und Irlands (Fn. 17) und Art. 1 des Protokolls über die Position Dänemarks (Fn. 17).
33 Vgl. Art. 5 des Protokolls über die Position des Vereinigten Königreichs und Irlands (Fn. 17) und Art. 3 des Protokolls über die Position Dänemarks (Fn. 17).
34 Vgl. Art. 8 des Protokolls über die Position des Vereinigten Königreichs und Irlands (Fn. 17).
35 Zu den Vorschriften zur verstärkten Zusammenarbeit siehe oben S. 352 f.

gliedstaaten auf das Konzept der differenzierten Integration nur als letztes Mittel zurückgreifen. Es ist auch keine gesonderte Ermächtigung erforderlich, um im Wege differenzierter Integration vorgehen zu können. Die Situation einer differenzierten Integration entstand hier vielmehr unmittelbar mit dem In-Kraft-Treten der Verträge von Maastricht bzw. Amsterdam. Bereits zu diesem Zeitpunkt standen sowohl der Kreis der an der Integrationsmaßnahme beteiligten Mitgliedstaaten als auch der Bereich, in dem es zu der differenzierten Integration kommt, fest. Es handelt sich also um Sonderregelungen, die nur für einzelne Mitgliedstaaten gelten, und die es ermöglichen, in einem ganz bestimmten Tätigkeitsbereich eine Integrationsmaßnahme im Wege differenzierter Integration zu verwirklichen.

Auch die Wirtschafts- und Währungsunion knüpft das Vorgehen im Wege differenzierter Integration nicht an Zulässigkeitskriterien, die denen der verstärkten Zusammenarbeit vergleichbar sind. Zwar enthalten die wirtschafts- und währungspolitischen Vorschriften des EG-Vertrages Bestimmungen, die dazu dienen, die Interessen der Union und der Gemeinschaft zu schützen Zu diesen zählen etwa die vielfältigen Konsultations- und Abstimmungsverpflichtungen sowie die Pflichten, die sich aus Art. 124 EGV und dem Grundsatz von der Währungspolitik als Angelegenheit von gemeinsamem Interesse ergeben.[36] Diese Bestimmungen, die sich in Ansätzen auch im Schengen-Protokoll und in den Sonderregelungen, die den Titel IV des EG-Vertrages betreffen, finden, haben jedoch eine andere Funktion als die Zulässigkeitsbedingungen der verstärkten Zusammenarbeit. Sie sollen dem entgegenwirken, dass durch die differenzierte Integration in der Wirtschafts- und Währungsunion für die Union bzw. die Gemeinschaft unerwünschte Folgen entstehen. Die Bedingungen, unter denen eine verstärkte Zusammenarbeit zulässig ist, müssen dagegen erfüllt werden, um eine Integrationsmaßnahme überhaupt im Wege der differenzierten Integration verwirklichen zu können.

Die differenzierte Integration in der Wirtschafts- und Währungsunion ist aber auch nicht unmittelbar mit dem In-Kraft-Treten des Vertrages von Maastricht entstanden. Bereits zu diesem Zeitpunkt stand allerdings fest, dass es für den Fall zwingend zur Verwirklichung einer Integrationsmaßnahme im Wege differenzierter Integration kommen würde, in dem nicht alle Mitgliedstaaten zugleich den Euro werden einführen können.[37] Eine gesonderte Entscheidung hierüber war nicht mehr erforderlich. Der EG-Rat hatte allerdings noch den Kreis der Mitgliedstaaten festzulegen, die den Euro einführen können. Den Euro einführen konnten die Mitgliedstaaten, die bestimmte primärrechtlich festgelegte Voraussetzungen erfüllten. Diejenigen Mitgliedstaaten, denen es gelang, diese Bedingungen zu erfüllen, waren verpflichtet, den Euro einzuführen.[38] Die anderen mussten unter Umständen auch

---

36 Zu den Informations- und Konsultationspflichten siehe etwa Teil II, § 5, S. 104 ff. und S. 115 ff., zu Art. 124 EGV Teil II, § 6, S. 200 ff., zur Währungspolitik als Angelegenheit von gemeinsamem Interesse oben Teil II, § 7, S. 231 ff.

37 Dazu oben Teil I, § 3, S. 23 ff.

38 Dazu oben Teil II, § 9, S. 291 ff. Zur Rechtspflicht, den Euro einzuführen, siehe auch die Nachweise oben in Teil I, § 3, Fn. 40.

gegen ihren Willen dem Euro-Währungsgebiet fernbleiben. Ein solches Auswahlverfahren hat in den anderen Formen der differenzierten Integration keine Entsprechung. Es sollte sicherstellen, dass eine funktionierende Wirtschafts- und Währungsunion entsteht. Somit stand erst nach dieser Auswahlentscheidung der Kreis der voll an der Wirtschafts- und Währungsunion beteiligten Mitgliedstaaten fest.

Für Großbritannien und Dänemark, die die Einführung des Euro aus politischen Gründen ablehnen, gelten in der Wirtschafts- und Währungsunion spezielle Regelungen, die in zwei Protokollen enthalten sind. Danach sind beide Mitgliedstaaten nicht verpflichtet, den Euro einzuführen.[39] Beide Protokolle sind Sonderregelungen, die nur für diese beide Staaten und nur für den Bereich der Wirtschafts- und Währungspolitik gelten. Insoweit sind sie mit dem Schengen-Protokoll, den Sonderregelungen, die den Titel IV des EG-Vertrages betreffen, und dem Sozialprotokoll vergleichbar, die ebenfalls nur für bestimmte Mitgliedstaaten und einen bestimmten Tätigkeitsbereich gelten. Von diesen weichen sie jedoch insoweit ab, als sie die Situation einer differenzierten Integration nicht bereits mit ihrem In-Kraft-Treten entstehen lassen. Vielmehr musste Dänemark erst mitteilen, ob es die Sonderregelungen in Anspruch nehmen wird. Und Großbritannien konnte ebenso wie Dänemark vor Beginn der dritten Stufe der Wirtschafts- und Währungsunion auf die Sonderregelungen endgültig verzichten. Vergleichbare Regelungen enthalten das Schengen-Protokoll und die Sonderregelungen, die den Titel IV des EG-Vertrages betreffen, nicht. Auch das Sozialprotokoll enthielt keine entsprechenden Bestimmungen.

II. Folgen des Vorgehens im Wege differenzierter Integration

Alle Formen differenzierter Integration enthalten detaillierte Anordnungen zu den Folgen, die sich aus dem Vorgehen im Wege differenzierter Integration ergeben. Allerdings unterscheiden diese sich in den einzelnen Anwendungsfällen dieses Integrationskonzeptes zum Teil grundlegend. So verändert sich beispielsweise in Folge des Vorgehens im Wege der differenzierten Integration in allen Anwendungsfällen zwar der Anwendungsbereich des Unions- bzw. des Gemeinschaftsrechts.[40] Im Falle der verstärkten Zusammenarbeit bleibt der Anwendungsbereich des Primärrechts jedoch unverändert. Veränderungen ergeben sich lediglich für den Anwendungsbereich der im Rahmen einer verstärkten Zusammenarbeit verabschiedeten Sekundärrechtsakte. Diese lassen Rechtswirkungen nur für die an der verstärkten Zusammenarbeit beteiligten Mitgliedstaaten entstehen. In den anderen Formen der differenzierten Integration sind dagegen Vorschriften des Primär- und unter Umständen auch des Sekundärrechts nicht auf die Mitgliedstaaten anwendbar, die sich an einer Integrationsmaßnahme nicht beteiligen.

---

39 Zu den Sonderregelungen für Dänemark und Großbritannien siehe ausführlich oben Teil III, § 10.

40 Was das Konzept der differenzierten Integration auch so vorsieht. Dazu oben Teil I, § 2, S. 13 f.

Weiterhin lassen die Vorschriften zur verstärkten Zusammenarbeit die Verwirklichung einer Integrationsmaßnahme im Wege differenzierter Integration grundsätzlich in allen Tätigkeitsbereichen der Union bzw. der Gemeinschaft zu. Sie legen zudem für eine unbestimmte Anzahl von Integrationsmaßnahmen abstrakt fest, welche Folgen eine verstärkte Zusammenarbeit hat. Welche Integrationsmaßnahme im Wege differenzierter Integration verwirklicht wird und welcher Tätigkeitsbereich betroffen ist, lässt sich mithin erst feststellen, wenn die Mitgliedstaaten im Einzelfall tatsächlich auf die Möglichkeit der Gründung einer verstärkten Zusammenarbeit zurückgreifen wollen. Dagegen gelten die Regelungen zu den Folgen der Anwendung des Konzepts der differenzierten Integration in den anderen Anwendungsfällen dieses Integrationskonzeptes nur für einen ganz bestimmten Tätigkeitsbereich, der zudem von vorneherein feststeht. Es handelt sich also um Lösungen für den Einzelfall.

Zum Teil lassen sich zwischen den einzelnen Anwendungsfällen des Konzeptes der differenzierten Integration aber auch bestimmte Gemeinsamkeiten feststellen. So sind in allen diesen Fällen die an einer Integrationsmaßnahme nicht beteiligten Mitgliedstaaten im Rat grundsätzlich nicht stimmberechtigt, wenn dieser Beschlüsse fasst, die nur die im Wege differenzierter Integration verwirklichte Integrationsmaßnahme betreffen. Die Zusammensetzung und Arbeitsweise der anderen Organe der Gemeinschaft bleibt dagegen unverändert. Im Einzelnen bestehen aber auch insoweit Unterschiede. So hätte das Sozialprotokoll etwa die Möglichkeit eröffnet, Großbritannien von der Teilnahme an den Beratungen im Rat auszuschließen.[41] Und in der Wirtschafts- und Währungsunion ergeben sich institutionelle Änderungen nicht nur für den EG-Rat, sondern auch für das ESZB.[42]

Bestimmte Gemeinsamkeiten lassen sich zudem bei der Regelung der finanziellen Folgen des Vorgehens im Wege differenzierter Integration feststellen. Im Falle einer verstärkten Zusammenarbeit tragen, mit Ausnahme der Organkosten, nur die an ihr beteiligten Mitgliedstaaten die finanziellen Lasten, die hieraus entstehen. Ähnliches gilt bzw. galt für das Schengen-Protokoll, die Sonderregelungen, die Titel IV des EG-Vertrages betreffen, und das Sozialprotokoll. In der Wirtschafts- und Währungsunion bestehen im Vergleich zu den anderen Formen der differenzierten Integration jedoch auch insoweit wiederum Besonderheiten. Auch hier finden sich zwar Regelungen zu den finanziellen Folgen der differenzierten Integration. Ausdrücklich geregelt sind diese aber nur für das ESZB.[43] Danach tragen grundsätzlich nur die Mitgliedstaaten, die dem Euro-Währungsgebiet angehören, bzw. die Zentralbanken des Euro-Währungsgebietes die finanziellen Belastungen, die durch die Einführung der einheitlichen Währung entstehen. Im Übrigen enthält der EG-Vertrag jedoch keine Regelungen zu den finanziellen Folgen der differenzierten Integration in der Wirtschafts- und Währungspolitik.

---

41 Der Wortlaut des Sozialprotokolls ließ jedenfalls diese Verständnismöglichkeit zu. Dazu *Grieser*, (Fn. 7), S. 44 f., und *Thym*, (Fn. 13), S. 207, beide mit weiteren Nachweisen.

42 Vgl. dazu im Einzelnen Teil II, § 5.

43 Dazu ausführlich oben Teil II, § 5, S. 125 ff.

III. Beendigung des Zustandes differenzierter Integration

Große Unterschiede bestehen zwischen den einzelnen Anwendungsfällen des Konzeptes der differenzierten Integration auch hinsichtlich der Frage, wie der Zustand differenzierter Integration beendet werden kann. So können sich die Mitgliedstaaten, die sich zunächst nicht an einer verstärkten Zusammenarbeit beteiligen, dieser jederzeit anschließen. Sowohl der EU- als auch der EG-Vertrag sichern dieses Teilnahmerecht durch Verfahrensvorschriften ab. Ein Antrag eines Mitgliedstaates auf Teilnahme kann allenfalls zurückgestellt, nicht aber abgelehnt werden. Auch in der Wirtschafts- und Währungsunion ist das Recht auf spätere Teilnahme umfassend abgesichert. Hier besteht im Gegensatz zur verstärkten Zusammenarbeit jedoch sogar eine Pflicht zur Teilnahme, wenn ein Mitgliedstaat die für die Einführung des Euro erforderlichen Voraussetzungen erfüllt und der EG-Rat das feststellt.[44] Dänemark und Großbritannien sind diesem Zwang allerdings erst dann unterworfen, wenn sie auf die ihnen eingeräumten Sonderregelungen verzichten.[45] Das Schengen-Protokoll enthält dagegen keine Regelungen dazu, wie der Zustand der differenzierten Integration, den es einführt, beendet werden kann. Dasselbe gilt hinsichtlich der beiden Protokolle, die Großbritanniens Rechtsstellung im Titel IV des EG-Vertrages regeln. Auch das Sozialprotokoll enthielt hierzu keine Festlegung. Diese Sonderregelungen können also nur im Wege einer Vertragsänderung abgelöst werden. Dänemark und Irland können allerdings auf die ihnen eingeräumten Sonderregelungen im Titel IV des EG-Vertrages einseitig verzichten.

Beteiligt sich ein Mitgliedstaat zu einem späteren Zeitpunkt an einer zunächst im Wege differenzierter Integration verwirklichten Integrationsmaßnahme, ist er grundsätzlich gezwungen, die Rechtsakte, die von den zunächst beteiligten Mitgliedstaaten erlassen worden sind, zu übernehmen, obwohl er an deren Zustandekommen nicht beteiligt war. Das gilt für alle Anwendungsfälle des Konzeptes der differenzierten Integration im Primärrecht.

D. Ergebnis

Der Vergleich der einzelnen primärrechtlich verwirklichten Anwendungsfälle des Konzeptes der differenzierten Integration ergibt ein differenziertes Bild. Zunächst lässt sich feststellen, dass sie in drei Kategorien eingeteilt werden können.

Die erste Kategorie ist die verstärkte Zusammenarbeit. Diese eröffnet die Möglichkeit, eine Integrationsmaßnahme grundsätzlich in allen Tätigkeitsbereichen der Union bzw. der Gemeinschaft im Wege differenzierter Integration zu verwirklichen. Die Vorschriften zur verstärkten Zusammenarbeit legen also für eine unbestimmte Vielzahl von Fällen fest, unter welchen Voraussetzungen eine Integrations-

---

44 Dazu oben Teil II, § 9, S. 291 ff. Zur Rechtspflicht, den Euro einzuführen, siehe auch die Nachweise oben in Teil I, § 3, Fn. 40.

45 Dazu oben Teil III, § 10, S. 306 und S. 324.

maßnahme im Wege differenzierter Integration verwirklicht werden kann. Zulässig ist sie nur, wenn verschiedene Bedingungen erfüllt sind, die dem Schutz der Interessen der Gemeinschaft dienen und die sicherstellen, dass ein Vorgehen im Wege differenzierter Integration nur das letzte Mittel im Integrationsprozess ist. Zusätzlich ist eine ausdrückliche Ermächtigung durch den Rat erforderlich. Erst mit diesem Beschluss stehen der betroffene Tätigkeitsbereich und die beteiligten Mitgliedstaaten fest.

Die zweite Kategorie bilden die Sonderregelungen, die nur für einzelne Mitgliedstaaten gelten. Zu diesen Sonderregelungen gehören das Schengen-Protokoll, die Sonderregelungen, die den Titel IV des EG-Vertrages betreffen, das Sozialprotokoll und, wenngleich nur mit Einschränkungen, die Regelungen, die für Dänemark und Großbritannien in der Wirtschafts- und Währungsunion gelten. Die differenzierte Integration entstand in diesen Fällen bereits mit dem In-Kraft-Treten des geänderten Primärrechts. Auch stand bereits zu diesem Zeitpunkt der Kreis der Mitgliedstaaten, die sich an der Integrationsmaßnahme beteiligen, und der betroffene Tätigkeitsbereich fest. Abgesehen von den Voraussetzungen des Vertragsänderungsverfahrens, waren keine weiteren Bedingungen für das Vorgehen im Wege differenzierter Integration zu erfüllen. Die Sonderregelungen ermöglichen es, auf die Union bzw. die Gemeinschaft neue Zuständigkeiten zu übertragen.

Die Vorschriften, die es ermöglichen, die Wirtschafts- und Währungsunion im Wege differenzierter Integration zu verwirklichen, bilden mit Ausnahme der Sonderregelungen, die für Dänemark und Großbritannien gelten, die dritte Kategorie. Diese enthält zwar Elemente der beiden anderen, unterscheidet sich jedoch deutlich von diesen. Im Gegensatz zu den anderen Formen der differenzierten Integration im Primärrecht war die Verwirklichung der Wirtschafts- und Währungsunion im Wege differenzierter Integration zwingend für einen bestimmten Fall vorgeschrieben, und zwar den, dass nicht alle Mitgliedstaaten den Euro zugleich einführen konnten. Welche Mitgliedstaaten sich voll an der Integrationsmaßnahme beteiligen, wurde zudem in einem Auswahlverfahren festgelegt, das in den anderen Formen differenzierter Integration keine Entsprechung hat. Parallelen zu den Sonderregelungen bestehen jedoch insoweit als auch die Vorschriften, die in der Wirtschafts- und Währungspolitik eine differenzierte Integration ermöglichen, es möglich machten, neue Zuständigkeiten auf die Gemeinschaft zu übertragen.

Feststellen lässt sich auf Grund des Vergleiches der einzelnen Anwendungsfälle weiterhin, dass die Union das Konzept der differenzierten Integration als Hilfsmittel im Integrationsprozess anwendet. Die Union greift zudem auf das Konzept zurück, gleich welcher Art die Gründe sind, die ein gemeinsames Vorgehen aller Mitgliedstaaten verhindern. Allerdings ist die uneingeschränkte Anwendbarkeit des Unions- bzw. des Gemeinschaftsrechts weiterhin die Regel.[46] Die Union wendet das Konzept der differenzierten Integration nur als letztes Mittel an. Für die verstärkte Zusammenarbeit ist das primärrechtlich ausdrücklich festgelegt. Für die

---

46 In diesem Sinne etwa auch *Blanke*, (Fn. 4), vor Art. 43–45 EUV Rdnr. 18 und 23.

anderen Formen der differenzierten Integration ergibt sich im Lichte der umfangreichen Änderungen des Primärrechts seit dem Vertrag von Maastricht, dass ein Vorgehen im Wege differenzierter Integration weiterhin die Ausnahme ist.

Vor allem ergibt der Vergleich der einzelnen Anwendungsfälle des Konzeptes der differenzierten Integration aber, dass bislang jeweils die unterschiedlichsten Anwendungsbedingungen miteinander kombiniert worden sind. Das gilt bereits hinsichtlich der Frage, wie die Situation einer differenzierten Integration in den einzelnen Fällen entsteht, und setzt sich über die Regelung der Folgen, die das Vorgehen im Wege differenzierter Integration hat, bis hin zu den Möglichkeiten, die vorgesehen sind, die Situation der differenzierten Integration zu beenden, fort. Zwischen den einzelnen Anwendungsfällen des Konzeptes der differenzierten Integration im Primärrecht lassen sich insoweit nur wenige Gemeinsamkeiten feststellen. Die Möglichkeit, eine Integrationsmaßnahme im Wege differenzierter Integration unter den unterschiedlichsten Bedingungen zu verwirklichen, sieht das Konzept der differenzierten Integration ausdrücklich vor.[47] Diese Offenheit zeichnet es aus. Offenbar macht sich die Union gerade sie zu nutze. Sie wendet das Konzept also nicht im Sinne eines ganz bestimmten Modells der differenzierten Integration an, wie es etwa unter den Begriffen „abgestufte Integration" oder „variable Geometrie" diskutiert worden ist. Sie lässt sich bei der Verwirklichung der einzelnen Anwendungsfälle vielmehr davon leiten, spezifische Einzellösungen für konkrete Probleme zu finden.

Der Ansatz, den die Mitgliedstaten wählten, um die Wirtschafts- und Währungsunion im Wege differenzierter Integration zu verwirklichen, ist daher insoweit einzigartig. Er ist ein Modell, das entwickelt worden ist, um mit der spezifischen Situation umzugehen, dass nicht alle Mitgliedstaaten zum selben Zeitpunkt die einheitliche Währung einführen können bzw. wollen. Eine Entsprechung in anderen Formen der differenzierten Integration hat dieser Ansatz nicht. Möglicherweise erklärt sich gerade aus diesem Einzelfallansatz das positive Fazit, das eingangs dieses Kapitels hinsichtlich der Verwirklichung der Wirtschafts- und Währungsunion im Wege differenzierter Integration gezogen werden konnte.

---

47 Dazu oben Teil I, § 2, S. 14 ff.

Zusammenfassung

1. Die währungspolitische Zusammenarbeit in der EG hat eine lange Tradition. Sie ist durch eine stete Vertiefung des Integrationsstandes gekennzeichnet. Jedoch verzögerten wirtschaftliche Probleme oder die politische Uneinigkeit der Mitgliedstaaten den währungspolitischen Integrationsprozess immer wieder. (S. 3 ff.)

2. Das Konzept der differenzierten Integration eröffnet die Möglichkeit, eine Integrationsmaßnahme zu verwirklichen, an der sich nicht alle Mitgliedstaaten beteiligen können oder wollen. Eine differenzierte Integration liegt vor, wenn ein Rechtsakt auf mindestens einen Mitgliedstaat nicht oder zumindest nicht mit demselben sachlichen Inhalt anwendbar ist. Dieses Konzept kann unter einer Vielzahl von Bedingungen angewendet werden, die im Einzelnen durch eine politische Entscheidung festzulegen sind. (S. 9 ff.)

3. Die Wirtschafts- und Währungsunion ist im Wege differenzierter Integration verwirklicht worden. Es konnten zunächst nur die Mitgliedstaaten die einheitliche Währung einführen, die hierzu bereit und in der Lage waren. So konnte ein Ausweg aus den beiden Problemen im Integrationsprozess gefunden werden, die bis heute der Einführung des Euro in einigen Mitgliedstaaten entgegenstehen, die fehlende wirtschaftliche Konvergenz bzw. die fehlende Bereitschaft, sich voll an einer Wirtschafts- und Währungsunion zu beteiligen. (S. 20 ff.)

4. Das ESZB ist auch dann die zentrale währungspolitische Institution der Gemeinschaft, wenn für einen Mitgliedstaat eine Ausnahmeregelung gilt. Ihm gehören auch bei Bestehen einer Ausnahmeregelung die EZB und die Zentralbanken aller Mitgliedstaaten an. Die EZB bleibt auch in diesem Fall eine Einrichtung der Gemeinschaft, die nationalen Zentralbanken nationale Einrichtungen. Die Mitgliedstaaten müssen allerdings bei der Einrichtung und Organisation ihrer nationalen Zentralbanken bestimmte Vorgaben des EG-Vertrages beachten. (S. 36 ff.)

5. Wenn für einen Mitgliedstaat eine Ausnahmeregelung gilt, entstehen zwischen dem EG-Vertrag und der ESZB-Satzung insgesamt drei Widersprüche, weil der Anwendungsbereich des EG-Vertrages und der ESZB-Satzung unterschiedlich verändert wird. Der erste Widerspruch betrifft die Zusammensetzung des EZB-Rates, der zweite die Ernennung des Direktoriums der EZB. Diese beiden Widersprüche lassen sich im Wege der Auslegung auflösen (S. 42 ff.). Dasselbe gilt für den dritten Widerspruch, der die Ziele des ESZB betrifft. Danach hat das gesamte ESZB auch dann vorrangig das Ziel, die Preisstabilität im Euro-Währungsgebiet zu wahren und gegebenenfalls die Wirtschaftspolitik in den

Mitgliedstaaten des Euro-Währungsgebietes zu unterstützen, wenn für mindestens einen Mitgliedstaat eine Ausnahmeregelung gilt. Für die nationalen Zentralbanken der Staaten, für die eine Ausnahmeregelung gilt, hat diese Zielverpflichtung jedoch nur in den wenigen Fällen Bedeutung, in denen sie als Bestandteil des ESZB dessen Aufgaben und Befugnisse wahrnehmen. Die Ziele festzulegen, die diese Zentralbanken bei der Wahrnehmung ihrer nationalen währungspolitischen Aufgaben und Befugnisse zu verfolgen haben, obliegt den Mitgliedstaaten, für die eine Ausnahmeregelung gilt. (S. 56 ff.)

6. Nur die EZB und die nationalen Zentralbanken des Euro-Währungsgebietes (Eurosystem) nehmen die Aufgaben des ESZB wahr, wenn nicht alle Mitgliedstaaten dem Euro-Währungsgebiet angehören. Diese Aufgaben obliegen dem Eurosystem zudem nur gegenüber dem Euro-Währungsgebiet. Die währungspolitischen Befugnisse der Mitgliedstaaten, für die eine Ausnahmeregelung gilt, bleiben von den Aufgaben des ESZB unberührt. Sie festzulegen, obliegt dem nationalen Recht. (S. 50 ff.)

7. Gehören nicht alle Mitgliedstaaten dem Euro-Währungsgebiet an, übernimmt die EZB zusätzlich einige vorübergehende Aufgaben. Sie nimmt bei der Vorbereitung der für einen Mitgliedstaat geltenden Ausnahmeregelung eine beratende Funktion wahr. Und sie übernimmt die Aufgaben des EWI, die infolge der Gewährung einer Ausnahmeregelung noch wahrgenommen werden müssen. Die Hauptaufgabe, die sie vom EWI übernimmt, ist es zur Schaffung der Voraussetzungen beizutragen, die erforderlich sind, damit alle Mitgliedstaaten den Euro einführen können. (S. 65 ff.)

8. Der Erweiterte Rat der EZB ist ein Beschlussorgan der EZB, das nur besteht, wenn nicht alle Mitgliedstaaten dem Euro-Währungsgebiet angehören. Da ihm im Gegensatz zum EZB-Rat auch die Präsidenten der Zentralbanken angehören, die nicht zum Euro-Währungsgebiet gehören, übernimmt er die Funktion eines wichtigen Bindeglieds zwischen dem Euro-Währungsgebiet und den anderen Währungsgebieten innerhalb der Gemeinschaft. Der Erweiterte Rat der EZB kann grundsätzlich nur beratend tätig werden. Seine Tätigkeit lässt die Zuständigkeiten der für die Währungspolitik verantwortlichen Stellen der Gemeinschaft und der Mitgliedstaaten mit Ausnahmeregelung unberührt. Die Befugnisse des Erweiterten Rates der EZB ergeben sich abschließend aus der ESZB-Satzung. Er ist insbesondere dafür zuständig, die vorübergehenden Aufgaben der EZB wahrzunehmen. (S. 48 ff., S. 115 ff. und S. 153 ff.)

9. Der EG-Rat kann die der EZB primärrechtlich zugewiesenen Aufgaben in der Bankenaufsicht erweitern. Möglich ist insbesondere, der EZB in der Bankenaufsicht Aufgaben zuzuweisen, die sie auch gegenüber den Staaten mit Ausnahmeregelung wahrzunehmen hat. (S. 74 ff.)

10. Die Mitgliedstaaten können ihren nationalen Zentralbanken Aufgaben übertragen, die diese neben denen wahrzunehmen haben, die ihnen als Bestandteil des EZSB obliegen. Die EZB kann allen Mitgliedstaaten die Übertragung solcher Aufgaben unter bestimmten Voraussetzungen untersagen. (S. 76 f.)

11. Der EZB stehen auch dann, wenn für einen Mitgliedstaat eine Ausnahmeregelung gilt, dieselben Handlungsformen zur Verfügung, wie in dem Fall, in dem alle Mitgliedstaaten dem Euro-Währungsgebiet angehören. Die Rechtsakte der EZB, die Außenwirkung haben, lassen in den Staaten, für die eine Ausnahmeregelung gilt, allerdings keine Rechtswirkungen entstehen. Auf die Handlungsformen der EZB, die keine Außenwirkung haben, kann die EZB dagegen mit Ausnahme der Weisung grundsätzlich uneingeschränkt zurückgreifen. Sie kann im Rahmen ihrer Befugnisse insbesondere auch an die Zentralbanken der Staaten, für die eine Ausnahmeregelung gilt, Leitlinien und Beschlüsse richten. Dasselbe gilt für Stellungnahmen und Empfehlungen. Das Recht der EZB und der nationalen Zentralbanken, privatrechtlich zu handeln, wird nicht beeinträchtigt, wenn nicht alle Mitgliedstaaten dem Euro-Währungsgebiet angehören. (S. 78 ff.)

12. Das ESZB kann auf dieselben Kompetenzen zur Wahrnehmung seiner Aufgaben zurückgreifen, die ihm zur Verfügung stehen würden, wenn alle Mitgliedstaaten dem Euro-Währungsgebiet angehören würden. Allerdings ermächtigen die entsprechenden Normen in der Regel nur das Eurosystem. Sie stehen diesem zudem lediglich zur Verfügung, um die Aufgaben wahrzunehmen, die dem ESZB gegenüber dem Euro-Währungsgebiet obliegen. Die währungspolitischen Kompetenzen der Zentralbanken der Staaten, für die eine Ausnahmeregelung gilt, ergeben sich dagegen ganz überwiegend aus dem nationalen Recht. Die wenigen Kompetenzen, die uneingeschränkt auf alle im ESZB verbundenen Zentralbanken anwendbar sind, beeinflussen die Währungshoheit der Mitgliedstaaten, für die eine Ausnahmeregelung gilt, kaum. Im Grundsatz trennen EG-Vertrag und ESZB-Satzung mithin die geld- und währungspolitischen Befugnisse des Euro-Währungsgebietes und die der Mitgliedstaaten, für die eine Ausnahmeregelung gilt, strikt voneinander ab. (S. 84 ff.)

13. Die Höhe des Eigenkapitals der EZB bleibt unverändert, wenn nicht alle Mitgliedstaaten dem Euro-Währungsgebiet angehören. Dieses Kapital zeichnen die Zentralbanken aller Mitgliedstaaten. Lediglich die Zentralbanken der Staaten, die dem Euro-Währungsgebiet angehören, zahlen dieses Kapital jedoch ein. Die Zentralbanken der anderen Mitgliedstaaten sind zunächst allenfalls verpflichtet, einen Kapitalanteil als Beitrag zu den Betriebskosten der EZB einzuzahlen. Sie zahlen ihren Kapitalanteil voll erst dann ein, wenn sie dem Euro-Währungsgebiet beitreten. Verändert sich der Schlüssel, nach dem die Kapitelanteile gezeichnet werden, müssen die Zentralbanken untereinander die eingezahlten Kapitalanteile übertragen, um sicherzustellen, dass die eingezahlten Anteile dem angepassten Zeichnungsschlüssel entsprechen. Die Besonderheiten, die hierbei bestehen, wenn nicht alle Mitgliedstaaten dem Euro-Währungsgebiet angehören, bedürfen einer Regelung durch die EZB. Für Beschlüsse, die das Kapital der EZB betreffen, ist umfassend der EZB-Rat zuständig, der nach einem besonderen Verfahren beschließt, das sich bei Bestehen einer Ausnahmeregelung zudem verändert. Die Interessen der Staaten, die dem

Euro-Währungsgebiet nicht angehören, sind trotz dieser Zuständigkeitsverteilung durch die Mitwirkung des Erweiterten Rates der EZB bzw. durch die Beteiligung dieser Staaten im EG-Rat gewahrt. (S. 125 ff.)

14. Die ESZB-Satzung regelt bei Bestehen einer Ausnahmeregelung nur die Berechnung und Verteilung der monetären Einkünfte des Eurosystems. Das Gemeinschaftsrecht enthält keine Regelungen dazu, wie die monetären Einkünfte der nationalen Zentralbanken der Staaten, für die eine Ausnahmeregelung gilt, zu berechnen oder wie diese zu verwenden sind. (S. 138 ff.)

15. Der von der EZB zu erstellende Jahresabschluss lässt für die Staaten, für die eine Ausnahmeregelung gilt, und deren Zentralbanken keinerlei Rechte und Verpflichtungen entstehen. Der Grund hierfür dürfte sein, eine mögliche Haftung der Staaten mit Ausnahmeregelung für Verluste der EZB auszuschließen. (S. 141 f.)

16. Es ist rechtlich zulässig, dass die EZB derzeit eine konsolidierte Bilanz lediglich für das Eurosystem erstellt. Die EZB könnte allerdings eine solche Bilanz auch für das gesamte ESZB erstellen. (S. 142 ff.)

17. Vorschriften zur „Standardisierung der buchmäßigen Erfassung und Meldung der Geschäfte der nationalen Zentralbanken" kann die EZB grundsätzlich auch gegenüber den Staaten mit Ausnahmeregelung erlassen. Von Relevanz ist diese Befugnis etwa für die von der EZB zu erstellende konsolidierte Bilanz oder die Harmonisierung von Rechtsvorschriften in Vorbereitung der Aufhebung einer Ausnahmeregelung. (S. 144 ff.)

18. Regelungen zur Rechnungsprüfung der nationalen Zentralbanken der Staaten, für die eine Ausnahmeregelung gilt, enthält die ESZB-Satzung nicht. (S. 146)

19. Auf die Einbindung des ESZB in das Rechtsschutzsystem der Gemeinschaft und die Haftung der EZB hat das Bestehen einer Ausnahmeregelung keine Auswirkungen. (S. 147 f.)

20. Bei Bestehen einer Ausnahmeregelung ist die EZB verpflichtet sicherzustellen, dass die Aufgaben des ESZB durch ihre eigene Tätigkeit oder die der nationalen Zentralbanken des Euro-Währungsgebietes erfüllt werden. Die EZB kann die Zentralbanken der Staaten mit Ausnahmeregelung also nicht einsetzen, um die Aufgaben des ESZB zu erfüllen. Diese Zentralbanken sind dementsprechend im Gegensatz zu denen des Euro-Währungsgebietes auch nicht integraler Bestandteil des ESZB, der gemäß den Leitlinien und Weisungen der EZB handelt. Sie behalten vielmehr ihre währungspolitischen Befugnisse nach innerstaatlichem Recht. Nur in wenigen Fällen kann die EZB rechtsverbindliche Rechtsakte gegenüber diesen Zentralbanken erlassen. (S. 149 ff.)

21. Die Zuständigkeitsbereiche der ständigen Beschlussorgane der EZB verändern sich im Grundsatz nicht, wenn einem Mitgliedstaat eine Ausnahmeregelung gewährt wird. Diese haben weitgehend dieselben Aufgaben und Befugnisse, wie in dem Fall, in dem alle Mitgliedstaaten dem Euro-Währungsgebiet an-

gehören. Allerdings ist ihre Hoheitsgewalt in vielen Fällen auf das Euro-Währungsgebiet beschränkt. Für die Arbeitsweise der Beschlussorgane sind deren Geschäftsordnungen von besonderer Bedeutung, da die ESZB-Satzung selbst hierzu nur wenige Regelungen enthält (S. 152 ff.). Die Zuständigkeiten zwischen dem Direktorium und dem EZB-Rat grenzen sich auch bei Bestehen einer Ausnahmeregelung anhand derselben Kriterien ab, wie in dem Fall, in dem alle Mitgliedstaaten dem Euro-Währungsgebiet angehören. (S. 48 ff.)

22. Die Normen, die die Unabhängigkeit des ESZB garantieren, bleiben auch bei Bestehen einer Ausnahmeregelung auf alle Mitgliedstaaten anwendbar. Sie gewähren jedoch den Zentralbanken der Staaten, für die eine Ausnahmeregelung gilt, umfassende Unabhängigkeit nur dann, wenn diese Aufgaben, Rechte und Pflichten im Rahmen des ESZB wahrnehmen. Soweit sie ihre innerstaatlichen währungspolitischen Befugnisse wahrnehmen, garantiert das Gemeinschaftsrecht diesen Zentralbanken (abgesehen von der Mindestamtszeit des Zentralbankpräsidenten) nicht die Unabhängigkeit. Ob und inwieweit ihnen insoweit Unabhängigkeit gewährt wird, obliegt einer Entscheidung der jeweiligen Mitgliedstaaten. (S. 157 ff.)

23. Eine Reihe von Normen, die dem EG-Rat Kompetenzen einräumen, sind auf die Staaten, für die eine Ausnahmeregelung gilt, nicht anwendbar. Erlässt der EG-Rat auf der Grundlage dieser Normen Rechtsakte, muss er die beschränkte Hoheitsgewalt der Gemeinschaft beachten. Für die Staaten mit Ausnahmeregelung dürfen sich aus ihnen keine Rechtswirkungen ergeben. In einigen Fällen verändert sich zudem das Entscheidungsverfahren, in dem Beschlüsse des EG-Rates zu Stande kommen. Insbesondere ruht das Stimmrecht der Mitgliedstaaten, für die eine Ausnahmeregelung gilt, bei Entscheidungen, die auf der Grundlage von Normen ergehen, die nach Art. 122 Abs. 3 EGV für die Staaten mit Ausnahmeregelung nicht gelten. Dasselbe gilt für Entscheidungen, die auf der Grundlage von Normen der ESZB-Satzung ergehen, die gemäß Art. 43.1. ESZB-Satzung für diese Staaten keine Rechte und Verpflichtungen entstehen lassen. Zudem gelten in diesen Fällen besondere Abstimmungsregeln. Im Übrigen verändert sich das Entscheidungsverfahren im EG-Rat nicht. (S. 163 ff.)

24. Mit Beginn der dritten Stufe der Wirtschafts- und Währungsunion hat die Gemeinschaft einen Wirtschafts- und Finanzausschuss eingesetzt, der den Beratenden Währungsausschuss ablöste. Dem Ausschuss gehören neben Vertretern der EZB auch bei Bestehen einer Ausnahmeregelung Vertreter aller Mitgliedstaaten an. Bei Bestehen einer Ausnahmeregelung erweitern sich zudem dessen Aufgaben um einige weitere, die vor Beginn der dritten Stufe vom Beratenden Währungsausschuss wahrgenommen worden sind. (S. 168 f.)

25. Die Euro-Gruppe ist ein informelles Gesprächsforum der Mitgliedstaaten des Euro-Währungsgebietes, das im EG-Vertrag nicht vorgesehen ist. In ihm können alle Fragen behandelt werden, die im Zusammenhang mit der gemeinsamen Währung stehen. Rechtsverbindliche Beschlüsse kann die Euro-Gruppe nicht fassen. (S. 169 ff.)

26. EG-Rat und ESZB sind lediglich befugt, die Wechselkurspolitik des Euro-Währungsgebietes gegenüber Drittstaaten festzulegen. Die wechselkurspolitischen Befugnisse der Staaten, für die eine Ausnahmeregelung gilt, bleiben von gemeinschaftsrechtlichen Vorgaben insoweit unberührt. Lediglich im Zusammenhang mit der Erhebung statistischer Daten, die das ESZB zur Wahrnehmung seiner wechselkurspolitischen Aufgaben benötigt, obliegen auch den Zentralbanken der Staaten, die dem Euro-Währungsgebiet nicht angehören, gewisse unterstützende Funktionen. In engen Grenzen kann die EZB insoweit auch gegenüber diesen Zentralbanken rechtsverbindliche Festlegungen treffen, etwa zur Vertretung des ESZB im internationalen Bereich. Die Zentralbanken der Staaten, für die eine Ausnahmeregelung gilt, sind zudem unter Umständen verpflichtet, die EZB zu Fragen ihrer Wechselkurspolitik gegenüber Drittstaaten anzuhören. (S. 173 ff.)

27. Abweichend vom Wortlaut der Bestimmungen der ESZB-Satzung, in denen die Ausstattung der EZB mit Währungsreserven geregelt ist, können die Währungsreserven, die von den nationalen Zentralbanken des Euro-Währungsgebietes auf die EZB übertragen werden, auch aus Währungen von Mitgliedstaaten bestehen, die dem Euro-Währungsgebiet nicht angehören. Allerdings darf die Zentralbank eines Staates, deren Ausnahmeregelung aufgehoben worden ist, der EZB keine Währungsreserven übertragen, die aus der Währung bestehen, die bislang von ihr ausgegeben worden ist. Sofern eine Ausnahmeregelung besteht, verringert sich zudem der Maximalbetrag, bis zu dem die EZB mit Währungsreserven ausgestattet werden kann. In diesem Fall sind die einzelnen Beiträge, die von den Zentralbanken zu den Währungsreserven zu leisten sind, abweichend vom Wortlaut der entsprechenden Vorschrift der ESZB-Satzung zu berechnen. Rechtliche Probleme stellen sich außerdem bei der Berechnung der Beiträge zu den Währungsreserven, den sonstigen Reserven und Rückstellungen, die von den Zentralbanken zu leisten sind, deren Ausnahmeregelung aufgehoben worden ist. Insoweit ist eine berichtigende Auslegung der ESZB-Satzung erforderlich. (S. 184 ff.)

28. Die Mitgliedstaaten, für die eine Ausnahmeregelung gilt, und die Gemeinschaft sind verpflichtet, ihre jeweilige Wechselkurspolitik als Angelegenheit von gemeinsamem Interesse zu behandeln. Das bedeutet, dass sie insbesondere die Interessen der Gemeinschaft bzw. der anderen Mitgliedstaaten bei wechselkurspolitischen Entscheidungen berücksichtigen müssen. Zudem besteht eine Pflicht zur gegenseitigen Information und Konsultation in wechselkurspolitischen Angelegenheiten. Unter bestimmten engen Voraussetzungen können sich auch andere Handlungs- bzw. Unterlassenspflichten ergeben, etwa das Verbot der Abwertung der eigenen Währung. Die Verpflichtung, die Wechselkurspolitik als Angelegenheit von gemeinsamem Interesse zu behandeln, verändert die Kompetenzverteilung in der Wechselkurspolitik zwischen den Mitgliedstaaten und der Gemeinschaft nicht. (S. 199 ff.)

29. Die EZB und die nationalen Zentralbanken der Staaten, die dem Euro-Währungsgebiet nicht angehören, haben das so genannte WKM II Abkommen abge-

schlossen. Der EG-Rat hätte dieses innergemeinschaftliche Wechselkurssystem auf der Grundlage des Art. 111 EGV in analoger Anwendung schaffen können. Die EZB hat die Kompetenz zum Abschluss dieses Abkommens aus der *implied-powers* Lehre. Die Teilnahme am Wechselkursmechanismus des WKM II ist freiwillig. Das WKM II Abkommen gestaltet die Wechselkursbeziehungen zwischen dem Euro-Währungsgebiet und den Staaten mit Ausnahmeregelung umfassend aus. Es lässt zudem Spielraum für die Vielzahl wechselkurspolitischer Optionen. (S. 206 ff.)

30. Der EG-Vertrag enthält ein differenziertes Instrumentarium, mit dem reagiert werden kann, wenn ein Mitgliedstaat, für den eine Ausnahmeregelung gilt, in Zahlungsbilanzschwierigkeiten gerät. (S. 223 ff.)

31. Die einseitige Einführung des Euro in einem Mitgliedstaat, für den eine Ausnahmeregelung gilt, ist nicht prinzipiell ausgeschlossen. Sie ist allerdings unzulässig, wenn sie nicht ohne weiteres rückgängig gemacht werden kann. Nicht ohne weiteres rückgängig gemacht werden kann sie in der Regel dann, wenn sie mit der vollständigen Aufgabe des eigenen nationalen Bargeldes einhergeht. Die einseitige Einführung des Euro ist zudem dann unzulässig, wenn sie einen Rechtsmissbrauch darstellt. (S. 226 ff.)

32. Obwohl eine ausdrückliche Regelung hierzu fehlt, ist die gesamte Währungspolitik eine Angelegenheit von gemeinsamem Interesse. Dieser Grundsatz leitet sich aus dem der loyalen Zusammenarbeit ab. Danach sind die Mitgliedstaaten, für die eine Ausnahmeregelung gilt, insbesondere verpflichtet, auf die Interessen der anderen Mitgliedstaaten bzw. die der Gemeinschaft Rücksicht zu nehmen. Sie müssen sich gegenseitig in allen währungspolitischen Angelegenheiten umfassend informieren und konsultieren. Im Einzelfall können sich auch weitere Handlungs- oder Unterlassungspflichten ergeben. (S. 231 ff.)

33. Die primärrechtlichen Vorschriften zur Koordination und Überwachung der Wirtschaftspolitiken der Mitgliedstaaten und der Gemeinschaft sind uneingeschränkt auf alle Mitgliedstaaten anwendbar. Gleichwohl bestehen Besonderheiten auf sekundärrechtlicher Ebene. So unterscheidet die Gemeinschaft in den im Zusammenhang mit diesem Verfahren verabschiedeten Grundzügen der Wirtschaftspolitik zwischen den Mitgliedstaaten des Euro-Währungsgebietes und denen, für die eine Ausnahmeregelung gilt. Das ist sachgerecht. Es trägt den Unterschieden zwischen den Mitgliedstaaten Rechnung und ist mit dem Gemeinschaftsrecht vereinbar. (S. 241 ff.)

34. Die Währungspolitik darf im Verfahren nach Art. 99 EGV nicht koordiniert werden. Die wirtschaftspolitischen Grundentscheidungen dürfen in diesem Verfahren lediglich auf ihre währungspolitischen Wirkungen hin bewertet werden. (S. 246 ff.)

35. Der Stabilitäts- und Wachstumspakt enthält unterschiedliche Regelungen für die Mitgliedstaaten, für die eine Ausnahmeregelung gilt, und die Staaten, die dem Euro-Währungsgebiet angehören. Der Stabilitäts- und Wachstumspakt

trägt so den Unterschieden zwischen den Mitgliedstaaten, die dem Euro-Währungsgebiet angehören, und den Mitgliedstaaten, die ihre nationale Währung behalten haben, Rechnung. Beispielsweise müssen die Mitgliedstaaten, für die eine Ausnahmeregelung gilt, Konvergenzprogramme vorlegen, wogegen die des Euro-Währungsgebietes Stabilitätsprogramme vorlegen. Beide Arten von Programmen entsprechen sich inhaltlich allerdings weitgehend. Die Konvergenzprogramme enthalten lediglich einige zusätzliche Informationen, die im Zusammenhang mit der angestrebten Aufhebung der Ausnahmeregelung stehen. Teilweise wird durch die unterschiedlichen Regelungen zudem nachvollzogen, dass Teile des Verfahrens der Haushaltsüberwachung auf die Staaten, für die eine Ausnahmeregelung gilt, nicht anwendbar sind. (S. 250 ff. und S. 268 ff.)

36. Art. 100 EGV kann nicht Grundlage für Maßnahmen sein, mit denen auf eine Zahlungsbilanzkrise eines Staates, für den eine Ausnahmeregelung gilt, reagiert werden soll. Solche Maßnahmen sind nur auf der Grundlage der Art. 119 f. EGV möglich. Sollte dagegen das Euro-Währungsgebiet in Zahlungsbilanzschwierigkeiten geraten, sind Maßnahmen auf der Grundlage des Art. 100 EGV denkbar. (S. 255 ff.)

37. Die Verordnung (EG) Nr. 3603/93 lässt in bestimmten Fällen den direkten Erwerb von handelbaren Schuldtiteln der Mitgliedstaaten durch eine Zentralbank zu. An sich ist das nach Art. 101 EGV untersagt. Zulässig ist ein solcher Erwerb nur dann, wenn eine Zentralbank einen Schuldtitel eines Mitgliedstaates erwirbt, für den sie nicht die währungspolitische Verantwortung trägt. (S. 258 ff.)

38. Bei der Anwendung der in den Art. 100, 119 und 120 EGV vorgesehenen Beistandsmechanismen muss sichergestellt werden, dass kein Konflikt mit dem Verbot der monetären Haushaltsfinanzierung entsteht. Dasselbe gilt für die Ausgestaltung von Kreditmechanismen in einem Wechselkurssystem zwischen dem Euro und den Währungen der Staaten mit Ausnahmeregelung. Die derzeitige Ausgestaltung der Kreditmechanismen des WKM II Abkommens ist mit dem Verbot der monetären Haushaltsfinanzierung vereinbar. (S. 260 f.)

39. Gegen die Mitgliedstaaten, für die eine Ausnahmeregelung gilt, können im Verfahren der Haushaltsüberwachung keine Sanktionen verhängt werden. Diese Staaten können den Euro allerdings nicht einführen, wenn der EG-Rat festgestellt hat, dass sie ein übermäßiges öffentliches Defizit aufweisen. Die Stimmen der Mitgliedstaaten, für die eine Ausnahmeregelung gilt, ruhen bei allen Beschlüssen, die im Zusammenhang mit der Verhängung oder Aufhebung von Sanktionen stehen. Für die im EG-Rat erforderliche Mehrheit für das Zustandekommen von Beschlüssen im Verfahren der Haushaltsüberwachung, ist zum Teil eine besondere qualifizierte Mehrheit erforderlich. (S. 261 ff.)

40. Die Gemeinschaft entscheidet über die Aufhebung einer Ausnahmeregelung entweder alle zwei Jahre oder auf Antrag eines Mitgliedstaates, für den eine Ausnahmeregelung gilt. Im Aufhebungsverfahren erstellen die EZB und die

Kommission zunächst jeweils einen so genannten Konvergenzbericht. In diesen Berichten prüfen sie, ob ein Mitgliedstaat die Voraussetzungen für die Einführung des Euro erfüllt. Maßstab hierfür sind insbesondere, nicht aber ausschließlich, die vier Konvergenzkriterien. Kommission und EZB sind bei der Konvergenzprüfung an den allgemeinen Gleichheitssatz gebunden. Sie müssen zudem im Zweifelsfall die Auslegung wählen, die am ehesten geeignet ist, die Preisstabilität im Euro-Währungsgebiet sicherzustellen. Ob bei der Konvergenzprüfung ein Beurteilungsspielraum besteht, ist dagegen eine Frage des Einzelfalles. (S. 270 ff.)

41. Um das Konvergenzkriterium der Preisstabilität zu erfüllen, muss ein Mitgliedstaat mit Ausnahmeregelung zunächst eine anhaltende Preisstabilität aufweisen. Das ist dann der Fall, wenn sich feststellen lässt, dass er nicht nur gegenwärtig, sondern auch in der Zukunft die Voraussetzungen für die Aufrechterhaltung stabiler Preise erfüllt. Er muss zudem eine Referenzinflationsrate einhalten. Wie diese zu berechnen ist, ist im Einzelfall zu bestimmen. Die Berechnung muss sich jedoch am Sinn und Zweck dieses Konvergenzkriteriums orientieren. Dieser ist sicherzustellen, dass die regionalen Inflationsunterschiede im Euro-Währungsgebiet nicht zu stark voneinander abweichen. Auf die durchschnittliche Inflationsrate im Euro-Währungsgebiet darf insoweit jedoch nicht zurückgegriffen werden. Und auch die Inflationsraten von Mitgliedstaaten, deren Ausnahmeregelung vermutlich nicht aufgehoben wird, dürfen nicht in die Berechnung einbezogen werden. Ein Mitgliedstaat, für den eine Ausnahmeregelung gilt, und dessen Inflationsrate um mehr als 1,5 % unter der Referenzinflationsrate liegt, kann den Euro nicht einführen, weil die regionalen Inflationsraten im Euro-Währungsgebiet ansonsten zu stark voneinander abweichen. Wenn ein Mitgliedstaat die Referenzinflationsrate einhält, ist er unter Umständen auch dann verpflichtet, den Euro einzuführen, wenn das Euro-Währungsgebiet selbst eine Inflationsrate aufweist, die nicht mehr als Ausdruck stabiler Preise gelten kann. (S. 274 ff.)

42. Das Konvergenzkriterium der tragbaren Finanzlage der öffentlichen Hand ist formal. Es ist dann erfüllt, wenn keine Entscheidung des EG-Rates über das Bestehen eines übermäßigen Defizits besteht. (S. 280 ff.)

43. Das Konvergenzkriterium der Wechselkursstabilität bleibt auch im Verfahren der Aufhebung einer Ausnahmeregelung anwendbar. Ein Mitgliedstaat hält die normalen Bandbreiten des EWS im Sinne dieses Konvergenzkriteriums ein, wenn sich der Wechselkurs seiner Währung in der Nähe des für ihn im WKM II geltenden Leitkurses bewegt. Ob das der Fall ist, bemisst sich maßgeblich danach, ob der Wechselkurs die Schwankungsbreite von ± 2,25 % eingehalten hat, die jedoch zeitweise überschritten werden darf. Um das Konvergenzkriterium zu erfüllen, ist zudem eine zweijährige Teilnahme am Wechselkursmechanismus des WKM II Abkommens erforderlich. Außerdem darf der betreffende Mitgliedstaat seine Währung in diesen zwei Jahren nicht von sich aus abgewertet haben. (S. 280 ff.)

44. Auch bei der Bestimmung des Kriteriums der Konvergenz der Zinssätze ist nur im Einzelfall zu beurteilen, auf welche der denkbaren Berechnungsmöglichkeiten zurückzugreifen ist. Auf den Durchschnitt des Euro-Währungsgebietes darf allerdings nicht zurückgegriffen werden. Ebenso dürfen die Zinssätze von Mitgliedstaaten, deren Ausnahmeregelung im laufenden Prüfverfahren voraussichtlich nicht aufgehoben wird, nicht in die Berechnung einfließen. (S. 288 f.)

45. In die Konvergenzberichte fließen alle ökonomischen Aspekte ein, die für die Beurteilung der Frage maßgeblich sind, ob ein Mitgliedstaat die Voraussetzungen für die Einführung der einheitlichen Währung erfüllt. Politische Zweckmäßigkeitserwägungen sind dagegen nicht relevant. Neben den ökonomischen Aspekten ist jedoch auch zu prüfen, ob ein Mitgliedstaat sein innerstaatliches Recht im Bereich der Wirtschafts- und Währungspolitik an die gemeinschaftsrechtlichen Vorgaben angepasst hat. (S. 289 ff.)

46. Der ECOFIN-Rat hebt die für einen Mitgliedstaat geltende Ausnahmeregelung auf, wenn dieser Staat „die auf den Kriterien des Art. 121 Absatz 1 beruhenden Voraussetzungen" erfüllt. Diese Voraussetzungen sind identisch mit den „notwendigen Voraussetzungen" für die Einführung des Euro, die bei der Entscheidung über den Eintritt in die dritte Stufe der Wirtschafts- und Währungsunion zu erfüllen waren. Der EG-Rat ist bei seiner Entscheidung insbesondere an die Konvergenzkriterien gebunden. Deren Erfüllung ist Mindestvoraussetzung für die Aufhebung einer Ausnahmeregelung. Darüber hinaus müssen aber auch die sonstigen Voraussetzungen für die Einführung des Euro erfüllt sein. (S. 291 ff.)

47. Hebt der EG-Rat die für einen Mitgliedstaat geltende Ausnahmeregelung auf, trifft er alle weiteren Maßnahmen, die für die Einführung des Euro in diesem Staat erforderlich sind. Insbesondere legt er den Umrechnungskurs der Währung dieses Staates zum Euro fest. Bei den entsprechenden Beschlüssen sind nur die Mitgliedstaaten des Euro-Währungsgebietes und der Staat, dessen Ausnahmeregelung aufgehoben worden ist, stimmberechtigt. Dementsprechend lassen diese Rechtsakte auch in den Mitgliedstaaten, die bei ihrer Annahme nicht stimmberechtigt sind, keinerlei Rechte und Verpflichtungen entstehen. (S. 299 ff.)

48. Die Rechtsstellung Dänemarks entspricht in der Wirtschafts- und Währungsunion weitgehend derjenigen der Staaten, für die eine Ausnahmeregelung gilt. Besonderheiten bestehen jedoch insoweit als die Sonderregelungen, die für Dänemark gelten, nur auf einen entsprechenden Antrag Dänemarks hin aufgehoben werden können. (S. 306)

49. Die Rechtsstellung Großbritanniens in der Wirtschafts- und Währungsunion wird in einem gesonderten Protokoll mit erheblichem Regelungsaufwand ausgestaltet. Gleichwohl unterscheidet sich die Rechtsstellung Großbritanniens in der Wirtschafts- und Währungsunion im Ergebnis nur in wenigen, allerdings überwiegend bedeutenden Fällen von derjenigen der Staaten mit Ausnahmeregelung. Auf Grund der Sonderregelungen ist Großbritannien zudem nur

dann verpflichtet, den Euro einzuführen, wenn es einen entsprechenden Antrag stellt. Die Voraussetzungen, unter denen Großbritannien den Euro einführen kann, sind jedoch im Übrigen dieselben, die auch für die Staaten mit Ausnahmeregelung gelten. (S. 306 ff.)

50. Der Vertrag über eine Verfassung für Europa verändert die Vorschriften zur Wirtschafts- und Währungsunion erheblich. Die meisten Veränderungen sind jedoch lediglich redaktioneller Natur. Allerdings verändert sich in insgesamt sieben Fällen die Rechtslage im Vergleich zur derzeitigen. Unbeschadet dessen kann jedoch auf die Ergebnisse dieser Arbeit auch nach dem In-Kraft-Treten des Verfassungsvertrages weitgehend zurückgegriffen werden. (S. 327 ff.)

51. Der Ansatz, in dem die differenzierte Integration in der Wirtschafts- und Währungsunion ermöglicht worden ist, ist im Vergleich zu anderen Anwendungsfällen des Konzeptes der differenzierten Integration einzigartig. Er hat in den anderen Anwendungsfällen dieses Integrationskonzeptes keine Entsprechung. Möglicherweise erklärt sich auch aus diesem Einzelfallansatz, dass die Wirtschafts- und Währungsunion ein gelungenes Beispiel für die Anwendung und die Leistungsfähigkeit des Konzeptes der differenzierten Integration ist. (S. 350 ff.)

Literaturverzeichnis

Adomeit, Klaus, Latein für Jurastudenten, 3. Auflage, Berlin 2001

Albors-Llorens, Albertina, Changes in the Jurisdiction of the European Court of Justice under the treaty of Amsterdam, CMLR 1998, S. 1273 ff.

Alesina, Alberto / Grilli, Vittorio, On the feasibility of a one-speed or multispeed European Monetary Union, in: *Eichengreen, Barry / Frieden, Jeffry* (Hrsg.), The Political Economy of European Monetary Unification, Boulder 1994, S. 107 ff.

Allemand, Frédéric, The impact of EU enlargement on Economic and Monetary Union: What lessons can be learnt from the differentiated integration mechanisms in an enlarged Europe?, European Law Journal 2005, S. 586 ff.

Altmann, Jörn, Ist die Europäische Union ein optimaler Währungsraum?, Wirtschaftsdienst 1994, S. 312 ff.

Amato, Giuliano / Christophersen, Henning, u.a. (Hrsg.), Ist die Europäische Währungsunion tot?, Brüssel 1994

Ambrosi, Gerhard Michael, Economic policy coordination, in: *Louis, Jean-Victor / Bronkhorst, Hajo* (Hrsg.), The Euro and European Integration, Brüssel 1999, S. 231 ff.

Amtenbrink, Fabian, The European Central Bank – democratically accountable or unrestrained, NJB 1999, S. 2 ff.

ders. / Haan, Jakob de, The European Central Bank: An independent specialized organization of community law, CMLR 2002, S. 65 ff.

dies., Economic governance in the European Union: Fiscal policy discipline versus flexibility, CMLR 2003, S. 1075 ff.

dies. / Sleijpen, O. C. H. M., Stability and Growth Pact: Placebo or Panacea?, European Business Law Review 1997, S. 202 ff. (Teil I), und S. 233 ff. (Teil II)

Amtmann, Thomas, Die Geldpolitik der Europäischen Zentralbank, Europablätter 2001, S. 36 ff.

Angeloni, Ignazio / Gaspar, Vitor / Tristani, Oreste, The monetary policy strategy of the ECB, in: *Cobham, David / Zis, George* (Hrsg.), From EMS to EMU – 1979 to 1999 and beyond, Basingstoke 1999, S. 3 ff.

Apel, Emmanuel, European Monetary Integration 1958 – 2002, London 1998

Areilza, José M., Enhanced Cooperation in the Treaty of Amsterdam: some critical remarks, Cambridge 1998

Arl, Thorsten Günther, Sozialpolitik nach Maastricht, Frankfurt (Main) 1997

Arrowsmith, John, Economic and Monetary Union in a Multi-Tier Europe, National Institute Economic Review 1995, S. 76 ff.

Artis, Michael J., European Monetary Union, in: *ders. / Lee, Norman* (Hrsg.), The Economics of the European Union, Oxford 1997, S. 349 ff.

ders., The UK and EMU, in: *Cobham, David / Zis, George* (Hrsg.), From EMS to EMU – 1979 to 1999 and beyond, Basingstoke 1999, S. 161 ff.

ders. / Lee, Norman (Hrsg.), The Economics of the European Union, Oxford 1997

Aschinger, Gerhard, Probleme auf dem Weg zum Euro, Wirtschaftsdienst 1997, S. 580 ff.

Aspetsberger, Axel / Gnan, Ernest / Pauer, Franz / Schubert, Aurel, Auf dem Weg zur Wirtschafts- und Währungsunion – von der Währungskooperation zu einer gemeinsamen Geld- und Währungspolitik, in: *Röttinger, Moritz / Weyringer, Claudia* (Hrsg.), Handbuch der Europäischen Integration, 2. Auflage, Wien 1996, S. 370 ff.

Association for the Monetary Union of Europe (Hrsg.), European Monetary Union in a Turbulent World Economy, Brüssel 1991

Bakker, Age, The liberalization of capital movements in Europe: The Monetary Committee and financial integration, Dordrecht 1996

Baldassarri, Mario / Mundell, Robert (Hrsg.), Building the New Europe, Volume 1: The Single Market and Monetary Union, Basingstoke 1993

Bankier, Daniela, Die Einhaltung der Stabilitätskriterien in der dritten Stufe der Europäischen Wirtschafts- und Währungsunion und die Rechtsstellung der Nichtmitglieder, in: *Rill, Heinz Peter / Griller, Stefan* (Hrsg.), Rechtsfragen der Europäischen Wirtschafts- und Währungsunion, Wien 1998, S. 93 ff.

Bareis, Peter / Ohr, Renate (Hrsg.), Europäische Integration auf Abwegen, Stuttgart 1992

Bark, Felix, Das gemeinschaftsrechtliche Defizitverfahren, Frankfurt (Main) 2004

Barnes, Ian / Barnes, Pamela M., The enlarged European Union, Essex 1995

Bauer, Hartmut, Die Bundestreue, Tübingen 1992

Baumgartner, Josef / Breuss, Fritz / Kramer, Helmut / Walterskirchen, Ewald, Auswirkungen der Wirtschafts- und Währungsunion, Wien 1997

Baur, Irene, Die Haftung der Europäischen Zentralbank, Frankfurt (Main) 2001

Baur, Jürgen F. / Müller-Graff, Peter-Christian / Zuleeg, Manfred (Hrsg.), Europarecht: Energierecht: Wirtschaftsrecht: Festschrift für *Bodo Börner*, Köln 1992 (FS *Börner*)

Beaumont, Paul / Walker, Neil (Hrsg.), Legal framework of the single european currency, Oxford 1999

Beck, Heiko, Abgestufte Integration im Europäischen Gemeinschaftsrecht unter besonderer Berücksichtigung des Umweltrechts, Frankfurt (Main) 1995

Becker, Ulrich, Differenzierungen der Rechtseinheit durch „abgestufte Integration“, EuR 1998 – Beiheft 1 –, S. 29 ff.

ders., EU-Erweiterung und differenzierte Integration: Zu beitrittsbedingten Übergangsregelungen am Beispiel der Arbeitnehmerfreizügigkeit, Baden-Baden 1999

Becker-Neetz, Gerald, Rechtliche Probleme im Zusammenhang mit der Europäischen Währungsunion, EWS 1996, S. 369 ff.

Behrendt, Phillip, Das Mindestreservesystem des ESZB und elektronisches Geld, EuZW 2002, S. 364 ff.

Behrens, Peter, Integrationstheorie, RabelsZ 1981, S. 8 ff.

Belke, Ansgar / Baumgärtner, Frank, Die EZB und die Erweiterung – eine ökonomische und rechtliche Kurzanalyse des neuen Rotationsmodells, Integration 2004, S. 75 ff.

ders. / Hebler, Ansgar, Euroisierung der mittel- und osteuropäischen EU-Beitrittskandidaten – ein alternativer Weg in die Währungsunion?, Stuttgart 2002

ders. / Kruwinnus, Dirk, Erweiterung der EU und Reform des EZB-Rates, Wirtschaftsdienst 2003, S. 325 ff.

Bender, Tobias, Die verstärkte Zusammenarbeit nach Nizza, ZaöRV 2001, S. 729 ff.

Benesch, Marion, Devisenmarktinterventionen in Theorie und Praxis, Frankfurt (Main) 1999

Berg, Wilfried, Die Problematik der Verwendung unbestimmter Rechtsbegriffe, dargestellt am Beispiel der „Novel Food“-Verordnung, ZLR 1993, S. 455 ff.

Besters, Hans / Gleske, Leonhard, Zur Diskussion um eine Europäische Währungsunion, in: *Wildenmann, Rudolf* (Hrsg.), Optionen für eine Europäische Union, Baden-Baden 1991, S. 199 ff.

Beutler, Bengt / Bieber, Roland / Pipkorn, Jörn / Streil, Jochen, Die Europäischen Union – Rechtsordnung und Politik, 4. Auflage, Baden-Baden 1993

Bieber, Roland, Zur Bedeutung der Einheitlichen Europäischen Akte für Rechtsentwicklung und Integrationskonzept der Europäischen Gemeinschaft, ÖZföRV 1988, S. 211 ff.

ders. / Kahil, Bettina / Kallmayer, Sonja, Differenzierte Integration in Europa – Handlungsspielräume für die Schweiz?, Chur 2000

Bilger, Francois, Europäische Währungsordnung, ORDO 1993, S. 15 ff.

Bindseil, Ulrich / Manzanares, Andreas / Weller, Bendedict, The role of central bank capital revisited, Frankfurt (Main) 2004

Bini Smaghi, Lorenzo, How can the ECB be credible?, Badia Fiesolana 1996

Bishop, Graham, Die ECU: Korbwährung ohne Zukunft oder Keimzelle einer neuen Euro-Währung?, in: *Weber, Manfred* (Hrsg.), Europa auf dem Weg zur Währungsunion, Darmstadt 1991, S. 193 ff.

Blanke, Hermann-Josef, Die Zuständigkeiten der Union, ZfG 2004, S. 225 ff.
Bleckmann, Albert, Art. 5 EWG-Vertrag und die Gemeinschaftstreue, DVBl. 1976, S. 483 ff.
ders., Der Vertrag über die Europäische Union, DVBl. 1992, S. 335 ff.
ders., Europarecht, 6. Auflage, Köln 1997
Blumenwitz, Dieter / Schöbener, Burkhard, Stabilitätspakt für Europa: die Sicherstellung mitgliedstaatlicher Haushaltsdisziplin im Europa- und Völkerrecht, Frankfurt (Main) 1997
Böckstiegel, Karl-Heinz / Folz, Hans-Ernst / Mössner, Jörg Manfred / Zemanek, Karl (Hrsg.), Festschrift für *Ignaz Seidl-Hohenveldern*, Köln 1988
Bofinger, Peter, Die europäische Währungsintegration in der Stufe II, Wirtschaftsdienst 1994, S. 627 ff.
ders., Eine Währungsunion der EG-Kernländer: Viel Pro – Viel Contra, Orientierungen zur Wirtschafts- und Gesellschaftspolitik 1993, S. 54 ff.
ders. / Collignon, Stefan / Lipp, Ernst-Moritz (Hrsg.), Währungsunion oder Währungschaos? Was kommt nach der D-Mark, Wiesbaden 1993
Bogdandy, Armin von / Bast, Jürgen, Die vertikale Kompetenzordnung der Europäischen Union, EuGRZ 2001, S. 441 ff.
Bognar, Zoltan, Europäische Integration und Außenwirtschaftsbeziehungen, Baden-Baden 1997
Borchardt, Klaus-Dieter, Sozialer Irrweg, EuZW 1994, S. 353
Borell, Rolf, Zur Europäischen Währungsunion – Analysen und Folgerungen, Wiesbaden 1996
Borries, Reimer von, Die Europäische Zentralbank als Gemeinschaftsinstitution, ZEuS 1999, S. 281 ff.
Brandt, Willy, Rede vor der Organisation Française du Mouvement Européen in Paris, abgedruckt in EA 1975, S. D 33 ff.
Brentford, Philip, Constitutional Aspects of the independence of the European Central Bank, ICLQ 1998, S. 75 ff.
Breuss, Fritz, Die Wirtschafts- und Währungsunion, Wien 1996
ders. / Griller, Stefan, Flexible Integration in Europa – Einheit oder „Europe à la carte"?, Wien 1998
Brinster, Stephanie, Eintritt in die Europäische Wirtschafts- und Währungsunion, Aachen 2005
Bruha, Thomas / Nowak, Carsten, Recht auf Austritt aus der Europäischen Union?, Archiv des Völkerrechts 2004, S. 1 ff.
ders. / Straubhaar, Thomas, Ante-Portas Strategien für die MOEL, in: *Hasse, Rolf R. / Schenke, Karl-Ernst / Czege, Andreas Waas von* (Hrsg.), Erweiterung und Vertiefung der Europäischen Union, Baden-Baden 2000, S. 63 ff.
Buchmüller, Patrik / Marte, Andreas, Der Stabilitätspakt auf dem Prüfstand, Wirtschaftsdienst 2004, S. 261 ff.
Buiter, Willem / Grafe, Clemens, Anchor, Float or Abandon Ship: Exchange Rate Regimes for the Accession Countries, London 2002
Burgard, Hermann, Währungsrecht und Währungspolitik in der E.G., in: *Hahn, Hugo J.* (Hrsg.), Integration und Kooperation im Europäischen Währungswesen, Baden-Baden 1980, S. 41 ff.
Burmeister, Joachim (Hrsg.), Verfassungsstaatlichkeit: Festschrift für *Klaus Stern*, München 1997
Busch, Berthold, Europäische Union: Erwartungen an die Regierungskonferenz 1996, Köln 1996
Buttlar, Christian von, Rechtsprobleme der „verstärkten Zusammenarbeit" nach dem Vertrag von Nizza, ZEuS 2001, S. 649 ff.

Caesar, Rolf, Central banks and governments: issues, traditions, lessons, in: Financial History Review 1995, S. 119 ff.
ders., Der Delors-Bericht: ein wegweisendes Dokument?, Wirtschaftsdienst 1989, S. 271 ff.
ders., Die Unabhängigkeit der Notenbank im demokratischen Staat, ZRP 1980, S. 347 ff.
ders. / Scharrer, Hans Eckart (Hrsg.), Die Europäische Wirtschafts- und Währungsunion: regionale und globale Herausforderungen, Bonn 1998
dies. (Hrsg.), European Economic and Monetary Union: Regional and Global Challenges, Baden-Baden 2001, S. 403 ff.
dies. (Hrsg.), Maastricht: Königsweg oder Irrweg zur Wirtschafts- und Währungsunion?, Bonn 1994

dies. (Hrsg.), Ökonomische und politische Dimensionen der Europäischen Wirtschafts- und Währungsunion, Baden-Baden 1999
Calliess, Christian / Ruffert, Matthias (Hrsg.), Kommentar zu EUV und EGV, 2. Auflage, Neuwied 2002
Caravelis, Georges, European Monetary Union, Aldershot 1995
Caspers, Rolf, Zahlungsbilanz und Wechselkurse, München 2002
Cassel, Dieter / Müller, Herbert / Thieme, H. Jörg (Hrsg.), Stabilisierungsprobleme in der Marktwirtschaft, München 2003, S. 163 ff.
CDU / CSU-Fraktion des Deutschen Bundestages, Überlegungen zur Europäischen Politik, Dokument vom 1.9.1994.
CEPR (Hrsg.), Flexible Integration: Towards a More Effective and Democratic Europe, in: Monitoring European Integration, Nr. 6, London 1995
Cezanne, Wolfgang, Monetäre Integration in der Europäischen Gemeinschaft – Ein Überblick über Theorien, Pläne und Maßnahmen, in: *Scharrer, Hans-Eckart / Wessels, Wolfgang* (Hrsg.), Das Europäische Währungssystem, Bonn 1983, S. 1 ff.
ders., Währungsintegration in der Europäischen Gemeinschaft – Entwicklung und Stand der Diskussion, Integration 1980, S. 168 ff.
Ciampi, Carlo Azeglio, Für einen Vertrag zur Europäischen Währungsunion: Hegemonialwährung keine Lösung, Integration 1990, S. 3 ff.
Classen, Claus Dieter / Dittmann, Arnim / Fechner, Frank / Gassner, Ulrich M. / Kilian, Michael (Hrsg.), Liber amicorum *Thomas Oppermann*, Berlin 2001
Cobham, David / Zis, George (Hrsg.), From EMS to EMU – 1979 to 1999 and beyond, Basingstoke 1999
Collignon, Stefan, Geldwertstabilität für Europa: die Währungsunion auf dem Prüfstand, Gütersloh 1996
Committee of Governors of the Central Banks of the Member States of the European Economic Community, Draft Statute of the European System of Central Banks and of the European Central Bank (Commentary), 27. November 1990
Côté, Agathe, Exchange rate volatility and trade, Ottawa 1994
Craig, Paul, EMU, the European Central Bank, and Judical Review, in: *Beaumont, Paul / Walker, Neil* (Hrsg.), Legal framework of the single european currency, Oxford 1999, S. 95 ff.
Cullen, Peter J., Die flexiblen Briten: Rechtsstellung eines Außenseiters in der EU, Bonn 1998
Cuntz, Eckart, Flexibilität und Erweiterung – Differenzierte Integration vor und nach Beitritt, in: *Ehlermann, Claus Dieter* (Hrsg.), Rechtliche Grenzen eines Europas in mehreren Geschwindigkeiten und unterschiedlichen Gruppierungen, Köln 1999, S. 133 ff.
Curtice, John, Can Britain Join the Euro? Political Opportunities and Impediments, in: *Cobham, David /Zis, George* (Hrsg.), From EMS to EMU – 1979 to 1999 and beyond, Basingstoke 1999, S. 181 ff.
Curtin, Deirdre, The Shaping of a European Constitution and the 1996 IGC: Flexibility as a Key Paradigm?, Aussenwirtschaft 1995, S. 237 ff.
ders. / Heukels, Ton (Hrsg.), Institutional Dynamics of European Integration: Essay in Honour of Henry G. Schermers, Volume II, Dordrecht 1994
Cwik, Michael, Währungsaspekte, in: *Lenz, Carl Otto* (Hrsg.), EG-Handbuch Recht im Binnenmarkt, 2. Auflage, Herne 1994, S. 863 ff.

Dahrendorf, Ralf, A Third Europe? Third Jean Monnet Lecture, Florence 1979
Danwitz, Thomas von, Richtungsentscheidungen des Verfassungsvertrags für die Europäische Union, ZfG 2005, S. 1 ff.
ders., Verwaltungsrechtliches System und europäische Integration, Tübingen 1996
Dashwood, Alan, Preparing for the next enlargement, in: *ders.* (Hrsg.), Reviewing Maastricht: Issues for the 1996 IGC, London 1996, S. 145 ff.
ders. (Hrsg.), Reviewing Maastricht: Issues for the 1996 IGC, London 1996
Dauses, Manfred A., Kleinstaaterei in Europa?, EuZW 1992, S. 649
Dennig, Ulrike, Probleme bei der Ermittlung einer Euro-Geldmenge, Wirtschaftsdienst 1998, S. 619 ff.

Derpa, Ulrich, Die verstärkte Zusammenarbeit im Recht der Europäischen Union, Stuttgart 2003
Deubner, Christian, Deutsche Europapolitik: Von Maastricht nach Kerneuropa?, Baden-Baden 1995
ders., Differentiation as a Mark of Monetary and Economic Politics in the European Union: Post-Amsterdam, in: *Caesar, Rolf / Scharrer, Hans-Eckart* (Hrsg.), European Economic and Monetary Union: Regional and Global Challenges, Baden-Baden 2001, S. 403 ff.
ders., Flexibilität als Reformkonzept für die Europäische Union, Ebenhausen 1996
ders., Flexibilität und Entwicklung der Europäischen Integration, in: *Ehlermann, Claus Dieter* (Hrsg.), Rechtliche Grenzen eines Europas in mehreren Geschwindigkeiten und unterschiedlichen Gruppierungen, Köln 1999, S. 117 ff.
ders., Harnessing Differentiation in the EU, Ebenhausen 1999
Deutsche Bundesbank, Der Europäische Wechselkursverbund, Monatsbericht, Januar 1976, S. 23 ff.
dies., Die erste Stufe der Europäischen Wirtschafts- und Währungsunion, Monatsbericht, Juli 1990, S. 30 ff.
dies., Die Märkte für private ECU, Monatsbericht, August 1987, S. 32 ff.
dies., Die jüngsten geld- und währungspolitischen Beschlüsse und die Entwicklungen im Europäischen Währungssystem, Monatsbericht, August 1993, S. 19 ff.
dies., Die technische Ausgestaltung des neuen europäischen Wechselkursmechanismus, Monatsbericht, Oktober 1998, S. 19 ff.
dies., Die zweite Stufe der Europäischen Wirtschafts- und Währungsunion, Monatsbericht, Januar 1994, S. 25 ff.
dies., Geschäftsbericht, 1999
dies., Währungspolitische Aspekte der EU-Erweiterung, Monatsbericht, Oktober 2001, S. 15 ff.
dies., Wechselkursentwicklung im Europäischen Währungssystem, Monatsbericht November 1989, S. 30 ff.
Deville, Volker, Die Europäische Währungseinheit (ECU): Vom Währungskorb zur europäischen Währung, Florenz 1988
ders., The European Monetary System and the European Currency Unit, Badia Fiesolana 1986
Di Majo, Adolfo, Der Euro: Zivilrechtliche Betrachtungen, Jahrbuch für italienisches Recht 1999, S. 3 ff.
Dierdorf, Josef, Neugestaltung der Währungsverfassung, NJW 1998, S. 3145 ff.
Ditlbacher, Ulrike, Die Währungsunion – eine stabile Union?, Wirtschaftspolitische Blätter 1996, S. 502 ff.
Dolzer, Rudolf / Vogel, Klaus (Hrsg.), Bonner Kommentar zum Grundgesetz, Heidelberg, Loseblattsammlung
Dörr, Dieter (Hrsg.), Die Macht des Geistes: Festschrift für *Hartmut Schiedermair*, Heidelberg, 2001 (FS *Schiedermair*)
Dörr, Oliver, Die Entwicklung der ungeschriebenen Außenkompetenzen der EG, EuZW 1996, S. 39 ff.
Due, Ole, Der Grundsatz der Gemeinschaftstreue in der Europäischen Gemeinschaft nach der neueren Rechtsprechung des Gerichtshofs, Bonn 1991
ders. / Lutter, Martin / Schwarze, Jürgen (Hrsg.), Festschrift für *Ulrich Everling*, Band I und II, Baden-Baden 1995 (FS *Everling*)
Duff, Andrew (Hrsg.), The Treaty of Amsterdam: Text and Commentary, London 1997
Duijm, Bernhard, Auf dem Weg zum EWS II, List-Forum 1997, S. 10 ff.
ders., Entscheidungsgremien und Entscheidungsregeln in der EWU, Wirtschaftsdienst 1998, S. 661 ff.
ders. / Herz, Bernhard, Das EWS II – ein Europäisches System à la Bretton Woods?, Wirtschaftsdienst 1996, S. 233 ff.
Dunnett, D.R.R., Some legal principles applicable to the transition to the single currency, CMLR 1996, S. 1133 ff.
Dutzler, Barbara, Der Status des ESZB aus demokratietheoretischer Sicht, Der Staat 2002, S. 495
dies., The European System of Central Banks: An Autonomous Actor?, Wien 2003

Eberhartinger, Michael, Ausgewählte Rechtsfragen zu den Euro-Verordnungen, ZfV 1998, S. 771 ff.
Edwards, Geoffrey / Philippart, Eric, Flexibility and the Treaty of Amsterdam: Europe's new Byzantium, Cambridge 1997
Eeckhout, Piet, External Relations of the European Union, Oxford 2004
Ehlermann, Claus Dieter, Die Entscheidungen des Rates zur Einleitung der ersten Stufe der Wirtschafts- und Währungsunion, EuR 1972, S. 16 ff.
ders., Die Errichtung des Europäischen Fonds für Währungspolitische Zusammenarbeit, EuR 1973, S. 193 ff.
ders., Engere Zusammenarbeit nach dem Amsterdamer Vertrag: Ein neues Verfassungsprinzip?, EuR 1997, S. 362 ff.
ders., How flexible is Community Law, MLR 1984, S. 1274 ff.
ders., Increased Differentiation or Stronger Uniformity, Badia Fiesolana 1995
ders. (Hrsg.), Rechtliche Grenzen eines Europas in mehreren Geschwindigkeiten und unterschiedlichen Gruppierungen, Köln 1999
ders., Rechtliche Überlegungen zum Konzept der abgestuften Integration, 1985
Ehrlicher, Werner, Der Weg zum Euro, in: *Isensee, Josef / Lecheler, Josef* (Hrsg.), Freiheit und Eigentum: Festschrift für *Walter Leisner*, Berlin 1999, S. 159 ff. (FS *Leisner*)
Eichengreen, Barry / Frieden, Jeffry (Hrsg.), The Political Economy of European Monetary Unification, Boulder 1994
dies., The Political Economy of European Monetary Unification: An Analytical Introduction, in: *dies.* (Hrsg.), The Political Economy of European Monetary Unification, Boulder 1994, S. 1 ff.
Eiden, Christoph, Abgestufte Integration in der EG: Risiken für Rechtsangleichung und Gemeinsamen Markt, EA 1984, S. 365 ff.
Eller, Markus, Anpassungsmaßnahmen am Weg der EU-Beitrittskandidaten in der Wirtschafts- und Währungsunion, Wirtschaftspolitische Blätter 2002, S. 1891 ff.
Eltis, Walter, Britain, Europe and EMU, London 2000
Emmerich-Fritsche, Angelika, Wie verbindlich sind die Konvergenzkriterien?, EWS 1996, S. 77 ff.
Endler, Jan, Europäische Zentralbank und Preisstabilität, Stuttgart 1998
Engel, Christian, Der Europäische Rat, JbEI 1992 / 93, S. 55 ff.
Ensthaler, Jürgen, Das Europäische Währungssystem, JuS 1994, S. 26 ff.
Epiney, Astrid / Freiermuth, Marianne, Der Vertrag von Nizza, DVBl. 2001, S. 941
Europäische Kommission, Die Auswirkungen der Wechselkursschwankungen auf den Binnenmarkt, Brüssel 1995
dies, Euro 1999: Bericht über den Konvergenzstand mit Empfehlung für den Übergang zur dritten Stufe der Wirtschafts- und Währungsunion, Teil 2: Bericht, Luxemburg 1998
dies., Grünbuch über die praktischen Fragen des Übergangs zur einheitlichen Währung, Luxemburg 1995
Europäische Zentralbank, Der Einfluss der Finanzpolitik auf die gesamtwirtschaftliche Stabilität und die Preise, Monatsbericht, April 2004, S. 49 ff.
dies., Der institutionelle Rahmen des Europäischen Systems der Zentralbanken, Monatsbericht, Juli 1999, S. 59 ff.
dies., Der Zusammenhang zwischen Geld- und Finanzpolitik im Euro-Währungsgebiet, Monatsbericht, Februar 2003, S. 41 ff.
dies., Die Beziehungen der EZB zu den Organen und Einrichtungen der Europäischen Union, Monatsbericht, Oktober 2000, S. 51 ff.
dies., Die Europäische Verfassung und die EZB, Monatsbericht, April 2004, S. 55 ff.
dies., Die jüngere wirtschaftswissenschaftliche Literatur zu den Auswirkungen von Inflationsdifferentialen auf die Geldpolitik in einer Währungsunion, Monatsbericht, Mai 2005, S. 78 f.
dies., Die Rechtsinstrumente der Europäischen Zentralbank, Monatsbericht, November 1999, S. 61 ff.
dies., Die stabilitätsorientierte geldpolitische Strategie des Eurosystems, Monatsbericht, Januar 1999, S. 43 ff.

dies., Die Umsetzung des Stabilitäts- und Wachstumspaktes, Monatsbericht, Mai 1999, S. 49 ff.
dies., Grundsatzposition des EZB-Rates zu Wechselkursfragen in Bezug auf die beitretenden Staaten, 18. Dezember 2003
dies., Jahresbericht, Frankfurt (Main) 1998
dies., Jahresbericht, Frankfurt (Main) 1999
dies., Jahresbericht, Frankfurt (Main) 2000
dies., Jahresbericht, Frankfurt (Main) 2001
dies., Jahresbericht, Frankfurt (Main) 2002
dies., Jahresbericht, Frankfurt (Main) 2003
dies., Jahresbericht, Frankfurt (Main) 2004
dies., Konvergenzbericht 2000, Frankfurt (Main) 2000
dies., Konvergenzbericht 2002, Frankfurt (Main) 2002
dies., Konvergenzbericht 2004, Frankfurt (Main) 2004
Europäisches Währungsinstitut, Fortschritte auf dem Weg zur Konvergenz, Frankfurt (Main) 1996
dass., Konvergenzbericht 1998, Frankfurt (Main) 1998
dass., Progress towards convergence, Frankfurt (Main) 1995
dass., The Changeover to single currency, Frankfurt (Main) 1995
Everling, Ulrich, Die Entwicklung der Europäischen Gemeinschaft zur Wirtschafts- und Währungsunion, NJW 1971, S. 1481 ff.
ders., Unterwegs zur Europäischen Union, Baden-Baden 2001
ders., Zur Funktion des Gerichtshofs der EG als Verwaltungsgericht, in: *ders.*, Unterweg zur Europäischen Union, Baden-Baden 2001, S. 293 ff.

Fastenrath, Ulrich, Die Struktur der erweiterten Europäischen Union, EuR – Beiheft 1 – 1994, S. 101 ff.
Feuerstein, Switgard / Grimm, Oliver / Siebke, Jürgen, Die Osterweiterung der Europäischen Währungsunion, in: *Cassel, Dieter / Müller, Herbert / Thieme, H. Jörg* (Hrsg.) Stabilisierungsprobleme in der Marktwirtschaft, München 2003, S. 163 ff.
Filc, Wolfgang, Volkswirtschaftliche Grundlagen der europäischen Währung, in: Bitburger Gespräche, Jahrbuch 1992, S. 29 ff.
Forgó, Katrin, Differenzierte Integration, Wien 1996
dies., Zwischen „Europe à la carte" und Einheit: Modelle differenzierter Integration, in: *Breuss / Griller* (Hrsg.), Flexible Integration in Europa – Einheit oder „Europe à la carte", Wien 1998, S. 41 ff.
Francke, Hans-Hermann / Ketzel, Eberhart / Kotz, Hans-Helmut (Hrsg.), Europäische Währungsunion, Berlin 1998
Franzmeyer, Fritz (Hrsg.), Das Konvergenzproblem – Wirtschaftspolitik im Europa von Maastricht, Berlin 1994
ders., Osterweiterung, Kerneuropa, Währungsunion – Zentrale Weichenstellungen in der Integrationspolitik, Integration 1995, S. 125 ff.
Friedl, Sven, Die Europäische Wirtschafts- und Währungsunion, Berlin 2003
Fritz, Heiko, One Person, One Vote? Die Europäische Zentralbank im Lichte der EU-Osterweiterung, List-Forum für Wirtschafts- und Finanzpolitik 2001, S. 229 ff.
Fröhlich, Hans Peter, Geldwertstabilität in der Europäischen Währungsunion, Köln 1992

Gaddum, Johann Wilhelm, Ziele und Möglichkeiten deutscher Geldpolitik in Europa, Wirtschaftsdienst 1994, S. 72 ff.
Gaiser, Anja Sofia, Gerichtliche Kontrolle im Europäischen System der Zentralbanken, EuR 2002, S. 517 ff.
Gaitandides, Charlotte, Das Recht der Europäischen Zentralbank, Tübingen 2005
Gaja, Giorgio, How flexible is flexibility under the Amsterdam treaty?, CMLR 1998, S. 855 ff.
Galahn, Gunbritt, Die deutsche Bundesbank im Prozeß der europäischen Währungsintegration: rechtliche und währungspolitische Fragen aus deutscher Sicht, Berlin 1996

Garrett, Geoffrey, The Politics of Maastricht, in: *Eichengreen, Barry / Frieden, Jeffrey* (Hrsg.), The Political Economy of European Monetary Unification, Boulder 1994, S. 47 ff.

Geelhoed, L.A., Market Integration and Policy Integration: Two Sides of the same European Currency, in: *Winter, Jan A. / Curtin, M. Deidre / Kellermann, Alfred E. / de Witte, Bruno* (Hrsg.), Reforming the Treaty on European Union – The Legal Debate, The Hague 1996, S. 299 ff.

Gehrmann, Dieter / Harmsen, Sabine, Monetäre Integration in der EWG, Hamburg 1972

Geiger, Hermann, Das Währungsrecht im Binnenmarkt der Europäischen Union, Karlsruhe 1996

Geiger, Rudolf, Vertragsschlusskompetenzen der Europäischen Gemeinschaft und auswärtige Gewalt der Mitgliedstaaten, JZ 1995, S. 973 ff.

Gern, Klaus-Jürgen / Hammermann, Felix / Schweickert, Rainer / Vinhas de Souza, Lúcio, European Monetary Integration after EU Enlargement, Kiel 2004

Giering, Claus, Europa zwischen Zweckverband und Superstaat. Die Entwicklung der politikwissenschaftlichen Integrationstheorie im Prozess der europäischen Integration, Bonn 1997

ders. / Janning, Josef, Flexibilität als Katalysator der Finalität? Die Gestaltungskraft der „Verstärkten Zusammenarbeit" nach Nizza, Integration 2001, S. 146 ff.

Gil-Robles, José-Maria, Die Flexibilität, ein Mechanismus für eine verstärkte Integration, EuZW 1997, S. 353

Glaesner, Hans-Joachim, Der Europäische Rat, EuR 1994, S. 22 ff.

Gleske, Leonhard, Die Zusammenarbeit der Notenbanken in Europa, in: *Hahn, Hugo J.* (Hrsg.), Integration und Kooperation im Europäischen Währungswesen, Baden-Baden 1980, S. 87 ff.

ders., Institutionelle Fragen des Europäischen Währungssystems, in: *Gramlich, Ludwig / Weber, Albrecht / Zehetner, Franz* (Hrsg.), Auf dem Wege zur Europäischen Währungsunion, Baden-Baden 1992, S. 99 ff.

Glomb, Wolfgang, Bedarf die Wirtschafts- und Währungsunion einer gemeinsamen „Wirtschaftsregierung"?, in: *Caesar, Rolf / Scharrer, Hans-Eckart* (Hrsg.), Die Europäische Wirtschafts- und Währungsunion: regionale und globale Herausforderungen, Bonn 1998, S. 15 ff.

ders., Die Euro-11-Gruppe – Eine europäische Wirtschaftsregierung, in: *Caesar, Rolf / Scharrer, Hans-Eckart* (Hrsg.), Ökonomische und politische Dimensionen der Europäischen Wirtschafts- und Währungsunion, Baden-Baden 1999, S. 57 ff.

Gnan, Ernest / Schubert, Aurel, Was bringt die zweite Stufe der Europäischen Wirtschafts- und Währungsunion?, ÖBA 1994, S. 47 ff.

Goetze, Henning, Die Tätigkeit der nationalen Zentralbanken in der Wirtschafts- und Währungsunion, Frankfurt (Main) 1999

Goodhart, C.A.E., The Central Bank and the Financial System, Cambridge 1995

ders., The transition to EMU, Scottish Journal of Political Economy 1996, S. 241 ff.

Goodhart, Charles, The draft Statute of the European System of Central Banks: A Commentary, London 1990

Görgens, Egon / Ruckriegel, Karlheinz / Seitz, Franz, Europäische Geldpolitik, Düsseldorf 1999

Gormley, Laurence / Haan, Jakob de, The democratic deficit of the European Central Bank, ELR 1996, S. 95 ff.

Grabitz, Eberhard (Hrsg.), Abgestufte Integration – Eine Alternative zum herkömmlichen Integrationskonzept, Kehl 1984

ders., Das integrationspolitische Anliegen des Abstufungskonzeptes und sein Verhältnis zum rechtlich-institutionellen Gefüge der Gemeinschaft, in: *Vorstand des Arbeitskreises Europäische Integration e.V.,* Integrationskonzepte auf dem Prüfstand, Baden-Baden 1983, S. 67 ff.

ders. / Hilf, Meinhard (Hrsg.), Kommentar zur Europäischen Union, München, Loseblattsammlung

ders. / Iliopoulos, Constantin, Typologie der Differenzierungen und Ausnahmen im Gemeinschaftsrecht, in: *Grabitz* (Hrsg.), Abgestufte Integration – Eine Alternative zum herkömmlichen Integrationskonzept?, Kehl 1984, S. 31 ff.

Gramlich, Ludwig / Manger-Nestler, Cornelia, Währungsrechtliche Aspekte des Reformprojekts „Europäische Verfassung", Kreditwesen 2005, S. 478 ff.

ders. / Weber, Albrecht / Zehetner, Franz (Hrsg.), Auf dem Wege zur Europäischen Währungsunion, Baden-Baden 1992

Grauwe, Paul de, Exchange Rate Arrangements between the Ins and the Outs, London 1997

ders., The Design of the European Central Bank, in: *Francke, Hans-Hermann / Ketzel, Eberhart / Kotz, Hans-Helmut* (Hrsg.), Europäische Währungsunion, Berlin 1998, S. 295 ff.

ders., The Economics of Monetary Integration, 3. Auflage, Oxford 1997

Gretschmann, Klaus (Hrsg.), Economic and monetary union: implications for national policy-makers, Dordrecht 1993

Grieser, Veronika, Flexible Integration in der Europäischen Union: Neue Dynamik oder Gefährdung der Rechtseinheit?, Berlin 2003

Griller, Stefan (Hrsg.), Auf dem Weg zur Europäischen Wirtschafts- und Währungsunion?, Wien 1993

ders., Blockademöglichkeiten gegen die Einführung des Euro?, Journal für Rechtspolitik 1997, S. 221 ff.

ders. / Droutsas, Dimitri P. / Falkner, Gerda / Forgó, Katrin / Nentwich, Michael, The Treaty of Amsterdam, Wien 2000

Groeben, Hans von der / Boeckh, Hans von / Thiesing, Jochen / Ehlermann, Claus-Dieter (Hrsg.), Kommentar zum EWG-Vertrag, 3. Auflage, Baden-Baden 1983

ders. / Thiesing, Jochen / Ehlermann, Claus-Dieter (Hrsg.), Kommentar zum EWG-Vertrag, 4. Auflage, Baden-Baden 1991

dies., Kommentar zum EU- / EG Vertrag, 5. Auflage, Baden-Baden 1999

Groeben, Hans von der / Schwarze, Jürgen (Hrsg.), Vertrag über die Europäische Union und Vertrag zur Gründung der Europäischen Gemeinschaft, 6. Auflage, Baden-Baden 2003

Groener, Helmut / Schüller, Alfred (Hrsg.), Die europäische Integration als ordnungspolitische Aufgabe, Stuttgart 1993

Gros, Daniel / Thygesen, Niels, European Monetary Integration, 2. Auflage, Essex 1998

Gumboldt, Nico, Europäisches Gemeinschaftsrecht als nachhaltige Verschuldensbremse, DÖV 2005, S. 499 ff.

Häde, Ulrich, Das Europäische Währungsinstitut und die Kommission, EuZW 1994, S. 685 ff.

ders., Der EuGH und die Haushaltsdisziplin – Das Urteil vom 13.7.2004 zum Verfahren bei einem übermäßigen Defizit, EuR 2004, S. 750 ff.

ders., Der Vertrag von Nizza und die Wirtschafts- und Währungsunion, EWS 2001, S. 97 ff.

ders., Die deutsche Bundesbank in der Europäischen Währungsunion, in: *Hahn, Hugo J.* (Hrsg.), Die europäische Währung, Baden-Baden 1999, S. 103 ff.

ders., Die Europäische Wirtschafts- und Währungsunion, EuZW 1992, S. 171 ff.

ders., Die Europäische Wirtschafts- und Währungsunion und ihr Bargeld, WM 1993, S. 2031 ff.

ders., Ein Stabilitätspakt für Europa?, EuZW 1996, S. 138 ff.

ders., Erwartungen an den Euro: Europäische Zentralbank, Geldpolitik und Stabilität, in: *Kröger, Detlef / Schindhelm, Malte* (Hrsg.), Der Euro kommt – ... jetzt richtig handeln!, Neuwied 1998, S. 31 ff.

ders., Finanzausgleich, Tübingen 1996

ders., Gesamtwirtschaftliches Gleichgewicht und europäische Haushaltsdisziplin, JZ 1997, S. 269 ff.

ders., Rechtliche Aspekte der Europäischen Währungsunion, in: *Heinemann, Friedrich* (Hrsg.), Europäische Währungsunion und Kapitalmärkte, Baden-Baden 1997, S. 46 ff.

ders., Währungsintegration mit abgestufter Geschwindigkeit, in: *Weber, Albrecht* (Hrsg.), Währung und Wirtschaft: Das Geld im Recht, Festschrift für Prof. Dr. *Hugo J. Hahn* zum 70. Geburtstag, Baden-Baden 1997, S. 141 ff. (FS *Hahn*)

ders., Währungsunion und Finanzausgleich, in: *Hahn, Hugo J.* (Hrsg.), Das Währungswesen in der Europäischen Integration, Baden-Baden 1996

ders., Zur Rechtmäßigkeit der Entscheidungen über die Europäische Wirtschafts- und Währungsunion, JZ 1998, S. 1088 ff.

ders. / *Eckert, Lucia*, Rechtliche Hindernisse für die Verwendung der ECU, EuZW 1993, S. 628 ff.
ders. / *Hartmann, Uwe*, Monetäre Integration in Europa und Privatisierung in Deutschland, EWS 1994, S. 409 ff.
ders. / *Puttler, Adelheid*, Zur Abgrenzung des Art. 235 EGV von der Vertragsänderung, EuZW 1997, S. 13 ff.
Hafke, Heinz Christian, Währungsrechtliche Fragen auf dem Wege zur Europäischen Währungsunion, Europa-Institut der Universität des Saarlandes 1997
ders., Zur wechsel- und scheckrechtlichen Verwendung der Europäischen Währungseinheit ECU, WM 1987, S. 1409 ff.
Hägele, Susanne / *Wessels, Wolfgang*, Die Euro-Gruppe und der Wirtschafts- und Finanzausschuss, JbEI 2000 / 2001, S. 109 ff.
Hagen, Jürgen von / *Fratianni, Michele*, The Transition to European Monetary Union and the European Monetary Institute, in: *Eichengreen, Barry* / *Frieden, Jeffry* (Hrsg.), The Political Economy of European Monetary Unification, Boulder 1994, S. 129 ff.
Hahn, Hugo J., „Allgemeine Orientierungen" oder „allgemeine Leitlinien" für die Wechselkurspolitik der Europäischen Währungsunion?, BayVBl. 1999, S. 741 ff.
ders., Berichtspflichten und Informationsmöglichkeiten der Europäischen Zentralbank, JZ 1999, S. 957 ff.
ders., Das Entstehen der Europawährung – Szenarien ihrer Einführung, JZ 1996, S. 321 ff.
ders., Das Europäische Währungssystem: Fixkursverbund oder Auftakt zur Europäischen Währungsunion?, ÖBA 1989, S. 123 ff.
ders., Das Europäische Währungssystem – Systemvergleich und Funktionsweise, EuR 1979, S. 337 ff.
ders. (Hrsg.), Das Währungswesen in der Europäischen Integration, Baden-Baden 1996
ders., Der Stabilitätspakt für die Europäische Währungsunion, JZ 1997, S. 1133 ff.
ders., Der Stabilitätspakt für die Europäische Währungsunion – Das Einhalten der Defizit-Obergrenze als stete Rechtspflicht, Bonn 1997
ders, Der Vertrag von Maastricht als völkerrechtliche Übereinkunft und Verfassung, Baden-Baden 1992
ders., Der Weg zur Europäischen Währungsunion, BayVBl. 1996, S. 353 ff.
ders., Die Einflußnahme der Europäischen Währungsunion auf Wechselkurse im Spiegel diesbezüglicher Zuständigkeiten, in: *Classen, Claus Dieter* / *Dittmann, Arnim* / *Fechner, Frank* / *Gassner, Ulrich M.* / *Kilian, Michael* (Hrsg.), Liber amicorum *Thomas Oppermann*, Berlin 2001, S. 609 ff.
ders., (Hrsg.), Die Europäische Währung, Baden-Baden 1999
ders., Geld und Währung – Elemente europäischer und universeller Ordnung, in: Bitburger Gespräche, Jahrbuch 1992, S. 13 ff.
ders. (Hrsg.), Integration und Kooperation im Europäischen Währungswesen, Baden-Baden 1980
ders., Rechenschaftspflichtigkeit der Europäischen Zentralbank?, in: *Dörr, Dieter* (Hrsg.), Die Macht des Geistes: Festschrift für *Hartmut Schiedermair*, Heidelberg, 2001, S. 749 ff. (FS *Schiedermair*)
ders., The European Central Bank: Key to European Monetary Union or Target?, CMLR 1991, S. 783 ff.
ders., The European Monetary Institute's Annual Reports: Fact-finding, means of control, incentive, CMLR 1995, S. 1079 ff.
ders., Währungsrecht, München 1990
ders., Vom Europäischen Währungssystem zur Europäischen Währungsunion, Europa-Institut der Universität des Saarlandes 1989
ders., Zum Geltungsbereich der Europäischen Währungsunion, JZ 1993, S. 481 ff.
ders. / *Häde, Ulrich*, Europa im Wartestand: Bemerkungen zur Währungsunion, in: *Due, Ole* / *Lutter, Martin* / *Schwarze, Jürgen* (Hrsg.), Festschrift für *Ulrich Everling*, Band I, Baden-Baden 1995, S. 381 ff. (FS *Everling*)
dies., Die Zentralbank vor Gericht, ZHR 2001, S. 31 ff.
ders. / *Siebelt, Johannes*, Zur Autonomie einer künftigen Europäischen Zentralbank, DÖV 1989, S. 233 ff.

Hahn, Marie-Therese, Europäische Währungsumstellung und Vertragskontinuität: eine rechtsvergleichende Analyse aus der Perspektive Deutschlands, Frankreichs, Großbritanniens unter Berücksichtigung der Verordnung (EG) Nr. 1103 / 97 des Rates vom 17. Juni 1997 über bestimmte Vorschriften im Zusammenhang mit der Einführung des Euro, Frankfurt (Main) 1999

Hailbronner, Kay, Die EG-Sozialpolitik nach Maastricht, in: *Randelzhofer, Albrecht / Scholz, Rupert / Wilke, Dieter* (Hrsg.), Gedächtnisschrift für *Eberhard Grabitz*, München 1995, S. 124 ff. (GS *Grabitz*)

ders. (Hrsg.), Europa der Zukunft, Köln 1994

Harden, Ian, The European Central Bank and the Role of National Central Banks in Economic and Monetary Union, in: *Gretschmann, Klaus* (Hrsg.), Economic and monetary union: implications for national policy-makers, Dordrecht 1993, S. 149 ff.

ders., The fiscal constitution of EMU, in: *Beaumont, Paul / Walker, Neil* (Hrsg.), Legal framework of the single european currency, Oxford 1999, S. 71 ff.

Harmsen, Robert, A European Union of Variable Geometry: Problems and Perspectives, Northern Ireland Legal Quarterly 1994, S. 109 ff.

Hartenfels, Holger, Euro – Bankrechtliche Aspekte am Morgen der Währungsunion, WM – Sonderbeilage Nr. 1 – 1999, S. 1 ff.

Hartmann, Uwe, Europäische Union und die Budgetautonomie der deutschen Länder, Baden-Baden 1994

ders., Öffentliche Finanzpolitik in der EU, EuZW 1996, S. 133 ff.

Hartmann, Wendelin, Der Großzahlungsverkehr in der Europäischen Währungsunion, Kreditwesen 1996, S. 776 ff.

Hasse, Rolf H., Die Europäische Zentralbank, in: *ders.* (Hrsg.), Europäische Zentralbank, Perspektiven für eine Weiterentwicklung des Europäischen Währungssystems, Gütersloh 1989, S. 37 ff.

ders., Die „Nach-Maastricht-Ära“: Neuorientierungen für den Übergang zur europäischen Währungsunion, in: *Bofinger, Peter / Collignon, Stefan / Lipp, Ernst-Moritz* (Hrsg.), Währungsunion oder Währungschaos? Was kommt nach der D-Mark, Wiesbaden 1993, S. 123 ff.

ders. (Hrsg.), Europäische Zentralbank, Perspektiven für eine Weiterentwicklung des Europäischen Währungssystems, Gütersloh 1989

ders., Griechenland: Ein kleines Land als Mitglied des WKM II des EWS, in: *Papaschinopoulou, Mary* (Hrsg.), Griechenland auf dem Weg zur Europäischen Wirtschafts- und Währungsunion, Baden-Baden 1999, S. 139 ff.

ders. (Hrsg.), Herausforderungen der Europäischen Währungsunion, Baden-Baden 1999

ders., Kerneuropa: Variable Geometrie – zwischen Integrationsdynamik und Spaltung, Wirtschaftsdienst 1994, S. 503 ff.

ders. / Koch, Thomas, Die Hard-ECU – eine Ersatz-D-Mark oder ein trojanisches Pferd?, Wirtschaftsdienst 1991, S. 188 ff.

ders. / Schenke, Karl-Ernst / Czege, Andreas Waas von (Hrsg.), Erweiterung und Vertiefung der Europäischen Union, Baden-Baden 2000

ders. / Starbatty, Joachim, Überlegungen und Empfehlungen der Aktionsgemeinschaft Soziale Marktwirtschaft zur Währungsunion, in: *dies.* (Hrsg.), Wirtschafts- und Währungsunion auf dem Prüfstand, Stuttgart 1997, S.121 ff.

dies. (Hrsg.), Wirtschafts- und Währungsunion auf dem Prüfstand, Stuttgart 1997

Hatje, Armin, Loyalität als Rechtsprinzip in der Europäischen Union, Baden-Baden 2001

Hauser, Heinz, Die Ergebnisse von Maastricht zur Schaffung einer Europäischen Währungsunion, Aussenwirtschaft 1992, S. 151 ff.

Hayder, Roberto, Neue Wege der europäischen Rechtsangleichung?, RabelsZ 1989, S. 622 ff.

Hedrich, Carl-Christoph, Die Kritik an den Maastrichter Beschlüssen über die Europäische Währungsunion: Rechtliche und Ökonomische Argumente, Jahrbuch für Sozialwissenschaft 1994, S. 68 ff.

Heinemann, Friedrich (Hrsg.), Europäische Währungsunion und Kapitalmärkte, Baden-Baden 1997

Heinsohn, Gunnar / Steiger, Otto, Zentralbankkunst und Europäische Währungsunion, in: *Nölling, Wilhelm / Schachtschneider, Karl Albrecht / Starbatty, Joachim* (Hrsg.), Währungsunion und Weltwirtschaft, Stuttgart 1999, S. 69 ff.

Hellmann, Rainer, Das Europäische Währungssystem, Baden-Baden 1979
ders., Die Europäische Wirtschafts- und Währungsunion aus der Sicht der Partnerländer, in: *Caesar, Rolf / Scharrer, Hans Eckart* (Hrsg.), Maastricht: Königsweg oder Irrweg zur Wirtschafts- und Währungsunion?, Bonn 1994, S. 194 ff.
ders., Die Herausforderung der EU-Erweiterung für Beitrittsanwärter und WWU, in: *Caesar, Rolf / Scharrer, Hans Eckart* (Hrsg.), Die Europäische Wirtschafts- und Währungsunion: regionale und globale Herausforderungen, Bonn 1998
ders. / Molitor, Bernhard, Textsammlung zur Wirtschafts- und Währungsunion der EG, Baden-Baden 1973
Henneke, Hans-Günter, Die Gewährleistungspflicht der EU-Mitgliedstaaten zur Einhaltung von Haushaltsdisziplin, ZfG 1996, S. 299 ff.
Henning, Iris, Die Reputation einer Zentralbank, Frankfurt (Main) 1997
Henseler, Peter, Galgenfrist für den Stabilitätspakt, ZEuS 2004, S. 514 ff.
Herdegen, Matthias, Price Stability and Budgetary Restraints in the Economic and Monetary Union: The Law as Guardian of Economic Wisdom, CMLR 1998, S. 9 ff.
Herrmann, Christoph, Monetary Souvereignty over the Euro and External Relations of the Euro Area: Competences, Procedures and Practice, European Foreign Affairs Review 2002, S. 1 ff.
Herz, Bernhard, Die Folgen der September-Krise des EWS, Wirtschaftsdienst 1993, S. 247 ff.
ders., Währungspolitische Asymmetrie im Europäischen Währungssystem, Baden-Baden 1994
ders. / Nürk, Bettina, Die erste Phase der Europäischen Wirtschafts- und Währungsunion, Wirtschaftsdienst 1990, S. 313 ff.
Heun, Werner, Die Europäische Zentralbank in der Europäischen Währungsunion, JZ 1998, S. 866 ff.
Hoffmann, Ralf, Die ‚EWU-Nachzügler': Perspektiven für Beitritt und Zinskonvergenz, EWU-Monitor Nr. 55, 17. Juli 1998
Hoffmeyer, Erik, The case for central bank independence, in: *Temperton, Paul* (Hrsg.), The European Currency Crisis, Cambridge 1993, S. 139 ff.
Hofmann, Rainer, Wieviel Flexibilität für welches Europa?, EuR 1999, S. 713 ff.
Hölscheidt, Sven / Schotten, Thomas, Von Maastricht nach Karlsruhe: Der lange Weg des Vertrages über die Europäische Union, Darmstadt 1993
Holthusen, Jan, Der Parallelwährungsansatz als Integrationsstrategie für die Entwicklung der Europäischen Gemeinschaft zur Währungsunion, Frankfurt (Main) 1995
Honohan, Patrick, Monetary Union, in: *O'Donnell, Rory* (Hrsg.), Economic and Monetary Union, London 1991, S. 51 ff.
Horn, Norbert, Rechtliche und institutionelle Aspekte der Europäischen Währungsunion im politischen und wirtschaftlichen Kontext, ZBB 1997, S. 314 ff.
ders., Währungsunion als Instrument der Integration?, in: *Immenga, Ulrich* (Hrsg.), Festschrift für *Ernst-Joachim Mestmäcker*, Baden-Baden 1996, S. 381 ff.
Howarth, David, The compromise on Denmark and the Treaty on European Union: A legal and political analysis, CMLR 1994, S. 765 ff.
Hrbek, Rudolf (Hrsg.), Das Vertragswerk von Maastricht: Die EG auf dem Weg zur Europäischen Union, Wirtschaftsdienst 1992, S. 131 ff.
ders., (Hrsg.), Die Reform der Europäischen Union, Baden-Baden 1997
ders. / Läufer, Thomas, Die Einheitliche Europäische Akte – Das Luxemburger Reformpaket: eine neue Etappe im Integrationsprozeß, EA 1986, S. 173 ff.
Huber, Peter M., Differenzierte Integration und Flexibilität als neues Ordnungsmuster der Europäischen Union?, EuR 1996, S. 347 ff.
Hughes, Kirsty, The 1996 intergovernmental conference and EU enlargement, International Affairs 1996, S. 1 ff.

Illing, Gerhard, Herausforderungen an die Europäische Zentralbank, Wirtschaftsdienst 1998, S. 491 ff.
Immenga, Ulrich (Hrsg.), Festschrift für *Ernst-Joachim Mestmäcker*, Baden-Baden 1996

Institut Universitaire International Luxembourg (Hrsg.), European Monetary Union: Legal foundations and economic implications, Luxembourg 1993
Ipsen, Hans Peter, Europäisches Gemeinschaftsrecht, Tübingen 1972
Ipsen, Knut, Völkerrecht, 5. Auflage, München 2004
Isensee, Josef / Lecheler, Josef (Hrsg.), Freiheit und Eigentum: Festschrift für *Walter Leisner*, Berlin 1999 (FS *Leisner*)
Italianer, Alexander, Mastering Maastricht: EMU Issues and how they were settled, in: *Gretschmann, Klaus* (Hrsg.), Economic and monetary union: implications for national policy-makers, Dordrecht 1993, S. 51 ff.

Jacobeit, Cord / Yenal, Alparslan (Hrsg.), Gesamteuropa: Analysen, Probleme und Entwicklungsperspektiven, Opladen 1993
Janning, Josef, Dynamik in der Zwangsjacke – Flexibilität in der Europäischen Union nach Amsterdam, Integration 1997, S. 285 ff.
ders., Europa braucht verschiedene Geschwindigkeiten, EA 1994, S. 527 ff.
Janzen, Dietmar, Der neue Art. 88 Satz 2 des Grundgesetzes, Berlin 1996
Jarchow, Hans-Joachim, Zum Post-EWS-System, Wirtschaftsdienst 1996, S. 526 ff.
Jochimsen, Reimut, Chancen und Risiken der Europäischen Währungsunion, in: *Potthoff, Martin / Hirschmann, Kai* (Hrsg.), Die europäische Währungsunion – ein Testfall für die europäische Integration?, Berlin 1997, S. 85 ff.
ders., Perspektiven der europäischen Wirtschafts- und Währungsunion, 2. Auflage, Baden-Baden 1998
ders., Revisionskonferenz 1996: Wirtschafts- und währungspolitische Anforderungen an ein Maastricht II, SuS 1995, S. 533 ff.
Johnson, Christopher, In With the Euro, Out with the Pound, London 1996
ders. / Collignon, Stefan (Hrsg.), The monetary Economics of Europe – Causes of the EMS Crisis, London 1994
Junius, Karsten, u.a. (Hrsg.), Handbuch Europäische Zentralbank, Bad Soden 2002

Kees, Andreas, Der Währungsausschuß, Jahrbuch der Europäischen Integration 1981, S. 135 ff.
ders., Einleitung: Neun Thesen zur europäischen Wirtschafts- und Währungsunion, in: *Griller, Stefan* (Hrsg.), Auf dem Weg zur Europäischen Wirtschafts- und Währungsunion, Wien 1993, S. 3 ff.
ders., Maastricht – Vorentscheidung für eine europäische Währung, in: *Gramlich, Ludwig / Weber, Albrecht / Zehetner, Franz* (Hrsg.), Auf dem Wege zur Europäischen Währungsunion, Baden-Baden 1992, S. 19 ff.
ders., The Monetary Committee of the European Community, KuK 1987, S. 258 ff.
Kellerbauer, Manuel, Von Maastricht bis Nizza: Neuformen differenzierter Integration in der Europäischen Union, Berlin 2003
Kempa, Bernd, Währungspolitische Strategien zur Heranführung der „Pre-Ins" an die europäische Währungsunion, Aussenwirtschaft 1998, S. 539 ff.
Kenen, Peter B., Economic and monetary union in Europe: moving beyond Maastricht, Cambridge 1995
Kienzl, Heinz (Hrsg.), Österreichs Wirtschafts- und Währungspolitik auf dem Weg nach Europa: Festschrift für *Maria Schaumayer*, Wien 1992 (FS *Schaumayer*)
Kirchhof, Paul, Die Mitwirkung Deutschlands an der Wirtschafts- und Währungsunion, in: *ders. / Offerhaus, Klaus / Schöberle, Horst* (Hrsg.), Steuerrecht, Verfassungsrecht, Finanzpolitik: Festschrift für *Franz Klein*, Köln 1994, S. 61 ff.
ders. / Lehner, Moris / Raupach, Arndt / Rodi, Michael (Hrsg.), Staaten und Steuern: Festschrift für *Klaus Vogel*, Heidelberg 2000
ders. / Offerhaus, Klaus / Schöberle, Horst (Hrsg.), Steuerrecht, Verfassungsrecht, Finanzpolitik: Festschrift für *Franz Klein*, Köln 1994

Kleinheyer, Norbert, Die Weiterentwicklung des europäischen Währungssystems: Überlegungen zur stabilitätsorientierten Ausgestaltung der „Zweiten Stufe", Berlin 1987

Klier, Rudolf, Das Europäische Zentralbanksystem und die Rolle nationaler Zentralbanken, in: *Kienzl, Heinz* (Hrsg.), Österreichs Wirtschafts- und Währungspolitik auf dem Weg nach Europa: Festschrift für *Maria Schaumayer*, Wien 1992, S. 73 ff. (FS *Schaumayer*)

Knappe, Karl, EWS vor neuem Anlauf, Die Bank 1993, S. 693 ff.

Knieper, Rolf, Rechtsfragen der Europäischen Währungsunion, Recht und Politik 1991 / 1992, S. 90 ff.

ders., Geldsouveränität, ZVglRW 1990, S. 29 ff.

Kobabe, Ralf, Zentralbanken in Osteuropa, Baden-Baden 1999

Köck, Heribert Franz, Die „implied powers" der Europäischen Gemeinschaften als Anwendungsfall der „implied powers" internationaler Organisationen überhaupt, in: *Böckstiegel, Karl-Heinz / Folz, Hans-Ernst / Mössner, Jörg Manfred / Zemanek, Karl* (Hrsg.), Festschrift für *Ignaz Seidl-Hohenveldern*, Köln 1988

Koebnik, Hans-Jürgen, Ökonomische und institutionelle Probleme auf dem Weg zu einer Europäischen Währungsunion, Saarbrücken 1995

Koenig, Christian, Institutionelle Überlegungen zum Aufgabenzuwachs beim Europäischen Gerichtshof in der Währungsunion, EuZW 1993, S. 661 ff.

ders. / Haratsch, Andreas, Europarecht, 4. Auflage, Tübingen 2003

Kohler, Beate / Schlaeger, Gert, Wirtschafts- und Währungsunion für Europa, Bonn 1971

Köhler, Claus / Rohde, Armin (Hrsg.), Geldpolitik ohne Grenzen, Berlin 2003

Konow, Christian, Der Stabilitäts- und Wachstumspakt, Baden-Baden 2002

Kortenberg, Helmut, Closer Cooperation in the Treaty of Amsterdam, CMLR 1998, S. 833 ff.

Kortz, Helge, Der Termin des 1. Januar 1999 – Zielvorgabe oder Automatismus für den Beginn der Endstufe der Europäischen Wirtschafts- und Währungsunion?, EuR 1996, S. 80 ff.

ders., Die Entscheidung über den Übergang in die Endstufe der Wirtschafts- und Währungsunion, Baden-Baden 1996

ders., Inhalt und rechtliche Relevanz der Konvergenzkriterien, in: *Rill, Heinz Peter / Griller, Stefan* (Hrsg.) Rechtsfragen der Europäischen Wirtschafts- und Währungsunion, Wien 1998, S. 61 ff.

Köster, Christian, Das Recht der europäischen Währungspolitiken, Köln 1990

ders., Institutionelle Veränderungen auf dem Weg zu einer Europäischen Wirtschafts- und Währungsunion, in: *Peter, Jörg / Rhein, Kay-Uwe* (Hrsg.), Wirtschaft und Recht, Osnabrück 1989, S. 35 ff.

Kotzias, Nikos, Die Regierungskonferenz und die flexible Förderung (?) der Integration, in: *Breuss, Fritz / Griller, Stefan* (Hrsg.), Flexible Integration in Europa – Einheit oder „Europe à la carte"?, Wien 1998, S. 1 ff.

Krägenau, Henry / Wetter, Wolfgang, Europäische Wirtschafts- und Währungsunion: Vom Werner-Plan zum Vertrag von Maastricht; Analysen und Dokumentation, Baden-Baden 1993

dies., Regierungskonferenz und WWU, in: *Hrbek, Rudolf* (Hrsg.), Die Reform der Europäischen Union, Baden-Baden 1997, S. 263 ff.

Krämer, Hans R., Abgestufte Integration und differenzierte Assoziation, in: *Randelzhofer, Albrecht / Scholz, Rupert / Wilke, Dieter* (Hrsg.), Gedächtnisschrift für *Eberhard Grabitz*, München 1995

Krause-Junk, Gerold, Die Europäische Währungsunion: Ein Plädoyer dafür, Staatswissenschaft und Staatspraxis 1997, S. 275 ff.

Krauskopf, Bernd / Steven, Christine, Einführung des Euro in außereuropäischen Territorien und währungsrechtliche Regelungen im Verhältnis zu Drittstaaten, EuZW 1999, S. 650 ff.

Krebber, Sebastian, Die Koordinierung als Kompetenzkategorie im EU-Verfassungsentwurf aus dogmatischer Sicht, EuGRZ 2004, S. 592 ff.

Kreile, Michael, Eine Erweiterungsstrategie für die Europäische Union, in: *Weidenfeld, Werner* (Hrsg.), Europa öffnen, Gütersloh 1997, S. 203 ff.

Kröger, Detlef / Schindhelm, Malte (Hrsg.), Der Euro kommt – ... jetzt richtig handeln!, Neuwied 1998

Krupp, Hans-Jürgen / Cabos, Karen, Zu den Risiken einer Nullinflation als geldpolitisches Ziel, in: *Köhler, Claus / Rohde, Armin* (Hrsg.), Geldpolitik ohne Grenzen, Berlin 2003, S. 105 ff.

Kuschnick, Michael, Die Währungsunion und der Stabilitätspakt von Amsterdam, DZWir 1997, S. 315 ff.

Lahnstein, Manfred, Variable Geometrie und fester Kern: Zur Debatte über das Europa-Papier der CDU / CSU-Bundestagsfraktion, Blätter für deutsche und internationale Politik 1994, S. 1464 ff.

Lamers, Karl, Variable Geometrie und fester Kern: Zur Debatte über das Europa-Papier der CDU/ CSU-Bundestagsfraktion, Blätter für deutsche und internationale Politik 1994, S. 1464 ff.

Lamfalussy, Alexandre, Rückbesinnung auf Grundsätzliches: Wozu braucht Europa eine Währungsunion?, in: *Hahn, Hugo J.* (Hrsg.), Die Europäische Währung, Baden-Baden 1999, S. 51 ff.

Lamont, Norman, British Objectives for Monetary Integration in Europe, in: *Association for the Monetary Union of Europe* (Hrsg.), European Monetary Union in a Turbulent World Economy, Brüssel 1991, S. 23 ff.

Langeheine, Bernd, Abgestufte Integration, EuR 1983, S. 227 ff.

ders., Europäisches Gemeinschaftsrecht und abgestufte Integration, Berlin 1988

ders., Rechtliche und institutionelle Probleme einer abgestuften Integration in der Europäischen Gemeinschaft, in: *Grabitz, Eberhard (Hrsg.)*, Abgestufte Integration, Kehl 1984, S. 47 ff.

ders. / Weinstock, Ulrich, Graduated Integration: A modest Path Towards Progress, JCMS 1985, S. 185 ff.

Laschat, Eva-Maria, Das Europäische System der Zentralbanken und die Europäische Zentralbank, Europablätter 2002, S. 2 ff.

Lastra, Rosa Maria, Lender of last resort, an international perspective, International and Comparative Law Quarterly 1999, S. 340 ff.

dies., The Division of Responsibilities between the European Central Bank and the National Central Banks within the European System of Central Banks, in: *Louis, Jean-Victor / Bronkhorst, Hajo* (Hrsg.), The Euro and European Integration, Brüssel 1999, S. 209

dies., The Independence of the European System of Central Banks, HILJ 1992, S. 475 ff.

Läufer, Thomas, Zum Stand der Verfassungsdiskussion in der Europäischen Union, in: *Randelzhofer, Albrecht / Scholz, Rupert / Wilke, Dieter* (Hrsg.), Gedächtnisschrift für *Eberhard Grabitz*, München 1995, S. 355 ff. (GS *Grabitz*)

Laun, Kurt von, Zum Vertrag über die Europäische Union, ZfW 1994, S. 69 ff.

Laursen, Finn, Denmark and the ratification of the Maastricht treaty, in: *ders. / Vanhoonacker, Sophie* (Hrsg.), The Ratification of the Maastricht Treaty: Issues, Debates and Future Implications, Dordrecht 1994, S. 61 ff.

ders. / Vanhoonacker, Sophie (Hrsg.), The Ratification of the Maastricht Treaty: Issues, Debates and Future Implications, Dordrecht 1994

Lavranos, Nikolaos, The limited, functional independence of the ECB, ELR 2004, S. 115 ff.

Ledig, Michael, Die Währungsintegration in Europa, in: *Zippel, Wulfdiether* (Hrsg.), Ökonomische Grundlagen der Europäischen Integration, München 1993, S. 121 ff.

Lenz, Carl Otto (Hrsg.), EG-Handbuch Recht im Binnenmarkt, 2. Auflage, Herne 1994

ders., (Hrsg.), EU- und EG-Vertrag: Kommentar, 3. Auflage, Köln 2003

Lesch, Hagen, Anmerkungen zu den Maastrichter Beschlüssen über die Errichtung einer Europäischen Währungsunion, DStZ 1993, S. 649 ff.

ders., Europa auf dem Weg zur Währungsunion: Ursachen und Lehren der EWS-Krise, Bonn 1994

Lienemeyer, Max, Die Sanktionen des Stabilitätspaktes und ihre Vereinnahmung, EWS 1997, S. 257 ff.

Lipp, Ernst-Moritz, Was kommt nach den Währungsturbulenzen?, in: *Bofinger, Peter / Collignon, Stefan / Lipp, Ernst-Moritz* (Hrsg.), Währungsunion oder Währungschaos? Was kommt nach der D-Mark, Wiesbaden 1993, S. 153 ff.

ders. / Reichert, Horst, Konfliktfelder auf dem Weg zur Europäischen Währungsunion, in: *Weber, Manfred* (Hrsg.), Europa auf dem Weg zur Währungsunion, Darmstadt 1991, S. 31 ff.

Lippert, Barbara / Wessels, Wolfgang, Erweiterungskonzepte und Erweiterungsmöglichkeiten, in: *Jacobeit, Cord / Yenal, Alparslan* (Hrsg.), Gesamteuropa: Analysen, Probleme und Entwicklungsperspektiven, Opladen 1993, S. 439 ff.

Lodge, Juliet, The Single European Act: Towards a New Euro-Dynamism?, JCMS 1986, S. 203 ff.

Lopian, Arthur, Übergangsrégime für Mitgliedstaaten der Europäischen Gemeinschaften, Baden-Baden 1994

Louis, Jean-Victor, „Monetary Capacity" in the Single European Act, CMLR 1988, S. 9 ff.

ders., The Economic and monetary union: law and institutions, CMLR 2004, S. 575 ff.

ders. / Bronkhorst, Hajo (Hrsg.), The Euro and European Integration, Brüssel 1999

Lück, Michael, Die Gemeinschaftstreue als allgemeines Rechtsprinzip im Recht der Europäischen Gemeinschaft, Baden-Baden 1992

Ludwigs, Markus, Die Kompetenzordnung der Europäischen Union im Vertragsentwurf über eine Verfassung für Europa, ZEuS 2004, S. 211 ff.

Lutz, Christian, Die europäische Währungsschlange, Aussenwirtschaft 1974, S. 175 ff.

Maclay, Michael, Multi-Speed Europe? The Community Beyond Maastricht, London 1992

Maennig, Wolfgang, Notenbankgewinn-Einbußen – ernsthaftes Hindernis für die Währungsunion?, in: *Hasse, Rolf H.* (Hrsg.), Herausforderungen der Europäischen Währungsunion, Baden-Baden 1999, S. 77 ff.

Magiera, Siegfried, Einführung und rechtliche Absicherung der einheitlichen europäischen Währung, in: *Caesar, Rolf / Scharrer, Hans-Eckart* (Hrsg.), Die Europäische Wirtschafts- und Währungsunion: regionale und globale Herausforderungen, Bonn 1998, S. 419 ff.

Magnifico, Giovanni, Eine Währung für Europa: ein Weg zur europäischen Währungsvereinigung, Baden-Baden 1977

Maillet, Pierre / Velo, Dario (Hrsg.), L'Europe à Géométrie variable: Transition vers l'intègration, Paris 1994

Martenczuk, Bernd, Der Europäische Rat und die Wirtschafts- und Währungsunion, EuR 1998, S. 151 ff.

ders., Die Außenvertretung der Europäischen Gemeinschaft auf dem Gebiet der Währungspolitik, ZaöRV 1999, S. 93 ff.

ders., Die differenzierte Integration nach dem Vertrag von Amsterdam, ZEuS 1998, S. 447 ff.

ders., Die differenzierte Integration und die föderale Struktur der Europäischen Union, EuR 2000, S. 351 ff.

Martín, José María Fernández / Texieira, Pedro Gustavo, The imposition of regulatory sanctions by the European Central Bank, ELR 2000, S. 391

Mayer, Otto G. / Scharrer, Hans Eckart / Schmahl, Hans-Jürgen (Hrsg.), Der Europäische Binnenmark: Perspektiven und Probleme, Hamburg 1989

Maystadt, Philippe, The role of the European Monetary Institute, in: *Steinherr, Alfred* (Hrsg.), 30 years of European monetary integration: from the Werner Plan to EMU, London 1994, S. 204 ff.

Mehnert-Meland, Ralph, Central Bank to the European Union, Dordrecht 1995

Meier-Walser, Reinhard C., Splendid Isolation im 21. Jahrhundert?, Politische Studien 2000, November / Dezember 2000, S. 55 ff.

Mentgen, Judith, Beschäftigungsförderung und Stabilitätsverpflichtung in der Europäischen Wirtschafts- und Währungsunion, Baden-Baden 2003

Meyer, Günter, Vom Europäischen Währungssystem zur Wirtschafts- und Währungsunion 1979–1999, Bremen 1995

Meyers, Jan / Levie, Damien, The introduction of the Euro: Overview of the legal framework and selected legal issues, Columbia Journal of European Law 1998, S. 321 ff.

Meyring, Bernd, Die Reform der Bereiche Justiz und Inneres durch den Amsterdamer Vertrag, EuR 1999, S. 309 ff.

Michelis, Gianni de, Die EG als Gravitationszentrum: Für ein Europa der vier Kreise, Integration 1990, S. 143 ff.

Mittendorfer, Roland, Wie unabhängig ist das Europäische System der Zentralbanken?, ÖBA 1994, S. 777 ff.

Mohn, Astrid Sybille, Der Gleichheitssatz im Gemeinschaftsrecht: Differenzierungen im europäischen Gemeinschaftsrecht und ihre Vereinbarkeit mit dem Gleichheitssatz, Kehl am Rhein 1990

Molzahn, Ralf, Die normativen Verknüpfungen von Kapitalverkehrsfreiheit und Währungsunion im EG-Vertrag, Berlin 1999

Monar, Jörg, Die Erweiterung der Europäischen Union, in: *Hailbronner, Kay* (Hrsg.), Europa der Zukunft, Köln 1994, S. 79 ff.

Müller, Lothar, Politische Schritte zur Europäischen Währungsunion, EA 1989, S. 525 ff.

Nettesheim, Martin, Die Kompetenzordnung im Vertrag über eine Verfassung für Europa, EuR 2004, S. 511 ff.

Neumann, Wolfgang, Auf dem Weg zu einer Europäischen Wirtschafts- und Währungsunion, Stuttgart 1991

ders., Europäische Wirtschafts- und Währungsunion – Chance oder Risiko?, Sparkasse 1992, S. 194 ff.

Nicolaysen, Gert, Der EuGH zum Defizitverfahren nach Art. 104 EGV und dem Stabilitätspakt, DVBl. 2004, S. 1321 ff.

ders., Der Fahrplan für den Übergang zur dritten Stufe der Europäischen Wirtschafts- und Währungsunion, in: *Rill, Heinz Peter / Griller, Stefan* (Hrsg.), Rechtsfragen der Europäischen Wirtschafts- und Währungsunion, Wien 1998, S. 47 ff.

ders., Der rechtliche Status Griechenlands als Mitgliedstaat mit einer Ausnahmeregelung, in: *Papaschinopoulou, Mary* (Hrsg.), Griechenland auf dem Weg zur Europäischen Wirtschafts- und Währungsunion, Baden-Baden 1999, S. 39 ff.

ders., Europarecht II, Baden-Baden 1996

ders., Rechtsfragen der Währungsunion, Berlin 1993

ders., Zur Theorie von den implied-powers in den Europäischen Gemeinschaften, EuR 1966, S. 129 ff.

Nitschke, Dorothee, Die Währungsunion – eine Gefahr für die Stabilität der Währung?, in: *Seidl-Hohenveldern, Ignaz / Schrötter, Hans Jörg* (Hrsg.), Vereinte Nationen, Menschenrechte und Sicherheitspolitik – Völkerrechtliche Fragen zu internationalen Konfliktbegrenzungen, Köln 1994, S. 197 ff.

Nölling, Philip, Großbritannien – Ein selbstgefälliges Eiland? Das britische Opting-Out aus ökonomischer Sicht, Hamburg 1996

ders., Großbritanniens Geldordnung in Konflikt mit der Europäischen Währungsunion, Baden-Baden 1997

Nölling, Wilhelm / Schachtschneider, Karl Albrecht / Starbatty, Joachim (Hrsg.), Währungsunion und Weltwirtschaft, Stuttgart 1999

O'Donnell, Rory (Hrsg.), Economic and Monetary Union, London 1991

ders., Identifying the Issues, in: *ders.* (Hrsg.), Economic and Monetary Union, London 1991, S. 15 ff.

Ohr, Renate (Hrsg.), Europäische Integration, Stuttgart 1996

dies., Europäische Währungspolitik, in: *dies.* (Hrsg.), Europäische Integration, Stuttgart 1996, S. 201 ff.

dies., Europäische Währungsunion – eine Gefahr für Europa?, in: *Bareis, Peter / Ohr, Renate* (Hrsg.), Europäische Integration auf Abwegen, Stuttgart 1992, S. 39 ff.

O'Keefe, David, From Maastricht to the 1996 Intergovernmental Conference: The challenges facing the Union, LIEI 1994, S. 135 ff.

ders. / Twomey, Patrick M., Legal Issues of the Maastricht Treaty, London 1994

Oppenländer, Karl Heinrich (Hrsg.), Einfluß der Europäischen Währungsunion auf den Transformationsprozeß in Ostmitteleuropa unter besonderer Berücksichtigung Ungarns, Köln 1996

Oppermann, Thomas, Die internationale Vertretung von Euroland, in: *Kirchhof, Paul / Lehner, Moris / Raupach, Arndt / Rodi, Michael* (Hrsg.), Staaten und Steuern: Festschrift für *Klaus Vogel*, Heidelberg 2000, S. 532 ff.

ders., Eine Verfassung für die Europäische Union, 1. und 2. Teil, DVBl. 2003, S. 1165 ff. und S. 1234 ff.

ders., Europäischer Verfassungskonvent und Regierungskonferenz 2002–2004, DVBl. 2004, S. 1264 ff.

ders., Europarecht, 2. Auflage, München 1999

ders., Währungsunion und EWG-Vertragsrevision, EuR 1971, S. 130 ff.

Ost, Nina, Flexibilität des Gemeinschaftsrechts – Vom Notantrieb zum Vertragsprinzip?, DÖV 1997, S. 495 ff.

o.V., Editorial Comments: The birth of the Euro, CMLR 1998, S. 585 ff.

Palm, Ulrich, Der Bruch des Stabilitäts- und Wachstumspaktes, EuZW 2004, S. 71 ff.

ders., Preisstabilität in der Europäischen Wirtschafts- und Währungsunion, Baden-Baden 2000

Papaschinopoulou, Mary (Hrsg.), Griechenland auf dem Weg zur Europäischen Wirtschafts- und Währungsunion, Baden-Baden 1999

dies., Institutional Adaption of the Bank of Greece with a View to Stage Three of EMU – A Case Study of Central Bank Independence, in: *dies.* (Hrsg.), Griechenland auf dem Weg zur Europäischen Wirtschafts- und Währungsunion, Baden-Baden 1999, S. 209 ff.

Patterson, Ben, European Monetary Union: ‚Ins' and ‚Outs' – or postponement?, in: *Ehlermann, Claus Dieter* (Hrsg.), Rechtliche Grenzen eines Europas in mehreren Geschwindigkeiten und unterschiedlichen Gruppierungen, Köln 1999, S. 101 ff.

Pechstein, Matthias, Erweiterungsfähigkeit der Europäischen Union und europarechtliche Beitrittsvoraussetzungen, in: *Stern, Klaus* (Hrsg.), Zukunftsprobleme der Europäischen Union, Berlin 1998, S. 163 ff.

ders., Osterweiterung und Zukunftsperspektiven der Europäischen Union, ZfRV 1996, S. 108 ff.

ders. / Koenig, Christian, Die Europäische Union, 3. Auflage, Tübingen 2000

Pernice, Ingolf, Maastricht, Staat und Demokratie, Die Verwaltung 1993, S. 449 ff.

ders, Multilevel Constitutionalism and the Treaty of Amsterdam: European Constitution-Making revisited?, CMLR 1999, S. 703 ff.

Peter, Jörg / Rhein, Kay-Uwe (Hrsg.), Wirtschaft und Recht, Osnabrück 1989

Pfister, Jürgen, Ist das Europäische Währungssystem am Ende?, EA 1993, S. 711 ff.

Philippart, Eric / Edwards, Geoffrey, The provisions on closer co-operation in the treaty of Amsterdam: The politics of flexibility in the European Union, JCMS 1999, S. 87 ff.

Pierenkemper, Toni, Der Weg zur Europäischen Zentralbank, in: *Simmert, Diethard B. / Welteke, Ernst* (Hrsg.), Die Europäische Zentralbank: europäische Geldpolitik im Spannungsfeld zwischen Wirtschaft und Politik, Stuttgart 1999, S. 21 ff.

Pipkkorn, Jörn, Legal Arrangements in the Treaty of Maastricht for the Effectiveness of the Economic and Monetary Union, CMLR 1994, S. 263 ff.

Piris, Jean Claude, After Maastricht, are the Community Institutions more efficacious, more democratic and more transparent?, ELR 1994, S. 449 ff.

Pisani-Ferry, Jean, L'Europe à géométrie variable : une analyse économique, Politique étrangére 1995, S. 447 ff.

Plewka, Harald, Rechtliche Grundlagen und organisatorischer Aufbau der Europäischen Zentralbank, in: *Simmert, Diethard B. / Welteke, Ernst*, Die Europäische Zentralbank: europäische Geldpolitik im Spannungsfeld zwischen Wirtschaft und Politik, Stuttgart 1999, S. 49 ff.

Pöhl, Karl Otto, Prospects of the European Monetary Union, in: *ders.* (Hrsg.), Britain and EMU, London 1990, S. 3 ff.

ders. (Hrsg.), Britain and EMU, London 1990

Pohl, Rüdiger, Von der D-Mark zum Euro: Eine Übergangsbilanz, Halle 1998

Poser, Arwed Max von, Europäische Währungsunion: Struktur und Perspektiven, 3. Auflage, Stuttgart 1998

Potacs, Michael, Nationale Zentralbanken in der Wirtschafts- und Währungsunion, EuR 1993, S. 23 ff.
Potthoff, Martin / Hirschmann, Kai (Hrsg.), Die europäische Währungsunion – ein Testfall für die europäische Integration?, Berlin 1997
Pringle, Robert / Turner, Matthew, The Relationship between the European Central Bank and the National Central Banks within the Eurosystem, in: *Cobham, David / Zis, George* (Hrsg.), From EMS to EMU – 1979 to 1999 and beyond, Basingstoke 1999, S. 231 ff.
Puetter, Uwe, Informal Circles of Ministers: A Way Out of the EU's Institutional Dilemmas?, European Law Journal 2003, S. 109 ff.

Rácz, Margit, Drei Fragen zur Durchführbarkeit der Wirtschafts- und Währungsunion, in: *Oppenländer, Karl Heinrich* (Hrsg.), Einfluß der Europäischen Währungsunion auf den Transformationsprozeß in Ostmitteleuropa unter besonderer Berücksichtigung Ungarns, Köln 1996, S. 75 ff.
Randelzhofer, Albrecht / Scholz, Rupert / Wilke, Dieter (Hrsg.), Gedächtnisschrift für *Eberhard Grabitz*, München 1995 (GS *Grabitz*)
Randzio-Plath, Christa, A New Exchange Rate Mechanism for the Euro Age, Intereconomics 1996, S. 277 ff.
dies., Die aktuelle Währungssituation in der Europäischen Gemeinschaft, Wirtschaftsdienst 1993, S. 533 ff.
dies., Europäische Währungsunion – Erosionsvehikel oder Gestaltungsfaktor?, WSI-Mitteilungen 1997, S. 328 ff.
Regling, Klaus, Die Europäische Währungsunion ante portas, in: *Unternehmerverband Ruhr-Niederrhein e.V.*, Die Europäische Währungsunion ante portas: Chancen und Risiken des Euro, Mühlheim 1997, S. 18 ff.
Rehman, Scheherazade S., The path to economic and monetary union, Boston 1997
Reumann, Ute, Die Europäische Zentralbank: Zwischen Selbstbestimmung und vertragsmäßiger Zusammenarbeit, Herbolzheim 2001
Riese, Hajo, Schwäche des Pfundes und Versagen der Deutschen Mark – Anmerkungen zur gegenwärtigen Krise des Europäischen Währungssystems – in: *Bofinger, Peter / Collignon, Stefan / Lipp, Ernst-Moritz* (Hrsg.), Währungsunion oder Währungschaos? Was kommt nach der D-Mark, Wiesbaden 1993, S. 161 ff.
Rill, Heinz Peter / Griller, Stefan (Hrsg.), Rechtsfragen der Europäischen Wirtschafts- und Währungsunion, Wien 1998
Rohde, Armin / Janssen, Ole, EU-Osterweiterung: Ist ein schneller Beitritt zur Europäischen Währungsunion für Estland sinnvoll?, Greifswald 2000
dies., Europäische Zentralbank und Wechselkurspolitik, in: *Simmert, Diethart / Welteke, Ernst* (Hrsg.), Die Europäische Zentralbank: europäische Geldpolitik im Spannungsfeld zwischen Wirtschaft und Politik, Stuttgart 1999, S. 211 ff.
Rösl, Gerhard, Seigniorage in der EWU, Frankfurt (Main) 2002
ders. / Schäfer, Wolf, Notenbankgewinnentstehung und -verwendung in der WWU, in: *Caesar, Rolf / Scharrer, Hans-Eckart* (Hrsg.), Die Europäische Wirtschafts- und Währungsunion: regionale und globale Herausforderungen, Bonn 1998, S. 147 ff.
Roth, Wulf-Henning, Der rechtliche Rahmen der Wirtschafts- und Währungsunion, EuR – Beiheft 1 – 1994, S. 45 ff.
Röttinger, Moritz / Weyringer, Claudia (Hrsg.), Handbuch der Europäischen Integration, 2. Auflage, Wien 1996
Rubin, Jonathan / Thygesen, Niels, Monetary Union and the Outsiders: A Cointegration / Codependence Analysis of Business Cycles in Europe, Kopenhagen 1996
Ruckriegel, Karlheinz / Seitz, Franz, Euro Go East: Je schneller, desto besser?, Wirtschaftsdienst 2004, S. 635 ff.

Sadermann, Hans-Joachim / Steiger, Otto (Hrsg.), Herausforderungen der Geldwirtschaft: Theorie und Praxis währungspolitischer Ereignisse, Marburg 1999

Sandrock, Otto, Der Euro und sein Einfluß auf nationale und internationale privatrechtliche Verträge, EWS 1997 – Beilage 3 zu Heft 8 –, S. 1 ff.
Santer, Jacques, Europa und der Euro, WM 1998, S. 1175
Schachtschneider, Karl Albrecht / Emmerich-Fritsche, Angelika / Beyer, Thomas C. W., Der Vertrag über die Europäische Union und das Grundgesetz, JZ 1993, S. 751 ff.
Schäfer, Wolf, Der neue europäische Wechselkursmechanismus und die MOE-Staaten, in: *Nölling, Wilhelm / Schachtschneider, Karl Albrecht / Starbatty, Joachim* (Hrsg.), Währungsunion und Weltwirtschaft, Stuttgart 1999, S. 149 ff.
Scharrer, Hans-Eckart, A Hard Core for the European Union?, Intereconomics 1994, S. 209 f.
ders., Abgestufte Integration – Eine Alternative zum herkömmlichen Integrationskonzept?, Integration 1981, S. 123 ff.
ders., Abgestufte Integration: Eine Einführung, in: *Grabitz, Eberhard* (Hrsg.), Abgestufte Integration – Eine Alternative zum herkömmlichen Integrationskonzept, Kehl 1984, S. 1 ff.
ders., Das Europäische Währungssystem – Abgestufte Integration in der Praxis, in: *Grabitz, Eberhard* (Hrsg.), Abgestufte Integration – Eine Alternative zum herkömmlichen Integrationskonzept, Kehl 1984, S. 225 ff.
ders., Der Wechselkurs- und Interventionsmechanismus im EWS – Aus den Erfahrungen lernen?, in: *ders. / Wessels, Wolfgang* (Hrsg.), Das Europäische Währungssystem, Bonn 1983, S. 175 ff.
ders., Differenzierte Integration im Zeichen der Schlange, in: *Schneider, Heinrich / Wessels, Wolfgang* (Hrsg.), Auf dem Weg zur Europäischen Union?, Bonn 1977, S. 143 ff.
ders., Eine Europäische Währungsunion nach dem Modell des Europa der zwei Geschwindigkeiten, in: *Franzmeyer, Fritz* (Hrsg.), Das Konvergenzproblem – Wirtschaftspolitik im Europa von Maastricht, Berlin 1994, S. 244 ff.
ders., Europäische Wirtschafts- und Währungsunion – Pragmatismus ohne politisches Konzept, in: *ders.* (Hrsg.), Europäische Wirtschaftspolitik – Programm und Realität, Bonn 1973, S. 85 ff.
ders. (Hrsg.), Europäische Wirtschaftspolitik – Programm und Realität, Bonn 1973
ders., Eine Zentralbank für Europa?, Integration 1988, S. 95 ff.
ders., Konstruktiver Delors-Bericht, Wirtschaftsdienst 1989, S. 220
ders., Probleme einer europäischen Wirtschafts- und Währungsunion im Spiegel des Delors-Berichts, in: *Mayer, Otto G. / Scharrer, Hans Eckart / Schmahl, Hans-Jürgen* (Hrsg.), Der Europäische Binnenmark: Perspektiven und Probleme, Hamburg 1989, S. 261 ff.
ders., Probleme einer europäischen Wirtschafts- und Währungsunion nach Maastricht, HJbWG 1992, S. 207 ff.
ders., Stabilitätspolitischer Grundkonsens erforderlich, Wirtschaftsdienst 1989, S. 279 ff.
ders. / Wessels, Wolfgang, Das Europäische Währungssystem, Bonn 1983
Schauer, Martin, Schengen – Maastricht – Amsterdam: auf dem Weg zu einer flexiblen Union, Wien 2000
Scheller, Hanspeter K., Von der Wechselkursfixierung zum Euro als gesetzliches Zahlungsmittel, in: *Francke, Hans-Hermann / Ketzel, Eberhart / Kotz, Hans-Helmut* (Hrsg.), Europäische Währungsunion, Berlin 1998, S. 201 ff.
Scheuner, Ulrich, Perspektiven einer Europäischen Union, EuR 1976, S. 193 ff.
ders., Verfassungsprobleme der Wirtschafts- und Währungsunion, Integration 1971, S. 145 ff.
Schiemann, Jürgen, Eine autonome Zentralbank für Europa?, in: *Caesar, Rolf / Scharrer, Hans-Eckart* (Hrsg.), Maastricht: Königsweg oder Irrweg zur Wirtschafts- und Währungsunion?, Bonn 1994
ders., The New European Exchange Rate Mechanism: Currency Conventions for Ins, Pre-Ins, and Outs, Hamburg 1998
Schlüter, Peter-Wilhelm, Die Europäische Wirtschafts- und Währungsunion: Anmerkungen zur Regierungskonferenz, Integration 1991, S. 106 ff.
Schmid, Christoph, Das Personalrecht der Europäischen Zentralbank, Frankfurt (Main) 2002
Schneider, Heinrich, Kerneuropa, Journal für Rechtspolitik 2004, S. 136 ff.
ders., Schlußbetrachtung: Zur Diskussion differenzierter Integration, in: *Breuss, Fritz / Griller, Stefan* (Hrsg.), Flexible Integration in Europa – Einheit oder „Europe à la carte"?, Wien 1998, S. 229 ff.

ders. / Wessels, Wolfgang (Hrsg.), Auf dem Weg zur Europäischen Union?, Bonn 1977

Schubert, Aurel / Aspetsberger, Axel, Europäische Währungspolitik und Notenbankautonomie, ÖBA 1992, S. 977 ff.

Schulze-Steinen, Mathias, Fiskalpolitische Bedingungen für einen Beitritt Griechenlands in die EWU aus gemeinschaftsrechtlicher Sicht, in: *Papaschinopoulou, Mary* (Hrsg.), Griechenland auf dem Weg zur Europäischen Wirtschafts- und Währungsunion, Baden-Baden 1999, S. 125 ff.

ders., Rechtsfragen zur Wirtschaftsunion, Baden-Baden 1997 / 98

Schumacher, Tom / Schymik, Carsten, Dänemark nach dem Euro-Referendum, Politische Studien 2000, November / Dezember 2000, S. 30 ff.

Schuster, Gunnar, Der Sonderstatus Dänemarks im Vertrag über die Europäische Union, EuZW 1993, S. 177 ff.

Schuster, Joachim, EG am Scheideweg: Perspektiven der Europäischen Wirtschafts- und Währungsunion, Frankfurt (Main) 1994

Schutz, Lothar, Flexibilität in der Europäischen Union, Aachen 1999

Schwarz, Siegfried, Aufbruch zu einem flexiblen Europa, Deutschland-Archiv 1995, S. 964 ff.

Schwarze, Jürgen (Hrsg.), Der Verfassungsentwurf des Europäischen Konvents, Baden-Baden 2004

ders. (Hrsg.), EU-Kommentar, Baden-Baden 2000

ders., Funktionen des Rechts in der Europäischen Gemeinschaft, in: *ders.* (Hrsg.), Gesetzgebung in der Europäischen Gemeinschaft, Baden-Baden 1985, S. 9 ff.

ders. (Hrsg.), Gesetzgebung in der Europäischen Gemeinschaft, Baden-Baden 1985

Seidel, Martin, Beschluß- und Entscheidungsverfahren in der Wirtschafts- und Währungsunion: Rechtliche Aspekte, Integration 1998, S. 197 ff.

ders., Das EWS im Gemeinschaftsrecht – Pflichten und Rechte der Mitgliedstaaten, in: *Scharrer, Hans-Eckart / Wessels, Wolfgang* (Hrsg.), Das Europäische Währungssystem, Bonn 1983, S. 467 ff.

ders., Das Europäische Währungssystem – Rechtliche Grundlagen und Ausgestaltung, EuR 1979, S. 13 ff.

ders., Die Auswirkungen des Europäischen Gemeinschaftsrechts auf das Wirtschaftsverfassungsrecht der Mitgliedstaaten, in: *Due, Ole / Lutter, Martin / Schwarze, Jürgen* (Hrsg.), Festschrift für *Ulrich Everling*, Band II, Baden-Baden 1995, S. 1393 ff. (FS *Everling*)

ders., Die Stellung der Europäischen Zentralbank nach dem Verfassungsvertrag, Bonn 2004

ders., Die Verfassung der Europäischen Wirtschafts- und Währungsunion als Wirtschaftsunion, in: *Nölling, Wilhelm / Schachtschneider, Karl Albrecht / Starbatty, Joachim* (Hrsg.), Währungsunion und Weltwirtschaft, Stuttgart 1999, S. 165 ff.

ders., Die Weisungs- und Herrschaftsmacht der Europäischen Zentralbank im Europäischen System der Zentralbanken – eine rechtliche Analyse, Bonn 2003

ders., Die Wirtschafts- und Währungsunion im rechtlichen und politischen Gefüge der Europäischen Gemeinschaft, in: *Caesar, Rolf / Scharrer, Hans-Eckart* (Hrsg.), Ökonomische und politische Dimensionen der Europäischen Wirtschafts- und Währungsunion, Baden-Baden 1999, S. 215 ff.

ders., Im Kompetenzkonflikt: Europäisches System der Zentralbanken (ESZB) versus EZB, EuZW 2000, S. 552 ff.

ders., Institutionelle und rechtliche Probleme des Europäischen Währungssystems (EWS), Integration 1981, S. 67 ff.

ders., Probleme der Verfassung der Europäischen Gemeinschaft als Wirtschafts- und Währungsunion, in: *Baur, Jürgen F. / Müller-Graff, Peter-Christian / Zuleeg, Manfred* (Hrsg.), Europarecht: Energierecht: Wirtschaftsrecht: Festschrift für *Bodo Börner*, Köln 1992, S. 417 ff. (FS *Börner*)

ders., Recht und Verfassung des Kapitalmarktes als Grundlage der Währungsunion, in: *Randelzhofer, Albrecht / Scholz, Rupert / Wilke, Dieter* (Hrsg.), Gedächtnisschrift für *Eberhard Grabitz*, München 1995, S. 763 ff. (GS *Grabitz*)

ders., Rechtliche und politische Probleme beim Übergang in die Endstufe der Wirtschafts- und Währungsunion, in: *Francke, Hans-Hermann / Ketzel, Eberhart / Kotz, Hans-Helmut* (Hrsg.), Europäische Währungsunion, Berlin 1998, S. 163 ff.

ders., The European Community after Maastricht, in: *Temperton, Paul* (Hrsg.), The European Currency Crisis, Cambridge 1993, S. 93 ff.
ders., Verschiebungseffekte und Risiken der EWU: Juristische Aspekte, in: *Hasse, Rolf H.* (Hrsg.), Herausforderungen der Europäischen Währungsunion, Baden-Baden 1999, S. 59 ff.
ders., Zur Verfassung der Europäischen Gemeinschaft nach Maastricht, EuR 1992, S. 125 ff.
Seidl-Hohenveldern, Ignaz / Schrötter, Hans Jörg (Hrsg.), Vereinte Nationen, Menschenrechte und Sicherheitspolitik – Völkerrechtliche Fragen zu internationalen Konfliktbegrenzungen, Köln 1994
Seiler, Christian, Das Europäische System der Zentralbanken (ESZB) als Verantwortungsverbund: Systemgebundene Aufgabenerfüllung durch eigenständige Kompetenzträger, EuR 2004, S. 52 ff.
Selmayr, Martin, Das Recht der Wirtschafts- und Währungsunion, Baden-Baden 2002
ders., Die Europäische Wirtschafts- und Währungsunion als Rechtsgemeinschaft, AöR 1999, S. 357 ff.
ders., Die Europäische Währungsunion zwischen Politik und Recht, EuZW 1998, S. 101 ff.
ders., Die rechtlichen Grenzen der Geldpolitik der Europäischen Zentralbank – eine Fallstudie, in: *Köhler, Claus / Rohde, Armin* (Hrsg.), Geldpolitik ohne Grenzen, Berlin 2003, S. 167 ff.
ders., Gefahr für die Europäische Zentralbank?, Europablätter 1998, S. 40
ders., Wie unabhängig ist die Europäische Zentralbank?, WM 1998, S. 2429 ff.
Senti, Richard, Das Europäische System der Zentralbanken – Institutionelle Grundlagen, in: *ders. / Büsch, Walter* (Hrsg.), Schweizer-Franken oder Euro, Zürich 1999, S. 35 ff.
ders. / Büsch, Walter (Hrsg.), Schweizer-Franken oder Euro, Zürich 1999
Shaw, Jo, Flexibility in a „reorganized" and „simplified" treaty, CMLR 2003, S. 279 ff.
Sideek, Mohamed, A critical interpretation of the EMU convergence rules, LIEI 1997, S. 1 ff.
Siebelt, Johannes, Auf dem Wege zur Europäischen Währungsunion, in: *Siedentopf, Heinrich* (Hrsg.), Europäische Integration und nationalstaatliche Verwaltung, Stuttgart 1991, S. 43 ff.
ders. / Häde, Ulrich, Die ECU im deutschen Recht, NJW 1992, S. 10 ff.
Siebert, Horst, Zu den Voraussetzungen der Europäischen Währungsunion, Kiel 1997
Siedentopf, Heinrich (Hrsg.), Europäische Integration und nationalstaatliche Verwaltung, Stuttgart 1991
Siekmann, Helmut, Die Unabhängigkeit von EZB und Bundesbank nach geltendem Recht und dem Vertrag über eine Verfassung für Europa, 2005
Simmert, Diethard B. / Welteke, Ernst (Hrsg.), Die Europäische Zentralbank: europäische Geldpolitik im Spannungsfeld zwischen Wirtschaft und Politik, Stuttgart 1999
Simson, Werner von / Schwarze, Jürgen, Europäische Integration im Grundgesetz: Maastricht und die Folgen für das deutsche Verfassungsrecht, Berlin 1992
Slot, Jan Piet, The Institutional Provisions of the EMU, in: *Curtin, Deirdre / Heukels, Ton* (Hrsg.), Institutional Dynamics of European Integration: Essay in Honour of Henry G. Schermers, Volume II, Dordrecht 1994, S. 229 ff.
Smeets, Heinz-Dieter, Monetäre Integration: Vom EWS zur Währungsunion, in: *Groener, Helmut / Schüller, Alfred* (Hrsg.), Die europäische Integration als ordnungspolitische Aufgabe, Stuttgart 1993, S. 97 ff.
Smits, René, European Central Bank: Institutional Aspects, International and Comparative Law Quarterly 1996, S. 319 ff.
ders., The European Constitution and EMU: An appraisal, CMLR 2005, S. 425 ff.
ders., The European Central Bank: Institutional Aspects, The Hague 1997
Socher, Karl / Lexa, Hans / Smekal, Christian (Hrsg.), Europas Währungsgefüge, Wien 1991
Stadler, Rainer, Der rechtliche Handlungsspielraum des Europäischen Systems der Zentralbanken, Baden-Baden 1996
Stadlmeier, Sigmar, Die „implied powers" der Europäischen Gemeinschaften, ZÖR 1997, S. 353 ff.
Starbatty, Joachim, Die politische Dimension des Euro – Zehn Thesen, in: *Hasse, Rolf / Starbatty, Joachim*, Wirtschafts- und Währungsunion auf dem Prüfstand, Stuttgart 1997, S. 41 ff.
Stark, Jürgen, Notenbankunabhängigkeit in der Wirtschafts- und Währungsunion, WM 1998, S. 125 ff.

Steindorff, Ernst, Währungsunion, Beitritt, Finanzausgleich und Maastricht II, EuZW 1996, S. 6 ff.
Steinherr, Alfred (Hrsg.), 30 years of European monetary integration: from the Werner Plan to EMU, London 1994
Stern, Klaus, Die Konvergenzkriterien des Vertrags von Maastricht und ihre Umsetzung in der bundesstaatlichen Finanzverfassung, in: *Due, Ole / Lutter, Martin / Schwarze, Jürgen* (Hrsg.), Festschrift für *Ulrich Everling*, Band II, Baden-Baden 1995, S. 1469 ff. (FS *Everling*)
ders. (Hrsg.), Zukunftsprobleme der Europäischen Union, Berlin 1998
Steuer, Werner, Der Europäische Stabilitäts- und Wachstumspakt, *Caesar, Rolf / Scharrer, Hans-Eckart* (Hrsg.), Die Europäische Wirtschafts- und Währungsunion: regionale und globale Herausforderungen, Bonn 1998, S. 87 ff.
Streinz, Rudolf, Bundesverfassungsgerichtlicher Grundrechtsschutz und Europäisches Gemeinschaftsrecht, Baden-Baden 1989
ders., Europarecht, 6. Auflage, Heidelberg 2003
ders., (Hrsg.), EUV / EGV, München 2003
ders. / Ohler, Christoph / Herrmann, Christoph, Totgesagte leben länger – oder doch nicht?, NJW 2004, S. 1553 ff.
Strohmeier, Rudolf W., Das Europäische Währungssystem, Würzburg 1980
Strumpf, Christoph A., Die auswärtigen Beziehungen der Europäischen Währungsunion, ZaöRV 2003, S. 1075 ff.
Stubb, Alexander C-G., A Categorization of Differentiated Integration, JCMS 1996, S. 283 ff.
ders., The 1996 IGC and the management of flexible integration, Journal of European Public Policy 1997, S. 37 ff.
Sutter, Matthias, Der Stabilitäts- und Wachstumspakt in der Europäischen Währungsunion, Baden-Baden 1999
Szemlér, Tamás, EMU – questions and perspectives, in: *Oppenländer, Karl Heinrich* (Hrsg.), Einfluß der Europäischen Währungsunion auf den Transformationsprozeß in Ostmitteleuropa unter besonderer Berücksichtigung Ungarns, Köln 1996, S. 91 ff.

Temperton, Paul (Hrsg.), The European Currency Crisis, Cambridge 1993
Tettinger, Peter J., Das Schicksal der Deutschen Mark, in: *Burmeister, Joachim* (Hrsg.), Verfassungsstaatlichkeit: Festschrift für *Klaus Stern*, München 1997, S. 1365 ff. (FS *Stern*)
ders., Weg frei für die Europäische Währungsunion?, EWS 1992, S. 321 ff.
ders., Weg frei für die Europäische Währungsunion?, RIW Beilage 3 zu Heft 12 / 1992, S. 1 ff.
Themaat, Pieter Ver Loren Van, Einige Bemerkungen zu dem Verhältnis zwischen den Begriffen Gemeinsamer Markt, Wirtschaftsunion, Währungsunion, Politische Union und Souveränität, in: *Baur, Jürgen F. / Müller-Graff, Peter-Christian / Zuleeg, Manfred* (Hrsg.), Europarecht: Energierecht: Wirtschaftsrecht: Festschrift für *Bodo Börner*, Köln 1992, S. 459 ff. (FS *Börner*)
Thun-Hohenstein, Christoph, Der Vertrag von Amsterdam: die neue Verfassung der EU, Mainz 1997
Thygesen, Niels, Economic and Monetary Union: Critical Notes on the Maastricht Treaty Revisions, in: *Torres, Francisco / Giavazzi, Francesco* (Hrsg.), Adjustment and growth in the European Monetary System, Cambridge 1993, S. 9 ff.
ders., Ein Neubeginn für den WWU-Prozeß, in: *Amato, Giuliano / Christophersen, Henning*, u.a. (Hrsg.), Ist die Europäische Währungsunion tot?, Brüssel 1994, S. 62 ff.
ders., Reinforcing Stage Two in the EMU process, in: *Steinherr, Alfred* (Hrsg.), 30 years of European monetary integration: from the Werner Plan to EMU, London 1994, S. 209 ff.
ders., The prospects for the EMU by 1999 – and Reflections on Arrangements for the Outsiders, Kopenhagen 1995
ders, Towards monetary union in Europe – Reforms of the EMS in the perspective of monetary union, in: *Johnson, Christopher / Collignon, Stefan* (Hrsg.), The Monetary Economics of Europe – Causes of the EMS Crisis, London 1994, S. 141 ff.
Thym, Daniel, Ungleichzeitigkeit im europäischen Verfassungsrecht, Baden-Baden 2004
Tichy, Gunther, Differenzierte Hoffnungen im verwässerten Konzept: Zur Realisierung der dritten

Stufe der Europäischen Währungsunion, in: *Breuss, Fritz / Griller, Stefan* (Hrsg.), Flexible Integration in Europa – Einheit oder „Europe à la carte"?, Wien 1998, S. 105 ff.

Tietmeyer, Hans, Europäische Währungsunion und politische Union – das Modell mehrerer Geschwindigkeiten, EA 1994, S. 457 ff.

ders., Europäische Wirtschafts- und Währungsunion – eine politische Herausforderung, EA 1971, S. 409 ff.

ders., Währungsunion – ein Weg ohne Umkehr, Integration 1992, S. 17 ff.

Tindemans, Leo, Bericht an den Europäischen Rat (*Tindemans*-Bericht), abgedruckt in: *Schneider, Heinrich / Wessels, Wolfgang* (Hrsg.), Auf dem Weg zur Europäischen Union?, Bonn 1977, S. 239 ff.

ders., Dreams come true, gradually, in: *Westlake, Martin* (Hrsg.), The European Union beyond Amsterdam: new concepts of European integration, London 1998, S. 130 ff.

Tolksdorf, Michael, Erfolgsaussichten und Probleme bei der Realisierung der Europäischen Währungsunion (EWU), Poznań 1997

Torres, Francisco / Giavazzi, Francesco (Hrsg.), Adjustment and growth in the European Monetary System, Cambridge 1993

Toulemon, Robert, Kerneuropa – Deutsch-französische Aktionsgemeinschaft in Sicht?, Integration 1995, S. 61 ff.

Trüe Christiane, Das System der EU-Kompetenzen vor und nach dem Entwurf eines Europäischen Verfassungsvertrags, ZaöRV 2004, S. 391 ff.

Tuytschaever, Filip, Differentiation in European Union Law, Oxford 1999

Ullrich, Katrin, Unabhängigkeit und Verantwortlichkeit der Europäischen Zentralbank, Zentrum für Europäische Wirtschaftsforschung GmbH, Discussion Paper No. 03-65, Mannheim 2003

Ungerer, Horst, A Concise History of European Monetary Integration, London 1997

ders., Probleme einer europäischen Wirtschafts- und Währungsunion, in: *Socher, Karl / Lexa, Hans / Smekal, Christian* (Hrsg.), Europas Währungsgefüge, Wien 1991, S. 7 ff.

Unternehmerverband Ruhr-Niederrhein e.V., Die Europäische Währungsunion ante portas: Chancen und Risiken des Euro, Mühlheim 1997

Usher, John, Economic and monetary union – a model for flexibility, in: *Dashwood, Alan* (Hrsg.), The Cambridge Yearbook of European Legal Studies, Volume 1, 1998, S. 48 ff.

ders., Legal Background of the Euro, SEW 1999, S. 12 ff.

ders., Variable Geometrie or concentric circles: Patterns for the European Union, ICLQ 1997, S. 243 ff.

Vandamme, Jaques, Die abgestufte Integration im Tindemans-Bericht, Integration 1978, S. 83 ff.

Vaubel, Roland, Die zweite Stufe auf dem Weg zur Europäischen Wirtschafts- und Währungsunion: Konsequenzen aus den Maastrichter Beschlüssen, in: *Griller, Stefan* (Hrsg.), Auf dem Weg zur Europäischen Wirtschafts- und Währungsunion?, Wien 1993, S. 65 ff.

Vehrkamp. Robert B., EWS II, De-facto-Kernwährungsunion und die Europäische Währungsordnung nach 1999, in: *Heinemann, Friedrich* (Hrsg.), Europäische Währungsunion und Kapitalmärkte, Baden-Baden 1997, S. 154 ff.

ders., De-facto-Kernwährungsunion in Europa durch Termininterventionen, Wirtschaftsdienst 1994, S. 633 ff.

Verdross, Alfred / Simma, Bruno, Universelles Völkerrecht, 3. Auflage, Berlin 1984

Viñals, José, European monetary integration: A narrow or a wide EMU?, European Economic Review 1996, S. 1103 ff.

Vorstand des Arbeitskreises Europäische Integration e.V., Integrationskonzepte auf dem Prüfstand, Baden-Baden 1983

Wahlig, Berthold, Die Unabhängigkeit der nationalen Zentralbanken als institutionelles Kriterium für den Eintritt in die dritte Stufe der europäischen Währungsunion, in: *Weber, Albrecht* (Hrsg.), Währung und Wirtschaft: Das Geld im Recht: Festschrift für Prof. Dr. *Hugo J. Hahn* zum 70. Geburtstag, Baden-Baden 1997, S. 265 ff.

Walker, Neil, Sovereignty and differentiated integration in the European Union, European Law Journal 1998, S. 355 ff.

Walkhoff, Henner, Perspektiven des Zahlungsverkehrs in der Währungsunion, *Francke, Hans-Hermann / Ketzel, Eberhart / Kotz, Hans-Helmut* (Hrsg.), Europäische Währungsunion, Berlin 1998, S. 251 ff.

Wallace, Helen / Wallace, William, Flying together in a larger and more diverse European Union, The Hague 1995

dies. / Ridley, Adam, Europe: The Challenge of Diversity, London 1985

Walter, Norbert, Das neue EWS – Was es für die WWU bedeutet, in: *Amato, Giuliano / Christophersen, Henning*, u.a. (Hrsg.), Ist die Europäische Währungsunion tot?, Brüssel 1994, S. 76 ff.

ders., Der Kollaps des EWS – Konsequenzen für den Maastricht-Prozess, Integration 1994, S. 30 ff.

Wasielewski, Lukas, Rechtsdifferenzierungen in einer erweiterten Europäischen Union, Baden-Baden 2002

Weber, Albrecht, Die Währungsunion – Modell für ein Europa mehrerer Geschwindigkeiten, in: *ders.*, (Hrsg.), Währung und Wirtschaft: Das Geld im Recht: Festschrift für Prof. Dr. *Hugo J. Hahn* zum 70. Geburtstag, Baden-Baden 1997, S. 273 ff. (FS *Hahn*)

ders., Die Wirtschafts- und Währungsunion nach dem Maastricht-Urteil des BVerfG, JZ 1994, S. 53 ff.

ders. (Hrsg.), Währung und Wirtschaft: Das Geld im Recht: Festschrift für Prof. Dr. *Hugo J. Hahn* zum 70. Geburtstag, Baden-Baden 1997 (FS *Hahn*)

Weber, Manfred (Hrsg.), Europa auf dem Weg zur Währungsunion, Darmstadt 1991

Weber, Martin, Das Europäische System der Zentralbanken, WM 1998, S. 1465 ff.

ders., Die Kompetenzverteilung im Europäischen System der Zentralbanken bei der Festlegung und Durchführung der Geldpolitik, München 1995

Weidenfeld, Werner (Hrsg.), Europa öffnen, Gütersloh 1997

Weikart, Thomas, Der Vertrag von Maastricht und das Grundgesetz, RiA 1993, S. 1 ff.

Weinbörner, Susanne, Die Stellung der Europäischen Zentralbank (EZB) und der nationalen Zentralbanken in der Wirtschafts- und Währungsunion nach dem Vertrag von Maastricht, Frankfurt (Main) 1998

Weinstock, Ulrich, Abstufung als Realität oder Chance, in: *Grabitz, Eberhard* (Hrsg.), Abgestufte Integration – Eine Alternative zum herkömmlichen Integrationskonzept, Kehl 1984, S. 345 ff.

Weiß, Wolfgang, Kompetenzverteilung in der Währungspolitik und Außenvertretung des Euro, EuR 2002, S. 165 ff.

Welcker, Johannes, Das Europäische System der Zentralbanken, Saarbrücken 1992

Welfens, Paul J.J., A short history of monetary integration, in: *Institut Universitaire International Luxembourg* (Hrsg.), European Monetary Union: Legal foundations and economic implications, Luxembourg 1993, S. 21 ff.

Werner, Pierre, Die Wirtschafts- und Währungsunion im Hinblick auf den politischen Zusammenschluß Europas, EA 1972, S. 329 ff.

Wessels, Wolfgang, Die Einheitliche Europäische Akte – Zementierung des Status quo oder Einstieg in die Europäische Union?, Integration 1986, S. 65 ff.

ders., Die Währungsunion als Teil einer Europäischen Union: Plädoyer für eine Globalansicht, in: *Griller, Stefan* (Hrsg.), Auf dem Weg zur Europäischen Wirtschafts- und Währungsunion, Wien 1993, S. 11 ff.

ders., Erweiterung, Vertiefung, Verkleinerung: Vitale Fragen für die Europäische Union, EuR 1993, S. 308

ders., Flexibility, differentiation and closer cooperation: The Amsterdam provisions in the light of the Tindemans-Report, in: *Westlake, Martin* (Hrsg.), The European Union beyond Amsterdam: new concepts of European integration, London 1998, S. 76 ff.

ders., Integrationspolitische Konzepte im Realitätstest, Wirtschaftsdienst 1994, S. 499 ff.

ders. / Jantz, Birke, Flexibilisierung: Die Europäische Union vor einer neuen Grundsatzdebatte? Grundmodelle unter der Lupe, in: *Hrbek, Rudolf* (Hrsg.), Die Reform der Europäischen Union, Baden-Baden 1997, S. 345 ff.

Westlake, Martin, The Council of the European Union, London 1995

ders. (Hrsg.), The European Union beyond Amsterdam: new concepts of European integration, London 1998

Wildenmann, Rudolf (Hrsg.), Optionen für eine Europäische Union, Baden-Baden 1991

Wille, Angelo, Die Pflicht der Organe der Europäischen Gemeinschaft zur loyalen Zusammenarbeit mit den Mitgliedstaaten, Baden-Baden 2002

Williamson, John, Aspects of the British Debate on EMU, in: *Baldassarri, Mario / Mundell, Robert* (Hrsg.), Building the New Europe, Volume 1: The Single Market and Monetary Union, Basingstoke 1993, S. 507 ff.

Willms, Manfred, Internationale Währungspolitik, 2. Auflage, München 1995

Winter, Jan A. / Curtin, M. Deidre / Kellermann, Alfred E. / de Witte, Bruno (Hrsg.), Reforming the Treaty on European Union – The Legal Debate, The Hague 1996

Winterberg, Jörg M., Die Diskussion um die Europäische Wirtschafts- und Währungsunion, 2. Auflage, Sankt-Augustin 1997

Wölker, Ulrich, Der Eintritt in die dritte Stufe der Wirtschafts- und Währungsunion, Bonn 1999

ders., The Continuity of Contracts in the Transition to the Third Stage of Economic and Monetary Union, CMLR 1996, S. 1117 ff.

Woll, Artur, Die Unabhängigkeit der Europäischen Zentralbank: Dogma oder Notwendigkeit, in: *Weber, Manfred* (Hrsg.), Europa auf dem Weg zur Währungsunion, Darmstadt 1991, S. 157 ff.

Zeitler, Franz-Christoph, Die Europäische Währungsunion als Stabilitätsgemeinschaft, WM 1995, S. 1609 ff.

ders., Verantwortung für Stabilität – auf dem Wege zur Europäischen Währungsunion, DStZ 1996, S. 289 ff.

Zilioli, Chiara / Selmayr, Martin, The European Central Bank: An independent specialized organization of community law, CMLR 2000, S. 591 ff.

dies., The Law of the European Central Bank, Oxford 2001

dies., The external relations of the Euro area: Legal Aspects, CMLR 1999, S. 273 ff.

Zimmermann, Beate, Die nationalen Zentralbanken als Bestandteile des Europäischen Systems der Zentralbanken, Würzburg 2000

Zippel, Wulfdiether (Hrsg.), Ökonomische Grundlagen der Europäischen Integration, München 1993

Stichwortverzeichnis

FSC
www.fsc.org
MIX
Papier | Fördert
gute Waldnutzung
FSC® C083411

Kolibri 360 GmbH
Ferdinand-Jühlke-Straße 7
99095 Erfurt, Deutschland
produktsicherheit@kolibri360.de